W0191543

Heinrich Fausel
D. Martin Luther

Leben und Werk 1483 bis 1521 – Band 1
Leben und Werk 1522 bis 1546 – Band 2

SCM Hänssler

SCM

Stiftung Christliche Medien

Bestell-Nr. 394.189
ISBN 978-3-7751-4189-5

Lizenzausgabe mit Genehmigung des Calwer Verlages, Stuttgart
© Copyright Calwer Verlag, Stuttgart

© Copyright der deutschen Ausgabe 2008 by
SCM Hänssler im SCM-Verlag GmbH & Co. KG,
71088 Holzgerlingen
Internet: www.scm-haenssler.de
E-Mail: info@scm-haenssler.de
Umschlaggestaltung: krausswerbeagentur.de, Herrenberg
Titelbild: Public Domain
Satz: Gütersloher Verlagshaus Gerd Mohn
Druck und Bindung: CPI – Ebner & Spiegel, Ulm
Printed in Germany

Der vorliegende Titel erschien zuvor als zweibändige Taschenbuch-
ausgabe unter der Bestell-Nr. 392.440, ISBN 978-3-7751-2440-9.

Heinrich Fausel

D. Martin Luther

Leben und Werk 1483 bis 1521

Band 1

VORWORT

Jede Zeit hat ihr eigenes Lutherbild; jede Zeit wird Luther wie jeden andern großen Mann der Vergangenheit nach ihrem Maß messen, nach ihrem Sinn deuten. Die Bilder Luthers als des Kämpfers für die reine Lehre, als des großen Beters und innigen Glaubenszeugen, als des Bahnbrechers der Vernunft und Gewissensfreiheit, als des Mahners zur Innerlichkeit, Verantwortung und freien Selbstbestimmung des Geistes, als des nationalen Helden und Inbegriffs deutschen Wesens sind uns ebenso vertraut wie umgekehrt die abwertenden Urteile über den satanischen Feind des Stuhls Petri, über den Zerstörer der Einheit des christlichen Abendlandes, über den revolutionären Urheber eines schrankenlos subjektivistischen Freiheitsstrebens, über den in mittelalterlichen Vorurteilen befangenen Dogmatiker und endlich über den Fürstenknecht und Bauernfeind. Keine Zeit wird Luther darstellen können, ohne ihn aus der eigenen Blickrichtung zu sehen. Will man der wirren Vielfalt der durcheinandertönenden Stimmen entgehen, so empfiehlt sich immer noch ein Weg: in voller Breite Luther selbst reden zu lassen und seine Stimme zu hören, anstatt über ihn zu reden und sich Bilder von ihm zu machen.

Die beiden vorliegenden Bände haben darum aus der fast unübersehbaren Fülle des Schrifttums Luthers diejenigen Stücke herausgegriffen, in denen Luther unmittelbarer, vielleicht auch unbekümmerter spricht als in der theologischen Abhandlung, der Vorlesung, der Predigt, absichtsloser und freier als anderswo, und doch immer aus der Mitte der Sache heraus.

Hier sind vor allem zu nennen Luthers BRIEFE. Luther hat im Laufe seines Lebens Tausende von Briefen geschrieben, von denen freilich längst nicht alle erhalten sind. Die Weimarer Gesamtausgabe von Luthers Schriften hat die Briefe von und an Luther in 11 Bänden mit insgesamt 4211 Nummern gesammelt. Es ist erstaunlich, welchen Umkreis der Gedanken, Erlebnisse und Ereignisse Luthers Briefwechsel umfaßt. Es gibt kaum eine wichtige Frage seiner Zeit aus dem weiten Felde des theologischen, kirchlichen und teilweise auch politischen Lebens, über die sich Luther in seinen Briefen, wenn auch nur am Rande, nicht äußert. Dazu kommt eine Menge von Schilderungen und Bemerkungen aus dem häuslichen Leben, der Fürsorge für Bekannte, Freunde, Schüler, der Nachrichtenübermittlung; all dies läuft neben den großen Sachentscheidungen her. Der Brief ist für Luther geschriebene Verkündigung und gleichzeitig Mittel seiner liebevollen, bis ins Einzelne gehenden Teilnahme an allem, was die Herzen der Freunde und Mitarbeiter, bedrohter und geängstigter Glaubensgenossen, in Bedrängnis geratener Gemeinden bewegte. Daß bei Luther theologische Denkarbeit, ständige Beschäftigung mit dem Verkündigungsauftrag, seelsorgerliche Verpflichtung und persönliche Frömmigkeit nicht auseinanderfallen, sondern eine lebendige, immer neu bewährte Einheit bilden, tritt gerade in den Briefen in besonderer Weise hervor.

Luthers TISCHREDEN, von der Weimarer Ausgabe in 6 Bänden mit 7075 Nummern gesammelt, sind seit Sommer 1531 zuerst von dem Niederösterreicher Konrad Cordatus (1476–1546), sodann auch von Veit Dietrich (1506–1549) und Johannes Schlaginhaufen (gest. um 1560) unter Luthers zunächst schweigender Duldung, dann Billigung nachgeschrieben worden. Dabei wurde eine Art Kurzschrift verwendet; die Sprache war ein Gemisch von Deutsch und Latein. Als Nachschreiber an Luthers Tisch schlossen sich an Nikolaus Medler (1502 bis 1551), Anton Lauterbach (1502–1569), Hieronymus Weller (1499 bis 1572), Johann Mathesius (1504–1565), Kaspar Heydenreich (1516 bis 1586), Hieronymus Besold (1520–1562), Georg Rörer (1492–1557) und Johannes Aurifaber (1519–1575). Anton Lauterbach, dessen Nachschriften im Herbst 1536 beginnen, hat als erster eine doppelte Neuerung eingeführt: er hat die überkommenen, aus früheren Sammlungen stammenden Texte vielfach umgearbeitet und geglättet; sodann hat er den ganzen Stoff seiner umfangreichen Sammlung nach systematischen Gesichtspunkten neu geordnet. Dieser von Lauterbach eingeleitete Prozeß ist von Johannes Aurifaber fortgesetzt und verstärkt worden. Aurifaber hat nicht nur seine umfangreiche Tischredensammlung zu einem nach Stichworten geordneten Nachschlagewerk gemacht, aus dessen 80 Abschnitten man jederzeit Luthers Meinung herauslesen konnte, sondern auch die Tischreden durch eigene Zusätze aufgeschwemmt und umgestaltet. Es wurde darum auf die Verwendung von Aurifabertexten fast ganz verzichtet. Es liegt unsrer Auswahl der gesicherte Tischredenbestand, von der Weimarer Ausgabe »Urschriften« genannt, zugrunde.

Auch von den Tischreden gilt, was von Luthers Briefen gesagt wurde: sie umfassen von der häuslichen Kleinwelt der Familie und der Kindererziehung an bis zu den verwickelten theologischen Themen, von Naturereignissen und Katastrophen bis zu Fragen der deutschen und europäischen Politik alle Gebiete des damaligen Lebens. Ihr besonderer Reiz ist die Unbefangenheit, mit der Luther vor seinen Hausgenossen spricht, die ungezwungene Leichtigkeit und Beweglichkeit des Ausdrucks im Gegensatz zur Vorlesung, zur schriftlichen Abhandlung, zur Predigt. So haben Briefe und Tischreden nach unsrem heutigen Lutherverständnis einen hohen Quellenwert; besonders aus den Tischreden – auch wenn ihre Überlieferungsgeschichte recht kompliziert ist – erfahren wir viel aus Luthers Mund, was in seinen andern Schriften nicht zu lesen ist.

Über Briefe und Tischreden hinaus wurden noch Auszüge aus solchen wichtigen SCHRIFTEN Luthers aufgenommen, die in den übrigen Bänden der Calwer Luther-Ausgabe nicht enthalten sind. Dies hängt aufs engste mit der Entstehungsweise dieses Buches zusammen: es erschien ursprünglich im Jahre 1940 als Band VI der Calwer Luther-Ausgabe. Da dieser Band bei Kriegsende vergriffen war, erschien es dem Verlag geboten, ihn als selbständiges Buch neu herauszugeben. Bei dieser Neubearbeitung wurden sämtliche Quellenstücke stilistisch-philologisch überprüft sowie die geschichtlichen und theologischen Verbindungsstücke an vielen Stellen erweitert und ergänzt; außerdem wurden eine Anzahl von Quellentexten neu aufgenommen und zwei große Abschnitte »Vom gebundenen Willen« und das Marburger Abendmahlsgespräch völlig neu bearbeitet. Dieses Buch »Heinrich Fausel: D. Martin Luther« erschien 1955 im Calwer Verlag in Zusammenarbeit mit dem Quell-Verlag, Stuttgart.

Dieses Buch erscheint nunmehr im Siebenstern Taschenbuch Verlag, jedoch erweitert um den Abschnitt »Der Ertrag der Arbeit« mit den beiden Vorreden Luthers zu den Ausgaben seiner Schriften im Jahre 1539 und 1545; außerdem wurden einige Korrekturen, vor allem in den Anmerkungen, vorgenommen.

Die besondere Art dieser Lutherdarstellung hat es von Anfang an mit sich gebracht, daß den einzelnen Abschnitten eine biographischgeschichtliche Abhandlung voran, ein theologisch zusammenfassender Text nachgestellt wurde. Im vorangehenden Text ist durch Ziffern, z. B. (1), auf die folgenden Quellenstücke verwiesen.

Bei alledem soll deutlich werden, daß nicht eine rein historische, vollends keine feuilletonistische Darstellung des Reformators, nicht die Darstellung seiner Persönlichkeit und Gedankenwelt, sondern der Hinweis auf seine *Sache*, seinen Auftrag im Mittelpunkt steht. Darum wurde als Buchtitel »D. Martin Luther« gewählt, nicht nur zur Unterscheidung von ähnlich lautenden Titeln, sondern vor allem deshalb, weil Luther im Doktorat den bestimmenden Auftrag für seine biblisch-theologische, damit aber für seine ganze kirchlich-reformatorische Arbeit gesehen hat. Nur vom Auftrag her ist Luther verständlich; andernfalls bleibt er dem geschichtlichen Betrachter ein unverständliches, wenn nicht unheimliches Rätsel. Das Geheimnis echter Kirchengeschichtsschreibung aber besteht darin, dem Wunder der Botschaft und der Verkündigung, in welches das Leben ihrer Boten und Zeugen eingeschlossen ist, ehrfürchtig und dankbar nachzugehen.

Tübingen, in der Adventszeit 1965   HEINRICH FAUSEL

INHALT BAND 1

Die Anfänge des Reformators

Jugend und Klosterzeit
1483 – 1517

Luthers *Jugend* verläuft unter dem *Gesetz,* das ihm in den strengen Ordnungen der Familie, der Schule und der Kirche entgegentritt.

IM ELTERLICHEN HAUSE

Seiner Herkunft aus bäuerlichem Geschlechte und von armen Eltern (1) hat sich der Reformator nie geschämt, sich vielmehr törichten Angriffen gegenüber ausdrücklich dazu bekannt (2). Das alte Bauerngeschlecht (3) der Luder oder Lüder saß seit alten Zeiten in dem zwischen Salzungen und Eisenach gelegenen Stammdorf Möhra in Thüringen. Von dort zog der Vater Luthers, im Unterschied von seinem jüngeren Bruder Klein-Hans Groß-Hans genannt, im Herbst 1483 mit seinem Weibe Margarete geb. Lindemann nach Eisleben, um bei dem damals blühenden Kupferbergbau sein Glück zu versuchen. Zu Ehre und Anerkennung unter seinen Mitbürgern scheint es der wackere und fleißige Mann verhältnismäßig früh gebracht zu haben; jedenfalls treffen wir ihn in Mansfeld, wohin die Familie 1484 übersiedelte, als einen der Vierherren, welche die Rechte der Bürgerschaft gegen den städtischen Magistrat zu vertreten hatten. Dagegen scheint sich ein gewisser Wohlstand erst später eingestellt zu haben (4).

In Eisleben wurde am 10. November 1483 Martin Luther geboren und am folgenden Tage in der Peterskirche getauft. Daß in seiner Herkunft und Lebensführung nicht blindes Naturgesetz und Willkür, sondern Gottes Wille walte, hat Luther allezeit gewußt und ausgesprochen (3). Daß die Zucht, unter der er aufwuchs, nach herrschender Sitte von väterlicher (5) wie von mütterlicher (6) Seite streng und hart war, hat Luther in späterer Zeit lebhaft empfunden; doch hat er den Eltern, vor allem dem Vater, diese Erziehung zeitlebens gedankt (7).

1 *Martin Luthers Eltern*

Mein Vater ist in seiner Jugend ein armer Häuer gewesen. Die Mutter hat all ihr Holz auf dem Rücken heimgetragen. So haben sie uns erzogen. Sie haben harte Mühsal ausgestanden, wie sie die Welt heute nicht mehr ertragen wollte.   *TR 3,2888a (Januar 1533)*

Er (Herzog Georg von Sachsen)[1] hat mich erstaunlich heruntergezogen, einen Wechselbalg und einer Badmagd Sohn geheißen ... Ich bekenne, daß ich der Sohn eines Bauern von Möhra bei Eisenach bin, trotzdem aber Doktor der Heiligen Schrift und Widersacher des Papsts.

Aus TR 3,3838 (April 1538)

3 *Ein nicht vorauszusehender Lebensweg*

Ich bin ein Bauernsohn; der Urgroßvater, mein Großvater, der Vater sind richtige Bauern gewesen. Ich hätte eigentlich, wie jener [Philipp Melanchthon] sagte, ein Vorsteher, ein Schultheiß und was sie sonst im Dorf haben, irgendein oberster Knecht über die andern werden müssen. Danach ist mein Vater nach Mansfeld[2] gezogen und dort ein Berghäuer geworden. Dorther bin ich.

Daß ich aber Baccalaureus und Magister[3] wurde, dann das braune Barett ablegte, andern überließ und Mönch wurde, damit freilich Schande einlegte, was meinen Vater bitter verdroß –, und daß ich dann trotzdem dem Papst in die Haare geriet und er mir wieder, daß ich eine entlaufene Nonne zum Weibe nahm, – wer hat das in den Sternen gelesen? Wer hätte mir das vorausgesagt?

Aus TR 5,6250 (wohl aus den dreißiger Jahren)

4 *Der Wohlstand des Vaters*

Als ich meine erste Messe halten sollte,[4] da schickte mein Vater zwanzig Gulden in die Küche und kam mit zwanzig Personen, die er freihielt.

Aus TR 2,1558 (Mai 1532)

5 *Unter der strengen Zucht des Vaters*

Man soll die Kinder nicht zu hart stäupen. Mein Vater stäupte mich einmal so sehr, daß ich vor ihm floh und daß ihm bange war, bis er mich wieder zu sich gewöhnt hatte.

Aus TR 2,1559 (Mai 1532)

6 *Die Strafe der Mutter*

Meine Eltern haben mich in strengster Ordnung gehalten, bis zur Verschüchterung. Meine Mutter stäupte mich um einer einzigen Nuß willen, bis Blut floß. Und durch diese harte Zucht trieben sie mich schließlich ins Kloster; obwohl sie es herzlich gut meinten, wurde ich dadurch nur verschüchtert. Sie vermochten das rechte Verhältnis zwi-

---

1 *Grimmiger Gegner Luthers.*
2 *Luther erwähnt hier den kurzen, vom Herbst 1483 bis Frühsommer 1484 dauernden Aufenthalt seiner Eltern in Eisleben nicht.*
3 *Akademische Grade, die der Student im Rahmen seines philosophischen Studiums zu erwerben hatte; vgl. unten Seite 21.*
4 *Vgl. unten Seite 31 ff.*

schen natürlicher Anlage und der Bestrafung nicht einzuhalten. Man muß so strafen, daß der Apfel bei der Rute ist.

Aus TR 3,3566A (März/Mai 1537)

7 *Dankbares Gedenken an den Vater*

Es wandelt sich alles. Sollte ich noch einmal in meines Vaters Haus kommen, so würde mich vieles anders anschauen als einst. Das Beste, das aus meines Vaters Gut geraten, ist, daß er mich erzogen hat.

Aus TR 2,2756a (September/November 1532)

IN DER KIRCHENSCHULE ZU MANSFELD

Frühzeitig, vielleicht schon im Frühjahr 1488, begann der Schulbesuch in Mansfeld. Wie jede mittelalterliche *Schule* war auch diejenige in Mansfeld eine ausgesprochene Kirchenschule; sie sollte vor allem die Kenntnis des Lateinischen vermitteln, das allein die Türe zum geistlichen Stande und zu jedem höheren Berufe öffnete. Von Anfang an wurde lateinisch gelesen, geschrieben, gesungen, nach Möglichkeit auch lateinisch gesprochen und endlich sehr viel auswendig gelernt: die Gebote, das Glaubensbekenntnis, das Vaterunser, die Lehre von der Taufe, von der Beichte und vom Abendmahl, der Morgen- und der Abendsegen, dazu auch die ganze Fülle der in den Lehrbüchern enthaltenen Sprachregeln. An die nach mittelalterlichem Brauch strenge Schulzucht hat Luther noch in alten Tagen nicht mit Freude zurückgedacht (1), dagegen war ihm das, was er lernte – so die Fabeln Äsops – von bleibendem Werte (2). In jene Zeit fällt sein Erlebnis als Wurstsänger in den Straßen von Mansfeld, das ihm später zum Beispiel für den natürlichen Kleinglauben des Menschen wurde (3).

Durch die Schule tritt die *Kirche* als beherrschende Macht in Martins Leben ein. Die regelmäßige werk- und sonntägliche Beteiligung und Mitwirkung der Schüler am Gemeindegottesdienst verstand sich von selbst; auch die Pflege des Gesangs hatte kein anderes Ziel als die Erziehung zum kirchlichen Chordienst. Zweifellos hat der dauernde Umgang mit dem ›Heiligen‹ tief auf das empfängliche Gemüt des Knaben eingewirkt.

Martins *Elternhaus* war bestimmt durch den Geist einer bürgerlich-korrekten Frömmigkeit; danebenher lief jedoch ein dunkler Unterstrom spätmittelalterlichen Aberglaubens. In Luthers und seiner Eltern Denken spielen Teufelsvorstellungen (4) und Hexenglaube (5) keine geringe Rolle. In dieser unheimlichen und bedrohlichen Welt vermittelt die Kirche mit ihren Gnadenschätzen das Gefühl tröstlicher Geborgenheit, während *Christus* als ferner und unerbittlicher Richter über der Welt thront (6).

1 In der Zucht der Schule

Es ist ein übel Ding, wenn Kinder und Schüler das Vertrauen zu Eltern und Lehrern verlieren. So gab es zum Beispiel abgeschmackte Schulmeister, die durch ihr barsches Wesen viele treffliche Anlagen verdarben.   *Aus TR 3,3566A (März/Mai 1537)*

Es sind manche Präzeptoren so grausam wie die Henker. So wurde ich einmal vor Mittag fünfzehnmal geschlagen, ohne jede Schuld, denn ich sollte deklinieren und konjugieren und hatte es [doch noch] nicht gelernt.   *Aus TR 5,5571 (Frühjahr 1543)*

2 Das Lob Äsops

Die Fabeln Äsops[5] lobte er (Luther) gar sehr; sie seien wert, [ins Deutsche] übersetzt und in eine rechte Ordnung und Einteilung gebracht zu werden; denn es sei ein Buch, das nicht ein einzelner Mensch verfaßt, sondern das von zahlreichen Männern viele Generationen hindurch sorgfältig niedergeschrieben worden sei ...

Und es ist durch Gottes Vorsehung bewirkt worden, daß die Schriften Catos[6] und Äsops in den Schulen erhalten blieben, denn beides sind überaus wertvolle Bücher. Dieser (Cato) enthält die allernützlichsten Sprüche und Lehren, jener (Äsop) die allerhübschesten Geschichten und Schilderungen. Wenn die Sittenlehren [schon] den jungen Leuten dargeboten werden, tragen sie viel zum Aufbau bei. Kurz, meinem Urteil nach sind die Bücher des Cato und des Äsop nächst der Bibel die besten, besser als die verstümmelten Sprüche aller Philosophen und Juristen, wie auch Donat[7] der beste Grammatiker ist.
                    Aus TR 3,3490 (Oktober/Dezember 1536)

3 Auf den Straßen Mansfelds

Christus bietet sich uns selber dar mit der Vergebung der Sünden, und trotzdem fliehen wir vor seinem Angesichte. So ging es auch mir als Knaben in der Heimat, als wir sangen, um Würste zu sammeln. Da schrie uns ein Bürger im Scherz zu: »Was macht ihr, ihr Buben? Daß euch dies und das geschehe!« Und gleichzeitig läuft er mit zwei Würsten auf uns zu. Ich aber mit meinem Gesellen mache mich auf die

---

5   *Äsop, der Schöpfer der griechischen Tierfabel, etwa 550 v. Chr.*
6   *Unter dem Namen des Dionysius Cato lief eine vermutlich aus dem 3. Jahrhundert n. Chr. stammende Sammlung von Sittensprüchen und Lebensregeln aus stoischem Gedankengut; diese »Distichen des Cato« waren ein in den Schulen des Mittelalters weitverbreiteter und beliebter Lesestoff.*
7   *Älius Donatus, Mitte des 4. Jahrhunderts, war der Verfasser einer dem mittelalterlichen Elementarunterricht zugrunde liegenden lateinischen Grammatik.*

Füße und fliehe vor ihm, der sein Geschenk anbietet. Genau so geht es uns mit Gott. Er schenkt [uns] Christus mit allen Gaben, und trotzdem fliehen wir vor ihm und halten ihn für unseren Richter.

Aus TR 1,137 (November/Dezember 1531)

4 Des Teufels List

Als ich noch ein Knabe war, wurde einst eine Geschichte erzählt, daß der Teufel zwischen einem Manne und seinem Weibe, die einander sehr liebhatten, auf keine Weise einen Zwist zu erregen vermochte. Da erreichte er's durch ein altes Weib, die einem jeden ein Rasiermesser unters Kopfkissen legte; dann sagte sie es ihnen. Der Mann fand es und brachte das Weib um. Da kam der Teufel und überreichte der Alten ein Paar Schuhe an einer langen Stange. Als jene fragte, warum er nicht zu ihr herkomme, gab der Teufel zur Antwort: Du bist noch schlimmer als ich, denn du hast bei Weib und Mann fertiggebracht, was ich nicht erreichte.

So sehen wir: Der Teufel ist immer dem feind, was unser Herrgott macht. *TR 2,1429 (April/Mai 1532)*

Darauf sprachen sie vom Bergwerk, wo der Satan viele Leute durch sein Hexenwerk äfft und sie betört, daß sie einen großen Haufen Erz und Silber sehen, und es ist doch nichts da. Denn wenn er die Menschen auf der Erde unter dem Sonnenlicht behexen kann, daß sie etwas anders sehen [als es ist], so kann er dies ganz besonders im Bergwerk tun, wo die Leute sehr oft geäfft werden. *Aus TR 4,4617 (Mai 1539)*

5 Von Hexen und Zauberei

Luther erzählte oft mancherlei von Verhexung, Herzbeklemmung und Alben (Nachtgeistern), und wie seine Mutter von einer Nachbarin, die eine Hexe war, gequält worden sei, so daß sie gezwungen war, dieselbe aufs rücksichtsvollste zu behandeln und sich geneigt zu machen; denn sie schoß ihre Kinder, daß sie sich zu Tode schrien. Und ein Prediger griff sie an, doch nur insgemein; er wurde ebenfalls vergiftet, so daß er sterben mußte und ihm durch kein Mittel zu helfen war. Denn sie hatte die Erde von seinen Fußspuren genommen, damit gezaubert und sie ins Wasser geworfen; ohne diese Erde konnte er nicht geheilt werden.

Auf die Frage, ob derlei auch den Frommen zustoßen könne, antwortete Luther: »Ja, freilich, unsre Seele ist der Lüge unterworfen; wenn sie erlöst wird, so bleibt der Leib dem Morde unterworfen. Und ich glaube, daß meine Krankheiten nicht natürlich, sondern lauter Zauberei sind. Gott aber errette seine Auserwählten von solchen Übeln!« *TR 3,2982 b (Februar/März 1533)*

Ich wurde von Kindheit auf so gewöhnt, daß ich erblassen und erschrecken mußte, wenn ich den Namen Christus auch nur nennen hörte; denn ich war nicht anders unterrichtet, als daß ich ihn für einen gestrengen und zornigen Richter hielt.

Aus dem Galaterkommentar (1535). WA 40, 1, 298, 29 ff

IN MAGDEBURG UND EISENACH

Im Frühjahr 1496 trat Martin, damaligem Schülerbrauch folgend, zusammen mit Hans Reinecke, dem Sohn eines Mansfelder Hüttenmeisters, seine erste Schülerfahrt nach *Magdeburg* an. In einem späteren Briefe (1) erzählt er, daß er dort zu den »Nullbrüdern«, den Brüdern vom gemeinsamen Leben, einer ordensähnlichen Gemeinschaft zur Pflege mönchischer Frömmigkeit und einfältiger Nächstenliebe, in die Schule ging. Unauslöschlich hat sich damals seinem Gedächtnis der Anblick mönchischer Selbsterniedrigung, zumal bei einem hochgeborenen Franziskaner (2), eingeprägt.

Schon nach Jahresfrist (1497) zog der junge Luther auf die Schule nach *Eisenach* weiter, wohl um seiner dortigen zahlreichen Verwandtschaft willen (3), unter welcher ihm der Küster Konrad Hutter an der Nikolaikirche, den er später zur Feier seiner ersten Messe einlud (vgl. unten S. 32), besonders nahegestanden haben muß. Freilich konnten die Verwandten wenig für ihn tun; jedenfalls muß Luther, wie wohl schon in Magdeburg, so jetzt auch in Eisenach, zunächst nach seinen eigenen Worten als »Partekenhengst« (4), d. h. als Singschüler, seinen Lebensunterhalt verdienen – eine verbreitete Schülersitte, deren sich auch Kinder guter Häuser nicht schämten. In der Pfarrschule zu St. Georgen, die Martin während seines vierjährigen Eisenacher Aufenthalts besuchte, lernte er als Schüler der obersten Klasse, was ihm die Schule seiner Zeit mitgeben konnte, insbesondere die Fertigkeit, in flüssigem Latein zu sprechen, zu schreiben und Verse zu machen. In den unter sich verwandten Patrizierfamilien der Cotta und Schalbe (5) fand Luther nicht nur Unterkunft und Kost, sondern auch Bewahrung vor dem unsteten Leben des fahrenden Schülers und mannigfache Berührung mit echter kirchlicher Frömmigkeit. Ganz besonders nahm sich der mit diesen Familien befreundete Stiftsvikar an St. Marien, Johannes Braun, seiner an; ein schönes Zeugnis der liebevollen Anhänglichkeit, die Luther seinen Eisenacher Freunden bewahrte, ist der Brief, in welchem er am 22. April 1507 Braun zur Feier seiner Primiz einlädt (vgl. unten S. 31 f).

1 Bei den Nullbrüdern in Magdeburg · Aus einem Brief aus Wittenberg an
Bürgermeister Claus Storm in Magdeburg vom 15. Juni 1522

Es ist richtig, daß ich Euch bei Doktor Paulus Moßhauer[8] gesehen habe, nicht in Eurem Hause, sondern als er Offizial war und Ihr etliche Male sein Gast waret. Es war zu der Zeit, als ich mit Hans Reinecke[9] zu den Nullbrüdern in die Schule ging.   *Br 2,563,4 ff*

2 Der Fürst als Barfüßer

Als ich in meinem vierzehnten Jahr zu Magdeburg in die Schule ging, habe ich mit eigenen Augen einen Fürsten von Anhalt gesehen, nämlich den Bruder des Dompropstes und späteren Bischofs Adolf von Merseburg, der in der Barfüßerkappe auf der Breiten Straße nach Brot ging und den Sack trug wie ein Esel, daß er sich zur Erde krümmen mußte. Sein Mitbruder aber ging ledig neben ihm, damit der fromme Fürst gewiß allein das höchste Beispiel der grauen geschorenen Heiligkeit der Welt vor Augen führe. Sie hatten ihn auch so heruntergebracht, daß er alle andern Werke im Kloster tat wie ein andrer Bruder; und er hatte so sehr gefastet, gewacht, sich kasteit, daß er aussah wie der Tod, lauter Bein und Haut; er starb auch bald [darauf] ... Wer ihn ansah, der schmatzte vor Andacht und mußte sich seines [weltlichen] Standes schämen.

Aus »Verantwortung des aufgelegten Aufruhrs« (1533). WA 38,105,8 ff

3 Die Eisenacher Verwandten · Aus einem Brief aus Wittenberg an
Hofprediger Georg Spalatin vom 14. Januar 1520

... In Eisenach sitzt nämlich fast meine ganze Verwandtschaft, und ich bin daselbst bei ihr bekannt und [auch] heute wohlangesehen, da ich dort vier Jahre lang den Wissenschaften oblag; keine andere Stadt kennt mich besser. Ich hoffe aber, sie wären nicht so töricht gewesen, daß der eine [mich], Luthers Sohn, für seinen Enkel, der andere für seinen Oheim, und wieder ein anderer für seinen Vetter – deren ich dort viele habe – gehalten hätte, wenn sie gewußt hätten, daß [mein] Vater und Mutter Böhmen und andere Leute, als sie bei ihnen geboren werden, gewesen wären[10].   *Br 1,610,20 ff*

8 *Paul Moßhauer stammte von Mansfeld und war Offizial in Magdeburg, d. h. ein hoher, für die kirchliche Rechtspflege verantwortlicher Beamter des dortigen Erzbischofs.*
9 *Mit Hans Reinecke, dem späteren Mansfelder Hüttenmeister, blieb Luther bis zu dessen 1538 erfolgtem Tode befreundet.*
10 *Luther verspottet hier seine Gegner, die ihn böhmischer, d. h. hussisch-ketzerischer Herkunft verdächtigten.*

Darum verachte mir nicht die Gesellen, die vor der Tür das »[Ein] Brot um Gottes willen!« sagen und den Brotreigen singen; du hörst, wie dieser Psalm sagt, große Fürsten und Herren singen.[11] Ich bin auch ein solcher Partekenhengst[12] gewesen und habe das Brot vor den Häusern genommen, besonders zu Eisenach, in meiner lieben Stadt, obwohl mich später mein lieber Vater mit aller Liebe und Treue auf der Hohen Schule zu Erfurt versorgte und mir durch seinen sauren Schweiß und Arbeit dahin geholfen hat, wohin ich gekommen bin. Trotzdem bin ich ein Partekenhengst gewesen.

Aus »Eine Predigt, daß man Kinder zur Schulen halten solle« (1530).
WA 30,2,576,9 ff

5 Das Haus Schalbe in Eisenach

Er (Luther) besuchte die Schule in Eisenach und bettelte Brot von Haus zu Haus; darauf kam er zu Heinrich (Schalbe)[13], einem Eisenacher Bürger, und führte dessen Sohn in die Schule.

Aus TR 5,5362 (Sommer 1540)

DIE ZEIT DES ERFURTER STUDIUMS

Im April des Jahres 1501 ließ sich Luther als Student in der Universität der reichen und wohlgelegenen Stadt *Erfurt* einschreiben. Erfurts Hohe Schule war damals in voller Blüte. Noch aus späten Äußerungen Luthers (1) klingt sein Stolz auf die Pracht der Erfurter Universität, die Freude am Gepränge ihrer Feierlichkeiten und die Wehmut über den Verfall der einstigen Herrlichkeit heraus.

Luther nahm in der Georgenburse Wohnung. Er kam damit in eine Welt, die sich, äußerlich gesehen, von seiner bisherigen Umgebung, der Schule, nicht so sehr unterschied. Hier wie dort umgab ihn die feste kirchliche Ordnung mit täglichem, regelmäßigem Gebet, gemeinsamem Kirchgang und strenger Beobachtung aller kirchlichen Satzung. Ja, die Bursen hatten eine fast klösterliche Lebensordnung, in welcher Arbeit, Freizeit, Speise und Tracht bis ins kleinste geregelt waren.

Was dem Studierenden jetzt mit voller Eindringlichkeit entgegentrat und was er bewußt zu verarbeiten hatte, war der gewaltige Ver-

11 *Luther zeigt an Hand von Ps 113,5–8, daß nach Gottes Willen auch die arm und niedrig Geborenen berufen sein können, neben Fürsten und Herren Land und Leute zu regieren*
12 *Vom Singen um ein Stück Brot (particula panis).*
13 *In der Nachschrift des unten Seite 32 f abgedruckten Briefes an Joh. Braun gedenkt Luther dankbar des Schalbeschen Familien-Kollegiums.*

such der *Scholastik*, der mittelalterlichen Schulwissenschaft, von der Offenbarung her mit Hilfe der Vernunft die Welt zu erfassen und zu umspannen. Freilich, die unauflöslich scheinende Verbindung, in welche *Thomas* von Aquino[14] Offenbarung und Vernunft, Schrift und natürliche Erkenntnis, Kirche und Welt, Christus und Aristoteles gebracht hatte, war in jener Zeit schon stark gelockert. Für Thomas ist unsichtbare und sichtbare Welt eine Einheit; die Kluft zwischen Schöpfer und Geschöpf wird durch die Engelbrücke geschlossen; auf und nieder steigen die Kräfte, die das All durchfluten, und ein Widerspruch zwischen Glaube und Vernunft ist unmöglich, weil beide aus derselben Quelle, der Weisheit Gottes, gespeist werden. Darum kann die Offenbarung vieles enthalten, was die Vernunft übersteigt, doch nichts, was ihr widerspricht. Schon Duns *Scotus*,[15] der theologische Gegenspieler des Thomas, hatte eine Abgrenzung der beiden Bereiche in der Weise vollzogen, daß er die Vernunft, sie gleichzeitig begrenzend und stärkend, weit mehr als Thomas auf das Gebiet der natürlichen Dinge verwies. Gott, der reiner und durch nichts begrenzter Wille ist, erschließt sich nicht der Vernunft, sondern dem Glauben. So wird der übervernünftige Charakter des Glaubens, dem der Christ in praktischem Gehorsam nachzuleben hat, um so stärker betont; die Theologie als praktische Disziplin ist der Philosophie nicht über-, sondern gleichgeordnet. Wilhelm von *Occam*,[16] dessen Lehre für die Er-

14 *Thomas von Aquino, 1225–1274, 1323 heiliggesprochen, 1567 zum ›Kirchenlehrer‹ erklärt, gehörte dem Dominikanerorden an und lehrte in Paris, Rom und Neapel. Er galt dem Mittelalter als ›Fürst der Scholastik‹, der ›engelgleiche Doktor‹; seine Hauptwerke sind die Aristoteleskommentare, die philosophische Summe »Über die Wahrheit des katholischen Glaubens gegen die Heiden«, vor allem aber die (unvollendete) »Summe der ganzen Theologie«.*
15 *Johannes Duns Scotus, geb. um 1270 in England, lehrte in Oxford, Paris und Köln, wo er 1308 starb. Um der Feinheit seiner Unterscheidungen willen trug er den Beinamen des ›subtilen Doktors‹. Scotus war Franziskaner; seine Theologie war für seinen Orden verbindlich, wie andrerseits die Dominikaner bei Strafe der Exkommunikation auf die Theologie des Thomas verpflichtet waren. Scotisten und Thomisten bekämpften sich heftig.*
16 *Wilhelm von Occam (Ockham), geb. um 1285, gest. 1349, englischer Franziskaner, studierte in Oxford und lebte, mit seinem Orden in Zwiespalt geraten, in München. Seine scharfe Unterscheidung zwischen Vernunft- und Glaubenswahrheiten gab der Vernunft auf ihrem Gebiete der natürlichen Erkenntnis Raum. Für Luthers spätere Entwicklung wurde besonders wichtig, daß Occam die Heilige Schrift über Papst und Konzilien stellte, die beide irren können.*

furter Universität maßgebend war, lehrte vollends nicht mehr wie
Thomas die unmittelbare und mittelbare Entsprechung von Glaube
und Vernunft, sondern, die Gedanken von Duns Scotus weiterführend
und verschärfend, ihre vollkommene Scheidung: nach ihm vermag die
Vernunft überhaupt nicht zu einer gewissen Glaubenserkenntnis zu
gelangen; keiner der allgemeinen Glaubenssätze vom Dasein und der
Einheit Gottes, von der Unsterblichkeit der Seele, die für Thomas noch
selbstverständliche Vernunftwahrheiten waren, läßt sich nach Occam
mit Mitteln des natürlichen Denkens beweisen. Diese Scheidung be-
wirkte freilich nur, daß man auf der einen Seite die Autorität der
kirchlichen Offenbarungswahrheit um so schroffer betonte und auf
der andern Seite alle der Vernunft zugänglichen natürlichen Gebiete
um so gründlicher zu erfassen suchte.

Der *Studienordnung* der mittelalterlichen Universität lag immer
noch, wenn auch mit mancherlei Änderungen und Ergänzungen, die
Siebenzahl der »freien Künste« zugrunde, wie sie von der antiken
Welt für eine höhere Bildung als unerläßlich erachtet worden war.
Demgemäß knüpfte die Universität in ihrer unteren Abteilung, der
sog. *Artistenfakultät*, an das zum Teil bereits in den Schulen gelehrte,
aus Grammatik, Dialektik und Rhetorik bestehende »Trivium«, den
»Dreiweg«, an; der Student sollte lernen, die Grundbegriffe alles Sei-
enden nach den Regeln echten Denkens zu erfassen und seine Gedanken kunstgerecht zum Ausdruck zu bringen. Sodann wandte sich der
Blick zur gegenständlichen Welt, deren Kenntnis und Beherrschung in
den Wissenschaften des »Quadriviums« gepflegt wurde; hier im
»Vierweg« wurden Arithmetik, Astronomie und Geometrie gelehrt,
wozu sich noch die Musik gesellte.

Innerhalb dieses Studiengangs war (auch für eine occamistische
Hochschule!) von größter Bedeutung die Beschäftigung mit den Werken des griechischen Philosophen *Aristoteles*, dessen mächtige Gestalt
alles andere in den Schatten stellte. Als Luther – schon im Jahre 1502 –
Bakkalaureus wurde und sich damit den niedersten akademischen
Grad erwarb, hatte er ein gründliches Studium der aristotelischen Lo-
gik hinter sich; als er im Januar 1505 zum Abschluß des artistischen
Studiums den Magistergrad erwarb, verfügte er außer der Kenntnis
der Wissenschaften des alten Quadriviums über eine eingehende Bekanntschaft mit den naturwissenschaftlichen, politischen, ethischen
und metaphysischen Werken des Aristoteles. Er hatte ihn fleißig studiert (2); freilich rückte er später mit scharfen Urteilen von ihm ab.
Er hat Cicero, den römischen Staatsmann und Philosophen (3), den er
wohl ebenfalls in Erfurt kennengelernt hat, und die Ethik des Alten

Testaments (4) weit über Aristoteles gestellt und den Grundfehler der aristotelischen Metaphysik mit dürren Worten festgehalten (5).

So kritisch Luther später zur Scholastik und zum Universitätsbetrieb seiner Jugendzeit sich stellte – der *Ertrag* seiner Erfurter Zeit war doch nicht gering. Er verdankte diesen Jahren vor allem die Beherrschung der wissenschaftlichen Arbeitsweise und Begriffssprache seiner Zeit, die gründliche Schulung in einem gewiß oft formalen, aber nicht ohne weiteres unsachlichen Denken; in dieser Hinsicht anerkannte er sowohl Aristoteles (2) als auch Occam (6), den er noch als Reformator seinen Lehrer nannte (TR 2, 2544 a). Dazu eignete er sich eine Fülle von positiven Kenntnissen an, die er später oft genug verwertet hat: viele Urteile Luthers über das Zusammenleben der Menschen, die Aufgaben des Staates, den Zweck der irdischen Gesellschaftsordnung verraten Einflüsse der Erfurter Zeit; seine Abneigung gegen die wissenschaftlich unzuverlässige Astrologie (7), seine Hochschätzung der exakten Wissenschaft der Mathematik (8), seine astronomischen, für die damalige Zeit »modernen« Kenntnisse (9) gehen auf die Erfurter Studienjahre zurück. Dagegen trat ihm das neue Bildungsideal des *Humanismus*, das aus der Wiederentdeckung des klassischen Altertums emporgestiegen war, damals noch nicht näher, obwohl er sich in Erfurt mit einigen lateinischen Klassikern – Ovid, Vergil und Plautus – vertraut machte und obwohl er mit einem der späteren Humanisten, Johann Jäger aus Dornheim, freundschaftlich verkehrte (10).

Über die *Frömmigkeit* und das inwendige Leben des jungen Studenten ist uns wenig bekannt. Nichts deutet darauf hin, daß Luther sich in Erfurt außerhalb der von Kirche und Universität gewiesenen Bahnen bewegt habe. Bei dem gefährlichen Unfall, den er auf einer Ferienwanderung nach Hause noch in der Nähe Erfurts erlitt, ist Maria, die Mutter Gottes, sein Trost und seine Hilfe (11). Er stößt in Erfurt zum erstenmal auf die Bibel (12); allein zu einer entscheidenden Begegnung mit der Schrift kommt es nicht.

Was nach Erwerb des Magistergrades zunächst vor Luther stand, war das *Weiterstudium* in einer der drei »höheren« Fakultäten, wobei ihm die Wahl zwischen der theologischen, juristischen und medizinischen Fakultät offenstand. Luther hatte sich unter Zustimmung des Vaters für das Studium der Rechte entschieden, als das Ereignis eintrat, das die väterlichen Hoffnungen und seine eigenen Pläne vernichtete: im flammenden Feuer des Blitzstrahls, der ihn in der Nähe des Dorfes Stotternheim zu Boden warf, gelobte er, ein Mönch zu werden, und kurze Zeit nachher, am 17. Juli 1505, geleiteten ihn seine Freunde zur Pforte des Schwarzen Klosters in Erfurt (13).

1 Die Hohe Schule in Erfurt

Einst war jene Universität so stark besucht, daß alle andern Universitäten dagegen als Partikularschulen[17] angesehen und beurteilt wurden. Freilich, diese Pracht ist [heute] gänzlich verschwunden und vergangen. Was für eine Pracht war die Promotion der Magister[18] mit den Fackeln, die ihnen vorangetragen wurden! Ich glaube nicht, daß irgendeine weltliche Feier dem gleichkam. So ward auch bei der Doktorpromotion höchstes Gepränge entfaltet; man ritt zu Pferde rings [in der Stadt] umher. Das ist ganz in Abgang gekommen. Ich wollte, es würde heute noch gehalten.   *TR 2,2788 b (September/November 1532)*

2 Beim Studium des Aristoteles

Die Schriften des Aristoteles[19] habe er einst fleißig gelesen, sagte Doktor Luther, und da er die [wissenschaftliche] Methode genau beachte, müsse man ihn hochschätzen. In anderer Hinsicht bietet er (nach Luthers Urteil) nichts Bedeutendes, denn von der Seele, von Gott und der Unsterblichkeit der Seele versteht er nichts. Und er (Luther) trug einige Stellen vor.   *Aus TR 3,3608 (Juni/Juli 1537)*

Die Schriften des Aristoteles über die Physik, die Metaphysik und über die Seele, welches seine besten Bücher sind, – von denen weiß ich, daß ich sie vollkommen verstehe. Die Metaphysik handelt vom Sein, die Physik vom Werden; in diesen beiden liegt die ganze Kunst des Aristoteles.   *Aus TR 1,135 (November/Dezember 1531)*

3 Aristoteles im Vergleich mit Cicero

Cicero[20] übertrifft den Aristoteles weit in der Physik[21] und im Lehren. Die »Pflichten« Ciceros übertreffen die Ethik des Aristoteles bei weitem, und Cicero, ein Mann, beladen mit Sorgen und gemein-

---

17 *Partikularschule ist eine Schule, die im Unterschied zum sogenannten Generalstudium der Universität, das in der ganzen Christenheit anerkannt war, nur örtliche Geltung besaß. Aurifaber übersetzt »Schützenschulen«.*
18 *Die feierliche Verleihung der Würde eines Magisters (bzw. Doktors).*
19 *Aristoteles, 383–322 v. Chr., der große griechische Denker, war der kirchliche Normalphilosoph des Mittelalters geworden mit seinem umfangreichen Schrifttum logischen, naturwissenschaftlichen, ethischen, politischen, und metaphysischen Inhalts (z. B. 3 Bücher über die Seele, 8 Bücher über die Physik, 14 Bücher über die Metaphysik).*
20 *M. Tullius Cicero, 106–43 v. Chr.; römischer Redner, Staatsmann und Philosoph, schrieb u. a. »Über die Pflichten«, »Vom höchsten Gut und vom höchsten Übel«, »Über das Wesen der Götter«.*
21 *Luther versteht hier unter »Physik« ganz allgemein die Philosophie.*

nützigen Arbeiten, ragt weit empor über den müßigen Esel Aristoteles, der Geld und freie Zeit im Überfluß hatte. Denn Cicero wagte sich an die höchsten Fragen der Physik: Ob Gott sei, wie beschaffen Gott sei, ob er sich um die menschlichen Angelegenheiten kümmere? Und [er behauptete]: Es müsse eine ewige Seele geben usw. Aristoteles war zwar ein hervorragender und schlauer Dialektiker, der die [wissenschaftliche] Methode einhielt, aber die Sache [selbst] nicht lehrte wie Cicero. Wer eine richtige Philosophie haben will, der lese Cicero.

TR 2,2412 b (Januar 1532)

4 Der Unterschied zwischen Aristoteles und dem Prediger Salomo

Zwischen der Ethik des Aristoteles und dem Prediger besteht *der* Unterschied, daß Aristoteles die Ehrbarkeit des Lebens nach der Vernunft mißt, die das Beste vorschreibt, der Prediger aber nach dem Gehorsam gegen die Gebote Gottes.   *Aus TR 1,168 (Januar/März 1532)*

5 Ein scharfes Urteil über des Aristoteles Lehre von Gott

Im 12. Buch der Metaphysik sagt er: Das oberste Wesen schaut sich selbst an; würde es über sich hinausschauen, so würde es das Elend der Welt schauen. – An dieser Stelle leugnet er stillschweigend Gott.[22]   *Aus TR 1,135 (November/Dezember 1531)*

Aristoteles glaubt nicht, daß sich Gott um die menschlichen Angelegenheiten kümmert, oder, wenn er es glaubt, meint er, Gott regiere die Welt so, wie eine schläfrige Magd ihr Kind wiegt.

Aus TR 5,5440 (Sommer und Herbst 1542)

Die Philosophie des Aristoteles heißt: Wasch mir den Pelz und mach mich nicht naß!   *Aus TR 1,155 (Dezember 1531 / Januar 1532)*

6 Die Kunst Meister Occams

Occam[23] allein verstand die Dialektik, daß es daran liege, die Worte zu bestimmen und zu unterscheiden, aber er vermochte es nicht auszudrücken.   *Aus TR 1,193 (Februar/März 1532)*

7 Ablehnung der Astrologie

Die Astrologie ist keine Wissenschaft, da sie keine Grundsätze und keine Beweise hat; vielmehr beurteilen sie alles nach dem Ausgang und nach den einzelnen Fällen und sagen: Das ist ein- und zweimal geschehen, also wird es immer so geschehen. Die Fälle, die eintreffen,

22 *Der Gott des Aristoteles ist das reine Denken, in Anschauung seiner selbst versunken und darin ewig glücklich.*
23 *Vgl. Seite 20, Anmerkung 16.*

legen sie ihrem Urteil zugrunde; von denen, die nicht zutreffen, schweigen sie wohlweislich stille.   *Aus TR 3,2834 b (Dezember 1532)*

8 Lob der Astronomie und der Mathematik

Ich lobe die Astronomie und die Mathematik, die im Bereich des Beweisbaren bleiben; von der Astrologie halte ich nichts.

TR 2,2413 a (Januar 1532)

9 Staunen über die Bewegung des Himmels

Die Astronomie ist die allerälteste Wissenschaft und hat viele Künste mit sich gebracht; den Alten, insbesondere den Hebräern, war sie wohl vertraut. Denn alle haben den Lauf des Himmels mit höchstem Fleiß beobachtet, wie Gott zu Abraham sprach (1 Mose 15, 5): »Siehe gen Himmel und zähle die Sterne.«

Darauf sprach er (Luther) über die dreifache Himmelsbewegung: Die erste ist die Urbewegung und der Umschwung [der Himmelskugel], die vielleicht von einem Engel so schnell bewegt wird; innerhalb 24 Stunden dreht sich die ganze [Himmels-]Maschine in einem Hui um tausend Meilen. Es ist etwas Wunderbares, wie die so gewaltige Maschine des Firmaments in so kurzer Zeit derart herumbewegt wird. Wenn die Sonne und die Sterne eisern, silbern, golden wären, müßten sie in einer so überschnellen Bewegung bald zerschmelzen. Denn ein Stern ist größer als die Erde, und siehe, wie unzählig viel Sterne es gibt!

Die zweite Bewegung ist die Eigenbewegung der Planeten.

Die dritte Bewegung ist die zitternde, die sie erst neulich entdeckten; sie ist noch gänzlich ungewiß.

Aus TR 2,2730 b (September/November 1532)

10 Im Freundeskreis · Aus einem Brief von Crotus Rubianus [24] aus Bamberg an Luther in Wittenberg vom 28. April 1520

Du warst einst in unserem Freundeskreis ein Musiker und wohlunterrichteter Philosoph.   *Br 2,91,141 f*

Aus einem Brief von Crotus Rubianus [24] aus Bologna an Luther in Wittenberg vom 16. Oktober 1519

Zweierlei, ehrwürdiger und mir so teurer Martin, hält meine Liebe zu Dir frisch: Daß wir in innigster Freundschaft zu Erfurt miteinander den edlen Künsten oblagen im Jugendalter, zu einer Zeit, welche

---

24 *Crotus Rubianus, mit seinem deutschen Namen Johann Jäger, aus Dornheim bei Arnstadt, war Humanist und Verfasser eines Teils der bekannten »Dunkelmännerbriefe« († 1539).*

den Grund legt zu engster Freundschaft zwischen verwandten Charakteren; sodann, daß wir in Dir einen so trefflichen Verteidiger wahrer Frömmigkeit haben, welche Du ebensosehr mit dem Schild der Schrift schützest, als andere sie in Hoffnung auf Profit zu zerstören suchen. *Br 1,541,3 ff*

11 Der Unfall Luthers bei Erfurt

Als er in die Heimat reisen wollte und unterwegs war, stieß er zufällig mit dem Schenkel in den Degen und verletzte die Hauptschlagader. Er war damals mit einem einzigen Begleiter auf dem Felde, so weit von Erfurt, wie Eutzsch von Wittenberg entfernt ist, eine halbe Meile. Das Blut strömte heftig und ließ sich nicht stillen. Als er den Finger [auf die Wunde] drückte, schwoll der Schenkel gewaltig an. Endlich wurde ein Wundarzt aus der Stadt herbeigeschafft, der die Wunde verband. Dort war er in Todesgefahr und rief: O Maria, hilf! Da wäre ich, sagte er, auf Maria hin gestorben. – Darauf brach bei Nacht im Bett die Wunde wieder auf; er verblutete fast und rief wieder Maria an. Es war am Osterdienstag. *TR 1,119 (November 1531)*

12 Erste Begegnung mit der Bibel

Vor dreißig Jahren las niemand die Bibel, und sie war allen unbekannt. Die Propheten waren unbekannt und unverständlich. Zum Beispiel ich hatte, als ich zwanzig Jahre alt war, noch keine Bibel gesehen. Ich war der Ansicht, es gebe kein Evangelium bzw. keine Epistel außer den in den Sonntagspostillen geschriebenen. Endlich fand ich in der Bibliothek eine Bibel. *Aus TR 3,3767 (Februar 1538)*

Ich sah als Jüngling in Erfurt die Bibel in der Universitätsbibliothek und las eine Stelle im Samuel, doch der Glockenschlag rief mich in die Vorlesung. Ich hatte große Lust, das ganze Buch zu lesen. Zu jener Zeit gab es aber keine Gelegenheit. *Aus TR 5,5346 (Sommer 1540)*

Als junger Mensch geriet er einmal an die Bibel; da las er zufällig die Geschichte von der Mutter Samuels in den Büchern der Könige (1 Sam 1). Wunderbar gefiel ihm das Buch, und er wollte sich glücklich schätzen, wenn er ein solches Buch je einmal besitzen könnte. Kurz danach kaufte er eine Postille; auch sie gefiel ihm wunderbar, weil sie mehr Evangelien enthielt, als das Jahr über gewöhnlich gepredigt wurden. *Aus TR 1,116 (November 1531)*

13 Der Blitzstrahl bei Stotternheim

Am 16. Juli, dem Alexiustag, sprach er: Heute jährt es sich, daß ich in das Kloster zu Erfurt gegangen bin. – Und er begann die Geschichte zu erzählen, wie er ein Gelübde getan, als er nämlich kaum vierzehn Tage vorher unterwegs gewesen und durch einen Blitzstrahl bei Stotternheim nicht weit von Erfurt derart erschüttert worden sei, daß er im Schreck gerufen habe: Hilf du, hl. Anna, ich will ein Mönch werden! – Aber Gott hat damals mein Gelübde hebräisch[25] verstanden: Anna, d. h. unter der Gnade, nicht unter dem Gesetz. Nachher reute mich das Gelübde, und viele rieten mir ab. Ich aber beharrte dabei, und am Tage vor Alexius lud ich die besten Freunde zum Abschied ein, damit sie mich am morgigen Tag ins Kloster geleiteten. Als sie mich aber zurückhalten wollten, sprach ich: Heute seht ihr mich zum letztenmal. Da gaben sie mir unter Tränen das Geleite. Auch mein Vater war sehr zornig über das Gelübde, doch ich beharrte bei meinem Entschluß. Niemals dachte ich das Kloster zu verlassen. Ich war der Welt ganz abgestorben. *Aus TR 4,4707 (Juli 1539)*

25 *Das hebräische Wort Channah (Hanna) hängt mit dem hebräischen Wort Gnade (chen) zusammen.*

Die Klosterzeit · 1505–1517

DIE ERSTEN KLOSTERJAHRE

Warum ging Luther ins Kloster? Sein Vater hat sich erbittert dagegen gesträubt (1); von ihm selbst hören wir, daß er nicht gerne Mönch geworden sei (2) und daß sein erzwungenes Gelübde ihn kurz nachher gereut habe. Trotzdem bleibt Luther seinem Entschluß treu. Es handelt sich bei seinem Gelübde nicht um flüchtige Augenblickseingebung, mag auch der Anlaß dazu der plötzliche Todesschreck gewesen sein; es geht um viel mehr: Luther glaubt mit aller Kraft seiner Seele, daß Gott selber ihn in den Schrecknissen des Gewitters gerufen habe. Ihm wollte er, wie er noch im Alter sagt, den »großen Gehorsam« darbringen; um seiner Seligkeit, nicht um des Bauches willen (3) tut Luther den entscheidenden Schritt. Er hat nur noch ein Lebensziel: das Heil seiner Seele zu erringen. Wo läßt sich aber die seligmachende Vollkommenheit besser erreichen als im Kloster? Nachdem der Widerstand des Vaters durch bittere Erfahrung gebrochen ist (1), wird Luther im September 1505 nach abgelegter Generalbeichte als *Novize* auf ein Probejahr in die Klostergemeinschaft der Augustinereremiten aufgenommen. Er empfängt die Tonsur; mit dem Ordenskleid, der schwarzen Kutte und dem weißen Skapulier, soll er den neuen Menschen anziehen; nach der feierlichen Handlung der Aufnahme grüßen ihn Prior und Konvent mit dem Friedenskuß.

Die Augustinereremiten bestanden als Orden seit der Mitte des 13. Jahrhunderts (1256) und wurden den Bettelorden zugerechnet. Seit 1473 gab es im Orden eine strenge Richtung, die sog. Observanz, die sich zu einer besonderen Kongregation zusammenschloß und der auch das Erfurter Kloster angehörte. Suchte Luther einen Ort besonderen mönchischen Eifers, so kam dafür nur das in Stadt und Land hochangesehene Augustinerkloster in Betracht.

Das Gesetz, dem Luther bisher sein Leben willig beugte, tritt ihm im Kloster in neuer, härterer Gestalt entgegen. Der Novize haust in einer unheizbaren Zelle, die außer Tisch und Stuhl, Leuchter und Bettstatt nichts enthält; er wird zum rechten mönchischen Verhalten, zum Schweigen und Fasten, zu völliger Beherrschung leiblicher Bedürfnisse angehalten; auch der Priestermönch hat gelegentlich noch Bettelgänge gemacht (4). Das alles wird Luther kaum schwergefallen sein; es waren die ersten Schritte zum Ziel. Wichtiger war die Forderung der unbedingten Hingabe der Seele an Gott. Die Regel umfaßt den ganzen Menschen von den leiblichen Verrichtungen bis zum Gebet; keine Minute, kein Gedankenraum, der nicht ausgefüllt wäre von der Pflicht, Gott zu dienen. Seinem Lobpreis gilt das Chorgebet, das noch in der Nacht mit der Vigil beginnt und mit dem siebenfachen Horendienst den Tag beherrscht. Dazu kommt die Arbeit an der eigenen Seele; in peinlich genauer Selbstbeobachtung hat der junge Mönch täglich zu prüfen, ob er den geforderten Gehorsam leiste. Er beichtet jede, auch die kleinste Schuld, die er entdeckt, unter vier Augen dem Novizenmeister und öffentlich im wöchentlichen Schuldkapitel den Brüdern. Täglich liest er eifrig und gründlich in der Bibel (5), wie es die Ordensregel verlangt, um sich selbst in der Stille wieder und wieder zu prüfen. Als Luther im Herbst 1506 endgültig in den Orden der Augustinereremiten aufgenommen wurde, gelobte er, das Joch, das er freiwillig auf sich genommen, aus keiner Ursache wieder abzuschütteln, sich Gott und dem Orden zu opfern und »zu leben ohne Eigentum und in Keuschheit nach der Regel des seligen Augustinus bis an den Tod«.

Luthers Eifer im mönchischen Werke hatte schon längst die Aufmerksamkeit seiner Oberen erregt. Kurz nachdem er vollberechtigtes Glied der Klostergemeinde geworden ist, erhält er nun den Auftrag, sich zum Eintritt in den *Priesterstand* vorzubereiten, und empfängt im Laufe des Winters 1506 auf 1507 nacheinander die drei Weihen, die ihn befähigen, die heiligste Handlung der Kirche zu vollziehen, im Meßopfer die Opfertat Christi am Kreuze zu wiederholen, mitten im Geheimnis der Gegenwart Gottes zu stehen. Am Sonntag Kantate, 2. Mai 1507, liest er seine erste Messe (Primiz), zu der er den alten Eisenacher Freund Johannes Braun einlädt (6). Damals und noch lange Zeit später ist er tief durchdrungen von der Bedeutung seines Amtes (7); das vorbereitende Buch des Tübinger Professors Gabriel Biel über den Meßkanon hat er mit innerster Teilnahme, mit »blutendem Herzen« gelesen, und während der *Primiz* übermannt ihn das Grauen vor der göttlichen Majestät, mit der er in der heiligen Handlung redet (8). Der Vater freilich, der mit stattlichem Gefolge zur Primiz erschienen ist, stellt die Entscheidung des Sohnes in das düstere Zwielicht der Selbsttäuschung und Eigenmächtigkeit (9), aber der Sohn kann und will nicht mehr zurück, so sehr ihn der Hinweis des Vaters auf das vierte Gebot ins Herz trifft. Als Luther später (1521) dem Vater über seinen Weg ins Kloster schrieb, gestand er, daß er die väterliche Stimme mit Absicht mißachtete; er war entschlossen, den gewählten Weg bis zum Ende zu gehen.

1 Der Widerstand des Vaters gegen den Eintritt ins Kloster

Als ich ein Mönch wurde, da wollte mein Vater toll werden. Er war ganz unzufrieden und wollte mir's nicht gestatten; gleichwohl wollte ich es mit seinem Wissen und Willen tun. Als ich's ihm schrieb, antwortete er mir schriftlich wieder und nannte mich ›Du‹. Vorher redete er mich mit ›Ihr‹ an, weil ich Magister war; nun sagte er mir alle Gunst und väterlichen Willen ab. Da kam eine Pestilenz, so daß ihm zwei Söhne starben, und er erhielt Botschaft, ich sollte auch gestorben sein. Ich lebe aber noch, solange Gott will. Danach hielten und trieben sie meinen Vater an, er sollte auch etwas Heiliges zu seiner Ehre opfern, daß ich in den heiligen Orden träte und ein Mönch würde. Der Vater hatte viel Bedenken, er wollte nicht, bis er überredet ward, und ergab sich endlich darein mit unwilligem, traurigem Willen. Er sprach: Es sei – gebe Gott, daß es wohl gerate; und gleichwohl willigte er nicht gerne ein von freiem und fröhlichem Herzen. Es fehlte an einem ganzen Willen.

Val. Bavarus, Rapsodiae ex ore D. M. Lutheri, 1549, B. II. 752

2 Die eigenen Gefühle beim Eintritt ins Kloster

Ich bin nicht gerne ein Mönch geworden.

Aus TR 2,2286 (August/Dezember 1531)

3 Mönch um der ewigen Seligkeit willen

Obwohl ich durch Gewalt Mönch geworden bin gegen den Willen meines Vaters, der Mutter, Gottes und des Teufels, habe ich in meiner Mönchszeit den Papst so ehrfürchtig geehrt, daß ich allen Papisten Trotz bieten wollte, die es waren und die es sind. Denn ich habe das Gelübde getan nicht um des Bauches, sondern um meiner Seligkeit willen, und habe unsre Regeln unbeugsam streng gehalten.

Aus TR 4,4414 (März 1539)

4 Der Bettelmönch bei der Messe auf dem Dorf

Er erzählte, was für eine Geschichte ihm passiert sei, als er in Erfurt ein junger Mönch war und zum Bettelgang in ein Dorf hinauskam: Als er sich zur Feier der Messe gerüstet habe, da habe der Küster angefangen, das Kyrie Eleison und Patrem zur Laute zu singen.[26] »Da mußte ich die Messe singen und konnte mich doch kaum des Lachens enthalten, denn solche Orgel war ich nicht gewohnt; ich mußte mein Gloria in excelsis nach seinem Kyrie richten!«

TR 4,3926 (Juli/August 1538)

26 *Luther hätte die Messe als sog. Stillmesse gelesen; da nun sein Küster als Ministrant die Stücke an Stelle des Chores zur Laute sang, mußte Luther die ganze Messe singen.*

Als er Mönch wurde, trennte er sich von all seinen Büchern. Kurz
zuvor hatte er sich ein Corpus juris[27] und ich weiß nicht was für andere Bücher angeschafft. Diese gab er dem Buchhändler zurück. Ins
Kloster nahm er außer Plautus[28] und Vergil[29] nichts mit. Dort gaben ihm die Mönche eine in rotes Leder gebundene Bibel. Mit ihr
machte er sich so vertraut, daß er wußte, was auf jedem Blatt stand,
und sofort, wenn ein Spruch angeführt wurde, auf den ersten Blick
wußte, wo er stand. *Aus TR 1,116 (November 1531)*

6 *Einladung zur Primiz · Brief aus Erfurt an Stiftsvikar Johannes Braun
in Eisenach vom 22. April 1507* [30]

Gottes Segen in unsrem Herrn Jesus Christus! Ich würde mich
scheuen, hochgelehrter Herr, Eurer Liebe durch meinen ungeschickten
Bittbrief lästig zu fallen, bedächte ich nicht die aufrichtige Zuneigung
Eures gütigen und gegen mich so wohlgesinnten Gemütes, deren ich
durch so viel Beweise und Wohltaten völlig gewiß geworden bin.
Darum trug ich keine Bedenken, diese paar Zeilen an Euch zu richten,
kraft unserer gegenseitigen Liebe und Freundschaft in festem Vertrauen darauf, daß sie bei Euch Gehör und Erfüllung finden werden.

Denn da der ruhmreiche und in allen seinen Werken heilige[31] Gott
mich elenden, ja in jeder Beziehung unwürdigen Sünder einer so
herrlichen Erhöhung und der Berufung in seinen erhabenen Dienst allein aus seiner überschwenglichen Barmherzigkeit gewürdigt hat, so
muß ich, um so großer Herrlichkeit der göttlichen Güte angenehm zu
sein – wenigstens soweit dies der Staub vermag –, dieses mir anvertraute Amt auch ganz erfüllen.

Darum ist laut Beschluß meiner Väter[32] festgesetzt worden, daß ich
es am kommenden Sonntag Kantate, dem vierten (nach Ostern), unter

27 *Die Sammlung des geistlichen Rechtes (Corpus juris canonici) gedachte
Luther bei seinem juristischen Studium zu gebrauchen.*
28 *T. M. Plautus, † 184 v. Chr., römischer Komödiendichter, im Mittelalter viel gelesen.*
29 *Vergilius Maro, 70–19 v. Chr., römischer Hofdichter, der u. a. ein Epos
(Äneis), Hirtengedichte (Bucolica) und ein Lehrgedicht über den Landbau
(Georgica) schuf. Dante hat in seiner »Göttlichen Komödie« Vergil zum
Führer in der Unterwelt gemacht; daraus geht hervor, wie groß die Nachwirkung des antiken Dichters im Mittelalter war.*
30 *Der Brief ist zugleich ein Zeugnis der Dankbarkeit, mit der Luther an
seine Eisenacher Wohltäter zurückdachte; vgl. oben Seite 17 ff.*
31 *Psalm 145, 17.*
32 *Gemeint sind die Ordens-Obern.*

Gottes gnädigem Beistand erstmals ausüben soll. Dieser Tag ist für meine Primiz, die ich Gott darbringen soll, festgelegt worden, weil er meinem Vater[33] am bequemsten ist. Hiezu lade ich Eure Liebe in aller Demut und doch vielleicht [zu] kühn ein, gewiß nicht, weil ich es für angängig hielte, Euch wegen meiner Verdienste um Euch – solche gibt es nicht – mit der Mühsal einer so weiten Reise zu behelligen und Euch zu unsrer Armut und Niedrigkeit kommen zu lassen, sondern darum, weil ich Euer Wohlwollen gegen mich und Euer bereitwilliges Entgegenkommen bei meinem kürzlichen Aufenthalte bei Euch und bei andern Anlässen noch reichlicher erfahren durfte.

Ihr werdet also, teuerster Vater, Herr und Bruder – das eine ist der Name für Euer Alter und Eure Fürsorge, das zweite für Euer Verdienst, der dritte kommt Euch um des Glaubens willen zu –, wenn es die Zeit und Eure kirchlichen, vielleicht auch häuslichen Obliegenheiten erlauben, hier zu erscheinen geruhen und durch Eure werte Gegenwart und Eure Gebete helfen, daß mein Opfer vor Gottes Augen wohlgefällig werde. Zum Reisebegleiter – wenn Ihr sonst niemand anders mitnehmen wollt – werdet Ihr meinen Verwandten Konrad[34] haben, den einstigen Küster von St. Nikolai, vorausgesetzt, daß er wegen häuslicher Geschäfte Zeit hat und abkommen kann.

Endlich möchte ich Euch auffordern, geradeswegs in unser Kloster zu kommen, um die kurze Zeit bei uns zu verbringen – denn [dauernd] wohnen werdet Ihr hier doch nicht wollen –, und Euch nicht draußen irgendwo an der Straße eine Herberge zu suchen. Ihr müßt nämlich einmal ein Cellarius, d. h. ein Zellenbewohner, werden. – Lebt wohl in unsrem Herrn Jesus Christus!

Gegeben aus unsrem Kloster zu Erfurt am 22. April im Jahr des Herrn 1507.   Bruder Martin Luther aus Mansfeld.

Dem Schalbeschen Kollegium,[35] diesen vortrefflichen Männern, die sich um mich so hochverdient machten, wage ich nicht, beschwerlich und lästig zu sein, da ich völlig davon überzeugt bin, es stehe mit ihrer Stellung und Würde nicht im Einklang, sich zu einer so niedrigen Gefälligkeit herbeirufen zu lassen, ja sogar mit den Gelübden eines

---

33 Der leibliche Vater Luthers.
34 Konrad Hutter in Eisenach war mit einer Großtante Luthers mütterlicherseits verheiratet. Vgl. oben Seite 17.
35 Die Familie Schalbe in Eisenach hatte dem kleinen, am Fuße der Wartburg gelegenen Franziskanerkloster reiche Schenkungen gemacht; das hier genannte Kollegium übte wohl eine Art Patronat über das Kloster aus. Vgl. oben Seite 17 und 19.

nunmehr der Welt abgestorbenen Mönches belästigt zu werden. Überdies zweifle ich in meinem Herzen sehr, ob es ihnen willkommen oder eine Last wäre. Darum habe ich beschlossen zu schweigen, bitte Euch aber, Ihr wolltet sie bei schicklicher Gelegenheit meiner Dankbarkeit gegen sie versichern. *Br 1,10,3 ff*

7 Die Ehrfurcht vor der Messe

Wer mir vor zwanzig Jahren die Messe hätte nehmen wollen, der wäre hart mit mir zusammengeraten, denn ich betete sie von ganzem Herzen an.[36] *Aus TR 3,3723 (Februar 1538)*

8 Die Feier der ersten Messe

So bin auch ich einst, als ich noch Mönch war und erstmals im Meßkanon die Worte las: »Dich also, gnädigster Vater«, und weiter: »Wir opfern dir, dem Lebendigen, Wahren und Ewigen« völlig starr und entsetzt gewesen ob diesen Worten. Denn ich dachte: Wie soll ich eine Majestät von solcher Größe anreden, da schon beim Anblick oder der Unterredung mit einem Fürsten oder Könige alle verzagen müssen? *Aus der Genesisvorlesung (1540). WA 43,382,1 ff*

9 Das Gespräch mit dem Vater bei der Primiz

Er wurde Mönch ganz gegen den Willen des Vaters, der auch, als er die Primiz feierte und den Vater fragte, warum er über seinen Schritt erzürnt sei, ihm bei Tisch die Antwort entgegenhielt: »Wisset Ihr nicht, daß geschrieben steht: Ehre Vater und Mutter?« Als er sich aber entschuldigte, er sei durch das Gewitter so erschreckt worden, daß er gezwungenermaßen Mönch geworden sei, antwortete er: »Sehet zu, daß es nicht ein Gespenst[37] sei!« *Aus TR 1,623 (Herbst 1533)*

IN ERFURT, WITTENBERG UND ROM

Unmittelbar nach der Primiz erhielt der noch nicht vierundzwanzigjährige Priestermönch Luther einen neuen Befehl: der ehemalige Magister der freien Künste, der übergewissenhafte Mönch, der Neupriester wurde zum Studium der *Theologie* bestimmt. Der Orden hatte in *Erfurt* neben der öffentlichen theologischen Fakultät noch ein eigenes »Generalstudium«, eine besondere klösterliche Studienanstalt; sie war durch Personalunion der Lehrer mit der Universität verbunden,

---

36 *Für Luther war die Messe mit der zauberhaft verwandelt gedachten Hostie der Inbegriff alles Heiligen.*
37 *D. h. ein Truggebilde. Ob Luther im Gewitter eine Erscheinung hatte? Vgl. auch die Erzählung im Brief vom 21. November 1521 im Band 2.*

diente aber der Sonderaufgabe, den Gliedern des Ordens – und so auch Luther – das ihnen von der Ordensleitung auferlegte Studium der Theologie zu ermöglichen.

Im Mittelpunkt seines theologischen Studiums stand die Schrift und die Glaubenslehre der Kirche. Und Luther studiert mit demselben glühenden Eifer, mit dem er als Mönch die Werke des klösterlichen Gehorsams erfüllt hatte, nunmehr von neuem die Bibel und ihre wissenschaftlichen Ausleger, die fünfzig Bände des Nikolaus von Lyra ebenso wie die umfangreiche Glossa ordinaria, den vielbenützten Bibelkommentar des Mittelalters (1). Er hört bis zum Oktober 1508 eine Anzahl von Vorlesungen über das Alte und das Neue Testament und die große Pflichtvorlesung über die *Sentenzen* des Petrus Lombardus, des hochgeschätzten Kirchenlehrers (2); er verblüfft seine Freunde in späterer Zeit damit, daß er aus den dickleibigen Kommentaren zu dieser Glaubenslehre große Stücke auswendig zitieren kann.

Hatte in jener Zeit schon die Schrift zu Luther geredet? Nein, denn seine Augen sind damals noch gehalten. Alles, was er liest, liest er durch die Brille der in Erfurt maßgebenden Theologie. Er ist noch völlig im Bannkreise des Occamismus; die Lehre der Scholastik, daß der Mensch mehr oder weniger, mittelbar oder unmittelbar, das Gesetz ohne die Gnade halten und erfüllen könne (2), war ihm noch lange nicht der Inbegriff aller Verderbnis in der Kirche, greuliche Irrlehre und Abfall von der Schrift geworden.

Mitten in diese Arbeit hinein kommt im Oktober 1508 Luthers Abberufung nach *Wittenberg*; dort hatte der Orden einen Lehrstuhl der Moralphilosophie in der Artistenfakultät zu besetzen. Wittenberg, fast im Barbarenlande gelegen (3), im Gegensatz zu dem volkreichen, fruchtbaren und turmbewehrten Erfurt eine bescheidene Kleinstadt, in Sandhügel eingebettet, besaß seit 1502 eine Universität, welche es wie auch den überreichen Reliquienschatz seiner Stifts- oder Schloßkirche dem frommen Kurfürsten Friedrich von Sachsen verdankte. Luther, Hals über Kopf von Erfurt abgerufen (4), sieht sich in eine Fülle neuer Arbeit gestürzt: er ist gleichzeitig Lehrer, der viermal in der Woche über des Aristoteles Ethik lesen und mit den Studenten darüber disputieren muß, und gleichzeitig Schüler, der in der theologischen Fakultät zu hören und zu disputieren hat. Sein Wunsch, von der Philosophie weg zur Theologie zu kommen (4), wird wenigstens insofern erfüllt, als er vom März 1509 an als »biblischer Baccalaureus« Vorlesungen über einzelne Kapitel der Bibel halten darf; doch wächst dadurch aufs neue die Last seiner Geschäfte.

Schon nach Jahresfrist wird Luther wieder nach *Erfurt* zurückgerufen; offenbar brauchte das Erfurter Generalstudium und sein Leiter, Luthers Gönner Nathin, die Kraft des vielversprechenden, nunmehr sechsundzwanzigjährigen Mönchsgelehrten. Nun liest Luther 1509/10 als Sententiar im Erfurter Generalstudium über die Glaubenslehre des Lombarden. Immer tiefer gräbt er sich in die Dogmatik ein; peinlich genau nimmt er es mit seiner Aufgabe, den Text der Sentenzen möglichst Wort für Wort zu erklären. Sein suchender Geist zieht herbei, was Förderung verspricht, und heute noch bezeugen Randbemerkungen von seiner Hand, daß er in jener Zeit begann, sich mit Augustin[38] gründlicher zu befassen, ohne allerdings seinen Ordensheiligen, der ihm das Vorbild mönchischer Frömmigkeit war, anders zu verstehen, als seine occamistische Theologie es erlaubte. Nur an ganz wenigen Stellen blitzt etwas auf von dem, was Luther innerlich umtreibt: Ist der Trieb des Menschen zur Sünde nicht viel größer, als Occam lehrt? Lassen sich menschlicher Wille und göttliche Gnade so einfach nebeneinanderstellen, wie er es gelernt hat? Vielleicht bahnt sich unter dem Einfluß augustinischer Sätze schon eine gewisse Lösung Luthers von der Schultheologie an; vielleicht ist er innerlich schon unabhängiger geworden, als er selbst weiß. In einem Punkte verläßt Luther die überlieferte Bahn: er eignet sich in jenen Monaten aus dem Lehrbuch des großen Humanisten Reuchlin (1455–1522) hebräische Kenntnisse an, ohne vorerst freilich – wie im Griechischen – über die dürftigsten Anfänge hinauszukommen.

Während Luther in seiner zierlich-klaren Handschrift Seite auf Seite der Werke, in denen er arbeitet, mit Bemerkungen füllt und im stillen Klosterhörsaal seine Vorlesungen hält, tobt durch die Straßen Erfurts mit Mord und Zerstörung das »tolle Jahr«, ein wüster Aufstand der durch Steuerdruck zur Verzweiflung getriebenen proletarisierten Kleinhandwerker gegen den Rat der Stadt, ein Vorbote künftiger schwerer sozialer Kämpfe und Erschütterungen. Der alte Rat wurde

---

38 *Aurelius Augustinus, der Kirchenlehrer der abendländischen Christenheit, wurde 354 in Thagaste (Numidien) geboren und starb 430 als Bischof von Hippo. In seinem 22 Bücher umfassenden Werk »Vom Gottesstaat« (413–426) hat Augustin im Zusammenbruch des römischen Weltreichs Wahrheit und Wirklichkeit der Kirche als Hort der Demut und als Hinweis auf das kommende Gottesreich neu begründet; dadurch verhalf er der durch die Katastrophe unsicher gewordenen Christenheit zur Überwindung ihrer Glaubenskrise. Ohne Augustins Gedanken von der sichtbaren Kirche ist die Entwicklung der mittelalterlichen Kirche undenkbar; für Luther wurde Augustins Lehre von der Freiheit und Alleinwirksamkeit der göttlichen Gnade und Vorherbestimmung und seine Betonung der Demut maßgebend.*

gestürzt und sein führender Mann hingerichtet; bei weiteren Unruhen wurde das Kollegiengebäude der Universität zerstört, die wertvolle Bücherei vernichtet. Luther hat damals und später ein scharfes und absprechendes Urteil über die Erfurter Vorgänge gefällt (5).

Auch im Orden selbst herrschte nicht die friedevolle Stille eines abgeschiedenen Paradiesgärtleins; Spannungen zwischen einer laxen und der strengen Richtung der Observanten, zu denen auch Erfurt gehörte, waren längst vorhanden, und der verborgene Funke wurde zur Flamme, als den Observanten von ihrem eigenen Ordensvikar Staupitz Verzicht auf ihre Sonderrechte, auf ihre bessere Gerechtigkeit, und eine Union mit den verachteten Klöstern minderer Vollkommenheit zugemutet wurde. Es kam so weit, daß die Observanten von ihrem Rechte, sich unmittelbar an den Papst wenden zu dürfen, Gebrauch machten, und kein anderer als Luther wurde ausersehen, als Begleiter eines Nürnberger Ordensbruders nach *Rom* zu reisen.

Als Luther die Heilige Stadt in überschwenglicher Freude begrüßt (6), ahnt er von den bitteren Enttäuschungen noch nichts, welche der Sitz des Heiligen Vaters, das Herz der Christenheit, für ihn birgt: als ein »toller Heiliger« läuft er durch Rom und schaut von den aufgespeicherten Heiligtümern an, was irgend zu erreichen ist (7). Aber er sieht auch anderes: völlig unfähige Priester (8), offene Verachtung der Sakramente und freche Zuchtlosigkeit im heiligen Dienste (9), Hohn und Spott über die frommen Narren (10). Kein Wunder, daß er sich später in den härtesten Ausdrücken über Rom geäußert hat (11). Damals freilich hat die Enttäuschung des in Rom verbrachten Winters 1510/11 Luthers kirchliche Treue nicht erschüttert. Er kehrt im April 1511 zurück, wie er auszog: gewillt, seinem Orden und der Kirche von ganzem Herzen zu dienen.

1 Zwischen Philosophie und Theologie in Wittenberg

Damals gefiel mir ... kein anderes Studium als das der Heiligen Schrift. Wenn ich mit erstaunlichem Überdruß Physik las, so brannte das Herz, wenn es galt, zur Bibel zurückzukehren. Ich benützte die Glossa ordinaria.[39] Den Lyra[40] verachtete ich, wiewohl ich nachher sah, daß er zur Geschichte viel beitrug. Ich las aber fleißig die Bibel;

39 *Die Glossa ordinaria des Abtes Walahfrid Strabo von Reichenau (etwa 808–849) war eine erbauliche Auslegung und Wort- und Sacherklärung der Schrift, die im Mittelalter viel benützt wurde.*
40 *Der Franziskaner Nicolaus von Lyra (etwa 1270–1340) war Verfasser einer fünfzigbändigen Bibelerklärung, der Postille, die von Luther auch noch später, vor allem zur Erklärung des 1. Buchs Mose, benützt wurde.*

irgendein schwerwiegender Spruch beherrschte alle Gedanken eines Tages, und vor allem in den wichtigeren Propheten steckten solche Sprüche – obwohl ich sie nicht begreifen konnte –, welche ich bis heute im Gedächtnis habe, so in Hesekiel (33, 11): »Ich habe keinen Gefallen am Tode des Gottlosen usw.«   *Aus TR 1,116 (November 1531)*

2 Das Urteil über Petrus Lombardus

Peter der Lombarde[41] war ein äußerst fleißiger Mann und von ausgezeichneter Begabung. Er hat viel Hervorragendes geschrieben. Er wäre wahrlich ein großer Kirchenlehrer gewesen, wenn er sich mit voller Kraft und Wahrheit auf die Heilige Schrift verlegt hätte. Aber er verwirrt selber jenes Buch durch viele nutzlose Fragen. Gewiß waren es die besten Köpfe, aber es waren nicht die Zeiten, die wir jetzt haben. Denn die Scholastiker kamen so weit, daß sie lehrten, der Mensch sei unversehrt, nur etwas verwundet, aber doch vermöge er aus eigener Kraft ohne die Gnade das Gesetz zu halten; wer freilich die Gnade erlangt habe, könne das Gesetz leichter erfüllen als aus eigener Kraft. Derartige Ungeheuerlichkeiten lehrten sie – ohne den Fall Adams zu sehen, ohne zu sehen, daß Gottes Gesetz geistlich sei.

TR 3,3698 (Januar 1538)

3 Über die Stadt Wittenberg und ihre Lage

Die Wittenberger sind an der Grenze der Zivilisation; wären sie noch ein wenig weiter vorgerückt, so wären sie mitten in die Barbarei geraten.   *Aus TR 2,2800 b (November 1532)*

4 Die plötzliche Versetzung nach Wittenberg · Aus einem Brief aus Wittenberg an Stiftsvikar Johann Braun in Erfurt vom 17. März 1509.

Wundert Euch nicht darüber, daß ich Euch ohne ein Wort verließ. Meine Abreise erfolgte nämlich so plötzlich, daß kaum meine nächsten Freunde etwas davon erfuhren. Ich wollte Euch schreiben, konnte aber nicht aus Mangel an Zeit und Ruhe; schmerzlich bedaure ich – das wenigstens kann ich – , daß ich Euch ohne Gruß so plötzlich zu verlassen gezwungen war. Nun bin ich also auf Befehl oder doch mit Willen Gottes in Wittenberg. Wollt Ihr wissen, wie es mir geht? Gott sei Dank, ich befinde mich wohl; nur ist das Studium angreifend, besonders die Philosophie, die ich von Anfang an am liebsten

---

41 *Petrus Lombardus (etwa 1105–1160) war theologischer Lehrer, zuletzt Bischof in Paris. Seine vier Bücher »Sentenzen« behandeln die gesamte Glaubenslehre der Kirche, waren vor allem um der vielen Kirchenväterzitate willen geschätzt und galten im Mittelalter als das maßgebende dogmatische Lehrbuch.*

mit der Theologie vertauscht hätte –, ich meine eine Theologie, die den Kern der Nuß, das Innerste des Weizenkorns, das Mark des Knochens erforscht. Aber Gott ist Gott; Menschenurteil irrt oft, ja immer. Und er ist *unser* Gott, er wird uns führen in Freundlichkeit und immerdar.   *Br 1,16,36 ff*

5 Das »tolle Jahr« in Erfurt

Es hat ihr (der Stadt Erfurt) nicht am Gelde, sondern an Weisheit gefehlt. Denn es gibt ein Sprichwort:

> Stolzer Mut, heimlicher Neid, kindischer Rat,
> die Drei Rom und Troja zerstöret hat.

So ging es Erfurt.   *Aus TR 2,2494 b (Januar/März 1532)*

6 Beim Anblick Roms

Im Jahre 1510, als ich zuerst die Stadt sah, warf ich mich zu Boden und rief: Sei gegrüßt, heiliges Rom! Ja, wahrhaftig heilig von den heiligen Märtyrern, von deren Blut sie trieft!

Aus TR 5,6059 (wohl aus den dreißiger Jahren)

7 Der tolle Heilige in Rom

So ging es mir in Rom, als ich auch so ein toller Heiliger war; da lief ich durch alle Kirchen und Katakomben und glaubte alles, was daselbst erlogen und erstunken ist. Ich habe in Rom auch wohl eine Messe oder zehn gehalten, und es tat mir damals fast leid, daß mein Vater und meine Mutter noch lebten, denn ich hätte sie gerne mit meinen Messen und anderen trefflichen Werken und Gebeten mehr aus dem Fegfeuer erlöst. Es gibt in Rom einen Spruch: ›Selig ist die Mutter, deren Sohn am Sonnabend in St. Johann[42] eine Messe hält‹; wie gerne hätte ich da meine Mutter selig gemacht! Aber es war ein zu großes Gedränge, und ich konnte nicht hinzukommen; da aß ich einen gesalzenen Hering dafür.

Auslegung des 117. Psalms (1530). WA 31,1,226,9 ff

8 Unfähige Priester in Rom

Nicht um viel Geld wollte ich nicht in Rom gewesen sein. Ich würde es nicht glauben, wenn ich's nicht selbst gesehen hätte. Denn die Gottlosigkeit und Bosheit ist dort so groß und so unverschämt, daß allda weder Gott noch Menschen, weder Sünde noch Schande geachtet werden. Das bezeugen alle Frommen, die dort waren, und alle Gottlosen, die aus Italien noch schlimmer heimkehrten. Der Hauptumstand bei meiner Romfahrt war jedoch der, daß ich eine ganze Beichte von Ju-

---

42 *Eine der römischen Wallfahrtskirchen.*

gend auf[43] ablegen und fromm werden wollte, wiewohl ich eine
solche Beichte in Erfurt zweimal[44] abgelegt hatte. Da kam ich nach
Rom zu völlig ungelehrten Leuten[45]. Ach, lieber Herrgott, was sollen auch die Kardinäle wissen, die mit so viel Staats- und anderen
Geschäften überhäuft sind? Haben ja wir Mühe genug, die wir täglich studieren und jede Stunde in der Übung sind!

TR 3,3582 A (März/Mai 1537)

9 Entweihung der Messe in Rom

Ich bin nicht lange in Rom gewesen, habe dort [aber] viele Messen
gehalten und auch viele [Messen] halten sehen; es graut mir, wenn ich
daran denke. Da hörte ich unter anderen groben Brocken die Höf-
linge bei Tisch lachen und prahlen, wie etliche Messe hielten und
über Brot und Wein sprächen: Brot bist du, Brot bleibst du, – und
dann [Brot und Wein] hochhielten[46]. Nun, ich war ein junger und
recht frommer Mönch, dem solche Worte wehtaten. Was sollte ich
da denken? Was konnte mir anderes einfallen als solche Gedanken:
So redet man hier in Rom frei und öffentlich bei Tische? Wie, wenn
alle miteinander, Papst, Kardinäle samt den Höflingen, auf diese
Art Messe halten, wie wäre ich da betrogen, der ich von ihnen so
viele Messen gehört hatte! Und überdies ekelte mir sehr, wie sie so
rips raps die Messe halten konnten, als trieben sie ein Gaukelspiel.
Denn ehe ich zum Evangelium[47] kam, hatte mein Nebenpfaffe schon
eine Messe zu Ende gebracht und schrie mir zu: Passa, Passa, immer
weg, mach Schluß usw.   *TR 3,3428 (wohl aus den dreißiger Jahren)*

10 Römischer Spott über ernste Frömmigkeit

Man lachte uns [Deutsche in Rom] einfach aus, weil wir so fromme Mönche waren, und hielt einen Christen für einen ausgemachten
Narren. Ich weiß, daß sie sechs oder sieben Messen hielten, bis ich
eine einzige; sie nahmen Geld dafür, ich nicht.

Aus TR 5,5484 (Sommer/Herbst 1542)

---

43 Die »Generalbeichte«, eine zusammenfassende Beichte aller begangenen
Sünden, durch welche die früheren Beichten ergänzt werden.
44 Luther hatte bei der vorläufigen und bei der endgültigen Aufnahme in
den Orden die Generalbeichte abgelegt.
45 Die römischen Priester wissen nicht, wie man eine solche Beichte ab-
hört, beherrschen also nicht einmal das notwendigste Rüstzeug ihres Amtes.
46 Bei der Messe wird Hostie und Kelch hochgehalten (Elevation) und dem
Volke vom Priester gezeigt.
47 Das »Evangelium« wird im Gange der Messe als 10. Stück (10. Rubrik)
von insgesamt 41 Rubriken verlesen.

Gibt es eine Hölle, so steht Rom darauf. *Aus TR 3,3201 b (Mai 1532)*

Rom, einstmals die heiligste Stadt, ist nun zur verdorbensten geworden. Es geht uns wie den Propheten, die ähnliche Klagen erheben. (Jes 1, 21): »Die fromme Stadt ist zur Hure geworden.« Denn aus dem Besten kommt [wenn es verdorben wird] immer das Schlimmste. Die Welt bleibt sich immer gleich: treulos, Satans Reich und Christi Feind.   *TR 4,4391 (März 1539)*

DER KAMPF UM DIE VOLLKOMMENHEIT

Luther erstrebt im Kloster die Erfüllung des »vornehmsten und größten Gebots«: Gott von ganzem Herzen, von ganzer Seele und von ganzem Gemüte zu lieben (Matth 22, 37 f). Selbstverständlich obliegt dieses Gebot auch dem Weltchristen; allein es ist dem Mönche, der *im Stande der Buße und der Vollkommenheit* lebt, dringlicher gestellt, und es kann von ihm, der durch seinen Eintritt ins Klosterleben, durch die »Mönchstaufe« ein neuer, von der Sünde gereinigter Mensch geworden ist, leichter erfüllt werden als von dem durch viele Hindernisse und mancherlei Bindungen aufgehaltenen Weltchristen.

Ehe jedoch die Gottesliebe in die Seele einziehen kann, muß alle Finsternis aus ihr vertrieben sein, wie – dieses Bild benützten die scholastischen Theologen zur Verdeutlichung – in einem finsteren Raume zuerst die dunkeln Schatten weichen müssen, ehe das Licht erstrahlen kann. Darum muß auch die vergangene Sünde bereut und gebeichtet werden, darum muß die gegenwärtige, immer vor der Tür lauernde Sünde bekämpft werden. Diesen Kampf hat Luther in ganzer Tiefe durchgekämpft. Nicht ein gleichgültiger, sondern ein übereifriger Mönch steht vor uns, der die gewöhnlichen Klosterübungen wie Beten, Fasten und Nachtwachen treibt bis zur völligen Erschöpfung (1), der nicht müde wird, in der Beichte immer wieder alle Sünden von Jugend auf zu bekennen (2), um mit dem Zuspruch der Vergebung auch die selige Gewißheit der Gottesliebe zu erlangen, der nicht gegen die häufigen mönchischen Anfechtungen durch die Lust des Fleisches zu kämpfen hat (3), der aber dafür Gottes Vergebung durch die vollkommene Hingabe seines Willens erkämpfen will.

Luther weiß, daß er auf diesem Wege zum Ziel gelangen *muß*; nicht umsonst hat er die scholastische Theologie der Werkgerechtigkeit mit allem Eifer zunächst gelernt und später auch gelehrt, wonach der Mensch auch aus natürlichen Kräften Gottes Gnade erreichen kann (4). Kein Wunder, daß der junge Priestermönch sich auch bei der Messe heimlich als den Herrn fühlt, auf den Gott angewiesen, dem Gott zu Danke verpflichtet ist (5).

Allein der geistliche Hochmut dieser künstlichen Gerechtigkeit hält nicht lange vor. Zu drohend und zu gewaltig steht das Gesetz vor Luthers Seele. Gott will die ganze, ungeteilte Liebe — aber wieviel unruhige Begierde, wieviel Reiz zum Bösen, wieviel Eigendünkel und Eigenwille, wenn auch nur in der Form des natürlichen inneren Widerstandes gegen die schuldige Liebespflicht, ist noch im dunkeln Raum der Seele! Kann, darf Gott solche erzwungene Liebe als würdig anerkennen und lohnen? So betet Luther als ein Zweifelnder, so geht er zur Beichte als ein Zweifelnder (6) — zweifelnd nicht an der Gültigkeit oder am Werte des Sakramentes, wohl aber *zweifelnd an der Reinheit seiner eigenen Liebe*, an der Vollkommenheit seines guten Willens; nie hat er die Gewißheit, ob die Bedingungen von seiner Seite aus erfüllt sind, unter denen das Sakrament in seinem Herzen wirksam wird und das Licht der Gottesliebe seine Seele erleuchtet (7). Luther steht hier vor der ausweglosen Schwierigkeit: um vor Gott würdig zu *werden*, muß er vor Gott würdig *sein*, um die Gottesliebe zu erlangen, muß er sie besitzen. Wie ist es da möglich, des Heiles gewiß zu sein? Durch alles, was Luther später hierüber gesagt hat, zieht sich eines hindurch: je mehr Heiligkeit, desto mehr Ungewißheit; je mehr Werke, desto mehr Anfechtung; je gewissenhafter der Mönch seinem Orden dient, desto mehr wird er in die Unsicherheit hineingetrieben; je größer das Gesetz, desto größer die Sünde. Das *Gesetz* treibt ihn zu stets neuem Wollen und Laufen, aber eben dies Wollen und Laufen führt ihn von Gott weg (8) und immer von neuem in Anfechtung und Sünde hinein. Der Stolz auf die mönchischen Werke zerbricht ihm, die Gnade des Beichtsakraments wird zum Schrekken, das Vertrauen auf die Mönchstaufe hält nicht der kleinsten Anfechtung stand (9).

Nicht anders geht es bei Luthers Bemühungen, den Heilsweg der *Mystik*, der Versenkung in den Seelengrund zur Einswerdung mit Gott, einzuschlagen. Wohl wird er fast toll (10) über dem Bemühen, nach Anweisung der großen Mystiker Bonaventura und Dionysius Areopagita »in die Majestät hinaufzuklettern«, wohl glaubt er auch einmal »unter Engelchören« zu weilen; allein die völlige, dauernde Gemeinschaft mit Gott erreicht er auch auf diesem Wege nicht. So bestätigt auch dieser Versuch die bisherige Erfahrung: daß er um seiner Sünde willen nicht zu Gott gelangen könne.

In aller Qual der Anfechtung und Sündennot stand für Luther immer noch eines fest: die Gewißheit, daß Gott ein gerechter Richter, daß der Gesetzgeber an das Gesetz gebunden sei, daß das Gesetz ihm zwar jetzt zum Fluch gereiche, aber doch auch zum Segen werden könne, wenn seine Erfüllung gelänge. Da stürzt auch der letzte Pfeiler seiner Zuversicht zusammen. Luther gräbt sich ein in die Lehre Augustins von der *Prädestination*, von der ewigen, unaufhebbaren, unabänderlichen Vorherbestimmung aller Menschen entweder zur ewigen Seligkeit oder zur ewigen Verdammnis. Wo ist seine Gewißheit, daß er zu den Erwählten gehöre? Wo bleibt die Hoffnung auf Gottes Gerechtigkeit, wenn Gott, für alles Menschenwerk unzugänglich, nur seinem eigenen, unberechenbaren, geheimnisvollschauerlichen Willen lebt, dem der Mensch auf Gedeih und Verderb ausgeliefert ist, ohne auch nur feststellen zu können, ob er erwählt oder verworfen ist? Luther stürzt in einen neuen Abgrund der Verzweiflung (11), er empört sich in wildem Haß gegen diesen Bösewicht von Gott und beginnt ihn zu lästern (12); aber eben dieser Ausbruch von Verzweiflung, Lästerung, Gotteshaß und Verachtung des Gesetzes beweist ihm, daß *er* zu den Verworfenen gehört. Was Luther in solchen Stunden an Höllenqual durchgemacht, hat er später in entsetzlicher Schilderung niedergelegt (13): die nackte, ausweglose Trostlosigkeit, das unwiderrufliche Ausgestoßensein durch den schrecklichen Zorn Gottes, das völlige Verlorensein in der Finsternis des Todes.

Der Kampf des Mönches, der die Finsternis der Sünde aus seinem Herzen vertreiben will, endet damit, daß er hoffnungslos in dem Abgrund der tiefsten Traurigkeit, in der Finsternis des Verdammtseins versinkt.

1 Ein frommer Mönch

Es ist wahr, ich bin ein frommer Mönch gewesen und habe meinen Orden so streng gehalten, daß ich sagen darf: Ist je ein Mönch in den Himmel gekommen durch Möncherei, so wollte ich auch hineingekommen sein. Das werden mir alle meine Klostergesellen, die mich gekannt haben, bezeugen. Denn ich hätte mich, wenn es [noch] länger gewährt hätte, zu Tod gemartert mit Wachen, Beten, Lesen und anderer Arbeit.　*Aus »Die kleine Antwort auf Herzog Georg nähestes Buch«*
(1533). WA 38,143,25 ff

Von den gottlosen Mönchen, die ihren Bauch zum Gott hatten und greuliche Sünden, die ich nicht nennen mag, trieben, spreche ich nicht, vielmehr von den guten, wie ich einer war und viele andere, die heiligmäßig lebten und mit angestrengtestem Eifer versuchten, den Zorn Gottes durch Einhalten der Ordensregel zu versöhnen und Vergebung der Sünden und das ewige Leben zu verdienen.

Aus dem Kommentar zum Galaterbrief, 1531. WA 40,1,685

2 Luthers Eifer bei der Beichte

Mich hat als Jüngling das Wort in den Sprüchen (27, 23) fast getötet: »Auf deine Schafe habe acht und nimm dich deiner Herde an«, d. h. ein Hirte soll seine Schafe verstehen und kennen. Dieses Wort faßte ich so auf: Ich mußte mich meinem Pfarrer, Prior usw. so rein entdecken, daß er wußte, was ich mein Lebtag getan hatte. Da sagte ich alles, was ich getan hatte von Jugend auf, so daß mich mein Präzeptor im Kloster zuletzt darum rügte.   *Aus TR 1,461 (Februar 1533)*

3 Die Keuschheit des Mönchs

Als Mönch habe ich nicht viel Begierde gespürt. Pollutionen hatte ich aus leiblicher Nötigung. Die Weiber schaute ich nicht einmal an, wenn sie beichteten; ich wollte nicht einmal die Gesichter derer, die ich hörte, kennenlernen. In Erfurt hörte ich keine, in Wittenberg nur drei.   *TR 1,121 (November 1531)*

4 Aus eigener Kraft

Die scholastische Theologie stimmt in dem Punkte überein, daß der Mensch aus rein natürlichen Kräften die Gnade de congruo[48] verdienen könne, und sämtliche Scholastiker lehrten wenigstens also: Vollbringe, was in dir ist! Aber auch Occam, obwohl er alle an Geist übertraf und alle übrigen Richtungen widerlegt hatte, schrieb und lehrte ausdrücklich, daß man in der Schrift nicht finden könne, der Heilige Geist sei zu einem guten Werke nötig. Diese Leute hatten gute Köpfe und Muße und wurden alt bei ihren Vorlesungen, aber von Christus verstanden sie nichts, weil sie die Bibel verachteten und

---

48 *Die scholastische Theologie unterschied zwischen eigentlichen Verdiensten (de condigno) und uneigentlichen Verdiensten (de congruo). Erstere sind nur möglich dank der übernatürlichen, von Gott eingegossenen, heiligmachenden Gnade; ihre Würdigkeit muß Gott anerkennen. Allein auch schon vor der Eingießung dieser Gnade kann der Mensch dank der »helfenden«, »umsonst gegebenen« Gnade Gottes Verdienste erwerben, denen Gott aus Billigkeitsgründen Recht und Würdigkeit zusprechen kann — die Verdienste de congruo. Unter stärkster Betonung der paulinischen Formeln soll so die Freiheit des menschlichen Willens, der tun soll und kann, was »in ihm« ist, neben der Wirksamkeit Gottes gesichert werden. In Wirklichkeit wird damit Gottes Wille von den eigenen Kräften des Menschen abhängig gemacht. Hier setzt Luthers Kampf gegen die scholastische Theologie ein.*

niemand die Bibel las zur Einübung [im Glauben], sondern zur [wissenschaftlichen] Erkenntnis wie ein geschichtliches Buch.

TR 4,5135 (August 1540)

5 Luthers Hochmut bei der Messe

Nach den Gebeten und nach meinem Messelesen war ich über die Maßen hochmütig, aber den Schalk dahinter sah ich nicht: daß ich nicht auf Gott vertraute, sondern auf meine Gerechtigkeit, und daß ich nicht Gott Dank darbrachte für das Sakrament, daß er vielmehr mir danken und froh sein mußte, daß ich ihm seinen Sohn geopfert hatte. Und wenn wir zur Messe gingen, hatten wir einen Spruch: Ich will gehen und der Jungfrau ein Kind [aus der Taufe] heben!

Aus TR 3,2935 a (Januar 1533)

6 Der Zweifel an der eigenen Gerechtigkeit

Ich habe auch wollen ein heiliger, frommer Mönch sein und habe mich mit großer Andacht zur Messe und zum Gebet bereitet; aber wenn ich am andächtigsten war, so ging ich als Zweifler zum Altar, als Zweifler ging ich wieder davon. Hatte ich mein Beichtgebet gesprochen, so zweifelte ich doch; hatte ich es nicht gesprochen, so verzweifelte ich abermals. Denn wir waren schlechterdings in dem Wahn, wir könnten nicht beten und würden nicht erhört, wenn wir nicht ganz rein und ohne Sünde wie die Heiligen im Himmel wären.

Aus Crucigers Sommerpostille (1544). WA 22,305,35 ff

7 Die Not der Beichte

In der Ohrenbeichte wurde bei den Papisten nur auf das äußere Werk gesehen. Da war ein solches Laufen, daß man sich nimmer satt beichten konnte. Fiel einem noch eine Sünde ein, so lief man wieder zurück, so daß der Priester [einmal] zu mir sagte: ›Gott hat befohlen, auf seine Barmherzigkeit zu hoffen, gehe hin in Frieden!‹ Und Doktor Hieronymus Schurff[49] wurde so sehr gepeinigt, daß er drei-, viermal zum Priester vor dem Sakrament zurücklief, ja ihm beim Darreichen am Altar noch einen Skrupel ins Ohr sagte. Wir machten die Beichtväter müde, so bange machten sie uns mit ihren bedingungsweisen Lossprechungen: ›Ich spreche dich los durch das Verdienst unsres Herrn Jesu Christi wegen der Reue des Herzens, des Mundes Bekenntnis, der Genugtuung deiner Werke und der Fürsprache der Heiligen usw.‹ Die [von uns geforderte] Bedingung richtete alles Unglück an. Denn dies alles taten wir aus Furcht vor Gott, um gerechtfertigt zu werden, – überschüttet mit unzähligen menschlichen Satzungen.

Aus TR 5,6017 (wohl aus den dreißiger Jahren)

49 *Hieronymus Schurff, der spätere Professor der Rechte in Wittenberg.*

So war ich im Mönchtum ein Wollender und Laufender, aber ich kam je länger je weiter davon. Darum, was ich jetzt habe, habe ich nicht von jenem Laufen, sondern von Gott.

Aus TR 1,502 (Frühjahr 1533)

9 Auch die Mönchstaufe hilft nicht mehr

Daß die Mönche die Taufe Christi mit ihrer Möncherei verglichen haben, können sie nicht leugnen, denn sie haben's überall in aller Welt so gelehrt und geübt. Und so ward auch mir Glück gewünscht, als ich die Profession[50] getan hatte, von Prior, Konvent und Beichtvater: ich wäre nun wie ein unschuldiges Kind, das jetzt rein aus der Taufe käme. Und fürwahr, ich hätte mich der herrlichen Tat gerne gefreut, daß ich ein so trefflicher Mensch wäre, der sich selbst durch sein eigen Werk ohne Christi Blut so schön und heilig gemacht hätte, so leicht und so schnell. Aber obwohl ich so süßes Lob und prächtige Worte von meinem eigenen Werk gern hörte und mich auf diese Weise für einen Wundertäter halten ließ, der sich selbst so leichterweise heilig machen und den Tod samt dem Teufel fressen könnte, so wollte es doch nicht stichhalten. Denn wenn nur eine kleine Anfechtung kam von Tod oder Sünde, so fiel ich dahin und fand weder Taufe noch Möncherei, die mir helfen konnten. Christus und seine Taufe hatte ich auf diese Weise auch [schon] längst verloren. Da war ich der elendeste Mensch auf Erden, Tag und Nacht war lauter Heulen und Verzweifeln, daß mir niemand wehren konnte. So ward ich gebadet und getauft in meiner Möncherei und hatte die rechte Schweißsucht. Gott sei Lob, daß ich mich nicht zu Tode geschwitzt habe; ich wäre sonst längst im Abgrund der Hölle mit meiner Mönchstaufe! Denn ich kannte Christus nicht anders als einen strengen Richter, vor dem ich fliehen wollte und doch nicht entfliehen konnte.

Aus »Die kleine Antwort auf Herzog Georg nähestes Buch« (1533).
WA 38,147,30 ff

10 Der Heilsweg der Mystik

Die spekulative Wissenschaft der Theologen[51] ist schlechthin nichtig. Ich las Bonaventura[52] darüber, aber er hätte mich fast toll ge-

---

50 *Die Ablegung des Mönchsgelübdes.*
51 *»Spekulativ« ist für Luther alle Theologie, die an dem fleischgewordenen Christus vorbeisieht und, wie die Mystik, nur danach trachtet, eine auch ohne Christus bestehende, verborgene Einheit der Seele mit Gott aufzudecken und zu erleben. Demgegenüber »ist die wahre Theologie praktisch, und ihr Fundament ist Christus, dessen Tod durch den Glauben ergriffen wird«*
(TR 1,153)

macht, weil ich die Einigung Gottes mit meiner Seele, von der er fabelt, durch die Einigung von Intellekt und Willen spüren wollte. Es sind lauter fanatische Geister. Das aber ist die wahre spekulative [Theologie], die vielmehr praktisch ist: Glaube an Christus und tue, was du sollst. Ebenso ist die mystische Theologie des Dionysius[53] reines Fabelwerk.   *TR 1,644 (Herbst 1533)*

11 Prädestinationsanfechtung

Das bereitet dem gesunden Menschenverstand und der natürlichen Vernunft den größten Anstoß, daß Gott rein nach seinem Willen die Menschen im Stich läßt, verstockt, in Verdammnis stürzt, als ob er eine Freude hätte an so großen Sünden und ewigen Martern jener Elenden, − der Gott, dessen große Barmherzigkeit usw. [doch allenthalben] gepredigt wird. Ungerecht, grausam, unerträglich scheint es, so von Gott zu denken, und daran haben sich auch so viele große Männer gestoßen in so langen Zeiten.

Und wem sollte hierdurch kein Ärgernis bereitet werden? Ich selbst habe − nicht nur einmal − Ärgernis genommen bis hinein in die Tiefe und in den Abgrund der Verzweiflung, daß ich wünschte, ich wäre nie als Mensch erschaffen worden. Das war, bevor ich erkannte, wie heilvoll jene Verzweiflung sei und wie nahe die Gnade.

Aus »De servo arbitrio« (1525). WA 18,719 ff

12 Der Haß gegen Gott

Ich vergesse alles, was Christus und Gott ist, wenn ich in diese Gedanken (über die Vorherbestimmung) komme, und komme wohl dahin, daß Gott ein Bösewicht sei . . . Beim Nachdenken über die Prädestination vergessen wir Gott; das laudate (Lobet!) hört auf, und das blasphemate (Lästert!) fängt an.   *Aus TR 2,2654 a (September 1532)*

13 Die Hölle der Gottverlassenheit

Ich kenne einen Menschen, der versichert, solche Qualen oft durchlitten zu haben[54], zwar nur in ganz kurzer Zeitspanne, doch so ge-

---

52 *Bonaventura, 1221−1274, einer der hervorragendsten Scholastiker des 13. Jahrhunderts, vereinigte in sich die wissenschaftliche Klarheit des Theologen mit der Glut des Mystikers. Sein Werk »Itinerarium mentis in Deum« (Wegweiser der Seele zu Gott) zeigt den Weg des Menschen in Abkehr von der Sinnenwelt über die Versenkung in den eigenen Seelengrund zu einer über Wissen und Verstehen liegenden Einkehr der Seele in Gott.*

53 *Der sog. Dionysius Areopagita war ein christlicher Neuplatoniker um das Jahr 500, dessen Mystik die Seele über die Stufen der Reinigung, Erleuchtung und Vollendung zur Vergottung führen wollte. Er gelangte im Mittelalter zu hohem Einfluß.*

waltig, so infernalisch, daß keine Zunge es aussprechen, keine Feder es
niederschreiben kann, keiner es zu glauben vermag, der es nicht selbst
durchgemacht. Eine halbe, ja nur eine Zehntelstunde länger – und
wer das aushalten müßte, ginge darüber zugrunde, seine Gebeine
würden in Asche verwandelt. Da erscheint Gott in fürchterlichem
Zorn und zugleich mit ihm die ganze Schöpfung. Nirgends ein Entrinnen, nirgends ein Trost, weder innen noch außen, alles klagt uns
an. Da heult er: »Ich bin vor deinen Augen verstoßen!« (Ps 31, 23).
Da wagt er nicht mehr zu sagen: »Ach Herr, strafe mich nicht in deinem Zorn!« (Ps 6, 2). In solchen Augenblicken vermag die Seele –
wie schrecklich – nicht mehr zu glauben, daß sie jemals erlöst werde,
sie fühlt nur eins: noch ist die Qual nicht vollendet. Denn sie ist ewig
und die Seele vermag sie nicht für eine bloß zeitliche Qual zu halten.
Da bleibt nichts anderes übrig als der nackte Schrei nach Hilfe, ein
schreckliches Seufzen, das nicht weiß, wo Hilfe zu finden ist. Da ist die
Seele mit [dem gekreuzigten] Christus weit ausgespannt, daß man alle
ihre Gebeine zählen kann; kein Winkel in ihr, der nicht angefüllt wäre mit tödlicher Bitternis, mit Entsetzen, Angst, Traurigkeit – und
dies alles scheint ewig zu währen.

Aus den Erläuterungen zu den Ablaßthesen (1518). WA 1,557,33 ff

Die Begegnung mit Staupitz

War Luther in den furchtbaren Anfechtungen, die er zu durchleiden
hatte, völlig allein, ohne jede Hilfe anderer?

Er erzählt, wie er immer wieder, oft nur durch ein gelegentliches
Wort seines Beichtvaters (1) oder eines Klosterbruders (2), gerade auch
in seinen Prädestinationsanfechtungen (3) getröstet worden sei. Aber
ein Mann hat die Aufgabe der Seelsorge an ihm in besonderer Weise
geübt: sein Ordensvorgesetzter Johann von *Staupitz*[55], der General-

---

54 *Luther redet kurz zuvor von den Qualen des Fegfeuers, die auch schon
auf Erden über einen Menschen kommen können.*

55 *Johann von Staupitz, aus einem sächsischen Adelsgeschlecht stammend,
geb. 1469, wurde in Tübingen Augustiner und 1503 Dekan der theologischen Fakultät an der neugegründeten Universität Wittenberg. Innerhalb
des Augustinerordens kämpfte er als Generalvikar der Observantenkongre-
gation für eine innere Erneuerung des Ordens; 1520 zwang ihn seine halbe
Stellung zwischen Luther und der Kurie zur Niederlegung dieses Amtes. Als Hofprediger des Salzburger Erzbischofs Lang und als Abt der Salzburger Benedik-
tinerabtei St. Peter nahm er dann gegen Luther Stellung und erklärte in einem
Gutachten, Luthers Anhänger seien als Ketzer zu behandeln. Er starb 1524.*

vikar der deutschen Kongregation des Augustinerordens, zugleich der führende Mann an der Wittenberger Universität. Im Sommer 1511 ist Luther wieder nach *Wittenberg* versetzt worden; schon bei seinem ersten Wittenberger Aufenthalt, noch viel mehr aber nun beim zweiten Male kommt er in nahe Berührung mit Staupitz, der den heftig Widerstrebenden unter dem berühmten Birnbaum des Wittenberger Klosters zum Erwerb des theologischen Doktorgrades (4) und zur Übernahme des Predigtamts vor der Klostergemeinde veranlaßt. So wird Luther Klosterprediger, Leiter des Klosterstudiums und, nachdem nach Jahresfrist im Oktober 1512 seine Doktorpromotion erfolgt ist, als biblischer Professor auch Mitglied der theologischen Fakultät. Ende Oktober 1512 beginnt der noch nicht neunundzwanzigjährige Professor seine Lehrtätigkeit, wahrscheinlich mit einer Vorlesung über das erste Buch Mose.

Allein das Licht des Evangeliums ist ihm in jener Zeit, wie er später erzählt, noch nicht aufgegangen (5). Die Anfechtungen bleiben; auch Staupitz, dem Luther oft beichtet, fällt die tiefe Niedergeschlagenheit seines jungen Bruders auf (6). Staupitz ist gegenüber der Not, die er auf Luther lasten sieht, in schwieriger Lage. Er selbst hat die Anfechtungen, die Luther durchleidet, persönlich nicht durchgemacht; darum versteht er sie zunächst einfach nicht. Nach bewährter Regel mönchischer Seelsorge glaubt er hinter Luthers Drangsal heimliche Hoffart, verborgenen Ehrgeiz zu entdecken (6) und hält seine Sündenangst für überreizte Selbstquälerei, der gegenüber der derbe Zuspruch am Platze ist, nicht jede Bagatelle zu einer großen Sünde aufzublasen (7).

Allein Staupitz hat doch mehr zu sagen. Es bedeutete in der Tat für Luther eine Befreiung, wenn Staupitz ihn darauf hinwies, daß »die wahre Buße bei der Liebe zur Gerechtigkeit und zu Gott *anhebe*«, also nicht am Ende eines langen und mühseligen Bußkampfes stehe; dies Wort schien ihm »wie vom Himmel herabtönend« (8). Von sich selber weg soll Luther auf Christus schauen (9), die Verzweiflung über den verborgenen Willen Gottes, das quälende Grübeln über die Prädestination wird aufhören, wenn er Christi Wunden betrachtet (10). Nicht umsonst hat Luther auch später, als die Kluft zwischen Staupitz und ihm längst offenbar geworden war, ihm höchste Dankbarkeit gezollt; er glaubte, Staupitz sogar das Licht des Evangeliums, ja alles, was er habe, zu verdanken (11).

Aber brachte die seelsorgerliche Hilfe von Staupitz wirklich Trost und Befreiung? Staupitz ist nicht Occamist; seine Theologie ist tiefer, reicher, inniger als diejenige, in der Luther großgeworden ist. In dem kunstvollen System, in welchem der mittelalterliche Katholizismus das Gleichgewicht zwischen Gnade und Werk auswägt, liegt bei Staupitz, der theologisch ein Schüler des Thomas von Aquino und in seiner Frömmigkeit Anhänger einer milden, edlen Mystik ist, der Nachdruck weit mehr auf der Gnade als auf dem Werke. Nur dank der übernatürlich eingegossenen sakramentalen Gnade kann der Mensch das Gute tun; diese Gnade als selige Gewißheit der Liebe zu Gott steht vor aller Buße, vor allem Werke, vor allem Verdienst; an der Betrachtung des Leidens und Sterbens Christi entzündet sich unsre Gewißheit der Liebe Gottes gegen uns. Allein Staupitz läßt keinen Zweifel darüber, daß die *Gnade* die Ermöglichung des *Werkes* ist, dem Menschen dazu geschenkt, daß er die Würdigkeit vor Gott erwerbe. Im Jahre 1517 erklärt Staupitz ausdrücklich, es sei eine teuflische Anfechtung, wenn behauptet werde, der Mensch werde allein aus Gnade und nicht um seiner Werke willen selig. Das ganze fromme Leben in der aufrichtigen Nachfolge Christi, die redliche Anstrengung seiner Gnadentheologie, das gehorsame und gelassene Versinken in die Liebe Gottes steht im Grunde unter dem Gesichtspunkt des Verdienstes; für das Gottesverhältnis ist die *Rechtsordnung* maßgebend. Innerhalb dieses feststehenden Schemas, dem auch die Gnade dienstbar gemacht ist, handelt Gott; auch seine vielgerühmte Güte beschränkt sich darauf, dem bedürftigen Menschen Gerechtigkeit zuzuteilen. Im Grunde hat auch Staupitz Luther nicht mehr zu sagen als Occam, als Gabriel Biel, als alle andern. Auch über seinem Wege steht das Gesetz, von dem Luther weiß, daß es schlechterdings erfüllt werden *muß* und daß er es schlechterdings nicht erfüllen *kann*. Was helfen allgemeine Wahrheiten, was hilft eine Lehre, welche den Heilsweg säuberlich in seinen einzelnen Stationen schildert, wenn der ganze Weg unzugänglich geworden ist? Was hilft der Hinweis auf Christus und seine Wunden, wenn der furchtbare, verwerfende und vernichtende Gott selbst dagegen steht? Was hilft dem Angefochtenen der seelsorgerliche Zuspruch aus der Ferne einer sicheren Existenz? Darum kann Staupitz, der kluge Beichtvater, der Meister klösterlicher Seelenführung, der Vertreter der edelsten Frömmigkeit der alten Kirche, Luthers Qual vielleicht manchmal beschwichtigen, aber eine *Antwort* auf Luthers Frage nach dem gnädigen Gott hat er nicht.

1 *Der Trost des Beichtvaters*

Ein leicht hingeworfenes Wort kann in der Anfechtung den Geist erneuern. Einmal sagte mein Beichtvater zu mir, als ich ein paarmal nacheinander törichte Sünden bei ihm vorbrachte: ›Du bist ein Tor.

Gott grollt nicht dir, sondern du grollst ihm. Gott zürnt nicht mit dir, sondern du zürnst mit Gott.‹ Ein herrliches Wort, wiewohl er es schon vor dem Aufgehen des Evangeliums sagte!

TR 1,122 (November/Dezember 1531)

2 Brüderliche Zusprache

Ich war damals unter dem Papst ein über die Maßen trauriger Mönch und immer in den größten Drangsalen. Endlich empfing ich von einem Bruder Trost durch das einzige Wort: ›*Er selber* gebietet, zu hoffen; unser Heil ist der Glaube an Gott; warum wollten wir denn Gott nicht trauen, der uns heißt und befiehlt zu hoffen?‹ Und durch dieses Wort schenkte er mir [neues] Leben.

Aus TR 4,4362 (Februar 1539)

3 Trost in der Prädestinationsnot

Trefflich und denkwürdig ist jenes Wort, das ein Augustiner zu Luther sagte: Wenn jemand über die Prädestination nachdenken will und dabei Christus nicht beachtet von seiner Wiege an, wie er uns vor Augen gestellt ist, der muß notwendig bald in Verzweiflung fallen.

TR 3,3680 (aus den dreißiger Jahren)

4 Staupitz rät zum Erwerb des Doktorgrades

Staupitz, mein Prior, saß einmal nachdenklich unter dem Birnbaum, der heute noch inmitten meines Hofes steht; endlich sagte er zu mir: ›Herr Magister, Ihr solltet den Doktorgrad erwerben, so kriegt Ihr etwas zu schaffen.‹ ... Als er mich wiederum unter dem Birnbaum in derselben Sache anging, setzte ich mich zur Wehr, indem ich viele Gründe geltend machte, vor allem, daß meine Kräfte so sehr erschöpft seien, daß mir kein langes Leben mehr bevorstehe. Darauf Staupitz: ›Wisset Ihr nicht, daß unser Herrgott viel große Sachen auszurichten hat? Da bedarf er viel kluger und weiser Leute dazu, die ihm raten helfen. Wann immer Ihr dann auch sterbet, so müßt Ihr sein Ratgeber sein.‹

Aus TR 2,2255 a (August/Dezember 1531)

5 Doktor der Theologie ohne Kenntnis des Evangeliums

Wir haben das Licht wiedergewonnen. Doch ich, als ich Doktor wurde, kannte es nicht.

Aus einer Predigt vom 21. Mai 1537. WA 45,86,17 ff

6 Staupitz als Luthers Seelsorger

Staupitz habe ich oft gebeichtet, nicht von Weibern, sondern die rechten Knoten. Da sprach er: ›Ich verstehe es nicht.‹ Das hieß recht getröstet! Kam ich dann zu einem andern, so ging es mir ebenso. Kurz, es wollte kein Beichtvater etwas davon wissen. Da dachte ich: Diese Anfechtung hat niemand als du! Da wurde ich wie eine Leiche.

Schließlich fängt Staupitz zu mir über den Tisch an, als ich so traurig und niedergeschlagen war: ›Warum seid Ihr so traurig?‹ Ich gab zur Antwort: ›Ach, wo soll ich hin?‹ Da sagte er: ›Ach, Ihr wisset nicht, wie nötig dies für Euch ist; sonst würde nichts Gutes aus Euch.‹ Er verstand selbst nicht, was er sagte; er hielt mich nämlich für [über] gelehrt und glaubte, ich würde hoffärtig werden, wenn ich nicht in Anfechtung käme. Ich nahm es aber auf wie Paulus: »Daß ich mich nicht überhebe, ist mir ein Pfahl ins Fleisch gegeben; meine Kraft ist in der Schwachheit mächtig« (2 Kor 12, 7.9). Darum nahm ich sein Wort auf wie die Stimme des Heiligen Geistes, der mich tröstete.

Aus TR 1,518 (Februar 1533)

7 Staupitz hält Luthers Sündenangst für übertrieben

Als ich ein Mönch war, schrieb ich Doktor Staupitz oft, und einmal schrieb ich ihm: ›O, meine Sünde, Sünde, Sünde!‹ Darauf gab er mir diese Antwort[56]: ›Du willst ohne Sünde sein und hast doch keine rechte Sünde. Christus ist die Vergebung rechtschaffener Sünde, wie die Eltern ermorden, öffentlich lästern, Gott verachten, die Ehe brechen usw. – das sind die rechten Sünden. Du mußt ein Register haben, darin rechtschaffene Sünden stehen, wenn Christus dir helfen soll; du mußt nicht mit solchem Humpelwerk und Puppensünden umgehen und aus einem jeglichen Bombart[57] eine Sünde machen!‹

TR 6,6669 (wohl aus den vierziger Jahren)

8 Staupitz über die wahre Buße · Aus einem Brief von Wittenberg an Generalvikar Staupitz vom 30. Mai 1518

Mit der Übersendung seiner Erklärungen (Resolutionen) zu den Ablaßthesen schreibt Luther einen Brief an Staupitz, in dessen Eingang er erwähnt, daß er erst von ihm gehört habe, was rechte Buße sei: Liebe zu Gott, die bei den andern Theologen das Ende und die Erfüllung der Buße sei, stehe in Wirklichkeit am Anfang aller Buße. Luther fährt dann fort:

Dieses Euer Wort haftete in mir wie der scharfe Pfeil eines Starken (Ps 120, 4), und ich begann, es mit allen Schriftstellen über die Buße

---

56 *Der Brief von Staupitz, vermutlich Oktober 1511 geschrieben, ist nicht erhalten.*

57 *An anderer Stelle sagt Luther einmal:* »Sie (die Welschen) meinen, wenn einem Kardinal ein fauler Bombart entführe, so wäre den Deutschen ein neuer Glaubensartikel geboren.«

zu vergleichen. Und nun siehe, welch herzerfreuendes Schauspiel: die Worte strömten mir spielend von allen Seiten zu, sie lachten Euren Satz an, sie stürzten geradezu herbei, so daß das Wort Buße, das für mich früher das bitterste Wort der ganzen Schrift war – solange ich nämlich mit aller Kraft vor Gott Buße erheucheln und eine selbstgemachte und erzwungene Liebe zum Ausdruck bringen wollte –, mir jetzt süßer und lieber klingt als alles andere.   *WA 1,525,15 ff*

9 *Staupitz weist Luther auf Christus hin*

Unser Herr Gott ist unser Herr; er beruft uns, so müssen wir [sein Wort] sagen. Wer wollte sonst den Haß ausstehen? Denn die Verachtung und die Undankbarkeit ist aufs höchste gestiegen. Aber mein Staupitz sagte: ›Man muß den Mann ansehen, der da Christus heißt.‹ Staupitz hat die Lehre [des Evangeliums] angefangen.

TR 1,526 (Frühjahr 1533)

10 *Staupitz über die Prädestination*

So riet mir Staupitz oft: ›Wenn du über die Prädestination disputieren willst‹, sprach er, ›so fang bei den Wunden Christi an, dann wird auf einmal die Disputation über die Prädestination aufhören.‹

Aus TR 1,1017 (1. Hälfte der dreißiger Jahre)

11 *Luthers Dank an Staupitz · Aus einem Brief aus Wittenberg an Staupitz in Salzburg vom 17. September 1523*

Aber auch wenn wir Euch nicht mehr angenehm und wohlgefällig sind, ziemt es uns doch nicht, Euch undankbar zu vergessen, durch welchen das Licht des Evangeliums zum erstenmale aus der Finsternis emporleuchtete in unsrem Herzen.   *Br 3,155,5 ff*

Ich habe meine ganze Sache von Doktor Staupitz; der hat mir dazu verholfen.   *Aus TR 1,173 (Februar/März 1532)*

DIE GERECHTIGKEIT AUS DEM GLAUBEN

Bei seiner Doktorpromotion hatte Luther eidlich gelobt, eitle, fremde, von der Kirche verurteilte und frommen Ohren anstößige *Lehren* nicht zu lehren, außerdem war ihm die *Bibel*, zuerst geschlossen, dann geöffnet überreicht worden – Mahnung und Verpflichtung, die Schrift vor Lästerern verschlossen zu halten, sich jedoch allezeit der Autorität der offenen Schrift zu beugen. Wenn Luther nun die Schrift zu verstehen sucht und auslegt, predigt und lehrt, so handelt er im Amte der Kirche, zu dem er ohne sein Zutun (1), auf Beruf und Befehl (2) gekommen ist, wie er sich später oft getröstet hat, wenn ihm die Größe der auf ihm liegenden Verantwortung vor Augen trat.

Allein wie kann er die Schrift verstehen? Längst kennt er sie durch und durch, längst weiß er ganze Kapitel auswendig, und immer noch steht sie vor ihm »wie eine Mauer«. Im Frühjahr 1513[58] bereitet sich Luther in der Turmstube des Schwarzen Klosters zu Wittenberg auf die Psalmenvorlesung vor, die er im August des Jahres halten will. Da überwältigt ihn von neuem seine verborgene Qual; denn er liest die Worte: »Errette mich durch deine Gerechtigkeit!« (Ps 31, 2). Ist das nicht ein Hohn, daß der Richter, in dem die Strenge des Gesetzes verkörpert ist, um Erlösung angefleht wird, daß der Richter der Retter sein soll (3)? Luther kommt an dieser Frage nicht mehr vorbei. Er ist auf einem Punkte angelangt, wo es kein Zurück mehr gibt. Die vernünftige Mäßigung seiner Pein, die vorsichtig-kluge Verteilung seiner Last auf Gnade und Werk, zu der ihn das Kloster, zuletzt Staupitz überreden wollte, hat er hinter sich gelassen. Seine Anfechtungen treiben ihn weiter (4). Aber kann er vorwärts? Vor ihm ist ja kein anderer als der gerechte Gott, vor dem er flieht, nichts anderes als die Gerechtigkeit Gottes, der sein Leben tödlich bedroht. Luther will und muß endlich wissen, was ›Gerechtigkeit Gottes‹ in der Schrift bedeutet. Aber er liest im Römerbrief nichts anderes, als was er schon weiß: im Evangelium offenbart sich die *Gerechtigkeit* Gottes. Ist das wahr? Ist das Evangelium eine Erscheinungsform des Gesetzes? Luther rast mit wütendem und verstörtem Gewissen, er ist dem Paulus von Herzen feind (5), er kämpft verzweifelt um das Verständnis dieser Stelle, weil sein Leben daran hängt – bis das Wunder an ihm geschieht, sich die verschlossene Schrift durch Gottes Barmherzigkeit, durch das Eingeben der Gnade, durch die Erleuchtung des Heiligen Geistes öffnet, bis er erkennen darf: Die Gerechtigkeit Gottes offenbart sich im *Evangelium*. Ist es wahr, was die Schrift sagt, daß das Evangelium eine Kraft Gottes ist, die *selig* macht, daß die Gerechtigkeit Gottes jedem, der glaubt, zum *Heil* gereicht, dann freilich ist sie nicht unser Verdienst, sondern Barmherzigkeit (6). Dann ist »die Gerechtigkeit, die vor Gott gilt« (Röm 1, 17), nicht die menschliche Gerechtigkeit, die im verzehrenden Feuer der göttlichen Gerechtigkeit vergeht, sondern die von Gottes Barmherzigkeit dem Sünder aus Gnaden verliehene Gerechtigkeit, welche ihm im Glauben zuteil wird. So lernt Luther zu

---

58 *Der Zeitpunkt der reformatorischen Entdeckung wird von manchen Forschern auch später angesetzt, »zwischen Herbst 1513 und 1514« (Bornkamm). Dem Selbstzeugnis Luthers von 1545 folgend, setzen – im Unterschied zur übrigen Lutherforschung – Ernst Bizer (Fides ex auditu, 1958) und Kurt Aland (Der Weg zur Reformation, 1965) den eigentlichen reformatorischen Durchbruch auf das Frühjahr 1518 an.*

unterscheiden zwischen Gesetz und Evangelium (7), zwischen dem Glauben als Menschenwerk und dem gottgegebenen Glauben, der dem tötenden Urteilsspruch Gottes standhält und weiß, daß nicht seine Würdigkeit, sondern der Freispruch des Richters ihn selig macht.

Als Luther im Jahre 1545 die Vorrede zu seinen lateinischen Werken schrieb, hat er darin nochmals eine umfassende Darstellung seines neuen Schriftverständnisses gegeben (8). Daß er dort die Entdeckung auf einen späteren Zeitpunkt datiert, ist sachlich belanglos. Was den jungen Professor von jahrelanger Qual befreit und zu einem neuen Menschen macht, ihn mit einer Freude erfüllt, über die nichts geht, und ihm die Pforten des Paradieses erschließt, ist dieselbe Gotteskraft, die dem alten Luther zum Inhalt seines Lebens geworden ist: nicht die Gerechtigkeit, nach welcher Gott gerecht *ist* und den Sünder straft, sondern die Gerechtigkeit, mit welcher Gott den Verlorenen gerecht *macht* durch den Glauben.

1 Doktor der Heiligen Schrift

Ich, Doktor Martinus, bin dazu berufen und gezwungen, daß ich Doktor werden mußte ohne mein Zutun aus lauter Gehorsam, daß ich das Doktoramt annehmen und meiner allerliebsten Heiligen Schrift schwören und geloben mußte, sie treulich und lauter zu predigen und zu lehren. *Aus »Glosse auf das vermeinte Kaiserliche Edikt« (1531).*

WA 30,3,386,14 ff

2 Doktor im Amt der Kirche

Ich habe es oft gesagt und sage es noch einmal: Ich wollte aller Welt Gut nicht nehmen für mein Doktorat. Denn ich müßte wahrlich zuletzt verzagen und verzweifeln in der großen, schweren Sache, die auf mir liegt, wenn ich sie als ein Schleicher ohne Beruf und Befehl angefangen hätte. Aber nun muß Gott und alle Welt mit es bezeugen, daß ich's in meinem Doktoramt und Predigtamt öffentlich angefangen und bis daher mit Gottes Gnade und Hilfe geführt habe.

Aus »Von den Schleichern und Winkelpredigern« (1532). WA 30,3,522,2 ff

3 Das Erschrecken Luthers vor Psalm 31 Vers 2

Am Anfang, wenn ich im Psalter las und sang: »In deiner Gerechtigkeit erlöse mich!« – da erschrak ich allemal und war den Worten feind: ›Gerechtigkeit Gottes‹, ›Gericht Gottes‹, ›Werk Gottes‹. Denn ich wußte nichts anderes, als daß ›Gerechtigkeit Gottes‹ sein strenges Gericht bedeutete. Nun sollte er mich auch noch von seinem strengen Gericht erretten? Da wäre ich ja ewig verloren!

Aber ›Barmherzigkeit Gottes‹, ›Hilfe Gottes‹, diese Worte hatte ich lieber. Gottlob, als ich die Sache verstand und wußte, daß ›Gerechtigkeit Gottes‹ *die* Gerechtigkeit bedeutet, mit der er uns rechtfertigt durch die geschenkte Gerechtigkeit in Christus Jesus, da verstand ich die Grammatik, da schmeckte mir erst der Psalter.

TR 5,5247 (September 1540)

4 Luther wird in die Bibel hineingetrieben

Ich habe meine Theologie nicht auf einmal gelernt, sondern habe immer tiefer und tiefer hineingraben müssen; dahin haben mich meine Anfechtungen gebracht, weil man ohne Übung nichts lernt.

TR 1,352 (Herbst 1532)

5 Luthers Feindschaft gegen Paulus

Jenes Wort ›Gerechtigkeit Gottes‹ ist in meinem Herzen [wie] ein Donnerschlag gewesen. Denn wenn ich unter dem Papsttum las (Ps 31, 2): »In deiner Gerechtigkeit errette mich« und (Ps 86, 11) »in deiner Wahrheit«, so glaubte ich alsbald, jene Gerechtigkeit sei der strafende Grimm des göttlichen Zorns. Ich war dem Paulus von Herzen feind, wenn ich las: »Die Gerechtigkeit Gottes wird durchs Evangelium offenbart« (Röm 1, 17).

Als ich freilich später das Folgende sah, wie geschrieben steht: »Der Gerechte wird seines Glaubens leben« (Röm 1, 17), und überdies noch Augustin[59] zu Rate zog, da ward ich fröhlich. Als ich erkannte, daß die Gerechtigkeit Gottes die Barmherzigkeit sei, da wurde dem Gebeugten Hilfe zuteil.

Aus TR 4,4007 (September 1538)

6 Gerecht aus dem Glauben

Die Worte ›gerecht‹ und ›Gerechtigkeit Gottes‹ wirkten auf mein Gewissen wie ein Blitz; hörte ich sie, so entsetzte ich mich: Ist Gott gerecht, so muß er strafen. Aber als ich einmal in diesem Turme und Gemache über die Worte (Röm 1, 17): »Der Gerechte wird seines Glaubens leben« und »Gerechtigkeit Gottes« nachsann, dachte ich alsbald: Wenn wir als Gerechte aus dem Glauben leben sollen und wenn die Gerechtigkeit Gottes jedem, der glaubt, zum Heil gereichen soll, so wird sie nicht unser Verdienst, sondern die Barmherzigkeit Gottes sein. So wurde mein Geist aufgerichtet. Denn die Gerechtigkeit Gottes besteht darin, daß wir durch Christus gerechtfertigt und erlöst werden. Nun wandelten sich mir jene Worte in liebliche Worte. In diesem Turm hat mir der Heilige Geist die Schrift geoffenbart.

TR 3,3232 c (Juni/Juli 1532)

7 Luther lernt zwischen Gesetz und Evangelium unterscheiden

Ich ging lang in der Irre und wußte nicht, woran ich war. Ich wußte wohl etwas und wußte doch nicht, was es war, so lange, bis ich an die

---

59 *Vgl. Seite 35, Anmerkung 38.*

Stelle Röm 1, 17 kam: »Der Gerechte wird aus dem Glauben leben.«
Die half mir; da sah ich, von welcher Gerechtigkeit Paulus redet. Da
stand vorher im Text ›Gerechtigkeit‹; da reimte ich das Abstraktum
(›Gerechtigkeit‹) und das Konkretum (›der Gerechte‹) zusammen und
wurde meiner Sache gewiß: ich lernte die Gerechtigkeit des Gesetzes
von der Gerechtigkeit des Evangeliums unterscheiden. Es fehlte mir
vorher nichts, als daß ich keinen Unterschied zwischen Gesetz und
Evangelium machte; ich hielt alles für dasselbe und behauptete, zwischen Christus und Mose sei außer der Zeit und dem Grad der Vollkommenheit kein Unterschied. Als ich aber den rechten Unterschied
fand, daß nämlich Gesetz und Evangelium zweierlei sei, da riß ich
durch.   *Aus TR 5,5518 (Winter 1542/43)*

8 Das alte und neue Verständnis der ›Gerechtigkeit Gottes‹

Ich war von einer gewiß wunderbaren Glut ergriffen gewesen, Paulus im Römerbrief zu verstehen; allein dem war bisher im Wege gestanden nicht das kalte Blut in der Brust, sondern ein einziges Wort in
Kap. 1, 17: »Die Gerechtigkeit Gottes wird darin offenbart.« Ich haßte
nämlich dieses Wort ›Gerechtigkeit Gottes‹, weil ich – nach Brauch
und Gewohnheit aller Kirchenlehrer – unterwiesen worden war, es
philosophisch zu verstehen von der sogenannten formalen oder akti-
ven Gerechtigkeit, wonach Gott gerecht *ist* und die Sünder und Ungerechten straft.

Ich aber liebte den gerechten und die Sünder strafenden Gott nicht,
ja ich haßte ihn; denn ich fühlte mich, so sehr ich auch immer als un-
tadeliger Mönch lebte, vor Gott als Sünder mit einem ganz und gar
ruhelosen Gewissen und konnte das Vertrauen nicht aufbringen, er
sei durch meine Genugtuung versöhnt. So zürnte ich Gott, wenn nicht
in geheimer Lästerung, so doch mindestens mit gewaltigem Murren,
indem ich sagte: Nicht genug damit, daß die elenden und ewig verlorenen Sünder infolge der Erbsünde mit Unheil aller Art durch das
Gesetz der Zehn Gebote bedrückt werden, – nein, Gott will [auch
noch] durch das *Evangelium* auf den alten Schmerz neuen Schmerz
häufen und auch durch das Evangelium uns seine Gerechtigkeit und
seinen Zorn drohend entgegenhalten! So raste ich mit wütendem und
verstörtem Gewissen, und doch schlug ich mich an jener Stelle rücksichtslos mit Paulus herum, da ich glühend danach lechzte, zu wissen,
was St. Paulus wolle.

So lange, bis ich endlich unter Gottes Erbarmen, Tage und Nächte
lang nachdenkend, meine Aufmerksamkeit auf den [inneren] Zusammenhang der Worte richtete, nämlich »Die Gerechtigkeit Gottes wird

darin offenbart, wie geschrieben steht: Der Gerechte lebt aus dem Glauben«[60], – da begann ich die Gerechtigkeit Gottes verstehen zu lernen als die Gerechtigkeit, in der der Gerechte durch Gottes Geschenk lebt, und zwar aus dem Glauben, und ich fing an zu verstehen, daß dies die Meinung ist, es werde durchs Evangelium die Gerechtigkeit Gottes offenbart, nämlich die passive, durch welche uns der barmherzige Gott gerecht *macht* durch den Glauben, wie geschrieben steht: »Der Gerechte lebt aus dem Glauben.«

Hier fühlte ich mich völlig neugeboren und als wäre ich durch die geöffneten Pforten ins Paradies selbst eingetreten. Da zeigte mir sogleich die ganze Schrift ein anderes Gesicht. Darauf durchlief ich die Heilige Schrift, wie's das Gedächtnis mit sich brachte, und sammelte auch in anderen Ausdrücken die entsprechende Übereinstimmung[61], wie zum Beispiel ›Werk Gottes‹, d. h.: das Werk, das Gott in uns schafft; ›Kraft Gottes‹, durch welche er uns kräftig macht; ›Weisheit Gottes‹, durch welche er uns weise macht; ›Stärke Gottes‹, ›Heil Gottes‹, ›Ehre Gottes‹.

So groß vorher mein Haß war, womit ich das Wort ›Gerechtigkeit Gottes‹ gehaßt hatte, so groß war jetzt die Liebe, mit der ich es als allersüßestes Wort rühmte. So ist mir diese Stelle des Paulus wahrhaftig zu einer Pforte des Paradieses geworden. Später las ich Augustin »Vom Geist und vom Buchstaben«[62], wo ich wider Erwarten darauf stieß, daß auch er die Gerechtigkeit Gottes ähnlich auslegt: als diejenige, mit der Gott uns bekleidet, indem er uns rechtfertigt. Und obgleich dies noch unvollständig gesagt ist und Augustin über die Zurechnung [der Gerechtigkeit Christi] nicht alles klar entwickelt, so wollte er doch, daß Gottes Gerechtigkeit gelehrt werde, durch die wir gerechtfertigt werden.

Aus der Vorrede zu Band I der Lateinischen Werke (1545).

. *WA 54,185,14 ff*

<hr />

60 *Luther zitiert die Stelle Röm 1,16 nach der lateinischen Bibel, der Vulgata.*

61 *Eine große Anzahl biblischer Begriffe, welche Luther von seinem neuen Verständnis der ›Gerechtigkeit Gottes‹ aus deutet, wird ihm nun ebenfalls verständlich.*

62 *De spiritu et littera, eine Schrift Augustins aus dem Jahr 412, gegen Pelagius, den Vertreter der sittlichen Freiheit des Menschen, gerichtet.*

Als Luther im August 1513 beginnt, die *Psalmen* auszulegen, steht er mit leeren Händen vor der Schrift; Gott hat ihm die eigene Weisheit, Kraft und Gerechtigkeit zerschlagen. Längst kennt er die Kunst der vierfachen Schriftauslegung [63], welche die scholastischen Theologen so virtuos üben; er hat von der Auslegungskunst des Mittelalters gelernt, daß man alle Aussagen der Psalmen, wenn irgend möglich, auf Christus beziehen müsse; er weiß von Augustin, daß man unterscheiden müsse zwischen dem »äußeren« Hören mit dem Ohr und dem »inneren« Hören, das den Menschen ins Herz trifft und unmittelbar angeht – jetzt aber ist ihm die wunderbare Gnade zuteil geworden, daß er das Wort der Schrift aufnimmt als unmittelbar von Gottes Majestät selbst geredet (1). Das kann nur, wer den Menschen der Schrift Seite an Seite steht, in derselben Bedrängnis und Anfechtung, in derselben Furcht und Hoffnung, mit derselben Leidenschaft des Fragens nach dem gnädigen Gott, in derselben Freude über Gottes Antwort, dem »Affekt« der Schrift gleichförmig geworden (2). Eben nicht das auch im Kloster reichlich betriebene Bibellesen an sich, sondern die Erkenntnis der Sache, um die Luther kämpfte, erschließt ihm die Schrift (3). Vor aller Auslegung kommt das Hören; die Heilsbotschaft hören kann aber nur der demütige, nicht der selbstmächtige Ausleger. Darum gewinnt in der Psalmenvorlesung der Begriff der ›Demütigkeit‹ für Luther immer größere Bedeutung. Gerne zitiert er Augustins Wort: ›Die volle und höchste Weisheit des Menschen besteht darin, daß er weiß, daß er nichts durch sich ist.‹ Nur die Selbstanklage, in welcher der Mensch das Gericht Gottes über sich und damit seine eigene Nichtigkeit anerkennt, macht ihn fähig, das Geistliche, das Ewige, das Zukünftige zu erkennen – Gott baut sein Werk, indem er unser Wesen zerstört.

Schon in der Psalmenvorlesung beruft sich Luther auf den »tiefsten Theologen«, den Apostel Paulus (4), dessen Zeugnis von Sünde und Gerechtigkeit Christi auch sein eigenes ist. Als er im November 1515 anfängt, über den *Römerbrief* zu lesen, setzt er auf das erste Blatt den

---

63   *Die Hochscholastik hatte, Ansätze bei Augustin weiterführend, die Theorie vom vierfachen Schriftsinn entwickelt: der Text der Bibel wird auf seinen Wortsinn (grammatisch), auf seine geistliche Bedeutung (allegorisch), auf seine moralische Abzweckung (tropologisch) und endlich auf seinen Gehalt an christlicher Hoffnung hin (anagogisch) befragt. Die Schrift, so zum ›Gegenstand‹ der Auslegung geworden, verlor dadurch ihre von Gott zum Menschen gerichtete Unmittelbarkeit.*

drohenden Kampfruf: Das Ziel dieses Briefes ist die Ausrottung, Vernichtung, Zerstörung der Gerechtigkeit des Fleisches und das Einpflanzen, Behaupten, Großmachen der Sünde (5) – das Gegenteil dessen, was er mit seiner Zeit vordem geglaubt hatte. Der ganze gewaltige Brief ist *ein* Zeugnis davon: Christus allein ist unsre Gerechtigkeit (6), Gottes Gnade umspannt den ganzen Menschen bis zum Tode und erneuert unser Leben (7), so daß alles menschliche Werk nicht der Würdigkeit dient, sondern von Anfang bis zu Ende dem Unwürdigen geschenkte Gnade ist; ja, von dieser Gnade gehalten, wagt sich Luther nochmals hinein in den dunklen Abgrund der ewigen Vorherbestimmung Gottes und gibt uns damit den sichersten Beweis für die völlige Erneuerung seines Glaubens, den tiefsten Einblick in das ihm aufgetane Geheimnis der Gnade. Das Entsetzen, daß Gott *verdammt*, weicht dem Glauben, daß *Gott* verdammt, dem bedingungs- und vorbehaltlosen Glauben, daß Gott unter allen Umständen recht urteilt. In völliger Unterwerfung unter den Willen Gottes geht das Selbstgericht bis zur Bereitschaft, auch die ewige Verdammnis, die Hölle und den ewigen Tod zu ertragen; so sehr ist der Eigenwille in der Gottesliebe erstorben, daß geradezu das freiwillige Ausharren in der Verwerfung, der Verzicht auf die ewige Seligkeit als höchste Bewährung des Gehorsams, des Glaubens, der Liebe zu Gott erscheint. Aber wird Gott den verdammen, der sich so willig und von ganzem Herzen seinem Willen hingibt, der so völlig auf sich und das Seine verzichtet, daß er sich die ewige Verdammnis gefallen läßt? Ja, Gott verdammt alle, die der Verdammnis entfliehen wollen, aber er erbarmt sich derer, die sie auf sich nehmen; wessen Wille so vollkommen eingeschmolzen ist in seinen Willen, der ist geliebt, ist gerettet (8). So wird für Luther die schärfste Auswirkung des Gesetzes zur tiefsten Offenbarung des Evangeliums, der Abgrund des ewigen Todes zur Pforte des Paradieses, der Tod zum Leben.

Luther beginnt in der Römerbriefvorlesung den Ring der neuen Glaubenserkenntnis auszuschreiten. Wenn der Strom seiner Gedanken auch noch viel Geröll der Scholastik mit sich führt, so ist doch im Grunde alles, was er später über die Gerechtigkeit des neuen Menschen, die Freiheit eines Christenmenschen zur Nächstenliebe, den Gehorsam gegen Gottes Gebot in Stand und Beruf gelehrt hat, schon in jener Zeit erkenntnismäßig fertig. Luther ist sich auch trotz seiner Verehrung für die Kirche, in der er lebt, darüber im klaren, was die *rechte Kirche* ist: der Ort, da die Botschaft der Gnade verkündigt wird; sie wird nicht durch Buchstaben und Menschensatzung, sondern durch das Evangelium erbaut und allein durch das Wort Gottes erhalten.

Aber ist die Kirche, der er in Treue dienen will, wirklich der Ort der Verkündigung des Evangeliums? Schon im Jahre 1515 klagt Luther in einer Predigt über die steife und unangreifbare Sicherheit der Bischöfe und Priester, über ihren Eifer in »Kleinigkeiten« – Standesehre, Leitung der Gewissen, Verantwortung für Pfründe und Amt – und ihre Gleichgültigkeit gegen die Hauptsache: das Wort der Wahrheit. Schon vernehmen die Hörer der Psalmenvorlesung, daß es Bischöfe, Priester und Doktoren gibt, die nicht nur in Fleischeslust und Ehebrecherei versunken sind, sondern überströmen von ihren Meinungen, Mutmaßungen, Fabeln und Hirngespinsten, während sie das wahre Wort Gottes nur ab und zu wie zum Scherz und ohne Erfolg unter Spöttern und Verächtern verkünden. Sie jagen irdischer Macht nach und vergießen sogar Christenblut (9); ist es ein Wunder, wenn unter solchen Umständen in der Sakramentsverwaltung, Wortverkündigung und Rechtspflege der Kirche ein Leichtsinn herrscht, an dem ihr Herr viel schwerer trägt als an den Gotteslästerungen der Türken? Schon erklärt Luther in der Römerbriefvorlesung, daß sein Lehramt ihn zwinge, gegen jegliches Unrecht seiner kirchlichen Vorgesetzten aufzustehen (10), und er zögert nicht, dies auch wahrzumachen. In einer seiner frühesten Predigten redet Luther sehr deutlich von der Schuld der hohen und niederen Geistlichen, von ihrem völligen Versagen gegenüber ihrer wichtigsten Aufgabe, durch die Predigt dem Wort der Wahrheit zur Geburt zu verhelfen (11). Und in der Römerbriefvorlesung spricht Luther mit dürren Worten aus, die weltlichen, nicht die geistlichen Güter seien die Hauptsorge der Bischöfe; die Kirche suche mit allen Mitteln das Ihre, sie sei sich zum Selbstzweck geworden und der blinde Selbsterhaltungstrieb bestimme ihr Urteilen und Handeln (12). Luther scheut sich auch nicht, bestimmte Mißstände – den Mißbrauch der Ablässe, den Prunk der Kirchenbauten, die Unfähigkeit und Hohlköpfigkeit vieler Priester – und bestimmte, ihm mißfällige Personen wie den Papst Julius II., den Erzbischof Albrecht von Mainz, ja auch seinen eigenen Landesvater, Kurfürst Friedrich von Sachsen, namentlich zu nennen und zu strafen.

Allein er hält daran fest, daß auch in dieser Kirche trotz der herrschenden äußersten Verderbnis Christus regiert, daß die unwiderstehliche Kraft des Wortes in ihr wirkt und daß nach Gottes Willen wenigstens hier und da gute und ehrliche Leute, der Sünder Schutz und Ehre, in ihr sind.

1 *Gott redet in der Schrift*

Das halte ich für die vornehmste Gnade und für eine wunderbare

Gunst Gottes, wenn es einem gegeben ist, die Worte der Schrift so zu lesen und zu hören, gerade wie wenn er sie unmittelbar von Gott selbst hörte. Wie sollte er nicht an Leib und Seele erzittern, wenn er gewahr wird, daß eine so große Majestät zu ihm spricht?

Aus der Psalmenvorlesung (1513/15). WA 3,342,26

»Das Antlitz des Herrn steht wider die Übeltäter« (Spr 34, 17) – das ist ein fürchterliches Wort. Würden wir glauben, daß es wahr ist – und es ist nur zu wahr –, wer zweifelt, daß wir viel vorsichtiger wandeln würden? Der Glaube an dieses Wort fehlt uns ganz und gar... Entsetzlich, zu denken, daß die göttliche Majestät ihr Antlitz mit gespannter Aufmerksamkeit den Übeltätern zuwendet und – sie sieht ja alle Menschenkinder – alle ihre Werke wahrnimmt!

Aus der Psalmenvorlesung (1513/15). WA 3,190,24

2 Die Gleichförmigkeit mit der Schrift

Niemand vermag würdig über irgendeine Schriftstelle zu reden oder sie zu hören, wenn die Bewegung seines Gemütes (der »Affekt«) nicht [der Schrift] gleichförmig ist, so daß er innerlich versteht, was er äußerlich hört, und sprechen muß: Ei, so ist es wahrhaftig.

Aus der Psalmenvorlesung (1513/15). WA 3,549,33

3 Die Sache selber treibt in die Schrift

So verhält es sich ja in allen Lebenslagen, daß die Sache und die Ausübung die Leute gescheiter macht als das Wissen an und für sich. Das Bibellesen hätte mich niemals zu jener Erkenntnis geführt, hätten die Sache und die Händel der Feinde mich nicht belehrt. Im Anfang hätte ich mit Leib und Leben die Messe und das Mönchtum verteidigt, aber die Sache selbst hat mich eines andern belehrt.

Aus TR 3,3793 (März 1538)

4 Die Lehre des Apostels Paulus

Es wird keine Gerechtigkeit Gottes in uns geben und es entsteht keine, wenn nicht vorher ganz und gar die Gerechtigkeit zu Fall kommt und unsere Gerechtigkeit vergeht. Wir stehen nicht auf, wenn wir nicht vorher fallen; wir stehen ja unsicher. Andernfalls würde Gottes Gerechtigkeit zum Gespött, und Christus wäre umsonst gestorben. Das ist auch die Lehre des tiefsten Theologen, des Apostels Paulus, die unsern heutigen Theologen theoretisch vielleicht nicht, gewiß aber praktisch völlig unbekannt ist. Denn so möchte er selbst in Christus erfunden werden: als einer, der nicht *seine* Gerechtigkeit habe (Phil 3, 9). So nennt er sich selbst den vornehmsten aller Sünder (1 Tim 1, 15); das ist ein großherziger, ein glückbringender Hochmut.

Denn die Gnade und Gerechtigkeit Gottes ist um so mächtiger in uns, je mächtiger die Sünde ist (Röm 5,20), d. h. je weniger Gerechtigkeit wir uns selbst zuschreiben, je mehr wir uns selbst richten und verwünschen und verabscheuen, desto mächtiger strömt die Gnade Gottes in uns ein. *Aus der Psalmenvorlesung (1513/15). WA 3,31,9 ff*

5 Was will der Römerbrief?

Hauptgegenstand und Ziel des Apostels ist in diesem Briefe, alle Eigengerechtigkeit und -weisheit zu vernichten und Sünde und Torheit, welche gar nicht mehr da waren, d. h. an deren Dasein wir in unsrer Selbstgerechtigkeit gar nicht mehr glaubten, wiederherzustellen, zu vermehren und großzumachen, d. h. die Anerkennung zu bewirken, daß sie, zahlreich und mächtig, bis heute fortbestehen, und daß wir, um sie wirklich zu zerstören, erst Christus und seine Gerechtigkeit nötig haben. *Aus der Römerbriefvorlesung (1515/16).*
Glosse zu Röm 1,1 nach Ficker I, 1 Seite 3

6 Christus ist unsere Gerechtigkeit

Sicherlich vernehmen wir aus unsrem Gewissen nichts anderes als verklagende Gedanken, da vor Gott – wenn er nicht selber in uns durch seine Gnade wirkt – unsre Werke nichts sind. Es ist uns freilich ein Leichtes, daß wir uns vor uns selbst entschuldigen, zumal wir an uns leicht Gefallen finden. Allein hat das einen andern Nutzen für uns, als daß wir ebendadurch überführt werden, wir kennen das Gesetz? Denn derartige selbstgefällige Gedanken sind Zeugen dafür, daß wir Gutes taten und Böses unterließen. Aber damit haben wir Gott noch nicht genuggetan oder das Gesetz vollständig erfüllt.

Woher empfangen wir nun Gedanken, die uns rechtfertigen? Nur von Christus und in Christus. Denn wenn das [eigene] Herz des Christusgläubigen ihn tadelt und verklagt und gegen ihn zeugt von seinem bösen Werke, so wendet er sich alsbald ab und zu Christus hin und spricht: Er hat genuggetan, Er ist gerecht, Er ist meine Verteidigung, Er ist für mich gestorben, Er hat seine Gerechtigkeit zu der meinigen und meine Sünde zu der seinigen gemacht. Hat Er nun meine Sünde zu der seinigen gemacht, so habe ich sie nicht mehr und bin frei. Hat Er seine Gerechtigkeit zu der meinigen gemacht, so bin ich gerecht durch dieselbe Gerechtigkeit wie er. Meine Sünde aber kann ihn nicht verschlingen, sondern sie wird verschlungen von dem unermeßlichen Abgrund seiner Gerechtigkeit; denn er selbst ist Gott, hochgelobt in Ewigkeit. *Aus der Römerbriefvorlesung (1515/16).*
Scholie zu Röm 2,15 nach Ficker I, 2, Seite 43,31 ff

Gott in seiner Barmherzigkeit will sie (die hochmütigen Menschen)
alle miteinander ganz so wie Lügner, Ungerechte, Toren, Schwache,
Sünder durch seine Wahrheit, Gerechtigkeit, Weisheit, Kraft, Reinheit wahrhaftig, gerecht, weise, stark, rein machen und sie solcher-
maßen von der Lüge, Ungerechtigkeit, Torheit, Schwachheit und Sünde freimachen, damit seine Wahrheit, Gerechtigkeit, Weisheit, Kraft,
Reinheit als herrlich bezeugt werde in ihnen und von ihnen.

Aus der Römerbriefvorlesung (1515/16).
Scholie zu Röm 3,7 nach Ficker I, 2, Seite 56,13 ff

8 Die Lösung der Prädestinationsnot

Diejenigen, welche Gott in Wahrheit mit kindlicher Liebe und
Freundschaft lieben, ... fügen sich aus freien Stücken in jeglichen
Willen Gottes, auch in die Hölle und den ewigen Tod, wenn es so
Gottes Wille sein sollte, nur damit sein Wille ganz geschehe; so wenig
suchen sie das Ihre. Doch ebenso, wie sie sich dem Willen Gottes ohne
Vorbehalt gleichförmig machen, ist es auch unmöglich, daß sie in der
Hölle bleiben. Denn es ist ausgeschlossen, daß der außerhalb Gottes
bleibt, der sich mit Leib und Seele in seinen Willen hineinwirft. Er
will ja, was Gott will; also findet er Gottes Gefallen. Findet er sein
Gefallen, so ist er geliebt; ist er geliebt, so ist er gerettet.

Aus der Römerbriefvorlesung (1515/16).
Scholie zu Röm 9,3 nach Ficker I, 2, Seite 217,26 ff

9 Wo sucht die Kirche ihre Stütze?

Jetzt aber rufen sie den Gott [zu] Akkaron[64] an und verlassen sich
derart auf die Hilfe des Schwerts und der weltlichen Macht, daß sie
selbst mit den höchsten Königen und Fürsten um Kriegsruhm zu streiten wagen. Hätte jemand zur Zeit der Märtyrer derartige Ereignisse
in der Kirche prophezeit, daß um zeitlicher Güter willen die Bischöfe,
die Väter der Seelen, soviel Christenblut vergießen würden, – ob sie
dies wohl gutgeheißen hätten?

Aus der Psalmenvorlesung (1513/15). WA 3,442,10 ff

10 Luthers Lehramt verpflichtet zur Kritik

Ich beschwöre euch aber: Ahme mich keiner darin nach. Ich sage ja
solches nur vom Schmerz genötigt und der Pflicht gehorchend. Denn
die Beiziehung der Gegenwart trägt zum Verständnis des Textes
außerordentlich viel bei. Zugleich tue ich dies, weil ich kraft apostolischer Autorität ein öffentliches Lehramt verwalte. Meine Pflicht ist,

64 Vgl. 2. Könige 1, 2.

auszusprechen, was ich an Unrecht – auch bei Höheren – geschehen sehe.

Aus der Römerbriefvorlesung (1515/16).
Scholie zu Röm 13,1 nach Ficker I, 2, Seite 301,25 ff

11 Die wahren Priester

Die vornehmste und erste aller Sorgen ist – könnte ich das doch mit Flammenworten in eure Herzen[65] rufen und, wie der Prophet spricht[66], Hagel, glühende Kohlen, Wüstenbrände und die scharfen Pfeile eines Starken wie Blitze [unter euch] schleudern! So nötig ist das heute, mehr als alles andere! –, daß die Geistlichen Überfluß haben zuvörderst am Wort der Wahrheit. Der ganze Erdkreis wimmelt, ja ist heutzutage überschwemmt vom Schmutz aller möglichen Lehren: mit so viel Satzungen, so viel Menschenmeinungen, überhaupt so viel Aberglauben wird das Volk mehr überschüttet als gelehrt, so daß das Wort der Wahrheit kaum noch ein wenig flimmert, ja an vielen Orten kein Fünklein mehr davon da ist. Und was mag das für eine Geburt sein, wo durch Menschenwort, nicht durch Gotteswort gezeugt wird! Wie das Wort, so die Geburt; wie die Geburt, so das Volk. Wir wundern uns gewöhnlich, daß im Volke Christi so viel Zwietracht, Zorn, Neid, Hoffart, Ungehorsam, schnöde Lust und Freßgier herrscht, die Liebe hingegen gänzlich erkaltet, der Glaube erloschen und die Hoffnung entleert ist. Wundert euch bitte nicht mehr! Das ist gar nicht zum Verwundern. Es ist unsre, der Prälaten und Geistlichen, Schuld. Über diese sollte man sich vielmehr wundern, daß sie so blind sind, so pflichtvergessen, daß eben die Leute, welche der geistlichen Geburt mit dem Wort der Wahrheit dienen sollten, das gänzlich unterlassen, weil sie mit anderem beschäftigt sind und in Sorgen um das irdische Gut ersticken. Denn die Mehrheit lehrt, wie gesagt, Fabeln und Menschenfündlein. Und wir wundern uns noch, daß aus solchen Worten solch ein Volk entsteht! . . .

So dickfellig und unsinnig ist heute die Sicherheit der Bischöfe, daß sie nicht nur schweigen [wo sie reden sollten], sondern auch dem, was sie dann endlich mit vollen Backen ins Volk hineinposaunen, den Namen ›Predigt‹ und ›Lehre‹ beilegen, ohne überhaupt Rechenschaft abzulegen, ohne Furcht, ob es das Wort der Wahrheit sei, zur göttlichen Geburt geeignet, oder nicht. Und doch sind sie nur dazu, was sie sind, Geistliche und Priesterstand. Denn zu allem andern sind keine Geist-

---

65 *Luther hat diese Predigt über 1. Joh 5,4 und 5 für seinen Freund Georg Mascov, Propst in Leitzkau, verfaßt. Mascov hat vermutlich die Predigt vor einer Synode, vielleicht im Jahre 1515, gehalten.*
66 *Vgl. Psalm 120, 4.*

lichen nötig. Deshalb, wenn Bischöfe oder Geistliche sonst rundherum heilig und selig wären: tragen sie in diesem einen Punkt keine Sorge – wie fast alle –, daß das Wort der Wahrheit recht verwaltet werde, so werden sie gewiß nicht unter die Hirten, sondern unter die Wölfe gerechnet und vor Gott für Götzenbilder, nicht für Bischöfe gehalten werden. Mag einer sonst keusch, leutselig, gelehrt sein, mag er die Einkünfte mehren, Häuser bauen, seinen Einfluß vergrößern, ja mag er Wunder tun, Tote erwecken, böse Geister austreiben: nur der ist Geistlicher und Hirte, der ein Engel des Herrn der Heerscharen d. h. ein Bote Gottes ist, der das Volk mit dem Wort der Wahrheit leitet und ihm zu dieser göttlichen Geburt verhilft. *WA 1,12,11 ff*

12 Die Verderbnis der Kirche

Man muß nur staunen über die undurchdringlich dichte Finsternis unsrer Zeit. Die Geistlichen, d. h. die nach zeitlichen Gütern weit aufgerissenen Rachen, nehmen heutzutage nichts schwerer, als wenn die Freiheiten der Kirche, ihre Rechte, ihre Belange, ihr Vermögen angetastet werden. Da exkommunizieren sie sofort mit allen Bannstrahlen und erklären [die Übeltäter] zu Ketzern und schreien sie mit erstaunlicher Kühnheit als Feinde Gottes und der Kirche und der Apostel Petrus und Paulus aus. Dagegen sind sie nicht im geringsten [von der Forderung] beunruhigt, daß wenigstens sie selber Freunde [Gottes] oder [jedenfalls] keine schlimmeren Feinde als jene sein sollten. So sehr haben sie Gehorsam und Glauben mit dem Schutz, der Vermehrung und Verteidigung der zeitlichen Güter gleichgestellt. Du kannst hoffärtig sein, ein Verschwender, ein Geizhals, händelsüchtig, jähzornig, undankbar sein und über den ganzen Lasterkatalog verfügen, den der Apostel in 2 Tim 3 aufstellt, ja du magst himmelschreiende Fehler haben; trotzdem bist du der fromme Christ, wenn du die Rechte und die Freiheiten der Kirche schützest. Achtest du diese gering, so bist du kein treuer Sohn und Freund der Kirche mehr.

Aus der Römerbriefvorlesung (1515/16).
Scholie zu Röm 13,1 nach Ficker I, 2, Seite 298,14 ff

DER ORDENSVIKAR

Im Mai 1515 hat das in Gotha tagende Ordenskapitel der deutschen Augustinerkongregation Luther zum Distriktsvikar über die zehn, später elf kursächsischen Klöster der Kongregation gemacht. Es dauert nicht lange, so spüren die Brüder eine neue, feste Hand. Der neue Distriktsvikar kümmert sich um jede Kleinigkeit. Er ist sich nicht zu gut, dem weggezogenen Ordensbruder Spenlein eine genaue Abrechnung über seine bescheidene Hinterlassenschaft – eine Kutte, ein paar Bücher – nachzusenden; die Versetzungen aus einem Kloster ins andere werden sorgfältig erwogen; der befreundete Erfurter Prior Johann Lang muß den Verbrauch an Speise und Trank für Gäste und Reisebrüder genau kontrollieren und Buch darüber führen und wird gefragt, ob sein Konvent ein Kloster oder eine Kneipe sei; Michael Dressel, der Prior in Neustadt, unfähig, einen streitsüchtigen Konvent in Eintracht zu erhalten, wird ohne viel Federlesen abgesetzt.

Es ist eine schlimme Zeit, in der Luther Ordensvikar wird. In den Klöstern verfällt die alte Zucht; um so erbitterter wird von den Eiferern des Gesetzes ihre Gültigkeit aufgerichtet und verteidigt. Beide, die Übertreter und die Verteidiger des Gesetzes, weist Luther auf Christus hin, der die Sünde der einen trägt und die Gerechtigkeit der andern vernichtet. Unter *Sündern* wohnt Christus – bei derselben Ordensversammlung, auf der Luther das neue Amt übertragen wird, müssen die erstaunten Brüder am 1. Mai 1515 eine scharfe und über den Ordenskreis hinaus Aufsehen erregende Predigt von ihm gegen die »fratres sanctuli«, die Miniaturheiligen, anhören. Unter Sündern wohnt Christus – am eindringlichsten, am schönsten hat Luther dies seinem Ordensbruder Georg Spenlein vor Augen gestellt (1), einem jener gewissenhaften Eiferer, die (wie Luther früher auch) mit aller Kraft danach strebten, vor Gott im Schmuck ihrer Tugenden und Verdienste in Gerechtigkeit und Würdigkeit dazustehen. Auch er soll erkennen, daß solches Trachten Vermessenheit, unmöglich, ein gefährlicher Irrtum ist, daß er mit dem Verlangen nach Sündlosigkeit die höchste Sünde begeht und so nie zu Christus kommt, daß er den Frieden erlangen wird durch die *getroste Verzweiflung* an seinen Werken und durch den aus der Verzweiflung aufsteigenden Lobgesang auf Christus, der allein sein Trost und seine Gerechtigkeit ist.

Unter den Sündern wohnt *Christus* – darum kann Luther, der Liebe Christi gewiß, die Sünder und Irrenden unter den Brüdern *lieben*. Die zuchtlosen Brüder sollen mit Geduld getragen werden, ja, ein unter schmachvollen Umständen entsprungener Ordensbruder erhält die Zusicherung, er werde bei freiwilliger Rückkehr mit offenen Armen, mit Freuden aufgenommen werden (2). Darum kann Luther, selbst von Gott wunderbar getröstet, den friedensseligen Prior Dressel scharf und liebevoll *trösten*: Der Friede, den der Geplagte begehrt, die Ruhe vor Kreuz und Anfechtung, die selige Stille im geschützten Paradiesgärtlein des Klosters, ist ein falscher Friede; der wahre Friede Gottes, über aller Vernunft, ist gerade in Kreuz und Leiden verborgen, das Marterholz des Kreuzes wird dem, der es willig trägt, zum Segensholz

(3). Ja, auch der Zorn Gottes ist ein Gnadenbeweis, darum darf der Glaube sich Unglück und Seuchen nicht anfechten lassen (4).

Luthers Arbeitsbelastung steigert sich im Herbst 1516 ins fast Unerträgliche. Damals hat Luther angefangen, die klösterlichen Stundengebete, zu denen er auch als Professor verpflichtet blieb, zusammenzusparen und gewissermaßen in einer Pauschalsumme abzubeten – ein Verfahren, das nicht ohne Schädigung seiner Gesundheit möglich war (5). Er könnte zwei Schreiber beschäftigen, so viel amtliche Lasten liegen auf ihm; dazu kommt noch die Pest in Wittenberg, der er, Staupitz den schuldigen Gehorsam weigernd, nicht durch Flucht ausweicht (6); dazu kommen die ständigen Anfechtungen, so daß sein Leben täglich mehr der Hölle sich nähert (4). Aber der stärkste Druck von außen und innen vermag ihn nicht mehr zu zerbrechen, denn er ist gewiß, daß der Herr ihn aus Furcht und Sorge, aus Schuld und Not herausreißt. Das ist der Ertrag seiner Klostergeschichte; ihm verleiht er klassischen Ausdruck in seiner ersten deutschen Schrift, der im März 1517 erschienenen Erklärung der sieben *Bußpsalmen*.

Was Luther seinen Ordensbrüdern geschrieben hat, schreibt er nun nochmals, aber nicht für Geistliche und Gebildete, sondern für die Gemeinde, seine ›rohen Sachsen‹. In den Bußpsalmen – es werden der 6., 32., 38., 51., 130. und 143. Psalm von ihm ausgelegt – findet Luther seine eigene Erfahrung wieder, wie wunderlich Gott am Menschen handelt, wie er ihn durch Widersprüche hindurchführt, durch Verzweiflung selig macht und wie ein Bildschnitzer die Form des künftigen Bildes herausarbeitet, indem er alles überflüssige Holz weghaut. Was ist die eigene Gerechtigkeit? Nicht mehr als eine Spielmünze, ein gemalter Gulden, Betrug, wenn man ihn für echte Münze ausgibt! In scharfem Angriff wendet sich Luther gegen alle geistliche Selbstzufriedenheit, in welche der Fromme, seines vorbildlichen Lebens, seiner guten Werke sicher, so gerne versinkt. Welcher Wahn des geistlichen Menschen, gut zu sein, während unter der dünnen Decke angemaßter, erdichteter Reinheit der schlimmste Unflat, die Selbstsucht, die tödliche Ungerechtigkeit, der Raub an Gottes Ehre verborgen liegt! Wie der Psalmist ist Luther still geworden und hat gelernt, daß seine Rechtschaffenheit Unrecht ist, daß Recht und Gnade nur bei Gott zu finden sind.

Gnade und Friede sei mit Dir von Gott dem Vater und dem Herrn
Jesus Christus!...[67]
Im übrigen begehre ich zu wissen, wie es um Deine Seele bestellt
ist, ob sie nicht endlich lernt, der eigenen Gerechtigkeit überdrüssig,
in Christi Gerechtigkeit Ruhe zu finden und sich auf sie zu verlassen.
In unsrer Zeit werden ja viele von glühender Vermessenheit versucht,
und ganz besonders solche, die aus aller Kraft nach Gerechtigkeit und
Tugend streben. Sie kennen die Gerechtigkeit Gottes nicht, die uns
doch in Christus in Fülle und umsonst geschenkt ist, und streben aus
sich selbst nach guten Werken, so lange, bis sie die Gewißheit erreicht
hätten, vor Gott im Schmuck ihrer Tugenden und Verdienste bestehen zu können – was doch unmöglich ist. Du lebtest bei uns auch in
diesem Glauben, vielmehr in diesem Irrtum. Ich war auch darin befangen, doch jetzt kämpfe ich gegen diesen Irrtum; allein mein Kampf
ist noch nicht zu Ende.

Darum, mein lieber Bruder, lerne Christus kennen, und zwar den
Gekreuzigten. Lerne, ihm zu lobsingen und – mitten aus der Ver-
zweiflung über Dich selbst heraus – zu ihm zu sprechen: ›Du, Herr
Jesus, bist meine Gerechtigkeit, ich aber bin deine Sünde; du hast das
Meine angenommen und mir das Deine geschenkt; du hast angenom-
men, was du nicht warst, und mir gegeben, was ich nicht war.‹ Hüte
Dich, je einmal nach solcher Makellosigkeit zu trachten, daß Du vor
Dir selbst kein Sünder mehr scheinen oder gar kein Sünder mehr sein
willst. Denn Christus wohnt nur unter Sündern. Dazu kam er ja vom
Himmel, wo er unter Gerechten wohnt, damit er auch unter Sündern
seine Wohnung habe. Diese seine Liebe bedenke unermüdlich, so wirst
Du seinen allersüßesten Trost ersehen. Müßten wir durch unsre eige-
nen Mühen und Qualen zur Ruhe des Gewissens gelangen, – wozu
ist er dann gestorben? Darum wirst Du nur in ihm, durch die getroste
Verzweiflung an Dir und Deinen Werken, den Frieden finden; Du
wirst überdies von ihm lernen, daß ebenso, wie er Dich aufnahm und
Deine Sünde zu der seinen machte, er auch seine Gerechtigkeit zu der
Deinen gemacht hat.

Glaubst Du dies fest, wie Du mußt – denn verflucht ist, wer dies
nicht glaubt –, dann nimm auch Du Deine zuchtlosen und immer
noch irrenden Brüder an und ertrage sie mit Geduld; ihre Sünden ma-

---

67 *Der ausgelassene Briefabschnitt (Br. 1,35,4–14) enthält eine Abrech-*
nung über die Hinterlassenschaft Spenleins, der kurz zuvor von Erfurt nach
Memmingen übergesiedelt war.

che zu den Deinen; hast Du etwas Gutes, lasse es das Ihre sein. Der Apostel sagt ja (Röm 15, 7): »Darum nehmet euch untereinander auf, gleichwie euch Christus hat aufgenommen zu Gottes Lobe«, und wiederum (Phil 2, 5 f): »Ein jeglicher sei gesinnet, wie Jesus Christus auch war, welcher, ob er wohl in göttlicher Gestalt war, hielt er's nicht für einen Raub ...« So halte auch Du es nicht für einen Raub, wenn Du Dich besser dünkst, als ob das nur Dir allein gehörte, sondern entäußere Dich selbst; vergiß, was Du bist, und sei einer der Ihren, damit Du sie zu tragen vermagst.

Es ist trostlos mit der Gerechtigkeit eines Menschen bestellt, der die andern an sich mißt, sie nicht ertragen will, wenn er sie schlechter findet und nach Flucht und Wüste trachtet, während er doch durch seine Geduld, sein Gebet, sein Vorbild ihnen auf der Stelle helfen müßte. Das heißt die Pfunde des Herrn vergraben[68] und den Mitknechten nicht geben, was man ihnen schuldet.[69] Bist du also eine Lilie und eine Rose Christi, so wisse, daß Dein Wandel unter Dornen sein wird.[70] Nur siehe zu, daß Du nicht durch Ungeduld, schnellfertiges Urteilen und versteckten Hochmut selbst ein Dorn wirst. Das Reich Christi ist inmitten seiner Feinde, sagt der Psalm (Ps 110, 2). Was träumst Du also von einem Leben inmitten von Freunden? Was Dir auch mangelt –, wirf Dich dem Herrn Jesus zu Füßen und flehe darum. Er selbst wird Dich alles lehren; achte nur darauf, was er für Dich und für alle Menschen getan hat; dann wirst auch Du lernen, was Du für andre tun mußt. Hätte er nur unter guten Menschen leben und nur für seine Freunde sterben wollen: ich bitte Dich, für wen wäre er dann gestorben, oder mit wem hätte er zusammenleben können?

Tue also, lieber Bruder, und bete für mich. Der Herr sei mit Dir! Lebe wohl in dem Herrn!

Wittenberg, am 3. Tage nach Misericordias Domini 1516.

Dein Bruder Martin Luther, Augustiner.

Br 1,35,4 ff

2 *Fürsorge für den gefallenen Bruder · Brief aus Dresden an Johann Bercken, Prior in Mainz, vom 1. Mai 1516*

Jesus.

Gruß im He   zuvor! Ehrwürdiger und lieber Vater Prior! Wie ich durch ein böses Gerücht vernahm, weilt bei Euch, Vater, mein Bruder Georg Baumgartner aus unsrem Dresdener Konvent; er ist zu uns-

68 Vgl. Matthäus 25,18.
69 Vgl. Matthäus 18,28.
70 Hoheslied 2,2.

rem Schmerz zu Euch, ehrwürdiger Vater, gelangt aus Beweggründen und unter Umständen, die schmachvoll sind. Um so mehr danke ich Euch für die Treue und zuvorkommende Dienstfertigkeit, mit der Ihr ihn aufnahmet, damit die Schande aufhöre. Es ist mein verlorenes Schaf; zu mir gehört es; es ist meine Sache, es zu suchen und das Irrende zurückzuführen, wenn es dem Herrn Jesus so gefällt.

Ich bitte Euch daher, ehrwürdiger Vater, um unsres gemeinsamen Glaubens an Christus und um unsres gemeinsamen Gelübdes bei dem heiligen Augustin willen, schickt ihn mir – wenn es Euch in Eurer dienstwilligen Liebe irgend möglich ist – nach Dresden oder nach Wittenberg, oder vielmehr überredet ihn, selbst zu gehen, legt ihm freundlich und gütig nahe, freiwillig zu kommen. Ich werde ihn mit offenen Armen aufnehmen, wenn er nur kommt; er braucht keine Angst zu haben, ich sei beleidigt.

Ich weiß recht gut, daß Ärgernis kommen muß; es ist kein Wunder, wenn ein Mensch zu Fall kommt, wohl aber ist es ein Wunder, wenn er wieder aufsteht und stehenbleibt. Petrus fiel, damit er wüßte, daß er ein Mensch sei; es fallen heute noch die Zedern des Libanon, die mit ihren Wipfeln den Himmel streifen; ja es fiel – und das übertrifft alles! – der Engel im Himmel[71] und Adam im Paradiese. Kein Wunder also, wenn das Rohr vom Sturmwind bewegt und der glimmende Docht ausgelöscht wird![72] Der Herr Jesus wolle Euch lehren, mit Euch handeln und das gute Werk vollbringen! Amen. Lebt wohl!

Aus Dresden in unsrem Konvent.[73] Am Tage der hl. Philippus und Jakobus.

Bruder Martin Luther, Professor der heiligen Theologie und Vikar der Augustinereremiten für Meißen und Thüringen. *Br 1,38,3 ff*

3 Der wahre Friede Gottes · Brief aus Wittenberg an Michael Dressel, Prior in Neustadt an der Orla, vom 23. Juni 1516

Jesus.

Heil und Frieden [wünsche ich Dir], doch nicht den handgreiflichen Frieden nach menschlicher Vernunft, sondern den Frieden im Herrn, der unter dem Kreuz verborgen ist und höher ist als alle Vernunft[74] . . .[75]

71 *Luther denkt an den Fall Luzifers.*
72 *Vgl. Jesaja 42,3.*
73 *Luther befand sich damals auf einer Visitationsreise.*
74 *Vgl. Philipper 4,7.*
75 *Im ausgelassenen Teil (Br 1,46,6—47,26) schreibt Luther über die Aufnahme eines Deutschherrnritters in den Orden und über Versetzungen von Ordensbrüdern.*

Nun suchst und trachtest Du ja wohl nach Frieden, doch verkehrt. Denn Du suchst den Frieden, wie ihn die Welt gibt,[76] nicht wie ihn Christus gibt. Oder weißt du nicht, teurer Vater, daß Gott darum so wunderbar unter seinem Volke ist, weil er seinen Frieden hineingestellt hat mitten in die Friedlosigkeit, d. h. mitten in lauter Versuchungen? Er spricht ja (Ps 110, 2): »Herrsche unter deinen Feinden.« Darum hat nicht *der* Frieden, den niemand stört – das ist ja der Friede der Welt –, sondern der hat Frieden, den alle und alles stören und der das alles mit freudiger Ruhe erträgt. Du sprichst mit Israel (Jer 6, 14): »Friede, Friede«, und es ist doch nicht Friede; sprich lieber mit Christus: Kreuz, Kreuz, und es ist doch nicht Kreuz. Denn in dem Augenblick ist das Kreuz nicht mehr Kreuz, in dem Du fröhlich sprichst: Gebenedeites Kreuz, unter allem Holze ist keins dir gleich!

Sieh doch, wie liebreich Dich der Herr zum wahren Frieden ruft, indem er Dich durch so viel Kreuz wie mit einer Mauer umgibt! Das ist der wahre Friede Gottes, der höher ist als alle Vernunft, d. h. man kann ihn nicht fühlen, nicht fassen, nicht ausdenken; kein Gedanke kann ihn schauen und verstehen; nur wer sein Kreuz willig trägt in allem, was er fühlt, denkt, versteht, ein so Geplagter erfährt hernach diesen Frieden. Denn all unser Fühlen, all unser Tun und Denken hat Gott unter diesen Frieden gestellt und ans Kreuz geschlagen – d. h. in mancherlei Unruhe und Qual gestürzt. Darum ist es ein Friede *über* alle Vernunft und anders, als wir träumen und wünschen, ja unvergleichlich besser. Solchen Frieden suche, und Du wirst ihn finden; Du kannst ihn aber gar nicht besser suchen, als indem Du die Anfechtungen freudig auf Dich nimmst – als wären es heilige Reliquien – und darauf verzichtest, einen Frieden nach Deinem Gutdünken und Meinen suchen und auswählen zu wollen.

Lebe wohl und bete für mich, teurer Vater; der Herr möge Dich leiten! Aus Wittenberg, im Jahr 1516, am Tag der zehntausend Märtyrer.   Bruder Martin Luther, Distriktsvikar.

Br 1,46,4 ff

4 *Die Gnade im Zorn Gottes · Bruchstück aus einem Brief an Propst Georg Mascov in Leitzkau, vermutlich vom Herbst 1516*

Sei tapfer in Christus und lasse Dich's nicht anfechten, wenn Menschen und Vieh sterben.[77] Das sind viel mehr Gnaden- als Zornbeweise Gottes. Er zürnt nämlich dann viel mehr, wenn er nicht mehr

---

76 *Vgl. Johannes 14,27.*
77 *In der Magdeburger Gegend wütete im September 1516 die Pest; daraus läßt sich dieses Briefstück datieren.*

zürnt, wie er durch Hesekiel (16, 42) spricht: »Ich will dir nicht weiter zürnen« und »Mein Eifer soll von dir genommen werden.« Das ist – doch nur für die Verworfenen – ein entsetzliches Wort. Zum Schluß dieses Briefes bitte ich Dich flehentlich, daß Du für mich Fürbitte tust vor Gott; denn ich muß Dir bekennen, daß mein Leben sich täglich mehr der Hölle nähert, weil ich jeden Tag schlechter und elender werde. Sei aus Wittenberg gegrüßt!

Martin Luther, Augustiner, ein verbannter Sohn Adams.

Br. 1,60, Fragm. 1 ff

5 Die Anhäufung der Stundengebete

Als ich Mönch war, wollte ich von den [Stunden]gebeten nichts preisgeben. Als ich aber durch öffentliche Vorlesungen und Schriftstellerei ins Gedränge kam, sammelte ich meine Stundengebete oft eine ganze Woche bis auf den Sonnabend, ja zwei oder drei Wochen, und sperrte mich drei ganze Tage ein, aß und trank nichts, bis ich ausgebetet hatte. Da ward mir der Kopf so toll davon, daß ich in fünf Nächten kein Auge zutat, krank bis auf den Tod darniederlag und [wie] von Sinnen kam. Als ich aber rasch wieder genesen war, ging mir alles im Kopf herum, wenn ich lesen wollte. So zog mich unser Herrgott fast mit Gewalt von jener Folter des Betens hinweg. Derart war ich gefangen.

Aus TR 1,495 (Frühjahr 1533)

6 Luthers Arbeitsüberlastung · Brief aus Wittenberg an Prior Johann Lang in Erfurt vom 26. Oktober 1516

Jesus

Gruß zuvor! Es wäre fast not, ich hätte zwei Schreiber oder Kanzlisten; den ganzen Tag tue ich nichts anderes als Briefe schreiben. Darum weiß ich nicht, ob ich nicht immer dasselbe wiederhole; Du wirst es ja sehen. Ich bin Konventsprediger und Tischprediger;[78] täglich werde ich auch als Prediger in der Pfarrkirche begehrt, ich bin Studienleiter,[79] bin Ordensvikar, d. h. elffacher Prior, ich bin Fischereiverwalter in Leitzkau[80] und Sachwalter der Herzberger Angelegenheiten in Torgau,[81] ich lese über Paulus und sammle Stoff für eine Psalmenvorlesung;[82] dazu kommt noch mein Briefwechsel, der, wie

78 *Nach der Klosterregel wurde bei Tisch gepredigt.*
79 *Beim Generalstudium des Ordens.*
80 *Offenbar besaß das Wittenberger Kloster dort einen Fischteich.*
81 *Es handelte sich um einen Streit zwischen dem Herzberger Kloster und dem Torgauer Rat um die Torgauer Pfarrkirche.*
82 *Vermutlich handelt es sich hier um die Bußpsalmen, die Luther im März 1517 in Druck gab.*

ich schon erwähnte, den überwiegenden Teil meiner Zeit beansprucht. Selten einmal habe ich Zeit genug, um die Horen zu beten und die Messe zu lesen – gar nicht zu reden von meinen Anfechtungen durch Fleisch, Welt und Teufel. Du siehst, was für ein Faulpelz ich bin!...[83].

Du schreibst, daß Du jüngst mit der Vorlesung über das zweite Buch der Sentenzen[84] angefangen habest; ich beginne morgen mit dem Galaterbrief,[85] fürchte allerdings, daß mir der Ausbruch der Pest die Fortsetzung dieses Vorhabens nicht erlaubt. Bis jetzt hat die Pest bei uns höchstens zwei oder drei Leute – doch nicht jeden Tag [sondern insgesamt] – weggerafft; dem Schmied, unsrem Nachbarn gegenüber, begrub man heute einen gestern noch gesunden Sohn, ein zweiter liegt angesteckt darnieder. Kurz, sie ist da und beginnt plötzlich ihr grausames Werk, besonders gegen die Jugend. Du rätst mir und dem Magister Bartholomäus[86] zur Flucht mit Dir zusammen. Aber wohin soll ich fliehen? Die Welt stürzt ja nicht ein, wenn Bruder Martin fällt. Die Brüder werde ich allerdings, wenn die Pest weiter um sich greift, über das ganze Land verteilen. Ich selbst bin durch meine Gehorsamspflicht hierhergestellt; fliehen darf ich nicht, bis es mir nochmals befohlen wird.[87] Es ist nicht so, daß ich keine Angst vor dem Tode hätte – bin ich doch nicht der Apostel Paulus, sondern lese nur über ihn –, aber ich habe die Zuversicht, daß der Herr mich aus meiner Furcht reißen wird...[88]   Br 1,72,4 ff

DIE WITTENBERGER UNIVERSITÄTSREFORM

Der dreiunddreißigjährige Professor Luther ist außerhalb seines Ordens ein fast unbekannter Mann. Seine Vorlesungen ziehen die Hörer an; seine Predigten wirken durch ihren Ernst und Eifer, aber seine neuen Sätze über die Gerechtigkeit aus dem Glauben, seine scharfen Worte gegen die verweltlichte Kirche verhallen innerhalb der Wände

---

83 *In dem hier ausgelassenen Briefteil (Br 1,72,14–73,26) macht Luther Mitteilungen über Versetzung und Austausch einzelner Mönche.*
84 *Vgl. Seite 37, Anmerkung 41.*
85 *Vom 27. Oktober 1516 bis zum 10. März 1517 las Luther über den Galaterbrief.*
86 *Luthers Schüler Bartholomäus Bernhardi aus Feldkirch.*
87 *Staupitz hatte als Luthers Vorgesetzter diesem schon am 8. Oktober die Flucht aus Wittenberg befohlen.*
88 *Der Schlußteil des Briefes (Br 1,73,40–59) enthält noch eine Reihe von Personalnachrichten.*

seines Hörsaales, dringen über den Kreis seiner Predigthörer nur selten hinaus.

Dagegen beginnt ein anderes Werk die Universität Wittenberg zu bewegen. Ist nicht immer noch *Aristoteles* der Lehrer des christlichen Abendlandes? Und schaut nicht, mehr oder minder verhüllt zwar, aber doch deutlich genug durch die Formeln der Scholastik hindurch seine Ethik, daß der Mensch, der strebend sich bemüht, der vernunftgeläuterte und tätig ringende, die vollkommene Tugend erreichen könne? Kann Luther mit ansehen, wie seine Ordensbrüder Geist und Gaben an eine Lehre verschwenden, die in die tiefste Sünde hineinführt? Wie die Universitäten gute Bücher verbrennen und in einem Todesschlaf befangen die schlechten weiter lehren? Luthers Urteil über den böswilligen Ränkeschmied Aristoteles steht fest; er kennt kein größeres Verlangen, als diesem Schauspieler die Maske vom Gesicht zu reißen (1).

Luther ist nicht der einzige, der die Beseitigung der Vorherrschaft des Aristoteles erstrebt. Die Luft hallt wider vom Kampfgeschrei der *Humanisten*: aus der unmittelbaren Begegnung mit der antiken Welt erwacht die Freude an Kunst und Wissenschaft; die alten Sprachen, jahrhundertelang mißbraucht von der Begriffsbildung der Scholastik, tauchen frisch und gegenwartsnah aus der grauen Vergangenheit auf, und in der Ferne steigt leuchtend das Ideal auf, das Jahrhunderte blendete: das Bild der freien, in sich mächtigen, zur Vollkommenheit durchgebildeten Persönlichkeit.

Allein wenn auch Luther eine Zeitlang von den Humanisten als einer der Ihren begrüßt wird, so zeigt sich doch rasch, daß sie nur in der Verneinung, nicht im Ziel einig sind. Für Luther ist an die Stelle des Aristoteles in den letzten Jahren mehr und mehr *Augustin* getreten, der lange mißachtete, dem Luther zunächst nur die Schrecken seiner Prädestinationsanfechtungen verdankt, den er aber nach der Entdeckung des Evangeliums mit neuen Augen liest und in dem er sein Verständnis des Evangeliums wiederzufinden glaubt. Vor und während der Römerbriefvorlesung hat sich Luther gründlich mit Augustin vertraut gemacht; nicht ohne Anerkennung sagt Melanchthon später: »Er hatte alle Werke Augustins nicht nur oft gelesen, sondern hatte sie auch tadellos im Gedächtnis.« Ja, Augustin kommt für Luther unmittelbar nach der Schrift; bei allen Kirchenvätern zusammen finde man nicht die Hälfte dessen, was bei Augustin allein. Auch später, nachdem er die Grenze, die ihn auch von Augustin trennt, erkannt hat, hält er ihn doch für den besten Ausleger der Heiligen Schrift (2) und für den besten Theologen (3). Ja, der junge, unbekannte Mönchs-

gelehrte, unempfindlich gegen den Qualm humanistischer Beweihräu-
cherung, unbestechlich gegenüber dem Mythos wissenschaftlicher Größe, wagt sogar, auf einem Umwege dem berühmten Schulhaupt der
Humanisten, dem gefeierten *Erasmus* von Rotterdam,[89] die Lektüre
Augustins dringend zu empfehlen, und wagt zu hoffen, Erasmus werde
auf diesem Wege auch Paulus besser und richtig verstehen. Und kurze
Zeit später spricht er mit dürren Worten aus, daß ihm Erasmus nicht
mehr gefalle: er stelle das Menschliche über das Göttliche (4).

Im Laufe des Winters 1516/1517 fällt in Wittenberg die *Entscheidung zwischen Aristoteles und Augustin.* Ein Schüler Luthers, auf Augustin sich stützend, disputiert in scharfen Sätzen gegen die occami-
stisch-aristotelische Lehre von der Möglichkeit, das Gute in eigener
Kraft zu tun. Es entsteht eine heftige Fehde unter den Professoren,
allein Luthers Kollegen, vor allem Karlstadt und Amsdorf, müssen
sich geschlagen geben und fallen Luther zu; der Sieg seiner Theologie
ist entschieden. Diese Umgestaltung der Lehrordnung der Universität wäre nicht so schnell vor sich gegangen, hätte Luther nicht am Hofe des Kurfürsten in dessen Geheimsekretär, Bibliothekar und Hofprediger Georg *Spalatin*[90] einen unermüdlichen Fürsprecher und Gönner
gehabt, der noch oft genug Gelegenheit finden sollte, den zähen,

89 *Desiderius Erasmus von Rotterdam, 1466—1536, als Priestersohn geboren, in seiner Jugend durch eine lange Klosterzeit körperlich geschädigt, ver-
vollkommnete in Paris, England und Rom seine Kenntnisse des Altertums
und widmete, ohne festen Beruf bald in Basel, bald in England lebend, aber
bald weithin bekannt und berühmt, sein Leben der Herausgabe aller wichtigeren heidnischen und altchristlichen Schriftsteller. Luthers Auftreten mußte
er, dessen Ziel die Reform der Kirche durch den Humanismus war, als Störung empfinden. Nach der Auseinandersetzung mit Luther und nach der Reformation Basels 1529 zog er in das katholisch gebliebene Freiburg im Breisgau, sich ähnlich wie der Mystiker Staupitz wieder zur alten Kirche zurück-
wendend.*

90 *Georg Spalatin (1484—1545), in Spalt bei Nürnberg mit dem Familien-
namen Burckhardt geboren, mit den Erfurter Humanisten befreundet, 1508
zum Priester geweiht, trat 1509 als Prinzenerzieher in immer engere Beziehungen zum kursächsischen Hof. Als Seelsorger und Geheimsekretär Friedrichs des Weisen war er, durch Luther für die neue Lehre gewonnen, der
gegebene Vermittler zwischen Luther und dem Fürsten, ohne sich freilich damit immer Luthers Dank zu verdienen. Nach dem Tode des Kurfürsten führte
er die Reformation in Altenburg durch; dank seiner diplomatischen Geschicklichkeit war er an allen großen Auseinandersetzungen mit den Altgläubigen
wie auch am Aufbau der reformatorischen Kirche unablässig beteiligt.*

schwerfälligen und vorsichtigen Fürsten unmerklich zugunsten Luthers zu beeinflussen.

So kommt es, daß Luther im Mai 1517 dem Freunde Johann Lang vom Niedergang des Aristoteles und vom Fortschritt der eigenen Theologie und Augustins berichten kann (5). Dem Kampfe um die Erneuerung der theologischen Wissenschaft gilt nun seine ganze Kraft. Im September 1517 versendet er neue, noch schärfere Disputationsthesen: Der sündige Mensch kann nur das Böse wollen und will selber Gott sein; Gottesgesetz und Menschenwille stehen in unversöhnlichem Gegensatz; man kann nur ohne, nie aber mit Aristoteles Theologe werden. Er erwartet gespannt, was die gelehrte Welt zu diesem Angriff sagen wird. Aber die Antwort ist ein tödliches Schweigen. Luthers Paradoxien werden ignoriert. Daß seine Sätze eine Welt umstürzen, wird von niemand bemerkt. Was sein neues Schriftverständnis für Kirche und Welt bedeutet, sollte ohne sein Zutun an einem andern Punkt offenbar werden.

1 Luther will Aristoteles bekämpfen · Aus einem Brief aus Wittenberg an Prior Johann Lang in Erfurt vom 8. Februar 1517

Nach nichts brennt mein Herz so sehr als danach, diesen Schauspieler, der mit seiner griechischen Maske die Kirche so gründlich angeführt hat, zu entlarven und seine Schande vor aller Welt aufzuweisen, wenn ich nur Zeit dazu hätte. Ich habe einen kleinen Kommentar[91] zum ersten Buch seiner Physik unter den Händen, mit dessen Hilfe ich die Fabel von Aristäus nochmals aufzuführen gedenke gegen diesen meinen Proteus,[92] den hinterlistigsten Verführer der Geister; ja, hätte Aristoteles nicht Fleisch und Blut gehabt – ich würde die Behauptung nicht scheuen, er sei der leibhaftige Teufel gewesen.

Br 1,88,17 ff

2 Augustin der beste Exeget

Der Kirchenlehrer Augustin war der beste Ausleger der Schrift und überragte alle andern. Ich kann mich nicht genug darüber wundern, daß die andern Doktoren über die allerschönsten Texte weggelaufen sind, wo sie doch mit den Füßen hätten darüberfallen müssen.

Aus TR 2,2544 b (März 1532)

3 Augustin der größte Theologe nach Paulus

Augustin ist ein Denker; er will wissen und nicht wähnen und un-

91 *Von diesem Werk Luthers ist nichts erhalten geblieben.*
92 *Der römische Dichter Vergil erzählt (Georgica, Buch IV), daß der griechische Gott Aristäus den weissagenden Meergreis Proteus, der sich in immer neue Gestalten verwandeln kann, überlistete.*

terrichtet einen auch [dementsprechend]. Er ist der größte Theologe unter denen, welche nach den Aposteln schrieben. Wir Mönche freilich lasen nicht ihn, sondern den Scotus.[93]

Aus TR 4,5009 (Mai/Juni 1540)

4 Urteil Luthers über Erasmus · Aus einem Brief aus Wittenberg an Prior Johann Lang in Erfurt vom 1. März 1517

Ich lese unsern Erasmus[94] und dabei vergeht mir die Lust an ihm alle Tage mehr. Zwar gefällt mir, daß er Mönche und Priester so tapfer wie umsichtig in ihrer eingewurzelten und verschlafenen Unwissenheit an den Pranger stellt und verdammt; aber ich fürchte, er treibt nicht genug Christus und Gottes Gnade . . .: das Menschliche hat bei ihm viel mehr Gewicht als das Göttliche. Wiewohl ich nicht gern über ihn zu Gericht sitze, so tu ich's doch, um Dich zu warnen, alles von ihm zu lesen oder gar urteilslos zu übernehmen. Denn die Zeiten sind heute gefährlich, und ich sehe, daß einer nicht schon darum ein wahrhaft weiser Christ ist, weil er gut Griechisch und Hebräisch kann . . . Denn anders ist das Urteil, wo einer dem Willen des Menschen noch etwas zuschreibt, anders, wo einer außer der Gnade *nichts* kennt. Ich behalte jedoch dieses Urteil streng bei mir, um nicht den Chor seiner Neider zu bestärken. Vielleicht wird ihm der Herr zu seiner Zeit Verstand geben. *Br 1,90,15 ff*

5 Der Sieg der neuen Theologie · Aus einem Brief aus Wittenberg an Prior Johann Lang in Erfurt vom 18. Mai 1517

Unsere Theologie und St. Augustin machen rüstige Fortschritte und beherrschen dank Gottes Fügungen unsre Universität. Mit Aristoteles geht es allmählich bergab, er neigt sich zum nahe bevorstehenden, endgültigen Untergang. Die Vorlesungen über die Sentenzen werden auffallend gemieden und niemand kann auf Hörer rechnen, der sich nicht zu dieser Theologie, d. h. zur Bibel oder zu St. Augustin oder zu einem andern Lehrer von kirchlicher Autorität, bekennt. *Br 1,99,8 ff*

DER ALTE UND DER NEUE GLAUBE

So befreiend die Wiederentdeckung des Evangeliums für Luther persönlich war, so gewichtig sich die Auswirkungen bereits auf dem Gebiet des theologischen Studiums zeigten — so wenig ahnt Luther in dieser Stunde, welch tiefgreifende Folgen der neue Glaube hat für die ganze Welt, in der er groß geworden war.

93 Vgl. Seite 20, Anmerkung 15.
94 Vgl. Seite 75, Anmerkung 89.

Die *Bedeutung* des neuen Schriftverständnisses erschöpft sich nicht darin, daß Luther in der außer ihm liegenden Gnade Gottes den Halt seines Lebens gefunden hat, auch nicht darin, daß sich die gesamte scholastische Theologie durch seine Betonung der »passiven« Gerechtigkeit vor neue Fragen gestellt sah. Das neue Schriftverständnis ist vielmehr gleichbedeutend mit dem *Umsturz des Fundaments der alten Kirche.*

Das Geheimnis der katholischen Religion, die Grundlage des gewaltigen Baus ihrer Theologie, ihres Kirchenwesens, ihrer Frömmigkeit ist das *»Und«.*

Selbstverständlich weiß auch diese Kirche von Gott, der sich in Jesus Christus *geoffenbart* hat, der durch sein gnädiges und richtendes Wort zu der Welt redet und dessen Botschaft in der Heiligen Schrift bezeugt ist. Allein sie hat es verstanden, diese ihre Erkenntnis in einzigartiger Weise zu stützen, zu bekräftigen, zu vermischen mit dem Begriffe eines ganz anderen Gottes – und dadurch ist am Tage, daß ihr das Geheimnis des wahren, des einzigen, des offenbaren Gottes schon wieder in die Ferne gerückt ist. Sie kennt neben dem Gott der Bibel auch einen Gott, wie ihn schon Aristoteles geschaut hat, und wie er auch der natürlichen Vernunft *einsichtig* ist: in sich ruhend und sich selber genug, reiner Geist und reine Vernunft, und überall da offenbar, wo die Flamme geläuterter Vernunft die trübe Schwere irdischen Stoffs durchbricht.

Selbstverständlich rühmt auch die Kirche, deren treuer Sohn Luther ist und noch lange sein will, die reine, umsonst gegebene *Gnade* und weiß Gottes Freiheit, die ihn nur an das Gesetz der eigenen Milde bindet, mit starken Worten zu preisen. Allein sie lehrt gleichzeitig nicht nur die Möglichkeit, sondern die Notwendigkeit, daß der Mensch dieses Geschenk der lauteren Gnade Gott abverdiene, daß er also die Gnade durch das *Verdienst* seiner Leistungen erzwinge. Auch diejenigen Theologen, welche dem natürlich-freien Willen und seinen Kräften ein geringeres Zutrauen als andere entgegenbringen und in der Eingießung des sakramentalen »habitus«, einer neuen, wunderbaren Seinsform der Seele, die Voraussetzung für die Leistung guter Werke sehen, sind doch darin einig, daß eine »Bereitung« zur Gnade aus eigenem Willen, mit natürlichen Kräften erfolgen könne.

Demgemäß verzehrt sich die Frömmigkeit einerseits in der Anbetung der *Majestät* Gottes und erschauert, wie etwa beim Empfang des Altarsakraments, im Gefühl der eigenen Nichtigkeit vor Gottes Allmacht und Herrlichkeit. Allein daneben tritt das fromme *Ich;* in ruheloser Eigengerechtigkeit strebt es entweder danach, durch gehäufte Werke, durch die Menge der Wallfahrten, Stiftungen, Messen, Ablässe und Beichten das für den Himmel erforderliche Maß zu erlangen, oder aber sucht es auf dem umgekehrten Wege durch Entsagung und Entwerdung, durch leidenschaftliche Selbstentäußerung und Abkehr von der Sinnenwelt sich des im Seelengrunde verborgenen Gottes zu bemächtigen. Beide Male verzehrt es sich in der peinigenden Ungewißheit, ob völlige Genugtuung, völlige Gottesgemeinschaft je erreicht werden kann.

Dieses *Nebeneinander* von Offenbarung und Vernunft, Gnade und Verdienst, Gott und Mensch ist durch das Luther gegebene neue Verständnis von Röm 1, 17 zerstört. An seine Stelle tritt das so oft mißverstandene, so schnell wieder vergessene »*Allein*« des Evangeliums, der Bibel, der wahren Kirche.

Luther verdankt den neuen Glauben *allein der Schrift*. Er hat sonst keine Antwort von Gott erhalten, weder in der Geschichte, der Tradition der Kirche, welche die Schrift erstickte unter der dichten Decke der wechselnden Auslegung der Väter, noch in seinem Orden, in der Gemeinschaft der Kirche, welche ihm die harte Begegnung mit der Schrift durch Scheintrost und kluge Seelenleitung zu ersparen suchte, noch in seinem Gewissen, dem angeblichen Anknüpfungspunkt für Gottes Wirken, in dem er nichts anderes fand als gänzliche Unvollkommenheit, völlige Verderbnis. Aber nun *hat*, nachdem alle andern Stimmen schweigen, Gott zu ihm geredet in der Schrift. Nun hört Luther Gottes Stimme nirgends anders als in der Schrift. Nun hält er fest: Nicht die Vernunft, nicht die innere Erleuchtung, sondern die Schrift ist der Ort der Offenbarung. Und ihre Gewißheit ruht in ihr selber; die Sache selber überwindet den Hörer, nicht die natürliche Einsichtigkeit oder die übernatürliche Beglaubigung durch Träume und Gesichte, Ekstasen und Wunderzeichen. Nun deckt die Autorität der Schrift den angefochtenen Einzelnen; in der Gewißheit, auf der Schrift zu stehen, stellt sich Luther Paulus an die Seite, weiß er sich der ganzen Theologie seiner Zeit überlegen.

In der Schrift hat Luther das Wort Gottes gehört, daß wir selig werden *allein aus Gnaden*. »Aktive« Gerechtigkeit – das ist diejenige Gerechtigkeit, welche Gott ausübt, indem er den Würdigen lohnt, den Unwürdigen straft. Diese Gerechtigkeit begründet eine Art Vertragsverhältnis, in dem der Mensch Rechte hat; der Maßstab des göttlichen Urteils ist die Würdigkeit des Menschen, über Gott steht das Gesetz, die Selbstrechtfertigung des Menschen ist der heimliche Richter. »Passive« Gerechtigkeit – das ist diejenige Gerechtigkeit, welche der Mensch erleidet, weil sie dem Sünder aus reiner Gnade ohne sein Verdienst und Würdigkeit zugesprochen wird. Das Urteil über den Unwürdigen ist gefällt, aber es ist ein Gnadenurteil: es reißt den Sünder, der im Bewußtsein seiner Unwürdigkeit auf Eigengericht und Selbstrechtfertigung verzichtet, aus der Mitte der Gottlosen heraus; es hat am Kreuze Christi alle Menschenkraft zunichte gemacht, damit der Sünder stark und selig werde durch Gotteskraft. Dieser Richter bleibt der unbedingte Herr des Menschen, aber er urteilt nach seiner Barmherzigkeit, und seine Gnade steht über dem Gesetz.

Die Rechtfertigung des Sünders geschieht *allein durch den Glauben.* Luther weiß, daß dieser Glaube das Gegenteil ist von dem, was er bisher »Glaube« nannte. Er ist nicht eine durch die übernatürlich eingegossene Gnade geformte Seelenhaltung, in der der Mensch vor Gott gefällige, würdige Werke vollbringt, wodurch er dem Urteil Gottes entflieht. Sondern er ist die Selbstauslieferung an Gottes Urteil auf Gnade und Ungnade: der Glaubende bekennt seine Sünde, er rechtfertigt sich nicht, sondern klagt sich an; er hält dem Spruch, der ihn tötet und lebendig macht, stand, er stimmt dem Urteil Gottes zu; er glaubt, daß nicht bei ihm, sondern allein bei Gott Rechtfertigung, Vergebung der Sünden, Gnade und Barmherzigkeit zu finden ist, er traut darauf, daß ihm diese Gnade durch Christi Verdienst zugerechnet ist; er ist in seinen Augen ein Sünder *und* er ist gewiß, daß er in Gottes Augen gerecht ist. Das ist die *Rechtfertigungslehre* der Reformation. Eine neue ›Lehre‹ neben vielen andern? Ein neuer ›Artikel‹, der einen Ausschnitt aus Gottes Werk formuliert und ›geglaubt‹ sein will wie so manches andere? Ein neuer Grundsatz der Theologie, ein wissenschaftliches Prinzip, von dem weitere Sätze, weitere Gemeinwahrheiten abgeleitet werden können?

Nein! Vielmehr: Die Rechtfertigungslehre ist die *Mitte* aller Theologie, der Herzpunkt jeder Glaubensaussage, das Zentrum aller Verkündigung! *Die Rechtfertigungslehre ist die Form, in der Luther Christus begegnet ist.* Gottes Gerechtigkeit erscheint in Jesus Christus. Darum verliert alle andere Gerechtigkeit ihren Wert. Christi Reich kommt. Das erschüttert die Kirche. Das erschüttert die Welt. Darüber, was die Rechtfertigungslehre für die *Welt* bedeutet, etwa für die Philosophie, die Welterkenntnis, oder für die Politik, die Weltgestaltung, sind wir uns auch heute noch nicht im klaren. Völlig deutlich ist aber, daß *Theologie und Kirche* ein anderes Gesicht erhalten werden, wenn diese Botschaft gilt; völlig deutlich auch, daß Luthers neue Wahrheit sich nicht auf seine Person, auf den Umkreis seines Klosters, auf die theologische Arbeit beschränken wird. Gott, der sich ganz in Christus offenbart, will auch den ganzen Menschen.

Der Kampf mit der mittelalterlichen Kirche

Um die Reinheit des Glaubens

1517 – 1521

Die fünfundneunzig Thesen

Das mittelalterliche *Bußsakrament* vermittelte dem reuigen Sünder die Absolution, den rechtskräftigen Zuspruch der Vergebung seiner Sünden vor Gott. Der Sünder darf glauben, daß seine Todsünden getilgt, daß die um ihretwillen verhängten ewigen Höllenstrafen aufgehoben sind. Allein schon hier zeigt sich eine schwerwiegende Verschiebung: die Schuld vor *Gott* ist der Sünder losgeworden, die Strafe der *Kirche* dagegen liegt noch auf ihm. Die zeitlichen Strafen (wozu auch das Fegfeuer gehört) sind in der Absolution nicht aufgehoben, sie müssen durch Genugtuungswerke wie Fasten, Almosengeben, Wallfahrten abgebüßt werden, welche der Beichtiger zumißt. Kein Wunder, daß der Sünder um der Todsünden willen verhängte ewige Strafen sehr leicht nimmt, dagegen vor den zeitlichen Strafen und den darauffolgenden Genugtuungswerken, die oft jahrelang dauern konnten, einen gründlichen Respekt empfindet.

Hatte so die Kirche Gottes Gebot und Verheißung zurückgeschoben und ihren eigenen Willen neben Gottes Willen gesetzt, so mußte sie folgerichtig auch noch einen zweiten Schritt tun, um ihre Herrschaft aufrechtzuerhalten: sie mußte einerseits die Strenge ihres Gesetzes dem Anspruch nach aufs schärfste betonen, andrerseits aber dem Menschen, der es halten wollte, so weit entgegenkommen, daß er es auch halten konnte.

Mehrere Jahre Fasten, jahrelanges Exil, Wallfahrten nach weit entfernten Orten, dazu die Aussicht, den unverbüßten Rest der Strafen im Fegfeuer abbüßen zu müssen, – geht es nicht auch einfacher? Nicht etwa die Gläubigen, sondern die Leitung der Kirche kam auf den Gedanken, die schweren und mühseligen Genugtuungswerke durch *kirchennützliche Ersatzleistungen* abzulösen: wer an einem Kirchbau mithilft, dem wird die Bußstrafe wenigstens zu einem Teil erlassen (»Ablaß«); wer gar auf einen Kreuzzug mitzieht, erhält vollkommenen Erlaß (Plenarablaß) seiner Genugtuungswerke. Welche Erleichterung für den Sünder: die Höllenstrafen hat ihm die Absolution weggenommen; und wenn er nun noch das ganze oder vereinfachte Genugtuungswerk leistet, so braucht er auch die zeitlichen Strafen einschließlich der Reinigungsstrafe des Fegefeuers nicht durchzumachen!

Es könnte freilich auch noch einfacher gehen. Die Teilnahme am

Kreuzzug ist ein persönliches Werk; kann die persönliche Ersatzleistung nicht, wie dies in aller Welt geschieht, in eine *dingliche* verwandelt werden, kann die Teilnahme am Kreuzzug nicht durch einen Ersatzmann oder durch Geld abgelöst werden? Schon im 12. Jahrhundert haben sich die Päpste auf diese neue Lösung eingelassen; der Ablaß begann eine Geldquelle für Rom zu werden.

War nun der Ablaß schon zu einer Ware geworden, so war nicht einzusehen, warum er nicht auch überall *feilgeboten* werden sollte. Es war nicht mehr nötig, daß die Gläubigen wie zur Zeit der Einführung des sog. Jubelablasses im Jahre 1300 nach Rom pilgerten, um dort fünfzehn Tage lang die Apostelgräber zu besuchen – nein, der Ablaß wird durch wandernde Händler ins Haus geliefert und bald hier, bald dort vertrieben; das »heilige Geschäft«, wie der Ablaß auch im amtlichen Sprachgebrauch der Kirche genannt wird, blüht.

Immer mehr kommt die Kirche dem drängenden Bedürfnis des Volkes nach Straferlaß entgegen; allein der von Fegfeuerangst Geplagte ist immer noch vom zufälligen Auftauchen eines Ablaßhändlers abhängig. Um das Höchstmaß von Sicherheit zu erreichen, muß er über den Ablaß *jederzeit* verfügen können, muß ihn auf Vorrat beziehen können, ihn als Reserve für alle Fälle im Hause haben. Die Päpste stellen darum, zunächst nur für Vornehme, sodann aber für jedermann, die »Beichtbriefe« aus, um auch diesem Sicherheitsverlangen Rechnung zu tragen, und lassen sie gegen eine Taxe verkaufen. Der Beichtbrief wurde auf den Namen des Inhabers ausgestellt und berechtigte diesen, vor jedem beliebigen Priester zu beichten; der Beichtiger hingegen war verpflichtet, dem Inhaber dieses Himmelsschecks einmal in gesunden Tagen und einmal (später immer) in Todesgefahr vollkommenen Ablaß zu erteilen.

Aber noch fehlt eines. Die Lebenden sind nun gegen jegliche Strafen des Fegfeuers und der Hölle versichert; sollen die *Toten* von solchen Gnaden ausgeschlossen sein? Als nach langem Zögern der Päpste endlich im Jahre 1476 auch der Ablaß für die armen Seelen eingeführt wird, gibt es bald kein Zurück mehr. Das Geld fließt in Strömen, das Volk reißt sich um die Ablaßzettel; wer wollte nicht mithelfen, die armen Seelen aus der Fegfeuerqual zu erlösen?

So wird das Ablaßwesen zum stärksten Ausdruck für die Verweltlichung der Kirche. Das ist das Ende der Werkgerechtigkeit, daß Gottes Gnade auf den Märkten verschleudert wird. Die Kirche hat das Evangelium an das natürliche Sicherheitsstreben des frommen Menschen verraten, an den Familienegoismus, der auch über das Grab hinaus drängt, an die Habgier, welche geistliche Schätze zusammenscharrt; dafür hat sie sich ihre irdische Existenz, Macht und Einfluß, Reichtum und Ansehen gesichert.

Schon seit einiger Zeit steht *Luther* dem Ablaßwesen mißtrauisch gegenüber. Er weiß aus der Beichte, daß der Ablaß als Freibrief zu jeder Sünde aufgefaßt wird und dementsprechend wirkt. Und nun rückt das Unwesen gar noch in die Nähe! Zwar hat der Kurfürst Friedrich dem neuen Ablaß zum Bau von St. Peter in Rom seine Lande verschlossen; aber drüben über der Grenze, im Magdeburgischen, lärmt der Ablaßkommissar Johann *Tetzel* und bietet wie ein Marktschreier seine Ware feil. Die Wittenberger gehen über die Grenze nach Jüterbog und Zerbst, und Luther muß von den berüchtigsten seiner Beichtkinder den Lobpreis der billigen Gnade und eine Anzahl greulicher Sätze Tetzels hören, die er fast nicht glauben kann (1). Aber es kommt noch schlimmer. Im Herbst, nachdem Tetzels Lärm längst vergangen ist, fällt Luther das mit dem Wappen des Magdeburger Erzbischofs gezeichnete Instruktionsbuch für die Ablaßprediger in die Hände (1), in welchem er einen Teil der greulichen Tetzelschen Artikel, durch den bischöflichen Namen gedeckt, wiederfindet. Nun hat Luther keine Ruhe mehr, er muß um seiner Gehorsamspflicht willen an den Erzbischof schreiben, er muß ihn, um höchstes Unheil zu verhindern, aus tiefster Seele bitten, Abhilfe zu schaffen (2).

1 Tetzels Ablaßpredigt

Es geschah im Jahr 1517, daß ein Predigermönch namens Johann Tetzel,[1] ein großer Schreier, von sich reden machte. Herzog Friedrich[2] hatte ihn früher einmal in Innsbruck vom Sack erlöst, denn Maximilian hatte ihn zum Ersäuftwerden im Inn verurteilt – vermutlich um seiner großen Tugend willen. Herzog Friedrich ließ ihn daran erinnern, als er uns Wittenberger so zu lästern anfing; er gab es auch offen zu. Derselbe Tetzel ging nun mit dem Ablaß hausieren und verkaufte Gnade ums Geld aus Leibeskräften, so teuer oder so wohlfeil er konnte. Zu der Zeit war ich hier im Kloster Prediger und ein neugebackener Doktor, von heißer Liebe zur Heiligen Schrift erfüllt. Als nun viel Volks von Wittenberg dem Ablaß nachlief nach Jüter-

1 *Johann Tetzel, etwa 1465 in Pirna geboren, Dominikaner, war von 1504 bis 1510 für den Deutschorden Ablaßprediger und seit 1516 Unterkommissar für Erzbischof Albrecht von Mainz. Nach Luthers Angriff auf den Ablaß ließ man ihn fallen, worauf er im Dominikanerkloster in Leipzig Zuflucht suchte. Dorthin schrieb ihm Luther vor seinem Tode (1519) noch einen Trostbrief (vgl. Seite 128).*
2 *Es ist Kurfürst Friedrich von Sachsen gemeint.*

bog und Zerbst usw., ich aber – so gewiß mich mein Herr Christus erlöst hat – nicht wußte, was der Ablaß war (wie es auch sonst kein Mensch wußte), fing ich vorsichtig an zu predigen, man könne wohl etwas Besseres tun, das gewisser sei als Ablaßlösen. Schon früher hatte ich hier auf dem Schlosse gegen den Ablaß gepredigt,[3] aber bei Herzog Friedrich keine Gnade verdient; denn er hatte sein Stift auch sehr lieb.[4] Nun – um zur rechten Ursache des »lutherischen Lärms« zu kommen[5] – ließ ich [zunächst] alles so gehen, wie es ging. Indes wird mir berichtet, Tetzel habe greuliche, schreckliche Artikel gepredigt, von denen ich diesmal einige nennen will:

Er hätte solche Gnade und Gewalt vom Papst, daß er es vergeben könnte, wenn einer gleich die heilige Jungfrau Maria, Gottes Mutter, geschwächt oder geschwängert hätte, wenn derselbe nur in den Kasten lege, was sich gebührt.

Weiter: Das rote Ablaßkreuz mit dem Wappen des Papstes, das in den Kirchen aufgerichtet werde, sei ebenso kräftig wie das Kreuz Christi.

Ferner: Wenn St. Peter jetzt hier wäre, hätte er keine größere Gnade oder Gewalt, als er habe.

Ferner: Er wollte im Himmel mit St. Peter nicht tauschen, denn er hätte mit [seinem] Ablaß mehr Seelen erlöst als St. Peter mit seinem Predigen.

Ferner: Wenn einer Geld für eine Seele im Fegfeuer in den Kasten lege, so führe die Seele aus dem Fegfeuer in den Himmel, sobald der Pfennig auf den Boden fiele und klänge.

Ferner: Die Ablaßgnade sei eben die Gnade, durch welche der Mensch mit Gott versöhnt werde.

3 Genau ein Jahr vor dem Thesenanschlag, am 30. Oktober 1516, hatte Luther in einer Predigt in der Schloßkirche gegen den Ablaß Stellung genommen; dann nochmals wesentlich schärfer in einer Predigt am 24. Februar 1517.

4 Die Wittenberger Schloß- oder Stiftskirche enthielt einen vom Kurfürsten gesammelten, auch für die damalige Zeit außerordentlich großen Reliquienschatz, dessen Besuch allein schon reiche Ablaßgnaden verbürgte. Außerdem war in der Schloßkirche am Allerheiligenfest vollkommener Ablaß zu haben, wodurch Wittenberg zu einem in ganz Norddeutschland einzig dastehenden Gnaden- und Wallfahrtsort wurde. Für den Kurfürsten bedeutete die starke Inanspruchnahme der Ablaßgnaden seiner Stiftskirche gleichzeitig eine stattliche Einnahmequelle.

5 Herzog Heinrich von Braunschweig-Wolfenbüttel, gegen den die Schrift »Wider Hans Worst« gerichtet ist, hatte Luthers Sache den »lutherischen Lärmen« (Aufruhr, Skandal) genannt.

Ferner: Es sei nicht nötig, Reue, Leid oder Buße für die Sünden zu tun, wenn einer den Ablaß oder die Ablaßbriefe kaufte (eigentlich sollte ich sagen: gewönne). Er verkaufte auch [Ablaß für] künftige Sünden. Derlei Dinge trieb er greulich viel; es war ihm dabei nur ums Geld zu tun.

Ich wußte aber zu jener Zeit noch nicht, für wen dies Geld bestimmt war. Da kam ein Büchlein heraus, gar herrlich unter dem Wappen des Bischofs von Magdeburg, in dem einige dieser Artikel den Ablaßkrämern zu predigen aufgetragen wurden. Da kam's an den Tag, daß Bischof Albrecht diesen Tetzel gedungen hatte, weil er ein so großer Schreier war ... *Aus »Wider Hans Worst« (1541). WA 51,538,23 ff*

2 Klage über den Ablaßhandel · Brief aus Wittenberg an Erzbischof Albrecht von Mainz vom 31. Oktober 1517

Jesus.

Gnade und Barmherzigkeit Gottes und alles, was er vermag und ist! Hochwürdiger Vater in Christus, durchlauchtigster Kurfürst, wollet mir verzeihen, wenn ich, die Hefe der Menschen, ein solches Maß von Vermessenheit habe, daß ich wage, auf einen Brief an Eure höchste Erhabenheit zu sinnen. Ich habe – und dessen ist mir der Herr Jesus Zeuge – im Bewußtsein meiner Niedrigkeit und Erbärmlichkeit schon lange hinausgeschoben, was ich nun mit unverschämter Stirn tue. Es bewegt mich aufs stärkste meine Treupflicht, deren ich mich Euch gegenüber, meinem hochwürdigen Vater in Christus, für schuldig erkenne. Darum wolle Eure Hoheit geruhen, mir, der ich nur Staub bin, Euer Augenmerk zuzuwenden und gemäß Eurer persönlichen und bischöflichen Milde meinem Verlangen Verständnis entgegenzubringen.

Es wird [im Lande] unter dem Schutz Eures erlauchten Titels der päpstliche Ablaß zum Bau von Sankt Peter feilgeboten. Ich klage dabei nicht so sehr über das Geschrei der Ablaßprediger, das ich [persönlich] nicht gehört habe. Wohl aber bin ich schmerzlich erzürnt über die grundfalsche Auffassung, die das Volk daraus gewinnt und mit der man sich öffentlich überall brüstet. Offenbar glauben die unglücklichen Seelen, ihrer Seligkeit sicher zu sein, sobald sie nur einen Ablaßbrief gelöst haben;[6] ebenso glauben sie, daß die Seelen sofort aus dem Fegfeuer fahren, sobald sie das Lösegeld in den Kasten gelegt hätten.[7] Weiter: So kräftig sei diese [Ablaß]gnade, daß jede noch so große Sünde vergeben werden könne, selbst in dem unmöglichen

6 *Vgl. unten (Seite 94 ff) These 32.*
7 *Vgl These 27.*

Fall, wenn einer – nach ihren Worten – die Mutter Gottes geschändet hätte.[8] Endlich soll der Mensch durch diesen Ablaß von jeglicher Strafe und Schuld frei werden.[9]

Ach lieber Gott, so werden die Seelen, die Eurer Fürsorge, teurer Vater, anvertraut sind, zum Tode unterwiesen! Und die schwere Verantwortung, die von Euch um dieser Seelen willen gefordert wird, wächst immer mehr an. Darum kann ich in dieser Sache nicht länger schweigen. Denn kein Mensch wird durch des Bischofs Amt und Werk seines Heils gewiß – erlangt er die Gewißheit ja nicht einmal durch die eingegossene göttliche Gnade –, vielmehr gebietet uns der Apostel, allezeit mit Furcht und Zittern zu schaffen, daß wir selig werden (Phil 2, 12); ja selbst der Gerechte wird kaum erhalten werden (1 Petr 4, 18). Endlich: Der Weg, der zum Leben führt, ist so schmal (Matth 7, 14), daß der Herr durch die Propheten Amos (4, 11) und Sacharja (3, 2) die zum Heil Kommenden einen Brand nennt, der aus dem Feuer gerissen wird. Überall betont der Herr, wie schwer es sei, die Seligkeit zu erlangen.

Wie ist's also möglich, daß sie durch erlogene Märchen und Versprechungen vom Ablaß das Volk in Sicherheit und Furchtlosigkeit wiegen? Die Ablässe tragen doch zum Heil und zur Heiligung der Seelen nichts bei, sondern tilgen nur die äußerliche Strafe, wie man sie ehemals nach den kanonischen Vorschriften aufzulegen pflegte![10]

Weiter: Die Werke der Gottesfurcht und der Liebe sind unendlich wertvoller als die Ablässe.[11] Und doch wird darüber weder mit solchem Gepränge noch mit solchem Eifer gepredigt, ja man schweigt davon, weil die Ablaßpredigt wichtiger ist, während es doch die erste und einzige Sorge aller Bischöfe sein sollte, daß das Volk das Evangelium und die Liebe Christi lerne. Die Ablaßpredigt hat Christus nirgends geboten, wohl aber mit großem Nachdruck die Evangeliumspredigt. Welch große Schande und welch große Gefahr ist es also für einen Bischof, wenn er das Evangelium schweigen läßt, dafür aber den Ablaßlärm unter seinem Volk erlaubt und dafür mehr übrig hat als für das Evangelium! Wird Christus nicht zu solchen sprechen: »Ihr seihet Mücken und schlucket Kamele« (Matth 23, 24)?

Dazu kommt, hochwürdiger Vater in dem Herrn, noch folgendes: In der Anweisung für die Ablaßkommissare, die unter Eurem Namen veröffentlicht worden ist, heißt es – sicherlich ohne Euer Wissen und

8 Vgl. These 75. Tetzel hat dieses Gerücht als Verleumdung bestritten.
9 Vgl. These 21.
10 Vgl. These 5.
11 Vgl. These 43.

87

Wollen –, eine der Hauptgnaden bestehe in dem unschätzbaren Gottesgeschenk der Versöhnung des Menschen mit Gott und der Tilgung sämtlicher Fegfeuerstrafen. Auch hätten die, welche Ablaß für die armen Seelen oder Beichtbriefe lösten, keine Reue nötig.[12]

Was kann ich anderes tun, hochedler Bischof und erlauchtester Fürst, als daß ich Euch, hochwürdiger Vater, bei unsrem Herrn Jesus Christus bitte, Ihr wollet in väterlicher Sorge Euer Auge dieser Sache zuwenden, jenes Büchlein völlig beseitigen und den Ablaßpredigern eine andere Predigtweise zur Auflage machen? Sonst könnte es so weit kommen, daß einer aufsteht, der durch seine Bücher die Ablaßprediger sowohl als auch jenes Büchlein öffentlich widerlegt – zur höchsten Schande Eurer erlauchten Hoheit. Davor graut mir in tiefster Seele, und doch fürchte ich dies für die nächste Zukunft, wenn nicht schnell Abhilfe geschaffen wird.

Ich bitte, Euer erlauchte Gnaden wolle diesen meinen bescheidenen, aber treuen Dienst als Fürst und Bischof, d. h. voll Huld entgegennehmen, wie ich ihn mit treuem und Euch, hochwürdiger Vater, ganz ergebenem Herzen darbringe. Denn auch ich bin ein Schaf Eurer Herde. Der Herr Jesus behüte Euch, ehrwürdiger Vater, in Ewigkeit. Amen.

Wenn es Euch, hochwürdiger Vater, beliebt, möget Ihr meine beiliegenden Streitsätze ansehen, damit Ihr erkennet, was für eine unsichere Sache die Auffassung vom Ablaß ist, wenn auch die Ablaßprediger ihre Sache für unbedingt gewiß halten.

Euer unwürdiger Sohn
Martin Luther, Augustiner, berufener Doktor der Theologie.
Br 1,110,5 ff

Luther ahnt vielleicht, daß der Erzbischof diesen seinen Brief gleichgültig oder unwillig beiseiteschieben wird. Aber die Not der verführten Seelen schreit nach Hilfe. Darum beschließt Luther, seine Meinung über den Ablaß wenigstens der gelehrten Öffentlichkeit vorzulegen und die Mitglieder der Universität zu einer öffentlichen Disputation über den Ablaß aufzufordern. In 95 Thesen faßt er alles zusammen, was von seinem Verständnis der Schrift aus gegen den Ablaß, über die päpstliche Vergebungsgewalt, über den Ablaß für die armen Seelen, über die zweifelhafte Wirksamkeit des Ablasses, sein Verhältnis zu den guten Werken, über den Greuel der Ablaßpredigt zu sagen ist, und bringt endlich noch in einigen spitzigen Fragen die Bedenken vor, die längst im Volk gegen den Ablaß umgehen. Nach dem Brauche der

---

12 *Vgl. These 33.*

gelehrten Welt werden die Thesen gedruckt, auch Erzbischof Albrecht erhält gleichzeitig mit Luthers Brief ein Exemplar davon, und am 31. Oktober 1517, dem Samstag vor Allerheiligen, dem weitberühmten Wittenberger Ablaßfest, schlägt Luther das Plakat mit den 95 Thesen an die Türe der Schloßkirche an. Keiner der Amtsgenossen und Freunde weiß von Luthers Vorhaben. Niemand kann auch voraussehen, was für einen Sturm diese Einladung zu einer gelehrten Disputation hervorrufen wird.

Im folgenden sind die Thesen (3) in deutscher Übertragung auf Grund des lateinischen Textes (WA 1, 233 ff) wiedergegeben. Außerdem sind in den Anmerkungen auch die Resolutionen (»Erläuterungen«) zu den Thesen beigezogen, welche Luther im Jahre 1518 veröffentlichte und in denen er die 95 Thesen ausführlich erklärt und begründet (WA 1, 522 ff).

3 Die 95 Thesen

Liebe zur Wahrheit und der Wille, sie ans Licht zu bringen, sind der Anlaß, daß die folgenden Sätze in Wittenberg unter dem Vorsitz des ehrwürdigen Vaters Martin Luther, Magisters der freien Künste und der heiligen Theologie, sowie ordentlichen Professors der Theologie daselbst, verhandelt werden sollen. Darum bittet er alle, die nicht persönlich anwesend sein und mündlich mit uns die Sache erörtern können, dies in Abwesenheit schriftlich zu tun. Im Namen unsres Herrn Jesu Christi, Amen.

I: VON DER WAHREN BUSSE UND DER PÄPSTLICHEN VERGEBUNGSGEWALT · THESE 1–7
a Die evangelische Buße umfaßt das ganze Leben

1 Unser Herr und Meister Jesus Christus hat mit seinem Wort »tut Buße« usw.[13] gewollt, daß das ganze Leben der Gläubigen [nichts als] Buße sein solle.

2 Dieses Wort kann nicht von der Buße als Sakrament verstanden werden, das heißt von der Buße der Beichte und der Genugtuung,[14] die durch das Amt der Priester ausgeübt wird.[15]

13 *Gleich zu Beginn der Thesen beruft sich Luther auf die Heilige Schrift (Matth 4,17). Er will auch hier nichts anderes sein als Ausleger der Schrift.*
14 *Beim katholischen Bußsakrament werden drei vom Beichtenden zu leistende Stücke unterschieden: die Reue (contritio), von Luther in der 2. These nicht besonders erwähnt, sodann die Beichte (confessio), die im Bekenntnis aller Todsünden besteht und vor einem Priester abgelegt werden muß, und endlich die Genugtuung (satisfactio); denn da im Bußsakrament die zeitlichen Strafen nicht getilgt werden, müssen diese durch genugtuende Werke*

3 Doch meint dieses Wort auch nicht nur eine innerliche Buße, ja es
gibt überhaupt keine innerliche Buße, die nicht äußerlich mancherlei Abtötung des Fleisches bewirkt.

4 Deshalb dauert auch die Strafe so lange, als des Menschen Haß gegen das eigene Ich währt (das ist die wahre, innerliche Buße),
nämlich bis zum Eingang ins Himmelreich.

b Des Papstes Vergebungsgewalt ist in ihrem Recht begrenzt

5 Der Papst will und kann keine anderen Strafen erlassen als diejenigen, die er entweder nach seiner eigenen oder nach der kanonischen Bestimmung auferlegt hat.[16]

6 Der Papst kann keine Schuld anders erlassen als durch die [nach-
trägliche] Erklärung und Bestätigung, daß sie von Gott erlassen
ist;[17] außerdem kann er zweifellos Fälle, die er sich vorbehalten
hat, erlassen; würde dies verachtet, so bliebe freilich die Schuld
gänzlich unerlassen.[18]

7 Gott vergibt überhaupt keinem die Schuld, ohne ihn zugleich in
allen Stücken gedemütigt dem Priester als seinem Stellvertreter zu
unterwerfen.

II: Vom Ablass für die Toten · These 8–29

a Die kirchliche Strafgewalt hat am Tod ihre Grenze

8 Die kanonischen Bußsatzungen sind allein den Lebenden aufer-

*(Fasten, Almosen, Beten, Wallfahrten u. ä.) getilgt oder, soweit dies nicht
geschieht, im Fegefeuer gebüßt werden.*

*15 Die »evangelische« Buße, wie Luther in den »Erläuterungen« sagt, und
die sakramentale Buße sind deshalb nicht dasselbe, weil das Bußsakrament
nur einen Teil des irdischen Lebens umfaßt, weil die darin ausgesprochene
Buße etwas Äußerliches ist und darum auch erheuchelt sein kann, und endlich, weil für das Bußsakrament kein ausdrücklicher Befehl Christi vorliegt;
es ist vielmehr eine Einrichtung der Päpste und der Kirche. Luthers Kritik
am Ablaß hat hier, in der evangelischen Kritik des Bußsakraments, seine
eigentliche, tiefliegende Wurzel.*

*16 Luther stellt hier den geltenden kirchlichen Wertmaßstab, wonach die
kirchlichen, sog. kanonischen Strafen die wichtigsten sind, auf den Kopf und
stellt in den »Erläuterungen« eine neue Reihe auf, bei welcher die ewige
Pein voransteht; dann folgt das Fegefeuer, weiter die freiwillige Pein, im
Sterben des Fleisches bestehend, ferner die göttlichen Züchtigungen und zuletzt die von der Kirche festgesetzten Strafen.*

*17 Luther unterscheidet hier zwischen der von Gott vollzogenen und der
vom Papst mitgeteilten Vergebung der Schuld.*

*18 Hieraus wie auch aus These 7 wird deutlich, wie gewissenhaft Luther
die bestehenden kirchlichen Einrichtungen schont und anerkennt.*

legt; Sterbenden darf – entsprechend eben diesen Satzungen – nichts auferlegt werden.

9 Daher tut uns der heilige Geist im Papste darin wohl, daß er in seinen Verfügungen immer den Fall des Todes und der äußersten Not ausnimmt.

10 Unverständig und übel handeln die Priester, die den Sterbenden die kanonischen Bußleistungen noch für das Fegfeuer aufsparen.

11 Jenes Unkraut von der Verwandlung der kanonischen Strafe in die Fegfeuer-Strafe wurde offensichtlich ausgesät, als die Bischöfe schliefen.[19]

12 Früher wurden die kanonischen Strafen nicht *nach*, sondern *vor* der Absolution auferlegt, gewissermaßen zur Prüfung der wahren Reue.[20]

13 Die Sterbenden bezahlen mit dem Tode alles, sie sind den kanonischen Gesetzen schon abgestorben und also von Rechts wegen davon los und frei.

b Im Fegefeuer soll die Furcht sterben, die Liebe wachsen

14 Ist der Sterbende [geistlich] nicht genesen oder unvollkommen in der Liebe, so bringt dies unvermeidlich große Furcht mit sich, und zwar um so größere Furcht, je kleiner der Glaube und die Liebe ist.[21]

15 Diese Furcht und dieser Schrecken sind schon für sich allein hinreichend (von anderem zu schweigen!), um die Pein des Fegfeuers zu bereiten, da dieser Schrecken dem Schrecken der Verzweiflung ganz nahe kommt.[22]

16 Offensichtlich unterscheiden sich Hölle, Fegfeuer und Himmel so, wie sich Verzweiflung, annähernde Verzweiflung und Gewißheit voneinander unterscheiden.

19 *Vgl. Matthäus 13,25.*

20 *In der seit Tertullian bestehenden altkirchlichen Bußordnung mußte der Sünder, um die Wiederaufnahme in die kirchliche Gemeinschaft zu erlangen, Genugtuung leisten (durch öffentliches Schuldbekenntnis, Kasteiung, Trauer in Sack und Asche usw.), worauf ihm die Absolution und die Wiederaufnahme zuteil wurde. Luther will mit diesem geschichtlichen Hinweis die 8. These stützen, daß die Satisfaktionen nicht den Toten, sondern nur den Lebenden aufgelegt werden dürfen.*

21 *Diese These ist formuliert im Anschluß an 1 Johannes 4,18.*

22 *Luther ist damals vom Dasein eines Fegfeuers noch überzeugt, höhlt aber tatsächlich die überlieferte Vorstellung schon innerlich aus, indem er die höllischen Strafen als Schrecken und Flucht vor Gott beschreibt. Später erklärte er das Fegfeuer für »lauter Teufelsgespenst«.*

17 Es scheint für die Seelen im Fegfeuer notwendig, daß bei ihnen der Schrecken abnimmt und in demselben Maß die Liebe wächst.[23]

18 Augenscheinlich ist es auch weder durch Vernunftgründe noch durch Schriftstellen erwiesen, daß die Seelen im Fegfeuer sich ausserhalb des Standes befinden, in dem ein Verdienst erworben werden oder die Liebe wachsen kann.[24]

19 Ebenso aber scheint nicht erwiesen zu sein, daß die Seelen im Fegfeuer über ihre Seligkeit sicher und gewiß sind – wenigstens nicht alle –, auch wenn *wir* darüber ganz sicher sind.

c Der Papst hat keine Erlaßgewalt über die Fegfeuerstrafen

20 Deshalb versteht der Papst unter »vollem Erlaß aller Strafen« nicht schlechthin die Vergebung *aller* Strafen, sondern er meint damit lediglich *die* Strafen, die er selbst auferlegt hat.[25]

21 Es irren deshalb diejenigen Ablaßprediger, die sagen, durch des Papstes Ablässe werde der Mensch von *aller* Strafe los und ledig, frei und selig.

22 Ja, keine einzige Strafe erläßt der Papst den Seelen im Fegfeuer, die sie in diesem Leben nach den kirchlichen Satzungen hätten büßen müssen.

23 Wenn je ein vollständiger Erlaß aller Strafen einem Menschen gegeben werden kann, dann ist es sicher, daß er nur den Vollkommensten, und d. h. nur ganz Wenigen, gegeben wird.[26]

23 Diese These will sagen: Die Fegfeuerpein ist keine von Menschen, sondern von Gott auferlegte Reinigungsstrafe. Im Fegfeuer soll, wie Luther in den »Erläuterungen« sagt, der Rest des alten Menschen vertilgt und das neue Leben im Geiste geboren werden; die Strafangst schwindet, Glaube und Liebe wachsen.

24 Luther empfindet die Belegung Verstorbener mit Kirchenstrafen als Eingriff in Rechte, die sich Gott selbst vorbehalten hat.

25 Luther greift hier zurück auf Papst Urban II., der 1095 jedem Teilnehmer am ersten Kreuzzug einen vollkommenen Nachlaß der von der Kirche auferlegten Sündenstrafen gewährte (Plenarablaß). Später erweiterte sich der Plenarablaß zum Erlaß der göttlichen Sündenstrafen, ja überhaupt der Sündenschuld.

26 In den »Erläuterungen« spricht Luther noch deutlicher aus, »daß überhaupt niemand, weder ganz Vollkommenen noch Unvollkommenen, der Erlaß aller Strafen gewährt werden kann«. Auch wenn Gott die Vollkommenen mit seinen Züchtigungen verschone, so bleiben doch unaufhebbar auch für sie wie für alle Menschen die innerliche Buße und der Tod und die mit ihm zusammenhängenden Strafen. Denn Gottes Absicht sei ja, durch die Strafen die Menschen dem Bilde seines Sohnes – und das bedeute: dem Kreuze – gleichförmig zu machen.

24 Deshalb ist es unausbleiblich, daß der größte Teil des Volkes betrogen wird durch jenes unterschiedslose und wichtigtuerische Versprechen, ihre Strafe sei getilgt.[27]

d Nicht Geld, sondern Fürbitte brauchen die »armen Seelen«

25 Die gleiche Gewalt, die der Papst über das Fegfeuer hat im allgemeinen, die hat auch jeder beliebige Bischof und Pfarrer in seinem Bezirk und seiner Pfarrei im besonderen.

26 Sehr wohl tut der Papst daran, wenn er nicht durch die Schlüsselgewalt (die er für das Fegfeuer gar nicht hat), sondern in Form der Fürbitte den Seelen Nachlaß gewährt.[28]

27 Menschenlehre predigen die, welche sagen, sobald die Münze in den Kasten falle und klinge, fahre die Seele alsbald aus dem Fegfeuer heraus.[29]

28 Das ist sicher: Sobald die Münze im Kasten klingt, können Gewinn und Geiz zunehmen; die Fürbitte der Kirche aber steht allein in Gottes Wohlgefallen.

29 Wer weiß, ob alle Seelen im Fegfeuer überhaupt erlöst werden wollen, wie vom heiligen Severinus und Paschalis berichtet wird?[30]

III: Vom Ablass für die Lebenden · These 30–40
a Der Ablaß kann keine Heilsgewißheit vermitteln

30 Niemand ist sicher über die Echtheit seiner Reue, wieviel weniger über die Erlangung des vollen Erlasses.[31]

27 In den »Erläuterungen« bemerkt Luther: »Ich habe mit eigenen Ohren gehört, daß viele es so auffaßten, daß sie durch den Ablaß ohne jede Strafe durchschlüpfen könnten.« Er denkt dabei wohl an seine Erfahrungen im Beichtstuhl, da Beichtkinder, denen er um ihrer Unzucht und sonstiger Sünden willen die Absolution verweigerte, auf ihren Ablaßzettel pochten. Auf diese Weise wurde der Ablaß eine Gefahr für das Bußsakrament und für jede geordnete kirchliche Seelenführung.
28 In den «Erläuterungen« zu dieser These weist Luther auf Grund von Matth 16,19 nach, daß die dort den Schlüsseln verliehene Binde- und Lösegewalt auf die Erde beschränkt sei.
29 Aus der Predigt des Ablaßkommissars Tetzel.
30 In den »Erläuterungen« sagt Luther dazu: »Ich habe zwar keine glaubwürdige Schrift über die beiden gelesen. Doch habe ich erzählen hören, sie hätten durch ihre Verdienste (aus dem Fegfeuer) befreit werden können, jedoch auf Kosten ihrer künftigen Verherrlichung; darum hätten sie lieber im Fegfeuer ausgehalten, um die Herrlichkeit der Gottesschau nicht zu mindern.«
31 Wenn die »Reue«, welche die Voraussetzung des Bußsakraments ist (vgl. Seite 89, Anmerkung 14), unsicher ist, so ist damit das ganze Bußsakrament in Frage gestellt.

31 Wie selten ein wahrhaft Bußfertiger zu finden ist, so selten ist einer, der in Wahrhaftigkeit Ablässe kauft, ja ihrer sind sehr wenige.[32]

32 Verdammt in Ewigkeit samt ihren Lehrmeistern werden die sein, die durch Ablaßbriefe ihres Heils gewiß zu sein glauben.[33]

33 Vor denen muß man sich ganz besonders hüten, die sagen, der Ablaß des Papstes sei jene unschätzbare Gottesgabe, durch welche der Mensch mit Gott versöhnt wird.

34 Denn jene Ablaßgnaden beziehen sich nur auf die Strafen der sakramentalen Genugtuung, die von Menschen eingesetzt sind.[34]

35 Unchristlich predigen die, welche lehren, wer Seelen aus dem Fegfeuer loskaufe oder Beichtbriefe[35] löse, habe die Reue nicht nötig.[36]

b Sündenvergebung hat der Reuige auch ohne Ablaß

36 Jeder Christ ohne Ausnahme, der wahrhaft Reue empfindet, *hat* völlige Vergebung von Strafe und Schuld, die ihm auch ohne Ablaßbriefe gebührt.

37 Jeder wahre Christ, ob lebendig oder tot, *hat* teil an allen Gütern Christi und der Kirche; diese Teilnahme ist ihm auch ohne Ablaßbrief von Gott gegeben.[37]

32 *Vgl. Matthäus 7,14.*

33 *Einer der schärfsten Sätze! In den »Erläuterungen« wird er begründet mit dem Hinweis auf Jer 17,5; Apg 4,12; 15,11. Hier und in den folgenden Sätzen geißelt Luther jene volkstümliche Predigt, die die Leute zum Spenden und Bezahlen auffordert und auf solche frommen Werke die Seligkeit bauen hilft.*

34 *Vgl. These 5 und 20.*

35 *Vgl. Seite 83.*

36 *»Wären sie gute Seelenhirten und wahre Christen« — sagt Luther in den »Erläuterungen« von den Ablaßpredigern —, »so würden sie allen Fleiß darauf verwenden, den Sünder zur Gottesfurcht und zur Sündenangst zu bringen, und würden mit Weinen, Beten, Mahnen, Schelten nicht ruhen, bis sie die Seele des Bruders gewonnen hätten.« Würde ihnen der verstockte Sünder Geld anbieten, so müßten sie es ihm ins Gesicht zurückwerfen und ihn mit 2 Kor 12,14 und Apg 8,20 strafen, anstatt das Geld anzunehmen.*

37 *Was die Teilnahme des Christen an Christi geistlichen Gütern bedeutet, sagt Luther in den »Erläuterungen«, mitten im Text zu Jubel und Lobpreis hingerissen, in tief eindrücklichen Worten: »So kommt es durch die unvergleichlichen Reichtümer der Barmherzigkeit Gottvaters, daß ein Christ alle Gaben in Christus rühmen und im Glauben genießen kann: ja, Gerechtigkeit, Kraft, Geduld, Demut, kurz alle Verdienste Christi sind auch die seinigen kraft der Einheit des Geistes im Glauben an ihn. Und wiederum: alle seine Sünden sind nicht mehr die seinen, sondern Christi Sünden kraft derselben*

38 Doch darf man darum die Vergebung und Austeilung des Papstes auf keine Weise verachten, weil sie (wie gesagt) eine Erklärung der göttlichen Vergebung ist.[38]

39 Es ist überaus schwer auch für die allergelehrtesten Theologen, *zugleich* vor dem Volk reichliche Ablaßgnaden *und* die wahrhaftige Reue zu rühmen.

40 Wahrhaftige Reue sucht und liebt die Strafen; reichliche Ablässe aber erleichtern die Strafen und bewirken Haß gegen dieselben, zum mindesten schaffen sie Gelegenheit dazu.

IV: VOM ABLASS UND DEN GUTEN WERKEN · THESE 41–52
a Die guten Werke stehen im Wert weit über dem Ablaß

41 Vorsichtig muß man den apostolischen Ablaß[39] predigen, damit das Volk nicht zu der falschen Ansicht kommt, dieser Ablaß stehe über den andern guten Werken der Liebe.[40]

42 Lehren muß man die Christen, daß es keineswegs die Meinung des Papstes ist, der Ablaßkauf sei irgendwie den Werken der Barmherzigkeit gleichzustellen.

43 Lehren muß man die Christen: Wer dem Armen gibt oder dem Bedürftigen leiht, tut besser, als wenn er Ablaß löst.

44 Denn durch das Werk der Liebe wächst die Liebe und der Mensch wird besser; aber durch die Ablässe wird er nicht besser, sondern nur freier von der Strafe.[41]

45 Lehren muß man die Christen: Wer einen Bedürftigen sieht, ihn

Einheit; denn in Christus sind sie alle verschlungen ... Ja, er legt seine Hand auf uns, und wir haben's gut; er breitet seinen Mantel aus und überdeckt uns, der hochgelobte Erlöser in Ewigkeit, Amen.«

38 *Papst und Priester »erklären«, d. h. verkündigen die göttliche Vergebung, fällen also bei der Absolution nicht einen Richterspruch, wie es die katholische Lehre behauptet. Der Glaube an das Wort der Verheißung rechtfertigt. »Deshalb rechtfertigt dich weder das Sakrament noch der Priester, sondern der Glaube an das durch den Priester und sein Amt vermittelte Wort Christi.«*

39 *D. h. den päpstlichen Ablaß.*

40 *Bei den guten Werken, die durch Geldausgaben möglich sind, stellt Luther eine fallende Wertreihe auf: Zunächst kommen die Gaben für Arme, Notleidende und Bedürftige. Sodann folgen die Spenden für Kirchen, Krankenhäuser und öffentliche Bauten. Sind dann noch Mittel übrig, mögen sie für den Ablaß verwendet werden.*

41 *»Das einfache Wegnehmen der Strafe macht nicht gut oder besser in der Liebe« (Erläuterungen).*

aber mißachtet und sein Geld für Ablässe ausgibt, der erwirkt sich damit nicht den Ablaß des Papstes, sondern Gottes Ungnade.[42]

46 Lehren muß man die Christen: Wer nicht reichlich mit überflüssigem Gut versehen ist, ist verpflichtet, die Notdurft für sein Haus zurückzubehalten und keinesfalls für Ablaß zu verschwenden.[43]

47 Lehren muß man die Christen, daß der Kauf von Ablässen freiwillig ist, nicht befohlen.

b Auch der Papst selber denkt über den Ablaß nicht anders

48 Lehren muß man die Christen: Wie der Papst beim Ablaßgewähren viel eher des Gebetes bedarf, so *wünscht* er auch für sich viel mehr ein andächtiges Gebet als willfährige Zahlung.[44]

49 Lehren muß man die Christen: Der Ablaß des Papstes ist nützlich, wenn man nicht sein Vertrauen auf ihn setzt, aber er ist äußerlich schädlich, wenn man durch ihn die Furcht vor Gott verliert.[45]

50 Lehren muß man die Christen: Wenn der Papst die Beitreibungen und die Schinderei der Ablaßprediger wüßte, wollte er lieber, daß die St. Peterskirche in Asche verwandelt, als daß sie mit Haut, Fleisch und Knochen seiner Schafe gebaut würde.

51 Lehren muß man die Christen: Der Papst wollte gerne – wie er auch schuldig ist –, selbst wenn er dazu die Peterskirche verkaufen müßte, von seinem eigenen Gelde all den vielen schenken, welchen jetzt gewisse Ablaßprediger das Geld aus der Tasche locken.

52 Eitel und nichtig ist das Vertrauen, durch Ablaßbriefe das Heil zu erlangen,[46] auch wenn der Kommissar, ja der Papst selbst seine eigene Seele zum Pfand dafür gäbe.

---

42 *Vgl. 1 Johannes 3,17.*

43 *In den »Erläuterungen« wird dazu 1. Timotheus 5,8 angeführt.*

44 *In dieser wie in den folgenden Thesen glaubt Luther die wahre Meinung des Papstes zu verteidigen, den er in rührender Geduld schont, solange es möglich ist; gleichzeitig appelliert er dabei vom schlecht unterrichteten an den besser zu unterrichtenden Papst.*

45 *Luther läßt in den Thesen und »Erläuterungen« den Ablaß noch bestehen, weist ihm aber eine sehr bescheidene Rolle zu: Er ist eine Straferleichterung für verwöhnte, kalte, hartherzige Christen. Wenn man sich aber schon auf die Werke der Liebe nicht verlassen und seine Sicherheit darauf gründen kann, wieviel weniger auf die so weit im Wert unter diesen stehenden Ablässe!*

46 *»Ewig unselig sei jede Predigt, die den Leuten Sicherheit und Vertrauen einredet auf etwas anderes als auf die nackte Barmherzigkeit Gottes, die Christus ist« (Erläuterungen).*

a Das Evangelium hat den Vorrang vor aller Ablaßpredigt

53 Feinde Christi und des Papstes sind die, welche um der Ablaßpredigt willen das Wort Gottes in anderen Kirchen ganz zum Schweigen bringen.

54 Dem Worte Gottes geschieht Unrecht, wenn in derselben Predigt gleich viel oder gar noch mehr Zeit für den Ablaß verwendet wird als für das Wort Gottes.

55 Die Meinung des Papstes kann keine andere sein als diese: Wenn schon die Ablässe (als das Geringste) mit *einer* Glocke, *einer* Prozession und Festlichkeit begangen werden, dann muß das Evangelium (als das Größte) mit hundert Glocken, hundert Prozessionen, hundert Festlichkeiten gepredigt werden.[47]

b Der wahre Schatz der Kirche ist das Evangelium

56 Die Schätze der Kirche, woraus der Papst den Ablaß austeilt, sind weder genügend mit Namen genannt noch bekannt bei dem Volke Christi.

57 Daß es bestimmt nicht zeitliche Schätze sind, geht schon daraus hervor, daß viele von den Predigern sie nicht so leicht ausschütten, sondern bloß einsammeln.

58 Auch sind es nicht die Verdienste Christi und der Heiligen, denn diese bewirken immer, auch ohne den Papst, Gnade für den inneren Menschen, Kreuz, Tod und Hölle für den äußeren Menschen.[48]

---

47 *Diese Gegenüberstellung zeigt besonders klar, worum es Luther geht. In den »Erläuterungen« sagt er dazu: »Besser ist's noch, das Sakrament zu unterlassen als das Evangelium nicht zu verkündigen.«*

48 *Nach der im 13. Jahrhundert ausgebildeten Lehre vom »Schatz der Kirche« verfügt die Kirche über einen Schatz überschüssiger Verdienste und Werke, ein geistliches Kapital, das aus dem überschüssigen Verdienst Christi sowie aus den überschüssigen guten Werken der Jungfrau Maria und der Heiligen besteht. Jeder Christ, der der Gemeinschaft der Gläubigen, dem Leibe Christi, angehört, hat ein Nutzungsrecht an diesem Schatz der Kirche, und zwar nicht nur als Glied der himmlisch-triumphierenden, sondern auch als Glied der irdisch-kämpfenden und im Fegfeuer leidenden Kirche. Über diesen unerschöpflichen Schatz verfügt die Kirche und kann ihn dazu benützen, ihren Gliedern mit Hilfe der überschüssigen Verdienste zur Befreiung von den zeitlichen Sündenstrafen — die entweder auf Erden getilgt oder im Fegfeuer gebüßt werden müssen — zu verhelfen. Luther hat in den »Erläuterungen« seinen Angriff in zwei Stößen geführt. Zunächst wird die Behauptung widerlegt, daß die Heiligen viele Werke über ihre Pflicht hinaus, sog. »überschüssige Werke«, leisteten, die noch nicht belohnt worden sind, sondern in*

59 Der heilige Laurentius nannte die Armen der Kirche den Schatz der Kirche; aber er redete nach dem Sprachgebrauch seiner Zeit.

60 Wohlüberlegt sagen wir: Die Schlüssel der Kirche (durch das Verdienst Christi uns geschenkt) sind dieser Schatz.

61 Denn es ist klar, daß zum Erlaß der Strafen und besonderer Fälle die Gewalt des Papstes allein genügt.[49]

62 Der wahre Schatz der Kirche ist das hochheilige Evangelium der Ehre und Gnade Gottes.[50]

63 Dieser Schatz aber ist mit Recht der allerverhaßteste, weil er aus Ersten Letzte macht.[51]

64 Der Schatz der Ablässe aber ist mit Recht der allerangenehmste, weil er aus Letzten Erste macht.[51]

65 Deshalb sind die Schätze des Evangeliums die Netze, mit denen man einst *Menschen* von Reichtum gefischt hat.[52]

66 Die Schätze des Ablasses sind die Netze, mit denen man jetzt den *Reichtum* von Menschen fischt.[52]

67 Die Ablässe, die die Prediger als die größten Gnaden ausschreien, sind in der Tat als solche anzusehen, sofern sie nämlich großen Gewinn einbringen.

68 In Wirklichkeit sind sie jedoch die allergeringsten Gnaden im Vergleich mit der Gnade Gottes und der Barmherzigkeit des Kreuzes.[53]

den Schatz der Kirche zurückgelegt wurden: »*Kein Heiliger hat in diesem Leben die Gebote Gottes hinreichend erfüllt, also haben sie überhaupt nichts Überschüssiges getan ... Jeder Heilige ist schuldig, Gott zu lieben, soviel er kann, ja, mehr als er kann; das aber hat keiner getan und konnte es auch nicht tun.*« *Noch ausführlicher weist Luther nach, daß der Ablaßschatz auch nicht auf dem Verdienst Christi beruhen könne.* »*Da Christus das Lösegeld und der Erlöser der Welt ist, ist er darum auch in aller Wahrheit der einzige Schatz der Kirche. Aber daß er der Schatz der Ablässe ist, bestreite ich bis auf bessere Belehrung.*«

49 Vgl. These 5 und 20.

50 Mit dieser These hat Luther den gesamten Inhalt der reformatorischen Glaubenserkenntnis ausgesprochen. In den »*Erläuterungen*« *sagt er dazu:* »*Wenn das sündige Gewissen diese allersüßeste Botschaft hört, wird es wieder lebendig, frohlockt und jauchzt, ist voll Vertrauen und fürchtet weder den Tod noch die Todesstrafen noch die Hölle. Wer sich darum immer noch vor den Strafen fürchtet, der hat Christus und die Stimme des Evangeliums noch nicht gehört, sondern die Stimme Moses. Darum wird aus diesem Evangelium die wahre Ehre Gottes geboren, sofern wir unterwiesen werden, daß nicht durch unsre Werke, sondern durch die erbarmende Gnade Gottes in Christus das Gesetz erfüllt ist und erfüllt wird, nicht durchs Werken, sondern durchs Glauben, nicht dadurch, daß wir Gott etwas anbieten, sondern*

69 Die Bischöfe und Seelsorger sind verpflichtet, die apostolischen[54] Ablaß-Kommissare mit aller Ehrerbietung zuzulassen.[55]

70 Aber viel mehr noch sind sie verpflichtet, ganz Auge und ganz Ohr zu sein, damit die Ablaß-Prediger nicht anstelle des päpstlichen Auftrags ihre eigenen Träume predigen.

71 Wer gegen die Wahrheit der apostolischen[54] Ablässe redet, der sei verbannt und verflucht.[56]

72 Wer aber gegen die zügellosen und zuchtlosen Worte eines Ablaß-Predigers auf der Wacht ist, der sei gesegnet.

73 So wie der Papst gerechterweise alle die mit seinem Bannstrahl trifft, die zum Schaden des Ablaß-Geschäftes mit irgendwelchen Machenschaften am Werke sind,

74 so und noch viel mehr ist er darauf bedacht, alle die mit seinem Bannstrahl zu zerschmettern, die unter dem Vorwand des Ablasses zum Schaden der heiligen Liebe und Wahrheit am Werke sind.

75 Die Meinung, die päpstlichen Ablässe seien so wirksam, daß sie einen Menschen lossprechen könnten, auch wenn er (unmögliche Sache!) die Mutter Gottes geschändet hätte,[57] ist reiner Wahnsinn.

dadurch, daß wir alles von Christus empfangen und daran teilhaben — von ihm, aus dessen Fülle wir alle empfangen und teilhaben.«

51 These 63 und 64 sind formuliert im Anschluß an das Wort Jesu von den Ersten und Letzten (Matth 19,30; 20,16; Luk 13,30). Der Schatz des Evangeliums macht aus Ersten Letzte nach der »Regel des Kreuzes« (»Erläuterungen«), vor der alle zurückschrecken, die das Irdische und das Ihrige lieben. Der Schatz des Ablasses macht aus Letzten Erste, indem er lehrt, daß man vor den verdienten Strafen fliehen könne.

52 In scharfer und spöttischer Gegenüberstellung zeigt Luther, wie der Auftrag Jesu an Petrus (Matth 4,9) und seine Ausführung (2. Kor 12,14) ins Gegenteil verkehrt worden ist.

53 »Ja, im Vergleich mit der Gnade Gottes sind sie null und nichtig, da sie viel eher das Gegenteil der Gnade Gottes wirken; doch um der Lässigen und Faulen willen werden sie geduldet« (»Erläuterungen«).

54 D. h. päpstlichen.

55 In den »Erläuterungen« verlangt Luther, man solle auch die ungerechten päpstlichen Lasten und Kundgebungen in willigem und demütigem Gehorsam tragen. Freilich gibt er dafür eine besondere Begründung: »So muß man die Lasten tragen, nicht weil sie zu Recht bestehen oder zu billigen wären, sondern als Geißel, mit der Gott züchtigt und deren Schläge darum demütig auszuhalten sind.« Diese Demut bringt der Christ nicht dem Papst als Inhaber der Schlüsselgewalt entgegen, sondern nach Matth 5,25 und 39 und Röm 12,19 dem Widersacher, dessen Bosheit er um der Ehre Gottes willen nicht widerstreben darf.

76 Wir sagen dagegen, daß die päpstlichen Ablässe auch nicht die kleinste von den läßlichen Sünden[58] wegnehmen können, was deren *Schuld* betrifft.

77 Daß man sagt, auch Sankt Petrus könnte, wenn er jetzt gerade Papst wäre, keine größeren Gnaden geben, ist eine Lästerung gegen den heiligen Petrus und gegen den Papst.

78 Wir sagen dagegen, daß auch der jetzige und überhaupt jeder Papst größere Gnaden [als den Ablaß] hat, nämlich das Evangelium, geistliche Kräfte, Gaben der Heilung usw., s. 1 Kor 12.

79 Zu sagen, das mit dem päpstlichen Wappen herrlich aufgerichtete Ablaßkreuz habe den gleichen Wert wie das Kreuz Christi, ist eine Lästerung.

80 Bischöfe, Seelsorger und Theologen, die zulassen, daß man solche Predigten dem Volk öffentlich bietet, werden dafür Rechenschaft ablegen müssen.

VI: Von den Bedenken der Laien gegen den Ablass · These 81–91

81 Diese unverschämte Ablaßpredigt macht, daß es auch für gelehrte Männer nicht leicht ist, die Ehrfurcht vor dem Papst zu retten vor böser Nachrede oder vor den freilich spitzigen Fragen der Laien.[59]

82 So z. B.: Warum befreit der Papst nicht aus dem Fegfeuer allein um der allerheiligsten Liebe und der höchsten Not der Seelen willen – das ist doch der allerwichtigste Grund –, wenn er doch unzählig viele Seelen befreit um des unseligen Geldes willen, zum Bau der Peterskirche – also aus einem ganz nichtigen Grunde?

83 Ferner: Warum bleiben die Leichenbegängnis- und Jahresfeiern[60]

56 *In seiner Geduld gegen die kirchliche Überlieferung hat Luther in den »Erläuterungen« den Ablaß als »Erleichterung wenigstens der zeitlichen Strafen« zu rechtfertigen versucht.*

57 *Luther läßt die Frage offen, ob diese Formulierung wirklich in Ablaßpredigten vorkam oder ob das Volk nur diese Meinung heraushörte. Aber gerade diese »Meinung« (wie auch immer sie entstand), ist zu verabscheuen und zu verdammen.*

58 *Die katholische Kirchenlehre unterscheidet läßliche Sünden, für welche keine Beichtpflicht besteht, und Todsünden, die gebeichtet werden müssen. Für Luther ist auch die kleinste läßliche Sünde Schuld vor Gott; darum kann sie der Papst nicht vergeben (vgl. These 6), der Ablaß nicht tilgen.*

59 *Es folgen nun als Beispiele acht solcher Fragen (These 82–89), denen man die bittere Ironie, aber auch die Gewissensnot anmerkt.*

60 *Die katholische Kirche begeht als Leichenbegräbnisfeier das Totenamt am Todestage, die Seelenmesse am 3. Tag nach dem Tode, endlich die jähr-*

für die Verstorbenen immer noch bestehen, und warum gibt der Papst nicht alle Pfründen zurück oder erlaubt die Zurücknahme der für die Toten gestifteten Gelder, wenn es doch Unrecht ist, für die schon Erlösten noch zu beten?

84 Ferner: Was ist das für eine neue Heiligkeit Gottes und des Papstes, daß sie einem gottlosen und feindseligen Menschen um des Geldes willen gestatten, eine fromme und von Gott geliebte Seele zu erlösen, und daß sie dennoch dieselbe um der *Not* derselben frommen und geliebten Seele willen nicht aus freier, uneigennütziger *Liebe* erlösen?

85 Ferner: Warum werden die Bußsatzungen, die ja der Sache nach und durch ihren Nichtgebrauch schon längst abgeschafft und tot sind,[61] immer noch mit Geld abgelöst durch die Bewilligung des Ablasses, wie wenn sie in voller Lebenskraft stünden?

86 Ferner: Warum baut der Papst, dessen Vermögen heute größer ist als das des allerreichsten Crassus,[62] nicht wenigstens die *eine* Kirche des heiligen Petrus lieber von seinem eigenen Geld als von dem der armen Gläubigen?

87 Ferner: Was schenkt denn der Papst Ablaß oder Anteil an geistlichen Güter denen, die durch vollkommene Reue schon das Recht auf völlige Vergebung und Anteilnahme haben?

88 Ferner: Was könnte der Kirche Besseres widerfahren, als wenn der Papst, wie er jetzt *ein*mal tut,[63] so hundertmal am Tage jedem Gläubigen diese Vergebung und Anteilnahme schenkte?

89 Wenn doch der Papst durch die Ablässe mehr das Heil der Seelen als das Geld sucht, warum hebt er dann schon früher gewährte Briefe und Ablässe auf, die doch ebenso wirksam sind?[64]

lich am Todes- oder Begräbnistag erfolgende Wiederholung dieser Gottesdienste (»Jahresfeiern«). Voraussetzung für die Abhaltung dieser Feiern ist das Vorhandensein einer besonderen Stiftung (einer Meßpfründe).

61 Die altkirchlichen Bußsatzungen (vgl. Seite 91, Anmerkung 20) waren durch die Einführung des Ablasses längst außer Kraft gesetzt; trotzdem berief sich die Lehre vom Ablaß ständig auf sie. Das Volk empfand dies mit Recht als Widerspruch.

62 Crassus: ein Römer, dessen Reichtum sprichwörtlich war (gest. im Jahr 53 v. Chr.).

63 Luther denkt wohl an den päpstlichen Segen, den der Papst in Rom dem Volk und den Pilgern an bestimmten hohen Festen zu erteilen pflegt und mit welchem für die im Stande der Gnade befindlichen Anwesenden ein vollkommener Ablaß verbunden war.

64 Auch an dieser brennenden Stelle will Luther nicht bestreiten, daß man alles, was der Papst tut, ertragen muß; aber es schmerzt ihn, daß er die

90 Diese ganz spitzigen Fragen und Folgerungen der Laien mit blo-
ßer Gewalt unterdrücken und nicht Rede und Antwort stehen
und sie widerlegen, heißt die Kirche und den Papst dem Gelächter der Feinde aussetzen und die Christen unglücklich machen.

91 Wenn also der Ablaß nach dem Geist und dem Sinn des Papstes
gepredigt würde, würden jene Einwände alle leicht zerstreut, ja
sie wären überhaupt nicht vorhanden.

VII: Vom falschen Frieden und Christi Kreuz · These 92–95

92 Deshalb fort mit all *den* Propheten, die dem Volke sagen »Friede,
Friede«, und ist kein Friede.[65]

93 Wohl ergehen soll's all *den* Propheten, die dem Volke Christi sagen »Kreuz, Kreuz«, und ist kein Kreuz.

94 Ermahnen muß man die Christen, daß sie ihrem Haupt Christus
durch Leiden, Tod und Hölle nachzufolgen trachten.

95 Und so sollen sie viel mehr ihr Vertrauen darauf setzen, durch
viele Trübsale ins Himmelreich einzugehen,[66] als durch die Sicherheit eines [falschen] Friedens. WA 1,233 ff

1517

Die Veröffentlichung der 95 Thesen durch Luther bedeutet den
Ruf zur *Aufrichtung der Herrschaft Jesu Christi in der Kirche.*
Luther hebt die Teilung der Gewalten zwischen Gott und Mensch
auf. *Christus* ist allein, ganz und in jeder Beziehung der Herr der
Kirche. Christi Ruf zur *Buße* umfaßt unser ganzes Leben bis zum
letzten Augenblick; er läßt sich nicht mit einer Teilbuße abspeisen;
wer ihn liebt und ihm gehorcht, kann vor Buße und Strafe nicht

*päpstlichen Maßnahmen nicht als gut anerkennen kann. Die Erläuterungen
erheben sich an dieser Stelle zu prophetischer Wucht, da Luther ausruft: »Die
Kirche bedarf einer Reformation, die aber nicht Aufgabe eines Einzelnen,
des Papstes oder vieler Kardinäle sein kann, wie die beiden letzten Konzile
bewiesen haben, sondern die Sache des ganzen Erdkreises, ja vielmehr Gottes allein ist. Den Zeitpunkt dieser Reformation kennt allein Er, der Schöpfer aller Zeiten. Inzwischen dürfen wir die offen zutage liegenden Mißstände nicht wegstreiten. Die Schlüsselgewalt wird mißbraucht und befindet
sich in der Knechtschaft von Habgier und Ehrsucht. »Der Abgrund« — womit
Luther nichts anderes als den Antichrist meint — »wallt auf mit seinem
Ungestüm, und es kann nicht unsere Sache sein, ihn zurückzudämmen. Unser
Unrecht fällt auf uns zurück, und einem jeglichen wird seine Predigt zur
schweren Last.«*

65 Vgl. Jeremia 6,14; 8,11; Hesekiel 13,10; 1 Thessalonicher 5,3.
66 Apostelgeschichte 14,22.

fliehen, sondern zeigt seinen Gehorsam, indem er Buße tut und die Strafe trägt. Christus allein hat Gewalt über die *Toten*, die Schlüssel der Hölle und des Todes sind in seiner Gewalt; die Macht des Papstes reicht über die Todesgrenze nicht hinaus, und seine Vergebungsgewalt erstreckt sich nicht auf die armen Seelen. Der Papst hat die Schlüsselgewalt auf Erden; für die armen Seelen kann er Fürbitte tun, nicht mehr. Christus allein hat das *Heil* für uns in seinen Händen, und er allein schenkt völlige Vergebung der Sünden. In ihm ruht die Gewißheit unsres Heils, die Menschensatzung der Ablässe kann diese Gewißheit nicht geben; Teilnahme an den geistlichen Gütern der Kirche hat der gläubige Christ auch ohne den Ablaß. Christus verlangt unsre ganze *Liebe*, und dies sein Gebot will gehalten sein vor allen andern Geboten und Vorschriften der Menschen; wer Liebe übt, wächst in der Liebe, wer sich von der Liebespflicht durch den Ablaß, d. h. durch Geld, loskauft, flieht das Gebot Christi und verdient sich den Zorn Gottes.

Christus ist der Herr der *Kirche*, die sein Evangelium zu verkünden hat. Darum muß in der Kirche vor allem andern das *Wort Gottes* gepredigt werden. Unmöglich kann um der Ablaßpredigt willen die Predigt des Wortes eingestellt werden; denn ohne Messe, ohne Ablaßpredigt kann der Mensch leben, nicht aber ohne das Wort. Gibt es einen Schatz der Kirche, so ist dies das *Evangelium*, das den Angefochtenen tröstet, den Gebundenen freimacht, den Geängstigten und Verzweifelten von der Todes- und Höllenfurcht erlöst. Die Kirche ist nicht das Bankhaus, der Gläubige nicht der Rentner, der von dem auf Zins gelegten Schatz der überschüssigen Verdienste in falscher Sicherheit und doch ohne Gewißheit lebt, sondern die Kirche ist der Ort, da dieses Evangelium verkündigt wird, das die falsche Sicherheit vernichtet und die rechte Gewißheit gibt. Darum haben die Verantwortlichen in der Kirche, die Bischöfe, das *Amt*, über die Verkündigung zu wachen und die Lästerungen der Ablaßprediger nicht zu schützen, sondern zu verhindern; sie werden einmal dafür Rechenschaft ablegen müssen, wenn sie dulden, daß das Volk durch falsche Predigt verführt wird. Darum sollen sie die Stimme der *Gemeinde* hören, die dem Ablaßunfug gegenüber spitzige Fragen genug auf der Zunge hat; die Ehrfurcht vor dem Papste wird nur zunehmen, wenn die Kirche sich entschließt, solchen Fragen Antwort zu geben, sie ernst zu nehmen und ihnen mit offener Liebe, nicht mit Gewalt zu begegnen.

So sprengt Luther das heimliche Bündnis, das die verweltlichte Kirchengewalt mit dem Verlangen der frommen Selbstsucht, die des Heils auf Erden *und* im zukünftigen Leben sicher sein will, geschlossen hat.

Wo Christus herrscht, hat dieser falsche Friede nichts mehr zu suchen. Wo er ist, ist das *Kreuz*, und wie das Haupt durch Leiden, Tod und Hölle ging, so werden auch die Glieder nur durch Trübsale in Gottes Reich eingehen. –

Luther ist bestrebt, in den 95 Thesen jeden Schein zu vermeiden, als wolle er Papst und Kirche aufheben. Der päpstliche Ablaß, ja sogar die Ablaßkommissare dürfen nicht verächtlich behandelt werden. Der Priester bleibt Gottes »Vikar«, der die Schuld vergeben darf. Aber ebenso klar tritt sein Grundsatz hervor: Die *Papst- und Kirchengewalt* handelt nur dann in Vollmacht, wenn sie in der *Gewalt Christi* handelt. Was wird die Kirche dazu sagen?

Luther ist nicht erstaunt, daß sich zu der von ihm ausgeschriebenen Disputation niemand meldet. Wohl aber ist er bestürzt, daß durch seine Freunde die Thesen überall verbreitet werden, so daß sie »fast in vierzehn Tagen« (d. h. in der denkbar kürzesten Zeit) »durch ganz Deutschland liefen«. In Nürnberg werden die Thesen deutsch gedruckt, sie tauchen in Erfurt, Ingolstadt und Basel auf, sie werden öffentlich angeschlagen und von Laien und Geistlichen eifrig diskutiert. Besonders die Laien stimmen begeistert zu; Luther hat der Meinung, welche ganz Deutschland bewegt, Ausdruck verliehen und gilt nun als der Mann, der dreinfuhr, als niemand anders wagte, »der Katze die Schelle anzubinden«. Aber er freut sich nicht, sondern erschrickt über die Folgen seines Schritts. Kann er verantworten, daß seine Sätze, zu gelehrter Erörterung aufgestellt, nun überall als Tatsachen aufgefaßt und zum Angriff gegen die kirchliche Praxis verwendet werden? Das reichlich gezollte Lob ist ihm nicht angenehm; »das Lied wollte meiner Stimme zu hoch werden«.

In einer Tischrede aus der ersten Hälfte der dreißiger Jahre (TR 1, 1206) sagt Luther später rückblickend:

»In die Arbeit des Evangeliums bin ich unwissend von Gott hineingestoßen worden. Hätte ich vorausgesehen, was ich jetzt hinter mir habe, hätte ich mich nie hineintreiben lassen. Aber Gottes Weisheit ist größer als die des Menschen. Der hat mich einfach geblendet, wie man ein Pferd blendet, wenn man auf die Bahn reiten soll. Darum, als ich zuerst anfing, sagte ich unserem Herrgott mit großem Ernst und von ganzem Herzen in meinem Stüblein: wenn er ein Spiel mit mir anfangen wollte, daß er es allein für sich täte und mich davor behütete, daß ich nicht mich, d. h. meine Weisheit, hineinmengte. Dieses Gebet hat er gewaltig erhört. Er gebe weiter Gnade!«

Das Spiel beginnt sehr rasch. Die Freunde in der Fakultät sind bestürzt und ängstlich, die Ordensbrüder fürchten öffentliche Schande und Verfolgung, Spalatin hält sich zurück, der Kurfürst schweigt wie gewöhnlich. Andere dagegen schweigen nicht: es sind Tetzels mit ihm angegriffene Ordensbrüder, die Dominikaner, welche in ihren Predigten einen gewaltigen Lärm gegen den Ketzer erheben. Tetzel selbst gibt der freundlichen Hoffnung Ausdruck, binnen drei Wochen werde Luther brennen; er läßt Gegenthesen erscheinen. Auch der bekannte Dr. *Eck* von Ingolstadt fällt in scharfen, kritischen Anmerkungen, den »Obelisken«, über den vermessenen Toren, den Hussiten und Ketzer her – für Luther, der sich an die Seite von Huß gestellt sieht, eine schwere Kränkung und bittere Enttäuschung, zumal er mit Eck in freundschaftlichem Briefwechsel stand. Immerhin ist Eck so scharfsichtig, so instinktsicher, daß er als erster Theologe die volle Tragweite von Luthers Vorgehen ahnt: nicht der Ablaß, sondern das ganze Kirchensystem ist durch den Wittenberger Mönch bedroht! Luther muß sich nach allen Seiten hin verteidigen, er schreibt den Winter über in deutscher Sprache den »Sermon von Ablaß und Gnade«, der im März 1518 erscheint. Hier faßt er seine Ansicht vom Ablaß nochmals in zwanzig kräftigen, volkstümlichen Thesen zusammen: Die Heilige Schrift verlange vom Sünder nicht Strafe und Genugtuung, sondern ein bußfertiges Herz, Hinwendung zum Kreuze Christi, Selbstverleugnung und aufrichtige Liebe zum Nächsten. Gerade diese Schrift, besonders in den volkreichen Städten Süddeutschlands viel gelesen, hat die öffentliche Meinung nachhaltig beeinflußt.

Merkwürdigerweise hört Luther in jener Zeit von Erzbischof Albrecht, an den er sich doch in erster Linie gewandt hat, nichts. Albrecht wünscht mit der leidigen Angelegenheit möglichst wenig zu tun zu haben. Darum gibt er den ganzen Handel an die Kurie weiter; mag der Papst selber darüber entscheiden, er, der Erzbischof, kann es mit dem großen Augustinerorden nicht verderben. Um so eifriger arbeiten aber die Dominikaner im verborgenen. Sie beschließen beim Konvent des sächsischen Kapitels in Frankfurt an der Oder auf Betreiben Tetzels, Luther beim Papst förmlich wegen des Verdachtes der Ketzerei zu verklagen. Sie sind ihrer Sache gewiß und frohlocken schon, der Ketzer werde in kurzer Zeit auf dem Scheiterhaufen brennen. Dieser Haß ist nicht leichtzunehmen, zumal die ganze Inquisition, die kirchliche Ketzerbekämpfung, in Händen des Dominikanerordens liegt. Trotzdem zieht Luther getrost zum Ordenskapitel der deutschen Augustiner, das Staupitz auf den 25. April 1518 nach *Heidelberg* einberufen hat; er muß persönlich anwesend sein, denn unter seinem Vorsitz soll die übliche Disputation stattfinden, zu der er auch die Thesen verfaßt hat.

Es bedeutet eine Auszeichnung für Luther, daß er die Disputation in Heidelberg leiten darf. Sein Orden, insbesondere Staupitz, läßt ihn trotz der auf ihn erfolgten Angriffe nicht fallen. So hat Luther, als er im Anschluß an die Ordensversammlung die Disputation eröffnet und sein junger Ordensbruder Leonhard Beyer seine Thesen verteidigt, keine Gegner vor sich, sondern Leute, die zum Hören bereit sind. Wie er nach seiner Heimkehr an Spalatin berichtet (1), erfolgte die Disputation auch in höflichsten Formen. Freilich die Erfurter Occamisten, Luthers alte Lehrer, verstehen ihn nicht mehr. Seine ganze Disputation ist *ein* Angriff auf ihre Theologie. Usingen schüttelt den Kopf; Trutvetter, den er auf der Heimreise in Erfurt aufgesucht hat, bricht später den Verkehr mit Luther ab. Um so begeisterter ist die Zustimmung der Studenten und der ganzen Jugend: sie drängen sich um ihn; die beiden Schwaben Johannes Brenz aus Weilderstadt und Erhard Schnepf aus Heilbronn, der Pfälzer Theobald Billikan und der Elsässer Martin Butzer aus Schlettstadt empfangen von dieser Disputation einen für ihr ganzes Leben bestimmenden Eindruck. So ist die Heidelberger Disputation alles andere als eine Schuldisputation hinter Ordensmauern; der Zusammenhang zwischen Theologie und kirchlichem Leben wird offenbar.

Für die Disputation selbst hat Luther 28 theologische und 12 philosophische Thesen aufgestellt. In den philosophischen Thesen wendet er sich mit scharfen Worten gegen die Metaphysik des Aristoteles, überhaupt gegen eine Philosophie, welche ihre Arbeit auf dem Gebiet der natürlichen Vernunft und des Sichtbaren für das einzig Gültige und Wesentliche hält. Wer ohne Gefahr mit Aristoteles Philosophie treiben wolle, müsse vorher mit Christus ein rechter Tor geworden sein, sagt Luther. Als Einleitung zu den theologischen Thesen — Paradoxien, wie er sie nennt — zeigt er seine Absicht: er verdanke seine Ansichten Paulus, dem auserwählten Rüstzeug Gottes, und Augustin, seinem getreuen Dolmetscher; nun sollen die Sachverständigen, deren Urteil er sie demütig unterbreite, entscheiden, ob er Paulus und Augustin gut oder schlecht ausgelegt habe.

Bei den *Thesen* (2) — in der Wiedergabe folgen wir WA 1,353 ff und ziehen die Schriftbeweise, die Luther zu jeder These geschrieben hat, bei — unterscheidet Luther zwischen dem praktischen Verhalten des Menschen und der theologischen Erkenntnis. Im ersten Teil (These 1–18) wird nachgewiesen, daß der Mensch kein Recht habe, sich vor Gott auf seine *sittlichen* Leistungen zu berufen. Nicht einmal das Ge-

setz Gottes macht den Menschen gerecht; der Buchstabe tötet vielmehr. Ebensowenig rechtfertigen die aus natürlicher Kraft kömmenden *Werke* den Menschen; nach dem Urteil der Schrift sind auch die besten Menschenwerke zwar keine Verbrechen in irdischem Urteil, wohl aber Sünden vor Gott (These 2–12). Vollends töricht wäre es, in dem *freien Willen* der sittlichen Entscheidung die Möglichkeit zur Rechtfertigung vor Gott zu erblicken; denn nach dem Zeugnis der Schrift ist der seiner Bestimmung nach ›freie‹ Wille immer ein Sklave der Sünde (These 13–15). Darum gibt es auch keine *Bereitung zur Gnade*, indem der Mensch ›tut, was an ihm liegt‹; dadurch wächst nur die Sünde. Für den Empfang der Gnade ist nur der tauglich, der völlig an sich selbst, seinem Willen und Werke verzweifelt und seine ganze Zuversicht auf Christus setzt (These 16–18).

In derselben Demut stehe – so hören wir im zweiten Teil (These 19 bis 22) – auch die theologische *Erkenntnis*. Man sollte eigentlich, wie es die Theologie der Herrlichkeit will, Gott erkennen aus seinen »Werken«, im Geschaffenen, also in heutiger Sprache, im Anschauen der Natur und ihrer ewigen Gesetze oder im Betrachten der Geschichte und ihrer Ziele oder in der Verehrung großer Persönlichkeiten, welche bestimmend in das Schicksal der Welt eingreifen. Aber die Schrift zeigt nur, daß die Menschen diese Möglichkeit der Gotteserkenntnis mißbraucht haben. Die wahre Theologie erkennt Gott nicht in seiner Kraft, sondern im Leiden und in der Schwachheit, im gekreuzigten Christus (These 19 und 20). Wir stehen hier vor Luthers *Theologie des Kreuzes*. Wie aus Luthers Römerbriefvorlesung hervorgeht, hat er 1516 *Tauler*[67] kennengelernt und sich mit dessen mystischen Predigten befaßt. Kurze Zeit später fiel ihm eine ähnliche Schrift in die Hand, welche ein Frankfurter Priester verfaßt hatte. Sie machte auf Luther einen so großen Eindruck, daß er sie 1516 stückweise, 1518 ganz unter dem Titel »Ein deutsch Theologia« herausgab. Er glaubte, bei Tauler wie auch bei dem Frankfurter in den Schilderungen der Wehen der Seele vor der Geburt Gottes in der Seele, im ›Erleiden Gottes‹, im Nichtigwerden des Ich seine eigene Erfahrung wiederzufinden. Es ging ihm auch hier wie bei Augustin, daß er bekannte Worte mit dem Inhalt eigenen Erlebens füllte. In Wahrheit ist Luthers Theologie des Kreuzes nichts als ein an-

---

67 *Johann Tauler, um 1300 in Straßburg geboren, 1361 gestorben; Dominikaner, als Prediger, Seelsorger und mystischer Seelenleiter von großem Einfluß. Sein Ziel ist die ›Gelassenheit‹, die vollkommene Seeleneinsamkeit in der göttlichen ›Wüste‹, dem ›Abgrund‹; daher sein Kampf gegen Werkgerechtigkeit und frommen Betrieb. Die Anerkennung der bestehenden Kirche ist jedoch Voraussetzung für seine mystische Haltung.*

derer Ausdruck für seine Rechtfertigungslehre, keine Anweisung, im Seelengrunde mit Gott eins zu werden und als ›geschaffener Abgrund‹ im ›ungeschaffenen Abgrunde‹ zu versinken und aufzugehen, auch keine Station auf einem mystischen Heilsweg oder ein Teilstück in einer mystischen Heilslehre, sondern wiederum die *Mitte* seiner ganzen Theologie und Verkündigung: daß Christus den verlorenen Sünder rettet, nicht den Gerechten, daß Gott nicht im Menschen, sondern nur am Kreuze seines Sohnes zu finden ist. Nur die Kreuzestheologie sieht die Wirklichkeit und nennt die Dinge beim Namen (These 21); alle andere Weisheit bläht auf, verblendet und macht hart (These 22).

Aber es bleibt noch ein *Mißverständnis* zu beseitigen, auf das Luther im dritten Teil der Thesen (These 23–28) eingeht. Der vom Gesetz, von seinem Werk, von seiner Freiheit lebende Mensch könnte fragen: Soll das alles, meine Freiheit, mein Werk, das Gesetz, aufgehoben sein? Luther antwortet: Das Gesetz wirkt freilich den Zorn Gottes (These 23), aber das Gesetz ist so wenig böse, wie die Weisheit an sich schlecht ist. Böse wird alles nur durch menschlichen Mißbrauch (These 24). Nur das Selbstwirken des Menschen macht sein Werk böse; umgekehrt schafft der *Glaube* an Christus die Gerechtigkeit der Werke (These 25). Das Gesetz weist in die Zukunft, aber in eine Zukunft ohne Erfüllung; der Glaube lebt von dem, was in Christus schon längst geschehen ist (These 26). Damit aber sind unsere Werke gerade nicht mehr das, was wir in ihnen sehen: von uns gewirkte Werke, vielmehr wirkt Christus sein Werk in uns und durch uns (These 27). In seinem Schriftbeweis weist Luther hier auf die zahlreichen Stellen, insbesondere auch aus dem Römerbrief, hin, aus denen Gott zu ihm geredet hat. Endlich faßt Luther in der 28. These die Kreuzestheologie nochmals zusammen: Die *Liebe* Gottes schafft sich ihren Gegenstand, die Liebe des Menschen entzündet sich an ihrem Gegenstand; die Liebe Gottes verschenkt das Ihre, die Liebe des Menschen sucht das Ihre; die Liebe Gottes sucht die Sünder, die Liebe des Menschen flieht die Sünder.

1 Die Erlebnisse in Heidelberg · Brief aus Wittenberg an Hofprediger Georg Spalatin vom 18. Mai 1518

Jesus.

Gruß zuvor! Endlich, lieber Spalatin, bin ich wieder durch Christi Gnade nach Hause zurückgekehrt, und zwar kam ich in Wittenberg an am Samstag nach Himmelfahrt. Ich fuhr zu Wagen ein, der ich zu Fuß ausgezogen war, da ich auf Geheiß der Vorgesetzten zuerst mit den Nürnbergern fast bis Würzburg fuhr, dann mit den Erfurtern, von Erfurt an mit den Eislebenern, die für Aufwand und Pferde aufkamen und mich vollends nach Wittenberg führten. Ich war auf der ganzen Reise wohlbehalten, und Speise und Trank schlug bei mir wunderbar an, so daß ich manchen stärker und beleibter vorkomme. Eine treffliche Aufnahme fand ich bei dem erlauchten Fürsten Pfalzgraf Wolfgang[68] sowie bei Magister Jakob Simler,[69] aber auch bei dem Hofmeister Hazius.[70] Er lud nämlich uns, d. h. den Vater Vikar Staupitz und unsern Freund Lang, nunmehr Distriktsvikar, zu sich ein; wir erfreuten uns miteinander einer freundlichen und angenehmen Unterhaltung, aßen und tranken und besahen endlich alle Kleinodien der pfalzgräflichen Hofkapelle,[71] darauf die Kriegswerkzeuge und endlich alle Schätze dieses königlichen und hochberühmten Hofes. Magister Jakob konnte das Empfehlungsschreiben unsres Fürsten für mich[72] nicht hoch genug rühmen und rief in seinem Neckardialekt: »Ihr habt by Gott einen köstlichen Kredenz«.[73] Es fehlte an nichts, was die Höflichkeit verlangt.

Weiter: Meine Disputation haben die Doktoren (der Heidelberger theologischen Fakultät) mit Vergnügen zugelassen und mit solcher Bescheidenheit mit mir diskutiert, daß sie sich dadurch mir aufs beste empfahlen. Denn wiewohl ihnen meine Theologie fremd schien, manövrierten sie nichtsdestoweniger scharfsinnig und trefflich gegen sie; mit einer Ausnahme freilich: der fünfte, ein neugebackener Doktor,[74] brachte die ganze Zuhörerschaft zum Lachen durch seinen Ausspruch: »Wenn das die Bauern hörten, würden sie Euch gewiß steinigen und totschlagen.«

Für die Erfurter hat freilich meine Theologie den Tod im Topf; vor allem hat der Eisenacher Doktor[75] alle meine Lehrsätze auf die Schwarze Liste gesetzt und mir brieflich jegliches Verständnis der Dialektik, von der Theologie zu schweigen, abgesprochen. Ich hätte auch bei ihnen disputiert, wenn der Beginn der Litaneien[76] es nicht verhindert

68 *Pfalzgraf Wolfgang, ein Bruder des regierenden Pfälzer Kurfürsten, war seit 1516 Rektor der Heidelberger Universität.*

69 *Jakob Simler aus Durlach war Reisebegleiter des Pfalzgrafen.*

70 *Vielleicht der spätere Kanzler Heinrich Haaß.*

71 *In der Heilig-Geist-Kirche.*

72 *Kurfürst Friedrich der Weise hatte ein Empfehlungsschreiben für Luther an Pfalzgraf Wolfgang ausgestellt, um ihn vor etwaigen Nachstellungen zu schützen.*

73 *Beglaubigungsbrief.*

74 *Georg Niger aus Löwenstein.*

75 *Trutvetter und Usingen, Luthers alte Lehrer in Erfurt.*

76 *In der mit dem Sonntag Rogate beginnenden »Kreuzwoche« wurden mit Fasten verbundene Bitt- und Bußandachten gehalten.*

hätte. Doch habe ich mit Trutvetter mündlich verhandelt und wenigstens so viel erreicht, daß er einsah, er könne weder seine Ansicht beweisen noch die meinige widerlegen, daß seine Sätze vielmehr jenem Untier der Fabel gleichen, das sich selbst auffrißt. Aber tauben Ohren predigt man immer vergeblich. Sie bleiben hartnäckig bei ihren Haarspaltereien, auch wenn sie zugeben müssen, keine andere Autorität als ihre sogenannte natürliche Vernunft dafür geltend machen zu können; für uns, die wir nur das wahre und einzige Licht Jesus Christus predigen, ist das dasselbe wie die Finsternis über der Tiefe.[77]

Mit Doktor Usingen[75] habe ich mehr als mit allen andern verhandelt, um ihn zu überzeugen – er fuhr mit mir im gleichen Wagen –, doch weiß ich nicht, ob ich Erfolg hatte. Ich ließ ihn in Nachdenken und Staunen versunken zurück. Eine so folgenschwere Sache ist es, wenn jemand mit einer schlechten Theologie alt geworden ist. Aber die ganze heranwachsende Jugend weiß sich weltenweit von ihnen geschieden. Darum hege ich die unbeschreiblich schöne Hoffnung, daß, wie Christus zu den Heiden ging, als ihn die Juden verstießen, so auch heute seine wahre Theologie, von jenen eingebildeten Alten verstoßen, sich zur Jugend wende. So viel von mir.

Zum Schluß spreche ich noch die Hoffnung und Bitte aus, Ihr möchtet unsre Universität nicht vergessen, d. h. für Lehrstühle der griechischen und hebräischen Sprache sorgen. Das Leipziger[78] Vorlesungsverzeichnis – wie immer ein Rivale des unsrigen – habt Ihr wohl schon gesehen. Sie kündigen darin eine Menge Vorlesungen an, die vermutlich nie gehalten werden.

Den Brief an den erlauchten Fürstbischof von Naumburg konnte ich nicht besser als durch Euch besorgen. Tut darum, was Eure besten Freunde von Euch erbitten. Lebet wohl im Herrn.

In unsrem Kloster, am 18. Mai 1518.

Bruder Martinus Eleutherius.[79] Augustiner

Br 1,173,1 ff

2 *Die wichtigsten theologischen Thesen*

Vom Gesetz (1. These)

Das Gesetz, diese heilsamste Lehre des Lebens, vermag den Menschen nicht zur Gerechtigkeit zu fördern, sondern hindert ihn eher daran.

---

77 *1 Mose 1,2.*

78 *Die Leipziger Universität stellte sich gegen das neugegründete Wittenberg von Anfang an sehr feindselig ein.*

79 *›Der Freie‹, zugleich ein Wortspiel mit dem Namen Luther(us). Von jetzt an schreibt Luther seinen Namen nicht mehr, wie er bisher dem Familienbrauch folgend getan hatte, ›Luder‹, sondern regelmäßig ›Luther‹.*

Von den Werken (2. These)

Noch viel unrichtiger ist die Behauptung, häufige Wiederholung menschlicher Werke mit Hilfe des natürlichen Gebots verhelfe zur Gerechtigkeit.[80]

Vom freien Willen (13. These)

Der freie Wille nach dem Sündenfall besteht nur dem Namen nach; wenn er tut, was ›an ihm‹ ist, begeht er eine Todsünde.[81]

Die Bereitung zur Gnade (16. These)

Wer glaubt, er könne zur Gnade gelangen, indem er tut, was ›an ihm‹ ist, häuft Sünde auf Sünde und wird so doppelt schuldig.

Von der Erkenntnis Gottes (19. und 20. These)

Nicht der darf verdientermaßen ein Theologe genannt werden, welcher Gottes unsichtbares Wesen am Geschaffenen innewird und anschaut, sondern derjenige, welcher das unsichtbare Wesen und die Rückseite[82] Gottes durch Leiden und Kreuz anschaut und in sich aufnimmt.

Aus den »Beweisen« zur 20. These

Die Rückseite und das sichtbare Wesen Gottes ist das Gegenteil seines unsichtbaren Wesens, nämlich Menschlichkeit, Schwachheit, Torheit (1 Kor 1, 25). Da nämlich die Menschen mit der Erkenntnis Gottes aus seinen Werken Mißbrauch trieben, wollte Gott umgekehrt aus Leiden erkannt werden und jene Weisheit des Unsichtbaren verwerfen durch die Weisheit des Sichtbaren, damit auf diese Weise diejenigen, welche den aus seinen Werken offenbaren Gott nicht ehrten, den im Leiden verborgenen Gott ehren sollten (1 Kor 1, 21). Es soll niemand genug und von Nutzen sein, wenn er Gott in seiner Herrlichkeit und Majestät erkennt, wenn er nicht denselben Gott in der Erniedrigung und Schmach des Kreuzes erkennt.

---

80 Im »Beweis« zu dieser These erklärt Luther: Das Gesetz Gottes hilft dem Menschen über seine natürlichen Kräfte hinaus zum Guten; trotzdem schafft der Mensch nicht Gutes, sondern Böses. Wie kann er dann aus eigener Kraft ohne Gottes Hilfe Gutes wirken?
81 Im »Beweis« zur 6. These macht Luther dies durch ein hübsches Bild deutlich: »Das ist, wie wenn einer mit einem schartigen und zackigen Beil einhaut; auch wenn der Arbeiter ein guter Schmied ist, macht doch das Beil üble, gefährliche und häßliche Hiebe. So ist es auch bei Gott, wenn er durch uns wirkt.«
82 Vgl. 2 Mose 33,23.

Gesetz und Evangelium (26. These)

Das Gesetz spricht: ›Tue das!‹ und es geschieht niemals. Der Glaube spricht: ›Glaube an diesen [Mann]!‹ und schon ist alles geschehen.

Die Liebe Gottes (28. These)

Die Liebe Gottes findet ihren Gegenstand nicht [als schon vorhanden], sondern schafft ihn sich selbst; die Liebe des Menschen entsteht an ihrem Gegenstand.

Aus den »Beweisen« zur 28. These

Die Sünder sind deshalb angenehm, weil sie geliebt werden; sie werden nicht deshalb geliebt, weil sie angenehm sind.

Vor Cajetan auf dem Augsburger Reichstag

Der Brief, mit welchem Luther auf den wohlmeinenden Rat von Vater Staupitz am 30. Mai 1518 seine »Erläuterungen« (Resolutionen) zu den Thesen unmittelbar dem Haupte der Christenheit, dem Papst *Leo X.*, übersendet, schließt mit gehäuften Versicherungen seiner völligen Ergebenheit in den Willen des Papstes. Möge der Heilige Vater selber erkennen, wie reinen und einfältigen Herzens Luther die Macht der Kirche und die Würde des päpstlichen Schlüsselamtes ehre, wie töricht, wie ungerecht, wie falsch die Schmähungen seiner Gegner seien. Mit Gut und Blut wirft sich Luther der Heiligkeit zu Füßen: »Machet lebendig, tötet, rufet, widerrufet, billiget, verwerfet nach Eurem Gefallen: Ich werde Eure Stimme anerkennen als Stimme Christi, der in Euch regiert und spricht. Habe ich den Tod verdient, so will ich gerne sterben.« Allein vor diesen demütigen, die geschmeidige Hand Freund Spalatins verratenden Sätzen steht wie ein Felsklotz der andere: »*Widerrufen kann ich nicht,* auch da ich sehe, welch erschreckender Haß gegen mich auflodert ob dieser Veröffentlichung.«

Ahnt Luther schon, was inzwischen geschah, weiß er bereits, daß er in die Mühle des gegen die Ketzer gerichteten Kirchengerichtsverfahrens hineingeraten ist? Der Papst hat an sich wichtigere Sorgen als das ferne Mönchsgezänk, allein auf Drängen der Dominikaner willigt er in die Einleitung des Disziplinarverfahrens gegen Luther. Der theologische Sachverständige der Kurie, Sylvester *Prierias*, wirft in drei Tagen ein Gutachten über die 95 Thesen aufs Papier, das in schroffster Weise die neu aufkommende Theorie, daß die Kirche der Papst und der Papst die Kirche sei, zum Ausdruck bringt (1), Luthers Thesen als ketzerisch verwirft und von groben, unsachlichen Ausfällen gegen den Aussätzigen, den bissigen Sohn eines Hundes, strotzt. Luthers demütiger Brief an den Papst kommt zu spät. Auf Grund dieses Gutachtens − von seinem Verfasser seltsamerweise »Dialogus« geheißen − kann der Oberste Richter der Kurie nicht anders als die übliche »Zitation« ausfertigen: am 7. August 1518 wird Luther eine Vorladung zugestellt, er habe sich binnen 60 Tagen zur Verantwortung über seine Lehre in Rom einzufinden. Gleichzeitig erhält er das Gutachten des Prierias und erschrickt zum ersten Male während seines ganzen Handels (2), allein sein Schrecken weicht bald dem Jubel des Überlegenen. In zwei Tagen ist seine Entgegnung fertig: *Christus* ist die Kirche, und wenn die Kirche eine irdische Vertretung hat, dann ist diese nicht der Papst, sondern das Konzil, obwohl auch ein Konzil irren kann.

Aber schon ist Luther wieder durch die Sache selbst einen Schritt weitergeführt worden. In der mittelalterlichen Kirche ist der *Bann* das Mittel zur Durchsetzung politischer und finanzieller Ansprüche der Kirche. Der Gebannte ist von den Gnadenmitteln der Kirche, dann auch vom bürgerlichen Handel und Wandel ausgeschlossen und wird nach seinem Tode in ungeweihter Erde verscharrt, da man gewiß ist, er sei durch den Bann der ewigen Seligkeit verlustig gegangen. Ist irgendwo ein Stadtrat gegen ein Kloster, ein Fürst gegen einen Bischof störrisch, gehen irgendwo die Zehnten nicht ein, werden kirchliche Schulden nicht bezahlt, wird irgendwo ein Kleriker verhaftet, so wird gebannt. Ja, es gibt sogar eine Art Sippen- und Nachbarschaftshaftung, wenn der Gebannte störrisch bleibt. Als Luther am 16. Mai 1518, dem Sonntag Exaudi, über das Evangelium predigt − es steht im Johannesevangelium und enthält die Worte: ›Sie werden euch in den Bann tun, und es kommt die Zeit, daß wer euch tötet, wird meinen, er tue Gott einen Dienst damit‹ (Joh 16, 2) −, hört seine Gemeinde von ihm, daß einer, der im ungerechten Bann sterbe, *selig* sei, selig, auch wenn er ohne Sakrament stirbt, in ungeweihter Erde verscharrt wird, ja, wenn sein Leichnam sogar wieder ausgegraben und ins Wasser geworfen wird. Der Bann kann dem Christen nur die äußere, die vor Menschen sichtbare Kirchengemeinschaft rauben, nicht aber den Anteil an himmlischen Gütern, den ihm Christus selbst verliehen hat. Was Luther hier sagt, ist die durchaus folgerichtige Weiterbildung seiner bisherigen Erkenntnis: ist *Christus* der Grund des rechtfertigenden Glaubens, so bestimmt er und nicht eine angemaßte Kirchengewalt auch die *Grenzen der Kirche*.

Auch ohne die Spione, die unter Luthers Kanzel sitzen und den Inhalt seiner Predigt in gehässiger Entstellung weitergeben, wären diese Worte auf Windesflügeln durch die Lande geeilt. Luther hat nach dem

Ablaß nun auch den Bann angegriffen und wieder unbeabsichtigt einen empfindlichen Nerv der römischen Macht- und Finanzpolitik berührt. Es dauert nicht lange, so weiß auch der Kardinal *Cajetan* davon, der Legat des Papstes auf dem im Sommer 1518 in *Augsburg* zusammengetretenen Reichstag. Jetzt muß der Papst einschreiten; nicht nur Cajetan drängt darauf, sondern auch Kaiser *Maximilian* richtet ein Schreiben an den Papst: Luther müsse selbst in den Bann getan werden, seine Lehre vergifte nicht nur das unwissende Volk, sondern bereits schon einflußreiche Fürsten. Nun wird von Rom aus – als prozessuale Sicherheitsmaßregel – ein Verhaftungsbefehl gegen Luther ausgestellt, den Cajetan auszuführen hat, und Luthers Landesherr um Auslieferung des Ketzers ersucht. Eine dunkle Wolke hängt über dem Nichtsahnenden, er ist nicht mehr zu retten, wenn ihn nicht das blitzschnelle Spiel der hohen Politik, in die Kaiser und Papst, Fürsten und Bischöfe verfangen sind, gerettet hätte.

Das Interesse des alternden Kaisers Maximilian geht auf dem Augsburger Reichstag dahin, die deutschen Kurfürsten auf die Wahl seines Enkels Karl von Spanien zu seinem Nachfolger zu verpflichten. Die deutsche Kaiserkrone, so gewiß sie nur noch ein Schatten einstiger Herrlichkeit ist, kann noch am ehesten die gewaltige Ländermasse in der Mitte Europas zusammenhalten. Allein in denselben Augusttagen, in denen der Papst gegen Luther vorgeht, hat der im Reich hochangesehene Kurfürst Friedrich von Sachsen eine Bindung zugunsten Karls und damit der habsburgischen Macht abgelehnt und damit einen Herzenswunsch des Papstes erfüllt; denn wie soll der Kirchenstaat noch bestehen können, wenn Karl, Herr über Spanien und Neapel, nun auch noch die deutsche Krone trägt und den Kirchenstaat, wie einst die Staufer, völlig umklammert? Die Wünsche des Kurfürsten (3), man möge Luther väterlich in Augsburg verhören und ihn auf jeden Fall wieder ungehindert nach Wittenberg zurückkehren lassen, finden bei Cajetan freundlichstes Entgegenkommen; er erhält vom Papst für das Verhör Luthers freie Hand, ihn loszusprechen oder zu verurteilen. Wie die Verhandlung ausgeht, liegt also völlig bei Cajetan – und bei Luther.

Nicht ohne Furcht und zum Tode bereit (4), aber fest entschlossen, nicht zu widerrufen (5), zieht Luther nach Augsburg. In der Zwischenzeit, die vergeht, um ihm Geleitsbriefe von Kaiser und Rat zum Schutze seiner persönlichen Sicherheit zu verschaffen, versucht ein vornehmer Italiener aus dem Gefolge des Kardinals vergeblich, ihn zum Widerruf zu bewegen (6). Endlich, am Morgen des 12. Oktober 1518, steht Luther vor dem Kardinal. *Cajetan* verdankt den Purpur des Kardinals nicht nur seinem wissenschaftlichen Eifer für die Theo-

logie des Thomas von Aquino, nicht nur seiner gewissenhaften Amts-
führung als Dominikanergeneral, sondern wohl noch mehr seinem
entschlossenen Eintreten für die päpstliche Unfehlbarkeit. Er weiß,
daß nach der Rangordnung der Kurie ein Kardinal den Vortritt vor
Königen hat, und betont in Augsburg den Glanz seiner Legatenwürde
durch auffallende Prunkentfaltung. Obwohl sein Hauptauftrag dahin
geht, Deutschland zu einem Kreuzzug gegen die Türken aufzurufen,
hat er Luthers Schriften studiert und sich sogar schon schriftlich mit
ihnen befaßt. Nun sieht er den Mönch mit den tiefen Augen und den
seltsamen Einfällen (7) zum ersten Male. Er verlangt von ihm im Auftrag des Papstes den Widerruf seiner Irrtümer, künftige Enthaltung
davon und strenge Vermeidung jeglicher Störung des Kirchenfriedens.
Insbesondere die 58. These ist Irrlehre; wie kann Luther behaupten, der
Schatz der Kirche und die Verdienste Christi seien nicht dasselbe? Weiß
er nicht, daß diese Behauptung einer päpstlichen Bulle zuwiderläuft?

Damit ist das Thema des Augsburger Gesprächs angeschlagen: Ist
die Gnade Besitz der Kirche oder Gabe Gottes? Um nichts anderes
geht es in dem Verhör, das Cajetan mit allen Mitteln, bald mit väterlicher Milde, dann mehr und mehr mit Zornesausbrüchen führt. Kein
Wunder, daß man nach zwei Tagen wieder am Ausgangspunkt angelangt ist. Wie Luther kurz nachher aufgezeichnet hat (8), wurde von
Cajetan auf dem Höhepunkt der Verhandlung aufs stärkste betont,
daß nach der Bulle Christus der streitenden Kirche durch seine Verdienste einen Schatz erworben habe. Demgegenüber Luther: So richtig
dies ist, so wenig sind Christi Verdienste der Schatz selber; sie sind
vielmehr das Mittel, durch welches er den Schatz erwarb. Was aber
hat Christus anderes erworben als die Vergebung der Sünden, die er
durch das Schlüsselamt austeilt? Also ist die Kirche nicht Rentnerin
des Verdienstkapitals, sondern ihr einziger Schatz ist das Evangelium
von der freien Gnade; also sind die Thesen von der 58. bis zur 62.,
die Cajetan bestreitet, richtig, also sind auch die andern richtig, die
darauf aufgebaut sind.

Als Cajetan auch hierauf nichts anderes zu sagen hat als den Schrei
nach dem Widerruf, wendet sich Luther zum Gehen. Wollte er hier
widerrufen, müßte er das Evangelium widerrufen. Sein Urteil über
Cajetan ist fertig; er hält ihn in dieser Sache für völlig ungeeignet (9).
Der Kardinal versucht noch über Staupitz auf Luther einzuwirken,
aber Staupitz lehnt mit diplomatischer Klugheit ab (8). Nun ist die
Entscheidung gefallen. Am 16. Oktober setzt Luther unter Mitwirkung der beiden sächsischen Räte Rühel und Feilitzsch vor Notar und
Zeugen eine Urkunde auf, in welcher er von dem schlecht unterrich-

teten an den besser zu unterrichtenden Papst appelliert, die bisherigen Richter als befangen und sachunkundig ablehnt und ein neues Verfahren an sicherem Orte verlangt; auf keinen Fall aber sei er bereit, seinem Gewissen entgegenzuhandeln. Am 18. Oktober erhält Cajetan von Luther diese Appellation und die Mitteilung, daß ein längeres Warten in Augsburg für Luther zwecklos sei. Aber der Kardinal schweigt. Sein Schweigen ist vielsagend, denn der Verhaftungsbefehl gegen Luther ist nicht aufgehoben und jederzeit vollstreckbar. Darum wird Luther von seinen Freunden in der Nacht des 20. Oktober heimlich aus Augsburg fortgeschafft; in beschwerlichem Ritt (10) erreicht er am 31. Oktober Wittenberg und ist damit vorläufig geborgen.

1 Die Autorität des Papstes – der Blitzstrahl des
»Meisters des heiligen Palastes«

Wollte der Papst in den kleinsten Artikeln und bei ganz groben und handgreiflichen Irrtümern zur Einsicht kommen und sich dem Konzil unterwerfen, so gäbe er seine Autorität preis. Denn er rühmt sich, das Haupt der Kirche zu sein, dem alle Glieder gehorsamspflichtig sind. Deshalb klagen sie das Konstanzer Konzil[83] an, es habe sich Autorität über den Papst angemaßt. Darum, wenn sie uns im geringsten Artikel [etwas] einräumen, so ist der Bügel am Kranz entzwei, und alle werden schreien: Ist nicht bestimmt worden, der Papst sei das Haupt der Kirche und könne nicht irren? Das ist der Grundsatz und das Hauptstück des Papsttums. So wollte mich Sylvester *Prierias*,[84] der Meister des heiligen Palastes, durch diesen Blitzstrahl erschrecken, indem er sagte: Wer an einem Wort oder Werk der römischen Kirche zweifelt, ist ein Ketzer! Zu jener Zeit war ich noch schwach; ich wollte den Papst nicht angreifen, ich hatte Respekt vor solchen Argumenten. *Aus TR 3,3720 (Januar/Februar 1538)*

2 Luthers erstes Erschrecken über die Schrift des Sylvester Prierias

Der Papst hat mir nie wehgetan, mit Ausnahme des ersten Mals, als Sylvester gegen mich schrieb und seinen Titel voranstellte: Meister

83 *Das Konstanzer Konzil (1414–1418) hatte unter Gersons Einfluß am 6. April 1415 durch das Dekret »Sacrosancta« erklärt, daß dem Konzil die höchste Kirchengewalt in der Christenheit zukomme und daß es infolgedessen über dem Papst stehe. Es hatte diese Sätze auch sofort durch Ab- und Einsetzung eines Papstes durchgeführt.*
84 *Sylvester Mazzolini, nach seiner Vaterstadt Prierio Prierias genannt, 1456–1523, Thomist und Dominikaner, war als »Magister sacri palatii« Bücherzensor und theologischer Sachverständiger, Inquisitor und Richter des Ketzergerichts.*

des heiligen Palastes. Da dachte ich: [Potz] Leichnam,[85] will es dahin gelangen, daß die Sache vor den Papst kommt? Dennoch gab mir unser Herrgott die Gnade, daß ich lachen mußte, als der Bacchant[86] so böse Dinge schrieb. Seither bin ich nie [mehr] erschrocken.

Aus TR 1,491 (April 1533)

3 Kurfürst Friedrich greift ein

Ich werde angeklagt beim Papst, es wird meine Vorladung nach Rom übersandt und es erhebt sich das ganze Papsttum gegen mich einzelnen Mann. Das geschieht im Jahre 1518 auf dem unter Maximilian[87] in Augsburg gehaltenen Reichstag. Dort spielte den Legaten von seiten des Papstes der Kardinal Cajetan;[88] an diesen wandte sich in meiner Sache der hocherlauchte Herzog von Sachsen, Kurfürst Friedrich,[89] und setzte es durch, daß ich nicht gezwungen wurde, nach Rom zu gehen, sondern daß man mich herbeirufen würde, und daß er selbst die Sache untersuchen und beilegen sollte. Bald darauf wurde der Reichstag aufgelöst.

Inzwischen warteten die Deutschen mit gespannter Aufmerksamkeit auf den Ausgang einer so wichtigen Sache, an die vorher kein Bischof und kein Theologe zu rühren gewagt hatte. Denn sie waren's müde, die Ausplünderungen, das Jahrmarktswesen und die endlosen Betrügereien der römischen Schwindler zu ertragen. Es begünstigte mich auf jede Weise die im Volke verbreitete Stimmung, daß jene Ränke und Römerstreiche schon allgemein verhaßt waren, mit denen sie den ganzen Erdkreis erfüllt und müde gemacht hatten.

Aus der Vorrede zu Band I der Lateinischen Werke (1545).
WA 54,180,21 ff

4 Luthers Angst vor Augsburg

Während der Reise war mein Gefühl: Nun muß ich sterben! Und

---

85 »Beim Leibe Christi!«

86 *D. h. fahrender Schüler, dann auch Vagabund, Taugenichts.*

87 *Maximilian I. von Habsburg, 1459 geb., Kaiser des Römischen Reiches Deutscher Nation von 1493 bis zu seinem 1519 erfolgten Tode.*

88 *Jakob de Vio, 1469–1534, nach seinem Geburtsort Gaeta Cajetan genannt, Dominikaner mit dem Ordensnamen Thomas, Professor der Theologie, wurde 1508 Dominikanergeneral und 1517 von Leo X. zum Dank für seine Verteidigung der päpstlichen Unfehlbarkeit zum Kardinal ernannt. Er war eines der bedeutendsten Mitglieder des Kardinalkollegiums, von einwandfreiem Wandel, von der Kurie gerne zu schwierigen Missionen benützt, Verfasser eines geschätzten Kommentars zu Thomas von Aquino und einer lateinischen Bibelübersetzung.*

89 *Friedrich der Weise, 1463–1525, seit 1486 Kurfürst von Sachsen, war Luthers Landesherr.*

ich stellte mir den gerüsteten Scheiterhaufen vor Augen und sagte oft: Ach, welche Schande werde ich meinen lieben Eltern sein! Dergestalt ängstigte mich das Fleisch. *Aus TR 2,268 b (September 1532)*

5 Der Entschluß, nicht zu widerrufen · Brief aus Augsburg an Melanchthon in Wittenberg[90] vom 11. Oktober 1518

... Hier geschieht nichts Neues oder Besonderes außer dem Einen, daß die Stadt voll ist vom Lärm über meine Person, und daß alle den Menschen zu sehen begehren, welcher der Herostratus[91] einer so großen Feuersbrunst ist. Du aber handle weiterhin als Mann und lehre die jungen Leute das Richtige. Ich gehe hin, mich für Euch und für sie opfern zu lassen, wenn Gott will. Lieber will ich zugrunde gehen und – das allein fällt mir bitter schwer – den so beglückenden Umgang mit Euch für ewige Zeiten entbehren, als daß ich widerrufe, was ich recht lehrte, und bei diesen ebenso törichten als erbitterten Feinden der Wissenschaft und Gelehrsamkeit der Anlaß zum Untergang reinsten wissenschaftlichen Eifers werde. Italien ist in die Stockfinsternis Ägyptens versunken, so wenig wissen alle von Christus und von dem, was Christi ist. Und doch halten wir solche Leute für die Herren und Meister des Glaubens und Lebens. So erfüllt sich Gottes Zorn über uns, der spricht: »Ich will ihnen Jünglinge zu Fürsten geben, und Kindische sollen über sie herrschen« (Jes 3, 4).

Lebe wohl, lieber Philipp, und wende Gottes Zorn ab durch dein keusches Gebet! *Br 1,213,8 ff*

6 Die Tage in Augsburg vor dem Verhör

So kam ich denn zu Fuß und mittellos nach Augsburg, ausgestattet auf Kosten von Kurfürst Friedrich und mit Empfehlungsschriften von ihm an den Rat und an einige wackere Männer. Drei Tage lang war ich dort, ehe ich zu dem Kardinal ging. Denn jene trefflichen Männer hielten mich zurück und warnten mich aufs nachdrücklichste, doch ja nicht ohne ein schützendes kaiserliches Geleite zum Kardinal zu gehen, ungeachtet dessen, daß der Kardinal mich an den einzelnen Tagen durch einen gewissen Unterhändler[92] rufen ließ. Dieser Mann

90 *Melanchthon war seit August 1518 als Lehrer des Griechischen an der Universität Wittenberg.*
91 *Herostratus zündete 356 v. Chr. den berühmten Artemistempel seiner Vaterstadt Ephesus an, um dadurch seinen Namen der Nachwelt zu überliefern.*
92 *Es war Urban von Serralonga.*

fiel mir lästig genug: Ich solle nur widerrufen, dann sei alles in Ordnung. Aber lang ist das Unrecht, lange die Umwege.[93]

Endlich am dritten Tage kam er und stellte mich ernstlich zur Rede, warum ich nicht zu dem Kardinal ginge, der mich doch voll Herzensgüte erwarte. Ich gab zur Antwort, ich müßte mich streng nach den Ratschlägen trefflicher Männer richten, denen ich von Kurfürst Friedrich empfohlen worden sei; deren Rat aber gehe dahin, ich solle unter keinen Umständen ohne den Schutz des Kaisers oder ohne öffentliche Sicherheit zu dem Kardinal gehen; sei dies erreicht – es unterhandelten aber jene Männer beim kaiserlichen Rat, um es zu bekommen –, so würde ich alsbald hingehen.

Da sagte jener gereizt: »Was? Glaubst du, Kurfürst Friedrich würde deinetwegen zu den Waffen greifen?« – Ich sagte: »Das wollte ich ganz und gar nicht.« – »Und wo willst du dann bleiben?« – Ich antwortete: »Unter dem Himmel.« – Darauf der andere: »Wenn du den Papst und die Kardinäle in deiner Gewalt hättest, was würdest du dann tun?« – Ich erwiderte: »Alle Achtung und Verehrung erweisen.« – Darauf machte jener nach italienischer Gebärdensprache eine Bewegung mit dem Finger und sagte: »Hm!«[94] Und so ging er weg und kehrte nicht wieder.

Aus der Vorrede zu Band I der Lateinischen Werke (1545).
WA 54,181,13 ff

7 Cajetans Eindruck von Luther

Der Kardinal sagte in Augsburg über mich: Dieser Bruder hat tiefe Augen; darum hat er auch so seltsame Einfälle im Kopf.

TR 2,2327 (Dezember 1531)

8 Bericht über das Verhör durch Cajetan · Brief aus Augsburg an
Hofprediger Georg Spalatin vom 14. Oktober 1518

Jesus.

Gruß zuvor! Lieber Spalatin, nur ungern schreibe ich an den durchlauchtigsten Kurfürsten selbst; nehmt darum Ihr als sein Vertrauter meinen Brief entgegen und tut ihn dem gnädigen Herrn zu wissen. Heute ist schon der vierte Tag, daß der Herr Legat mit mir – beziehungsweise gegen mich – verhandelt; um des durchlauchtigsten Fürsten willen verspricht er mir zwar mit guten Worten eine milde und väterliche Behandlung, in Wirklichkeit macht er alles mit reiner, lauterer, unbeugsamer Gewalt. Er wollte nicht, daß ich ihm in öffentlicher Disputation Antwort gebe, er wollte auch nicht allein mit mir dispu-

93 *Sprichwortartiger Satz, etwa: »Unrecht muß weit umlaufen«.*
94 *Ausdruck tiefster Verachtung und Verstimmung.*

tieren. Er wiederholte nur unaufhörlich eines: »Widerrufe, gestehe deinen Irrtum zu, so will es der Papst und nicht anders, du magst wollen oder nicht«, und dergleichen. Den stärksten Druck übte er auf mich aus mit der Extravagans »Unigenitus« Clemens VI.[95] »Hier, hier«, rief er, »siehst du, daß der Papst festsetzt, Christi Verdienste seien der Schatz für den Ablaß.[96] Glaubst du's oder glaubst du's nicht?« Er duldete weder Erklärung noch Antwort, sondern schrie mich einfach nieder.

Endlich ließ er sich, doch nur durch zahlreiche Fürsprache, so weit erweichen, mir die Abfassung eines schriftlichen Rechenschaftsberichts zu erlauben. Heute habe ich ihn übergeben, in Gegenwart des zu diesem Zweck beigezogenen D. Philipp Feilitzsch,[97] der im Namen und Auftrag des Kurfürsten nochmals dessen Bitte vorbrachte. Doch zuletzt gab mir der Legat die Schrift mit Verachtung zurück und erhob aufs neue den Schrei nach dem Widerruf. Er überschüttete mich mit einem Wortschwall, den er den Fabeln des Thomas von Aquino entnahm, und gab sich den Anschein, als habe er mich überwunden und in die Enge getrieben. Wohl zehnmal setzte ich zum Sprechen an, ebenso oft donnerte er mich nieder und beherrschte allein das Feld.

Schließlich fing ich auch an zu schreien und rief: »Wenn sich nachweisen läßt, daß jene Extravagans sagt, Christi Verdienste seien der Schatz des Ablasses, so will ich Euch den Willen tun und widerrufen.« Lieber Gott! Da hättet Ihr seine Gebärden sehen, sein Gelächter hören sollen! Er riß plötzlich das Buch an sich und las mit Dröhnen und Schnauben, bis er zu der Stelle kam, wo es heißt, daß Christus durch sein Leiden einen Schatz erworben habe usw. Da rief ich: »Halt, hochwürdiger Vater! Achtet auf dieses Wörtlein ›erworben‹! Wenn Christus durch seine Verdienste den Schatz erworben hat, so sind nicht die Verdienste selbst der Schatz, sondern das, was die Verdienste erkauften, nämlich das Amt der Schlüssel.[98] Also ist meine These[98]

---

95 Die »Extravagantes«, d. h. freischweifende Erlasse, gehören zwar in das Corpus juris canonici, in die Sammlung des päpstlichen Kirchenrechts, gelten aber nur als Privatarbeit des Joh. Chappuis. Sie enthalten Anordnungen der Päpste des 14. und 15. Jahrhunderts. Im genannten Erlaß sprach Papst Clemens VI. (1342–1352) von einer Austeilung der Verdienste Christi durch den Ablaß.
96 Vgl. These 58, oben Seite 97.
97 Philipp von Feilitzsch war mit Dr. Johann Rühel als kursächsischer Rat auf dem Augsburger Reichstag; sie hatten im Auftrag des Kurfürsten über Luthers Sicherheit zu wachen.
98 Vgl. die 58. und 60. These.

richtig.« Da wurde er mit einem Schlag verwirrt, sprang aber, um seine Verwirrung nicht zeigen zu müssen, geschickt auf andere Gegenstände über und wollte mit kluger Absicht darauf nicht mehr zurückkommen. Da brach ich – freilich sehr respektlos – im Zorne los: »Ihr möget nur nicht glauben, hochwürdigster Vater, uns Deutschen sei die Grammatik unbekannt; ›ein Schatz sein‹ und ›einen Schatz erwerben‹ sind zweierlei Dinge!« Da war seine Zuversicht gebrochen, wenn er auch immer noch schrie, ich solle widerrufen. Ich ging; da rief er mir nach: »Hebe dich weg, laß dich nicht mehr vor mir sehen, es sei denn zum Widerruf!«

Und nun gebt acht! Bald nach dem Mittagsmahl ruft der Legat den hochwürdigen Vater Vikar Doktor Staupitz zu sich, umschmeichelt ihn mit vielen Worten, er solle mich zum Widerruf bewegen – alles in meiner Abwesenheit –, und versichert sogar, ich hätte kaum einen besseren Freund als ihn. Staupitz gab zur Antwort, er habe mich von jeher bis zum heutigen Tag zu überzeugen versucht, ich müsse mich demütig der Kirche unterwerfen, was ich ja schon früher öffentlich bezeugt hatte; doch sagte er, er sei mir – seiner Meinung nach – in der Kenntnis der H. Schrift und an Geist nicht gewachsen; endlich aber sei der Legat als Stellvertreter des Papstes und als unser aller Prälat dazu hier, um mich selbst zu überzeugen. Es lief schließlich darauf hinaus, daß der Legat mir die Artikel bezeichnen wollte, die ich widerrufen und bezeugen sollte.

So ist der Handel nun in der Schwebe. Doch habe ich keine Hoffnung und kein Vertrauen auf ihn. Ich gehe jeden Tag mit meiner Appellation[99] um und gedenke keine Silbe zu widerrufen. Die Antwort aber, die ich ihm übergab, werde ich öffentlich erscheinen lassen, damit er in aller Welt zuschanden gemacht wird, wenn er wie bisher so weiterhin mit Gewalt vorgehen will. Lebet wohl, es eilt! Augsburg, am Tage des hl. Calixt 1518.

Bruder Martin Luther, Augustiner.

Br 1,214,7 ff

9 Luthers Urteil über Cajetan · Aus einem Brief aus Augsburg an Karlstadt in Wittenberg vom 14. Oktober 1518

Er ist vielleicht ein namhafter Thomist, aber ein unklarer, versteckter, unverständlicher Theologe oder Christ, und deshalb zum Richten, Verstehen und Urteilen in dieser Sache ebenso geschickt wie ein Esel zum Harfenschlagen.

Br 1,216,39 ff

99 *Die von Luther am 16. Oktober 1518 schriftlich und notariell niedergelegte Appellation an den Papst zu dessen besserer Unterrichtung (a papa male informato ad papam melius informandum).*

Der Kurfürst Friedrich sah ihn nicht gerne von Augsburg zurückkehren, wie er ihm auch nicht geraten hatte, dorthin zu gehen. Nicht
wenig betroffen in dieser Verlassenheit ging er mit sich zu Rate, wohin er gehen sollte. In Deutschland war keine Hoffnung. In Frankreich[100] war kein sicheres Verweilen wegen der Drohungen des Papstes. So war er damals in höchster Bedrängnis. Deshalb ging er nach
Sachsen zurück. Am ersten Tage kam er von Augsburg bis Monheim.[101] Er hatte einen hart trabenden Klepper, hatte keine Hosen
an, nur Kniehosen, kein Messer und keine Wehr, keine Sporen, und
trotzdem kam er so bis Wittenberg.

Aus TR 1,1203 (1. Hälfte der dreißiger Jahre)

VERHANDLUNGEN ZWISCHEN ROM UND WITTENBERG

Was soll nun mit Luther geschehen? Der Kurfürst ist in peinlicher
Verlegenheit. Auf der einen Seite suchte der Kardinal Luthers Auslie-
ferung zu *erzwingen*: der Kurfürst hat einen Brief Cajetans vom 25.
Oktober 1518 erhalten, in dem entweder Luthers Auslieferung nach
Rom oder wenigstens seine Ausweisung aus kursächsischen Landen
gefordert wird. Rom wird die unheilvolle Angelegenheit weiterver-
folgen; will der edle Fürst wirklich um eines einzigen armseligen
Mönches willen seinen und seiner Vorfahren blankes Ehrenschild be-
schmutzen? Und auf der anderen Seite bietet Luther an, er wolle dem
Kurfürst zuliebe *freiwillig* Sachsen verlassen. In einer wohlüberlegten,
Cajetans Vorwürfe nochmals Punkt für Punkt widerlegenden Brief-
schrift — wohl vom 21. November 1518 — weiß er sich freilich keiner
anderen Sünde zu zeihen als der einen, daß er die sechs Buchstaben
»Revoco« — Ich widerrufe — nicht ausgesprochen habe; aber ehe er
zuläßt, daß der Kurfürst an ihm zum Mörder wird und ihn nach
Rom ausliefert, wo nicht einmal der Papst seines Lebens sicher ist, erklärt er: »Ich verlasse Eure Lande, ich werde dahin gehen, wo mich der
barmherzige Gott haben will, und ich werde mich seinem Willen an-
befehlen, komme, was da wolle!«

Für einen Augenblick gibt es ein verwirrendes Durcheinander. Luther ist entschlossen, nach Frankreich zu gehen. Schon weiß es die

---

100 *Staupitz war auf den Plan gekommen, Luther müsse sich um der ihm
drohenden Gefahren willen in die Universität Paris zurückziehen, die den
päpstlichen Absolutheitsansprüchen Widerstand leistete.*

101 *Monheim liegt acht Meilen von Augsburg entfernt, nördlich von
Donauwörth.*

Wittenberger Gemeinde aus seinem eigenen Mund. Schon hat er am 28. November 1518 nach dem Vorgang der Pariser Universität, zur Sicherung seines durch den Papst bedrohten Rechts, von dem nicht gut beratenen Papst an ein allgemeines, »rechtmäßiges und an einem sicheren Orte versammeltes« *Konzil* appelliert. Da trifft während des Abschiedsmahles, das er den Freunden im Schwarzen Kloster gibt, ein Brief Spalatins ein: Der Kurfürst, bisher mit Luthers Auswanderung durchaus einverstanden, wünscht, daß *Luther bleibt*. Wie Luther später erzählt hat (1), hat sich der Kurfürst durch den welterfahrenen Rat seiner Luther günstig gesonnenen Umgebung umstimmen lassen. Damit war bei dem im Entschluß schwerfällig-langsamen, in der Durchführung zäh-beharrenden Fürsten eine Entscheidung gefallen, an der er auch später unverbrüchlich festhielt.

So blieb Luther in Wittenberg. Er ist in jenen bewegten Tagen von völliger innerer Ruhe und Gelassenheit; er hat in aller Unruhe Zeit, im Dezember 1518 seine »Deutsche Auslegung des Vaterunsers« für einen Neudruck zu bearbeiten. Er möchte mit dieser Schrift auch seinen Gegnern einen Dienst erweisen; gleichzeitig zeigt er, wo für ihn selbst die Quelle seiner Glaubenskraft entspringt. Er weiß, daß der Kampf jetzt erst recht beginnt, daß er sich auf Menschenhilfe nicht stützen darf; ja, wie er am 2. Dezember 1518 an Spalatin schreibt, ist ihm die allgemeine Meinung, der Kurfürst stehe nunmehr hinter ihm, so peinlich, daß er *deshalb* am liebsten doch auswandern würde! Jetzt erstmals beginnt er zu ahnen, um was es geht in seinem Kampfe: es ist keine Auseinandersetzung zwischen Orden und Fakultäten, Schulmeinungen und Kirchengruppen, nein, der Kampf zwischen *Christus* und dem *Antichrist* hat begonnen! (2)

Haben angesichts dieser Lage Verhandlungen viel Sinn? Wird Herr Karl *von Miltitz* (3) noch viel erreichen? Ritter Karl, bisher einer der vielen adligen Stellenjäger in Rom, verdankt seinen guten verwandtschaftlichen Beziehungen einen nicht unwichtigen Doppelauftrag: der Papst will durch ihn endgültig den Kurfürsten für seine Politik bei der Kaiserwahl gewinnen – darum darf Miltitz dem Fürsten die goldene Tugendrose, eine hohe päpstliche Auszeichnung, überbringen; der Papst will gleichzeitig wenn möglich Luther vernichten – darum trägt Herr Karl, bei sich tief verborgen, eine Bannbulle gegen den Wittenberger Ketzer. Allein selbst Miltitz erkennt aus der Stimmung in Deutschland rasch genug die Unmöglichkeit dieses klug ersonnenen Planes und wagt es schnell entschlossen, als ehrgeizig-vertrauensseliger Neuling auf dem gefährlichen Felde hoher Politik, seinen Auftrag zu überschreiten: nichts Geringeres als eine *Versöhnung* zwischen

Papst und Luther ist das Ziel, für das er sich begeistert und als ersten den Kurfürsten zu gewinnen versteht. Als er freilich selbst mit Luther in *Altenburg* in den ersten Januartagen 1519 verhandelt (4), stößt er auf hartes Holz; was schließlich zustandekommt, ist nicht mehr als eine Art Stillhalteabkommen und Luthers Einwilligung, sich durch ein Schiedsgericht die zu widerrufenden Artikel bezeichnen zu lassen (4): für Luther ein Zugeständnis, das er mit gutem Gewissen machen konnte, für Miltitz Anlaß, den scheinbar gezähmten Feind unter tränenreichen Küssen zu umarmen, sich seines diplomatischen Erfolges in höchster Befriedigung zu freuen und Tetzel, den Urheber des unseligen Ablaßstreits, dem allgemeinen Unwillen als Sündenbock zum Opfer zu bringen (3).

Luther hat in den folgenden Monaten den Altenburger Vertrag gewissenhaft gehalten. Die Wittenberger Arbeit schwillt mächtig an, aus aller Herren Ländern strömen die Studenten herbei, nirgends mehr reicht der Raum, es soll ein neues, großes Gebäude für Vorlesungen errichtet werden; überall, in Nürnberg und Augsburg, in Basel und Heidelberg, werden die Humanisten auf Luther aufmerksam und schicken ihre Scholaren nach Wittenberg. Es ist neben Luther insbesondere der von ihm hochgeschätzte *Melanchthon* (5), der die Anziehungskraft der früheren Winkeluniversität an den Grenzen der Zivilisation verstärkt und als Lehrer des Griechischen und Hebräischen, durch die Neugestaltung des akademischen Unterrichts und durch die gedankenmäßig genaue Durchbildung der neuen Glaubenserkenntnis tiefgreifenden Einfluß ausübt.

Indessen geht der Gang der großen Geschichte unaufhaltsam weiter: Am 12. Januar 1519 ist, noch nicht sechzigjährig, Kaiser *Maximilian* gestorben. Wie zu erwarten, versucht Leo X. noch einmal mit allen Mitteln, Kursachsen auf seine Seite zu bringen. Cajetan soll um jeden Preis die Wahl Karls verhindern, ja, der Papst denkt an eine Kandidatur des sächsischen Kurfürsten! Was tut's, daß er den Ketzermönch schützt, wenn nur der Angsttraum einer Umklammerung des Kirchenstaats sich nicht verwirklicht! Doch von diesen Ränken der Weltpolitik erfährt Luther nichts, weder von einem an ihn persönlich gerichteten Erlaß des Papstes, in dem er mit väterlicher Milde zum endgültigen Widerruf aufgefordert wird, noch von dem Plan der Kurie, ihn dem Kurfürsten zuliebe mit dem roten Hut des Kardinals zu schmücken und ihm vielleicht sogar ein Erzbistum anzuvertrauen.

Luther schweigt solange, bis er sich überzeugen muß, daß der Vertrag von seinen Gegnern überhaupt nicht beachtet wird. Nun kann und will er auch nicht länger schweigen; wie aus einem lang gestauten

Wehr ergießt sich im Frühjahr 1519 der mächtige Strom seiner Schriften: in kürzester Zeit – Luther beschäftigt jetzt drei Druckereien, trotzdem kommen die Setzer kaum nach – werden geschrieben, gedruckt und versandt die Sermone von der zweifachen Gerechtigkeit, vom Ehestand, von der Betrachtung des heiligen Leidens Christi und vom Gebet in der Kreuzwoche; es erscheint die deutsche Auslegung des Vaterunsers (s. S. 123), das erste Heft der Arbeiten zu den Psalmen und endlich ein Hauptwerk Luthers, der Kommentar zum *Galaterbrief.* Angesichts des Lärms, den sein Auftreten hervorgerufen hat, möchte sich Luther auf das »Allergeringste«, auf die göttliche Schrift nämlich, zurückziehen, und wenn er schon als Revolutionär, als Lästerer und zweimal siebenfacher Ketzer verschrien ist, so sollen seine Gegner doch einmal ihre Aufmerksamkeit ausschließlich dem Apostel Paulus zuwenden. Aber es strömt ihm aus der Schrift eine solche Fülle der Erkenntnis zu, daß der Galaterbriefkommentar überfließt vom Jubel über die *Freiheit der Erlösten.* Die menschliche Freiheit zeigt sich darin, daß die Gesetze geändert werden, aber die Menschen gleich bleiben; die christliche Freiheit zeigt sich darin, daß die Menschen andere werden, ohne daß die Gesetze geändert werden. Hier, im menschlichen Herzen, vollzieht sich die Entscheidung zwischen Freiheit und Knechtschaft! Ist aber das Gesetz durch Christus erfüllt und überwunden, was haben dann die Wolken, Wälder und Meere von menschengeschaffenen Gesetzen noch für eine Berechtigung? Mehr wert als Wallfahrten nach Rom und Jerusalem, als Messelesen und Kirchenbauten ist die gute Kinderzucht in der Ehe (Sermon vom ehelichen Leben); wichtiger als die mißbräuchlichen Prozessionen ist Gebet und Fürbitte für das Heil der Seele und die Notdurft des Leibes (Sermon zum Gebet in der Kreuzwoche), und wer das Leiden Christi betrachten will, soll nicht am äußeren Kreuzesbild hängenbleiben, sondern Christi Leben und Person in sein Leben hereinnehmen; das ist besser als alle Passionsgottesdienste und Messen (Sermon von der Betrachtung des hlg. Leidens Christi).

Obwohl Luthers Ahnung, er habe mit dem Antichrist zu kämpfen, sich jetzt schon zur Gewißheit verdichtet hat, will er nicht vom Papst abfallen und verlangt sogar in all diesen Schriften Gehorsam gegen das Papsttum, soweit es als irdische Einrichtung Gehorsam verlangen kann. Inzwischen aber ist eben diese Frage, ob Christus oder der Papst der Herr der Kirche sei, durch *Ecks* Angriffe für Luther unausweichlich geworden.

Als die Papisten . . . tobten und bei dem [späteren] Kaiser Karl an-
hielten, man solle den Doktor Martinus verbrennen, und der Kurfürst
sich nicht gerne des ganzen Reiches Ungunst zuziehen wollte, wenn
er ihnen den Mönch vorenthielte, schreibt er dem Doktor Martin
Luther, er solle kurzum von Wittenberg wegziehen und sich an einen
anderen, verborgenen Ort begeben, an dem er seines Lebens sicher
wäre, denn er könnte ihn zu Wittenberg nicht mehr verteidigen. Da
ward dem Doktor bang und wehe; er wußte nicht, wo [ein und] aus,
und sagte: »Vater und Mutter verlassen mich, aber der Herr nimmt
mich auf« (Ps 27, 10). Und er hatte alle seine guten Freunde ins Kloster zu Gast geladen und mit ihnen zu Abschied gegessen, da er in
derselben Nacht hätte davonziehen wollen, wohin Gott ihn geführt
hätte. Wie er mit den Gästen guter Dinge ist, kommt eilends ein Bote
vom Kurfürsten [mit einem Briefe], den Spalatin geschrieben hatte:
Wenn der Doktor noch da wäre, so solle er beileibe nicht wegziehen,
denn der Kurfürst hätte etwas Nötiges mit ihm zu reden. So ist der
Doktor noch zu Wittenberg geblieben.

Und es war ein weises Bedenken Herzog Friedrichs, daß, sooft er
um des Doktors willen angeredet wurde, warum er ihn im Lande litte,
er sprach: »Ich weiß nichts Böses von ihm. Ich habe mit ihm nichts zu
tun. Tut er etwas Unrechtes, so disputiert und unterredet euch mit
ihm zu Wittenberg; da habe ich eine Universität. Er soll euch Antwort stehen. Ich habe so viel gelehrte Leute zu Wittenberg; täte er
etwas Unrechtes, sie würden ihn nicht dulden.«

Weiter: Als er (der Kurfürst) Doktor Martin nach Rom senden sollte, hatte er alle seine Räte beieinander und befragte sich mit ihnen,
was er tun solle. Da erzählte Herr Fabian von Feilitzsch[102] die Fabel,
wie die Wölfe mit den Schafen Frieden machten und verlangten, die
Schafe sollten den Wölfen die Hunde zu Bürgen geben, damit sie Gei-
seln hätten; als nun die Schafe als dumme Tiere die Hunde, die ihre
Wehr und Schutz waren, weggaben und so ihrer Waffen beraubt waren, da fielen die Wölfe über sie her und zerrissen sie. Also, sagte er,
könnte es uns auch gehen, wenn wir den Mann aus dem Lande geben.
Wenn sie sich gleich jetzt stellen, als wollten sie nachher unsre besten
Freunde sein, so würden sie uns doch als Ketzer angreifen, und wir
könnten uns dann nicht verteidigen. Darum ist mein Rat: Man behalte den Mann, so kann er uns mit Schriften verteidigen; sie werden
uns dann auch wohl in Ruhe lassen.   *Aus TR 5,5375 c (Sommer 1540)*

102 *Fabian von Feilitzsch war wie Philipp von Feilitzsch (s. Seite 120, An-*
merkung 97) ein Rat des Kurfürsten.

Ich übersende Dir hier meine »Acta«,[104] die schärfer ausgefallen sind, als der Herr Legat erwartet haben mag. Aber schon will meine Feder weit Größeres hervorbringen. Ich weiß nicht, woher [mir] diese Gedanken kommen. Diese Sache hat meinem Urteil nach noch nicht einmal recht begonnen, geschweige denn, daß die römischen Herren schon ihr Ende erhoffen dürften. Ich werde Dir mein Geschreibsel schicken,[105] damit Du siehst, ob ich mit Recht ahne, daß der wahre Antichrist, auf den Paulus hinzielt (2 Thess 2, 4), in der römischen Kurie herrscht. Heute schon glaube ich beweisen zu können, daß Rom schlimmer ist als der Türke. *Br 1,270,7 ff*

3 Die Versöhnungsaktion des Herrn Karl von Miltitz

Im Jahre 1519 übersandte ... [Papst] Leo X. [dem Kurfürsten] die [goldene Tugend-] Rose durch Karl Miltitz,[106] der auf vielerlei Art mit mir verhandelte, damit ich dem Papste wieder versöhnt würde. Er hatte 70 Erlasse[107] des apostolischen Stuhls bei sich, um in den einzelnen Städten einen davon öffentlich anzuschlagen und um mich dergestalt gefahrlos nach Rom zu führen, falls Kurfürst Friedrich mich ihm auslieferte, wie der Papst es mittels der Rose erstrebte. Vor meinen Ohren gab er die Meinung seines Herzens folgendermaßen preis: »O Martin, ich war der Ansicht, du seiest irgendein theologischer

103 *Wenzeslaus Linck, 1483–1547, gebürtiger Sachse, war Dekan der theologischen Fakultät und Prior des Augustinerkonvents in Wittenberg, also Luthers nächster Ordensoberer. 1517 kam er durch Staupitz als Klosterprediger nach Nürnberg, wo seine an Luther geschulte Predigt einen tiefgreifenden Einfluß auf Rat und Stadt Nürnberg ausübte; von hier aus begleitete er Luther nach Augsburg. 1520 wurde er als Nachfolger von Staupitz Generalvikar der deutschen Augustinerkongregation, von 1525 bis zu seinem Tode war er Pfarrer in Nürnberg.*
104 *Kurz nach dem Augsburger Verhör hatte Luther einen aktenmäßigen Bericht darüber nebst urkundlichen Beilagen fertiggestellt, den er am 8. Dezember (gegen den Wunsch des Kurfürsten) veröffentlichte.*
105 *Luther plante offenbar eine größere Streitschrift.*
106 *Karl von Miltitz, aus sächsischem Adel, etwa 1490–1529, stand seit 1514 als päpstlicher Notar und Titularkammerjunker im Dienste der Kurie; zugleich betrieb er auch als Sachwalter der sächsischen Fürsten Reliquieneinkäufe u. ä. für diese. Nach dem Scheitern seiner diplomatischen Sendung in Luthers Sache lebte er als Domherr in Mainz und Meißen.*
107 *Es handelte sich um sog. Breven (lat. brevis, kurz), in abgekürzter Form ausgestellte päpstliche Erlasse.*

Greis, ein Ofenhocker, der mit sich Selbstgespräche abhält; – nun sehe ich, daß du noch in blühendem Alter und voll Kraft bist! Wenn ich 25 000 Bewaffnete hätte –, ich würde mir's nicht getrauen, dich nach Rom zu bringen; auf meiner ganzen Reise habe ich nämlich die Herzen der Leute erforscht, was sie über dich dächten: siehe, wo ich *einen* fand, der auf seiten des Papstes stand, da standen drei für dich gegen den Papst.« Eines aber war zum Lachen: er hatte auch die Weiber und Mädchen in den Gasthöfen ausgefragt:»Was denkt ihr denn über den römischen Stuhl?« Weil sie diesen Ausdruck nicht kannten und an einen Stuhl, wie er zum Hause gehört, dachten, gaben sie zur Antwort:»Was können wir wissen, was für Stühle ihr in Rom habt, hölzerne oder steinerne?«

Miltitz also bat nun, ich möchte dem nachsinnen, was zum Frieden dient; er werde sich alle Mühe geben, daß der Papst dasselbe tue. Ich versprach auch gerne, ich wolle alles aufs bereitwilligste tun, was ich irgendwie mit unverletztem Gewissen vor der Wahrheit verantworten könne; auch ich trage ein eifriges Verlangen nach Frieden, ich sei mit Gewalt in diesen Lärm hineingezogen worden und hätte nur unter dem Zwang der Notwendigkeit all das getan, was ich getan habe; meine Schuld sei es nicht.

Er hatte aber Johann Tetzel, Mitglied des Predigerordens, zu sich bestellt, den hauptsächlichen Urheber dieser Tragödie, und diesen Mann, der bis zur Stunde aller Welt Schrecken und ein durch nichts einzuschüchternder Schreier gewesen war, zerschmetterte er nunmehr mit päpstlichen Worten und Drohungen dermaßen, daß er von da an dahinschwand und endlich von Seelengram verzehrt wurde. Sobald ich davon Kunde erhielt, habe ich ihn vor seinem Hinscheiden mit einem freundlichen Briefe getröstet und ihn geheißen, guten Mutes zu sein; er solle die Erinnerung an mich nicht fürchten. Aber er ist vielleicht an seinem [bösen] Gewissen und am Unwillen des Papstes gestorben.

[Im übrigen] wurde Karl [von Miltitz] für eine Null gehalten, und für ebenso nichtig galt sein Plan . . .

Aus der Vorrede zu Band I der Lateinischen Werke (1545). WA 54,184,12 ff

4 Der Altenburger Pakt · Brief aus Altenburg an Kurfürst
Friedrich von Sachsen vom 5. (oder 6.) Januar 1519

Durchlauchtigster, hochgeborener Fürst, gnädigster Herr! Ich tue E. K. F. G. untertänig zu wissen, daß Herr Karl von Miltitz und ich endlich übereingekommen sind und die Verhandlung mit zwei Artikeln abgeschlossen haben:

Erstens, daß ein allgemeiner Stillstand beider Parteien geschehe und beiden Teilen verboten werde, weiterhin von der Materie zu predigen, zu schreiben und zu sprechen.

Zum andern will Herr Karl dem heiligen Vater Papst kurzen Bericht geben über die Lage der Dinge, wie er sie angetroffen, und dafür Sorge tragen, daß päpstliche Heiligkeit etwa einem gelehrten Bischof befehlen, die Sache zu untersuchen und die Artikel zu bezeichnen, welche irrig sind und von mir widerrufen werden sollen. Werde ich alsdann über einen Irrtum belehrt, soll und will ich denselben gern widerrufen und die Gewalt und Ehre der heiligen römischen Kirche nicht schwächen. *Br 1,293,1 ff*

5 Der Bund Luthers mit Melanchthon · Aus einem Brief aus Wittenberg an den Humanisten Joh. Reuchlin in Heidelberg vom 14. Dezember 1518

Der Anlaß dazu, daß ich Euch endlich schrieb, ist der, daß unser Philipp Melanchthon,[108] der bewundernswerte Mann, der fast in allem übermenschliches Maß hat und dennoch mein vertrautester und liebster Freund ist, mich zu diesem Briefe an Euch geradezu gedrängt hat und glaubwürdig zusagte, Ihr würdet mein Gefasel nicht widerwillig, sondern sogar mit Dank aufnehmen. *Br 1,269,32 ff*

DIE DISPUTATION ZU LEIPZIG

Am 28. Juni 1519 ist König Karl von Spanien und Neapel einstimmig zum König und künftigen Kaiser des Heiligen Römischen Reiches Deutscher Nation gewählt worden, weniger aus Liebe zu den Habsburgern als aus Angst der Deutschen vor der französischen Tyrannei. Der Papst, dessen Kandidat der französische König Franz I. gewesen war, hat sich widerwillig mit der unerwünschten Tatsache abgefunden; wieder ist eine wichtige und mit vielerlei Mitteln geführte Schlacht verlorengegangen. Einen Tag, ehe in der dunklen Kapelle der Bartholomäuskirche in Frankfurt die deutschen Kurfürsten die Wahl voll-

108 Philipp Melanchthon, als Sohn des Waffenschmiedes Georg Schwartzerd am 16. Februar 1497 in Bretten geboren, ein Großneffe des berühmten Humanisten Johannes Reuchlin, bezog als noch nicht 13jähriges, frühreifes Wunderkind die Universität Heidelberg, wuchs während seines Tübinger Aufenthalts (1512—1518) in den Humanismus hinein und wurde durch Reuchlins Vermittlung im Sommer 1518 nach Wittenberg berufen. In seiner Antrittsvorlesung »Über die Umgestaltung des Universitätsunterrichts« fordert er gründliches Sprachstudium als Grundlage aller Theologie und stellt bald, sich eng an Luther anschließend, seine universale Bildung und außerordentliche Sprachbegabung in den Dienst der reformatorischen Gedanken.

ziehen, hat in *Leipzig* die große, von der kirchlichen und gelehrten Welt mit Spannung erwartete Disputation begonnen, und es weiß noch niemand, daß hier eine weit wichtigere Schlacht als in Frankfurt geschlagen und für die Kurie verlorengehen wird.

Der Ingolstädter Professor *Eck*, ein alter, geübter Fechter auf dem Felde der Disputation, ist schon längst mißvergnügt, daß seine bisherige schriftstellerische Tätigkeit im Ablaßstreit ihm nicht genug Anerkennung und Beachtung eingebracht hat. Auf dem Augsburger Reichstag hat sich Luther bereit finden lassen, in einer zwischen Eck und Luthers Wittenberger Kollegen *Karlstadt* schwebenden Streitsache über die Frage der Gnade und des freien Willens den Vermittler zu machen; in freundschaftlicher Weise wird Erfurt oder Leipzig als Ort der Disputation festgesetzt. Allein mit höchstem Erstaunen, in wachsender Entrüstung über Ecks heuchlerische Freundschaft – »mein lieber Eck, der Heimtücker, zieht mich in neue Händel hinein«, schreibt Luther im Februar 1519 an Staupitz – liest Luther, daß Eck in seinen für die Disputation ausgegebenen Thesen viel weniger Karlstadt als ihn selbst, seine Lehre vom Ablaß, von der Buße, vom Schatz der Kirche und vom Fegfeuer angreift. Eck weiß, was er tut. Er ist durch die volle Autorität des Papstes gedeckt; denn es ist inzwischen der päpstliche Erlaß vom November 1518 bekannt geworden, in welchem der Papst ausdrücklich die von Luther verworfene Ablaßlehre als die allein kirchlich korrekte bezeichnet. Darum geht Eck noch einen Schritt weiter und reißt die Frage auf, die Luther schon längst im verborgenen aufs tiefste bewegt: die Frage nach dem *Ursprung der Vormachtstellung des Papstes.* Nicht erst im vierten Jahrhundert – oder noch später, wie Luther gelegentlich gesagt hat –, sondern *jederzeit,* schreibt Eck, ist der Inhaber des Stuhls Petri der Nachfolger des Petrus und damit der Nachfolger Christi gewesen; darum ist die römische Kirche allezeit über allen anderen Kirchen gestanden. Luther weiß, daß sich hinter der geschichtlichen Streitfrage der tiefe sachliche Gegensatz verbirgt, ob die Autorität des Papstes auf menschlichem oder auf göttlichem Rechte beruht. Er antwortet Eck mit 13 Thesen; die dreizehnte, für die Leipziger Disputation entscheidende These lautet: »Daß die römische Kirche über allen anderen stehe, wird bewiesen aus den eiskalten päpstlichen Dekretalen, die erst in den letzten 400 Jahren aufgekommen sind. Gegen sie spricht die beglaubigte Geschichte von 11 Jahrhunderten, der Text der Heiligen Schrift und das Dekret des Konzils von Nicäa, des heiligsten von allen.«

Luther ist sich der Tragweite dieser Aussage bewußt. Die Freunde, Karlstadt eingeschlossen, werden ängstlich. Allein Luther ist gerüstet, er hat für alle Fälle schon eine schriftliche »Verteidigung der dreizehnten These über die Papstgewalt« in der Tasche, in welcher er den historischen Nachweis für seine Behauptung führt, dem Papst nach Tradition und Rechtsstellung einen Ehrenvorrang und — nach menschlichem Recht — besondere Würde zugesteht, im übrigen aber erklärt, daß das Wesen der Kirche in der Bindung nicht an ein sichtbares Haupt, sondern an ihren unsichtbaren Herrn Christus besteht. Denn Kirche ist da — dies wird von Luther jetzt erstmals öffentlich festgestellt —, wo das Wort Gottes gepredigt und geglaubt wird. Die schreckliche Befürchtung, die ihn bei der Vorbereitung auf die Disputation wieder quält, kann er freilich Spalatin nur ins Ohr flüstern: »Ich weiß nicht, ob der Papst der Antichrist selbst oder nur sein Apostel ist, so jammervoll wird Christus von ihm in seinen Dekreten — das ist die reine Wahrheit — geschändet und gekreuzigt.« (Brief vom 13. März 1519)

Nachdem in den ersten Tagen der *Disputation* Eck über Karlstadt, dessen unruhiger Ehrgeiz Luther von Anfang an mißfiel (1), einen billigen Triumph davongetragen hatte, standen sich am 4. Juli 1519 die beiden Hauptkämpfer gegenüber, nach Zuschauerberichten Luther mager, nur Haut und Knochen, aber guter Dinge, frisch, mit klarer Stimme und, wie die Zuhörer bald merken, im Ton mitunter beißend scharf. Die Hofstube der Pleißenburg ist von zahlreichen Zuschauern gefüllt; die ganze gelehrte und geistliche Welt Leipzigs — mit Ausnahme der Dominikaner — ist da. Der, um deswillen sie gekommen sind, ist jedoch nicht mehr der unbekannte Bettelmönch, sondern der volkstümlichste Mann Deutschlands, dessen Bücher bereits in halb Europa gelesen werden. Ein eigentümliches Siegesgefühl strahlt von ihm aus; er bleibt im härtesten Kampf ruhig, freudig und seiner Sache gewiß. Daß er ein paar Nelken mitgebracht hat, an denen er während Ecks Tiraden riecht, nehmen ihm seine Feinde besonders übel. Eck dagegen, großgewachsen und stämmig, mit lauter Stimme, gleicht äußerlich mehr einem Metzger oder Landsknecht, ein grober Polterer, dabei verschmitzt und den Gegner mit einer Fülle gelehrten Stoffs überschüttend; er hat ein erstaunliches Gedächtnis, an seiner Bibelkenntnis zweifelt man mit gutem Grunde. Den gesamten Gang der Verhandlungen und die mancherlei vorausgegangenen Schwierigkeiten hat Luther in einem langen Briefe an Spalatin dargestellt (2). Es wird daraus klar, daß Eck, während der ganzen Disputation mehr Richter als Gesprächspartner, es darauf angelegt hat, den Leipzigern, welchen der Schrecken der Hussitenkriege noch im Leibe saß, Luthers Auffassung vom menschlichen Rechte der Papstgewalt von vornherein im

Licht böhmischer Ketzerei erscheinen zu lassen. Wird Luther es wagen, die hussitische Irrlehre in Schutz zu nehmen, die doch der Papst und die Konzilien, vor allem das Konstanzer, feierlich verdammt haben? So wird aus der Frage nach der Autorität des Papstes unvermerkt die *Frage nach der Autorität der Konzilien.* Luther erkennt die Entscheidungsfrage auch in dieser Verhüllung und tut, vom Zwang der Sache getrieben, einen neuen, gefährlichen Schritt: Konzilien können irren, wie der Papst fehlen kann; menschlich geschichtliche Autoritäten haben für ihn keine unbedingte Gültigkeit. Wie schwer es Luther geworden ist, sich zu dieser Aussage durchzuringen, wie sehr er in seinem Denken auch noch in Leipzig gebunden war durch die Achtung vor der Kirche und durch das Schwergewicht der Tradition, hat er kurz vor seinem Tode noch bezeugt (3).

Damit hat Eck zunächst sein Ziel erreicht und kann sich der vollzogenen Enthüllung der Ketzerei freuen. Es gibt für ihn nun kein Innehalten mehr: wo in nächster Zeit der Widerstand gegen Luther aufflammt, steckt Eck dahinter. Der mächtige Inquisitor Westdeutschlands, der Kölner Dominikaner Jakob van Hoogstraten, wird auf Luther aufmerksam; die Universitäten von Köln und Löwen verlangen Verbrennung seiner Schriften; der sächsische Herzog Georg, in Leipzig noch neutraler Beobachter, und der Kurfürst von Brandenburg werden ausgesprochene Gegner Luthers; endlich ist der fromme und strenge Hadrian von Utrecht, Kardinalerzbischof, Großinquisitor und Statthalter des neuen Kaisers Karl in Spanien, der spätere Papst, schmerzlich bewegt von der Tatsache, daß offenkundige Ketzer wie Luther in voller Freiheit ihre Irrlehre verbreiten dürfen.

1 *Luthers Urteil über Karlstadt und Eck in Leipzig*

Als Karlstadt[109] die Worte sprach: »Mir ist die Ehre so lieb wie einem andern«, erschrak ich darob heftig. Er wollte mir zu Leipzig nicht den Vorzug einräumen, die Disputation zu eröffnen, damit ich ihm nicht die Ehre vorwegnehme, die ich ihm gerne gönnte. Aber er

---

109 *Andreas Bodenstein, nach seinem Geburtsort Karlstadt genannt (etwa 1480–1541), war seit 1505 in Wittenberg als Professor der Artistenfakultät tätig, seit 1510 als Doktor der Theologie. Sein anfänglicher Widerstand gegen Luther wandelte sich schnell in aktive Mitarbeit. Seine Darstellung der neuen Theologie in Thesen vom Mai 1518 führte zur literarischen Fehde mit Eck, aus der die Leipziger Disputation entstand. Infolge Karlstadts Entwicklung zum Schwärmertum kam es zum Bruch zwischen Luther und ihm; er floh 1529 aus Sachsen, wo Luther ihm ein Asyl verschafft hatte, und wirkte seit 1534 als Professor in Basel, wo er 1541 starb.*

legte zu Leipzig Schande statt Ehre ein, denn er ist ein ganz unglückseliger Disputator, ein widerborstiger und schwerfälliger Kopf. Dabei hatte er den weitaus dankbarsten Stoff, während er mir die letzten Thesen Ecks über den Primat des Papstes und über Johann Huß[110] zur Bekämpfung überließ.

Doch schlug Eck,[111] ein herrischer, ja unverschämter und zuchtloser Mensch, für mich in Leipzig bei Herzog Georg öffentlichen Schutz und freies Geleit heraus, damit ich mit ihm disputieren könne; im übrigen bin ich nur unter Karlstadts Fittichen nach Leipzig gekommen.

Aus TR 4,4187 (Dezember 1538)

2 *Bericht über die Leipziger Disputation · Brief aus Wittenberg an Hofprediger Georg Spalatin vom 20. Juli 1519*

Gruß zuvor! Daß der durchlauchtigste Fürst und Ihr alle wohlbehalten zurückgekehrt seid, freut uns, mein bester Spalatin. Pfeffingers[112] Seele möge Christus [als sein Eigentum] anerkennen, Amen! Von unsrer berühmten Disputation hier hätten wir schon längst geschrieben, aber es gab keine Möglichkeit, wohin und wie man schreiben sollte. Es verhält sich so mit ihr, daß manche Leipziger – und zwar weder redliche noch rechte Leute – mit Eck triumphieren; das bedeutet dann in den Augen dieser Schwätzer die öffentliche Meinung. Im übrigen wird der Gang der Sache selbst alles ans Licht bringen.

Sobald wir angekommen waren, noch in derselben Stunde, ehe wir vom Wagen gestiegen waren, wurde an den Kirchtüren ein Verbot

110 *Johannes Huß, etwa 1369–1415, Priester und Universitätslehrer in Prag, nahm mit Berufung auf die Heilige Schrift den Kampf Wiclifs gegen die päpstliche Hierarchie und die Reform des herrschenden Kirchentums auf. Er wurde vom Konstanzer Konzil am 6. Juli 1415 als Ketzer zum Feuertod verurteilt und verbrannt.*

111 *Johann Maier (1486–1543) aus Egg in Schwaben, daher Eck genannt, Doktor und Professor der Theologie und Prokanzler der Universität Ingolstadt, dazu Domherr in Eichstätt, war zweifellos einer der bedeutendsten katholischen Theologen jener Zeit, der Gegner Luthers und der Reformation. Mit einer umfassenden Kenntnis von Theologie und Philosophie verband er eine außerordentliche, wenn auch nie tiefgehende Produktionskraft. Bei strenger Unterordnung unter die Kirchengewalt legte er doch Wert darauf, mit allen modernen Strömungen, insbesondere dem Humanismus, soweit er kirchlich brauchbar war, in Fühlung zu bleiben.*

112 *Pfeffinger, einer der kurfürstlichen Räte, hatte den Kurfürsten zur Wahl Karls V. zum Kaiser nach Frankfurt begleitet und war dort an der Pest gestorben.*

der Disputation durch den Merseburger Bischof angeschlagen, wobei die bekannte neue öffentliche Erklärung [des Papstes] zu dieser Frage[113] geltend gemacht wurde und hinzugefügt war. Dies Verbot wurde aber gar nicht beachtet, und der es angeschlagen hatte, wurde vom Rat ins Gefängnis geworfen, da er es ohne dessen Vorwissen getan hatte.

Als sie mit diesem Kunstgriff nichts erreichten, verfielen sie auf einen andern: Sie beriefen Andreas Karlstadt besonders und betrieben mit vielen Worten, daß die Disputation zwar mündlich vor sich gehen, jedoch nicht durch Schriftführer urkundlich niedergelegt werden solle. So wollte es Eck. Er hegte nämlich die Hoffnung, durch sein Geschrei und Gebärdenspiel das Übergewicht zu erlangen (wie er sich auch wirklich bei weitem durchgesetzt hat!). Dem hielt Karlstadt entgegen, daß es so ausgemacht worden sei, und daß man zu einem Vertrag stehen müsse, und forderte selbstverständlich Aufnahme [der Disputation] durch Schriftführer. Um dies zu erreichen, war er schließlich zu dem Zugeständnis genötigt, daß die Nachschrift der Disputation von den Schriftführern erst nach Anhören des Schiedsspruchs einiger Männer der Öffentlichkeit übergeben werden solle. Hier entstand eine neue Auseinandersetzung über die Wahl der Schiedsrichter. Schließlich erzwangen sie auch noch dazu die Zustimmung, daß man sich erst nach Beendigung der Disputation über die Schiedsrichter verständigen solle; anders wollten sie die Disputation [überhaupt] nicht zulassen. So zwangen sie uns in eine Zwickmühle hinein, um uns in beiden Fällen zuschanden zu machen: entweder hätten wir die Disputation überhaupt ablehnen oder hätten wir sie ungerechten Schiedsrichtern unterstellen müssen. Ihr seht also, mit was für groben Tücken sie uns die ausbedungene Freiheit raubten. Denn daß die Universitäten und der römische Papst ihr Urteil entweder überhaupt nie oder aber gegen uns fällen werden, das halten auch wir für gewiß; einzig danach sehnen sie sich ja.

Am nächsten Tag beriefen sie mich besonders und machten mir denselben Vorschlag. Ich wies jedoch alle diese Bedingungen zurück, da ich den römischen Papst fürchtete, sodann, weil ich von unseren Freunden so beraten worden war. Daraufhin boten jene andere Uni-

---

113 *Es handelt sich um die päpstliche Ablaßdekretale vom 9. November 1518, in welcher sich die Kirche ausdrücklich zu den von Luther bekämpften Sätzen über den Ablaß bekannt hatte. Wahrscheinlich hatte Miltitz dem Merseburger Bischof ein Exemplar dieser Bulle zugeschickt, um ihn dadurch instandzusetzen, jede weitere Erörterung über den Ablaß abzuschneiden. Mit solchen Mitteln ließ sich freilich der Gang der Dinge nicht aufhalten.*

versitäten an, unter Ausschluß des römischen Papstes. Ich verlangte, daß man sich an die vereinbarte Freiheit halte; als sie nicht wollten, weigerte ich mich und lehnte die Disputation rundweg ab. Da kam alsbald das Gerücht auf, ich hätte nicht den Mut, die Disputation anzunehmen und, was noch unbilliger sei, ich wolle mir keine Schiedsrichter gefallen lassen. Dies alles wurde in gehässigster und bösartigster Weise herumgeschrieen und ausgedeutet, so daß sie selbst meine besten Freunde sämtlich umwarfen und unserer Universität schon bleibende Schande vor aller Augen drohte.[114] Auf den Rat der Freunde ging ich dann hin und nahm die Bedingung mit Widerstreben an, jedoch dergestalt, daß mir eine Appellation von meiner Seite vorbehalten blieb, daß in meiner Sache keine Vorentscheidung getroffen werden sollte und daß die römische Kurie aus dem Spiel blieb.

Die *Disputation* wurde [von Eck] zuerst mit *Karlstadt* eine Woche lang über den freien Willen abgehalten. Karlstadt, der seine Bücher mitgebracht hatte, legte die Gründe dafür[115] und ihre Auflösung mit Gottes Hilfe ausgezeichnet und durchschlagend dar. Als darnach [nach Ecks Entgegnung] auch Karlstadt die Möglichkeit zu opponieren gegeben worden war, wollte das Eck nur unter der Bedingung zulassen, daß die Bücher daheimgelassen und so argumentiert würde. Andreas (Karlstadt) pflegte nämlich die Bücher deshalb mitzubringen, um ihm ins Gesicht zu zeigen, daß *er* die Worte der Schrift und der Väter richtig anführe und sie nicht so gewaltig behandle, wie Eck selbst dessen überführt worden war. Hier entstand ein neuer Tumult; schließlich wurde zugunsten von Eck entschieden, man solle die Bücher daheimlassen. Wenn wirklich um der Wahrheit willen disputiert worden wäre, hätte man gerade wünschen müssen, daß alle Bücher mitgebracht werden – wer sieht das nicht? In nichts sonst kam ihre Mißgunst und Parteilichkeit schamloser an den Tag.

Am Schluß gab der heimtückische Bursche alles zu, was Karlstadt behauptete, obwohl er es so heftig bekämpft hatte, erklärte sein völliges Einverständnis mit ihm und rühmte sich noch, Karlstadt zu seiner eigenen Auffassung herübergezogen zu haben. Denn er verwarf [auf einmal] Scotus[116] samt den Scotisten und den Capreolus[117] samt den

114 *Angesichts des seit 1518 einsetzenden Zustroms von Studenten nach Wittenberg war auch Luther der Ruf der Universität Wittenberg nicht gleichgültig.*

115 *Für den freien Willen.*

116 *Vgl. Seite 20, Anmerkung 15.*

117 *Johann Capreolus, † 1444, französischer Dominikaner und namhafter Verteidiger des Thomas von Aquino gegen Duns Scotus.*

Thomisten[118] und behauptete, die übrigen Scholastiker hätten dasselbe gewußt und gelehrt [wie Karlstadt]. Damit waren Scotus und Capreolus gefallen, d. h. die zwei hochberühmten Parteien der Scotisten und Thomisten.

In der zweiten Woche *disputierte er mit mir.* Zuerst mit aller Schärfe über den Primat des römischen Papstes. Seine Hauptstütze bestand in dem Wort: »Du bist Petrus . . .« (Matth 16, 18) und »Weide meine Schafe«, »folge mir nach« und »stärke deine Brüder« (Joh 21, 17. 22; Luk 22, 32); dazu führte er viele maßgebende Äußerungen der Väter an. Was ich antwortete, werdet Ihr demnächst erfahren. Dann trieb er's aufs Äußerste und verlegte sich mit seinem ganzen Schwergewicht auf das Konstanzer Konzil; dieses hatte ja den Artikel Hussens verdammt, der gesagt hatte, das Papsttum stamme vom Kaiser – als ob es göttlichen Rechtes wäre! Da, auf seinem eigenen Schlachtfeld, machte er einen heftigen Vorstoß, indem er mir die Böhmen vorhielt und mich öffentlich als Ketzer und Beschützer der böhmischen Ketzer verleumdete. Er ist ja ein ebenso frecher als leichtfertiger Sophist. Merkwürdigerweise haben diese Anschuldigungen die [Neugier der] Leipziger mehr gekitzelt als die Disputation selbst.

Ich hielt [Eck] umgekehrt die Griechen mit ihrer tausendjährigen Geschichte und die alten Väter entgegen, die nicht unter der Gewalt des römischen Papstes gewesen seien, obwohl ich diesem einen Ehrenvorrang nicht abstritt. Schließlich wurde auch noch über die Autorität des Konzils disputiert. Ich sprach in aller Öffentlichkeit aus, es seien [in Konstanz] etliche Artikel gottloserweise verdammt worden, welche in offenen und klaren Worten von Paulus, Augustin, außerdem noch von Christus selbst gelehrt seien. Hier aber blähte sich die Viper auf: er übertrieb mein Verbrechen und kam fast außer sich vor Schmeicheleien für die Leipziger. Schließlich bewies ich aus den eigenen Worten des Konzils, daß nicht alle dort verdammten Artikel ketzerisch und irrig seien; darum habe er mit seinen Beweisen nichts erreicht. So ist die ganze Sache noch in der Schwebe.

In der dritten Woche wurde über die Buße, das Fegfeuer, den Ablaß, die Lösegewalt eines jeden Priesters unter uns disputiert. Mit Karlstadt disputierte er nämlich ungern; er wollte nur mit mir zu schaffen haben. Der Ablaß kam allerdings ganz und gar zu Fall, und er stimmte mit mir fast in allem überein; ja die Verteidigung des Ablasses ging in Gelächter und Gespött unter, während ich darin den Hauptpunkt der kommenden Disputation erwartet hatte. Schließlich

---

118 *Die Anhänger des Thomas von Aquino, vgl. Seite 20, Anmerkung 14.*

bekannte er dies [sogar] in seinen öffentlichen Predigten, so daß auch das gemeine Volk dahinterkam, daß er vom Ablaß nichts hielt.

Er soll sogar zugegeben haben, er hätte sich mit mir auf der ganzen Linie ohne alle Schwierigkeit verständigen können, wenn ich nicht über die Gewalt des Papstes disputiert hätte. Endlich sagte er auch zu Karlstadt: »Wenn ich mit Martin so weit einig werden könnte wie mit Euch, so würde ich sogar mit ihm in seine Herberge gehen.« So ist er: schwankend, hinterhältig, zu allem fähig. Ja er, der dem Karlstadt einräumte, daß die scholastischen Lehrer dasselbe lehren, verwarf mir gegenüber den Gregor von Rimini,[119] der allein mit uns gegen alle übrigen Scholastiker übereinstimmt. Dergestalt dieselbe Sache je nach den verschiedenen Umständen zu bejahen und zu verneinen, hält er nicht für eine Sünde. Die Leipziger merken das freilich nicht; so groß ist ihre Borniertheit. Und, um das Unglaubliche voll zu machen: hatte er in der Disputation etwas zugegeben, so predigte er dem Volke in der Kirche etwas ganz anderes. Und als ihn Karlstadt stellte, warum er so schwanke, gab der charakterlose Mensch zur Antwort, man brauche das Volk nicht zu lehren, was disputiert werde.

Als so nun meine Disputation abgeschlossen war, disputierte er an den letzten drei Tagen nochmals mit *Karlstadt,* wobei er wiederum alles zugab und sein Einverständnis erklärte: daß das Tun dessen, was in uns ist, Sünde sei; daß der freie Wille ohne die Gnade nichts als sündigen könne; daß in allem guten Werk die Sünde sei; daß es auch nur Gnade sei, wenn wir uns durch das Tun dessen, was in uns ist, zur Gnade bereiten. Das alles leugnen aber die Scholastiker. So ist bei dieser Disputation nahezu nichts verhandelt worden, jedenfalls nicht in würdiger Weise, außer meiner 13. These. Einstweilen hat Eck den Beifall, triumphiert und spielt den Meister, aber nur so lange, bis wir das Unsere herausgegeben haben werden. Denn weil die Disputation schlecht verlaufen ist, werde ich die Resolutionen von neuem herausgeben.[120]

Die Leipziger haben uns freilich weder begrüßt noch besucht und uns wie Todfeinde behandelt. Jenen begleiteten sie dauernd, wichen nicht von ihm, schmausten mit ihm zusammen, luden ihn ein; zuletzt schenkten sie ihm ein Gewand und taten noch Zeug aus Kamelhaaren dazu, ritten mit ihm spazieren, kurz, alles nur Erdenkliche haben sie uns zur Schande versucht. Obendrein überredeten sie Cäsar Pflug[121]

119 *Gregor von Rimini, General des Augustinerordens und glühender Verehrer des Augustin, † 1358.*
120 *Luthers »Verteidigung der 13. These über die Papstgewalt«.*
121 *Cäsar Pflug war herzoglicher Rat und Kommissar bei der Disputation.*

und den Fürsten,[122] daß dies ihren Beifall fand. Eines haben sie uns gewährt: daß sie uns, wie es Brauch ist, mit einer Gabe Weins ehrten; auch das zu unterlassen, schien ihnen denn doch nicht wohlgetan. Die uns wohlwollten, kamen alle wie im geheimen zu uns.

Doch hat uns Doktor Auerbach,[123] ein außerordentlich urteilsfähiger Mann, und der ordentliche Professor Pistor d. J.[124] eingeladen; es lud uns drei zusammen auch Herzog Georg ein.

Derselbe durchlauchtigste Fürst ließ mich auch allein zu sich kommen und verhandelte ausgiebig mit mir über meine Schriften, insbesondere über die vom Gebet des Herrn;[125] dabei schützte er vor, daß die Böhmen große Hoffnungen auf mich setzten, sowie daß ich durch mein »Vaterunser« viele Gewissen in Verwirrung gebracht habe, die sich darüber beklagten, sie könnten in vier Tagen kein einziges Vaterunser beten, wenn man auf mich hören müsse; und sonst noch vielerlei. Ich war freilich nicht so dumm, um nicht zwischen der Pfeife und dem Einblasen zu unterscheiden; es berührte mich schmerzlich, daß der so treffliche und fromme Fürst fremden Einflüssen so aufgeschlossen und willfährig ist, er, von dem ich wahrnahm und erfahren hatte, wie wahrhaft fürstlich er zu reden verstehe, sobald er aus seinem Eigenen redete.

[Und nun noch] das letzte Schauergebilde der Mißgunst: Ich war am Tag Peter und Paul von unsrem Herrn Rektor, dem Herzog von Pommern[126], berufen worden, seiner Gnaden das Evangelium in der Schloßkapelle zu verkündigen. Die Kunde von dieser meiner Predigt erfüllte mit einem Schlag die ganze Stadt, und Männer und Weiber kamen in Menge zusammen, so daß ich mich genötigt sah, im Disputiersaal zu predigen. Dort hatte man unsre Magister und höchst feindselige Beobachter aufgestellt und hingerufen. Es handelte sich aber um *das* Evangelium, das ganz offenkundig den Gegenstand der beiden Disputationen umfaßt;[127] darum mußte ich den Versammelten den Hauptinhalt der ganzen Disputation auseinandersetzen, freilich zum Mißfallen der Leipziger. Auf das hin wurde Eck gegen mich

122 *Herzog Georg von Sachsen.*
123 *Heinrich Stromer, in Auerbach geboren, berühmter Leipziger Arzt und Humanist.*
124 *Pistor war ein bekannter Rechtsgelehrter an der Leipziger Universität.*
125 *Die »Auslegung des Vaterunsers für die einfältigen Laien«, vor kurzem von Luther herausgegeben.*
126 *Herzog Barnim von Pommern, Rektor der Universität Wittenberg, der in Leipzig zugegen war.*
127 *Nämlich Matthäus 16,13–19.*

aufgestachelt: er predigte viermal in verschiedenen Kirchen, riß alle meine Sätze herunter und schmähte sie öffentlich. So haben es ihm nämlich die Halbtheologen[128] aufgetragen. Mir hingegen wurde, obwohl es von vielen verlangt wurde, keine einzige Predigt [mehr] erlaubt. Ich sollte nur angeklagt und verdächtigt, nicht auch gerechtfertigt werden. So machten sie es ja auch bei der Disputation, daß Eck, obwohl Opponent, doch das letzte Wort bekam, damit ich es nicht mehr widerlegen könne.

Schließlich sagte sogar Cäsar Pflug, als er von meiner Predigt hörte (er war nämlich weggewesen): »Ich wollte, Doktor Martinus hätte seine Predigt bis nach Wittenberg aufgespart!« Kurzum: Ich habe schon manche Mißgunst erfahren, frechere und unverschämtere aber noch keine.

Damit habt Ihr die ganze Tragödie. Näheres wird Euch Doktor Johann Planitz[129] erzählen; er war ja selbst zugegen und hat nicht wenig dazu beigetragen, daß die Disputation nicht ganz zu Fall kam. Da bei dieser Disputation Eck und die Leipziger ihren eigenen Ruhm, nicht die Wahrheit suchten, ist es kein Wunder, wenn sie übel anfing und noch übler ausging. Denn wo eine Einigung zwischen Wittenbergern und Leipzigern zu hoffen gewesen wäre, haben sie, wie ich fürchte, durch diese Mißgunst erreicht, daß Zwietracht und Mißfallen erst recht ans Licht treten. Das ist ja die Frucht menschlicher Ruhmsucht. Ich, der ich zwar mein Ungestüm zügle, vermag doch nicht, alles Mißbehagen auszuspeien;[130] denn auch ich bin Fleisch, und allzu groß war die freche Mißgunst, die böswillige Parteilichkeit in einer so heiligen und göttlichen Sache.

Lebet wohl und empfehlet mich dem durchlauchtigsten Fürsten! Am vierten Tage nach Alexius, im Jahre 1519.   Euer Martin Luther. Den ehrwürdigen Vater Vikar Staupitz traf ich in Grimma.

Br 1,420,3 ff

3 Rückblick Luthers auf die Leipziger Disputation

In dem gleichen Jahre [1519] wurde die Disputation zu *Leipzig* gehalten, zu welcher Eck uns beide, Karlstadt und mich, herausforderte. Ich konnte aber brieflich auf keinerlei Weise ein freies Geleite von Herzog Georg erlangen, so daß ich – nicht um zu disputieren, sondern lediglich als Zuschauer – unter dem Schutz des Karlstadt gewährten Geleites in Leipzig einzog. Wer mir dies Hindernis in den

128 Lateinisch »theologistae«, Luthers Feinde vornehmlich in Leipzig.
129 Hans v. d. Planitz, kursächsischer Rat, nahm im Auftrag des Kurfürsten an der Disputation teil.
130 So daß kein Groll zurückbleibt.

Weg gelegt, weiß ich nicht; denn bis zu jener Stunde war mir Herzog Georg noch nicht aufsässig, wie ich gewiß wußte.

Hier besuchte mich Eck in meinem Quartier und sagte, er habe gehört, daß ich mich weigere, zu disputieren. Ich gab zur Antwort: »Wie soll ich disputieren, wenn ich kein sicheres Geleite von Herzog Georg erhalten kann?« Er sprach: »Wenn man mit *dir* nicht disputieren kann, dann will ich es auch nicht mit Karlstadt, denn deinetwegen bin ich hierhergekommen. Wie, wenn *ich* für dich ein freies Geleite herausschlage? Willst du dann mit mir disputieren?« – »Schaff's herbei«, sagte ich, »und es soll geschehen!« Er ging weg, und bald darauf wurde auch mir öffentliches sicheres Geleite gewährt und damit die Möglichkeit zu disputieren verschafft.

Das tat Eck, weil er den ihm sicheren Sieg schon vor Augen sah wegen meiner These, in der ich bestritt, daß der Papst nach göttlichem Recht das Haupt der Kirche sei. Hier stand ihm ein weites Feld offen und [es bot sich] die schönste Gelegenheit, sich wohl dran zu machen und die Gunst des Papstes zu verdienen, außerdem auch mich durch Gehässigkeit und Neid zu Fall zu bringen. Das tat er denn auch wacker die ganze Disputation hindurch; trotzdem konnte er weder seine Sätze beweisen noch die meinigen widerlegen, so daß selbst Herzog Georg beim Frühstück zu Eck und zu mir sagte: »Ob er nun Papst ist nach menschlichem oder nach göttlichem Recht –, er ist und bleibt eben Papst.« Diesen Ausspruch hätte er auf keinen Fall getan, wenn nicht gewisse Gründe Eindruck auf ihn gemacht hätten, sondern dann hätte er dem Eck allein seine Zustimmung gegeben.

Hier mag man auch bei meiner Sache sehen, wie schwer es ist, sich herauszuarbeiten und emporzuringen aus Irrtümern, die durch das Beispiel der ganzen Welt unantastbar und durch lange Gewohnheit gewissermaßen zur Natur geworden sind. Wie wahr ist das Sprichwort: »Schwer ist's, Gewohntes zu verlassen« und »Gewohnheit ist die andere Natur«, und wie wahr sagt Augustin:[131] »Die Gewohnheit, wenn man ihr nicht Widerstand leistet, wird zum Zwang.« Ich selbst hatte damals die Heilige Schrift aufs sorgfältigste für mich persönlich und öffentlich gelesen und sieben Jahre lang gelehrt, so daß ich fast alles auswendig wußte; ich hatte ferner die ersten Anfänge der Erkenntnis und des Glaubens an Christus eingesogen, daß wir nämlich nicht durch Werke, sondern durch den Glauben an Christus gerecht und selig werden; endlich verteidigte ich das schon in der Öffentlichkeit, wovon eben die Rede ist, daß der Papst nicht nach

---

131 *Augustin in seinen »Bekenntnissen«, Buch VIII, Kap. 5,10.*

göttlichem Recht das Haupt der Kirche sei. Und trotzdem sah ich nicht, was sich folgerichtig daraus ergab, daß nämlich der Papst dann notwendigerweise vom Teufel sei. Denn was nicht von Gott ist, das muß vom Teufel sein.

So eingenommen war ich, wie gesagt, einerseits von dem Beispiel und dem Ansehen der heiligen Kirche, andererseits von der eigenen Gewohnheit, daß ich dem Papst das menschliche Recht[132] einräumte, das doch Lüge und Teufelswerk ist, wenn es nicht durch göttliche Autorität gestützt wird. Denn den Eltern und der Obrigkeit gehorchen wir nicht deshalb, weil sie selbst es befehlen, sondern weil es so Gottes Wille ist (1. Petr 2, 13–15).

Daher kommt es auch, daß ich mit einem gewissen Gleichmut solche Leute ertragen kann, die noch hartnäckig am Papsttum festhängen, zumal wenn sie die heiligen oder auch weltlichen Schriften nicht gelesen haben, da ich ja selber trotz jahrelangem und sorgfältigem Lesen der Heiligen Schrift so zäh am Papsttum hängengeblieben bin.

Aus der Vorrede zu Band I der Lateinischen Werke (1545). WA 54,183,1 ff

---

132 *Menschliches Recht (jus humanum) heißt in der Sprache der katholischen Kirche alles kirchliche Recht, das nicht unmittelbar auf Anordnungen Christi zurückgeht. Das auf Christus selbst zurückgehende göttliche Recht (jus divinum) ist ein für allemal in Bibel und Dogma niedergelegt und unwandelbar; so ist die Einrichtung des Papsttums auch für das heutige katholische Kirchenrecht ein unmittelbarer Bestandteil des göttlichen Rechts. Dagegen ist das menschliche Recht als im Laufe der Geschichte gewordenes Gewohnheitsrecht oder als von Fall zu Fall auf dem Wege der Gesetzgebung gesetztes Recht wandelbar; es ist jeweils bindend, weil und soweit es seine Autorität vom göttlichen Rechte empfängt.*

Die Entfaltung der reformatorischen Glaubenserkenntnis bis zum Reichstag zu Worms 1519–1521

NEUE SCHRIFTEN, NEUE KÄMPFE

Nach der Rückkehr von der Leipziger Disputation strömt wieder von neuem in breiter Fülle der Gedanken Bogen um Bogen, Schrift um Schrift aus Luthers Feder. Noch herrscht verhältnismäßig Ruhe; von Ecks Wühlarbeit ist noch nicht viel zu merken. Luther kann arbeiten, es fließt ihm zu von allen Seiten. Im Spätherbst 1519 erscheinen – neben den fortlaufenden Arbeiten zu den Psalmen (s. oben S. 125) – die Sermone von der Bereitung zum Sterben, von der Buße, von der Taufe, vom Abendmahl, vom Bann und zwei Sermone vom Wucher; im Frühjahr 1520 kommen hinzu der Sermon von den guten Werken und der Sermon vom Neuen Testament, d. h. von der heiligen Messe.

Zweierlei wird bei all diesen Schriften deutlich: einmal Luthers zarte Schonung der bestehenden kirchlichen Gebräuche und Einrichtungen; er will nicht niederreißen und zerstören, hat vielmehr »eine Scheu, etwas Neues anzurichten«, zum andern aber seine Entschlossenheit, alles kirchliche Handeln auf die Schrift, auf Christus selbst zurückzubeziehen. Durch ihn wird in der Taufe die Sündenvergebung geschenkt und der Bund mit Gott geschlossen; er ist im Abendmahl wirklich gegenwärtig; wo er ist, schwinden die grauenerregenden Bilder des Todes, der Sünde und der Hölle, welche sonst die letzte Stunde des Sterbenden verdüstern. Die schönste Darlegung und gleichzeitig Weiterbildung seiner Glaubenserkenntnis – auch nach seinem eigenen Urteil das Beste, was er bis dahin geschrieben –, hat Luther seinen zahlreichen Hörern und Lesern im Sermon von den *guten Werken* geschenkt, einer Auslegung der zehn Gebote, die nicht mehr und nicht weniger ist als eine völlige Umkehrung aller bestehenden Auffassungen. »Es gibt keine guten Werke als nur diejenigen, die Gott geboten hat; es ist auch nichts Sünde als nur das, was Gott verboten hat«! Und worin bestehen die Werke? »Das erste und höchste, das alleredelste gute *Werk* ist der *Glaube an Christus*«! Von hier aus wird alles bestimmt, Gottesdienst und Familienleben, die Arbeit der Obrigkeit und die Kinderzucht, das Gerichtswesen und das Leben mit dem Nächsten; das ganze Leben des Christen ist nichts anderes als freier, freudiger und williger Gehorsam gegen seinen

Herrn. Wer darf noch behaupten, daß nach Luthers Lehre die guten Werke unmöglich gemacht würden?

Aus den mannigfachen Händeln, an welchen es Luther auch in dieser Zeit nicht fehlt, sei um des sich daran anschließenden Briefwechsels mit Spalatin willen die Auseinandersetzung mit dem *Bischof von Meißen* herausgegriffen. In seinem Sermon vom Sakrament des Leibes Christi hatte Luther vorgeschlagen, die Kirche möge durch Konzilbeschluß den *Laienkelch* einführen; kein Wunder, daß er nunmehr in ganz Sachsen als Böhme und Hussit verschrien wird. Unter dem Einfluß des Herzogs Georg von Sachsen erläßt nun der Bischof von Meißen aus seiner Residenz Stolpe ein Dekret an alle seine Pfarrer, Luthers Sermon sei überall, wo man ihn finde, zu beschlagnahmen und das Volk über die darin enthaltene Irrlehre nachdrücklich aufzuklären. Es ist das erstemal, daß ein deutscher Bischof amtlich und öffentlich gegen Luther auftritt. Ende Januar 1520 ist das Dekret erschienen, nach vierzehn Tagen hat der Bischof Luthers Antwort in Händen: der gelehrte und fromme Bischof könne eine so bösartige und erlogene Lästerschrift unmöglich hinausgegeben haben, der unbekannte Verfasser aber, giftig und verräterisch den Namen des hochwürdigen Bischofs mißbrauchend, könne seinen Zettel nur in der Trunkenheit geschrieben haben, kein Wunder, daß der Zettel zur Fastnacht erschienen sei … Luther ist fest überzeugt, den Bischof in kluger Vorsicht geschont zu haben; um so entsetzter über seinen grobkörnigen Witz und seine rücksichtslose Sprache ist man am kurfürstlichen Hof. Spalatin erhält den Auftrag, Luther aufs schärfste zurechtzuweisen – und erfährt seinerseits eine Zurechtweisung, wie sie Luther dem klugen Freunde, dem Hofprediger und kurfürstlichen Geheimsekretär noch nie erteilt hat (1). Der rücksichtslose Freimut, in dem Luther mit den Gegnern umspringt, kommt aus dem bedingungslosen Glauben an Gottes alleinwirksame Weisheit, aus der Bereitschaft, alles für das Evangelium zu wagen, auch das Leben, aus der Erkenntnis, daß das Evangelium ohne Lärm und Aufruhr, ohne Ärgernis und Umsturz nicht gepredigt werden kann.

Auf der andern Seite geht aus dem Briefwechsel jener Tage hervor, mit welcher gewissenhaften Sorgfalt und seelsorgerlichen Treue sich Luther bemüht, Spalatin auf theologischem Gebiet weiterzuhelfen. Schon in einem Brief über Joh. 6, 37–40 (wohl vom 12. Februar 1519, WA 1, 327 ff) hat Luther Spalatin deutlich gemacht, daß der Weg zum Vater nur über den menschgewordenen Sohn führe; hier habe er einen ›absolut gültigen Satz‹; wer diesen Weg nicht gehe, dem bleibe nur der Sturz in den ewigen Abgrund übrig. In einem weiteren

Briefe über die schwierige Frage der Gnade und des freien Willens (2) ist sich Luther nicht zu gut, nochmals den ganzen scholastischen Begriffsapparat, über den er längst hinausgewachsen ist, aus dem Staub der Vergangenheit hervorzuholen, um Spalatin in musterhaft klaren Ausführungen eines, das *Eine* zu zeigen: Die natürlichen Kräfte des Menschen werden sich notwendig immer gegen Christus entscheiden; Christus bringt nicht die Gnade zu den schon vorhandenen Bedingungen ihres Empfangs hinzu, sondern er schafft selbst, allein und ganz auch die Voraussetzungen für ihren Empfang; Gnade ist die Neuschöpfung des *ganzen* Menschen.

1 *Das notwendige Ärgernis · Brief aus Wittenberg an Hofprediger Georg Spalatin von Mitte Februar 1520*

Jesus!

Gruß zuvor! Guter Gott, wie aufgeregt bist Du, lieber Spalatin! Man meint, Du wolltest mich selbst und andere darin noch weit übertreffen! Ich habe Dir schon früher[133] geschrieben, Du möchtest nicht wähnen, es sei diese Sache nach Deinem, meinem oder sonst eines Menschen Plan unternommen oder weitergeführt worden. Ist sie aus Gott, so wird sie ein Ende nehmen, das völlig entgegengesetzt, außerhalb, oberhalb, unterhalb von Deinem und meinem Begreifen liegt.

Und, damit Du es nochmals weißt: ich möchte nicht, daß auch nur ein Haar an dieser Sache nach meinem oder Deinem Willen geht. Ich habe in dieser Sache immer nur die eine Angst gehabt, daß ich einmal, mir selbst überlassen, etwas schreiben könnte, was menschlichem Sinne gefällt. *Du* mußt fürchten, daß Du viel zu weise bist, *ich* wiederum, daß ich allzu unweise handle. Ich gebe zu: den Menschen mißfällt allzu große Torheit, aber noch viel mehr mißfällt Gott allzu große Weisheit. Denn er hat das Törichte erwählt, um das, was weise ist, zu Schanden zu machen (1. Kor 1, 27).

Emser und Eck habe ich auf fünf oder sechs Wagenladungen voll Schimpfereien keine Antwort gegeben – und Du siehst nicht, daß einzig durch meine Geduld diese Zettelschmierer solchen Auftrieb bekamen, daß sie wagten, mit so abgeschmacktem und lächerlichem Klatsch über mich herzufallen, als ob ich schon tot wäre!

Weiter: Du weißt, wie ich mich überhaupt nicht darum kümmerte, daß mein Sermon in Leipzig[134] auf öffentliche Anordnung hin be-

---

133 *Wohl in dem unmittelbar vorausgegangenen Briefe vom 14. Februar 1520.*

134 *Der Bischof von Meißen hatte auf Anfrage dem Herzog Georg von Sachsen nahegelegt, den Verkauf von Luthers Sermon von dem Sakrament*

schlagnahmt und unterdrückt wurde, wie ich mich dort über Verdächtigung, Schande, Unrecht und Niedertracht hinwegsetzte. Mußte man diesen Frechlingen nun auch noch erlauben, daß sie diesem Wutausbruch ehrenrührige Plakate folgen ließen, und zwar solche, die nicht nur mit Lügen vollgestopft sind, sondern auch die evangelische Wahrheit lästern? Du willst mich hindern, gegen diese Wölfe auch nur zu bellen?

Der Herr ist mein Zeuge, wie sehr ich mich zusammengenommen habe, um diesen ehrenrührigen und von Unfähigkeit strotzenden Wisch »im Namen des Bischofs« nicht respektlos zu behandeln; sonst hätte ich gesagt, was diese Schwachköpfe hätten zu hören bekommen müssen. Ich will das auch noch nachholen, sobald sie meine Antwort gelesen haben und anfangen wollen, sich zu verteidigen. Ich habe sie in der Zange, und nachdem sie dergestalt gegen das Recht, gegen das Evangelium und gegen jegliches Gemeingefühl gewütet haben, will ich nicht versäumen, sie in einer kommenden Schrift so zu traktieren, daß sie einsehen, welche Schonung ich ihrer Roheit oder Bösartigkeit [bisher immer noch] widerfahren ließ.

Du hast den Wisch offenbar noch nicht gründlich genug gelesen. Noch nie ist gegen mich – wenn sie nicht dümmer sind als alle Esel zusammen – etwas Giftigeres, Verdorbeneres, Bösartigeres, Verlogeneres geschrieben worden, – will sagen nicht gegen mich, sondern gegen das Wort Gottes. Ob ich wegen dieser Sache noch in die Verbannung gehen oder den Wohnort wechseln oder sonst leiden muß, – Du weißt, wie wenig ich solches Ungemach achte.

Ich beschwöre Dich, wenn Du weißt, was Evangelium ist: Glaube nicht, die Sache des Evangeliums könne ohne Lärm, Ärgernis und Aufruhr getrieben werden. Du wirst aus einem Schwert keine Flaumfeder machen und aus dem Krieg keinen Frieden; das Wort Gottes aber ist Schwert, ist Krieg, ist Umsturz, ist Ärgernis, ist Verderben, ist Gift, und – wie Amos (vielmehr Hosea 13, 7 f) sagt –: wie ein Bär auf dem Wege und wie eine Löwin im Walde, so begegnet es den Kindern Ephraim. Gegen Emser, Eck, Tetzel habe ich weit heftiger geschrieben, und Du hast Dich keineswegs darüber beklagt. Was tut's denn, wenn auch ein Offizial oder gar ein Bischof meine Veröffentlichung nicht genehmigt?

Es ist für sie viel gefährlicher als für mich, zu schreiben, da sie das Evangelium, das Recht, die natürliche Vernunft und jedes Verständ-

des Leichnams Christi auf dem Leipziger Jahrmarkt zu unterbinden. Wahrscheinlich daraufhin hatte der Herzog Beschlagnahme und Vernichtung der auf dem Markt erscheinenden Exemplare verfügt.

nis so völlig vergessen haben, daß sie nicht einmal darauf ausgingen, mich ja gewiß zu verdammen; ich bin von ihnen weder vorgeladen noch vermahnt noch belehrt worden. Sie haben mir's so gemacht, wie sie sich's von mir unter keinen Umständen gefallen ließen, wie ich es auch – wenigstens einem Bischof oder Offizial gegenüber – nicht gemacht habe.

Sie sollen nur [gegen mich] vorgehen, wenn sie Lust haben; und wenn *sie* vergessen haben, was der Person eines Bischofs oder auch eines Offizials angemessen ist – zweifle nicht: *Ich* werde sie aus der Heiligen Schrift trefflich daran erinnern, was sich für ihren Stand geziemt. Ich vermag mich nicht zu fürchten vor dieser blindwütigen und verbohrten Gehässigkeit. So reißt mich Gott dahin. Er wird schon sehen, was er durch mich ausrichten will; denn ich bin gewiß, nichts von alledem von mir aus gesucht oder erstrebt zu haben, es wird vielmehr alles durch eines andern Grimm aus mir herausgepreßt.

Sei also guten Muts und sieh nicht auf das, was vor Augen ist. Der Glaube ist ein Nichtzweifeln an dem, das man nicht sieht (Hebr 11, 1). Warum urteilst Du also nach dem, was man sieht? Lieber Spalatin, das, worauf es bei diesem Handel hinaus will, und das, was man dabei sieht, ist zweierlei. Ich suche nichts dabei; einer aber ist es, der etwas sucht. Es stehe oder falle, *ich* bin's nicht, der gewinnt oder verliert. Jetzt weißt Du meine Meinung.

Übrigens haben unsere Freunde an dem, was ich schrieb, kein solches Mißfallen wie Du; sogar der Herr Propst selber[135] denkt nicht anders, als daß diesen Zungendreschern von mir recht geschehen sei. Wenn man sich alles gefallen lassen muß, was im Namen von Bischöfen herauskommt, – ich bitte Dich, was für eine Tyrannei wird dann herrschen! Mir ist gar nicht zweifelhaft, daß der Bischof von Meißen so wenig diesen Zettel verfaßt hat, daß ich die feste Hoffnung hege, er werde ihn nicht anerkennen. Tut er hier sein Möglichstes, so glaube ich bestimmt, daß er, durch diese Vorfälle gewarnt, künftig mit größerer Vorsicht und Sachkenntnis vorgehen wird.

Freilich kann ich nicht leugnen, daß ich heftiger bin, als nötig ist. Da das jene recht gut wissen, hätten sie eben den Hund nicht reizen sollen. Wie schwer es ist, sein Feuer und seine Tonart zu mäßigen, kannst Du auch an Dir selber lernen. Deshalb bewege ich mich immer nur widerwillig in der Öffentlichkeit; je unmutiger ich aber darüber bin, desto mehr werde ich wider Willen darein verwickelt. Das alles wäre nicht der Fall, wenn nicht greuliche, verbrecherische Verleum-

---

135 *Dr. Henning Göde, Rechtsgelehrter in Erfurt, später in Wittenberg.*

dungen gegen mich und Gottes Wort wüteten. Darum — wenn ich mich auch durch mein Feuer und meine Tonart nicht hinreißen ließe, so müßte diese empörende Geschichte selbst ein Herz von Stein zu den Waffen treiben, wieviel mehr mich, der ich ein hitziger Mensch bin und gerade keine stumpfe Feder führe! Diesen Ungeheuern gegenüber reißt es mich über das Maß des guten Tons hinaus.

Darüber wundre ich mich allerdings, woher diese neue Religion stammt, daß jeder Einwand gegen einen Gegner [sofort] als Ehrenkränkung aufgefaßt wird. Was hältst Du da von Christus? Wenn er die Juden ein ehebrecherisches und verkehrtes Geschlecht nennt, eine Schlangenbrut, Heuchler, Kinder des Teufels, — hat er dann ihre Ehre angetastet? Und weiter Paulus, der sie Hunde, Großsprecher, Verführer, Ignoranten nennt, und der Apg 13, 10 derart gegen einen falschen Propheten losfährt, daß er als geisteskrank erscheinen konnte, wenn er sagt: »O du, voll aller List und aller Schalkheit, du Kind des Teufels, du Feind aller Wahrheit!«? Warum mäßigt sich Paulus hier nicht lieber und geht ihm um den Bart, um ihn zu bekehren, anstatt so zu donnern? Das Gewissen, das die Wahrheit kennt, kann eben nicht duldsam sein gegen die rücksichtslosen und wilden Feinde der Wahrheit.

Aber jetzt genug des Geschwätzes! Ich sehe, daß jedermann von mir Mäßigung verlangt, am meisten die Feinde, die sie doch selber am allerwenigsten an den Tag legen. Mag ich auch nicht so gemäßigt sein, so bin ich doch geradeheraus und offen und bin damit, glaube ich, besser als jene, da sie nur voll Hinterlist reden können. — Lebe wohl und fürchte Dich nicht.

Wittenberg, 1520.   Bruder Martin Luther.

Du schreibst unter anderem, Deine Ratschläge seien verschmäht worden, und bedenkst nicht — was ich doch schrieb! —, daß Deine Ratschläge erst so spät gekommen sind, als mein Büchlein schon beinahe fertig war.   *Br 2,43,1 ff*

2 *Die natürliche Theologie · Brief aus Wittenberg an Hofprediger Georg Spalatin vom 13. September 1520*

Jesus.

Gruß zuvor! Deine Anfrage habe ich erhalten, lieber Spalatin! Du fragst, was jenes Wort Christi Joh 15, 5 sagen will: »Ohne mich könnet ihr nichts tun.«

Zum ersten: Ich setze voraus, daß Dir die zwei zu dieser Stelle überlieferten Begriffsklitterungen — Begriffsunterscheidungen wollte ich sagen! — unsrer [theologischen] Lehrer bekannt sind. Die erste:

Neben der »allgemeinen« gebe es eine »besondere« Einwirkung Gottes [auf den menschlichen Willen]. Das verstehen sie so: Durch die *allgemeine* Einwirkung vermögen wir das [zu vollbringen], was in den Bereich der Natur fällt, noch abgesehen von der Gnade. Dabei handelt es sich nach ihrer Meinung weder um Verdienste noch um Sünden, sondern um ein gewissermaßen neutrales Gebiet oder auch um moralische gute Werke wie: gehen, stehen, arbeiten, sprechen, essen und alles, was wir die Menschen äußerlich tun sehen und was nicht offenkundig böse ist. Durch die *besondere* Einwirkung – und nur durch sie – vermögen wir das, was in den Bereich der Gnade fällt und über die Natur hinausgeht, nämlich Verdienste erwerben und Sünden meiden. Demnach besteht die »allgemeine Einwirkung« im Sein und Wirken der Natur, die »besondere Einwirkung« im Sein und Wirken der Gnade.

Hierauf folgt die zweite Begriffsunterscheidung: Es wird zwischen einem »anfänglichen« und einem »vollkommenen« Tun unterschieden. Das »anfängliche« Tun gehört zur »allgemeinen« Einwirkung, das »vollkommene« zur »besonderen« Einwirkung. Dann wird gesagt: »Ohne mich könnt ihr nichts tun«, d. h. vollkommen und ohne die besondere Einwirkung könnt ihr nichts tun; dagegen anfänglich, d. h. vermöge der allgemeinen Einwirkung können wir sehr wohl etwas tun. Das bedeutet: Mit unsern eigenen Kräften können wir uns – da ja die allgemeine Einwirkung ständig da ist – für den Empfang der Gnade bzw. der besonderen Einwirkung bereiten, um ein verdienstliches Werk zu vollbringen. Dagegen sind wir nicht imstande, mit Hilfe derselben allgemeinen Einwirkung und unsern eigenen Kräften ein Verdienst zu erwerben. So ist bisher diese maßgebende Stelle ausgelegt und verstanden worden.

Anders Christus. Er verdammt diese »allgemeine Einwirkung« oder das »Sein der Natur« ganz und gar; denn die Natur kann nur das Ihre suchen und mißbraucht die Gaben Gottes. Er sagt ganz einfach und ohne jede Begriffsunterscheidung, daß ohne die sogenannte besondere Einwirkung, d. h. ohne die Gnade Gottes, nichts getan werden kann, was vor Gott nicht das Feuer verdiente. In diesem Sinne fährt er fort: »Wer nicht in mir bleibt, der wird weggeworfen wie eine Rebe und verdorrt, und man sammelt sie und wirft sie ins Feuer, und er muß brennen« (Joh 15, 6). Siehe: Die Rebe grünt ohne Christus nicht, sie bringt keine Frucht, ja noch viel mehr: sie verdorrt, d. h. sie stirbt und verdirbt; und sie stirbt und verdorrt nicht nur, sondern sie wird auch gesammelt und vom Weinstock getrennt und ins Feuer geworfen usw. Genau so wird der Mensch, der sich nur von der allgemeinen Einwirkung und den natürlichen Kräften leiten läßt, beständig schlechter und kommt weiter weg von Christus und wird reif für das Feuer, mögen auch seine Taten nach außen hin noch so moralisch einwandfrei erscheinen. Daraus sollen wir erkennen: Ohne Christus können wir weder durch die allgemeine noch durch die besondere Einwirkung irgend etwas tun, und alles, was allein durch die allgemeine Einwirkung geschieht – und mag es noch so groß sein –, ist viel mehr wider Christus als für Christus, was bei den Heuchlern offen genug am Tage liegt, die Großes und Vieles leisten, aber mit verdorbenem Willen.

Deshalb mahnt Christus so eifrig, daß die Reben in ihm als dem Weinstock bleiben, weil sie sonst notwendig immer schlechter werden, wenn sie nicht in ihm bleiben –, wie die Wanderer, die nicht auf dem Wege bleiben, sich notwendig immer weiter verirren, wenn sie nicht zum Wege zurückkehren. Eine Begriffsunterscheidung – als ob die »allgemeine Einwirkung« *kein* Irrweg wäre – ist hier völlig unnötig; denn die allgemeine Einwirkung ist ein Gnadengeschenk Gottes, das freilich Unwürdigen zuteil wird, die es ständig mißbrauchen, gerade so wie Gold und Wein von gottlosen Menschen täglich mißbraucht wird. So kannst Du sagen: Was uns von Gott zufließt, ist gut, aber der Gebrauch davon kann nur dann gut sein, wenn die Gebrauchenden durch die Gnade gesund gemacht worden sind. So gebraucht jeder die allgemeine Einwirkung – ein gefährliches Wort! –, dieses Sein und Wirken der Natur, zum Verderben und für nichts, der nicht als Rebe in Christus bleibt. Denn wie den Reinen alles rein ist, so ist den Unreinen alles unrein (Tit 1, 15), und wie den Heiligen alle Dinge zum Besten dienen, so den Gottlosen alle Dinge zum Verderben. Denn wer kann leugnen, daß auch der Hurer, der Ehebrecher, der Mörder, der Lästerer sein Werk vollbringt mit Hilfe der »allgemeinen Einwirkung«? Denn wie könnte er das [Böse] tun, wenn er nicht über das »Sein und Wirken der Natur« verfügte? Aber wer wagt die Behauptung, das heiße »anfänglich« das Gute tun und sei eine Bereitung zur Gnade? Ebenso mag ein Werk ohne Gnade noch so gut erscheinen, – weil es im Herzen keinen guten Willen ohne die Gnade gibt, kann es gar nicht anders als schlecht, der Gnade zuwider sein, und kann unter keinen Umständen »anfänglich« zur Gnade beitragen.

Aber das alles berührt das Problem der Gnade und des freien Willens, einen riesigen und weitläufigen oder auch wieder höchst einfachen Stoff, so daß man nicht alles mit ein paar Worten abtun darf.

Lebe wohl und bete für mich! In der Stunde Deiner Abreise.

Martin Luther, Augustiner.   Br 2,80,3 ff

In jeder Auseinandersetzung entwickeln sich die Gegensätze erst im laufenden Gefecht zu voller und offener Stärke und Schärfe. Je unerbittlicher Luther angreift, desto mehr sind die Feinde gezwungen, ihre eigene Stellung von neuem durchzudenken, zu begründen, weiterzuentwickeln.

Schon im Jahr 1519 hat Luthers alter Gegner Sylvester *Prierias*, der Berater des Papstes in allen Glaubensfragen, in seiner Schrift »Epitome« (Auszug) Luthers Leipziger Thesen heftig angegriffen. Im Februar 1520 ist ihm *Eck* nachgefolgt, indem er zu den dogmatischen Behauptungen des Prierias über die päpstliche Unfehlbarkeit die kirchengeschichtliche Begründung lieferte. Es stört ihn dabei wenig, daß die Erlasse der ältesten Päpste, das Fundament seiner Beweisführung, längst von dem Italiener Laurentius *Valla* (1407–1457) als Fälschungen enthüllt sind. Er scheint auch nicht zu wissen, daß diese Tatsache von dem Ritter Ulrich *von Hutten* (1488–1523) nach Kräften überall in Deutschland verbreitet wird. Und nun läßt noch im Mai 1520 der Leipziger Franziskaner *Alfeld* eine lateinische Schrift »Über den apostolischen Stuhl« erscheinen, grob und platt; er will, wie er schreibt, gegen den Höllenhund Luther nicht nur bellen, sondern auch beißen.

Luther hat im Februar 1520 die Enthüllungen des Laurentius Valla kennengelernt und schreibt daraufhin, entsetzt über die Finsternis und Nichtswürdigkeit der Römlinge, am 24. Februar 1520 an Spalatin: »Ich ängstige mich derart, daß ich fast nicht mehr zweifle, der Papst sei ganz eigentlich der *Antichrist*, den nach allgemeiner Meinung die Welt erwartet...« Aber noch mehr erschüttert ist er von dem »höllischen Manifest« des Prierias, das erst in jenen Tagen in seine Hände gerät. Rücksichtsloser denn je wird hier die Lehre von der uneingeschränkten Machtvollkommenheit des Papstes ausgesprochen und auf die Spitze getrieben: Der Heilige Vater ist der absolute Herr über Kirche und Welt, Gewissen und Leib, geistliche und weltliche Macht. Wer mag *ihm* den Gehorsam verweigern, dem obersten Gesetzgeber der ganzen Welt, dem unfehlbaren Richter aller Streitfragen, dem Fürsten aller geistlichen und dem Vater aller weltlichen Fürsten, ihm, der über den Kaiser erhaben ist wie Gold über das Blei, dem einzig wahren Monarchen der Erde, der in seiner Person Inbegriff und Vollendung alles Lebens, aller Kraft von Kirche und Welt sichtbar darstellt? Alle Welt schuldet ihm unwiderruflichen, bedingungslosen und vollkommenen Gehorsam; von ihm hat sie ihr Leben, ihm bringt sie es wieder dar, will sie nicht der furchtbaren Strafe zeitlichen Todes und ewiger Verdammnis verfallen.

Luther hat sich darauf beschränkt, dieses Dokument der Vergöttlichung des Papstes und der Entthronung des wahren Gottes mit wenigen eigenen Anmerkungen versehen abdrucken zu lassen und es der Öffentlichkeit zum Urteil zu übergeben. Seine Kraft ist in jenen Wochen völlig in Anspruch genommen durch die Entgegnung an den »Römling« Alfeld. Luther muß gegen ihn schreiben, weil zu seinem Staunen Alfelds törichte Ausführungen auf manche von ihm geschätzte Kollegen und Freunde doch Eindruck gemacht haben. In vierzehn Tagen ist eine Antwort an den »Esel Alfeld«, wie er ihn in den Briefen nennt, fertig. Am 26. Juni 1520 verläßt Luthers neues Werk »*Von dem Papsttum zu Rom wider den hochberühmten Romanisten zu Leipzig*« die Presse und wird versandt.

Luther wendet sich in der deutsch geschriebenen Schrift an die *Laien*; ihnen will er »etwas von der Christenheit erklären«. Deshalb will er mehr »von der Sache selbst handeln« als sich mit dem Geschwätz seines armseligen Gegners abgeben; denn es bricht ihm fast das Herz darüber, daß fromme Leute, die Gottes Wort und die Schrift mit Leib und Seele retten wollen, durch solchen Erzlästerer verführt werden sollen.

Den nun folgenden Auszügen liegt der Text WA 6, 281 ff zugrunde.

Einleitung:
DIE FRAGE NACH DER VOLLMACHT DES PAPSTTUMS

Die Widersacher behaupten, das Papsttum zu Rom habe kraft göttlicher Ordnung Gewalt über die ganze Christenheit auf Erden.

... [Darum] seien alle anderen Christen in der ganzen Welt Ketzer und Abtrünnige, obgleich sie dieselbe Taufe, Abendmahl, Evangelium und alle Artikel des Glaubens mit uns einträchtig halten, ausgenommen, daß sie ihre Priester und Bischöfe nicht von Rom bestätigen lassen. ...[136]

I: DIE KIRCHE IM UNTERSCHIED ZU ANDEREN IRDISCHEN GEMEINSCHAFTEN

Alfeld begründete diese Behauptung damit, daß die Christenheit wie jede irdische Gemeinschaft ein gemeinsames Haupt haben müsse, eben den Papst. Luther antwortet:

136 *Z. B. die Kirchen des Ostens (Russen, Griechen) und die böhmischen Hussiten.*

...Ich sehe wohl, daß der arme Träumer in seinem Sinn meint, die christliche Gemeinschaft sei irgendeiner andern weltlichen Gemeinschaft gleich, womit er öffentlich beweist, daß er noch nie gelernt hat, was Christenheit oder christliche Gemeinschaft heißt...

Die Schrift redet von der Christenheit ganz einfältig und nur auf *eine* Weise. Darüber hinaus haben sie noch zwei andere Weisen in Gebrauch gebracht.

Die *erste Weise*, die [allein] der Schrift gemäße, ist, daß die Christenheit eine Versammlung aller Christusgläubigen auf Erden heißt, wie wir im Glaubensbekenntnis beten: »Ich glaube an den heiligen Geist, eine Gemeinschaft der Heiligen.« Dies ist die Gemeinschaft oder Versammlung aller derer, die in rechtem Glauben, Hoffnung und Liebe leben, so daß der Christenheit Wesen, Leben und Natur nicht eine leibliche Versammlung ist, sondern eine Versammlung der Herzen zu *einem* Glauben, wie Paulus Eph 4, 5 sagt: »Eine Taufe, ein Glaube, ein Herr.« Also: Ob sie schon leiblich tausend Meilen voneinander getrennt sind, so heißen sie doch eine Versammlung im Geist, weil ein jeglicher predigt, glaubt, hofft, liebt und lebt wie der andere, wie wir singen im Lied vom heiligen Geist:[137] »...der du hast allerlei Sprachen zur Einigkeit des Glaubens versammelt.« Das ist nun im eigentlichen Sinn eine geistliche Einigkeit, um deretwillen [diese] Menschen eine Gemeinschaft der Heiligen heißen. Diese Einigkeit ist für sich allein genug, eine Christenheit zu machen; ohne sie macht keinerlei Einigkeit – es sei [die Einheit] des Orts, der Zeit, der Personen, der Werke oder was es sein mag – eine Christenheit. Hier müssen wir nun Christi Worte hören, welcher, von Pilatus nach seinem Königreich gefragt, also antwortete (Joh 18, 36): »Mein Reich ist nicht von dieser Welt.« Das ist doch ein klarer Spruch; damit wird die Christenheit aus allen weltlichen Gemeinwesen herausgenommen, daß sie nicht leiblich sein soll.

Luther zeigt nun die von Menschen erfundene zweite und dritte Art und Weise, den Begriff »Kirche« zu verwenden. Entweder verstehe man eine bestimmte kirchliche Einrichtung darunter, wie z. B. die Papstkirche; aber von einer solchen »leiblichen, äußerlichen Christenheit« stehe kein Wort in der Schrift. Oder meine man mit »Kirche« die Häuser, die zum Gottesdienst erbaut sind, und im Zusammenhang damit die zeitlichen Kirchengüter, im Unterschied von weltlichen Häusern und Gütern; aber »solch verkehrten Mißbrauch der Sprache und der Dinge« habe »das geistliche Recht und der Menschen Gesetze zu unsäglichem Verderben der Christenheit aufgebracht«.

137 *Aus dem lateinischen Hymnus »Veni sancte spiritus«, der dem ersten Vers von Luthers späterem Lied »Komm, Heiliger Geist, Herre Gott« zugrundeliegt.*

... Aus dem allem folgt, daß die erste Christenheit,[138] die allein die wahre Kirche ist, kein Haupt auf Erden haben kann und mag und von niemand auf Erden, durch keinen Bischof noch Papst regiert werden kann; sondern allein Christus im Himmel ist hier das Haupt und regiert *allein* ... Denn es ist die Natur eines jeden Hauptes, das zu einem Leib gehört, daß es seinen Gliedmaßen alles Leben, Sinnen und Wirken einflößt ... Nun kann kein Mensch einer Seele, weder der eines andern noch seiner eigenen, den Glauben und das ganze Sinnen, Wollen und Wirken Christi einflößen, als allein Christus; denn kein Papst, kein Bischof kann so viel tun, daß der Glaube und was ein christliches Glied haben soll, in eines Menschen Herz ersteht ...

Fragst du aber: ›Wenn die Prälaten[139] weder Häupter noch Statthalter[140] über diese geistliche Kirche sind, was sind sie dann?‹ Darauf lasse dir die Laien antworten, die da sagen: »St. Peter ist ein Zwölfbote, und die andern Apostel sind auch Zwölfboten. Warum will sich der Papst schämen, ein Bote zu sein, wenn auch St. Peter nicht mehr ist?« Seht euch aber vor, ihr Laien, daß euch die hochgelehrten Romanisten nicht als Ketzer verbrennen, weil ihr den Papst zu einem Boten und Briefträger machen wollt! Aber ihr habt wahrlich einen guten Grund; denn das griechische ›Apostolos‹ heißt auf deutsch ›ein Bote‹, und so nennt sie das ganze Evangelium ... Also hat Christus alle Apostel mit gleicher Vollmacht in die ganze Welt gesandt mit seinem Wort und seiner Botschaft, wie St. Paulus (2 Kor 5, 20) sagt: »Wir sind Botschafter an Christi Statt« und 1 Kor 3, 5: »Was ist Petrus? Was ist Paulus? Diener sind sie, durch welche ihr gläubig geworden seid.« ... Wenn aber der Papst alle Boten Gottes sich selbst unterwirft, das ist gerade so, wie wenn eines Fürsten Bote alle andern Boten [desselben Fürsten] aufhielte und sie nach *seinem* Willen sendete, während er selbst nirgends hinliefe. Würde das dem Fürsten wohl gefallen? Er würde es wohl inne! ...

Darum, weil alle Bischöfe nach göttlicher Ordnung gleich sind und an der Apostel Statt sitzen, so kann ich wohl bekennen, daß aus *menschlicher* Ordnung in der *äußerlichen* Kirche einer über dem andern ist. Denn hier [in dieser äußerlichen Kirche] läßt freilich der Papst einströmen, was er im Sinn hat, nämlich sein geistliches Gesetz und Menschenwerk, wobei die Christenheit mit äußerlichem Pomp

---

138 *D. h. die Christenheit im ersten Sinn, vgl. oben.*
139 *Die kirchlichen Oberen.*
140 *Der Papst heißt sich »Statthalter Christi«.*

regiert wird. Aber davon werden keine Christen, wie gesagt; es gibt auch keine Ketzer, die nicht unter derartigem Gesetz und Pomp oder unter [solch] menschlicher Ordnung sind; denn »andre Länder, andre Sitten«. Das wird bestätigt durch den Artikel: Ich glaube an den Heiligen Geist, eine heilige christliche Kirche und die Gemeinschaft der Heiligen. Niemand spricht so: Ich glaube an den Heiligen Geist, eine heilige römische Kirche und die Gemeinschaft der Römer – damit ganz klar sei, die heilige Kirche sei nicht an Rom gebunden, sondern so weit die Welt ist, in einem Glauben versammelt, geistlich und nicht leiblich ...

Die Zeichen,[141] an denen man äußerlich erkennen kann, *wo* die [rechte geistliche] Kirche in der Welt ist, sind die Taufe, das Sakrament [des Abendmahls] und das Evangelium, und nicht Rom, dieser oder jener Ort. Denn wo die Taufe und das Evangelium ist, da soll niemand zweifeln, es seien Heilige da, und sollten's gleich eitel Kinder in der Wiege sein. Rom aber oder päpstliche Gewalt ist nicht ein Zeichen der Christenheit; denn diese Gewalt macht keinen Christen, wie es die Taufe und das Evangelium tut; darum gehört sie auch nicht zur rechten Christenheit und ist eine menschliche Ordnung.

III: DIE FALSCHE BIBLISCHE BEGRÜNDUNG DER PÄPSTLICHEN MACHTANSPRÜCHE

Zum Schluß behandelt Luther die neutestamentlichen Stellen, mit denen man seit dem 8. Jahrhundert den Primat des Bischofs von Rom begründet hat und bis heute begründet: Matth 16,18 f und Joh 21,15 ff.

Christus sagt zu St. Peter Matth 16, 18: »Du bist oder heißt Petrus und auf den Petram – das heißt auf den Felsen – will ich bauen meine Kirche, und dir will ich die Schlüssel des Himmelreichs geben; was du binden wirst auf Erden, soll im Himmel gebunden sein, und was du lösen wirst auf Erden, soll im Himmel los sein.« Auf Grund dieser Worte haben sie die Schlüssel[gewalt] allein dem St. Peter zugeeignet; aber derselbe St. Matthäus hat (18,18) diesem falschen Verständnis einen Riegel vorgeschoben, da Christus zu *allen* insgemein sagt: »Wahrlich ich sage euch: das *ihr* auf Erden binden werdet, das soll im Himmel gebunden sein, und was *ihr* auf Erden auflösen werdet, das soll im Himmel los sein.« Hier ist's klar, daß Christus sich selbst auslegt und in diesem 18. Kapitel das vorhergehende 16. Kapitel erklärt, nämlich daß St. Peter an Stelle der ganzen Gemeinde, nicht für seine Person [allein], die Schlüssel gegeben sind. Ebenso auch Johan-

---

141 Vgl. dazu *»Von Konziliis und Kirchen«* im zweiten Band dieses Werkes *(Siebenstern-Taschenbuch 69/70)*.

nes im letzten Kapitel: »Er blies sie an und sagte: Nehmet hin den Heiligen Geist; welchen ihr die Sünden erlasset, denen sind sie erlassen, welchen ihr sie aber behaltet, denen sind sie behalten« (Joh 20, 22 f). Mit dem Verhältnis dieser zwei Sprüche zu dem einen haben sich viele abgemüht, um dadurch die alleinige Gewalt St. Peters aufrechtzuerhalten. Aber es ist das Evangelium zu klar am Tag; sie haben's bisher stehen lassen müssen, daß St. Peter im ersten Spruch nichts Besonderes für seine Person [allein] gegeben ist, und ebenso haben's viele der alten Heiligen Väter verstanden ...[142]

Wenn sie aber sagen, die leibliche Obrigkeit des Papstes sei in jenen Worten angeordnet, da Christus sagt: »Auf diesen Felsen will ich bauen meine Kirche« ..., [so] ist's am klaren Tag, daß niemand in der Kirche dadurch erbaut wird noch den Pforten der Hölle widersteht, weil er unter der äußerlichen Obrigkeit des Papstes ist. Denn der größte Teil derer, die streng auf des Papstes Obrigkeit halten und darauf sich gründen, sind besessen von aller Gewalt der Hölle, voller Sünde und Bosheit; dazu sind etliche Päpste selbst Ketzer gewesen und haben ketzerische Gesetze gegeben, und sind dennoch im Regiment geblieben. Darum darf »der Fels« nicht eine [äußerliche] Obrigkeit bedeuten, die nicht wider die Pforten der Hölle zu bestehen vermag, sondern allein Christus und den Glauben, wider welche keine Gewalt etwas vermag ... Das heißt aber »bestehen wider die höllischen Pforten«: nicht in äußerlicher Gemeinschaft, Gewalt, Obrigkeit oder Versammlung leiblich bleiben, wie du (Alfeld) von der römischen Gemeinschaft und Einigkeit schwatzest, sondern: bleiben in einem festen, rechten Glauben, der auf Christus, dem Fels, erbaut ist, so daß ihn keine Gewalt des Teufels unterdrücken kann, auch wenn sie einen größeren Haufen hat und unendlich viel Streit, List, Gewalt dawider gebraucht ...

Abschluß:

DIE GRENZEN DER VOLLMACHT DES PAPSTTUMS

So ist meine Meinung über das Papsttum die: Wir sehen, daß der Papst die volle Gewalt über alle unsere Bischöfe hat. Dazu ist er nicht ohne göttlichen Ratschluß gekommen, obwohl ich meine, daß er dazu nicht aus gnädigem, sondern mehr aus *zornigem* Ratschluß Gottes gekommen sei; denn Gott läßt es zur Plage der Welt zu, daß Menschen sich selbst erheben und andere unterdrücken. Deshalb will ich nicht, daß jemand dem Papst widerstrebe, sondern den göttlichen Rat-

142 Z. B. die Kirchenväter des 3. und 4. Jahrhunderts: Tertullian, Cyprian, Augustin.

schluß fürchte, diese Gewalt in Ehren halte und mit aller Geduld trage, wie wenn der Türke über uns wäre; dann kann sie ohne Schaden sein. Ich streite aber nur um zwei Dinge. Erstens: Ich will's nicht leiden, daß Menschen *neue* Glaubensartikel aufstellen und alle anderen Christen in der ganzen Welt als Ketzer, Abtrünnige und Ungläubige schelten, lästern und verurteilen dürfen, bloß weil sie nicht unter dem Papst sind. Es ist genug, daß wir den Papst Papst sein lassen; [aber] es ist nicht nötig, daß um seinetwillen Gott und seine Heiligen auf Erden verlästert werden. Zum andern: Alles, was der Papst festsetzt, macht und tut, will ich so aufnehmen, daß ich's zuvor nach der Heiligen Schrift beurteile. Er soll mir *unter* Christus bleiben und sich durch die Heilige Schrift richten lassen. Nun fahren die römischen Buben daher und setzen ihn *über* Christus und machen aus ihm einen Richter *über* die Schrift: sie sprechen, er könne nicht irren, und alles, was es ihnen nur zu Rom träumt, ja alles, was sie nur vornehmen mögen, wollen sie uns zu Glaubensartikeln machen ... Wenn der Papst so weit käme,[143] wovor uns Gott behüte, so wollte ich frei sagen, daß er der rechte Antichrist sei, von dem alle Schrift sagt.

Wenn mir nun diese zwei Stücke zugestanden werden, will ich den Papst [sein] lassen [was er ist], ja ich will ihn so hoch erheben, als man immer will. Wenn nicht, so soll er mir weder Papst noch Christ sein. Wer es nicht lassen will, der mache aus ihm einen Abgott; ich aber will ihn nicht anbeten.

Darüber hinaus könnte ich wohl leiden, daß Könige, Fürsten und der ganze Adel eingriffe,[144] damit den Schurken von Rom die Straße gesperrt würde und die Bischofsmäntel und Lehen vor ihnen sicher blieben[144]. Wie kommt der römische Geiz dazu, daß er alle Stiftungen, Bistümer, Lehensgüter unserer Väter an sich reißt? Wer hat solche unaussprechliche Räuberei je gehört oder gelesen? ...

Es ist zum Erbarmen, daß König und Fürsten einen so schlechten Zug zu Christus hin haben und seine Ehre sie so wenig bewegt, daß sie solche greuliche Schande in der Christenheit überhandnehmen lassen. Denn sie sehen doch, wie sie zu Rom nur daran denken, immer toller und toller zu werden und allen Jammer zu mehren, so daß keine Hoffnung auf Erden mehr ist außer bei der *weltlichen* Gewalt. Davon will ich mehr sagen,[145] wenn der Romanist wieder kommt; jetzt sei

<hr />

143 *Luther kann damals noch nicht glauben, daß der Papst selbst diese Anschauungen der »römischen Buben« teilt.*

144 *Vgl. hierzu Luthers Schrift »An den christlichen Adel ...«, unten Seite 162 ff.*

145 *Luther vertritt schon hier die in der Schrift »An den christlichen*

es zum Anfang genug: Gott helfe uns, daß wir einmal die Augen auftun. Amen.

*Am Schluß der Schrift ein Wort Luthers in eigener Sache: Schelte, lästere,
richte meine Person nur frisch, wer da will; es ist ihm schon vergeben. Aber
niemand erwarte von mir weder Huld noch Geduld, wer meinen Herrn Christus, durch mich gepredigt, und den Heiligen Geist zu Lügnern machen will.
An mir liegt nichts, aber Christi Wort will ich mit fröhlichem Herzen und
frischem Mut verantworten ohne Ansehen der Person. Dazu hat mir Gott
einen fröhlichen, unerschrockenen Geist gegeben; daß sie mir den nicht betrüben werden, hoffe ich ewiglich.*

AN DEN CHRISTLICHEN ADEL DEUTSCHER NATION

Luthers Angst, auf dem Thron des Papstes sitze der Antichrist, Gottes Tempel sei die Stätte der unverhüllten Herrschaft des bösen Feindes geworden, verdichtet sich mehr und mehr zur Gewißheit. Kann
sich Luther, kann sich jeder Christ das Papsttum nunmehr noch als
menschliche Rechtsordnung gefallen lassen, kann er es auch nur als
göttliche Zornordnung noch dulden? In Rom hat sich der Abgrund
der Gottlosigkeit aufgetan, Luther sieht die verlorene Stadt, wie er in
den Anmerkungen zur »Epitome« des Prierias schreibt, schon erfüllt
von einem gespenstischen Gewimmel von Drachen, Nachtgeistern,
Vampyren und Larven und ins ewige Chaos versinkend. Ist aber das
Geheimnis der Bosheit in dieser greulichen Weise enthüllt, gibt sich
der Widersacher im Tempel Gottes als Gott aus, so steht der Jüngste
Tag, das Ende der Zeiten, die Wiederkunft des Herrn unmittelbar bevor. Darum ist es Zeit, solange es möglich ist, zum *öffentlichen Kampf*
gegen den Widerchrist. Seine Geheimnisse müssen aufgedeckt, seine
Gewalt muß durch die weltliche Obrigkeit, Kaiser und Reich, Adel
und Fürsten bekämpft werden. Anfang Juni 1520 kündigt Luther
Spalatin seine Absicht an, ein Flugblatt an den deutschen Adel und
Kaiser Karl gegen die römische Tyrannei herauszugeben (1), aber aus
dem Flugblatt wird ein Buch: »*An den christlichen Adel deutscher
Nation von des christlichen Standes Besserung*« (4). Ranke sagt darüber: »Es sind ein paar Bogen von welthistorischem, zukünftige Ent-
wicklungen zugleich vorbereitendem und voraussagendem Inhalt«
(Deutsche Geschichte im Zeitalter der Reformation I, 316). Der Erfolg

*Adel . . .« noch deutlicher ausgeführte Meinung, daß die weltliche Obrigkeit
kraft ihres Amtes das Recht, ja die Pflicht habe, alle Versuche zu verhindern,
die Verwaltung des Kirchenguts in Deutschland in römische Hände zu bringen.*

ist beispiellos. Am 23. Juni 1520 hat Luther dem Kollegen Nikolaus von Amsdorf[146] das Manuskript mit einem für diesen bestimmten Widmungsschreiben (3) zugeschickt. Die Sorge um das ewige Heil, die Erkenntnis, daß jetzt nicht mehr geschwiegen werden *darf*, biblisch begründete Notwendigkeit und die Amtspflicht des vereidigten Doktors der Heiligen Schrift treiben Luther in die politische Verantwortung hinein. Anfang August wird die Schrift ausgegeben, schon am 18. August sind 4000 Exemplare verkauft, die Leser reißen sich darum. Die Freunde sind erschrocken über den »gräßlich wilden« Ton der Schrift, Staupitz und Lang raten, freilich zu spät, von der Veröffentlichung ab. Luther hat sich in einem besonderen Briefe an Wenzeslaus Linck gerechtfertigt (2): Hat nicht auch Paulus bissige Worte genug gebraucht? Darf man sich *daran* stoßen, wenn es um eine Sache geht, in der er sich als Werkzeug des Geistes weiß?

Besonderen Eindruck macht Luthers Schrift auf die *Ritter*. Franz von *Sickingen*,[147] der mächtige Führer des deutschen niederen Adels, hat bereits Mitte März Luther auf dem Wege über Hutten und Melanchthon wissen lassen, daß ihm auf seiner Feste Ebernburg eine Freistatt für seine theologische Arbeit jederzeit zur Verfügung stehe. Sickingen und mit ihm *Hutten*,[148] der wehrhafte Poet, ahnen, daß Luthers Kampf für ihre eigenen Pläne der Befreiung Deutschlands vom römischen Joch von höchster Bedeutung ist. Wie hat schon Hutten – in seiner Person den Ritter und den Humanisten verschmelzend – in seinen Schriften Anmaßung und Arglist, Habsucht und Fäulnis der Kurie mit Flammenschrift geschildert, wie hat er mit der hinreißenden

146 *Nikolaus von Amsdorf (1483–1565), in Torgau geboren, aus sächsischem Adel stammend, hatte sich seit 1517 an Luther angeschlossen und blieb mit ihm zeitlebens in engster Arbeitsgemeinschaft und Freundschaft verbunden. Er reformierte Magdeburg und wurde 1542 in sein Amt als evangelischer Bischof von Naumburg von Luther selbst eingesetzt.*
147 *Franz von Sickingen (1481–1523), in fast alle kleinen und großen Händel jener Zeit verstrickt, versuchte schließlich seine unklaren politischen Reformgedanken mit Hilfe der Ritter in der Fehde gegen das Erzbistum Trier durchzuführen. Nach dem Fall seiner letzten Feste Landstuhl starb er in Reichsacht (Mai 1523).*
148 *Ulrich von Hutten (1488–1523), entsprungener Mönch, fahrender Schüler und Dichter, gewann frühzeitig Einfluß auf seine Zeit durch die hinreißende nationale Begeisterung seiner Gedichte und Schriften. In dem 1520 erschienenen »Vadiscus oder die römische Dreieinigkeit« schildert er drastisch Roms Verderbnis. Durch ihn wurde Sickingen auf Luther aufmerksam gemacht; nach Sickingens Ende fand der Ruhelose eine Zuflucht auf der Insel Ufenau im Züricher See, wo er im August 1523 bettelarm starb.*

Gewalt seines Wortes gefordert, man müsse sich um Gottes und Deutschlands willen mit Gewalt von Rom losreißen! Es ist eine gewaltige Bewegung unter den Reichsrittern im Gange: der Groll verarmter Rittergeschlechter gegen die güterfressende Kirche, deutscher Zorn über welsche Sittenverderbnis, der Glaube an die Macht des freien Wortes und der freien Wissenschaft, das alles verbindet sich mit dem weitausgreifenden Plane, die deutsche Nation durch eine gründliche Reform ihrer Stände neuer Herrlichkeit zuzuführen und dabei dem Rittertum eine neue Blütezeit zu bringen, und findet einen mächtigen Widerhall im Volke, das in Franz von Sickingen, dem großen Söldnerführer, den Hort der Gerechtigkeit, den Mann der Zukunft erblickt.

Luther hat in jenen Tagen den wohlgemeinten und dringenden Einladungen der Reichsritter keine Folge geleistet. Er läßt sich durch die mannigfache Berührung seiner Vorschläge mit den Reichsreformplänen Huttens nicht täuschen. Es ist ihm nicht darum zu tun, als Sittenrichter den römischen Sumpf aufzudecken, sondern er handelt wie immer im Gehorsam gegen das Wort Gottes. Darum greift er den Papst nicht in erster Linie bei der äußerlich sichtbaren Verderbnis an, sondern greift tiefer, indem er diese Verderbnis mit dem Abfall von Gott in Verbindung setzt. Darum ruft er nicht zur Selbsthilfe mit Waffengewalt auf, sondern die Obrigkeit soll unter Verzicht auf Gewalt, in demütigem Vertrauen auf Gott und ihm alles anheimstellend, das schwere Werk angreifen, nicht um eigene Pläne durchzusetzen, sondern aus Erbarmen mit dem Jammer der elenden Christenheit. Um dieser großen Not willen muß die Hilfe aber auch aufs Ganze gehen; darum begnügt sich Luther nicht mit Reformvorschlägen an einzelnen, besonders anstößigen Punkten, sondern er legt dem Adel der deutschen Nation einen wohlüberlegten, in seinen Forderungen durchaus mäßigen und ausführbaren, aber die ganze Breite des kirchlichen Lebens umfassenden Plan vor – einen Plan, welcher, wenn er ausgeführt worden wäre, nicht nur die Kirche, sondern das ganze Leben des deutschen Volkes von Grund auf neugestaltet hätte.

Unsere Übertragung von Stücken der Schrift »An den christlichen Adel...« (4) folgt dem Text der W A 6, 404 ff.

1 Anlaß und Zweck der Schrift »An den christlichen Adel« · Brief aus Wittenberg an Hofprediger Georg Spalatin vom 7. Juni 1520

Ich meine, sie seien zu Rom alle toll, töricht, wütend, unsinnig, Narren, Stöcke, Steine, Hölle und Teufel geworden. Da mögt Ihr sehen, was von Rom zu erhoffen ist, das eine solche Unterwelt in die

Kirche sich ergießen läßt. Diese Scheusale überwältigen mich wahrhaftig durch die Größe ihrer Dummheit ... Die Geheimnisse des *Antichrist* müssen endlich aufgedeckt werden, denn sie drängen sich ja selbst so sehr vor und wollen nicht länger verborgen bleiben. Ich habe im Sinn, ein Flugblatt an [Kaiser] Karl und den Adel ganz Deutschlands herauszugeben wider die Tyrannei und Nichtswürdigkeit der römischen Kurie. *Br 2,120,6 ff*

2 Zur Rechtfertigung des »Tons« der Schrift »An den christlichen Adel« · Brief aus Wittenberg an Wenzeslaus Linck [149] *in Nürnberg vom 19. August 1520*

Gruß zuvor! Es geht mir, lieber Vater, nicht darum, mit meinen Büchern und Flugschriften Lob und Ehre zu ernten. Beinahe jedermann verdammt meine bissige Art; doch denke ich darüber wie Ihr, daß Gott vielleicht gerade auf diese Weise die Lügen der Menschen enthüllen will. Ich sehe nämlich, daß alles, was heutzutage in Ruhe behandelt wird, sofort der Vergessenheit anheimfällt, da es kein Mensch ernst nimmt. Und doch mußte Rebekka in ihrem Schoß Kinder tragen, die uneins waren und sich gegenseitig stießen. Die Gegenwart urteilt ungünstig; das Urteil der Zukunft wird besser ausfallen. Auch Paulus nennt seine Feinde bald »Hunde« (Phil 3, 2), bald »die Beschneidung« (Tit 1, 10), dann »unnütze Schwätzer« (Tit 1, 10), »trügliche Arbeiter« (2 Kor 11, 13), »Satans Diener« (2 Kor 11, 14 f) usw. und spricht der »getünchten Wand« Fluch ins Angesicht (Apg 23, 3). Und wer sieht nicht, wie über die Maßen heftig die Propheten dreingefahren sind? Doch ist das längst alltäglich geworden, darum wirkt es nicht mehr. Der ehrwürdige Vater Vikar[150] bat mich gestern brieflich von Erfurt aus, das Büchlein von des christlichen Standes Besserung nicht herauszugeben – ich weiß nicht, unter was für einem Vorwand es bei ihm verdächtigt worden ist –; doch er kam zu spät, das Büchlein war schon herausgegeben. Versuchet, ihn persönlich zu besänftigen. Wer weiß, ob nicht der Geist mit seiner Gewalt mich treibt, da ich ja sicher nicht aus Verlangen nach Ehre oder Geld oder gar zu meinem Vergnügen so hingerissen werde! Von Rache rede ich nicht, der Herr möge es verzeihen! Es wird wirklich nicht das von mir be-

149 *Vgl. Seite 127, Anmerkung 103.*
150 *Es ist hier wohl nicht Staupitz, sondern Johann Lang gemeint (vgl. Seite 72, 76, 77), der seit 1517 Prior des Erfurter Klosters, seit 1518 als Luthers Nachfolger Distriktsvikar war und in Erfurts Kloster, Kirche und Universität, immer in enger brieflicher Fühlung mit Luther, die neuen Gedanken vertrat und zum Siege führte. Er nahm später an der Reformation Schwarzburgs als Visitator entscheidenden Anteil und starb 1548.*

trieben, daß ich einen Aufruhr anzettle, sondern daß ich Freiheit beanspruche für ein allgemeines Konzil. Lebt wohl im Herrn!

Am Sonntag nach (Mariä) Himmelfahrt 1520.

Dein Bruder Martin Luther.

Br 2,168,2 ff

3 *Die Zeit zu reden ist gekommen*

Dem achtbaren und würdigen Herrn Nikolaus von Amsdorf, Lizentiat der Heiligen Schrift und Domherrn zu Wittenberg, meinem wohlgeneigten Freunde! D. Martin Luther.

Gnade und Friede Gottes zuvor! Achtbarer, würdiger lieber Herr und Freund!

Die Zeit des Schweigens ist vergangen, und die Zeit zu reden ist gekommen, wie der Prediger (3, 7) sagt. Ich habe, entsprechend unsrem Vorhaben, einige Stücke zusammengetragen, welche die Besserung des christlichen Standes betreffen, um sie dem christlichen Adel der deutschen Nation vorzulegen. Vielleicht will Gott doch [noch] durch den Laienstand seiner Kirche helfen, denn der geistliche Stand, dem es viel mehr zukommt, ist ganz abtrünnig geworden. Ich sende das alles Euer Ehrwürden zu mit der Bitte, es zu beurteilen und, wenn nötig, zu verbessern.

Ich weiß wohl, daß es mir nicht ohne Tadel abgehen wird, ich hätte mir zuviel angemaßt, daß ich verachteter, weltfremder Mensch so hohe und große Stände in so außerordentlichen, großen Sachen anzureden wage, als wäre sonst niemand in der Welt als Doktor Luther, der sich des christlichen Standes annehmen und so hochverständigen Leuten Rat geben könnte. Ich entschuldige mich nicht; tadle mich, wer da will! Vielleicht bin ich meinem Gott und der Welt noch eine Torheit schuldig: die habe ich mir jetzt vorgenommen, wenn mir's gelingt, redlich zu zahlen und auch einmal den Hofnarren zu spielen. Gelingt mir's nicht, so habe ich doch einen Vorteil: es braucht mir niemand eine Kappe zu kaufen noch mich als Narren hinzustellen. Es kommt darauf an, wer den andern zum Narren macht. Ich muß das Sprichwort erfüllen: ›Was die Welt zu schaffen hat, da muß ein Mönch dabei sein, und sollte man ihn dazu malen.‹ Es hat wohl mehr als einmal ein Narr weise geredet, und es sind vielmals weise Leute zu groben Narren geworden, wie Paulus sagt: »Wer da will weise sein, der muß ein Narr werden« (1 Kor 3, 18). Aber weil ich nicht nur ein Narr, sondern auch ein geschworener Doktor der Heiligen Schrift bin, freue ich mich, daß sich mir die Gelegenheit bietet, meinem Eid – eben in dieser Narrenweise – genugzutun. Wollet mich bitte bei den einigermaßen Verständigen entschuldigen, denn die Gunst und Gnade der

Überhochverständigen verstehe ich mir nicht zu verdienen – ich habe sie oft mit großer Mühe gesucht; hinfort will ich sie aber nicht mehr haben oder darauf achten. Gott helfe uns, daß wir nicht unsere, sondern allein seine Ehre suchen! Amen.

Wittenberg, im Augustinerkloster, am Abend Johannes des Täufers, im Jahre 1520.   *WA 6,404 f*

4 Aus der Schrift »An den christlichen Adel deutscher Nation von des christlichen Standes Besserung«

Der allerdurchlauchtigsten, großmächtigsten Kaiserlichen Majestät und dem Christlichen Adel Deutscher Nation.   D. Martin Luther.

EINLEITUNG
1 Der Grund, warum Luther sich an Kaiser und Adel wendet

Gnade und Stärke von Gott zuvor, Allerdurchlauchtigster, gnädigste liebe Herren! Es ist nicht aus bloßem Fürwitz oder Frevelmut geschehen, daß ich einzelner armer Mensch mich unterstanden habe, vor Euch Hochwürden zu reden; die Not und Beschwerung, die alle Stände der Christenheit, vor allem Deutschland bedrückt, und die nicht allein mich, sondern jedermann bewegt hat, vielmals zu schreien und Hilfe zu begehren, hat jetzt auch mich gezwungen zu schreien und zu rufen, ob Gott jemand den Geist geben wolle, der elenden Nation Handreichung zu tun. Es ist oft durch Konzilien[151] etwas beabsichtigt gewesen, aber durch etlicher Menschen List geschickt verhindert und immer nur noch ärger gemacht worden; deren Tücke und Bosheit gedenke ich jetzt, Gott helfe mir, zu durchleuchten, damit sie erkannt werden und hinfort nicht mehr so hinderlich und schädlich sein können. Gott hat uns ein junges, edles Blut zum Haupte gegeben und damit viele Herzen zu großer, guter Hoffnung erweckt; daneben will es sich ziemen, daß wir das Unsre dazutun und die Gnadenzeit nützlich gebrauchen.

2 Die Forderung, daß, was geschieht, im Vertrauen auf Gottes Macht geschieht

Das Erste, was in dieser Sache vor allem zu geschehen hat, ist, daß wir uns ja mit großem Ernst vorsehen und nicht etwas anheben im Vertrauen auf große Macht oder Vernunft, auch wenn aller Welt Ge-

---

151 *Luther denkt hier an die sog. Reformkonzilien im 15. Jahrhundert, vor allem an das in Konstanz (1414–1418) und Basel (1431–1449).*

walt unser wäre. Denn Gott kann und will es nicht leiden, daß ein gutes Werk angefangen werde im Vertrauen auf eigene Macht und Vernunft. Er stößt es zu Boden; dagegen hilft nichts, wie in Ps 33, 16 steht: »Es wird kein König bestehen durch seine große Macht, und kein Herr durch die Größe seiner Stärke.« Und aus diesem Grund ist es, fürchte ich, vorzeiten gekommen, daß die teuren Fürsten, Kaiser Friedrich der Erste und der Zweite und viele andre deutsche Kaiser, so jämmerlich von den Päpsten mit Füßen getreten und unterdrückt worden sind, Männer, vor denen sich doch die Welt fürchtete: sie haben sich vielleicht mehr auf ihre Macht verlassen als auf Gott; darum haben sie fallen müssen. Und was [anders] hat zu unsern Zeiten den Blutsäufer [Papst] Julius II.[152] so in die Höhe gebracht, als daß, wie ich befürchte, Frankreich, Deutsche und Venedig auf sich selbst gebaut haben? Die Kinder Benjamin schlugen 42 000 Israeliten, weil diese sich auf ihre Stärke verließen (Richt 20, 21. 25).

Damit es uns nicht auch so ausgehe mit diesem edlen Blut Karl, müssen wir gewiß sein, daß wir in dieser Sache nicht mit Menschen, sondern mit den Fürsten der Hölle zu tun haben; die mögen wohl die Welt mit Krieg und Blutvergießen erfüllen, aber sie lassen sich damit nicht überwinden. Man muß hier mit einem Verzicht auf leibliche Gewalt in demütigem Vertrauen auf Gott die Sache angreifen und mit ernstlichem Gebet Hilfe bei Gott suchen und sich nichts anderes vor Augen stellen als der elenden Christenheit Jammer und Not, ganz abgesehen von dem, was böse Leute verdient haben. Andernfalls wird das Spiel sich wohl so anfangen lassen, daß es etwas Großem gleichsieht; aber wenn man hineinkommt, werden die bösen Geister eine solche Verwirrung anrichten, daß die ganze Welt darüber im Blut schwimmen muß, ohne daß damit etwas ausgerichtet wird. Darum lasset uns hier mit Gottesfurcht und weislich handeln! Je größer die Gewalt, desto größer das Unglück, wenn nicht in Gottes Furcht und Demut gehandelt wird. Haben die Päpste und Römer bisher mit des Teufels Hilfe die Könige untereinanderzuwirren vermocht, so können sie es wohl auch weiterhin tun, wenn wir ohne Gottes Hilfe mit unsrer Macht und unsrem Können einherfahren.

152 *Julius II. war Papst von 1503 bis 1513. Sein politisches Ziel war die Umwandlung des zerrütteten Kirchenstaats in einen modern-politischen Macht- und Militärstaat; seinem hinreißenden künstlerischen Eifer dienten Raffael, Michelangelo und Bramante (Peterskirche). »Blutsäufer« nennt ihn Luther um seiner fortwährenden Kriege willen.*

Die Romanisten haben drei Mauern mit großer Geschicklichkeit um
sich herum gezogen; damit haben sie sich bisher beschützt, so daß sie
niemand reformieren konnte. Dadurch ist die ganze Christenheit
grauenvoll zu Fall gekommen.

Zum ersten: Wenn man mit weltlicher Gewalt ihnen zugesetzt hat,
haben sie behauptet und gesagt, weltliche Gewalt habe kein Recht
über sie, sondern umgekehrt, *geistliche* Gewalt stehe über der *weltlichen. Zum zweiten:* Hat man sie mit der *Heiligen Schrift* wollen strafen, so setzen sie dem entgegen, es gebühre niemand, die Schrift auszulegen, als dem *Papst. Zum dritten:* Droht man ihnen mit einem *Konzil,* so erdichten sie, es könne niemand ein Konzil berufen als der *Papst.*

So haben sie diese drei Ruten uns heimlich gestohlen, um ungestraft
sein zu können, und haben sich in die sichere Festung dieser drei
Mauern gesetzt, um alle Büberei und Bosheit zu treiben, wie wir sie
denn jetzt sehen. Und wenn sie schon ein Konzil machen mußten, haben sie dieses doch zuvor mattgesetzt, indem sie die Fürsten vorher
mit Eiden verpflichteten, sie bleiben zu lassen, wie sie sind, und indem sie obendrein dem Papst volle Gewalt gaben über alle Ordnung
des Konzils. So kommt es auf dasselbe heraus, ob es viele Konzilien
oder gar kein Konzil gibt, außer daß sie uns nur mit Larven und Spie-
gelfechtereien betrügen; so gar greulich fürchten sie für ihre Haut von
einem rechten, freien Konzil. Sie haben damit Könige und Fürsten ein-
geschüchtert, daß sie glauben sollten, es wäre wider Gott, so man ihnen nicht gehorchte in all diesem falschen, listigen Spuk.

Nun helfe uns Gott und gebe uns der Posaunen eine, mit welchen
die Mauern Jerichos umgeworfen wurden, daß wir diese strohernen
und papierenen Mauern auch umblasen und die christlichen Ruten
zur Bestrafung der Sünde losmachen, um des Teufels List und Trug
an den Tag zu bringen, damit wir durch Strafe uns bessern und seine
Huld wieder erlangen!

1 Der Sturz der ersten Mauer: Alle Christen sind Priester vor Gott

*Den Angriff auf die »erste Mauer der Romanisten«, d. h. der Anhänger
des Papsttums zu Rom, führt Luther durch den Nachweis des »allgemeinen
Priestertums«. Die wichtigsten Sätze aus diesem Nachweis sind:*

Man hat die Erfindung gemacht, daß Papst, Bischof, Priester und
Klostervolk der *geistliche* Stand genannt wird, Fürsten, Herren, Hand-
werks- und Ackerleute dagegen der *weltliche* Stand. Das ist eine gar
feine, gleisnerische Auslegung. Doch soll darüber niemand schüchtern

werden und zwar aus folgendem Grunde. Denn *alle* Christen sind wahrhaftig geistlichen Standes; es ist unter ihnen kein Unterschied als allein hinsichtlich des Amtes ... Die Taufe, das Evangelium und der Glaube, die machen allein ein geistliches und ein Christenvolk ... Wir werden allesamt durch die Taufe zu Priestern geweiht, wie St. Peter sagt: »Ihr seid ein königlich Priestertum und ein priesterlich Königreich« (1 Petr 2, 9) ... Darum ist es, wenn der Bischof [einen zum Pfarrer] weiht, nichts anderes, als wenn er an Stelle und in Vertretung der ganzen Versammlung einen einzelnen aus dem Haufen nähme (in dem doch alle die gleiche Gewalt haben) und ihm befähle, diese Gewalt für die andern auszuüben ... Weil denn nun die weltliche Gewalt – gleichermaßen wie wir – getauft ist und denselben Glauben und dasselbe Evangelium hat, so müssen wir sie Priester und Bischöfe sein lassen und ihr Amt als ein Amt zählen, das der christlichen Gemeinde gehört und nützlich ist. Denn was aus der Taufe gekrochen ist, das mag sich rühmen, daß es schon zum Priester, Bischof und Papst geweiht sei, obwohl es nicht einem jeden ziemt, solches Amt auch auszuüben. Denn weil wir alle gleichermaßen Priester sind, muß sich niemand selber hervortun und sich unterwinden, ohne unser Bewilligen und Erwählen das zu tun, wozu wir alle die gleiche Gewalt haben. Denn was [allen] gemeinsam ist, soll niemand ohne den Willen und Befehl der Gemeinde an sich nehmen. Und wo es geschähe, daß jemand zu solchem Amt erwählt worden wäre, und um seines Mißbrauchs willen abgesetzt würde, so wäre er [wieder] gleich wie vorher ...

Daraus folgt, daß Laien, Priester, Fürsten, Bischöfe und, wie sie sagen, Geistliche und Weltliche wahrlich im Grunde keinen andern Unterschied haben als denjenigen des *Amts*[153] oder Werks und nicht den des *Standes*, denn sie sind alle geistlichen Standes, wahrhaftige Priester, Bischöfe und Päpste, aber nicht gleichen [und] einerlei Werkes ... Christus hat nicht zwei oder zweierlei Art von Körpern, einen weltlich, den andern geistlich. *Ein* Haupt ist er und *einen* Körper hat er. Gleichwie nun die, so man jetzt Geistliche oder Priester, Bischöfe oder Päpste heißt, von den andern Christen nicht weiter und durch keine Würde geschieden sind, als daß sie das Wort Gottes und die Sakramente verwalten sollen (das ist ihr Amt und Werk), so hat auch die weltliche Obrigkeit das Schwert und die Rute in der Hand, um die Bösen damit zu strafen und die Frommen zu schützen. Ein Schuster, ein Schmied, ein Bauer – ein jeder hat seines Handwerks Amt

153 *Unter Amt versteht Luther Dienst, Aufgabe, Funktion.*

und Werk, und doch sind sie alle gleichermaßen geweihte Priester und Bischöfe. Ein jeder soll mit seinem Amt oder Werk den andern nützlich und dienstlich sein, daß so die vielerlei Werke alle auf eine Gemeinschaft gerichtet sind, um Leib und Seele zu fördern, gleich wie die Gliedmaßen des Körpers alle einander dienen.

Nun sieh, wie christlich das behauptet und gesagt wird, weltliche Obrigkeit sei nicht über die Geistlichkeit, sie solle sie auch nicht strafen! Das ist geradesoviel, als wollte man sagen, die Hand solle nichts dazu tun, auch wenn das Auge große Not leidet... Darum soll weltliche christliche Gewalt ihr Amt frei unverhindert üben, ohne Rücksicht darauf, ob es ein Papst, Bischof oder Priester ist, den sie trifft. Wer schuldig ist, der leide; was das geistliche Recht dagegen gesagt hat, ist lauter erdichtete römische Vermessenheit... Also meine ich, diese erste Papiermauer liege darnieder, sintemal die weltliche Herrschaft ein Mitglied des christlichen Körpers geworden ist...

2 Der Sturz der zweiten Mauer: Alle Christen dürfen die Schrift auslegen

Die »zweite Mauer der Romanisten« besteht in dem Anspruch der römischen Kirche, allein die Schrift auslegen zu können, da der Papst unfehlbar und die Kirche mit ihren Satzungen nie vom Heiligen Geiste verlassen sei. Luther führt gegen diese Behauptungen zunächst 1 Kor 14,30 und Joh 6,45 an und weist die römische Auslegung von Matth 16,19 zurück, nach welcher die Schlüsselgewalt (die sich nicht auf die Lehre und das Regiment, sondern nur auf die Bindung oder Lösung der Sünde beziehe) allein Petrus anstatt der ganzen Gemeinde gegeben sei. Die wichtigsten Sätze seiner weiteren Abwehr sind:

Denk doch bei dir selbst nach: Sie müssen zugeben, daß fromme Christen unter uns sind, die den rechten Glauben, Geist, Verstand, Wort und Meinung Christi haben. Ja warum sollte man denn deren Wort und Verstand verwerfen und dem Papst folgen, der weder Glauben noch Geist hat? Das hieße doch den ganzen Glauben und die. christliche Kirche verleugnen. Ferner: Es darf jedenfalls nicht allein der Papst recht haben [wollen], wenn der Artikel richtig ist: »Ich glaube eine heilige christliche Kirche«; oder müssen sie so beten: »Ich glaube an den Papst zu Rom« und müssen so die christliche Kirche ganz in *einen* Menschen hineinziehen, was nichts anderes als ein teuflischer und höllischer Irrtum wäre.

Zudem sind wir ja alle Priester, da, wie oben gesagt wurde, alle *einen* Glauben, *ein* Evangelium, einerlei Sakramente haben. Wie sollten wir dann nicht auch Macht haben zu schmecken und zu urteilen, was da recht oder unrecht im Glauben wäre? Wo bleibt das Wort des Paulus 1 Kor 2, 15: »Ein geistlicher Mensch richtet alle Dinge und wird von niemand gerichtet«? Und 2 Kor 4, 13: »Wir haben alle einen Geist des Glaubens«? Wie sollten wir dann nicht ebensogut wie ein ungläubiger Papst fühlen, was dem Glauben gemäß oder nicht gemäß ist? Aus diesem allem und vielen andern Sprüchen sollen wir mutig und frei werden und den Geist der Freiheit (wie ihn Paulus nennt) nicht durch erdichtete Worte der Päpste abschrecken lassen, sondern frisch hindurch alles, was sie tun oder lassen, nach unsrem gläubigen Verständnis der Schrift richten und sie zwingen, dem Besseren zu folgen und nicht ihrem eigenen Verstand... Darum gebührt einem jeglichen Christen, daß er sich des Glaubens annehme, ihn zu verstehen und zu verfechten und alle Irrtümer zu verdammen.

3 Der Sturz der dritten Mauer: Alle Christen sorgen mit für ein Konzil
Die »dritte Mauer der Romanisten« besteht in der Behauptung, allein der Papst könne ein Konzil berufen. Diese Mauer sieht Luther von selbst fallen, wenn die beiden ersten gefallen sind. Denn:

Wo der Papst wider die Schrift handelt, sind wir schuldig, der Schrift beizustehen, ihn zu strafen und zu zwingen, nach dem Wort Christi Matth 18, 15... Hier wird einem jeglichen Glied befohlen, für das andere zu sorgen; wieviel mehr sollten wir dazu tun, wenn ein allgemein regierendes Glied übel handelt, welches durch seine Handlungen den andern viel Schaden und Ärgernis verursacht! Soll ich denn den Betreffenden vor der Gemeinde verklagen, so muß ich sie auch zusammenbringen, [also ein Konzil einberufen können]. Sie haben auch keinen Grund aus der Schrift, daß es allein dem Papst gebühre, ein Konzil einzuberufen oder zu bestätigen; sie haben allein ihre eigenen Gesetze, die nicht weiter gelten, als sofern sie der Christenheit und Gottes Gesetzen nicht schädlich sind. Wenn nun der Papst Sträfliches tut, so hören solche Gesetze schon auf, weil es der Christenheit schädlich ist, ihn nicht durch ein Konzil zu strafen. So lesen wir Apg 15, 6, daß der Apostel Konzil nicht St. Petrus einberufen hat, sondern alle Apostel und die Ältesten; wenn nun das [wie der Papst behauptet] St. Petrus allein gebührt hätte, so wäre das [nach der Lehre des Papstes] nicht ein christliches Konzil, sondern ein ketzerisches Konzilchen gewesen. Auch das berühmteste Konzil in Nicäa (i. J. 325) hat der Bischof zu Rom weder berufen noch bestätigt, sondern der Kaiser Konstantin, und nach ihm haben viele andere Kaiser das gleiche getan, und doch sind es die allerchristlichsten Konzilien gewesen... Darum, wenn es die Not erfordert und der Papst der Christenheit ein Ärgernis ist, soll, wer zuerst kann, als ein treues Glied des ganzen Körpers dazu tun, daß ein rechtes, freies Konzil zustande komme. Das kann niemand so gut wie das weltliche Schwert,

sonderlich, weil sie nun auch Mitchristen sind, Mitpriester, mitgeist-
lich, mitmächtig in allen Dingen ... Es gibt keine Gewalt in der Kirche als nur zur Besserung. Darum wenn der Papst sich der Gewalt be-
dienen wollte, um das Zustandekommen eines freien Konzils zu verwehren und die Besserung der Kirche zu verhindern, so sollen wir ihn
und seine Gewalt nicht ansehen; und wenn er bannen und donnern
würde, sollte man das verachten als das Vorhaben eines tollen Menschen und ihn in Gottes Zuversicht wiederum bannen ... Darum laßt
uns daran festhalten: Christliche Gewalt vermag nichts wider Christus. ... Tut sie aber etwas wider Christus, so ist sie des Antichrists
und Teufels Gewalt. ...

2. TEIL: DIE AUFGABE EINER REFORM DES
RÖMISCHEN PAPSTTUMS

Nun wollen wir die Stücke betrachten, die man von Rechts wegen
in den *Konzilien* verhandeln sollte und mit denen Päpste, Kardinäle,
Bischöfe und alle Gelehrten von Rechts wegen Tag und Nacht umgehen sollten, so sie Christus und seine Kirche lieb hätten. Wenn *sie*
aber das nicht tun, sollte das Volk und das weltliche Schwert dazu
tun, ohne Rücksicht auf ihr Bannen oder Donnern. ... Darum lasset
uns aufwachen, liebe Deutsche, und Gott mehr als die Menschen
fürchten, damit wir nicht mitschuldig werden an allen armen Seelen,
die so kläglich durch das schändliche, teuflische Regiment der Römer
verloren werden, und damit nicht täglich mehr und mehr der Teufel
zunimmt – wenn es überhaupt möglich wäre, daß solch ein Höllen-
regiment noch ärger werden könnte, was ich doch nicht begreifen
oder glauben kann.

1 Die Abschaffung der dreifachen Krone der päpstlichen Hoffart

Zum ersten ist's greulich und erschrecklich anzusehen, daß der
Oberste in der Christenheit, der sich als Christi Stellvertreter und
St. Peters Nachfolger rühmt, so weltlich und prächtig daherfährt, daß
ihm darin kein König und kein Kaiser nachkommen und gleich werden kann. ... Er trägt die dreifache Krone, während die höchsten Könige nur eine Krone tragen. ... Ich meine aber, wenn er unter Tränen
vor Gott beten würde, müßte er jedenfalls solche Krone ablegen, dieweil unser Gott keine Hoffart leiden kann. ... Es wäre dem Papst genug eine gewöhnliche Bischofskrone; durch Erkenntnis und Heiligkeit sollte er größer sein vor den andern und die Krone der Hoffart
dem Antichrist lassen. ...

2 Die Verminderung der Zahl der kirchenverwüstenden Kardinäle

Zum zweiten: Wozu ist nun das Volk in der Christenheit nütze, das die Kardinäle heißt? Das will ich dir sagen: Welschland und Deutschland haben viele reiche Klöster, Stifte, Lehen und Pfarreien; die hat man nicht besser nach Rom zu bringen gewußt, als daß man Kardinäle machte und diesen die Bistümer, Klöster, Prälaturen zu eigen gab und den Dienst Gottes auf diese Weise zugrunde richtete. ... Kein Türke hätte Welschland so verderben und den Dienst Gottes so zugrunde richten können. Nun Welschland ausgesogen ist, kommen sie ins deutsche Land. ...

Ich rate aber, daß man der Kardinäle weniger mache oder den Papst sie von seinen Gütern ernähren lasse. Es wäre übrig genug an zwölf, und wenn ein jeder des Jahres tausend Gulden Einkommen hätte. ... Es wäre alles erträglicher, wenn sie auf solche Weise bloß das Gut uns abstehlen wollten; aber sie verwüsten die Kirche damit und berauben die Schafe Christi ihrer frommen Hirten und legen den Dienst und Gottes Wort nieder.

3 Die Aufhebung der räuberischen Finanzwirtschaft der Kurie

Zum dritten: Wenn man von des *Papstes Hof* den hundertsten Teil übrigließe und schaffte 99 Teile ab, so wäre er dennoch groß genug, um Antwort zu geben in des Glaubens Sachen. Nun ist aber ein solches Gewürm und Gewimmel in dem Rom ..., daß nicht einmal zu Babylon ein solches Wesen war. – Es sind schon allein mehr als 3000 päpstliche Schreiber; wer will die andern Amtleute zählen, wo doch der Ämter so viel sind, daß man sie kaum zählen kann! Sie warten alle auf die Stifte und Lehen Deutschlands wie Wölfe auf die Schafe. ...Und dieweil die *Annaten*[154] so schimpflich mißbraucht werden und auch nicht gehalten wird, was vertraglich ausgemacht ist..., [sollte die deutsche Nation, vertreten durch ihre Bischöfe und Fürsten] durch ein Gesetz des Kaisers oder der ganzen Nation die Annaten zurückbehalten oder wieder abschaffen. ... Ferner ... ist es hohe Zeit, daß man die »päpstlichen *Monate*«[155] gänzlich abschaffe und alles, was dadurch nach Rom gekommen ist, wieder herausreiße. ...Sie haben's wohl vorzeiten im geistlichen Recht festgesetzt, das *Pallium*[156] umsonst zu geben, ... den Stiften und Bischöfen ihre Freiheit zu lassen, aber das wollte kein Geld eintragen, darum ist das Blatt

154 *Jeder vom Papst bestätigte Bischof und Abt mußte die erste Hälfte der Jahreseinnahme der ihm verliehenen Pfründe nach Rom abliefern (die sog. Annaten).*

155 *Die Erträgnisse freier Pfründen fielen in sechs Monaten des Jahres dem Papste zu.*

156 *Für das Pallium, den vom Papst verliehenen, die Erzbischöfe auszeichnenden Schulterstreifen, mußten ebenfalls hohe Abgaben bezahlt werden.*

umgekehrt und den Bischöfen und Stiften alle Gewalt genommen worden. . . .

Bisher haben wir verstanden, wie sie mit den Pfründen umgehen, die verfallen und erledigt werden.[157] Nun fällt aber für den zarten Geiz zu wenig als erledigt an; darum hat er seinen Scharfblick auch auf die *Lehen* gerichtet, die noch durch ihre Verweser besetzt sind. . . . Es hat auch der liebe römische Geiz den Brauch erdacht, daß man die Pfründen oder Lehen verkauft und verleiht mit solchem Vorteil, . . . daß, wenn der Besitzer stirbt, das Lehen als frei wieder an den heimfalle,[158] der es vordem verkauft, verliehen oder überlassen hat.

Noch eines hat der Geiz erdacht, von dem ich hoffe, daß es das letzte ist, woran er erstickt. Der Papst hat ein edles Fündlein: das heißt pectoralis reservatio,[159] d. h. Vorbehalt seiner Absicht, und Motus proprius,[159] d. h. Machtausübung nach eigener Willkür. . . . Diese Willkür und lügenhafter Vorbehalt des Papstes ruft nun zu Rom ein solches Treiben hervor, daß niemand davon reden kann. Da ist ein Kaufen, Verkaufen, Wechseln, Tauschen, Rauschen, Lügen, Trügen, Rauben, Stehlen, Prachtieren, Hurerei, Büberei, eine Verachtung Gottes auf jede Art und Weise, daß es dem Antichrist nicht möglich ist, lästerlicher zu regieren. . . . Sollten sich solche Leute nicht mit Recht vor der *Reformation* und vor einem freien Konzil fürchten . . .?

Zuletzt hat der Papst zu allen diesen edlen Geschäften ein eigenes Kaufhaus aufgerichtet in Rom: das ist das Datarhaus[160] zu Rom. Dahin müssen alle die kommen, die in dieser Weise um Lehen und Pfründen handeln. . . . Hast du nun Geld in diesem Haus, so kannst du zu allen den genannten Stücken kommen, und nicht bloß zu ihnen, sondern allerlei Wucher wird hier um Geld [für] redlich [erklärt], alles gestohlene und geraubte Gut gerechtfertigt. Hier werden die Gelübde aufgehoben, hier den Mönchen Freiheit gegeben, aus dem Orden zu gehen, hier ist der Ehestand für die Geistlichen feil, hier können Hurenkinder ehelich werden, alle Unehre und Schande hier zu

157 *Sie werden von Rom aus oder unter römischem Einfluß besetzt.*
158 *Mit unnachahmlicher Wortprägung sagt Luther: »heimsterbe«.*
159 *Dieser »geistliche Vorbehalt« ermöglichte es dem Papst, eine rechtmäßig einem Bewerber zugesprochene Pfründe unter Hinweis auf seine verborgene »eigentliche Meinung« einem später kommenden, mehrbietenden Bewerber zuzuschlagen.*
160 *Zur Bewilligung, d. h. zum Verkauf der päpstlichen Dispense, Gnadenbriefe, Sonderrechte und Vergünstigungen, war eine besondere Behörde, die apostolische Datarie, eingerichtet worden.*

Würden kommen. . . . O welch eine Brandschatzerei und Schinderei regiert da . . .! Ja hier wird der Teufel ein Heiliger und ein Gott dazu; was Himmel und Erde nicht vermag, das vermag dies Haus. . . .

Es steht noch das Valet aus; das muß ich auch noch geben: Da nun der unermeßliche Geiz noch nicht genug hat an all diesen Schätzen . . . , fängt es nun an, diese seine Geschäfte an den Fugger zu Augsburg zu versetzen und zu verkaufen . . . , so daß nun aus geistlichen und weltlichen Gütern ein und derselbe Handel geworden ist. . . . Was sie mit Ablässen, Bullen, Beichtbriefen, Butterbriefen und andern mit der Beichte verbundenen Erlaubnisscheinen in allen Landen gestohlen haben und noch stehlen und erschinden, das achte ich als ein Flickwerk, gleichsam wie wenn man mit einem Teufel in die Hölle würfe . . .

Dieweil denn solches teuflisches Regiment nicht bloß eine öffentliche Räuberei, Betrügerei und Tyrannei der höllischen Pforten ist, sondern auch die Christenheit an Leib und Seele verdirbt, sind wir hier verpflichtet, allen Fleiß anzuwenden, um solchem Jammer und Zerstörung der Christenheit zu wehren . . .

3. Teil: Die Durchführung der Reform durch die Christenheit

Um das »Narrenspiel hinauszusingen«, will Luther dann in einem dritten, großen Teil seiner Schrift in 27 Punkten sagen, was zur Reform von seiten der weltlichen Gewalt oder von seiten eines allgemeinen Konzils geschehen könnte und sollte.

Dazu gehört ihm das Verbot der Annaten und der Lehens- und Palliumsverleihung durch Rom, die Behandlung aller weltlichen Sachen und Pfründenangelegenheiten in Deutschland, die Aufhebung der päpstlichen Reservationen und Privilegien, die Verringerung des Haushalts der Kurie; der Papst soll die geraubten Investiturrechte zurückgeben und auf alle weltlichen Ansprüche verzichten. Die Wallfahrten nach Rom sind einzustellen, die Bettelklöster und ein Teil der Orden soll aufhören, der Gelübdezwang entfallen, Stifte und Klöster zu freien Schulen werden. Die Ehelosigkeit der Geistlichen, ebenso der Beichtzwang vor den Ordensoberen, möge verschwinden, die Unzahl der Jahrtage und Seelenmessen soll beseitigt werden, das Interdikt muß dem schriftgemäß angewandten Bann weichen. Die vielen Festtage sind abzutun, nur die Sonntage zu halten, die Kirchweihen auszutilgen; Dispense für Heiratserlaubnis soll jeder Pfarrer gewähren können. Das Fasten möge jedermann freigestellt sein, Wallfahrtskirchen sollen zerstört, Erhebung neuer Heiligen verboten werden. Die Bettelei ist abzuschaffen, dem Müßiggang zu wehren, die Messestiftungen sind aufzuheben; dagegen sollen die Stifte für nichterbberechtigte Adelsglieder erhalten bleiben zum Dienst Gottes und gelehrter Arbeit. Bruderschaften, Ablässe, Butterbriefe, päpstliche Dispensationen müssen aufhören. Mit den Hussiten in Böhmen soll man sich

verständigen. Die Universitäten bedürfen der Reform: Sprachen und Mathe-
matik und Geschichte sind zu pflegen, Aristoteles abzusetzen; statt des geist-
lichen Rechts ist das weltliche zu lehren, statt der Sentenzen der Väter und
der päpstlichen Gesetze ist die Bibel zu studieren. Der Entfaltung von Luxus,
dem Zinsnehmen, dem Großhandel, der Üppigkeit der Lebenshaltung, den
unsittlichen Häusern soll die weltliche Obrigkeit ein Ende machen.

Das sei für diesmal genug. Ich bin auch wohl der Meinung, daß ich
hoch gegriffen habe, daß ich vieles aufgestellt habe, was für unmöglich angesehen wird, daß ich viele Stücke zu scharf angegriffen.
Wie soll ich es aber machen? Ich bin verpflichtet, es zu sagen;
könnte ich es, so wollte ich es auch tun. Es ist mir lieber, die Welt
zürnt mit mir, als Gott. Man wird mir jedenfalls nicht mehr als das
Leben nehmen können. ... Gott gebe uns allen einen christlichen Verstand und besonders dem christlichen Adel deutscher Nation einen
rechten geistlichen Mut, der armen Kirche das Beste zu tun. Amen.

Von der babylonischen Gefangenschaft
der Kirche

Wird ein herrschendes System einmal an *einem* Punkte in Frage gestellt, so gibt es kein Halten mehr. Der innere Zwang der Sache, eine
Folgerichtigkeit, über welche Luther selber nimmer Herr ist, führt ihn
weiter. Hat er im »Romanisten« die Lehre von der Unfehlbarkeit des
Papstes und in der Schrift »An den Adel« das Vorrecht der Priesterweihe und die Absonderung des geistlichen Standes angegriffen, so
muß er nun weitergehen und auch nach dem Sakrament, dem Herzstück der Kirche, fragen. Luther erkennt, daß die Sakramente in Menschensatzungen gefangenliegen. Unter dem Papsttum ist das Wesen
des Sakraments einer völligen Umwandlung unterzogen worden: es
ist daraus ein Opfer und gutes Werk geworden, über das der Mensch
verfügt und das der Priester nach beiden Seiten hin, Gott und der Gemeinde gegenüber, in eigener, schöpferischer Machtvollkommenheit
verwaltet. Mit dieser Umwandlung hängt aufs engste die Vermehrung der Sakramente bis zur Siebenzahl zusammen: je mehr die Erinnerung an Christi Stiftung verblaßt, desto mehr treten die Vorgänge des natürlichen Lebens in den Vordergrund, die durch die Sakramente eine übernatürliche Erhöhung, Weihe und Verklärung empfangen. Ist aber das Sakrament seines Wesens und damit auch seiner
Wirkung beraubt, so ist die Kirche nicht mehr frei, Gottes Botschaft
zu vernehmen und mitzuteilen; sie befindet sich in Gefangenschaft
menschlicher Satzung wie Israel in Babel. Aus dieser Gefangenschaft

kann die Kirche nur dann wieder frei werden, wenn sie den Weg zur ursprünglichen Bedeutung des Sakraments wieder zurückfindet: es ist das mit dem Wort der Verheißung verbundene Zeichen, durch welches der Glaubende die Vergebung der Sünden empfängt.

Der unmittelbare Anlaß zu Luthers neuem Werk sind zwei Streitschriften, die eine von dem lombardischen Dominikaner Isolani, die andere von dem unentwegten Leipziger »Romanisten« Alfeld, der das Recht zur Kelchentziehung aus der Bibel nachweist. Im August und September 1520 arbeitet Luther die umfangreiche Schrift aus, in derselben Zeit, als sich von Rom aus wieder eine dunkle Wolke über seinem Haupt zusammenzieht und die Bannandrohungsbulle gegen ihn unterwegs ist. Ende August erfährt Spalatin den Titel: »*Von der babylonischen Gefangenschaft der Kirche*«; am 6. Oktober 1520 erscheint die Schrift mit dem Untertitel: »*Ein Vorspiel*« – ein Vorspiel zu dem Widerruf nämlich, den Rom von ihm erwartet. Die Schrift entwickelt die schon in den deutschen Sakramentssermonen von 1519 niedergelegten Grundgedanken über die Sakramente nunmehr lateinisch, in breiter Fülle, fest und klar; die Luther genau bekannte gegnerische Stellung wird überlegen von der Schrift her beleuchtet und widerlegt. Im Tone ruhig, ist das Werk im übrigen eine ausgesprochene und aufs Ganze gehende Kampfschrift gegen die herrschende Theologie und Kirchengewalt.

Die Äußerungen der ganzen und halben Gegner lassen die gewaltige Wirkung seines Angriffs erkennen. Erasmus schreibt, nachdem er das Werk gelesen: vor der Veröffentlichung dieser Schrift hätte sich der drohende Bruch vermeiden, die Sache noch heilen lassen; jetzt aber sei es mit dem Frieden endgültig vorbei. Er hat bisher auf seine vorsichtige Weise versucht, bei seinen einflußreichen Bekannten für Luther gut Wetter zu machen; nun zieht er sich enttäuscht zurück. Der Beichtvater Kaiser Karls, Johannes Glapio, erklärte dem kursächsischen Kanzler Brück entsetzt, es sei ihm beim Lesen des Buchs zumute gewesen, als würde er vom Kopf bis zu den Füßen ausgepeitscht. Die Pariser Universität, die Sorbonne, hält es für nötig, einen öffentlichen Protest gegen Luthers Schrift ausgehen zu lassen. Selbst König Heinrich VIII. von England, damals noch für die Einheit der katholischen Kirche eifernd, schreibt eine 1521 erscheinende Schrift gegen Luther, das Glied Satans, den Höllenwolf, dessen Mund überfließe vom Eiter seines bösartig-ketzerischen Herzens, und erhält dafür vom Papst den Ehrentitel eines »Beschützers des Glaubens«, den die englischen Könige auch nach der Lösung der anglikanischen Kirche von Rom bis heute weiterführen. Auf der andern Seite bedeutet diese Schrift Luthers die theologische Grundlegung zur Neuordnung des evangelischen Gottesdienstes und damit des ganzen Kirchenwesens.

Für den Gesamtzusammenhang, in dem das Buch innerhalb von Luthers Werk steht, sei auf die zeitlich vorausgehenden Sermone von der Taufe und vom Abendmahl und die viel später geschriebenen Stücke im Großen Katechismus und in den Schmalkaldischen Artikeln verwiesen. Der nun folgenden Inhaltsangabe und den Auszügen aus der Schrift liegt der Text WA 6, 497 ff zugrunde.

Einleitung
MIT DEN DREI WAHREN SAKRAMENTEN IST DIE KIRCHE GEFANGEN

... Vor allem andern muß ich die Siebenzahl der Sakramente ablehnen und unter gegenwärtigen Umständen nur eine Dreizahl [an ihre Stelle] setzen: die Taufe, die Buße, das Brotbrechen. Diese sind uns alle durch die römische Kurie in eine klägliche Gefangenschaft geführt worden, und die Kirche ist [damit] ihrer ganzen Freiheit beraubt. ...

I: DIE BEFREIUNG DER DREI SCHRIFTGEMÄSSEN SAKRAMENTE

1 Das Sakrament des Hl. Abendmahls ist von der Kirche schwer entstellt
a Die erste Gefangenschaft ist die Darreichung in einer Gestalt

... Wie die ganze Taufe und die ganze Absolution, so ist auch das *ganze* Sakrament des Brotes *allen* Laien zu reichen, wenn sie es begehren. ... Kann die Kirche den Laien die Gestalt des Weines nehmen, so kann sie ihnen auch die Gestalt des Brotes nehmen; also wird sie den Laien auch das ganze Sakrament des Altars nehmen und Christi Stiftung bei ihnen ganz entleeren können. Aber, bitte, aus welcher Vollmacht?! ... Das ist's, was mich verhinderte, die Böhmen[161] zu verurteilen. Mögen sie böse oder gut sein, jedenfalls haben *sie* Wort und Tat Christi für sich, wir aber keins von beiden, sondern nur das eitle Menschenfündlein: »So hat's die Kirche geordnet«, da solches doch nicht die Kirche, sondern die Tyrannen der Kirche ohne Zustimmung der Kirche (d. h. des Volkes Gottes) geordnet haben. ...

Das ist also die erste Gefangenschaft dieses Sakraments, sein Wesen und seine Unversehrtheit betreffend. ... Nicht als ob die gegen

---

161 *Johann Huß, der 1415 in Konstanz verbrannte böhmische Kirchenreformer, und seine Anhänger wurden nicht zuletzt wegen ihrer Forderung des Laienkelchs zu Ketzern erklärt. Über Luthers Haltung zu ihnen vgl. Seite 131 f; 136; 143. Zu Huß vgl. Seite 133, Anmerkung 110.*

Christus sündigten, die nur einerlei Gestalt gebrauchen, da Christus nicht geboten hat, irgendeine Gestalt zu gebrauchen... Wohl aber sündigen diejenigen, welche die Austeilung von beiderlei Gestalt denen verweigern, die von ihrer freien Wahl Gebrauch machen wollen. Das Sakrament gehört nicht den Priestern, sondern allen, und die Priester sind nicht Herren, sondern Diener, welche den Bittenden beiderlei Gestalt reichen müssen, sooft sie darum bitten. ... Es geht mir nicht darum, mit Gewalt beiderlei Gestalt wieder zu nehmen, wie wenn wir durch ein dringendes Gebot dazu gezwungen würden. Ich unterweise vielmehr die Gewissen, daß ein jeder die römische Tyrannei leide in dem Bewußtsein, daß ihm sein Recht am Sakrament mit Gewalt geraubt worden sei um seiner Sünde willen. Nur darum geht's mir, daß keiner mehr die römische Tyrannei rechtfertige, als ob sie recht daran getan hätte, die eine Gestalt den Laien zu verbieten, sondern daß wir gegen sie Verwahrung einlegen und nicht drein willigen, sie jedoch tragen, nicht anders, als wenn wir unter dem Türken gefangen wären, wo wir keine von beiden Gestalten gebrauchen dürften. ...

b Die zweite Gefangenschaft ist die Aufnötigung der Wandlungslehre

Auf dem Laterankonzil von 1215 war als amtliche Lehre der Kirche festgestellt worden, daß durch die vom Priester bei der Messe leise gesprochenen Einsetzungsworte (1 Kor 11,23–25) die Substanz des Brotes und Weines in die Substanz von Leib und Blut Christi verwandelt wird, wobei nur die äußeren Erscheinungsformen von Brot und Wein unverändert bleiben. Diese Lehre wurde die Grundlage der Würde und Macht des Priestertums; sie garantierte zugleich die stete Anwesenheit Gottes und Christi in den heiligen Elementen. Luther hielt diese Lehre für falsch; er wollte sie jedoch niemand verbieten, nur wehrte er jeden Zwang hierin ab.

... Ich fand schließlich festen Grund für mein Gewissen in der ... Meinung, es bleibe selbstverständlich wahres Brot und wahrer Wein, worin [jedoch] Christi wahres Fleisch und wahres Blut nicht anders und nicht weniger vorhanden sei, als jene [scholastischen Lehrer] dieses Vorhandensein unter den »[bloßen] Erscheinungsformen« behaupten. ...

... Ich stelle also frei, nach Belieben beide Meinungen beizubehalten; nur darum geht es mir jetzt, die Gewissensnöte zu beseitigen. Es soll keiner fürchten, unter der Anklage der Ketzerei zu stehen,[162] wenn er überzeugt ist, auf dem Altar sei wahres Brot und wahrer

---

162 *Die Johann Huß zugeschriebene Ablehnung der katholischen Wandlungslehre (Transsubstantiationslehre) war als »Ketzerei« verurteilt worden.*

Wein. Vielmehr wisse er, daß es ihm ohne Gefährdung seines Heils freisteht, sich eines von beiden vorzustellen, zu meinen und zu glauben, da hier keine Nötigung des Glaubens vorliegt. Ich jedoch folge jetzt meiner Meinung. ...

Der starke Grund für meine Meinung aber ist vor allem: daß göttlichen Worten keinerlei Zwang angetan werden soll, weder durch Menschen noch durch Engel, sondern daß man sie möglichst in der einfältigsten Bedeutung bewahre und, wenn nicht ein offenbarer Umstand uns zwingt, sie nicht entgegen den Regeln der Sprache und ihrem unmittelbaren Sinn nehmen soll, um nicht den Feinden Gelegenheit zu geben, die ganze Schrift zum Gespött zu machen. ...

Ich jedenfalls, wenn ich doch nicht begreifen kann, auf welche Weise das Brot Christi Leib ist, will meinen Verstand gefangengeben in den Gehorsam Christi; an seinen Worten einfältig hangend, glaube ich festiglich, nicht nur daß Christi Leib im Brot, sondern daß das Brot Christi Leib sei. Was tut's, wenn die Philosophie das nicht versteht? Der Heilige Geist ist größer als Aristoteles. ... Und wenn das die Philosophie auch nicht faßt, so faßt's doch der Glaube. Die Gewalt des Wortes Gottes ist größer als die Fassungskraft unseres Geistes. Damit also im Sakrament der wahre Leib und das wahre Blut [Christi] sei, ist nicht nötig, daß Brot und Wein sich wandeln ..., sondern indem beide zugleich bleiben, was sie sind, heißt's in Wahrheit: »Dieses Brot ist mein Leib, dieser Wein ist mein Blut« und umgekehrt. So will ich's bis auf weiteres verstehen zu Ehren der heiligen Worte Gottes und nicht leiden, daß ihnen durch menschliche Vernünfteleien Gewalt angetan und sie in fremde Begriffe gezwängt werden. Doch lasse ich andere der andern Meinung folgen, nur sollen sie – wie gesagt – uns nicht zwingen, ihre eigenen Meinungen als Glaubensartikel anzunehmen. ...

c Die dritte Gefangenschaft ist die Deutung der Messe als Werk und Opfer

Die dritte Gefangenschaft dieses Sakraments ist dessen über alle Maßen gottloser Mißbrauch, infolgedessen heute in der Kirche fast nichts so allgemein und so fest geglaubt wird, wie daß die Messe ein gutes Werk und Opfer sei. Dieser Mißbrauch hat denn eine unabsehbare Flut andrer Mißbräuche aufgebracht, bis man den Glauben dieses Sakraments ganz ausgelöscht und aus dem göttlichen Sakrament die reinen Jahrmärkte, Wirtshäuser und Geldgeschäfte gemacht hat. ...

Ich gehe gegen eine schwierige Sache an, und vielleicht ist's unmöglich, damit fertig zu werden. Denn sie ist durch die jahrhundertelange Übung bestärkt und durch das allgemeine Einverständnis gutgeheißen und hat sich so festgesetzt, daß man den größten Teil der heute herrschenden Bücher und *fast die ganze Gestalt der Kirche aufheben* und ändern und eine ganz andere Gottesdienstordnung einführen oder vielmehr wiederherstellen muß. Aber mein Christus lebt, und man soll Gottes Wort mit größerem Eifer halten als aller Menschen und Engel Klugheit ... Was schert mich die Menge und große Bedeutung Irrender? Stärker als sie alle ist die Wahrheit.

Luther lag alles Revolutionäre fern. Am Schluß dieses Abschnitts, in welchem er noch eingehend über Wort, Zeichen und Glauben beim Sakrament spricht, gibt er den Priestern seelsorgerliche Ratschläge, wie sie ohne Gotteslästerung innerhalb der bestehenden Ordnung noch Messe halten können.

2 Das Taufsakrament ist von der Kirche in seiner Kraft ganz verkannt

Gelobt sei Gott und der Vater unseres Herrn Jesus Christus, der nach dem Reichtum seiner Barmherzigkeit wenigstens dieses eine Sakrament in seiner Kirche unvermindert und von Menschensatzungen unbefleckt erhalten hat. ... Da aber Satan bei den Kleinen die Kraft der Taufe nicht zunichte machen konnte, so hat er es doch durchgesetzt, sie bei allen Erwachsenen zunichte zu machen. Denn es findet sich heute fast keiner, der sich seines Getauftseins erinnert oder gar sich dessen rühmt, da man so viele andere Wege erfunden hat, um die Sünden zu vergeben und in den Himmel zu kommen. ...

Eine Aufgabe ist uns ... fürs ganze Leben gestellt: daß wir getauft werden, d. h. daß wir getötet werden und leben durch den Glauben Christi. Dieser Glaube müßte einzig und allein gelehrt werden, zumal vom obersten Hirten [dem Papst]. Aber heutzutage schweigt man vom Glauben; durch unzählige Gesetze über Werke und Zeremonien wird die Kirche vernichtet. Die Kraft und Erkenntnis der Taufe wird abgeschafft und der Glaube Christi verhindert. Darum sage ich: Weder Papst noch Bischof noch irgendein Mensch hat das Recht, auch nur eine einzige Silbe über einen Christenmenschen festzusetzen ohne dessen Zustimmung. Handelt man anders, so geschieht das in tyrannischem Geist. Darum hat der Papst zur Forderung und Anordnung von Gebeten, Fasten, Schenkungen und all dem, was er in all seinen Dekreten, die so zahlreich wie verkehrt sind, fordert und anordnet, überhaupt kein Recht und er sündigt wider die Freiheit der Kirche, sooft er etwas Derartiges versucht. Daher kommt's, daß die heutigen Kirchenmänner gewiß eifrige Hüter der kirchlichen Freiheit, d. h. von Stein und Holz, Äckern und Steuern[163] sind – diese Dinge versteht

---

163 *Gemeint ist der kirchliche Gebäude- und Grundbesitz.*

man ja in der heutigen Kirche unter »geistlichen« Gütern –; aber eben mit diesem falschen Anspruch fesseln sie nicht bloß die wahre Freiheit der Kirche, sondern treten sie ganz und gar zu Boden, mehr noch als der Türke, im Widerspruch zum Apostel, der (1 Kor 7, 23) sagt: »Werdet nicht der Menschen Knechte!« Denn das heißt in Wahrheit der Menschen Knechte werden, wenn man deren Anordnungen und tyrannischen Gesetzen unterworfen wird. . . .

Weil so wenige diese Herrlichkeit der Taufe und Seligkeit der christlichen Freiheit kennen, auch wegen des Papstes Tyrannei gar nicht zu erkennen vermögen, so entbinde ich mich hiermit selbst und befreie mein Gewissen und klage wider den Papst und alle Papisten: Wenn sie nicht ihre eigenen Rechtssatzungen und Überlieferungen aufheben und den Gemeinden Christi ihre Freiheit zurückgeben und schaffen, daß man solche Freiheit lehren darf, so sind sie schuldig aller derer Seelen, die in dieser elenden Gefangenschaft zugrundegehen, und ist das Papsttum in Wahrheit nichts anderes als das Reich Babels und des wahrhaftigen Antichrists. . . .[164]

3 Das Bußsakrament ist von der Kirche seines Trostes beraubt

Das erste und Hauptübel bei diesem Sakrament ist, daß sie das Sakrament selbst vollkommen abgeschafft haben, ohne daß auch nur eine Spur von ihm zurückgeblieben wäre. Denn während es, wie auch die beiden andern, auf dem Wort der göttlichen Verheißung und auf unserem Glauben steht, haben sie beides umgestürzt. . . . Denn in all ihren Büchern, in ihrer wissenschaftlichen Arbeit, in ihren Predigten ging es ihnen nicht darum, zu lehren, was den Christen in diesen Worten[165] verheißen ist, was sie glauben dürfen, welch großen Trost sie haben, sondern [darzutun], wie weit, lang und tief sie selbst ihre gewalttätige Herrschaft ausüben. Das ging so weit, daß etliche angefangen haben, sogar den Engeln im Himmel Befehle zu geben und sich in einer unglaublichen und ganz rasenden Gottlosigkeit rühmen, sie hätten in diesen Worten das Recht zur himmlischen und irdischen Herrschaft empfangen. . . .

. . . Wenn Christus sagt: Was du [auf Erden] binden wirst usw., so ruft er damit den Glauben des Reuigen hervor. Er soll durch dieses Wort der Verheißung dessen gewiß sein, er sei wirklich im Himmel losgesprochen, wenn er als Glaubender die Lossprechung empfängt.

164 *Was Luther weiter unter diesem Thema der uns durch die Taufe geschenkten Freiheit gegen die kirchlichen Gelübde zu sagen hat, ist breiter und noch schärfer dargelegt in der Schrift »Von den Mönchsgelübden«.*
165 *Luther erwähnt im Text Matthäus 16,19; 18,18; Johannes 20,23.*

Hier ist überhaupt nicht die Rede von einer Machtvollkommenheit, sondern von einer Dienstleistung dessen, der losspricht. ...

... Übrigens sollte man Sakramente im engeren Sinne nur diejenigen Verheißungen nennen, die mit Zeichen verbunden sind. Die übrigen, da sie nicht mit Zeichen verbunden sind, sind einfache Verheißungen. Daraus folgt, daß es – wenn wir es mit dem Sprachgebrauch genau nehmen – in der Kirche Gottes nur zwei Sakramente gibt, die Taufe und das Brotbrechen, da wir bei diesen allein das von Gott gestiftete Zeichen *und* die Verheißung der Sündenvergebung finden. Denn das Bußsakrament, das ich diesen beiden zugezählt habe, entbehrt des sichtbaren und von Gott gestifteten Zeichens und ist, wie ich sagte, nichts anderes als der Weg und die Rückkehr zur Taufe. ...

II: Die Entthronung der vier unechten Sakramente

1 Die Firmung als Heiligung der Kinder durch Wort und Gebet

... Will man ein Sakrament feststellen, so ist vor allem andern ein Wort göttlicher Verheißung erforderlich, durch welches der Glaube geübt werden soll. Allein wir lesen nichts davon, daß Christus irgendwo im Blick auf die Firmung eine Verheißung gegeben hätte, mag er selbst auch vielen die Hände aufgelegt haben. ... Deshalb genügt es, die Firmung als kirchlichen Brauch oder als eine sakramentsähnliche Zeremonie zu betrachten. ...

2 Die Ehe als die von Gott eingesetzte Lebensform der Geschlechter

... Mag ... die Ehe ein Bild Christi und der Kirche sein (Eph 5, 31 f), – ein von Gott eingesetztes Sakrament aber ist sie nicht. Sie ist als solches vielmehr in der Kirche von Menschen erfunden, die durch ihre Unkenntnis der Sache wie des Wortes [der Schrift] in die Irre geführt waren. Da diese Unkenntnis [jedoch] dem Glauben nicht entgegensteht, muß man sie in der Liebe tragen, wie man auch sonst noch vielerlei, um was Schwäche und Unkenntnis eifern, in der Kirche erträgt, solange es dem Glauben und der göttlichen Schrift nicht entgegensteht. ...

Soviel über die Ehe selbst. Was sollen wir aber sagen über die gottlosen Menschensatzungen, in welche diese von Gott eingesetzte Lebensform verstrickt ist und [von denen sie] auf- und abgeschleudert wurde? Lieber Gott, mir graut davor, einzugehen auf die leichtfertige Art der römischen Tyrannen, die so sehr nach ihrer Willkür die Ehen zerreißen und wieder zusammenzwingen. ... Was heißt »heiraten verbieten« (1 Tim 4, 1 ff), wenn das nicht verbieten heißt, so viel Ehehindernisse zu erdichten und Fallstricke zu legen, daß sie nicht zusammenkommen können, und, wenn sie zusammen sind, die Ehen wieder aufzulösen? Wer hat Menschen solche Gewalt gegeben? ...

Es gibt heute nichts an [Ehe]hindernissen, das nicht mit des Mammons Hilfe gesetzlich werden könnte, so daß diese Menschensatzungen aus keiner andern Ursache entstanden zu sein scheinen, als um einmal geizigen Menschen und räuberischen Nimroden als Geldfangnetz und Fallstrick der Seelen zu dienen. ...

3 Die Priesterweihe als Bestellung zum Dienst an der Gemeinde

Von diesem Sakrament weiß die Kirche Christi nichts. Es ist von der Papstkirche erfunden worden. Es fehlt ihm ja nicht nur die Verheißung der Gnade, die irgendwo vorhanden wäre; das ganze Neue Testament erwähnt es auch nicht mit einer Silbe. ...

... Das Sakrament der Priesterweihe (– im römischen Verstande –) war und ist das herrlichste Werkzeug, um alle Ungeheuerlichkeiten, die bisher in der Kirche geschehen sind und noch geschehen, im Schwang zu halten: da ging die christliche Bruderschaft unter; da wurden aus Hirten Wölfe, aus Knechten Tyrannen, aus Geistlichen mehr als Weltliche. Wenn man sie zwänge, dem Raum zu geben, daß wir – wie wir es in Wahrheit sind (1 Petr 2, 9) – alle gleichermaßen Priester sind, soviel unser getauft sind, und wenn ihnen bloß der Dienst, jedoch mit unserer Zustimmung, übertragen bliebe, so müßten sie zugleich wissen, daß ihnen keinerlei Herrschaftsrecht über uns zusteht, ausgenommen dasjenige, das wir freiwillig zugestehen würden. ...

4 Die letzte Ölung als Fürbitte für Kranke und Sünder

Diesem Brauch, die Kranken zu salben (Jak 5, 14 f), haben unsere Theologen zwei Punkte hinzugefügt, die ihrer würdig sind. Erstens nennen sie es ein Sakrament. Zweitens handhaben sie [diese Ölung] als letzte. ...

... Wir werden sie jedoch unter diejenigen »Sakramente« zählen, welche *wir* eingesetzt haben wie die Salz- und Wasserweihe und die Besprengung. Wir können dabei nicht bestreiten, daß jede Kreatur durch Wort und Gebet geheiligt wird ..., ebensowenig leugnen wir, daß durch die letzte Ölung Vergebung und Friede gegeben wird, nicht weil es ein von Gott eingesetztes Sakrament wäre, sondern weil der Empfänger glaubt, ihm geschehe also. ...

Schluß: Auch der Bann aus Rom wird Luther nicht zum Widerruf bringen

Ich höre das Gerücht, daß man von neuem päpstliche Bullen und Flüche gegen mich bereit hat, durch die ich zum Widerruf gedrängt oder zum Ketzer erklärt werden soll. Ist das wahr, so soll dieses Büchlein ein Teil meines künftigen Widerrufs sein, damit die Tyrannen sich nicht beklagen können, sie hätten umsonst geschnaubt. Das übrige will ich, wenn Christus gnädig ist, nächstens an den Tag geben in einer Form, wie der römische Stuhl bis heute noch nichts gesehen noch gehört hat, und um meine Untertänigkeit überflüssig zu beweisen. Im Namen unseres Herrn Jesus Christus, Amen.

> Was fürcht'st du, Feind Herodes, sehr,
> daß uns besucht hat Christ, der Herr?
> Er sucht kein sterblich Königreich,
> der zu uns bringt sein Himmelreich.[166]

Bis zur Verbrennung der Bannbulle

Man hat nach dem Mißerfolg in der Kaiserwahl in Rom wieder Zeit, sich dem im Jahre 1519 fast ganz steckengebliebenen Prozesse Luthers zuzuwenden. Am 9. Januar 1520 beschließt das unter Vorsitz des Papstes tagende Kardinalskollegium die Wiederaufnahme des Prozesses gegen Luther, gegen seine Anhänger, gegen den Kurfürsten. In der Kommission, welche die Bulle gegen Luther vorbereiten soll, sucht Cajetan mildernd zu wirken, allein *Eck*, der angebliche Sieger von Leipzig, seit März 1520 in Rom, setzt leidenschaftlich seinen Einfluß ein, um Luther zu verderben. Anfang Mai wird der unter Ecks maßgeblicher Mitwirkung zustande gekommene Entwurf der Bulle dem Papst vorgelegt, der sich eben auf einem Jagdschloß befindet, und am 15. Juni 1520 wird die *Bannandrohungsbulle* »Exsurge Domine« in der päpstlichen Kanzlei ausgefertigt.

Die Bulle beginnt mit den Worten des 74. Psalms: »Mache dich auf, Herr, und richte deine Sache ...!« und klagt, der Weinberg des Herrn sei »von wilden Säuen zerwühlt« (Ps 80, 14). Sodann folgen 41, in den Schriften »eines gewissen Martin Luther« enthaltene Sätze, durchaus nicht die schlimmsten Ketzereien Luthers enthaltend, teils nebensächlicher Art, teils aus dem Zusammenhang gerissen, Sätze, die ohne Versuch einer schriftgemäßen Widerlegung in Bausch und Bogen verdammt werden. Kein katholischer Christ, Kaiser, Könige und Fürsten eingeschlossen, darf Luthers Schriften lesen, er muß vielmehr für deren Verbrennung sorgen. Wäre Luther, sagt die Bulle ferner, rechtzeitig nach Rom gekommen, wie ihm nahegelegt worden, so hätte er erkannt, daß die Päpste nie geirrt haben. Aber auch jetzt noch hat der Papst trotz aller ihm von Luther angetanen Schmach Geduld: wider-

---

166 *Vers aus einem altkirchlichen Hymnus, von Luther später deutsch nachgedichtet.*

ruft Luther innerhalb von 60 Tagen nach dem öffentlichen Anschlag der Bulle und gibt er der Kurie davon persönlich oder urkundlich Kenntnis, so wird ihn der Papst wieder in den Schoß der Kirche aufnehmen. Widerruft er nicht, so verfällt er dem Bann.

Vor der Ausfertigung der Bulle hat man von Rom aus nochmals einen Schritt gegen den Kurfürsten unternommen. Der Kurfürst erhält von dem greisen Kardinal Riario und dem Mainzer Geschäftsträger in Rom, Valentin von Tetleben, ein drohendes Ultimatum, er müsse Luther zum Widerruf zwingen. Auf Luthers Rat (1) entzog sich der Kurfürst dieser Forderung durch den Hinweis auf seine Neutralität und Luthers Bereitschaft, sich einem unverdächtigen Schiedsgerichte zu stellen; Luther rät sogar, den Gegner auf Böhmen hinzuweisen und zu fragen, ob man mit aller Gewalt aus Deutschland ein zweites Böhmen machen wolle (2).

Der Stein ist im Rollen. In demselben Sommer 1520, in dem nacheinander Luthers gewaltige Kampfschriften entstehen, werden zur Bekanntmachung und Vollstreckung der Bulle zwei Männer nach Deutschland und in die Niederlande gesandt; der eine ist Eck, päpstlicher Protonotar und Nuntius, der andere der kluge und scharfsinnige Bibliothekar des Papstes, Hieronymus *Aleander*.[167] Allein während es dem gewandten Aleander gelingt, den jungen Kaiser für seine Pläne zu gewinnen und die Bulle in den Niederlanden zu vollstrecken, hat Eck kein Glück mehr. Wohl wird die Bulle in Meißen, Merseburg und Brandenburg angeschlagen, allein in Leipzig, der Stadt seiner »Triumphe« über Luther, kommt es zu Studentenunruhen, in anderen Städten, so in Wittenberg, wird Eck ohne weiteres abgewiesen; die Humanisten lachen ihn aus, überall unterscheidet man zwischen dem Papst und ihm und zweifelt die Echtheit der Bulle an.

Hat der Papst keinen Gesandten, der das erregte Deutschland besser zu behandeln versteht? Ist nicht noch *Miltitz* da, dessen Auftrag ja noch nicht zurückgezogen ist und der Ecks Auftreten gereizt als törichte Störung seiner Vermittlungsaktion ansieht? In der Tat bringt es Miltitz fertig, Luther nochmals zu einer Zusammenkunft am 11. und 12. Oktober in dem Antoniterkloster *Lichtenberg*, halbwegs zwischen Wittenberg und Leipzig, zu bewegen. Luther hat inzwischen die Bulle zu Gesicht bekommen, ist aber auch jetzt noch entschlossen, wie er an

---

167   *Hieronymus Aleander (1480–1542) trat nach wechselvollen Schicksalen — er war Sekretär des berüchtigten Cäsar Borgia, Rektor der Universität Paris und Kanzler des Fürstbischofs von Lüttich — als Bibliothekar in den Dienst Leos X. Später wurde er als Erzbischof und Kardinal von den Päpsten oft zu Sondergesandtschaften verwendet.*

Spalatin schreibt (3), den Papst aus dem Spiel zu lassen und Eck allein für das Lügenmachwerk der Bulle verantwortlich zu machen. Ja, er erklärt sich in Lichtenberg bereit, nochmals einen Brief an den Papst und eine kleine Schrift für ihn zu schreiben; er soll darin seine bisherige Geschichte darlegen und versichern, er habe den Papst nie persönlich angreifen wollen. So schreibt Luther zugleich deutsch und lateinisch den »*Sendbrief an den Papst Leo X.*« und das Büchlein »*Von der Freiheit eines Christenmenschen*«, beide im November 1520 erschienen. Allein was ist unter Luthers Händen aus dem von Miltitz so klug eingefädelten Plane der Wiederanknüpfung der zerstörten Beziehungen geworden! Luther versichert zwar den Papst seiner persönlichen Achtung und bedauert ihn als unter die Wölfe gefallenes Schaf, aber er spricht rücksichtslos aus, daß das Ende des römischen Stuhls gekommen sei und daß er nur unter der Bedingung völliger Freiheit der Schrift und seiner Lehre widerrufen könne (4). Und in der Schrift zeigt er dem Papst, ohne mit einem Wort auf die schwebende Auseinandersetzung einzugehen, daß die wahre Freiheit der Kinder Gottes auf dem Evangelium ruht. In klassischer Zusammenfassung der evangelischen Lehre wird – gegenüber einer Kirche, die, zur Welt geworden, die Welt regieren will – deutlich, daß Christus die Gläubigen, die Teilhaber an seinem Königtum und Priestertum, frei macht vom Werk, vom Gesetz, von der Welt und ihren Mächten und sie eben damit allen Dingen untertan macht, um in der Welt, im Fleische, dem Nächsten gegenüber das neue Gesetz Christi, die Liebe, zu erfüllen. Es zieht sich durch die ganze Schrift *eine* nicht ausgesprochene Frage hindurch: Muß wirklich *diese* Lehre, die nichts anderes enthält als das Evangelium, als bösartige Ketzerei, als Ausgeburt der Hölle verdammt werden?

Zweimal ruft Luther im November 1520 die gefallene Kirche zur Umkehr auf. Zunächst in seiner lateinischen Schrift »*Gegen die fluchwürdige Bulle des Antichrist*«, die er am 4. November mit einem Begleitbrief (5) Spalatin zuschickt und in welcher er Papst, Kardinäle und die ganze Kurie, falls sie wirklich für die Bulle verantwortlich sind, zur Buße und zum Ablassen von ihren teuflischen Gotteslästerungen auffordert und ankündigt, daß *er sie*, wenn sie bei ihrer Raserei beharren, verdammen und sie samt der Bulle nach 1. Kor 5, 5 dem Satan übergeben werde zum Verderben des Fleisches, damit ihr Geist selig werde am Tage Jesu Christi. Zum andern erneuert Luther seine schon im Jahre 1518 (s. o. S. 123) vollzogene Appellation an ein *Konzil*, indem er am 17. November in öffentlicher Urkunde Kaiser und Reich, Fürsten und Städte auffordert, sich um der Ehre Gottes, des Schutzes der christlichen Kirche und der Erhaltung freier Konzilien willen seiner Appellation anzuschließen und dem frevelhaften Beginnen des Papstes Widerstand zu leisten.

Der Kaiser hört freilich Luthers Appell nicht. Er hat schon im September auf Aleanders Betreiben die neue Ketzerei in seinen burgundischen Erblanden verboten. Im Oktober werden in Löwen und Lüttich Luthers Bücher verbrannt. In Deutschland ist freilich die Lage schwieriger. Die Kölner Humanisten empfangen Aleander mit Schmähschriften. Der Kurfürst von Sachsen, den Aleander auf der Heimreise von der Aachener Kaiserkrönung in Köln abfängt, weigert sich, Luthers Bücher zu verbrennen und Luther auszuliefern. Mühsam gelingt es Aleander, in Köln und Mainz eine Bücherverbrennung durchzusetzen, wobei freilich beidemal lutherische Studenten dafür sorgen, daß mehr Altpapier als Lutherbücher verbrannt wird. Aber die Verbrennungen machen doch auch in Deutschland Eindruck. Der Bann ist immer noch eine furchtbare Waffe. Auch die Staatsmänner, Rechtskundigen und Gelehrten, welche die Durchführung der Bulle praktisch verzögern oder verweigern, denken nicht daran, den Boden des bestehenden Rechts zu verlassen und die Bulle grundsätzlich abzulehnen. Die Lage ist denkbar ungeklärt und unsicher.

Da tut Luther den Schritt, den er schon am 10. Juli 1520 Spalatin angekündigt hat (2). Am Morgen des 10. Dezember lesen die Wittenberger Studenten an der Türe der Pfarrkirche einen Anschlag von Melanchthons Hand, in dem sie eingeladen werden, sich um 9 Uhr vor der Stadtmauer bei der Heiligkreuzkirche einzufinden und der *Verbrennung* der gottlosen Bücher des päpstlichen Rechts und der scholastischen Theologie anzuwohnen. Zur genannten Stunde drängen sich Studenten und Professoren um einen brennenden Scheiterhaufen; die Werke des päpstlichen Kirchenrechts und einige scholastische Bücher werden ins Feuer geworfen. Dann tritt Luther, zitternd und betend, hinzu und wirft mit den fast unhörbar gesprochenen Worten: »Weil du den Heiligen Gottes verderbt hast, deshalb verderbe dich das ewige Feuer«[168] ein dünnes Heft ins Feuer — wie die Anwesenden erst am nächsten Morgen erfahren, die Bannbulle. Noch am selben Tage

---

168 *Luthers Ausspruch in dieser Form ist eine Zusammenfassung von drei Bibelstellen (Jos 7,25; Mk 1,24 und Apgesch 2,27). Nach anderer Überlieferung sagte Luther: »Weil du die Wahrheit Gottes verderbt hast, verderbe er auch dich in diesem Feuer!« Bei dem durch und durch christologisch bestimmten Denken Luthers ist die erste Version wahrscheinlicher; man vergleiche dazu auch den Brief an Spalatin vom 11. Oktober 1520 (Seite 189): »Ihr seht, daß in ihr Christus selbst verdammt wird . . .« Hinter der Bulle sieht Luther die bösen Geister am Werk, die sich gegen Christus auflehnen.*

hat Luther Spalatin einen kurzen Bericht über die Verbrennung geschrieben (6). Außer ihm ahnt wohl keiner der Teilnehmer die Tragweite dieses Schritts. Er selbst aber weiß, wie er am nächsten Morgen
seinen Hörern sagt, daß auf alle, die zu diesem Schritt stehen, entweder die Hölle oder das Martyrium wartet: die Hölle, wenn sie den
Kampf gegen den Antichrist unterlassen, das Martyrium, wenn sie
diesen Kampf aufnehmen. Er ahnt, was es bedeutet, daß er im Namen
Gottes Hand an die gesamte geistliche und damit auch an die Rechtsordnung seiner Zeit gelegt hat. Durch die Rechtsgelehrten geht ein
Schrecken hindurch; Luthers berühmter Wittenberger Kollege, Henning Göde, ruft aus: »Wessen unterfängt sich dieser räudige Mönch?«
und spricht damit seinem Stande aus der Seele. Auch Luthers Freunden
am Hofe und unter den Rechtskundigen ist durch sein Vorgehen der
Boden unter den Füßen weggezogen.

Unmittelbar nach der Verbrennung der Bulle hat Luther sein Handeln öffentlich gerechtfertigt in der Flugschrift »*Warum des Papsts und
seiner Jünger Bücher verbrannt sind*«. Es geht ihm wie in seinem
ganzen bisherigen Kampfe um die *Wahrung der Ehre Gottes*. Das
geistliche Recht entbindet den Papst vom Gehorsam gegen Gottes Gebot und gesteht ihm die Herrschaft über alles Recht zu. Das geistliche
Recht gibt dem Papst eine unumschränkte Gewalt über alle irdische
Obrigkeit. Das geistliche Recht macht den Papst zum alleinigen Herrn
über die Kirche, Konzilien und Bischöfe, über alle kirchliche Ordnung, über Gewissen und Seligkeit der Gläubigen, über Eide, Gelübde
und Heilige Schrift. Das geistliche Recht, wirksam unterstützt von
einer auf denselben Voraussetzungen ruhenden und dieselben Ziele
verfolgenden Theologie, ist also das vornehmste Mittel geworden,
Gott seiner Herrschaft zu berauben und an seine Stelle den Papst, die
Kirche, den Menschen zu setzen. Im Tempel Gottes sitzt nicht mehr
ER, sondern der Widersacher. Das Geheimnis der Bosheit ist offenbar
geworden. Dieser Offenbarung setzt Luther die echte Offenbarung
Gottes in der Schrift gegenüber. Das *Wort* allein — ohne menschlich-
gewalttätiges Nachhelfen — ist stark genug, dem Feinde entgegenzu-
wirken und ihn zu schlagen.

*1 Abwehr römischer Vorwürfe gegen Luthers Person · Brief aus
Wittenberg an Hofprediger Georg Spalatin vom 9. Juli 1520*

Gruß zuvor! Ich habe die Briefe aus Rom,[169] lieber Spalatin, gelesen, und zwar stumm, in tiefer Betrübnis, bei so bedeutenden Häup-

169 *Der Kurfürst hatte am 6. Juli 1520 die beiden Briefe aus Rom, von
Kardinal Raffael Riario und von Valentin von Tetleben, dem Mainzischen*

tern der Kirche ein solches Maß von Stumpfsinn und Gottlosigkeit zu finden. Sie sind, wie ich fürchte, durch das Gewissen und durch das Licht der Wahrheit so verstört worden, daß sie keines klaren Urteils mehr fähig sind. Sie verdammen meine Schriften, und gleichzeitig gestehen sie ihnen Geist und wissenschaftliche Bildung zu; dann heißt es wieder, sie hätten sie nicht gelesen und begehrten sie auch nicht zu lesen! Der Herr erbarme sich unser aller!

Allerdings — was kann nun gerade ich unsrem besten Kurfürsten raten zu antworten? Darum schreibe ich lieber an Euch. Einmal: Ihr wißt, mit wieviel gerechterem Grund ich Klage führen könnte als sie. Das können meine veröffentlichten Schriften bezeugen, in denen ich oft genug bekenne und klage, daß ich in diese Sache nicht aus Willkür hineingeraten, sondern mit Gewalt hineingezerrt worden bin. Sodann: ich habe mich oft genug zum Frieden und Stillschweigen bereit erklärt. Und wo ringe ich nicht flehentlich, fast wie ein Erpresser, um bessere Belehrung? Bis zum heutigen Tag ist es meine Absicht zu schweigen, wenn ich schweigen darf, d. h. wenn jene ebenfalls im Zaum gehalten werden.

Jedermann weiß, daß Eck mich aus keinem andern Grunde in die Sache mit dem Papst hineingezogen hat, als um mich, meinen guten Namen, all meine Schriften, ja überhaupt unsre Universität zum Gespött zu machen und mit Füßen zu treten. Und nun, da sie sehen, daß ich dem Kerl mit Gottes Hilfe widerstehe, bezichtigen sie mich unsinniger Ehrsucht! Was soll ich elender Mensch Ehre suchen, der ich doch keinen andern Wunsch habe, als in aller Stille und Verborgenheit abseits von der Öffentlichkeit leben zu dürfen? Mein Amt mag haben, wer will, meine Bücher mag verbrennen, wer will, ich bitte Euch — kann ich noch mehr tun? Das erkläre ich aber gleichzeitig: Solange ich nicht freigelassen werde *von* dem Lehramt und der Wortverwaltung, werde ich doch wenigstens frei sein *in* Ausübung meines Dienstes. Ich bin schon genug mit Sünden beladen; nun will ich nicht auch noch die Todsünde auf mich laden, daß ich als beauftragter Diener [am Wort] meinen Dienst versäume und schuldig erfunden werde eines frevelhaften Stillschweigens, der Vernachlässigung der Wahrheit und so vieler tausend Seelen! Mag sich der Kardinal rühmen, seine Kirche bedürfe keiner Verteidigung, — warum verteidigt er sie denn?

Ich bin ganz damit einverstanden, wenn unser erlauchter Kurfürst sich auch weiterhin, wie er es bisher tat, von meiner Sache fernhält

Geschäftsträger in Rom, empfangen und durch Spalatin an Luther zur Stellungnahme übersenden lassen.

und mich öffentlich preisgibt als einen Menschen, der eines Besseren belehrt und überführt werden müsse; er selber aber könne die Rolle des Belehrenden nicht übernehmen, Richter und Urteilsvollstrecker aber wolle er nicht sein, ehe nicht ein [endgültiges] Urteil abgegeben und aufgesetzt sei; er sehe auch nicht ein, wie er ohne Kenntnis des Falls – auf den jene ja mit keiner Silbe eingehen – jemand strafen könne, als hätte er es mit einem Türken oder Juden zu tun; es sei denn, daß die Römlinge wollen, er solle Menschen mehr als Gott gehorchen und gegen jemand vorgehen, von dessen Schuld oder Unschuld er nichts wisse; so etwas könne man nicht mit unverletztem Gewissen tun und zu einem solchen Gewissen könne man einen auch nicht durch irgendwelche Gebote zwingen, nicht einmal durch »göttliche«.

Sie sollen doch Sylvester, Eck, Cajetan und die andern strafen, die ohne jeden Grund zu ihrer eigenen Ehre diese Tragödie über die römische Kirche heraufbeschworen haben: Ich bin unschuldig. Was ich tat und was ich tue, geschieht unter einem Muß; ich bin jederzeit bereit, stillzuhalten, nur die Wahrheit des Evangeliums sollen sie nicht zum Stillhalten zwingen. Es gibt nichts, was sie von mir nicht erlangen werden, ja sie werden alles freiwillig bekommen, wenn sie nur den Christen den Weg zur Seligkeit frei lassen. Dies ist das einzige, was ich meinerseits von ihnen begehre, sonst nichts; gibt es noch einen bescheideneren Wunsch? Ich will keinen Kardinalshut, kein Gold, nichts, was zur Zeit in Rom hoch im Kurs steht. Oder, wenn ich das nicht erwirken kann, sollen sie mir mein Amt nehmen und mich in einem Wüstenwinkel leben und sterben lassen.

Ich Unglücklicher übe mein Lehramt gegen meinen eigenen Willen aus; doch muß ich zugleich dafür Böses leiden, während andere gern lehren und dafür noch geehrt werden. Ich bin in dieser Verfassung ganz und gar nicht willens, mich durch Drohungen einschüchtern oder durch Versprechungen beschwichtigen zu lassen. Oder verlangt man, ich sollte Furcht oder Hoffnung meinem Geist gewaltsam einprägen oder wenigstens äußerlich erheucheln?

Nun habt Ihr meine Meinung. Ich hoffe nur, unser erlauchter Kurfürst werde so schreiben, daß die Kirchenhäupter in Rom merken, Deutschland sei bis heute zu Boden gedrückt worden nicht durch seine eigene, sondern durch die Roheit der Italiener; so wolle es Gottes verborgener Ratschluß. Lebt wohl! Beigeschlossen erhaltet Ihr alles zurück, wie Ihr es schicktet.

Am Tag nach Kilian, 1520.   Martin Luther.

                                                        Br 2,134.6 ff

...[170] Was mich angeht, so sind die Würfel gefallen. Roms Haß und Gunst verachte ich. Ich will nie und nimmer Versöhnung oder Gemeinschaft mit ihnen. Mögen sie meine Schriften verdammen und verbrennen, – ich meinerseits werde das ganze päpstliche Recht, diese vielköpfige Schlange von Ketzereien, verdammen, wenn ich es nicht verbrennen kann, oder aber öffentlich verbrennen. Dann hat jene zur Schau getragene und bisher umsonst beobachtete Demut ein Ende; ich will nicht, daß die Feinde des Evangeliums durch sie noch aufgeblasener werden!

Je mehr ich über den Brief des Kardinals von St. Georg[171] nachdenke, desto mehr verachte ich die Leute, die sich vor lauter Feigheit und bösem Gewissen drehen und winden und dabei gleichsam mit dem letzten Atemzug [immer noch] grimmige Wut vortäuschen. Sie wollen ihre Torheit mit Gewaltmitteln verteidigen und haben doch Angst, es könnte nicht so gut ausgehen wie gestern und vorgestern. Der Herr aber, der mich als schändlichsten Sünder kennt, wird seine Sache vollenden, sei's durch mich oder durch einen andern. Daran zweifle ich nicht. Lebt wohl.

Wittenberg, 10. Juli 1520.   Martin Luther, Augustiner.

Wie wär's, wenn der Kurfürst noch folgendes hinzufügte: Die lutherische Lehre sei in Deutschland und darüber hinaus schon so weit ausgebreitet und tief verwurzelt, daß die Römlinge fürchten müßten, aus Deutschland ein zweites Böhmen zu machen, wenn sie die neue Lehre nicht mit Gründen der Vernunft und der Schrift, sondern mit Gewalt und Zensur überwinden wollten. Die Deutschen sind nun einmal, wie sie wohl wüßten, trotzigen Gemütes; wenn sie nicht durch Gründe der Schrift und der Vernunft gefangen sind, ist es nicht ungefährlich, sie – selbst durch viele Päpste – zu reizen, zumal gegenwärtig, wo in Deutschland Wissenschaften und Sprachen regieren und auch die Laien etwas zu verstehen anfangen. Deshalb wolle er dem pflichtgemäß als christlicher Fürst zuvorkommen, und er warne sie, sich in leichtsinnigem Pochen auf ihre Kraft und ohne vorherige klare Überlegung in eine Sache einzulassen; sie würden sonst eine unüberwindliche Empörung gegen sich entfesseln. Das sollte meiner Meinung

---

170 *Der erste Teil des Briefes enthält u. a. die Nachricht, daß Luther einen Brief des fränkischen Ritters Sylvester von Schauenburg erhalten hat und Rom gegenüber drohen will, er werde sich unter den Schutz der Ritter begeben.*

171 *Gemeint ist Kardinal Riario; vgl. Seite 182 und 185, Anmerkung 169.*

nach genügen, um diese unwissenden und feigen Römlinge in größte Angst zu jagen. Doch liegt die Entscheidung hierüber wie auch sonst bei Euch.   *Br 2,137,25 ff*

3 Die Ankunft der römischen Bulle · Aus einem Brief aus Wittenberg an Hofprediger Georg Spalatin vom 11. Oktober 1520

Gruß zuvor! Endlich ist die römische Bulle angekommen, die Eck mitgebracht hat! Unsre Freunde schreiben an den Kurfürsten ausführlich darüber. Ich verachte sie und bekämpfe sie bereits als gottlos, lügnerisch und in allen Stücken Ecks würdig. Ihr seht, daß in ihr *Christus selbst verdammt* wird, weiterhin daß keinerlei Begründung beigebracht wird, endlich daß ich nicht zu einem Verhör, sondern zum Widerruf aufgefordert werde. Erkennet daraus, daß sie [in Rom] voll Wut, mit Blindheit und Tollheit geschlagen sind und weder sehen noch denken wollen. Ich will aber immer noch den Namen des Papstes aus dem Spiel lassen und gegen die Bulle als unechtes Lügenmachwerk vorgehen, obwohl ich überzeugt bin, daß sie echt und ihr [geistiges] Eigentum ist. Wenn doch [Kaiser] Karl ein Mann wäre und für Christi Sache gegen diese Teufel kämpfte! Für mich selbst fürchte ich nichts; es geschehe, was Gott will! Was der Kurfürst tun soll, weiß ich auch nicht; sie einfach mit Stillschweigen zu übergehen, schiene mir in diesem Falle das beste. Denn in Leipzig und überall ist Eck mit seiner Bulle beispiellos verachtet; daher fürchte ich, die Bulle möchte etwa durch unsre eigene übertriebene Sorge und Unruhe Geltung erlangen, während sie, sich selbst überlassen, leicht Fiasko macht und einschläft. Ich lasse Euch ein Exemplar[172] zugehen, damit ihr die römischen Ungeheuerlichkeiten erkennen möget. Gelangen sie zur Herrschaft, so ist's um Glauben und Kirche geschehen.

Ich freue mich aber von ganzem Herzen, daß ich für die beste Sache [der Welt] Übles leiden muß; dieser heiligen Trübsal bin ich gar nicht wert. Ich weiß mich schon viel freier, seit ich endlich die Gewißheit habe, daß der Papst der *Antichrist* ist und sich offensichtlich als ein Wohnsitz des Teufels erwiesen hat. Gott möge nur die Seinen bewahren, daß sie durch den Anblick seines gottlosen Wesens nicht verführt werden!

Erasmus schreibt, der kaiserliche Hof sei von machtgierigen Bettelmönchen[173] geradezu belagert; auf Karl sei keine Hoffnung zu setzen. Verwunderlich ist das nicht: »Verlasset euch nicht auf Fürsten; sie sind Menschen, die können ja nicht helfen« (Ps 146, 3).

---

172 *Wohl eine Abschrift.*
173 *Z. B. der Beichtvater Karls V., Johannes Glapio, ein Franziskaner.*

Ich bin in dieser Stunde im Begriff, nach Lichtenberg zu gehen, um mich – auf Befehl des Kurfürsten – nochmals Karl von Miltitz zu stellen, obwohl der Präzeptor[174] es nicht haben will, da er weiß nicht was befürchtet. Lebt wohl und betet für mich! Ich werde meine Appellation erneuern[175] und nach dem Rat der Freunde tun, was zu tun ist, obwohl es mir lieber wäre, die Bulle nähme ihren Lauf wider mich. Aber es muß auch auf einige andere Rücksicht genommen werden. Wittenberg, den 11.[176] Oktober 1520.   Martin Luther, Augustiner.

Br 2,195,6 ff

4 a Luthers Achtung vor Papst Leo

Ich will aber frei und öffentlich das bekennen, daß mir nichts anderes bewußt ist, als daß ich, soft ich Deiner Person gedacht habe, allezeit das Ehrenhafteste und Beste von Dir gesagt habe. Hätte ich dies irgend [einmal] nicht getan, so könnte ich selbst es keineswegs loben, sondern müßte das Urteil meiner Kläger mit voller Anerkennung bekräftigen und wollte nichts Lieberes als einen Gegenvers zu diesem meinem Frevel und meiner Bosheit singen und mein sträfliches Wort widerrufen. Ich habe Dich einen Daniel in Babylonien genannt, und wie ich Deine Unschuld so eifrig gegen Deinen Lästerer Sylvester beschützt habe, kann jeder, der es liest, mehr als genug verstehen.

Aus Luthers »Sendbrief an Papst Leo X.« WA 7,3,22 ff

4 b Das Ende des römischen Stuhls

Indessen sitzest Du, Heiliger Vater Leo, wie ein Schaf unter den Wölfen (Matth 10, 16) und wie Daniel unter den Löwen (Dan 6, 16 ff) und mit Hesekiel unter den Skorpionen (Hes 2, 6). Was vermagst Du als einzelner gegen so viel wilde Scheusale? Und wenn Dir auch drei oder vier gelehrte, fromme Kardinäle zufielen, was wäre das unter solchem Haufen? Ihr müßtet vorher durch Gift untergehen, ehe Ihr den Versuch machtet, der Sache zu helfen. Es ist aus mit dem Römischen Stuhl; Gottes *Zorn* hat ihn überfallen ohne Aufhören. Er ist den allgemeinen Konzilien feind; er will sich weder unterweisen noch reformieren lassen und vermag doch sein wütendes, unchristliches Wesen nicht zu verhindern. . . .

Es wäre eigentlich Deine und der Kardinäle Aufgabe, diesem Jammer zu wehren; aber die Krankheit spottet der Arznei, Pferd und Wagen geben nichts auf den Fuhrmann. . . .

Aus Luthers »Sendbrief an Papst Leo X.« WA 7,5,32 ff; 6,4 ff

174 *Wolfgang Reißenbusch, Präzeptor des Antoniterhauses zu Lichtenberg.*
175 *An ein künftiges allgemeines Konzil, vgl. oben Seite 183.*
176 *Luther schrieb im Brieftext fälschlich: den 13. Oktober.*

So komme ich nun, Heiliger Vater Leo, und zu Deinen Füßen liegend bitte ich, Du wollest, wenn es möglich ist, Deine Hand dazu bieten, den Schmeichlern, die des Friedens Feinde sind und doch Frieden heucheln, einen Zaum anzulegen. Daraus aber, daß ich meine Lehre *widerrufen* sollte, – daraus wird nichts; das braucht sich auch niemand vorzunehmen, es sei denn, er wollte die Sache in eine noch größere Wirrnis hineintreiben. Sodann kann ich [menschliche] Regeln oder Maßstäbe für die Auslegung der Schrift nicht ertragen; denn das Wort Gottes, das alle Freiheit lehrt, soll und darf nicht gefangen sein. Bleiben mir diese zwei Stücke, so soll mir sonst nichts aufgelegt werden, das ich nicht mit aller Bereitwilligkeit tun und leiden wollte.

Aus Luthers »Sendbrief an Papst Leo X.« WA 7,9,25 ff

5 Scharfe Zurückweisung der gotteslästerlichen Bulle · Brief aus Wittenberg an Hofprediger Georg Spalatin vom 4. November 1520

Gruß zuvor! Auch ich bin erstaunt, lieber Spalatin, daß Ihr durch irgendwelche Zwischenfälle meine Briefe nicht erhieltet. Ich habe zweimal geschrieben und vernehme, daß nichts bei Euch ankam.

Es freut mich, daß Ihr endlich einmal die Nichtigkeit der deutschen Hoffnungen einsehet, damit Ihr lernet, Euch nicht auf Fürsten zu verlassen, und aufhöret, vom Urteil der Menschen abhängig zu sein, wie Ihr es bisher waret, – gleichviel, ob sie meine Sache loben oder verdammen. Wäre das Evangelium derart, daß es der Propaganda oder des Schutzes der Mächtigen der Welt bedürfte, so hätte es Gott nicht Fischern anvertraut. Nein, lieber Spalatin, es ist nicht Sache der Fürsten und der Priester der Welt, Gottes Wort zu schützen; aus dem Grunde bitte ich auch nicht um ihren Schutz, sie müssen vielmehr (nach Ps 2, 2) einander beistehen wider den Herrn und seinen Gesalbten. Was ich tue, tue ich vielmehr darum, daß sie durch den Dienst, den sie mir leisten, sich um das Wort Gottes verdient machen und durch das Wort gerettet werden. Es jammert mich freilich derer, die das Wort gehört und vei. .men haben, denn sie können es nicht ohne das ewige Verderben verleugnen, verlassen, verhehlen, und wir haben dafür Sorge zu tragen, daß auch Ihr samt mir und vielen unserer Freunde nicht darunter erfunden werdet. Darum müssen wir um einen tapferen Geist bitten.

Es ist schwer, allen Päpsten und Fürsten widersprechen zu müssen. Aber es gibt keinen andern Weg, um der Hölle und dem Zorn Gottes zu entrinnen. Sehet darum zu, ob nicht diejenigen, die sich durch meine Heftigkeit abgestoßen fühlen, Leute sind, welche die Sache des Wortes geringschätzen und alle möglichen menschlichen Erwägungen anstellen. Wer einmal die Sache [des Evangeliums] nach ihrem wirklichen Wert ermißt, bei dem ist's nicht zu verwundern, wenn er in ein Geschrei aus vollem Halse ausbricht. Ich selbst würde, wenn Ihr nicht dergestalt drängen würdet, die ganze Sache Gott befehlen und keinen Schritt über die bisherigen hinaus tun; ich weiß ja, daß die Sache allein durch seinen Rat und Tat geführt werden muß.

Ich habe eine lateinische Gegenbulle herausgegeben, die ich mitsende; sie wird auch deutsch gedruckt.[177] Laßt es Euch bitte nicht anfechten, wenn sich manche darüber entrüsten, daß sie gegen »wohlüberlegte Anordnungen« eifere. Die Anordnungen des römischen Papstes, durch die Christus ausgetilgt und die Verleugnung des Glaubens geradezu befohlen wird, sind keine »wohlüberlegten Anordnungen«. Meine helle Empörung in der Sache zwang mich zur Kürze. So martert mich diese teuflische Bulle; fast wäre ich ganz in Schweigen versunken. Gibt es einen Teufel, der seit Anbeginn der Welt je so frech gegen Gott geredet hat? Was soll ich da noch sagen? Die Übermacht der entsetzlichsten Lästerungen in dieser Bulle überwältigt mich — und kein Mensch merkt es! Ganz und gar bin ich überzeugt davon, daß der Jüngste Tag vor der Tür steht, und das aus vielen und gewaltigen Beweisgründen. Das Reich des Antichrists geht seinem Ende entgegen! . . .[178]   Br 2,210,6 ff

6 Die Verbrennung der Bannbulle und der päpstlichen Rechtsbücher · Aus einem Brief aus Wittenberg an Spalatin vom 10. Dezember 1520

Gruß zuvor! Am 10. Dezember des Jahres 1520 um 9 Uhr sind zu Wittenberg beim Osttor in der Nähe der Heiligkreuzkapelle alle Bücher des Papstes verbrannt worden: das Dekret, die Dekretalen, der Sextus, die Clementinen, die Extravaganten[179] und die neueste Bulle

177   Der Titel war »Adversus execrabilem Antichristi Bullam«, deutsch: »Wider die Bulle des Endchrists.«
178   Im zweiten Teil des Briefs berichtet Luther, daß Herzog Georg von Sachsen und der Bischof von Merseburg gegen ihn wüten; andrerseits hat der Bischof von Bamberg die Bulle abgelehnt, die Erfurter Studenten haben sie in Stücke zerrissen.
179   Diese Werke enthalten zusammen das gesamte Kirchenrecht der mittelalterlich-katholischen Kirche. Das »Decretum Gratiani« umfaßt den ersten Teil; ihm folgen die »Decretalen«, die offiziell anerkannten Sammlungen kirchlicher Rechtsvorschriften. Was Luther mit Decretalen bezeichnet, ist die unter Papst Gregor veranstaltete erste Sammlung, der sog. »Liber Extra«, dem als weitere Sammlungen der »Liber Sextus«, die Clementinen und die Extravaganten (vgl. Seite 120, Anmerkung 95) folgen.

Leos X., desgleichen die Summa angelica,[180] der Chrysopassus[181] von Eck und andere Schriften desselben Verfassers und Emsers,[182] sowie weiteres, das andere hinzufügten, damit die papistischen Brandstifter merken, es sei keine große Kraftleistung, Bücher zu verbrennen, die sie nicht widerlegen können ... Br 2,234,4 ff

DER REICHSTAG ZU WORMS

Im Oktober 1520 ist *Karl V.*[183] in Aachen eingeritten, ein melancholisch dreinblickender, bleicher junger Herr. Er war bisher, fast anderthalb Jahre lang, durch spanische Händel und europäische Verwicklungen verhindert, sich den deutschen Angelegenheiten zuzuwenden. Nun wird er in Aachen zum deutschen König gekrönt und nimmt mit Zustimmung des Papstes den Titel eines erwählten römischen Kaisers an.

Schon im Dezember ist Karl in *Worms*, wohin sein erster Reichstag berufen worden ist. Am 28. Januar 1521 eröffnet er den deutschen Reichstag, völlig durchdrungen von seiner kaiserlichen Würde und von dem Gedanken, daß dem römischen Reiche keine andere Monarchie zu vergleichen sei. Der junge Kaiser sieht sich freilich vor eine Fülle verwickelter Aufgaben gestellt. Er hat sich zunächst mit dem Unabhängigkeitswillen der deutschen *Stände*, vor allem der Territorialfürsten auseinanderzusetzen, welche durch eine Wahlkapitulation

180 *Eine Schrift des Angelus de Clavassio († 1495) über Beichtfragen, von Luther in der Schrift über die Babylonische Gefangenschaft der Kirche als »mehr als diabolisch« bezeichnet.*

181 *Ein 1514 erschienenes Werk Ecks über die Prädestination.*

182 *Hieronymus Emser, 1477–1527, Sekretär des Herzogs Georg von Sachsen in Dresden, stellte sich als Humanist in den Dienst der päpstlichen Sache. Luther schrieb 1519 gegen ihn die Schrift »An den Emserschen Steinbock« (der Titel bezog sich auf Emsers Wappen).*

183 *Karl V., 1500–1558, Enkel des Kaisers Maximilian, Sohn Erzherzog Philipps von Österreich und der spanischen Königstochter Johanna, in den Niederlanden streng kirchlich erzogen, 1506 Herr der Niederlande, 1516 König von Spanien, Neapel und Sizilien, als Erbe Maximilians Herr auch der österreichischen Herzogtümer, wurde am 28. Juni 1519 zum deutschen Kaiser gewählt (s. oben Seite 129) und am 22. Oktober 1520 in Aachen gekrönt. Durch die auf dem Wormser Reichstag erfolgte Übertragung des österreichischen Besitzes an Erzherzog Ferdinand, seinen Bruder, legte Karl den Grund zum späteren Staat Österreich. Schon im Jahr 1521 brach zwischen ihm und Franz I. von Frankreich der Krieg aus, der erst mit dem Madrider Frieden 1526 für Franz ungünstig schloß.*

ihren Machtbereich zu erweitern trachten; er tut dies zäh, klug und ohne seinem Ansehen etwas zu vergeben. Darüber hinaus aber drängen sich ihm in mächtigem Überschwang die begeistert-aufgeregten Hoffnungen, Wünsche und Forderungen eines ganzen *Volkes* entgegen, alle Welt hallt wider von Schlagworten aus Huttens Schriften; endlich – so hofft man – werden die alten Beschwerden deutscher Nation erhört, verhandelt, abgetan werden, darum wird der Kaiser, das edle, junge Blut, überall mit erwartungsvollem Jubel begrüßt. Wird er freilich, der deutschen Sprache kaum mächtig, diese Hoffnungen verstehen, wird er, wie die Humanisten verlangen, den Graumönch Glapio entlassen und dafür Hutten und Erasmus als seine Räte annehmen? Im Hintergrunde sieht er ja noch, in unheimlichem Zusammenhang mit der Erregung des Volkes, die unbekannte Gestalt des Wittenberger Ketzers, dessen gefährliche, alle Obrigkeit in Frage stellende Lehre offenbar Bürger, Gelehrte, Ritter, ja Fürsten umnebelt und in diesen wilden Taumel versetzt hat. Kann sich der Kaiser mit voller Kraft und ausschließlicher Hingabe der Lösung dieser Fragen zuwenden, er, dessen Riesenreich fast auf allen Fronten in schärfster Spannung zu *Frankreich* steht, er, der für die kommende Auseinandersetzung mit Frankreich auf die Hilfe des *Papstes*, vor allem in Italien und Spanien, angewiesen ist? Karl ist nicht blind gegen die Schäden der Kirche und zu selbständig, um sich zum Werkzeug Roms erniedrigen zu lassen; er hat das Verhalten des Papstes bei seiner Wahl in gutem Gedächtnis behalten. Aber ist er nicht durch die politische Lage geradezu genötigt, mit der zweiten, neben ihm stehenden höchsten Gewalt der abendländischen Christenheit ein freundschaftliches Einvernehmen zu finden?

Schon vor der Eröffnung des Reichstages hat ein durch Wochen sich hinziehendes briefliches und mündliches Verhandlungs- und Ränkespiel eingesetzt, ob Luther nach Worms kommen solle oder nicht. Der *Kurfürst* glaubt es mit der Neutralität, die er in Luthers Sache nach außen hin peinlich genau beobachtet, wohl vereinbaren zu können, wenn er Luthers Anwesenheit in Worms für wünschenswert und erforderlich hält; auf dem Reichstag zu Worms, auf dem alle Beschwerden und Händel deutscher Nation zur Sprache kommen werden, soll auch Luthers Sache durch ein Schiedsgericht und unter dem Schutz der höchsten Reichsgewalt zum Austrag kommen. Schon Ende Dezember hat Luther erklärt, daß er einer kaiserlichen Vorladung nach Worms unter allen Umständen ohne Rücksicht auf sein Leben, Wohl und Wehe um des freien Bekenntnisses des Evangeliums willen Folge leisten werde (1). Allein gegen diesen Plan arbeitet Nuntius *Aleander* mit allen

Mitteln, in völlig klarer Erkenntnis der Gefahrenlage. Er kennt die Schwäche seiner Stellung gut genug; im Grunde kann er sich nur auf die beim Reichstag anwesenden Kardinäle, die »roten Hütlein«, ganz verlassen. Die deutschen Fürsten sind völlig unzuverlässig; sie haben dem Reichstag eine Zusammenstellung der deutschen Beschwerden vorgelegt, die in vielem ein Seitenstück zu Luthers Schrift an den deutschen Adel ist. Vom Volke fühlt sich Aleander wie geächtet, er kann sich kaum öffentlich sehen lassen. Das unruhige Brodeln in der Tiefe des Volks wirkt unheimlich auf den ängstlichen Mann; neun Zehntel Deutschlands, sagt er, schreien ›Luther!‹, das übrige Zehntel ›Tod dem römischen Hof!‹. Andrerseits steht für Aleander nicht nur Ansehen und Gültigkeit des in der Bulle gefällten Urteils, sondern gerade auch die von Luther bestrittene Herrschaft des geistlichen Rechts über die weltliche Obrigkeit auf dem Spiel: nachdem der Spruch des Papstes gefällt ist, vollends nachdem Luther durch die Verbrennung der Bulle und des geistlichen Rechts zur offenen Kriegserklärung übergegangen ist, ist der Fall Luther entschieden, der weltliche Arm hat nur noch automatisch das Urteil zu vollstrecken; ob Luther widerruft oder nicht, er hat beidemale auf dem Reichstag nichts verloren. Zwischen beiden Gruppen, der sächsischen und der römischen, steht der *Kaiser* und seine geistlichen und weltlichen Räte. Sie haben bei allen Entschlüssen das Verhältnis zum Papst, die gespannte außenpolitische Lage, die erregte Stimmung in Deutschland, die eigene militärische Schwäche und – nicht zu vergessen – die dunkle Nähe des über seinen Plänen brütenden Sickingen zu berücksichtigen. Aleander, der längst ein Gesetz gegen Luther fertig hat, gerät langsam in Verzweiflung. Hat er den Kaiser endlich von der Notwendigkeit scharfen Vorgehens gegen Luther überzeugt, so kommen Querschläger von den kaiserlichen Räten, welche, besonders Glapio, das ganze Verfahren aus Aleanders Händen in ihre eigenen spielen wollen. Sind diese Pläne an dem Widerstand des Kurfürsten gescheitert, darf Aleander am 13. Februar 1521 nach dreistündiger Rede ein Gesetz zur Unterdrückung von Luthers Schriften vom Reichstag verlangen, so muß er erleben, daß der Reichstag das Gesetz kurzerhand ablehnt und fordert, Luther solle, schon mit Rücksicht auf die Volksstimmung, nach Worms kommen und von Sachverständigen verhört werden. Dagegen sträuben sich nun wieder Kaiser, Räte und Nuntius, aber es hilft ihnen nichts, sie müssen endlich dem Reichstag und der öffentlichen Meinung nachgeben. So wird am 6. März 1521 ein kaiserlicher Brief ausgestellt: Kaiser und Reich wollen »Erkundigung« über Luthers Lehre einziehen – von einem Widerruf wird nicht gesprochen – und zitieren ihn unter Zusicherung freien Geleites binnen 21 Tagen nach Worms.

Vorläufig hat so die Politik des Kurfürsten gesiegt, welche die Entscheidung verzögerte und dem Reichstag zuschob. Aleander erfährt nicht einmal den Beschluß der Stände, Luther durch den Reichsherold Kaspar Sturm abholen zu lassen. Aber er gibt das Spiel noch lange nicht verloren. Im Bunde mit dem Luther feindlichen kaiserlichen Großkanzler Gattinara listet er, um vor Luthers Ankunft eine vollendete Tatsache zu schaffen und um ihn von Worms zurückzuschrecken, dem Kaiser die Unterschrift unter ein Mandat ab, das die Beschlagnahme aller Bücher Luthers befiehlt und feststellt, daß Luther nur zum Widerruf nach Worms kommen werde. Bereits am 26. und 27. März wird das Mandat in Worms veröffentlicht; es wird außerhalb von Worms bis nach Kursachsen hin rasch genug bekannt. Zwar geht der Verkauf lutherischer Bücher unter Aleanders Augen in Worms ungestört weiter, aber im kurfürstlichen Quartier ist man von diesem Gegenschlag doch peinlich überrascht.

Ferne von dieser giftigen, mit Mißtrauen und Lüge geladenen Luft schreibt Luther in der Stille Wittenbergs Schrift um Schrift. Seine Rechtfertigungsschrift für die von der Bulle verdammten Artikel, lateinisch und deutsch – »Grund und Ursach aller Artikel, so durch die römische Bulle unrechtlich verdammt worden« –, wird in den ersten Monaten des Jahres 1521 fertig; eine Reihe Gegner hat sich wieder erhoben, gegen die er schreiben muß: Hieronymus Emser (1477–1527), der Hofkaplan und Sekretär des Herzogs Georg von Sachsen, der abenteuerliche Franziskaner Thomas Murner (1475–1537), der die Narrheiten seiner Zeit so gut zu geißeln weiß, von Luther aber kurz abgefertigt wird, und endlich der italienische Dominikaner Ambrosius Catharinus, der sich zum Verteidiger des Sylvester Prierias aufwirft und demgegenüber Luther, seine bisherigen Thesen noch verschärfend, alle vom Antichrist handelnden Schriftstellen auf die römische Kirche deutet und auslegt. Mehr jedoch als alle Last durch Schriften, Predigten, Briefe, Besuche peinigt Luther die Nachricht, daß *Staupitz*, sein Lehrer und Beichtvater in schwerer Anfechtung, von ihm abgerückt ist. Die Staupitzsche Theologie hält die furchtbare Erschütterung durch das »Allein aus dem Glauben« nicht aus; der Mystiker braucht als Gehäuse seiner Frömmigkeit die äußere, rechtlich geordnete Kirche; der Benediktinerabt und Hofprediger des Erzbischofs von Salzburg anerkennt den Papst als höchsten Richter über sich. Luther, ohne Rücksicht Staupitz darüber zur Rede stellend, läßt keinen Zweifel übrig, daß er in diesem Verhalten jämmerliche Angst, mangelnden Mut zum Bekenntnis und eine Beleidigung Christi erblickt (2).

Von Worms hört Luther in diesen Tagen wenig. Endlich trifft am 26. März die kaiserliche Zitation in Wittenberg ein (3). Luther predigt über die Osterfeiertage nochmals nach seiner Gewohnheit, ohne daß die erregte Gemeinde von ihm ein Wort über Worms zu hören bekommt. Am Osterdienstag, dem 2. April, fährt er mit Amsdorf und zwei weiteren Reisebegleitern von Wittenberg weg. Seine Fahrt durch Deutschland gleicht einem Triumphzug. Wo er durchfährt, strömt das Volk zusammen. In Erfurt empfängt ihn die gesamte Universität. Aber je näher er an Worms herankommt, desto mehr häufen sich die Hindernisse. Den Versuch, ihn durch die Veröffentlichung des kaiserlichen Mandats von Worms abzuhalten, durchschaut Luther zwar rasch; er fährt ruhig weiter. Schwerer wiegt seine Erkrankung, die in Eisenach beginnt und in Frankfurt, wo er am 14. April eintrifft, noch anhält; aber er wird den Pforten der Hölle und allen Dämonen zum Trotze doch nach Worms kommen (4). Noch schlimmer: Der gewandte Glapio hat es fertiggebracht, nicht nur Hutten und Sickingen, sondern auch Luthers engere Anhänger zu Werkzeugen einer fein ersonnenen Intrige zu gewinnen; Butzer, übereifrig, sucht geschäftig eine Begegnung zwischen Luther und dem einflußreichen Beichtvater des Kaisers zu vermitteln – und wird von Luther ruhig beiseitegeschoben. Endlich das letzte Hindernis: Plötzlich will auch der Kurfürst, von Kleinmut gelähmt, nicht mehr, daß Luther nach Worms kommt. Aber Luther ist, wie er später in seinem Bericht über die Reise und den Reichstag erzählt (5), »toll« geworden durch Gottes Kraft; er zieht seine Straße, ohne sich durch teuflische Schliche, die Känke der Feinde und die gutgemeinte oder angstvolle Torheit der Freunde aufhalten zu lassen.

Am Dienstag, dem 16. April 1521, morgens um 10 Uhr, fährt Luther, von zahlreichen Edelleuten geleitet, durch die gedrängt vollen Straßen in Worms ein. Am folgenden Tage, abends um 6 Uhr, wird er vom Reichsmarschall Ulrich von Pappenheim und vom Reichsherold Kaspar Sturm vor den in der bischöflichen Pfalz versammelten Reichstag geführt. Aus der Prüfung seiner Lehre durch ein Sachverständigengericht ist nun doch eine Verantwortung in größter Öffentlichkeit vor dem Tribunal der höchsten Reichsgewalt geworden. Es handelt sich auch nicht mehr um »Erkundigung« seiner Lehre, sondern er wird gefragt, ob er seine Bücher anerkennen und ob er sie nicht widerrufen wolle. Luther ist bei der vor ihm stehenden Entscheidung vollkommen allein – wie bisher. Darin, daß er nun unter Berufung auf die Wichtigkeit der Sache, die den Glauben, das Heil der Seele und das Wort Gottes angeht, Bedenkzeit für seine Antwort fordert (5), ist im Grunde die Antwort des nächsten Tages und damit die Entscheidung schon enthalten. Am Abend des 18. April steht Luther zum zweiten Male in dem heißen, fackelhellen, überfüllten Saal vor dem Reichstag und gibt in einer langen Rede, zuerst deutsch, dann auf Verlangen lateinisch, seine Antwort. Er ist bereit, seine Bücher, die er in drei Gruppen einteilt (5), zu widerrufen, sobald er durch die Schrift eines besseren belehrt wird. Er legt, wie die Reichstagsakten festhalten, der Versammlung seine inständige Bitte vor:

»Daher bitte ich durch die Barmherzigkeit Gottes Eure heilige Majestät, die erlauchten Herrn oder wer sonst, hoch oder niedrig, Zeugnis ablegen will, er möge meine Irrtümer ans Licht bringen und sie mit den prophetischen und evangelischen Schriften überwinden. Bin ich belehrt, so will ich gerne jeden Irrtum widerrufen und will der erste sein, der meine Bücher ins Feuer wirft.«

Der Versammlung, die um die Einheit von Reich und Kirche bangt, erklärt Luther, es sei für ihn die größte Freude, daß um des Wortes Gottes willen Rotten und Zwietracht entstehen. Wehe, wenn die Behebung der Zwietracht mit der Verdammung des Wortes Gottes beginnt; eine Flut von Übeln und das Scheitern der so hoffnungsvollen Regierung des jungen Kaisers wird die Folge sein.

Nicht Luther, sondern der Reichstag ist nun vor die Entscheidung gestellt: er soll Luthers Lehre auf ihre Schriftechtheit prüfen. Aber das kann er nicht, denn diese Frage hat der Papst schon entschieden. Zurück kann er jedoch auch nicht mehr; denn er hat sich schon zu tief mit der Sache eingelassen. Darum beschließt er, Luther nochmals um eine aufrichtige, ehrliche und unzweideutige Antwort befragen zu lassen. Luthers lateinische Antwort lautet:

»Weil Eure Majestät und Eure Gnaden eine schlichte Antwort begehren, so will ich eine solche ohne Hörner und Zähne geben: Werde ich nicht durch Zeugnisse der Schrift oder durch klare Vernunftgründe überwunden — denn ich glaube weder dem Papst noch den Konzilien allein, da es am Tage ist, daß sie des öfteren geirrt und sich selbst widersprochen haben —, so bleibe ich überwunden durch die von mir angeführten Stellen der Schrift und mein Gewissen gefangen durch Gottes Wort. Widerrufen kann und will ich nichts, denn es ist weder sicher noch heilsam, gegen das Gewissen zu handeln. Gott helfe mir, Amen.«[184]

184 Den letzten Satz sprach Luther deutsch. Er pflegte mit diesen Worten seine Predigten zu schließen.

Damit sind nun auch nach außen hin die Würfel gefallen. Auf einen Wink des Kaisers wird Luther, von Scharen der Edelleute umgeben (5), in seine Herberge geführt. Am nächsten Morgen tut der Kaiser den Kurfürsten und Fürsten seinen Entschluß kund, er werde Reich und Herrschaft, Leib und Blut, Leben und Seele für die katholische Kirche gegen Luthers gottlose Sache einsetzen. Er sei fest entschlossen, gegen ihn als einen offenkundigen Ketzer vorzugehen, und erwarte von den Fürsten, daß sie ebenfalls ihre Christenpflicht erfüllen.

Die Stände wollen noch einen Versuch machen, um das Äußerste zu verhindern. In den nächsten Tagen wird Luther in Sonderausschüssen bearbeitet (5). Es sind wohlwollende, eifrige, kluge Männer, die auf ihn einreden: der reformfreundliche badische Kanzler Vehus und Peutinger, der gelehrte Augsburger Jurist und Altertumsforscher. Sie wollen allen Anliegen gerecht werden, wissen aber keinen besseren Rat als den, Luther möge »die Bibel aus der Faust geben« und die ganze Sache vertrauensvoll dem Kaiser und den Ständen überlassen. Noch einmal stürmt in diesen Tagen alles auf Luther ein, was an Versuchung und Kampf, Zagen und Ringen bisher durch seine Seele ging. Aber er muß darauf beharren, daß er ein Gefangener der Schrift ist. Hier hat alle Verständigungsbereitschaft auch der besten Vertreter des alten Glaubens eine Grenze.

Am Abend des 25. April erhält Luther den Endbescheid des Kaisers: Er werde nun, da alle Ermahnungen fruchtlos geblieben seien, als Schirmherr des katholischen Glaubens gegen ihn vorgehen. Innerhalb 21 Tagen habe er sich – noch unter freiem Geleite – an seinen Ort zurückzuverfügen, ohne unterwegs zu predigen. Am Morgen des 26. April verläßt Luther Worms ohne Aufsehen. Er hat vorher durch die kurfürstlichen Räte insgeheim erfahren, der Kurfürst beabsichtige, ihn unterwegs irgendwohin beiseite bringen zu lassen.

1 Bereitschaft zur Verantwortung in Worms · Brief aus Wittenberg an Hofprediger Georg Spalatin vom 29. Dezember 1520

Gruß zuvor! Ich habe aus Allstedt Briefabschriften und ebenso heute Euren Brief aus Kindelbrück empfangen. Ihr erbittet darin von mir Auskunft, was ich im Fall einer Vorladung durch Kaiser Karl tun werde – vorausgesetzt, daß dabei keine Gefahr für das Evangelium oder das Gemeinwohl entsteht; Ihr seid ja der Ansicht, daß die Feinde alle Hebel in Bewegung setzen, um diesen Fall zu beschleunigen.

Ich meinerseits werde, soviel dann auf mich ankommt, einer Vorladung Folge leisten; wenn ich gesund nicht kommen kann, lasse ich mich krank hinführen. Denn daran darf es keinen Zweifel geben: Ein Ruf des Kaisers bedeutet, daß ich von Gott gerufen werde. Ferner: Wenn sie, was wahrscheinlich ist, Gewalt anwenden – denn sie betreiben meine Vorladung gewiß nicht, um eines besseren belehrt zu werden –, so muß die Sache dem Herrn befohlen werden. Denn der Gott lebt und regiert noch, der die drei Männer im Feuerofen des Königs von Babylon beschützt hat. Will er [mich] nicht schützen, so ist mein Haupt eine Kleinigkeit im Vergleich mit Christus, der zur höchsten Schmach, zum allgemeinen Ärgernis und zu vieler Verderben zu Tode gemartert wurde. Hier darf es keine Rücksicht auf Gefahr oder Wohl und Wehe geben; hier gibt es vielmehr nur *eine* Sorge: daß wir das Evangelium, mit dem wir angetreten sind, nicht dem Spott der Gottlosen preisgeben, daß wir den Feinden keinen Anlaß zum Triumph über uns geben, als wagten wir kein freies Bekenntnis unsrer Lehre, daß wir uns nicht fürchten, unser Blut für das Evangelium zu vergießen. Vor solcher Feigheit bei uns und solchem Triumph bei ihnen bewahre uns Christus in seiner Barmherzigkeit! Amen.

Darum, wenn es auch so kommen muß, daß die Könige der Erde und die Fürsten sich versammeln und mit den Heiden und Völkern wider den Herrn und wider seinen Gesalbten murren (Ps 2, 1 f), so lehrt doch der Heilige Geist in demselben Psalm (V. 12), daß selig würden, die auf ihn trauen. Und nicht nur das, sondern der Herr wird ihrer lachen und spotten (V. 4). Die Entscheidung, ob aus meinem Leben oder aus meinem Tod mehr oder weniger Gefahr für das Evangelium und das Gemeinwohl entsteht, liegt auf keinen Fall in unsern Händen. Ihr wißt, daß Gottes Wahrheit der Fels des Ärgernisses ist (Jes 8, 14), gesetzt zu einem Fall und Auferstehen vieler in Israel (Luk 2, 34).

Soweit wir aber etwas zu sorgen haben, bleibt uns jetzt als einzige Aufgabe die Bitte zu Gott, [Kaiser] Karl möge seine Herrschaft nicht damit beginnen, daß er mein oder eines andern Blut zum Schutz der Gottlosigkeit vergießt. Lieber wollte ich, wie ich schon oft sagte, allein in den Händen der Romanisten verderben, als daß seine Hände in die Sache verstrickt würden ... Soll's aber dennoch geschehen, daß auch ich [wie Joh. Huß] nicht nur der Priesterschaft, sondern auch der Welt in die Hände falle, so geschehe des Herrn Wille. Amen.

Damit habt Ihr meine Meinung und meinen Willen. Erwartet alles von mir, aber nicht Flucht und Widerruf. Ich will nicht fliehen, noch viel weniger widerrufen. Darin stärke mich der Herr Jesus. Keines von beiden könnte ich ja tun ohne Gefahr für den Glauben und das Heil vieler ...

Lebet wohl und seid stark in dem Herrn.
Wittenberg, am Tag des Märtyrer Thomas[185] (wie viele glauben)
1520.   Martin Luther.

Br 2,242,4 ff

2 Harter Tadel für den Umfall von Staupitz · Brief aus Wittenberg an Generalvikar Staupitz in Salzburg vom 9. Februar 1521

Gruß zuvor! Es wundert mich, ehrwürdiger Vater, daß mein Brief und meine Bücher noch nicht bei Euch eingetroffen sind, wie ich aus Eurem Brief entnehme.

In der Tat, ich, der ich andern predige, werde [wie Ihr schreibet,] selbst verwerflich,[186] so sehr entfremdet mich die Inanspruchnahme durch Menschen mir selbst. Immerhin möget Ihr aus den beiliegenden Schriften[187] ersehen, in welchem Geist ich immer noch das Wort Gottes behandle. In Worms ist bis jetzt noch nichts gegen mich geschehen, wenn auch die wutentbrannten Papisten Böses gegen mich im Schilde führen. Spalatin schreibt, das Evangelium genieße dort so viel Gunst, daß er hoffe, man werde mich nicht unverhört und unwiderlegt verurteilen . . .

Daß auch Ihr von Leo[188] angegriffen werdet, höre ich nicht ungern, damit Ihr das Kreuz, über das Ihr so schön gepredigt habt, der Welt zum Beispiel aufrichtet. Ich würde bedauern, wenn jener Wolf sich mit Eurer Antwort zufrieden gäbe; habt Ihr ihm doch mehr zugestanden, als recht ist. Er wird nämlich das herauslesen, als wolltet Ihr mich und all meine Lehre gänzlich verleugnen, nachdem Ihr ihn ja aus freien Stücken als Richter anerkannt habt. Wenn Euch darum Christus liebt, so wird er Euch zum Widerruf dieses Schreibens zwingen; der Papst verdammt ja in seiner Bulle alles, was Ihr über die Barmherzigkeit Gottes bisher gelehrt und für richtig gehalten habt. Da Euch diese Tatsache bewußt war, geht meiner Ansicht nach Eure Anrufung des Papstes als Richter nicht ab ohne Beleidigung Christi; Ihr seht doch, mit welch gehässiger Wut er als Feind Christi gegen das

---

185 *Damit ist nicht der Feiertag des Apostels Thomas (21. XII.), sondern der Tag des englischen Märtyrers Thomas Becket (29. XII.) gemeint.*
186 *Vgl. 1 Korinther 9,27.*
187 *Luther sandte wohl einige Predigten und seine Rechtfertigungsschrift (»Behauptung aller durch die letzte Bulle Leos X. verdammten Artikel«).*
188 *Papst Leo X. hatte von Staupitz eine öffentliche Erklärung verlangt, daß er Luthers Lehre für ketzerisch halte und ablehne. Staupitz hatte geantwortet, daß er Sätze, die nicht sein geistiges Eigentum seien, auch nicht ablehnen könne.*

Wort von der Gnade tobt. Das zu erkennen und jenen seiner Gottlosigkeit zu überführen, – das wäre Eure Aufgabe gewesen. Es ist jetzt nicht die Zeit, Angst zu haben, sondern zu schreien,[189] jetzt, da unser Herr Jesus Christus verurteilt, ausgezogen und gelästert wird.[190] So sehr Ihr mich darum zur Demut mahnt, so sehr mahne ich Euch zum Stolz. Wie ich zuviel Stolz habe, so habt Ihr zuviel Demut.

Es ist jetzt wahrhaftig ernst. Wir sehen Christus leiden. Mag bisher Schweigen und Demut am Platz gewesen sein, jetzt aber, da in aller Welt unser liebster Heiland selbst, der sich für uns dahingegeben, zum Spott gemacht wird, ich beschwöre Euch: sollen wir da nicht für ihn kämpfen? Sollen wir da nicht den Hals dranwagen? Mein Vater, die Gefahr ist größer, als viele meinen. Hier nimmt das Evangelium seinen Lauf: »Wer mich bekennt vor den Menschen, den will ich auch bekennen vor meinem Vater; wer sich meiner schämt, dessen werde ich mich auch schämen« (Matth 10, 32; Luk 9, 26).

Mag ich als hoffärtig, als Geizhals, Ehebrecher, Mörder, als Feind des Papstes und sämtlicher Laster schuldig erfunden werden, – wenn ich nur nicht eines gottlosen Schweigens beschuldigt werden kann, während der Herr leidet und spricht (Ps 142, 5): »Ich konnte nicht entfliehen; niemand nimmt sich meiner Seele an. Und ich schaute zur Rechten, und siehe! da wollte mich niemand kennen!«; denn ich hoffe um dieser Beichte willen auf Lossprechung von allen meinen Sünden. Darum habe ich auch voll Zuversicht meine Hörner gegen diesen römischen Götzen und wahrhaftigen Antichrist erhoben. Christi Wort ist nicht ein Wort des Friedens, sondern des Schwerts.[191] Doch was will ich Narr Eure Klugheit belehren?

Ich schreibe dies um so beherzter an Euch, als ich die schwere Befürchtung hege, Ihr möchtet in der *Mitte* zwischen Christus und dem Papst hängenbleiben, die doch, wie Ihr seht, in heftigstem Widerstreit gegeneinanderliegen. Laßt uns aber beten, daß der Herr Jesus mit dem Geist seines Mundes dieses Kind des Verderbens alsbald umbringe (2 Thess 2, 8. 3). Wollt Ihr [mir] dabei nicht folgen, so laßt mich gehen und dahingerissen werden; ich werde schon durch Christi Gnade jenem Ungeheuer seine Ungeheuerlichkeiten ins Angesicht hinein sagen.

Wahrlich, diese Eure Unterwerfung hat mich nicht wenig betrübt; sie hat mir einen andern Staupitz gezeigt als den, der [einst] der Pre-

189 Vgl. *Prediger* 3,7.
190 Vgl. *Matthäus* 27,26–28.
191 Vgl. *Matthäus* 10,34.

diger der Gnade und des Kreuzes war. Hättet Ihr wenigstens vor Kenntnis der Bulle, dieser Schändung Christi, so gehandelt, Ihr hättet mich nicht so betrübt.

Hutten und viele andere schreiben tapfer für mich, und jeden Tag erscheinen Lieder, an denen dieses Babel keine große Freude haben wird. Unser Fürst handelt ebenso klug und ehrlich als standhaft; auf seinen Befehl lasse ich die [beiliegende] »Behauptung« in beiden Sprachen[192] erscheinen. – Philippus grüßt Euch; er wünscht Euch ein reicheres Maß des Geistes . . .

Lebet wohl im Herrn und betet für mich!

Wittenberg am Tage St. Apolloniae 1521. Euer Sohn Martin Luther.

Br 2,262,3 ff

3 Die kaiserliche Zitation vor dem Reichstag

Die Überschrift des Briefes von Kaiser Karl, durch welchen er den Doktor nach Worms zitierte, war folgende: »Dem ehrsamen, unsrem lieben, andächtigen Doktor Martin Luther, Augustinerordens usw.« Die Unterschrift Carolus war mit eigener Hand [vollzogen].

TR 1,1042 (Erste Hälfte der dreißiger Jahre)

4 Luther kommt nach Worms, dem Teufel zum Trotz · Brief aus Frankfurt am Main an Hofprediger Georg Spalatin vom 14. April 1521

Gruß zuvor! Wir kommen, lieber Spalatin, obwohl der Satan nicht nur durch *eine* Krankheit mich daran hat hindern wollen. Auf diesem ganzen Weg von Eisenach bis hierher war ich sterbensmatt[193] und bin es noch, wie ich es bisher noch nie erlebt habe. Ich begreife aber auch, daß das Mandat [Kaiser] Karls[194] veröffentlicht worden ist, um mich abzuschrecken. Und doch lebt Christus, und wir werden nach Worms gehen allen Pforten der Hölle und den Mächten in der Luft[195] zum Trotz. Ich übersende Euch eine Abschrift der kaiserlichen Schriftstücke.[196] Meinerseits habe ich nicht die Absicht, mich weiterhin schriftlich zu äußern; ich will zunächst an Ort und Stelle sehen, was

---

192   Die Verteidigungsschrift Luthers (vgl. Seite 201, Anmerkung 187) erschien also auch deutsch, nicht bloß lateinisch.

193   Nach dem Bericht des Myconius waren die Begleiter um Luthers Leben in Sorge.

194   Das Mandat, welches die Beschlagnahme von Luthers Büchern anordnete; vgl. oben Seite 195.

195   Vgl. Matthäus 16,18 und Epheser 2,2.

196   Vorladungsschreiben und Geleitbrief des Kaisers, worin im Gegensatz zum Sequestrionsmandat von einem Widerruf nicht die Rede war.

zu tun ist. Wir wollen den Satan ja nicht aufblasen; es gilt vielmehr, ihn zu erschrecken und mit Verachtung zu behandeln. Sorgt mir also für eine Unterkunft! Lebt wohl!

Frankfurt 1521. Martin Luther.

Br 2,298,5 ff

5 Luthers Bericht über die Reise nach Worms und den Reichstag

Zuerst hat mich Kaiser Karl auf den Reichstag gefordert und mir [freies] Geleit und einen Herold zugeschickt, der mich bis nach Worms begleitete. Als wir nun miteinander nach Weimar kamen, wo ich von Herzog Johann[197] Geld zur Zehrung bekam, da kam das Gerücht auf, daß Doktor Martinus zu Worms schon samt seinen Büchern verdammt worden sei. Und das war auch so. Dazu kamen mir kaiserliche Boten unter die Augen, welche kaiserliche Mandate in allen Städten anschlagen sollten, daß Doktor Martin Luther vom Kaiser verdammt wäre. Nun fragte mich der Herold und sagte: »Herr Doktor, wollt Ihr weiterziehen?« da antwortete ich: »Ja, unerachtet, daß man mich in den Bann getan und das in allen Städten veröffentlicht hat; ich will mich an das kaiserliche Geleite halten.« Das war der erste Anschlag, den der Bischof von Mainz[198] ausübte; er meinte, dadurch mich zu verhindern, daß ich auf den Reichstag zöge, und [hoffte], man könne alsdann gegen mich vorgehen, als hätte ich das kaiserliche Geleite verachtet und sei contumax[199] geworden.

Als ich nun nach Oppenheim kam und nur noch drei Tage Geleit hatte, machte der Bischof von Mainz so viel Anschläge, daß Butzer[200] dahin zu mir kam und mich überreden sollte, zu Franz von Sickingen[201] auf die Ebernburg zu kommen, denn da wolle Lauius,[202] der

197 Herzog Johann von Sachsen, der Bruder und Nachfolger des Kurfürsten.
198 Luther glaubt irrtümlich, hinter den Ränken der Feinde stecke Erzbischof Albrecht von Mainz.
199 Widersetzlich gegen eine gerichtliche Vorladung und darum in Abwesenheit zu verurteilen.
200 Martin Butzer, 1491 zu Schlettstadt im Elsaß geboren, Dominikaner, wurde auf der Heidelberger Disputation für Luther gewonnen (siehe oben Seite 106). Er verließ 1521 seinen Orden und wurde 1523 Pfarrer in der Reichsstadt Straßburg, deren Reformation sein Werk ist. Theologisch und kirchlich nahm er stets eine ausgleichende Haltung ein, so als Vermittler zwischen Wittenberg und Zürich. Er mußte 1548 um des Interims willen Straßburg verlassen und folgte einem Ruf nach England, wo er 1551 starb.
201 Siehe oben Seite 158, Anmerkung 147.
202 Gemeint ist wohl Jean Glapion, ein französischer Franziskaner; dieser war erst seit 1520 an Karls Hof, als sein Beichtvater jedoch von großem Einfluß. Die Zeitgenossen schildern ihn als schwer zu durchschauende Persönlichkeit.

Beichtvater des Kaisers, sich mit mir über etliche Sachen unterreden. Aber ich merkte, daß der Bischof von Mainz [gar] nicht das suchte, sondern daß er mich so umherführen wollte, daß die Zeit des Geleits aus wäre, ehe ich nach Worms käme. Ich sprach aber zu Butzer: »Ich will weiterziehen; hat des Kaisers Beichtvater etwas mit mir zu reden, so kann er das wohl in Worms tun.« So zog ich weiter. Das war der andere Anschlag, der dem Bischof von Mainz fehlschlug, und ich habe seit jener Zeit erfahren, daß er es war, der solches alles betrieben hatte.

Wie ich nun nicht weit von Worms [entfernt] bin, schickt mir Spalatin, der mit Herzog Friedrich [dort] draußen war, [einen Boten] unter [vier] Augen und läßt mich warnen, ich solle nicht hineinkommen und mich nicht in solche Gefahr begeben. Aber ich entbot ihm wieder, wenn so viele Teufel zu Worms wären als Ziegel auf den Dächern, so wollte ich dennoch hinein. Denn ich war unerschrocken, ich fürchtete mich nicht. Gott kann einen wohl so toll[kühn] machen. Ich weiß nicht, ob ich jetzt [auch noch] so toll[kühn] wäre.

Nun fuhr ich auf einem offenen Wägelein in meiner Mönchskappe zu Worms ein; da kamen alle Leute auf die Gasse und wollten den Mönch Martin Luther sehen. So fuhr ich in Herzog Friedrichs Herberge. Und es war auch dem Herzog Friedrich bange [dabei] gewesen, daß ich nach Worms kam. Als meine Widersacher solches erfahren hatten, da hatten sie zum Teil über die Aufhebung des öffentlichen Versprechens meiner Sicherheit beraten: man solle mir das Geleite nicht halten. Aber der Pfalzgraf vom Rhein[203] und der Kurfürst hatten sich dem widersetzt: Man solle mir das Geleite unter allen Umständen halten, dies und nichts anderes! Er war darüber auch mit dem Kurfürsten von Brandenburg, Markgraf Joachim dem Alten,[204] ganz uneins geworden, so daß sie beide zu den Messern gegriffen hatten. Der Bischof von Mainz hatte etwas anderes erwartet, als daß ich nach Worms kommen würde, und wenn ich so furchtsam gewesen wäre wie er, so wäre ich nicht gekommen.

Nach wenigen Tagen wurde ich in den Reichstag vor alle Fürsten gefordert, um Schlag 6 [Uhr] auf den Abend. Da redete Doktor Ekken,[205] der Kanzler des Bischofs von Trier, von Reichs wegen und

---

203 *Ludwig V., Kurfürst von der Pfalz, 1478–1544, der Reformation gewogen.*

204 *Joachim I., Kurfürst von Brandenburg, mit dem Beinamen Nestor, 1484–1535, zeigte sich in Worms wie später in Augsburg als heftiger Feind der Reformation.*

205 *Der kurtrierische Offizial Dr. Ecken, also nicht Luthers bekannter Gegner Eck.*

sprach: »Martinus, bekennst du, daß diese Bücher deine sind?«[206]
Nun lagen alle meine Bücher auf einer Bank nacheinander; woher
sie dieselben bekommen haben mochten, wußte ich nicht. Da hätte
ich [fast] gleich gesagt: »Ja.« Aber Doktor Hieronymus Schurff[207]
schrie laut in den Reichstag [hinein]: »Es sollen die Titel der Bücher
verlesen werden!« Da las man die [Titel der] Bücher; sie waren alle
mein. Da sprach ich: »Allergnädigster Kaiser und gnädigste Fürsten und Herren, die Sache ist wichtig und groß; ich kann diesmal
nicht Antwort geben von den Büchern. Ich bitte, man wolle mir Zeit
geben, mich darauf zu bedenken.« Das geschah, und alsbald ging
der Reichstag auseinander.

Mittlerzeit kamen viele vom Adel in meine Herberge und sag-
ten: »Herr Doktor, wie geht's? Man sagt, man wolle Euch verbrennen. Aber das darf nicht geschehen. Eher müssen sie alle mit verderben!« Das wäre auch geschehen.

Wie ich nun wieder in den Reichstag gefordert wurde, da war auf
dem Saal eine große Anzahl Volks; denn jedermann wollte meine
Antwort hören, und es waren viele brennende Fackeln droben, denn
es war Nacht. Ein solches Getümmel und Treiben war ich gar nicht
gewohnt. Aber wie man mich nun reden hieß, da hub ich an und
sprach: »Allergnädigster Kaiser, gnädigste Kurfürsten, Fürsten und
Herren, die Bücher, die man mir jüngst vorgelegt hat, – die sind
mein. Und zwar sind etliche Bücher darunter, die Lehrbücher sind,
die legen die Heilige Schrift aus; zu diesen bekenne ich mich, daß sie
mein sind, und es ist nichts Böses drinnen. Die andern sind Streitschriften, darin ich mich mit dem Papst und [meinen] Widersachern
gezankt habe; so darin etwas Böses sein sollte, das könnte ich wohl
ändern. Die dritten sind Bücher, darin ich von der christlichen Lehre
disputiere, das sind nur Disputationen; bei denen will ich bleiben, es
gehe darüber, wie der liebe Gott wolle.« Dieweil ich also rede, begehren sie von mir, ich solle es noch einmal lateinisch wiederholen, aber
ich schwitzte sehr und es war mir heiß um des Getümmels willen,
weil ich mitten unter den Fürsten stand. Da sagte Herr Friedrich von
Thun[208] zu mir: Könnte ich's nicht tun, so ist's genug, Herr Doktor!
Aber ich wiederholte alle meine Worte lateinisch; das gefiel Herzog
Friedrich, dem Kurfürsten, überaus gut. Wie ich solches ausgeredet
hatte, ließ man mich gehen, und es wurden mir zwei beigegeben,

206 *Außerdem wurde Luther gefragt, ob er diese Bücher oder etwas aus
ihnen widerrufen wolle.*
207 *Vgl. Seite 44, Anmerkung 49.*
208 *Einer der kursächsischen Räte.*

die mich führten und begleiteten. Da erhob sich ein Getümmel. Ob man mich gefangenführte? schrien die Edelleute. Aber ich sagte: »Sie begleiten mich nur.« So kam ich wieder in meine Herberge und nicht wieder in den Reichstag.

Danach forderte man mich in zwei kleine besondere Ausschüsse. In einem war der Bischof von Trier, Markgraf Joachim und Herzog Georg[209] und andere mehr. Doktor Veh[210] aber, der badische Kanzler, redete lange mit mir und wollte mich überreden, ich solle die ganze Sache dem Kaiser und den Reichsständen anheimstellen, und zählte mir 13 Gründe auf, warum ich's tun solle, und sprach viel von der Autorität der Kirche und andern Ärgernissen. Nun waren etliche da, die wollten mich nicht belehren, wie ich [darauf] antworten sollte, aber Friedrich Thun sagte: »Es ist nicht nötig, er wird recht reden.« Die Artikel zählte ich ihm wieder nacheinander am Finger auf und, wiewohl ich der Juristerei und Hofrede ungewohnt war, widerlegte ich sie ihm trotzdem alle und sagte, ich könnte alles leiden, Papst, Fürsten, auch die Gewalt der Kirche, und wollte alles tun, was ich nur sollte, allein von der Heiligen Schrift könnte ich nicht weichen, da könnte ich nichts davon hingeben, denn sie wäre nicht mein, sondern unsres Herrgotts. Da sagte der Markgraf: »Herr Doktor, wenn ich Euch recht verstehe, so könnt Ihr von der Heiligen Schrift nicht weichen?« Da sagte ich: »Ja, darauf stehe ich!« Da ließen sie mich wieder weggehen und gingen auch auseinander.

Aus TR 5,5342 b (Sommer 1540)

ZWEI KIRCHEN

Was in Worms vor den Augen der ganzen deutschen Nation geschieht, bedeutet einen in die Tiefe reichenden Bruch mit dem Alten und den grundsätzlichen Anfang eines Neuen. Der eine Luther, der sich dort auf die Schrift beruft gegenüber allen geltenden kirchlichen Autoritäten, vollzieht damit eine folgenschwere Wendung: ein neues Verständnis der Kirche ist hier da, vor dem das gewaltige Gebäude der alten Kirche ins Wanken gerät.

Umkleidet mit göttlichem Glanze sieht sich die römische Kirche in der Welt stehen. Sie ragt hinauf zur Höhe des Himmels, wo die Seligen im Triumphe endgültiger Überwindung wohnen; sie erstreckt sich hinein ins Fegefeuer, wo die armen Seelen zur Reinigung Pein

209 *Herzog Georg von Sachsen, 1471–1539, seit der Leipziger Disputation Luthers Feind (vgl. oben Seite 132).*
210 *Dr. Hieronymus Vehus, markgräflich badischer Kanzler.*

leiden; sie umfaßt mit ihrer Herrschaft auf Erden alle Gläubigen, die mit Christus verbunden sind. Es ist ein wunderbarer Stufenbau, der von der Dreifaltigkeit über die Engel bis herunter auf die Erde reicht; in diesem abgestuften und wohlgeordneten Weltgebäude hat die Kirche die Schlüsselstellung. Christus hat sie gestiftet und in ihr den Schatz des Heils und der Gnade niedergelegt; er hat sie mit aller Vollmacht ausgerüstet, um die Menschheit auf den Weg des Heils zu führen und darauf zu erhalten; er hat hiezu den besonderen geistlichen Stand, den Klerus, eingesetzt. Eine doppelte Gewalt ist es, die er den Aposteln, besonders Petrus, und ihren rechtmäßigen Nachfolgern verliehen hat: kraft der Weihegewalt (potestas ordinis) sind die Priester der Kirche befähigt, den Schatz der übernatürlichen Gnade durch die Sakramente vollkräftig auszuteilen; und kraft der Regierungsgewalt (potestas jurisdictionis), welche die Bischöfe ausüben, hat die Kirche die gesetzliche Leitung und geistliche Führung über ihre Glieder in der Hand.

Alle *Gewalt* im Himmel und auf Erden eignet dieser römischen Kirche. Weil sie das ewige Heil verwaltet und darum alle Fragen des Gewissens und Glaubens entscheidet, ist sie auch in allen irdischen Dingen selbstherrlich. Der Papst als Stellvertreter Christi ist in seinem Amt allein Gott verantwortlich, an keine irdische Instanz gebunden, Inhaber aller weltlichen und geistlichen Gewalt. Die weltliche Gewalt läßt er durch die weltliche Obrigkeit ausüben; er hat sie ihr nur abgetreten, damit sie das Schwert führe zum Heil und Nutzen der Kirche; darum ist der Kaiser Lehensträger des Papstes und Vogt der römischen Kirche. Die geistliche Gewalt aber übt der Papst aus durch die Stufenreihe der kirchlichen Ämter; mit einer unzerstörbaren geistlichen Ausstattung versehen, ist diese Hierarchie scharf von den Laien geschieden und gebührendermaßen auch mit bürgerlichen Vorrechten ausgezeichnet. In alledem regiert das geistliche *Recht*, die Norm, welche die Kirche im Laufe einer langen und verwickelten Geschichte sich selber gegeben hat, alle Beschlüsse der Konzilien, alle Erlasse der Päpste zusammenfassend. Es ist nicht bloß für die Kirche, bei Verlust der ewigen Seligkeit, verbindlich; es beansprucht Geltung auch vor den weltlichen Gerichten als reichsgesetzlich anerkannter Bestandteil des öffentlichen Rechtes; es macht die Kirche fast unabhängig von allen andern irdischen Gewalten.

Was tritt diesem mächtigen Kirchensystem in Martin Luther als *Neues* entgegen, es erschütternd und letztlich aufhebend? Ist es die Entdeckung einer persönlichen Religiosität, einer kirchenfreien Frömmigkeit, einer von jeder Vermittlung unabhängigen Verbindung der

Einzelseele mit Gott? Oder ist es die Stiftung einer brüderlichen Gemeinschaft ernster Christen, die selbstlos und leidenswillig, duldend und entsagend nach Heiligung streben? Oder ist es der Gedanke, daß sich die Laienwelt von der Bevormundung durch die Hierarchie freimachen und die Bestimmung über die Kirche auf einem Konzil selber in die Hand nehmen soll, vielleicht im Bunde mit dem Gelehrtentum und den mißachteten Schichten des niederen Klerus? Oder ist es die Rückkehr zur Geschichte, zu den Vätern der Kirche, zu den Quellen, zu Augustin und Paulus, eine Rückkehr mit der Absicht, dem Verderben der Gegenwart im Idealbild der Vergangenheit einen Spiegel vor Augen zu halten? Ist es die Aufstellung eines Lebensgesetzes für die Kirche, das sie und ihre Diener zu apostolischer Armut, Einfachheit, Gewaltlosigkeit verpflichtet? Oder ist es die Forderung, die weltliche Obrigkeit möge aus der dienenden Rolle, die sie der Kirche gegenüber einnimmt, befreit und alle irdische Gewalt bei ihr vereinigt werden, damit sich ihr Wesen und in Verbindung damit alle weltliche Kultur auf eigenem Boden ungehindert entfalten könne? Oder wird ein nationaler Frühling für die geplagte deutsche Nation anbrechen, ein Tag der Freiheit, an dem Deutschland die Netze welscher Hinterlist abwirft und sein Schicksal selbst in die Hand nimmt?

Wäre dies Luthers letzte Absicht und eigentliches Werk gewesen, so hätte das gewiß alles auch irgendwie bedeutsam werden können; aber eine grundsätzliche Änderung, einen wirklichen Neuanfang, eine tatsächliche Befreiung, mit einem Wort: die Entdeckung des Evangeliums wäre das nicht gewesen. Luther hätte sich dann in nichts unterschieden von den zahlreichen Richtungen, Gruppen und Bewegungen, die teils Duldung oder Anerkennung innerhalb der katholischen Kirche gefunden hatten, teils von ihr verfolgt und zur Sekte abgedrängt worden waren. In Wirklichkeit trat hier der alten Kirche eine neue gegenüber: der falschen die wahre, der Kirche der Macht die Kirche des Dienstes, der Kirche der Glorie die Kirche des Kreuzes, der Kirche des Menschen die Kirche Gottes.

Indem Luther sich unter die Heilige Schrift stellt, stellt er sich unter *Christus* und seine Alleinherrschaft. Schon in Augsburg hat er der verlangten Unterwerfung unter die päpstliche Lehrgewalt widerstanden, in Leipzig die unbedingte Autorität von Papst und Konzilien schlechthin bestritten; in seinen Kampfschriften von 1520 hat er nacheinander alle Sicherungen und Stützen der römischen Kirche niedergerissen: den Anspruch des *Papstes*, sichtbares Haupt der Kirche zu sein (so in der Schrift »Vom Papsttum zu Rom wider den hochberühmten Romanisten zu Leipzig«), den Anspruch der *Hierarchie*, die

Christenheit zu leiten und das christliche Leben zu regeln (so in der Schrift »An den christlichen Adel deutscher Nation«), den Anspruch der Priesterkirche, mit dem kunstvollen Kreis heiliger *Handlungen* das Menschenleben Gott wohlgefällig zu machen (so in der Schrift »Von der babylonischen Gefangenschaft der Kirche«). So ist es für Luther nur die letzte Folgerung aus dem Bisherigen, wenn er durch die Verbrennung der Bannbulle zeigt, daß auch das *geistliche Recht* für ihn seine Gültigkeit verloren hat, und wenn er in Worms sich weigert, irgendeiner andern Stimme hörig zu werden als allein dem Worte Christi, das er in der Heiligen Schrift vor sich hat. Steht, wie es in der römischen Kirche der Fall ist, die Offenbarung *neben* der Vernunft und das Werk *neben* der Gnade, stehen Gott *und* Mensch als gleichberechtigte Partner nebeneinander, so ist bei all dem der Mensch der heimliche Herr. Er versteht sich selbst, auch ohne die Gnade, ganz gut in einer natürlichen Theologie. Er weiß selbst, auch ehe die Gnade da ist, die Bedingungen ihres Eintretens zu erfüllen und gute Werke zu tun. Er erkennt selber, auch außerhalb der Gnade, was gut und böse, recht und unrecht ist. Er bildet selbst als geselliges Wesen eine Gemeinschaft, die das Werk Christi aufzunehmen und in eigener, schöpferischer Verantwortung und Vollmacht weiterzutreiben imstande ist.

Gegen diese Kirche der Menschenherrschaft legt Luther ein Zeugnis ab für die wahre Kirche, in der Christus *allein* regiert. Ja, die Kirche ist freilich von Christus gestiftet, bevollmächtigt und ausgerüstet. Aber sie ist und bleibt – so hat das Luther in seiner Schrift »*Von der Freiheit eines Christenmenschen*« für die einzelne Seele ausgesprochen – das arme Hürlein, das nur durch die Barmherzigkeit seines reichen Bräutigams mit diesem sich vereinigen und seiner Güter und Gaben teilhaftig werden darf: seiner Seligkeit und seiner Gerechtigkeit, seiner Vollmacht und Gewalt, seines Königtums und seiner Priesterschaft. Das, woran die römische Kirche bei dem Begriff »Weihegewalt« denkt, geht nicht in die Verfügung des Menschen, in die Hand einer Hierarchie, in die Verwaltung eines besonderen geistlichen Standes über. Das Häuflein der Gläubigen sieht sich vielmehr von Anfang bis zum Ende auf das Gnadenwort Christi angewiesen, in welchem er ihm Vergebung der Sünden zuspricht: dieses sein Wort nach dem Zeugnis der Heiligen Schrift der Gemeinde zu verkündigen und im Wortzeichen des Sakraments auszuteilen, ist ihr einziger Auftrag. Darin gewinnt die Kirche auch das rechte Verständnis der ihr verliehenen »Regierungsgewalt«. Sie ist in der Tat frei, Herrin über alle Dinge und Mächte, auch in Zeiten der äußeren Unterdrückung; aber diese ganze Freiheit ist Freiheit zum Dienen, nicht zum Herrschen, Freiheit zum guten Werk der priesterlichen Fürbitte für alles Volk, Freiheit zum guten Werk der Zucht und Zähmung des Fleisches, Freiheit zum guten Werk gegenüber dem Nächsten, auch gegenüber der weltlichen Obrigkeit. Es bleibt diese Freiheit des Christenmenschen eine geliehene und anvertraute Freiheit, und die Kirche selbst bleibt in der unverbrüchlichen Gemeinschaft mit ihrem Herrn, der seine alles umfassende Gewalt in dem alles umfassenden Dienst der Liebe bewährt und die Seinen zu glaubender und gehorsamer Nachfolge auf seinem Wege der Selbstverleugnung und Hingabe ruft.

Gerade hier wird deutlich, wie Luthers Haltung weiterführt und mit größter Folgerichtigkeit zur *Welt* hindrängt. Sein Kampf gegen das geistliche Recht hatte ja nicht nur den Bestand der Kirche, sondern – weil das geistliche Recht ein anerkannter Teil des Reichsrechts war – auch das bürgerliche Recht, damit aber die ganze Rechts- und Gesellschaftsordnung des Mittelalters angetastet und erschüttert. Die Verklammerung zwischen Welt und Kirche, wie sie das Mittelalter gekannt, begründet und gepflegt hatte, zerbröckelt. Was setzt Luther an ihre Stelle?

Das läßt sich mit einem Wort sagen: *An die Stelle der Herrschaft der Kirche über die Welt tritt der Dienst des Christen am Nächsten.* Das gesamte Leben wird von der geistlichen Umklammerung befreit. Nicht als ob nun Luther die Welt ihren eigenen Gesetzen folgen ließe, daß also das entstünde, was wir heute als religionslose, weltlich gewordene Gesellschaft und Kultur vor uns haben! Nein, aus der geistlich regulierten und beherrschten Welt wird der Ort der *Bewährung* und Glaubensübung für den Christen, gleichzeitig der Ort, da ihm der *Nächste* entgegentritt. Aus Glauben übt der Christ in der Welt Zucht gegen sich und Liebe zum andern; der Nächste ist nicht mehr Gegenstand und Mittel einer selbstsüchtigen Barmherzigkeit, sondern er ist der Bruder, hinter dem die Gestalt Christi steht. Wie Gott am Glaubenden handelt, so darf der Glaubende an seinem Nächsten handeln. So wird der bisher egoistisch verkümmerte Glaube zu einer in die Welt strömenden Gotteskraft, zu einer freien, gleichzeitig weltüberlegenen und weltoffenen Haltung.

In der Folgezeit muß offenbar werden, was dies alles bedeutet für den irdischen Beruf, für die weltliche Obrigkeit, für das Unterrichts- und Bildungswesen, für das gesamte ›weltliche‹ Leben. Was Luther bringt, ist kein Kulturprogramm – dazu müßte er die Hilfe der Fürsten, der Stände, des Reichsregiments haben, von denen er soeben enttäuscht worden ist – ; es ist vielmehr der großartige Versuch, vom Glauben zur Liebe, vom unbedingten und vorbehaltlosen Zutrauen zu Gott zu den Grundlagen eines neuen Lebens in der Welt zu kommen. Dabei liegt die Klammer zwischen Kirche und Welt in der Predigt der Rechtfertigung, in der Person des Glaubenden, in der Bewährung seines Gehorsams.

Damit hat Luther das Siegeszeichen der Kirche Christi in der Welt gegen die Kirche des Antichrists und seine Gewalt errichtet. Seine Äußerungen in jener Zeit zeugen von einer selbstverständlichen Bereitschaft zu Leiden und Tod, von einer fast übermenschlichen Rücksichtslosigkeit gegen die eigene Person und von einem kindlichen, den Un- und Kleinglauben seiner Umgebung immer wieder beschämenden Vertrauen zur Zuverlässigkeit der göttlichen Verheißung. Da es sich um Gottes Sache handelt, ist Luther des Sieges gewiß, auch ohne Hilfe der weltlichen Mächte. Seine Sorge wird sich künftighin darauf erstrecken, daß das aufgepflanzte Panier in der Welt erkennbar bleibt zur Scheidung der Geister, zur Sammlung der Kirche.

Der zweite Band (Gütersloher Taschenbücher / Siebenstern 412) führt die Biographie Luthers für die Jahre 1522 bis 1546 weiter und enthält ein ausführliches Register für das Gesamtwerk.

Heinrich Fausel

D. Martin Luther

Leben und Werk 1522 bis 1546
Band 2

Inhalt Band 2

DAS WORT GOTTES UND DIE KIRCHE

Die Bewährung der Hoffnung

In der Erwartung des jüngsten Tages 1546

REGISTER

Die Ausmerzung des Schwärmertums

Um die Scheidung der Geister
1521–1526

Die Entscheidung ist gefallen: der Bruch mit den alten Mächten ist in Worms vollzogen; der letzte Versuch, Luther zur Unterwerfung zu veranlassen, ist gescheitert. Nun wird die Zeit der Scheidung anheben: am Evangelium werden sich die Geister trennen; die einen werden mit der alten Kirche zusammen gegen den Neuerer Stellung nehmen, die andern aber werden zu dem Manne treten, den die römische Kirche verstieß, weil er allein der Schrift gehorsam sein wollte.

Nach den Entscheidungstagen von Worms fährt Luther in langsamen Tagereisen der Heimat zu; durch Hessen geht die Fahrt, dann ins Thüringer Land, wo er seine Verwandten in Möhra besucht, von dort weiter, Gotha zu. Mitten im Wald bei Eisenach wird der Wagen überfallen, Luther wird herausgezogen und findet sich nach langem Kreuz- und Querritt durchs Dickicht abends auf der *Wartburg* (1), wo er vom Schloßhauptmann freundlich empfangen und in zwei hochgelegenen Kammern untergebracht wird. Dort haust er in völliger Abgeschiedenheit; meilenweit geht der Blick über das Waldgebirge, außer dem Schwirren und Schreien der Vögel ist nichts zu hören.

Inzwischen hat in *Worms* Aleander dem Kaiser einen Entwurf zur Reichsacht über Luther vorgelegt – am 8. Mai 1521, an demselben Tage, an welchem das Bündnis gegen Frankreich zwischen Kaiser und Papst unterzeichnet worden ist; Leo, der ränkevolle Zauderer, hat lange widerstrebt, aber endlich zur Sicherung und Erhaltung seiner weltlichen Herrschaft im Kirchenstaat diesen Schritt getan. Am 25. Mai unterzeichnet der Kaiser das Edikt, welches über Luther und seine Anhänger die *Reichsacht* verhängt. Es soll ihm, als einem von Gottes Kirche abgehauenen Gliede, einem verstockten Zertrenner der Kirche und offenkundigen Ketzer, niemand Obdach, Nahrung und Hilfe zuteil werden lassen, seine Anhänger darf jedermann fangen und ihre Güter einziehen, seine Bücher dürfen nicht mehr gedruckt und in den Handel gebracht werden; über alle vom Glauben handelnden Schriften wird eine Zensur der Bischöfe und Universitäten verhängt. Aleander hat auf dem Edikt das Datum des Entwurfs stehen lassen. In Wirklichkeit ist aber das Edikt der Vollversammlung des Reichstags nie vorgelegt worden; am Tage der Unterzeichnung waren die Kurfürsten von Pfalz und Sachsen bereits abgereist, der Reichstag geschlossen und nicht mehr beschlußfähig. Die in der kaiserlichen Herberge, dem Bischofspalast, versammelten Stände, Leute, auf die sich der Kaiser verlassen zu können glaubte, wurden vielmehr durch die Verlesung des Edikts überrascht; der Kurfürst von Brandenburg stimmte für die Anwesenden dem Edikt zu, man müsse es ungeändert der Meinung und dem Beschluß der Stände entsprechend vollziehen. Damit galt das Edikt als angenommen und vollzugsfähig. Aleanders Freude über diesen Erfolg wurde freilich durch die unzureichende Durchführung des Edikts sehr getrübt. Ja, in den Niederlanden brennen Luthers Bücher auf den Scheiterhaufen, und man sieht den Kaiser, der von Worms wieder in seine Erblande zurückgekehrt ist, spöttisch lächeln, wenn er über die Marktplätze reitet. Aber in Deutschland können und wollen die Fürsten vielfach nicht. Der Kaiser ist durch den im Sommer 1521 ausbrechenden Krieg gegen Frankreich abgehalten; das Gewicht seiner Gegenwart fällt weg. Die Fürsten aber müssen damit rechnen, daß ihre Untertanen in Luther *den* Mann, den Stimmführer Deutschlands sehen. Während der Geächtete allem Volke verborgen in seiner Wüste sitzt, geschieht das Wunder, daß seine Lehre reißend um sich greift. *Gottes Wort läuft ohne ihn.* Flugschrift auf Flugschrift erscheint, die Druckerpressen können kaum mehr folgen, auf den Kanzeln wird immer häufiger das neue Verständnis des Evangeliums gepredigt, auf den Rathäusern und in den Zunftstuben, in den Herbergen und Lichtkärzen in Stadt und Land wird die neue Lehre verhandelt, die volkstümliche Kunst des Holzschnitts tritt in den Dienst der neuen Lehren. Wohl kaum einmal war Deutschland so einig einer großen Sache hingegeben wie in jenen Frühlingstagen der Reformation.

Unterdessen leidet Luther auf der Wartburg unter dem erzwungenen Alleinsein. Es ist keine erholsame Ruhepause, deren er sich erfreuen darf; er wird aufs schwerste innerlich angefochten. Schon leiblich geht es ihm nicht gut: er wird von qualvoller Hartleibigkeit gepeinigt, die ihm blutige Schmerzen verursacht. Und die Riesenlast der Verantwortung fällt auf ihn. Wenn er als Junker Jörg mit den Rittern auf die Jagd geht und die Hunde ein in seinen Mantel geschlüpftes Häslein zerbeißen, so sieht er in ihnen die Schatten von Satan und Papst, welche die schon geretteten Seelen ähnlich verderben, ungeachtet aller seiner Mühe. Er klagt sich mattherziger Schlaffheit im Gebete an; er erkundigt sich des öfteren, wie sein verwaistes Predigtamt verwaltet werde; er schämt sich seiner Härte, daß er nicht genug zu weinen vermag über die Erschlagenen seines Volkes; er ermahnt sich und die Freunde zum Wachen und Beten (2). Dazu kommt als schlimmste Qual: der Widersacher, der hinter Papst und verderbter Kirche am Werke ist, der böse und listige Geist, dem Luther den Kampf angesagt hat, nimmt Leibesgestalt an; Luther wird im Grauen der einsamen Nächte durch des *Teufels* Gerumpel und Poltern erschreckt (3), er hat wieder die furchtbaren Anfechtungen der Klosterjahre zu durchleiden. In seiner Auslegung zum 22. Psalm, die er auf der Wartburg schreibt, hat Luther davon geredet: Wenn der Teufel die Seele nicht mehr mit grausamen Gedanken und gräßlichen Bildern von Sünde und Tod erschrecken kann, packt er ihren Glauben an mit richtenden Sprüchen der Schrift, mit dem Gesetz Moses, mit dem Zorn Gottes. Und wenn sich die arme Seele nun trösten will mit dem Evangelium, so träufelt er ihr das Gift des Zweifels ein: Freilich kann Gott helfen, aber ob er *dir* helfen will? Freilich ist Gott der Schöpfer, aber ob er *dein* Erlöser ist? Da gibt es keine andere Hilfe als den bedingungslosen Glauben ohne und gegen allen Augenschein, den Glauben, daß der Schöpfer *mein* Erlöser ist, der dem Menschen alles unter seine Füße getan, den Glauben, mit dem Luther auch jetzt den Angriffen aus der Finsternis, aus dem bodenlosen Abgrunde widersteht (4).

Zu diesen Kämpfen in der eigenen Seele gesellt sich die Notwendigkeit, schwere Fragen, die mit dem Fortgang der reformatorischen Sache aufgetaucht sind, zu entscheiden. Luther lebt auf der Wartburg nicht wie auf einer fernen Insel, geborgen vor dem Lärm des Tages; er steht vielmehr in fortlaufender brieflicher Verbindung mit *Wittenberg*. Da muß er vor allem Melanchthon trösten, ermahnen und beraten. Dieser, schwer bedrückt durch die Abwesenheit Luthers, soll sein Kreuz nicht mit Ungeduld tragen, soll seinen Stimmungen nicht so viel nachgeben, soll Luther nicht verhimmeln, soll sich von den wackeren neuen Mitarbeitern helfen lassen, die in der Person von Justus Jonas[1] und Bugenhagen[2] in die Reihe getreten sind. Im September

1 *Justus Jonas, 1493 in Nordhausen geboren, ursprünglich Humanist und Jurist, mit Luther seit den Erfurter Tagen befreundet, hatte Luther von Erfurt aus nach Worms und wieder zurück begleitet. Nun trat er das wichtige Amt eines Propsts an der Wittenberger Stiftskirche an und leistete in der Folgezeit Luther wertvolle Helferdienste, sowohl bei der Bibelübersetzung als auch bei der Visitation. 1530 war er in Augsburg; 1539 leitete er die Reformation im Herzogtum Sachsen. 1541 wurde er Superintendent in Halle; er begleitete Luther 1546 auf seiner letzten Reise und hielt ihm die Leichenrede. Das letzte Jahrzehnt seines Lebens war durch die Kriegswirren, durch das Interim und den Konflikt mit Melanchthon, durch Krankheit und schwere Erlebnisse unruhig; er starb 1555 in Eisfeld a. d. Werra.*
2 *Johann Bugenhagen, 1485 in Wollin geboren, darum auch Dr. Pommer (Pommeranus) genannt, war, von der neuen Lehre überwunden, kurz vor Luthers Abreise nach Worms lernbegierig in Wittenberg eingetroffen, wo er noch 1521 das Amt des Stadtpfarrers übernahm. Er verheiratete sich 1522, nahm an der Kirchenvisitation von 1528 teil und ordnete in den folgenden*

erhält Luther die ersten Bogen von Melanchthons Glaubenslehre, den Loci communes, der ersten wissenschaftlichen Darstellung der neuen Glaubenserkenntnis; sie ist ihm äußerst willkommen, seine Armut hat an Melanchthons Reichtum nichts auszusetzen; »schreite glücklich weiter und herrsche!«, ruft er ihm in seinem Briefe vom 9. September 1521 zu. Spalatin gegenüber klagt er freilich in einem Brief vom gleichen Tage, Melanchthon halte sich zu sehr zurück, er solle öffentlich predigen! Was schadet's, daß er nicht geschoren und – Melanchthon hatte im November 1520 geheiratet – kein Zölibatär ist? »Er ist ja doch in Wahrheit Priester und übt tatsächlich das Priesteramt aus, wenn anders die Wortverkündigung Aufgabe des Priesters ist.«

Melanchthon ist freilich nicht umsonst in Sorgen; wichtige Entscheidungen reifen heran, denen er sich ohne Luthers Rat und Führung nicht gewachsen fühlt. Luther muß – wir werden davon später noch im einzelnen zu reden haben – auf der Wartburg den Kampf mit einem neuen Ablaßgreuel aufnehmen (vgl. unten S. 15 ff), muß die Frage der Mönchsgelübde vom Evangelium her durchdenken und zur Lösung bringen (vgl. unten S. 25 ff); muß zu den neuen Propheten Stellung nehmen, die unter Berufung auf den Geist die Reformation vollenden wollen (vgl. unten S. 33 ff); muß den radikalen Stürmern, welche mit der Abschaffung der Messe eine neue Gesetzlichkeit heraufführen, in den Arm fallen (vgl. unten S. 46 ff); dies letztere wird ihn sogar veranlassen, den sicheren Bergungsort aufzugeben. Dies alles beschäftigt den Angefochtenen, nicht nacheinander, sondern gleichzeitig, sich untereinander vielfach verschlingend.

Wie soll Luther in diesen inneren und äußeren Bedrängnissen seiner Einsamkeit sich behaupten und gar auch noch den andern Halt und Führer sein? Er kann es nur, indem er sich immer wieder ins göttliche Wort hineingräbt. Er will es in den Ursprachen lesen und lernt darum Griechisch und Hebräisch. Er schreibt mit unermüdlicher Feder nicht bloß feine und grobe Streitschriften: über die Beichte, daß der Papst keine Macht darüber habe, gegen die Löwener und Pariser Fakultät, gegen die Abendmahlsbulle des Papstes, sondern er widmet sich vor allem der Erklärung der Schrift. Die Auslegungen zum 68., zum 22., zum 37. Psalm entstehen; die Auslegung von Luk 1, 46–55, das Magnificat, dieser Regentenspiegel für Herzog Johann Friedrich, schon im

Jahren durch seine Kirchenordnungen die Kirchen von Braunschweig, Hamburg, Lübeck, Pommern und Dänemark. 1533 übertrug er Luthers Bibel, an deren Übersetzung er mitbeteiligt war, ins Plattdeutsche. Er starb 1558; seine letzten Lebensjahre waren getrübt durch den Schmalkaldischen Krieg, das Interim, die Auseinandersetzungen nach Luthers Tod und seine Erblindung.

November 1520 begonnen, wird nun vollends abgeschlossen. Dazu macht er sich an ein ganz großes Werk: er beginnt mit der Niederschrift einer *Kirchenpostille*. Diese erste Predigtsammlung Luthers ist dazu bestimmt, den Pfarrern, die sich zur Lehre des Evangeliums halten wollten, Handreichung zu geben für ihre eigene Predigt, und den Hausvätern zum häuslichen Gottesdienst im Kreise der Familie und der Nachbarn zu helfen. Größer und wichtiger aber als all dies ist das Werk, dem sich Luther seit Dezember 1521 mit allen Kräften widmet: die *Übersetzung des Neuen Testaments* ins Deutsche. Aus einem Briefe Luthers vom 18. Dezember 1521 an Linck erfahren wir, daß er in jenen Tagen mit der Bibelübersetzung begonnen hat. Im Laufe des Winters, in unwahrscheinlich kurzer Zeit, wird das ganze Neue Testament übersetzt. Luther erkennt freilich bald genug, was für eine Bürde er damit auf sich genommen hat, und sehnt sich aus seiner Einsamkeit nach Mithelfern (5). Es kommt ja nicht darauf an, die Zahl der bereits vorhandenen Bibelübersetzungen um eine zu vermehren; denn diese Übersetzungen begnügen sich damit, den Bibeltext aus der in der Kirche gebräuchlichen lateinischen Bibel (Vulgata) in ein schlechtes und plumpes Deutsch zu übertragen. Luther will vielmehr auf den Grundtext in griechischer Sprache zurückgehen und benützt dazu eine von Erasmus im Jahre 1519 herausgegebene griechische Ausgabe des Neuen Testaments. Die *Heilige Schrift* soll in ihrer eigenen Sprache, nicht durch die fremde Hülle des Lateinischen hindurch erfaßt werden, und sie soll zum andern zur *Gemeinde* reden, darum wird die Schrift verdeutscht. Es gilt auch hier das Wort, das Luther am 1. November 1521 dem Straßburger Juristen Gerbel über seine Kirchenpostille schrieb: »Für meine Deutschen bin ich geboren, ihnen will ich auch dienen.« Die schwerfällig-verkünstelte sächsische Kanzleisprache, der von Sachsen ausgehende erste Versuch einer gemeinsamen deutschen Diplomatensprache (6), wandelt sich unter seinen Händen zum schmiegsamen Werkzeug der Schrift, zur durchsichtig-lebendigen Hülle des Geistes. Wie Luther die griechische Sprache ohne wissenschaftliche Hilfsmittel bearbeitet, so ist er auch in der Neubildung der Bibelsprache völlig selbständig – als Diener seiner Aufgabe, das Evangelium zu verkündigen, das Evangelium, das die Sprache neu formt, sie mit seinem Geist durchdringt und durch sie zum Hörer redet. Über das Ziel seiner Übersetzung hat sich Luther in der Vorrede zur Septemberbibel – »Das Neue Testament deutsch« erschien am 21. September 1522 – geäußert: Das Evangelium als frohe Botschaft, als Predigt von den Wohltaten Christi, will gelehrt und gelebt sein; für dieses Evangelium wagt der Glaube sein Leben und sorgt dafür,

daß auch der Nächste es höre und dafür sein Gut, Leib und Ehre dran-
setze. Später hat Luther im »Sendbrief vom Dolmetschen« (vgl. S.
157) die Grundsätze seiner Übersetzung ausführlich gerechtfertigt.

1 *Luther wird auf die Wartburg entführt*

Der Kurfürst beriet darüber mit den Seinen und gab den Räten in
Auftrag, mich zu verbergen. Er selbst wußte allerdings den Ort nicht,
um, wenn ein Eid zu leisten wäre, mit gutem Gewissen schwören zu
können, er wisse den Ort nicht. Trotzdem sagte er zu Georg Spalatin,
wenn er wolle, könne er es wissen. Die Ausführung übertrug er einem
Edelmann. Auch Amsdorf[3] wußte davon, sonst aber niemand. Im Wald
nahe bei Eisenach sah er vier Reiter herannahen, weshalb er sich auf
meine Mahnung vom Wagen entfernte. Unterdessen nähern sich die
Reiter in einem Hohlweg. Sie bedrohen den Fuhrmann mit dem Pfeil
[der gespannten Armbrust]; der gesteht sofort [daß er Luther auf dem
Wagen habe]. Deshalb reißen sie mich unter Fluchen aus dem Wagen.
Amsdorf verstellte sich gänzlich und rief: »Ach, was ist das für eine
Roheit! Aber wir sind nun einmal in eurer Gewalt!« – um dergestalt
den Fuhrmann zu täuschen. So werde ich aus dem Wagen gezogen
und auf ein Pferd gesetzt. Die Reiter machen Winkelzüge und schlagen alle möglichen Nebenwege ein, um die Verfolger irrezuführen;
damit bringen sie den Tag zu. Bei Nacht komme ich auf die Wartburg
bei Eisenach. Da stieg ich oft hernieder als Junker zur Jagd, sammelte
Erdbeeren, kam auch mit den Franziskanern [in Eisenach] zusammen,
doch blieb dies im geheimen; so groß ist die Verschwiegenheit der
Reiter! Es beherbergten mich zwei Edelleute, Sterbach[4] und Berlepsch;[5]
auch hatte ich zwei Diener, die mich geleiten sollten, doch pflegte ich
sie vorauszuschicken, damit sie mir das Mahl zurüsteten.

TR 5,5353 (Sommer 1540)

2 *Ermahnung zum Wachen und Beten · Aus einem Brief von der Wart-*
burg an Hofprediger Georg Spalatin vom 9. September 1521

Es ist Zeit, gegen den Teufel mit aller Kraft zu beten; ein so unheilvolles Trauerspiel führt er über Deutschland herauf. Und ich, der ich
fürchte, der Herr möge es ihm zulassen, schnarche immer noch und
bin faul zum Gebet und zum Widerstand, so daß ich mir selbst über

---

3   *Amsdorf (vgl. Band I, Seite 158, Anmerkung 146) begleitete Luther nach*
Worms hin und zurück.
4   *Vielleicht Hans von Sternberg, der spätere kurfürstliche Pfleger auf der*
Koburg.
5   *Hans von Berlepsch, der Schloßhauptmann der Wartburg.*

die Maßen mißfalle und zur Last bin, vielleicht, weil ich allein bin und Ihr mir nicht helfet. Ach, laßt uns doch wachen und beten, daß wir nicht in Anfechtung fallen (Matth 26, 41)!   Br 2,388,35 ff

3 Luther wird vom Teufel geplagt

Oft plagte mich der Satan durch seine Erscheinungen, ganz besonders auf jener Burg, in der ich eine Zeitlang gefangengehalten wurde. Da nahm er die Welschnüsse aus dem Tisch und schnellte sie an die Decke die ganze Nacht über.   TR 3,2885 (Januar 1533)

4 Luther widersteht dem Teufel

Ich wurde in meiner Gefangenschaft in [meinem] Patmos,[6] hoch oben auf der Burg im Reiche der Vögel, des öfteren [vom Teufel] geplagt. Ich widerstand ihm im Glauben und trat ihm mit dem Spruch entgegen: Gott ist mein, der den Menschen schuf, und alle Dinge sind [von Gott] unter seine Füße getan (Ps 8, 7). Hast du darüber eine Macht, so versuche es!   Aus TR 3,3814 (April 1538)

5 Die Last des Dolmetschens · Aus einem Brief von der Wartburg an Nikolaus Amsdorf in Wittenberg vom 13. Januar 1522

Ich werde inzwischen die Bibel übersetzen, obwohl ich [mir damit] eine Last über meine Kräfte aufgeladen habe. Ich sehe nun, was Dolmetschen heißt und warum es bisher von keinem versucht worden ist, der seinen Namen öffentlich bekannt hätte.[7] Das Alte Testament freilich werde ich ohne Eure Anwesenheit und Mitarbeit nicht anpacken können.   Br 2,423,48 ff

6 Luthers Anknüpfung an die sächsische Kanzleisprache

Ich, Martin Luther, bin weder im Griechischen noch im Hebräischen durch; dennoch will ich es mit einem Hebräer und Griechen so ziemlich aufnehmen. Denn die Sprachen für sich allein machen noch nicht zum Theologen, wohl aber sind sie eine Hilfe; man muß nämlich zuerst die Sache kennen, ehe sie in den Sprachen ausgedrückt wird. Ich habe keine bestimmte deutsche Mundart, sondern die allgemeine [deutsche Sprache], so daß mich Oberdeutsche wie Niederdeutsche verstehen können. Ich rede nach der sächsischen Kanzlei, welcher es alle Herzöge und Könige Deutschlands nachtun; alle Reichsstädte, Fürsten, Höfe schreiben nach der sächsischen Kanzlei unsrer Kurfürsten. Darum ist das die allgemeinste Sprache Deutschlands. Der Kaiser Maximilian

6 Vgl. Offenbarung 1, 9.
7 Alle Bibelübersetzungen vor Luther erschienen ohne Namensnennung des Übersetzers.

und der Kurfürst Friedrich haben auf diese Weise das Reich auf eine
bestimmte Sprache festgelegt und haben also alle Sprachen in eine gezogen.   *Aus TR 2,2758b (September/November 1532)*

WIDER DEN ABGOTT ZU HALLE

Während Luthers Wartburgzeit steigt aus der Vergangenheit noch
einmal eine Sache empor, die ihn monatelang beschäftigt und umtreibt: Der Mann, der durch sein unverfrorenes Vorgehen Anlaß zu
Luthers Ablaßhandel geworden war, Albrecht von Mainz, hat im September, um seiner Geldklemme aufzuhelfen, eine Ausstellung des Hal-
lischen Reliquienschatzes eröffnet und lädt alle opferwilligen Gläubigen gegen die Verheißung reicher *Ablaß*gnaden zu eifrigem Besuche
ein! Als er hört, Luther wolle »Wider den Abgott zu Halle« schreiben, erwirkt er – welche Macht hat der Geächtete auf der Wartburg! –
durch seinen der neuen Lehre gewogenen Rat Capito ein kurfürstliches
Schweigegebot für Luther.

Allein der gebannte Luther, rücksichtslos gegen Spalatin und den
Kurfürsten losbrechend, erklärt, daß er nicht schweigen werde (1), und
stellt dem Erzbischof, dem ersten Geistlichen der deutschen Kirche, ein
binnen 14 Tagen zu beantwortendes Ultimatum: Albrecht soll das
Ärgernis abstellen, die armen Leute unverführt und Priester, die sich
verehelichen, in Ruhe lassen (2). Am 21. Dezember erhält Luther ein
kurzes, freundliches Schreiben des Erzbischofs: die Ursache zu Luthers
Schreiben sei längst abgestellt, und er werde sich so verhalten, wie
einem frommen, christlichen Fürsten gezieme.

Gleichzeitig aber kommt ein langer Brief von Capito; er habe bisher eifrig zu Luthers Gunsten gewirkt; er habe, man denke, den Erzbischof so weit gebracht, daß er die Bibel, ja Luthers Schriften lese!
Wolle Luther diesen schönen Anfang durch seine Strafpredigten zunichte machen? Könne man nicht, wie auch Erasmus meint, auf verschiedene Weise der einen Sache dienen? Luthers Antwort an Capito
ist ein Musterbeispiel für die Art, wie unerbittlich er solchen Ansinnen kluger Rücksichtnahme entgegentrat. Die Scheinliebe der Schmeichelei, des sich anpassenden Entgegenkommens verleugnet das Evangelium, fördert die Sünde und ist in Wahrheit viel grausamer als die
Härte des richtenden Wortes; die wahre Liebe, unbegrenzt hoffend
und duldend, beginnt dann, wenn der Hörer das richtende Wort angenommen hat, wenn es darauf ankommt, seine Schwäche aufzunehmen
und zu ertragen, ihn geduldig zu vermahnen und im Glauben zu
stärken (3).

Seid gegrüßt! Einen widerwärtigeren Brief habe ich kaum je einmal gelesen, als den Ihr mir zuletzt schriebet, so daß ich nicht nur die Antwort aufschob, sondern schon beschlossen hatte, Euch überhaupt nicht zu antworten.

Vor allem will ich nicht leiden, wenn Ihr saget, der Kurfürst werde eine Schrift gegen den Mainzer Bischof oder sonst eine Störung der öffentlichen Ruhe nicht dulden. Lieber will ich Euch und den Kurfürsten selbst und alle Kreatur zugrunde richten. Wenn ich nämlich dem Papst, der den Mainzer [zum Bischof] gemacht hat, Widerstand geleistet habe, warum soll ich dann seinem Gemächte [dem Mainzer] weichen?

Es ist schön von Euch, daß Ihr die öffentliche Ruhe nicht gestört sehen wollt; aber daß die ewige Ruhe Gottes gestört wird durch das gottlose, tempelschänderische, verderbliche Treiben dieses Menschen, – das wollt Ihr hingehen lassen!? Mitnichten, Spalatin! Mitnichten, Kurfürst! Sondern für die Schafe Christi muß man mit höchster Kraft diesem greulichsten Wolf Widerstand leisten, für andere zum warnenden Beispiel. Deshalb übersende ich das Büchlein gegen ihn,[8] das schon fertig war, als Euer Brief kam; dieser hat mich in keinem Punkt zu irgendeiner Änderung veranlaßt, obwohl ich es der Kritik Philipps [Melanchthons] hatte unterbreiten wollen, damit er nach Gutdünken ändere. Hütet Euch also, das Buch etwa vor Philipp zu unterschlagen oder [ihm davon] abzuraten. Es ist beschlossene Sache, daß man auf Euch nicht hören wird.

Daß aber wir und die Unsrigen in üblen Ruf kommen müssen, teils durch unsre Gegner, teils durch Leute, die in Gottes Sache zuviel weltliche Klugheit anwenden, das hätte gar keinen Eindruck auf Euch machen dürfen, da Ihr doch wißt, daß auch Christus und seine Apostel den Menschen mißfallen haben. Überhaupt höre ich bis zur Stunde nichts davon, daß die Unsrigen wegen irgendeines schändlichen Verbrechens angeklagt werden, sondern nur wegen der Verachtung, welche sie der Gottlosigkeit und ruchlosen Lehren entgegenbringen, – womit nicht gesagt sein soll, daß ich den Auflauf der jungen Leute billige, welche den Antoniusboten so übel empfingen.[9] Aber wer kann allen überall und jederzeit einen Zügel anlegen?

8 *»Wider den Abgott zu Halle«.*
9 *Die Wittenberger Studenten hatten die Lichtenberger Antonitermönche, die in Wittenberg sammelten, mit Schmutz und Steinen beworfen und ihre Predigt gestört.*

Stellen die andern vielleicht nie etwas Böses an? Sogar die Jünger mußten sich den Vorwurf gefallen lassen, einen Judas Ischarioth unter sich zu haben, und Tag um Tag müssen, wo Menschen beisammen sind, die Bösen ertragen werden. Wir sind die einzigen, von denen man verlangt, daß kein Hund mucken soll. Erwartet bitte nicht, daß wir jedem einzelnen, der an Wittenberg etwas auszusetzen hat, eine Rechtfertigungsschrift schicken; das ist einfach unmöglich!

Das Evangelium wird darob nicht stürzen, wenn ein paar von den Unsrigen sich gegen das Normalmaß versündigen. Wer sich *deshalb* dem Wort entfremden läßt, hing noch nie dem Wort an, sondern der vom Wort erhofften Ehre. Wer dem Wort anhängt um des Wortes willen, wird nicht von ihm losgerissen, und wenn die Pforten der Hölle ihn losreißen wollten. Wird einer abtrünnig, wohlan! Warum blickt er bei uns nicht auf das, was gut und kräftig ist? Warum sieht er auf das, was schlecht und gering ist? Wird etwa Philipp und die Seinen dieses Vergehens angeklagt? Warum verdammen sie [uns] in Bausch und Bogen um eines Teils willen? Es ist eine geringere Sünde, einen gottlosen Prediger auszupfeifen, als seine Lehre gläubig anzunehmen; letztere Sünde wird gelobt, erstere als unvergebbar herumgeschrieen. Und vor solchen Richtern, vor solchen Gerechtigkeiten graust Euch, daß Ihr meinet, das Evangelium werde um dieser rauchenden Löschbrände willen (Jes 7, 4) untergehen?

Die Abschaffung der [Privat]messen bekräftigte ich durch die Schrift,[10] welche ich mitsende. Die Trostschrift [für den Kurfürsten][11] konnte ich nicht verfassen; ich halte sie auch nicht für notwendig, da ich dieses Thema schon in meiner Tessaradekas[12] behandelt habe. Warum gebt Ihr sie [ihm] nicht zu lesen? Oder noch besser, warum haltet Ihr (ihm) nicht lieber die Evangelien und die Leidensgeschichte Christi vor? Einen wirksameren Trost gibt es ja nicht. Soll ich denn zu jedem Einzelfall immer wieder eine neue Trostschrift schreiben? Was werden da die Gegner sagen? Zugleich hoffe ich, Philipps Trostschrift werde genügen; ich vermute auch, daß inzwischen die seelische Kümmernis [des Kurfürsten] sich wieder gelegt hat, so daß meine Trost-

---

10 *Luthers Schrift »De abroganda missa privata« (»Von der Aufhebung der Privatmesse«).*

11 *Spalatin hatte zuerst Melanchthon, sodann auch Luther um eine Trostschrift für den Kurfürsten gebeten.*

12 *Die Tessaradekas (die »Vierzehn«) hatte Luther im September 1519 anläßlich einer Krankheit des Kurfürsten geschrieben. Im Gegensatz zu den vierzehn Nothelfern der alten Kirche sind in der »Vierzehn« sieben Übel und sieben Güter aufgezählt, durch welche Gott tröstet und erfreut.*

schrift verspätet und schon nutzlos einträfe. Zudem besteht dort keine Gefahr, es könnte etwas Gottloses daraus entstehen, so daß ein Aufschieben oder Drüberhinweggehen nicht geraten wäre; hier dagegen gehen fort und fort Seelen zugrunde, das macht mir zu schaffen.

Ich bin entschlossen, jetzt auch die Frage der Gelübde der Ordensleute[13] anzupacken und die jungen Leute aus dieser Hölle des Zölibates zu befreien, der durch Brunst und Befleckung ein Ort voll Schmutz und Verdammnis geworden ist.

Ich schreibe dies teils in Anfechtung, teils im Zorn. Ihr werdet mir's zugutehalten. Denn es ist nicht nur *ein* Satan bei mir oder vielmehr gegen mich, der ich allein, manchmal aber auch nicht allein bin. Lebet darum wohl und grüßet alle die Unsrigen! An Gerbel habe ich schon vor dem letzten Brief geschrieben; es war alles schon zugemacht und versiegelt.

An St. Martins Tag, 1521.   Euer Martin Luther.

Br 2,402,3 ff

2 *Letzte Warnung an Albrecht von Mainz · Brief von der Wartburg an Kardinal Erzbischof Albrecht von Mainz vom 1. Dezember 1521*

Hochwürdigster, gnädigster Herr, es sei Eurer Kurfürstlichen Gnaden zuvor mein williger Dienst entboten!

Zweifellos hat Euer Kurf. Gnaden noch in guter, frischer Erinnerung, daß ich an EKFG zweimal lateinisch geschrieben habe. Das erste Schreiben geschah zu Beginn des lügenhaften Ablasses,[14] der unter dem Namen EKFG ausging; darin warnte ich EKFG in Treue und setzte mich aus christlicher Liebe den zuchtlosen, verführerischen, geldgierigen Predigern und den ketzerischen, abgöttischen Büchern entgegen.

Hätte ich an einer Disziplinlosigkeit eine Freude gehabt, so hätte ich den ganzen Sturm auf EKFG zutreiben können als auf denjenigen, der solche Dinge unter seinem Namen und Wissen zuläßt und dessen vollständiger Titel auf den ketzerischen Büchern geschrieben steht.[15] Aber ich habe EKFG und das Haus Brandenburg geschont in der Annahme, daß EKFG solche Dinge aus Unverstand und Unerfahrenheit tun, verführt durch andre, falsche Ohrenbläser, an welche allein ich mich gehalten habe — freilich mit mancher Mühe und Gefahr, wie EKFG wohl bekannt ist.

13 *Luther kündigt hier die Schrift »De votis monasticis«, »Von den Mönchsgelübden« an. (Vgl. unten Seite 25).*
14 *Vgl. den Brief vom 31. Oktober 1517, siehe Band I, Seite 86.*
15 *Vgl. Band I, Seite 86.*

Es hat aber diese meine treue Ermahnung nur Spott und bei EKFG Undank statt Dank davongetragen. Als ich zum zweitenmal[16] aufs untertänigste schrieb und mich erbot, von EKFG mich belehren zu lassen, ist mir eine harte, unartige, unbischöfliche und unchristliche Antwort zuteil geworden; die mir zu erteilende Belehrung wurde höheren Stellen zugeschoben.[17] Obwohl nun die zwei Briefe nicht geholfen haben, lasse ich doch nicht nach, sondern will nach dem Evangelium (Matth 18, 17) noch eine dritte Warnung an EKFG in deutscher Sprache richten, ob's helfen möge als überflüssiges Warnen und Flehen, zu dem ich nicht verpflichtet bin.

Es hat jetzt EKFG von neuem in Halle den Abgott aufgerichtet, der die armen, einfältigen Christen um Geld und Seele bringt, und damit frei und öffentlich bewiesen, daß alles Unschickliche und Schändliche, das durch Tetzel geschah, nicht allein seine, sondern des Bischofs von Mainz Willkür war, der, wiewohl ich ihn schonte, dies allein verantworten will. Vielleicht denkt nun EKFG, ich sei außer Gefecht gesetzt, und will nun vor mir sicher sein und durch die Kaiserliche Majestät den Mönch leicht dämpfen. Ich lasse das geschehen, aber dennoch soll EKFG wissen, daß ich tun will, was die christliche Lehre fordert, unerachtet auch der Pforten der Hölle, von Ungelehrten, Päpsten, Kardinälen und Bischöfen ganz zu schweigen. Ich will's nicht leiden und auch nicht dazu schweigen, wenn der Bischof von Mainz sich so stellen möchte, als wisse er einem armen Menschen keine Belehrung zu erteilen, der sie von ihm begehrt, oder als gebühre ihm das nicht, während er doch recht gut Bescheid weiß und frech immer weiter zufährt, wenn es ihm Geld eintragen soll. Ich lasse mich nicht für Narren halten; man muß von diesen Dingen anders reden und hören.

Es ist deshalb meine untertänige Bitte an EKFG, EKFG wolle das arme Volk unverführt und unberaubt lassen und sich als einen Bischof, nicht als einen Wolf zeigen. Es ist bekannt genug geworden, daß der Ablaß lauter Büberei und Betrug ist, und daß allein Christus dem Volk gepredigt werden soll, so daß EKFG nicht durch Unwissenheit entschuldigt werden kann.

EKFG wolle des Anfangs eingedenk sein: Was für ein greuliches Feuer ist aus dem kleinen, verachteten Fünklein geworden, vor dem

16 *Am 4. Februar 1520 hatte Luther einen zweiten Brief an Albrecht von Mainz gerichtet, auf dem dieser am 26. Februar 1520 in der oben geschilderten Weise geantwortet hatte.*

17 *Albrecht hatte erklärt, daß er zur Lektüre oder zum Durchblättern von Luthers Schriften noch keine Zeit gefunden habe; er überlasse darum das Urteil seinen Oberen.*

doch alle Welt so sicher war und glaubte, der einzige, arme Bettler wäre dem Papst unermeßlich viel zu wenig und wage sich an Unmögliches! Dennoch hat Gott sein Urteil gefällt, dem Papst mit all den Seinen übergenug zu schaffen gegeben und gegen und über die Meinung der ganzen Welt hinweg das Spiel dahin geführt, daß der Papst es schwerlich wieder einrenken wird und es täglich schlimmer mit ihm wird; darin kann man Gottes Werk mit Händen greifen.

Dieser Gott lebt noch, da zweifle nur niemand dran, und er versteht auch die Kunst, einem Kardinal von Mainz zu widerstehen, und wenn gleich vier Kaiser auf seiner Seite stünden. Er hat auch besondere Lust, die hohen Zedern zu zerbrechen[18] und die hochmütigen und verstockten Pharaonen zu demütigen. Diesen Gott, bitte ich, wolle EKFG nicht versuchen noch verachten; seine Kunst und seine Gewalt hat kein Maß.

EKFG denke nur nicht, daß Luther tot sei. Er wird auf den Gott, der den Papst gedemütigt hat, so frei und fröhlich pochen und mit dem Kardinal von Mainz ein Spiel anfangen, auf das nicht viele gefaßt sind. Schließt euch nur zusammen, liebe Bischöfe, weltliche Herren möget ihr bleiben, aber diesen Geist sollt ihr trotzdem nicht zum Schweigen bringen und betäuben; erwächst euch aber eine Kurzweil daraus, auf die ihr jetzt nicht gefaßt seid, so will ich euch hiermit gewarnt haben.

Darum sei EKFG endgültig und schriftlich angesagt: Wenn der Abgott nicht abgetan wird, so ist dies für mich um göttlicher Lehre und christlicher Seligkeit willen ein nötiger, dringender und unausweichlicher Grund, EKFG wie den Papst öffentlich anzugreifen, gegen dieses Unternehmen frei heraus zu protestieren, für alle früheren Greuel Tetzels den Bischof von Mainz verantwortlich zu machen und der ganzen Welt den Unterschied zwischen einem Bischof und einem Wolf zu zeigen. Danach möge sich EKFG zu richten und zu halten wissen.

Werde ich verachtet, so wird einer kommen, der den Verächter wieder verachtet, wie Jesaja (33, 1) sagt. Ich habe EKFG genug ermahnt; nunmehr ist die Zeit da, nach der Lehre von St. Paulus (1 Kor 5, 13) die öffentlichen Übeltäter vor aller Welt öffentlich in Verruf zu tun, auszulachen und zu strafen, damit das Ärgernis vom Reich Gottes ausgetrieben werde.

Zweitens bitte ich, EKFG wolle sich zurückhalten und diejenigen Priester, die sich, um Unkeuschheit zu vermeiden, in den Ehestand begeben haben oder begeben wollen, in Ruhe lassen und ihnen nicht rauben, was Gott ihnen gegeben hat. Vermag doch EKFG zu solchem

18 Vgl. Jesaja 2,13.

Tun keinen Anlaß, Grund und Recht aufzuweisen, und reiner mutwilliger Frevel ziemt einem Bischof nicht.

Was hilft es Euch doch, Ihr Bischöfe, wenn Ihr so frech mit Gewalt einherfahret und die Herzen über Euch erbittert und nicht einmal Grund und Recht Eures Tuns beweisen wollet und könnet! Was bildet Ihr Euch ein? Seid Ihr lauter Giganten und Nimrode von Babel geworden? Wisset Ihr nicht, Ihr armen Leute, daß Frevel und Tyrannei, wenn sie keinen Schein [des Rechts] mehr haben, den Anspruch auf die Fürbitte der Gemeinde verliert und nicht mehr lange bestehen kann? Ihr stürzet Euch wie unsinnig in Euer Unglück, das Euch selbst dann doch zu früh kommen wird!

EKFG möge zusehen: Wird dies nicht abgestellt, so wird sich ein Geschrei aus dem Evangelium erheben, und man wird sagen, wie wohl es den Bischöfen anstünde, die Balken zuerst aus ihren eigenen Augen zu reißen,[19] und wie billig es wäre, wenn die Bischöfe zuerst ihre Dirnen von sich trieben, ehe sie brave Eheweiber von ihren Ehemännern trennten.

Ich bitte, EKFG wolle – sich selber zuliebe – mir vergönnen und ermöglichen zu schweigen. Ich habe weder Gefallen noch Freude an EKFG Schande und Unehre; wenn aber die Schändung Gottes und die Verunehrung seiner Wahrheit trotzdem nicht aufhört, bin ich und alle Christen schuldig, an Gottes Ehre festzuhalten, und wenn darüber die ganze Welt – von einem armen Menschen, einem Kardinal, zu schweigen – zu Schanden werden müßte. Schweigen werde ich nicht, und wenn es mir nicht gelingen sollte, so hoffe ich doch, Ihr Bischöfe werdet Euer Liedlein nicht mit Freuden zu Ende singen. Ihr habt sie noch nicht alle vertilgt, die Christus gegen Eure abgöttische Tyrannei erweckt hat.

Ich bitte und erwarte EKFG endgültige, schleunige Antwort hierauf innerhalb 14 Tagen. Denn nach genau 14 Tagen wird mein Büchlein gegen den Abgott zu Halle hinausgehen, wenn keine öffentliche Antwort eintrifft. Auch wenn dieser Brief durch die Räte EKFG abgefangen werden sollte, daß er nicht in Eure Hände käme, will ich mich nicht dadurch aufhalten lassen. Ratgeber sollen treu sein; ein Bischof soll seinen Hof so ordnen, daß vor ihn kommt, was vor ihn kommen soll. Gott gebe EKFG seine Gnade zu rechtem Sinn und Willen.

Gegeben in meiner Wüste
am Sonntag nach dem Katharinentag 1521.

Euer Kurf. Gnaden williger und untertäniger
Martin Luther.   Br 2,406,1 ff

19 Vgl. Matthäus 7,5.

3 *Vom wahren Glauben und von der wahren Liebe* · *Brief von der Wartburg an Domprediger Wolfgang Capito* [20] *in Mainz vom 17. Januar 1522*

Im gleichen Maß, als der Brief Deines Kardinals mir den Mut aufgerichtet hat, hat der Deinige ihn mir zu Boden gedrückt, lieber Fabricius. Vielleicht drückt dieser grimmige und unfreundliche Anfang Dir auch das Gesicht zu Boden; aber es ist Deine Schuld, weil Du dem Brief des Kardinals Glaubwürdigkeit und Gewicht genommen hast mit Deinem so übel angebrachten Wortschwall. Unter dem vielen, was [mich] gereizt hat, war es [vor allem] dies eine, daß Du schreibst, Du habest zur Förderung der Sache des Evangeliums ein Verhalten befolgt, das von dem unsrigen verschieden sei. Was bedeutet das aber anderes, als daß entweder Dein oder unser Verhalten verdammlich ist? Denn es kann ja nicht sein, daß das Amt des Geistes mit sich selbst auch nur im mindesten uneins ist. Paulus empfiehlt den Korinthern den Timotheus, weil er in den gleichen Fußstapfen wandle wie er selber.[21] Und ich hätte ja gern, in meiner aufrichtigen Meinung gegen Dich, dies Wort von der »Verschiedenheit« abgemildert, wenn nicht Du selbst als Dein eigener Ausleger mich gezwungen hättest, es so zu verstehen: das Evangelium gehe dann vorwärts, wenn man bei den Fürsten die Augen zudrücke, sie schone, ihre Taten entschuldige; wir sollen — wie es nach Deinen eigenen Worten heißt — ja nicht den Kampf mutwillig herausfordern. Das ist Deine Verhaltungsweise, die neben unserem Verhalten eine schöne Kriecherei und Verleugnung der christlichen Wahrheit ist. Ich möchte nicht einmal meinem Feind wünschen, daß sie diese [Deine] Gesinnung für gut fänden; so ferne liegt mir der Wunsch, es möchte das Evangelium auf solche Weise unterstützt werden, daß ich nichts heftiger verwünsche. Und Christus wird's machen, — nicht daß Du nichts ausrichtest, sondern daß er Dich samt uns davor bewahrt, daß Du Schaden anrichtest. Milde und Güte verlangst Du, — ich weiß wohl. Aber was hat ein Christ mit einem Speichellecker zu schaffen? Eine unverhohlene und ganz einfältige Sache ist das Christentum; es erkennt und nennt die Sache so, wie sie sich verhält. Sogar die Heiden möchten,

---

20 *Wolfgang Fabricius Capito, 1489–1541, zu Hagenau im Elsaß geboren, 1515 Prediger und Theologieprofessor in Basel, trat trotz seiner Hinneigung zu Luther noch im Jahre 1519 in den Dienst des Erzbischofs Albrecht von Mainz. Als Propst von St. Thomas in Straßburg entschied er sich 1523 endgültig für die Reformation. Er wirkte neben Butzer und bemühte sich um einen Ausgleich zwischen Luther und Zwingli; auch den Täufern glaubte er entgegenkommen zu müssen.*

21 *Vgl. 1. Korinther 16,10.*

daß es der Sorte von Freunden schlecht gehe, die den Lastern ihrer Freunde wohlreden. Und die Wahrheit Christi sollte den Lastern und der Gottlosigkeit zugleich wohlreden können?

Wir wollen Dir aber auch unser Verhalten auseinandersetzen und mit guter Zuversicht Deinem und der Welt Urteil unterstellen, ohne Angst davor, dem großen Haufen – wie Du schreibst – durch Schroffheit einen Anstoß zu bereiten. Wen stieß denn Christus nicht vor den Kopf, oder wen zieh er nicht einer Schuld? Auch der Geist der Wahrheit spricht schuldig,[22] er schmeichelt nicht. Er spricht aber nicht nur einige wenige schuldig, sondern die ganze Welt. Deshalb ist uns das aufgegeben, daß alles ganz und gar zu verwerfen, zu beschuldigen, zu Boden zu stoßen ist und daß es kein Verschonen, kein Augenzudrükken, kein Entschuldigen gibt, auf daß mitten im Feld die Wahrheit stehe, frei, rein und unverhohlen.

Etwas ganz anderes ist es, wenn Du diejenigen, die Du heruntergerissen hast, mit größter Mildigkeit aufnimmst, erträgst und einlädst. Das gehört bereits zur Bewährung der schuldigen Liebe, nicht zum Amt des Wortes. Denn wenn auch Christus alle mit äußerster Schärfe bezichtigt, so will er ihnen doch wie eine Henne sein und [sie] unter seine Flügel sammeln (Matth 23, 37). »Die Liebe verträgt alles, duldet alles, hofft alles« (1 Kor 13, 7); der Glaube dagegen oder das Wort verträgt gar nichts, sondern beschuldigt, frißt oder — wie Jeremia (1, 10) sagt – reißt aus, zerbricht und verstört, und »verflucht ist, wer das Werk des Herrn lässig tut« (Jer 48, 10).

Es ist nämlich etwas anderes, Fabricius, eine Sünde loben oder abschwächen, etwas anderes, sie gütig und freundlich heilen. Zu allererst muß gesagt werden, was recht und was nicht recht ist; alsdann, wenn der Hörer es annimmt, soll man ihn ertragen und, wie Paulus (Röm 14, 1) sagt, den Schwachen im Glauben aufnehmen. Aber Dein Verhalten hat die Wirkung, daß niemals der Wahrheit die Ehre gegeben wird, und dennoch einstweilen erwartet wird, durch Schmeichelei und erlogene Freundlichkeit werde die Sünde geheilt. So erfüllt man das Wort Jeremias (8, 11): »Und sie heilten die Reue meines Volkes«, und wiederum (Jer 23, 14): »Sie bestärkten die Hände der Boshaften, auf daß sich ja niemand bekehre von seiner Bosheit.«

Ich hoffe nicht, jemals mich so verhalten zu haben, daß man uns den Vorwurf machen kann, wir hätten die Liebe vermissen lassen, wenn es galt, die Schwachen aufzunehmen und zu ertragen; es fehlt bei uns auch nicht an Milde, Güte, Friedfertigkeit und Freude, wenn jemand

22 Vgl. Johannes 16,8.

unser Wort aufnimmt, auch wenn er nicht alsbald schon vollkommen sein kann. Wir sind nämlich zufrieden, wenn er einstweilen der Wahrheit die Ehre gab, sich nicht widersetzte, sie nicht verwarf; was hernach geschieht, geht die Liebe an, die vermahnt, daß er auch tut, was er erkannt hat. Denn hätte Dein Kardinal diesen Brief von Herzen geschrieben, weiß Gott, mit welcher Freude, mit welcher Demut hätten wir uns ihm zu Füßen geworfen und uns nicht für wert gehalten, ihm den Staub von den Füßen zu küssen! Sind nicht auch wir ein Auswurf und Unflat der Sünde? Er soll nur dem Wort die Ehre geben, und wir werden uns als seine besten Knechte zeigen.

Andererseits aber gibt's für diejenigen, welche die Lehre selbst und das Amt des Wortes verwerfen, verachten oder mit Hintergedanken ausüben, keine Gnade, keine Liebe, keine Güte; obwohl gerade das die höchste Liebe ist, ihrem gottlosen Wüten mit allen Kräften und Mitteln zu widerstehen . . .[23]

Ich beschwöre Dich, lieber Fabricius, Du willst so einen Luther haben, der zu all Eurem Tun ein Auge zudrückt, wenn man ihm nur mit artigen Kosebriefchen das Fell streichelt, und dabei ist es so gar nicht zum Sagen, was Ihr im Schilde führt! Und Ihr seid nicht zufrieden, daß wir bereit sind, zu verzeihen und zu vertragen um der Liebe willen, sondern verlangt im Ernst, daß wir [Euch] auch noch recht geben, d. i. die Lehre selber verleugnen um der Gottlosigkeit willen? Reichlich und mehr als reichlich versuchet Ihr mich, bester Fabricius, und reichlich und mehr als reichlich gnädig antworte ich Euch, obwohl Ihr eine weitaus schärfere Antwort verdient hättet. Ihr tut ja nicht bloß das nicht, was ich von Euch forderte, sondern Ihr macht so und so oft ein Gelächter und Gespött daraus mit Mätzchen, die *Ihr* als vortrefflich ansehet, die in Wirklichkeit, wie *ich* sehe, auffallend läppisch sind. Wir werden die Lehre des rechtschaffenen Glaubens verteidigen mit allen Kräften, die wir haben, es kränke den Himmel oder die Hölle.

So, da hast Du den Luther, wie Du ihn immer gehabt hast: den willfährigsten Knecht, sobald Du nur ein Freund des Glaubens geworden bist, wiederum einen ausgezeichneten Verächter, wenn Du weiterhin mit Deinem Kardinal zusammen in einer heiligen Sache Dein Spiel treibst. Da höre die Summe: Unsre Liebe ist bereit, für Euch zu sterben; wenn aber der Glaube angerührt wird, rührt man unsern

---

23 In dem übergangenen Stück des Briefs beschäftigt sich Luther vor allem mit der Heuchelei des Kardinals und mit seinem Vorgehen gegen einen Priester, der geheiratet hatte; er macht Capito mit dafür verantwortlich.

Augapfel an. Die Liebe sollt Ihr zu allem zur Verfügung haben, sei's zum Spott, sei's zur Ehrung, den Glauben und das Wort wollen wir von Euch angebetet und hochheilig gehalten haben. Unsrer Liebe mutet alles zu, unsern Glauben aber fürchtet allezeit!

Deinem Kardinal antworte ich nicht, weil ich den Mittelweg nicht mit Sicherheit gehen und [sein Schreiben] weder loben noch schelten konnte, sei's als Heuchelei, sei's als Aufrichtigkeit. Aus Dir aber wird er erfahren, was Luther denkt. Und ich, sobald ich von seiner Aufrichtigkeit besser überzeugt bin, werde nicht länger zögern, mich ganz zu seinen Füßen aus- und hinzugießen. Leb wohl, lieber Fabricius, und zweifle nicht an meiner lauteren Gesinnung gegen Dich. Die Sache selber ist, wie Du siehst, groß und heilig; nach ihr ziemt sich's, uns zu richten, damit wir nicht die Brüder oder Schwestern mehr lieben als Christus.

Aus meiner Einsamkeit, am Antoniustage 1522. *Br 2,430,2 ff*

DIE MÖNCHSGELÜBDE UND DAS EVANGELIUM

Luther hatte die altbefestigten Ordnungen der Kirche grundsätzlich in Frage gestellt, praktisch bis jetzt aber so gut wie keine Änderungen vollzogen. Aber kann dies so bleiben? Kann die Ehelosigkeit der *Priester*, nachdem sie als schriftwidrig erkannt ist, noch festgehalten werden? Können die *Mönchsgelübde*, durch welche Jahr um Jahr immer neue Scharen von Mönchen und Nonnen zur Sünde verführt werden, noch für gültig erachtet werden? Darf die *Messe*, nachdem sie als Widerspiel echten Gottesdienstes, als Lästerung Christi entlarvt ist, noch länger gefeiert werden? Ist es möglich, daß Christ und Antichrist nebeneinander in *einer* Kirche regieren, daß, nachdem das Evangelium in seiner freien Gewalt verkündigt wird, seine Verkehrung in Menschengesetz geduldet wird? – In der Stille der Wartburg reifen diese Fragen langsam zur Entscheidung heran.

Schon im Mai 1521 hat Luthers Schüler Bartholomäus Bernhardi aus Feldkirchen, der Propst des bei Wittenberg gelegenen Kemberg, sich verheiratet. Luther begrüßt diesen Schritt mit freudiger Bewunderung; er hatte ja schon in der Schrift an den Adel ausgeführt, daß das Gebot der Ehelosigkeit der *Priester* gegen die Schrift (1 Tim 3, 2) verstoße, und sieht auch jetzt, wie er am 1. August 1521 an Melanchthon schreibt, in der erzwungenen Ehelosigkeit der Priester ein Teufelsgebot (1 Tim 4, 1. 3).

Allein bei den *Mönchsgelübden* ist es etwas völlig anderes. Der Priesterstand ist von Gott als freier Stand eingesetzt worden, die

Mönche dagegen erwählen ihren Stand selbst. Es gibt ein klares Schriftwort gegen den Zölibat; es gibt aber keinen ähnlich bestimmten und
durchschlagenden Schriftgrund gegen die Mönchsgelübde. Auch Luthers Zeitgenossen hatten trotz aller Verhöhnung des faulen oder unsittlichen Mönchs nie das Mönchsgelübde als solches angetastet; es hat
vor Luther niemand gewagt, diese grundlegende Voraussetzung des
gesamten Klosterwesens in Frage zu stellen. Auch für Luther war es
bis zum Herbst 1521 eine offene Frage, ob ein Mönch unter Bruch seines vor Gott abgelegten Gelübdes aus dem Kloster in die Welt gehen
dürfe. Schon im Sommer 1521 hatte Karlstadt versucht, die Befreiung
vom Zölibat wie für den Priester, so auch für den Mönch in Anspruch
zu nehmen. Mit Melanchthon zusammen arbeitete er Thesen aus, die
freilich Luther nicht genügen; diese Beweisführung »wird kein Fels
sein, auf den die Gewissen fest bauen können«. Das Gelübde darf
doch nicht einfach deshalb aufgelöst werden, weil es nicht gehalten
werden kann. Mit derselben Begründung könnte man dann auch die
zehn Gebote aufheben! Das elende Los der Mönche und Nonnen jammert Luther freilich auch, aber darf das Gesetz mit schlechtem Gewissen um der Natur willen zerbrochen werden? »Ein Schriftwort suchen
wir, und ein Zeugnis des göttlichen Willens!«

Luther kämpft um eine andere Lösung der Frage. Es kann sich nicht
darum handeln, das alte Gesetz des Keuschheitsgelübdes zu umgehen
und am Ende durch ein neues Gesetz der Mönchsehe abzulösen. Soll
die Gültigkeit der Mönchsgelübde bestritten werden, so kann dies nur
vom *Evangelium* her geschehen. In überzeugender Klarheit tritt uns
Luthers neue Lösung in der Predigt über das Evangelium des Erschei-
nungsfestes (Matth 2, 1–12) entgegen, an welcher er damals bei seiner
Ausarbeitung der deutschen Kirchenpostille stand. Luthers Ausgangspunkt ist das erste Gebot, das den ganzen christlichen Glauben, den
Glauben an die durch Christi Blut uns geschenkte Gnade, in sich enthält. Auf diese Gnade dürfen und sollen wir uns ausschließlich verlassen, nicht auf Werke des Gesetzes. Wie steht es nun mit den Mönchsgelübden? Sind nicht gerade sie zum Werk geworden, das die Seligkeit verdienen und erzwingen will? Treten sie nicht damit an Stelle
des Verdienstes Christi? Wer aber so tut, als ob Christi Verdienst gar
nicht da wäre, wer es durch sein eigenes Verdienst beiseite schiebt,
der macht Christi Verdienst und die Ehre Gottes zunichte. Wird das
Mönchsgelübde als Werk an Stelle von Christi Gesetzeserfüllung verstanden, so ist es eine gottlose Verleugnung des ersten Gebots und
hat damit seine bindende Kraft verloren (1). Hat uns Christus wirklich
die Freiheit erworben, so wirkt sich diese Freiheit darin aus, daß der

Christ ein Gelübde, das seinen Glauben zerstört, auch wieder aufgeben, daß der Mönch eine Lebensform, die ihn am Glauben hindert, wieder verlassen kann und darf; denn erzwungene Gelübde sind vor Gott nicht angenehm.

Luther sieht voraus, wie seine Feinde nun über ihn herfallen werden. Aber er will nicht der fleischlichen Freiheit zuchtloser Mönche zum Siege verhelfen (2); für seine eigene Person verwahrt er sich dagegen, daß ihm jemand ein Eheweib aufnötigen soll. Als er hört, daß am 12. November 1521 einige seiner Wittenberger Augustinerbrüder — es waren 13 von den 40 Mitgliedern des Konventes — die Kutte abgelegt haben und weltlich geworden seien, ängstigt ihn die Befürchtung, sie möchten dies mit unsicherem Gewissen getan haben. Er hat um diese Zeit eben seine große lateinische Abhandlung »*Über die Mönchsgelübde*« begonnen; er hofft damit seine Brüder in ihrem Schritt zu bestärken und ihnen einen festen Boden unter die Füße zu geben. Die Schrift ist bereits anfangs Dezember fertig; der Druck war Ende Februar 1522 beendet. Luther entwickelt hier in theologisch gedankenscharfer Form umfassend und eindringlich die schon in der Predigt vorgetragenen Gründe gegen die Mönchsgelübde. Bemerkenswert ist die Schrift insbesondere durch die Vorrede, in welcher Luther in Form eines Briefes an seinen Vater sich von seiner eigenen Möncherei endgültig löst (3). Luther ging ins Kloster unfreiwillig und gegen den Willen des Vaters. Der Vater ließ ihn im Kloster, obwohl er in dem Schritt des Sohnes einen Verstoß gegen Gottes Gebot sah. Gott aber hat beider Schuld zum Guten gewandt. *Er* hat Luther ins Kloster geschickt, damit er die falsche Heiligkeit des Mönchtums am eigenen Leibe verspüre. *Er* hat ihn nun aus dem Kloster genommen und ihn zu einer neuen Kreatur, zu Christi Eigentum gemacht. Nun ist Luther über seinen Eigenwillen und über die väterliche Gewalt hinweg ins Amt des Wortes gestellt; nun ist Vater und Sohn gezeigt, daß Gottes Gebot allem andern Willen vorgeht.

1 Der Gehorsam gegen das erste Gebot verbietet das Mönchsgelübde

Nun laß uns die Geistlichen ansehen und sie diesem Gebot und christlichem Glauben gegenüberstellen! Will nun jemand geistlich werden oder ein Ordensgelübde christlich auf sich nehmen, ohne gegen das erste Gebot zu verstoßen und Gott zu verleugnen, so muß sein Herz und Sinn nicht anders stehen und sagen als so: »Wohlan, ich will Priester, Mönch, Nonne werden, dies oder jenes geloben, nicht weil ich diesen Stand oder Orden für einen Weg zur Seligkeit halte, auch nicht, weil ich beabsichtige, durch solches Leben rechtschaffen zu werden, die Sünde zu büßen und Gottes Gnade zu erwerben; davor behüte mich Gott, das wäre Christus und seinem Blut zu nahe getreten, damit wäre ihm all sein Verdienst und Ehre zunichte gemacht, das wäre die größte Verleumdung und Lästerung Gottes; denn das alles will ich in lauterem Glauben [allein] von ihm erwarten, daß er's für mich getan hat, woran ich nicht zweifle. Vielmehr weil ich ja etwas tun muß auf Erden, will ich dies Leben annehmen, mich drinnen üben, meinen Leib kasteien und meinem Nächsten dienen, gleich wie ein anderer Mensch auf dem Feld, im Garten oder auf einem Handwerk tätig ist, ohne auf Verdienst und Auszeichnung seiner Werke es abzusehen.« Siehe, wo man es nicht so meint, da muß Christus verleugnet und das erste Gebot zunichte werden, und eitel unchristliches, ungläubiges, jüdisches, heidnisches Wesen dasein. Darauf geht der mächtige Grundspruch des Paulus (Röm 14, 23): »Alles, was nicht aus dem Glauben ist, das ist Sünde.«

Aus der Predigt in der Kirchenpostille von 1522 über Matth 2, 1–12.
WA 10,1,685,15 ff

2 *Gegen den fleischlichen Mißbrauch der Freiheit · Aus einem Brief aus Wittenberg an Johann Lang[14] in Erfurt vom 28. März 1522*

Ich sehe, daß viele unsrer Mönche aus demselben Grunde auslaufen, aus dem sie hineingegangen sind, nämlich um des Bauches und fleischlicher Freiheit willen. Durch sie will Satan einen großen Gestank wider den guten Geruch unsres Wortes erregen. Aber was sollen wir tun? Es sind faule Bäuche, und sie suchen nur das Ihre; da ist es schon besser, wenn sie außerhalb der Kutte sündigen und zugrunde gehen als in ihr; sonst gehen sie doppelt zugrunde, wenn sie auch dieses Lebens beraubt werden.   *Br 2,488,21 ff*

3 *Widmung zur Schrift über das Mönchsgelübde · Brief von der Wartburg an den Vater, Hans Luther in Mansfeld, vom 21. November 1521*

Martinus Luther seinem Vater Johannes Luther. Heil in Christus!
Lieber Vater, ich habe mich entschlossen, Euch dieses Buch zu widmen, nicht damit ich Euren Namen an die große Glocke hänge und wir uns – der Lehre des Paulus entgegen – rühmen, sondern damit ich die Gelegenheit ergreife, in einem kurzen Vorwort frommen Lesern die Vorgänge zwischen Euch und mir, wie sie sich gerade fügten, sowie Ursache, Inhalt und Art dieses Buches zu erzählen.
Lasset mich damit beginnen, Euch zu sagen, daß Euer Sohn jetzt endlich zu der festen Überzeugung gekommen ist, daß es nichts Heiligeres gibt, nichts Wichtigeres, nichts, was gewissenhafter beobachtet werden müßte, als das göttliche Gebot. »Unglückseliger«, werdet Ihr

sagen, »hast du denn daran jemals gezweifelt, und hast du jetzt erst gelernt, daß es so ist?« Freilich, ich elender Mensch, ich habe nicht bloß daran gezweifelt, ich habe überhaupt nicht gewußt, daß es so ist. Ja, es ist leicht zu beweisen – wenn Ihr erlaubt –, daß sogar wir beide, ich und Ihr mit mir, in dieser Unwissenheit gesteckt sind.

Es sind jetzt fast 16 Jahre, daß ich ohne Euer Wissen und Wollen Mönch wurde.[25] Ihr fürchtetet in väterlicher Liebe, die Möncherei möchte über meine Kraft gehen – war ich ja ein Jüngling von gerade 22 Jahren, d. h. ich stand (um mit Augustin[26] zu reden) »mitten in der Glut der Jugend« –, und Ihr hattet an vielen Beispielen erfahren, wie das mönchische Leben schon manchen zum Unglück ausschlug. Ihr waret sogar fest entschlossen, mich durch eine ehrbare und reiche Heirat zu fesseln. Diese Furcht trieb Euch um; Ihr konntet Euch auch in Eurem Unwillen über mich lange nicht beruhigen; umsonst suchten Euch Freunde zu überzeugen, Ihr müßtet, wenn Ihr Gott etwas opfern wolltet, ihm Euer Liebstes und Bestes opfern. Inzwischen ließ der Herr in Eure Gedanken hinein jenes Psalmwort erschallen, freilich tauben Ohren (Ps 94, 11): »Gott kennet der Menschen Gedanken, daß sie eitel sind«.[27] Endlich gabet Ihr nach und unterwarfet Gott Euren Willen, ohne freilich von der Furcht um mich zu lassen. Denn ich erinnere mich nur zu gut, als ob es heute wäre, an Euer Gespräch mit mir (es war *nach* unserer Aussöhnung). Ich versicherte, ich sei vom Himmel herab durch Schrecknisse berufen worden – denn ich wurde nicht mit Lust und Willen Mönch, noch viel weniger um des Bauches willen, sondern von Schrecken und plötzlichem Todeskampf umringt, habe ich ein gezwungenes und gedrungenes Gelübde getan –; da saget Ihr: »Wenn's bloß kein Wahn und Blendwerk gewesen ist!« Dies Wort schlug durch, als ob's Gott selber durch Euren Mund geredet hätte, und setzte sich mir im Innersten fest; doch ich verhärtete mein Herz gegen Euch und Euer Wort, so sehr ich konnte. Und noch ein anderes

24 *Johann Lang (vgl. Band I, Seite 160, Anmerkung 150) hatte im März 1522 das Erfurter Augustinerkloster, dessen Prior er war, verlassen. Luther hat damals Langs Schritt gebilligt: man solle dem Feinde keine unnötige Blöße geben.*

25 *Am 17. Juli 1505, vgl. Band I, Seite 22.*

26 *Luther führt hier eine Stelle aus den »Bekenntnissen« Augustins (II, 3) an.*

27 *Wahrscheinlich dachte Luther hier an den Tod zweier jüngerer Brüder, die kurz nacheinander an der Pest starben; gleichzeitig war aus Erfurt die Kunde zu den Eltern gedrungen, auch Martin sei der Seuche erlegen (vgl. Band I, Seite 30).*

Wort fügtet Ihr hinzu: Als ich Euch gar in kindlichem Vertrauen Euren Unwillen zum Vorwurf machen wollte, da ließet Ihr mich im Nu abprallen und gabet mir den Stoß so geschickt und treffend zurück, daß ich kaum in meinem Leben von einem Menschen ein Wort gehört habe, das in mir stärker geklungen und fester gehaftet hätte. Ihr sagtet nämlich: »Hast du nicht auch schon gehört, daß man den Eltern gehorchen soll?« Ich freilich, sicher in meiner Gerechtigkeit, hörte aus Euch gleichsam nur den Menschen und dachte mit Gewalt gering von Euch; denn von Herzen solch ein Wort zu verachten, vermochte ich nicht. Nun seht! Habt nicht auch *Ihr* nicht gewußt, daß man Gottes Wort über alles stellen muß? Hättet Ihr gewußt, daß ich auch damals noch in Eurer Gewalt war, so hättet Ihr mich doch einfach kraft Eurer väterlichen Vollmacht aus der Kapuze [des Mönchs] herausgerissen! Aber auch ich, hätte ich's gewußt, hätte es nicht ohne Euer Wissen und gegen Euern Willen versucht, auch wenn ich vielmals zugrunde gegangen wäre! Auf jeden Fall war mein Gelübde, mit dem ich mich dem göttlich gebotenen väterlichen Einfluß und Willen entziehen wollte, keinen Dreck wert, ja es war gottlos. Denn daß es nicht aus Gott war, bewies nicht allein dies, daß es gegen Eure Autorität sündigte, sondern auch, daß es nicht von selbst und aus freiem Willen kam. Dazu war es auf Menschenlehren und heuchlerische, abergläubische Meinungen[28] hin abgelegt, die Gott nicht geboten hat.

In Wirklichkeit: Wie viel Gutes hat Gott, dessen Barmherzigkeit ohne Grenzen und dessen Weisheit ohne Ende ist, aus all diesen Irrtümern und Sünden wachsen lassen! Hättet Ihr nicht lieber hundert Söhne verloren, als so viel Gutes nicht erlebt? Mich dünkt, Satan habe bei mir schon von meiner Kindheit an etwas davon geahnt, was er jetzt leiden muß; darum hat er auch gegen mich mit den unglaublichsten Künsten gewütet, um mich zu verderben und zu hindern. Ich habe mich öfter gewundert, ob er mir allein unter allen Sterblichen [so] zusetze. Aber es war der Wille des Herrn – das sehe ich jetzt –, daß mir die »Weisheit« der Hohen Schulen und die »Heiligkeit« der Klöster in einer eigenen und sicheren Erfahrung, d. h. um den Preis vieler Sünden und Gottlosigkeiten, bekannt werden sollte, damit die gottlosen Menschen keine Gelegenheit hätten, gegen ihren künftigen Widersacher darauf zu pochen, ich verdamme Dinge, die ich nicht kenne. Also lebte ich als Mönch, zwar nicht ohne Sünde, aber [vor den Menschen] unbescholten. Denn man hält ja im Reich des Papstes

28 *Luther meint die Lehrʼ und den Glauben, daß das mönchische Leben der beste Weg zur Seligkeit sei.*

Gottlosigkeit und Gotteslästerung für höchste Frömmigkeit; es ist keine Rede davon, sie für Verbrechen zu halten.[29]

Wie denkt Ihr also jetzt [über die Sache]? Wollt Ihr mich immer noch herausnehmen? Immer noch seid Ihr ja mein Vater und ich Euer Sohn, und alle Gelübde sind keinen Deut wert; auf Eurer Seite steht die väterliche Gewalt, auf meiner Seite steht menschliche Vermessenheit. . . .[30]

Aber damit Ihr Euch nicht rühmet, ist Euch der Herr zuvorgekommen und hat mich selbst herausgenommen. Denn was tut's, ob ich noch die Kapuze oder Platte[31] trage oder ablege?[32] Machen Kapuze und Platte einen Mönch? »Alles ist euer«, sagt Paulus (I Kor 3, 22 f), »ihr aber seid Christi.« Und ich sollte der Kapuze gehören und nicht vielmehr die Kapuze mir? Das *Gewissen* ist frei geworden, und das heißt in überreichem Maße frei werden. Darum bin ich noch ein Mönch und zugleich kein Mönch; ich bin eine neue Kreatur, nicht des Papstes, sondern Christi. Auch der Papst ist ja ein »Schöpfer«, aber seine »Kreaturen« sind lauter Puppen und Pappen, d. h. Fratzen und Götzen nach seinem Bilde. Auch ich gehörte einst zu ihnen; ich ließ mich durch das mancherlei landläufige Gerede verführen, wodurch auch der Weise, wie er bekennt,[33] bis in Todesgefahr geriet, und [woraus] er durch Gottes Gnade errettet wurde.

Doch raube ich Euch noch einmal Euer Recht und Eure Autorität? — Eure Macht über mich bleibt ganz unangetastet, was die Möncherei betrifft; von ihr ist wahrlich, wie gesagt, jetzt nichts mehr in mir. Im übrigen hat der, der mich herausgenommen hat, ein größeres Recht an mich, als Euer Recht ist. Durch ihn bin ich jetzt, wie Ihr seht, in den wahren Gottesdienst gestellt, nicht mehr in jenen Heuchelgottesdienst der Mönche. Denn wer kann daran zweifeln, daß ich im Amt des Wortes bin? Es ist aber ausdrücklich dieser Dienst [Gottes], dem die

---

29 *Vom Standpunkt des Papstes aus führte Luther das frömmste Leben, vom Standpunkt der Schrift aus war es Gotteslästerung.*

30 *In dem übergangenen Stück weist Luther die päpstliche Lehre von der Unvergleichlichkeit des ehelosen, jungfräulichen Lebens als schriftwidrig zurück. »Auch eben die Enthaltsamkeit selbst, welche sie mit so vollen Backen ausposaunen, gilt nichts ohne Gehorsam gegen Gottes Gebot. Enthaltsamkeit ist nicht geboten, Gehorsam ist geboten.«*

31 *Die Tonsur (Platte), das in bestimmter Weise vorgenommene Scheren des Haupthaares, ist wie Kutte und Kapuze das Kennzeichen des Mönches.*

32 *Luther hat erst im Oktober 1524 die Mönchskutte abgelegt.*

33 *Luther zitiert hier aus dem Gedächtnis Jesus Sirach 12, 13 f nach der lateinischen Übersetzung.*

elterliche Gewalt weichen muß, wie Christus (Matth 10, 37) sagt: »Wer Vater oder Mutter mehr liebt denn mich, der ist mein nicht wert.« Nicht daß Christus die elterliche Gewalt durch dieses Wort entleert hätte, da der Apostel oft genug einbleut, daß die Kinder ihren Eltern gehorsam sein sollen, sondern wenn der Eltern und Christi Ruf oder Autorität in Konflikt kommen, so soll allein Christi Autorität regieren. Darum könnte ich bei Gefährdung meines Gewissens Euch nimmer ungehorsam sein – davon bin ich ja nun fest überzeugt –, wenn nicht über mein Mönchtum hinaus das Amt des Wortes hinzugekommen wäre.[34] Das ist's, wovon ich gesagt habe; weder Ihr noch ich hätten zuvor gewußt, daß Gottes Gebote allem vorzugehen haben. Allein fast die ganze Welt leidet an dieser Unwissenheit, während die Macht des Irrtums unter dem Schutz des päpstlichen Greuels regiert. Das sagte auch Paulus voraus, da er (2 Tim 3, 2) sagt: »Es werden Menschen sein, den Eltern ungehorsam.« Das paßt genau auf die Mönche und Pfaffen, vor allem auf diejenigen, die unter dem Schein der Frömmigkeit und in angeblichem Gehorsam gegen Gott der elterlichen Gewalt sich entziehen. Wie wenn Gott dienen etwas anderes wäre als seinen Geboten gehorsam sein, unter welche ja auch der Gehorsam gegenüber den Eltern gehört!

Ich schicke Euch also dieses Buch, damit Ihr aus ihm die großen Wunder und Kräfte erkennet, durch die mich Christus vom Mönchsgelübde losgemacht hat, und die große Freiheit, mit der er mich beschenkt hat, also daß ich, obgleich von ihm zu jedermanns Knecht gemacht, doch niemand untertan bin als ihm *allein*. Denn er selbst ist – um ihre Worte zu gebrauchen – mein »unmittelbarer« Bischof, Abt, Prior, Herr, Vater und Meister. Einen andern kenne ich nicht mehr. So hat er Euch, wie ich hoffe, *einen* Sohn geraubt, um damit den Anfang zu machen, nun durch mich seinen vielen andern Söhnen zu helfen. Solches solltet Ihr nicht bloß gerne tragen, sondern auch mit großer Freude darüber jauchzen. Und ich bin ganz gewiß, Ihr werdet nichts anderes tun.

Wenn mich aber der Papst darüber tötet oder in die unterste Hölle verdammt, was dann? Einen Toten wird er nicht wieder auferwecken, um ihn wieder und wieder zu töten. Einen Verdammten aber, so will ich es, soll er nimmermehr lossprechen. Denn ich bin der guten Zuversicht, daß jener Tag nahe ist, an dem dieses Reich des Greuels und Verderbens zerstört wird. O daß wir doch zuerst gewürdigt wären,

34 *Luther versteht unter dem Amt des Wortes (vgl. Apg 6,4) sowohl seinen Auftrag an der Wittenberger Universität, wo er Vorlesungen über die biblischen Schriften zu halten hat, als auch sein Predigtamt.*

von ihm verbrannt oder getötet zu werden, damit unser Blut um so mehr [zum Himmel] schreit und das Gericht über ihn beschleunigt herbeizwingt! Doch wenn wir nicht würdig sind, mit unserem Blut zu zeugen, so wollen wir ja um die Barmherzigkeit bitten und flehen, mit unserem Leben und unserer Stimme bezeugen zu dürfen, daß Jesus Christus *allein* unser Herr Gott ist, hochgelobt von Ewigkeit zu Ewigkeit. Amen.

In ihm lebt wohl, herzliebster Vater, und grüßet in Christus meine Mutter, Deine Margarete, samt der ganzen Verwandtschaft!

Aus der Einsamkeit, den 21. November 1521. *WA 8,573,4 ff*

DER WITTENBERGER KIRCHENSTURM

Neben der Frage der Mönchsgelübde hat sich in Wittenberg, nicht minder verwickelt, weitschichtig und folgenreich als jene, eine neue Frage erhoben, diejenige der *Messe*. Ohne aus der Austeilung des Abendmahls in beiderlei Gestalt ein Gesetz machen zu wollen, wie Karlstadt es beabsichtigt, freut sich Luther doch, daß man in Wittenberg der Gemeinde das unverkürzte Sakrament reichen will. Aber die ganze Frage ist ja noch viel umfangreicher. Wie steht es mit der Messe überhaupt? Der Teufel hat es fertiggebracht, daß die Einsetzungsworte, die den eigentlichen Trost der geängsteten Gewissen darstellen, die darum öffentlich allem Volke verkündigt werden müßten, vom Priester leise gesprochen und damit der harrenden Gemeinde vorenthalten werden. Ja, der Priester feiert vielfach Messe allein, ohne jegliche Gemeinde!

Schon am 1. August 1521 hat Luther an Melanchthon geschrieben, daß er in Ewigkeit keine Privatmesse, d. h. keine Messe ohne empfangende Gemeinde, mehr lesen werde. Inzwischen ist wiederum der Kreis seiner Freunde, geführt von dem Augustiner Gabriel *Zwilling*,[35] einen Schritt weiter gegangen: Ende September wird in der städtischen Pfarrkirche das Abendmahl in beiderlei Gestalt ausgeteilt, Melanchthon und seine Studenten beteiligen sich daran. Zum erstenmal ist auf Grund des neuen Schriftverständnisses eine kirchliche Handlung an entscheidender Stelle geändert worden. Im Oktober setzen es die Lutheranhänger im Augustinerkloster gegen den Widerstand der Mehrheit durch, daß der Meßgottesdienst in der Kloster-

---

35 *Gabriel Zwilling, etwa 1487–1558, Augustinermönch, wandte sich früh Luther zu und wirkte in Wittenberg als eifriger und erfolgreicher Prediger. Von 1523 an war er Pfarrer, später Superintendent in Torgau. Als Gegner des Interims wurde er 1549 abgesetzt.*

kirche ganz eingestellt und durch die evangelische Predigt ersetzt wird. Und kurze Zeit später legt ein Ausschuß der Universität, an dem der Stiftspropst Justus Jonas maßgebend beteiligt ist, dem Kurfürsten ein Gutachten vor, in welchem Friedrich gebeten wird, als »christlicher Fürst« den Mißbrauch der Messe in seinen Landen ganz abzuschaffen. Allein der Kurfürst lehnt, seinen bisherigen Grundsätzen treu, jedes Eingreifen ab. Er will ohne sicheren Grund in einer so wichtigen Sache nicht vorangehen; es steht ihm auch zu klar vor Augen, daß jede Änderung der Messe nicht nur das Herzstück des Gottesdienstes und die Grundlage aller kirchlichen Frömmigkeit antastet, sondern aufs tiefste in den gesamten äußeren Bestand des Kloster-, Kirchen- und Stiftungswesens seiner Zeit einschneidet. Der Reichtum der Kirche beruht ja auf den unzähligen Stiftungen für Messen: Äcker, Felder, Wiesen, Häuser, Gelder, die im Eigentum der Kirche stehen, dienen allein diesem Zweck. Schon in den winzigen Reichs- und Landstädten im Süden und Westen gibt es 6, 9, 12 und mehr Meßpriester, in den größeren Städten zählt man Hunderte von Messe- und Stiftungspfründnern – was soll aus ihnen werden, wenn die Messe in ihrer bisherigen Gestalt fällt?

Luther selbst hatte in seiner Schrift über den Mißbrauch der Messe und ihre Abschaffung (November 1521) seine Ablehnung der Messe nochmals begründet, im übrigen aber den Grundsatz einhelligen, überlegten und Rücksicht auf die Schwachen nehmenden Handelns aufgestellt. Der Eigenwirksamkeit des Wortes soll sich nicht menschliches Drängen und Treiben – auch nicht in bester Meinung – hindernd in den Weg stellen. Bei einem kurzen, geheimen Besuch in Wittenberg anfangs Dezember muß Luther freilich nicht zu seiner Freude hören, daß eine Anzahl Wittenberger Studenten und Bürger die messelesenden Priester in der Pfarrkirche mit Gewalt vom Altar weggejagt hat. Trotz dem Zorn des Kurfürsten, trotz Luthers Abraten vor jedem Aufruhr läßt sich der unruhige Eiferer Karlstadt, der in Luthers Abwesenheit das Feld beherrscht, nun nicht mehr aufhalten: am Christfest 1521 teilt er auch in der Stiftskirche jedermann das Abendmahl in beiderlei Gestalt aus.

Jetzt gibt es kein Halten mehr. Die übereifrigen Augustinermönche verbrennen die Bilder in der Klosterkirche und das für das Sakrament der letzten Ölung bestimmte Öl. Die Meßgewänder werden abgeschafft, die Liturgie wird deutsch gelesen, schließlich hören die täglichen Meßgottesdienste ganz auf, und die Kirche bleibt werktags geschlossen. Rat und Universität beschließen gemeinsam, daß aus den freiwerdenden Stiftungen und Meßpfründen ein gemeinsamer Kasten zur Unterstützung der Armen gebildet werden solle. Überall ist Karlstadt am Werk. Er fordert nunmehr die allgemeine Abschaffung aller Bilder, worauf seine stürmischen Anhänger die Bilder in der Pfarrkirche wegreißen; er erklärt die Beichte für seelengefährlich, das Fasten für überflüssig und ruft die Massen ohne Unterschied zum neuen Gottesdienst. Ja, seiner Überzeugung nach versteht der gemeine und ungelehrte Mensch die Schrift besser als der Theologe. Der Geist erleuchtet die Einfältigen und Unmündigen unmittelbar, das viele Studieren dagegen ist nur ein Hindernis für die Schrifterkenntnis. Viel klüger ist es, ein Handwerk zu lernen, die Kinder nicht mehr in die Schule zu schicken und sich dem unmittelbaren Walten des Geistes anzuvertrauen. Und wozu braucht man noch eine Universität? Ist es nicht besser, sie zu schließen und ihr den Rücken zu kehren?

Wie gerufen erscheinen in diesem Augenblick, da die überhastete Kirchenreform Karlstadts die ersten Spuren der Schwarmgeisterei zeigt, die Anhänger des Mannes, der die fleischgewordene Schwärmerei darstellt, die Freunde Thomas *Müntzers*:[36] der Tuchweber Storch und ein früherer Melanchthonschüler Stübner, die »Zwickauer Propheten«. Sie tauchen am 27. Dezember 1521 bei Melanchthon auf und stellen sich dem Überraschten als unmittelbare, geisterleuchtete Boten Gottes vor, mit prophetisch-apostolischer Vollmacht ausgestattet. Sie bekämpfen vor Melanchthon die Kindertaufe, denn wie kann ein Kind, auf fremden Glauben getauft, den Geist empfangen? Sie machen ihn zum Mitwisser ihrer verborgenen Gesichte und Offenbarungen: Die wahre neue Zeit bricht erst mit ihnen an, nun wird alle weltliche Ordnung völlig umgekehrt, die Kirche durch einen allgemeinen Pfaffenmord durchgreifend reformiert und durch die Vernichtung aller Gottlosen die Grundlage zum Gottesreich gelegt. Was hier erstmals in Erscheinung tritt, ist die Müntzer eigene Verbindung von mystischer und revolutionärer Haltung. Wie nach Müntzers Lehre die Seele durch die Bitterkeit des Gesetzes, durch die Todesnot des Kreuzes von allem Irdischen entblößt werden muß (1), bis sie, überströmt von den Wassern ausweglosen Entsetzens, in sich selbst, im Abgrund des eigenen Herzens, das Quellen des lebendigen Gottes erlebt, so muß auch die

36 *Thomas Müntzer, 1488–1525, wirkte seit 1520 im Sinne Luthers in Zwickau als Prediger, geriet aber auf schwärmerische und umstürzlerische Abwege. Vertrieben, ging er 1521 nach Böhmen, hatte 1522 ein scharfes Gespräch mit Luther in Wittenberg, den er dann, 1523 Pfarrer in Allstedt geworden, in Flugschriften gröblich angriff. Abermals verbannt, schürte er das Feuer des Bauernkrieges, in dem ihn sein Schicksal ereilte (Gefangennahme und Hinrichtung Ende Mai 1525).*

Gemeinde von allen gottwidrigen Elementen durch Feuer und Schwert gereinigt werden, bis sie sich selbst in fleckenlosem Glanze als die reine Braut Christi erkennt. Was ist das tote Wort gegen die hier strömende Fülle von furchtbaren Gesichten und prophetischen Offenbarungen vom blutigen Untergang der verrotteten alten Welt und vom strahlenden Aufgang der Sonne neuer Gerechtigkeit? Was bedeutet der schlichte Glaube an das Wort gegen den heißen Atem der Stunde, gegen die drängende, hinreißende Wucht der unmittelbaren göttlichen Forderung? Melanchthon ist gewiß nicht der Mann, diesem Ansturm standzuhalten. Besonders die schwärmerischen Argumente gegen die Kindertaufe machen auf ihn den tiefsten Eindruck.

Der Kurfürst hält sich den neuen Geistern gegenüber zurück und schützt sein laienhaftes Nichtverstehen dieser großen Sache gegenüber vor. Raten und helfen kann hier nur einer: Luther selbst. In einem ausführlichen Brief vom 13. Januar 1522 (2) gibt er dem schwankenden *Melanchthon* Anweisung über sein Verhalten gegenüber den Schwarmgeistern. Die Propheten müssen sich durch eine öffentliche Berufung – durch Menschen oder durch besondere Zeichen –, sodann in zweiter Linie durch ihre Bekanntschaft mit den Ängsten und göttlichen Geburtswehen durch Tod und Hölle hindurch ausweisen. Und kommt es bei der Kindertaufe nur auf die Frage des persönlichen Geistbesitzes und nicht vielmehr darauf an, daß die Kinder dem gegenwärtigen Christus in seine offenen Gnadenhände gelegt werden? Warum sollen denn die Kinder nicht auf fremden Glauben getauft werden? Unser ganzer Glaube steht ja völlig auf fremdem Glauben, auf dem Glauben nämlich, mit dem Christus für uns glaubt!

Um der Schwärmer willen ist Luther nicht nach Wittenberg zurückgekehrt; diese Sache hatte für ihn zu wenig Gewicht. Allein die sonstigen Vorgänge in Wittenberg beunruhigen ihn von Tag zu Tag mehr. Die ungeistliche Eile, die rücksichtslose Mißachtung der Schwachen, die Verlagerung des Schwerpunkts vom Glaubenskampf weg auf die Abschaffung des »kleinen Narrenwerks« der Zeremonien zeigt ihm, daß man in Wittenberg auf falschem Wege ist.

Schließlich kommt sogar ein Hilferuf von Rat und Universität Wittenberg, Luther möge selbst eingreifen. Der *Kurfürst* sieht freilich sauer dazu. Schon jetzt ist das Reichsregiment in Nürnberg auf die Wittenberger Unruhen aufmerksam geworden; was wird erst geschehen, wenn Luther selbst nach Wittenberg kommt? Ohne Rücksicht auf den Kurfürsten verläßt Luther am 1. März die Wartburg und reitet, als Junker gekleidet, allein durch das winterliche Land nach Wittenberg. Am 5. März richtet er von Borna aus jenen mächtigen Brief an den Kurfürsten (3), in dem er in königlicher Freiheit mit dem Fürsten spricht, mit furchtlosem Freimut sich allen irdischen Schutz verbittet, mit kindlicher Liebe dem schwachen Glauben Friedrichs aufhilft und mit freudigem Glauben sich dazu bekennt, daß er allein nach dem Evangelium und seiner Notwendigkeit handeln werde. Zwei Tage später legt er dem Kurfürsten nochmals die Gründe seiner Rückkehr dar: der Ruf von Wittenberg, Satans Einbruch in seine Hürde und seine Befürchtung, eine große Empörung in ganz Deutschland stehe bevor. Am 9. März, dem Sonntag Invocavit, steht Luther auf der Kanzel der Wittenberger Pfarrkirche und hält täglich bis zum nächsten Sonntag Reminiscere *Sermone* über die Hauptstücke des christlichen Glaubens und über alle in Wittenberg umstrittenen kirchlichen Gebräuche. Wie Luther im 1. Sermon sagt (4), ist in der Erkenntnis von Sünde und Gnade bei den Wittenbergern kein Mangel zu spüren, dagegen fehlt es in der Ausübung und Einübung dieser Lehre an der christlichen Liebe und Geduld. Es fehlt an der Wachsamkeit gegenüber dem Satan, der gerade an überstürzter Eile und Lieblosigkeit seine Freude hat, es fehlt an der Gewißheit des Auftrags und an der rechten Unterscheidung zwischen Notwendigkeit und Freiheit. Die Liebe kann warten und sich gedulden; sie stellt kein Gesetz auf, sondern fragt nach dem, was dem Nächsten frommt. Darum soll – dies wird in den folgenden Sermonen gezeigt – kein Zwang gegen die Messe angewendet werden, denn das Wort allein bezwingt die Herzen. Die Predigt allein wird auch mit dem Bilderdienst fertig werden, denn das Wort macht von der Satzung frei. Diese Freiheit walte beim Zölibat, beim Klosteraustritt, in der Frage der Mönchsgelübde, beim Fasten. Die Freiheit zeigt sich beim Abendmahl in der Liebe, die nicht das Ihre sucht im Zwang zu neuer Ordnung, sondern die sich in gemeinsamem Glauben an die durch Christus geschenkte Genugtuung mit dem Nächsten verbunden weiß. Und wie ist es möglich, die Beichte zu zerstören und dadurch einerseits auf jede Möglichkeit der Kirchenzucht nach Matth 18, andererseits aber auf den vollen Trost der Sündenvergebung zu verzichten?

Es ist gar nichts Besonderes, was Luther in diesen Sermonen sagt. Er predigt das Wort und fällt vom Wort aus die Entscheidungen über die alten und neuen Mißbräuche. Allein mit diesen schlichten, lehrhaften Sermonen dämpft er in kürzester Zeit den Wittenberger Kirchensturm. Die aufgewühlte Gemeinde kommt zur Besinnung, Melanchthon gewinnt wieder festen Boden unter den Füßen, Karlstadt versinkt grollend in tiefes Stillschweigen. Am Hofe atmet man auf; wer hätte diese Wendung der Dinge vorausgesehen? Die Zwickauer Propheten reisen von Wittenberg ab; sie haben vergeblich versucht, auf Luther mit ihren Offenbarungen Eindruck zu machen. Der erste Ansturm der Schwärmerei ist zurückgeschlagen, und es ist deutlich geworden, daß nur da, wo das lautere Evangelium verkündigt wird und ihm alle Wirkung überlassen bleibt, auch die wirkliche Freiheit in der Liebe möglich ist. Die 8 Sermone Luthers haben die Evangeliumspredigt vor den Zerstörern unter ihren Anhängern bewahrt und sie der Welt erhalten.

1 Thomas Müntzers mystische Lehre

Thomas Müntzer behauptete, daß die äußerliche Predigt nichts wäre, der Geist sei notwendig; niemand werde ein Christ, es sei denn, Gott spreche zuerst mit ihm in Menschenstimme: er schmeiße auf einen Gott, der nicht mit ihm spräche. An ihm zeigte der Satan, daß er das äußerliche Wort hasse.

Müntzer machte aber bestimmte Stufen des Christentums: die erste, welche er die »Entgrobung« nannte, daß einer die groben Sünden – wie Fressen, Saufen, Huren usw. – abtun sollte; die zweite, die »Studierung«, daß einer auf ein anderes Wesen bedacht wäre und sich der Besserung befleißige, die dritte, die »Verwunderung«, die Besinnung über Sünde und Gnade; die vierte, die »Langeweile« – so nannte er den Schrecken des Gesetzes, daß einer sich selber feind werde und Leid trage über die Sünde; die fünfte und letzte, die »Aufhebung der Gnade« – so nannten sie die tiefe Gelassenheit oder den tiefen Unglauben: die äußerste Verzweiflung, wie des Judas Gelassenheit war, [oder] den Glauben an Gott, daß man unserm Herrgott [all]es ganz anheimstelle [und] ihn machen lasse. Auf dieser Stufe werde es geschehen, daß man die göttliche Stimme höre usw. Diese Lehre hat den Schein der Heiligkeit. Dergestalt verkleinerte Müntzer die Autorität des mündlichen Wortes.   *Aus TR 1,1204 (1. Hälfte der dreißiger Jahre)*

2 Die »Propheten« und ihr Kampf gegen die Kindertaufe · Brief von der Wartburg an Philipp Melanchthon in Wittenberg vom 13. Januar 1522

... Um auf die Propheten zu kommen, so kann ich vor allem Deine Ängstlichkeit nicht gutheißen; denn Du verfügst über größere Urteilskraft und Bildung als ich. Zunächst einmal: Wenn sie ihr Zeugnis sich selber ausstellen, so ist ihnen nicht alsbald daraufhin Gehör zu schenken, sondern man muß nach dem Rat des Johannes (1 Joh 4, 1) die Geister prüfen. Wenn Ihr sie nicht prüfen könnt, so habt Ihr den Rat des Gamaliel (Apg 5, 38), es anstehen zu lassen. Denn soviel ich bis jetzt höre, sagen und tun sie nichts, was nicht auch der Satan hervorragend oder mindestens ebenso gut könnte. Von meiner Seite aus aber magst Du herauszubringen suchen, ob sie sich über ihre Berufung ausweisen können. Denn Gott hat noch nie jemand gesandt, er sei denn durch Menschen berufen oder durch Zeichen öffentlich ausgewiesen, – auch seinen Sohn selbst nicht ausgenommen. Die Propheten von einst empfingen ihr Recht aus dem prophetischen Gesetz und Stand, so wie wir heute durch Menschen. Kurz, ich bin ganz dagegen, daß man sie gelten läßt, wenn sie immer nur versichern, sie seien durch nackte Offenbarung berufen worden; wollte doch Gott auch zu Samuel nicht reden, ohne daß Eli als Autorität eingeweiht war. Das sei fürs erste zur öffentlichen Lehrtätigkeit gesagt.

Ferner mußt Du auch Klarheit darüber gewinnen, wie dieser Geist bei ihnen persönlich sich auswirkt. Dazu frage, ob sie etwas erfahren haben von jenen geistlichen Anfechtungen und göttlichen Geburtswehen, von jenen Todesängsten und Höllenqualen. Wenn Du hörst, daß alles glatt, gelassen, gottergeben (wie sie es nennen) und fromm ist, sollst Du ihnen Deine Zustimmung versagen, auch wenn sie behaupten, bis in den dritten Himmel entrückt worden zu sein. Denn es fehlt das Zeichen des Menschensohnes (Matth 24, 30): der ›Basanos‹, der einzigartige Prüfstein der Christen und der sichere Erforscher der Geister. Willst Du erkennen, wo, wann und wie Gott mit dem Menschen spricht, so höre: »Er zerbrach mir alle meine Gebeine wie ein Löwe« (Jes 38, 13); und »Ich bin von Deinen Augen verstoßen« (Ps 31, 23); und »Meine Seele ist voll Jammers, und mein Leben ist nahe bei der Hölle« (Ps 88, 4). So unmittelbar redet die »Majestät« (um mit ihren Worten zu reden) nicht, daß der Mensch [es] sieht, vielmehr [gilt]: »Kein Mensch wird leben, der mich sieht« (2 Mose 33, 20). Nicht einen Sternenschimmer von Gottes Rede erträgt unsre Natur. Darum redet er ja durch Menschen, weil wir alle es nicht ertragen können, wenn er selbst redet. Auch die Jungfrau [Maria] brachte ja der Engel in Bestürzung (Luk 1, 29), ebenso auch den Daniel (Dan 8, 17); ebenso klagt auch Jeremia (Jer 10, 24): »Packe mich [Herr] in Deinem Gericht [doch mit Maßen]« und (17, 17): »Sei Du mir nur nicht schrecklich.« Und was bedarf es mehreres? Als ob die »Majestät« mit dem alten Menschen vertraulich plaudern könnte und ihn nicht vielmehr zuerst töten und ausdörren müßte, damit sein so häßlicher Geruch keinen Gestank verbreitet! Unser Gott ist ein verzehrend Feuer (5 Mose 4, 24). Auch die Träume und Gesichte der Heiligen sind schrecklich, sobald man sie versteht. Mache also diese Probe und wolle auch nicht einmal von dem Jesus der Herrlichkeit etwas hören, ehe Du nicht zuvor den Gekreuzigten gesehen hast.

Du wirst sagen: »Was trägt das zur Sache bei? Das heißt nur an-

dere widerlegen, aber nicht unsere Sache beweisen!« Aber wie kann
ich aus der Ferne darüber [etwas sagen], wo ich doch nicht weiß, was
sie umtreiben! Wenn sie nichts anderes aufzubringen haben als das
Wort (Mark 16, 16): »Wer da glaubet und getauft wird, der wird selig werden«, und daß die Kinder von sich aus nicht glauben, so machen sie damit überhaupt keinen Eindruck auf mich. Wie wollen sie
denn beweisen, daß jene nicht glauben? Etwa damit, daß sie nicht davon reden und den Glauben zeigen? Schön! Wenn man so argumentieren will: Wieviel Stunden werden dann wir Christen sein, indes
wir schlafen und anderes treiben? Kann also Gott nicht auf dieselbe
Weise in der ganzen Zeit der Kindheit, gerade wie in einem beständi-
gen Schlafzustand, den Glauben in ihnen erhalten?

»Gut«, wirst Du sagen, »das widerlegt die Gegner in Beziehung
auf den Glauben, sofern er bereits eingegossen ist. Aber das genügt
nur einstweilen, daß man sie als solche entlarvt, die nichts zu beweisen vermögen und durch einen falschen Geist bewegt sind. Was willst
Du aber über das Eingießen [des Glaubens] selber sagen?« Es bleibt
gar nichts andres übrig, als einen fremden Glauben anzunehmen.
Wenn wir dies aber nicht aufrechterhalten können, so gibt es nichts
weiter mehr zu disputieren; dann muß die Kindertaufe einfach fallen
gelassen werden.

Du sagst, mit den Beispielen [der Heiligen Schrift] für den fremden
Glauben sei es schwach bestellt? Ich behaupte, daß es nichts Gesicher-
teres gibt. Diese Leute (oder auch alle bösen Geister zusammen) sollen
doch auch nur ein einziges zweifelhaftes Beispiel für fremden Glauben
zeigen, das schwach wäre! Denn wenn Du anführst, daß Samuel für
Saul gebetet habe, so ist es nichts damit. Er hat den Saul betrauert
(1 Sam 15, 35), er hat nicht [für ihn] gebetet; oder wenn er gebetet
hat, dann hat er nicht im Glauben gebetet, d. h. er hat nicht geglaubt,
daß er erreichen werde, was er bat, sondern stellte es ins Ungewisse
und in das Ermessen Gottes, so wie auch David für seinen kleinen
Sohn (2 Sam 12, 16) und viele für viele andere. Wenn er nämlich die
Erhörung [seines Gebets] bestimmt erwartet hätte, so hätte er es gewiß erlangt. Denn die treue Verheißung Christi Matth 21, 22 steht
fest: »Alles, was ihr bitten werdet, glaubet, daß ihr es empfangen
werdet, und es wird euch zuteil werden«, und Matth 18, 19: »Wenn
zwei auf Erden usw.« Bestehen bleibt also unerschütterlich: Es ist unmöglich, daß das nicht geschehe, was im Glauben erbeten wird. Sonst
kommt die ganze Lehre des Glaubens ins Wanken, und auch der eigene Glaube wird dann nichts mehr wert sein, da er sich auf Christi
Verheißungen stützt. Ja, der »fremde Glaube« ist unser eigener Glau-

be. Freilich, für den andern ist er ein fremder; trotzdem muß an dem andern geschehen, was er glaubt. Hierauf beziehen sich alle Beispiele aus den Evangelien. Denn Christus hat keinen einzigen Menschen jemals fortgeschickt, der auf Grund fremden Glaubens zu ihm gebracht wurde, sondern hat sie alle angenommen. Und was bedarf es weiterer Worte? Die Zeugnisse und Beispiele der ganzen Schrift strotzen von fremdem Glauben, d. h. von einem Glauben, der dem einen zu eigen ist und für den andern den Glauben und was er will, erwirkt. . . .[37]

Weil also das Herzubringen eines Kindes zur Taufe nichts anderes ist als ein Darbringen zu Christus, der auf Erden gegenwärtig ist und seine Gnadenhände öffnet, und weil er an allen Beispielen gezeigt hat, daß er annehme, was ihm dargebracht wird, warum zweifeln wir dann hier? Zum mindesten haben wir diesen Propheten die Möglichkeit genommen, ihre Behauptungen zu beweisen; wenn ihnen Beispiele und Zeugnis [der Schrift] fehlen, wir aber Zeugnisse und Beispiele für uns haben, — alsdann vermag uns ihr eigenes Zeugnis nicht zu widerstehen. Denn wer wird so argumentieren: »Glauben soll man und taufen; also soll man die Kinder nicht taufen?« Aus dieser Stelle (Mark 16, 16) werden sie ja die eben genannte Folgerung nicht ziehen können, da sie nicht beweisen, daß die Kinder nicht glauben; das setzen sie selber voraus und müssen es von anderswoher beweisen und können es doch nicht. Was also nicht gegen die Schrift ist, ist für die Schrift, und die Schrift ist dafür. Sie hätten jetzt mit derselben Griffelspitzerei [auch] die Beschneidung daherbringen und sagen können: Die Kinder haben den Glauben Abrahams nicht, also dürfen sie auch das Zeichen dieses nämlichen Glaubens nicht haben! Uns ist es dagegen gewiß, daß die Beschneidung die gleiche Kraft hatte wie die Taufe. Ich sehe also nicht, warum man nicht auch auf Grund göttlicher Autorität und auf Grund dieses Beispiels die Kinder taufen soll, abgesehen davon, daß die Taufe nicht wie die Beschneidung ein Zwang, sondern freiwillig ist und demnach auch nicht an Zeiten, Altersstufen, Orte und sonst noch weitere Äußerlichkeiten gebunden werden durfte; denn die ganze Taufe ist frei in sich selber. Also: Was damals (1 Mose 17, 10 ff) einem einzelnen Volk für den achten Tag gesagt worden ist, das wird jetzt (Mark 16, 16) allen Völkern in allen Altersstufen gesagt: »Wer da glaubt usw.«

Aber Weiteres dann mündlich! Ich habe immer darauf gewartet, daß Satan an dieses Geschwür rühren würde, aber er wollte das nicht

---

[37] *In dem ausgelassenen Abschnitt geht Luther der Frage nach, ob die Kirche glaube, daß den kleinen Kindern der Glaube eingegossen werde; er bejaht sie auf Grund des kirchlichen Bekenntnisses.*

durch die Papisten tun. Unter uns selbst und zwischen den Unsrigen will er diese ganze schwere Spaltung anrichten, aber Christus wird ihn rasch unter unsre Füße treten (Röm 16, 20). Ich möchte auch gerne wissen, wie Du jenes Wort in 1 Kor 7, 14 auslegst: »Sonst wären eure Kinder unrein, nun aber sind sie heilig.« Willst Du es etwa bloß von den erwachsenen Kindern oder von dem Heiligsein des Fleisches [d. h. des Zeugungsvorgangs] verstanden wissen? Ich möchte nämlich, man würde von hier aus zeigen, daß die Kinder schon getauft worden sind nach der Ordnung und zur Zeit der Apostel. Freilich sehe ich, was zu diesem »Heilig-Gemachtwerden« gesagt werden kann; aber doch bin ich auch auf Deine Meinung begierig. Warum wäre sonst allein von den Kindern die Rede, da den Heiligen alles heilig und den Reinen alles rein ist (Tit 1, 15)?

Die Schrift gegen den Bischof von Mainz[38] bewahre auf zur Herausgabe; sie wird eine allgemeine Polemik [gegen ihn] auslösen, sobald andere [so] toll sein werden [ihn zu verteidigen]. Besorge mir eine Herberge; denn die Übersetzung [des Neuen Testaments] wird mich dazu drängen, zu Euch zurückzukehren; und bitte den Herrn, daß es mit seinem Willen dazu kommt. Ich wünsche aber in der Verborgenheit zu bleiben, solange wie irgend möglich; einstweilen werde ich weitermachen, wo ich begonnen habe. Leb wohl!

Acht Tage nach dem Erscheinungsfest 1522.   Dein Martin Luther.

Br 2,424,9 ff

3 Unter dem Schirm des Höchsten · Brief aus Borna an Kurfürst Friedrich von Sachsen vom 5. März 1522

Jesus.

Gnade und Friede von Gott, unsrem Vater, und unsrem Herrn Jesus Christus, und meine untertänigsten Dienste!

Durchlauchtigster, Hochgeborener Kurfürst, Gnädigster Herr!

EKFG Schreiben und gnädiges Gutachten[39] ist mir am Freitagabend zuhanden gekommen, als ich auf Samstagmorgen ausreiten wollte.

Daß EKFG es aufs allerbeste meine, bedarf bei mir sicherlich weder Bekenntnis noch Zeugnis; denn davon bin ich, soweit menschliche Erfahrung reicht, fest überzeugt. Andrerseits weiß ich, wie mich dünkt, aus höherer als aus menschlicher Erfahrung, daß ich es auch gut meine. Doch ist damit nichts getan.

38 Das Manuskript Luthers zu »Wider den Abgott zu Halle«; vgl. oben Seite 15 ff die Auseinandersetzung mit Erzbischof Albrecht.

39 Luther hatte am 28. Februar 1522 ein (uns nicht mehr erhaltenes) Schreiben des Kurfürsten mit dem Rat, nicht nach Wittenberg zu gehen, empfangen.

EKFG Schreiben hat mir den Eindruck gemacht, als hätte die Stelle in meinem Schreiben, »EKFG sollte weise sein«, EKFG ein wenig erregt. Doch gegen diesen Wahn hat mich meine feste Zuversicht belehrt, daß EKFG mein Herz zu gut kenne, um zu glauben, ich wollte mit derartigen Worten auf EKFG hochberühmte Vernunft sticheln. Denn hoffentlich steht es in meinem Herzen immer so [wie bisher], daß ich aus guten Gründen ohne jede Heuchelei allezeit an EKFG mehr als an allen andern Fürsten und Obrigkeiten Freude und Wohlgefallen gehabt habe. Was ich aber geschrieben habe, ist aus Sorge geschehen, weil ich EKFG trösten wollte, nicht wegen meiner Sache, an die ich dazumal nicht dachte, sondern um der leidigen Vorfälle in Wittenberg willen, die zu großer Schmach des Evangeliums durch unsre eigenen Leute entstanden sind. Da war mir angst, EKFG würde deswegen viel Unannehmlichkeiten zu tragen haben. Denn der Jammer darüber hat mich selber auch derart umgetrieben, daß ich an [unserer] Sache verzagt wäre, wenn ich nicht gewiß wäre, daß lauter Evangelium bei uns ist. Alles, was mir bisher in dieser Sache zuleide geschah, war [im Vergleich damit] ein Scherz und für nichts zu achten. Ich wollte es auch, wenn es hätte sein können, gerne mit meinem Leben abgewendet haben. Denn dort kam es zu solchen Handlungen, daß wir es weder vor Gott noch vor der Welt verantworten können, und doch liegt es mir und noch mehr dem heiligen Evangelium auf dem Halse. Das tut mir von Herzen weh. Darum hat sich, gnädigster Herr, mein Schreiben auf nichts weiter als auf den Handel jener Leute – nicht auf meinen eigenen – erstreckt, daß EKFG nicht ansehen möchte, wie der leibhaftige Teufel in diesem Spiel zum Vorschein kommt. Und wenn auch EKFG eine solche Ermahnung nicht nötig gehabt hätte, so hatte doch ich nötig, solche Ermahnung zu tun.

Hinsichtlich meiner [eigenen] Sache aber, gnädigster Herr, antworte ich folgendermaßen: EKFG weiß (oder weiß sie es nicht, so lasse sie es sich hiemit kundgetan sein), daß ich das Evangelium nicht von Menschen, sondern allein vom Himmel durch unsern Herrn Jesus Christus habe,[40] so daß ich wohl ein Recht hätte, mich einen Knecht und Evangelisten zu rühmen und zu schreiben, wie ich es in Zukunft auch tun will. Daß ich mich aber zu einem gerichtlichen Verhör erboten habe, ist nicht aus Zweifel daran[41] geschehen, sondern aus überflüssiger Demut, um die andern [zum Glauben] zu locken.

Weil ich aber nun sehe, daß meine übergroße Demut zur Erniedri-

40   Vgl. Galater 1,10 f.
41   An der Berufung durch Christus.

gung des Evangeliums ausschlagen und der Teufel den Platz ganz ein-
nehmen will, da ich ihm nur eine Handbreit einräume, muß ich aus
Not meines Gewissens anders dabei verfahren. Ich bin EKFG entgegen-
gekommen, indem ich in diesem Jahre zurückgewichen bin, EKFG zuliebe. Denn der Teufel weiß recht wohl, daß ich es nicht aus Angst
getan habe. Er sah mein Herz wohl, als ich nach Worms hineinkam,
daß ich, auch wenn ich gewußt hätte, daß soviel Teufel auf mich lau-
erten, als Ziegel auf den Dächern sind, ich trotzdem mitten unter sie
gesprungen wäre mit Freuden.

Nun ist Herzog Georg[42] noch lange nicht soviel als ein einziger
Teufel. Und weil der Vater der unergründlichen Barmherzigkeit[43] uns
durchs Evangelium zu kühnen Herren über Tod und alle Teufel gemacht und uns den Reichtum der Zuversicht gegeben hat, daß wir zu
ihm sagen dürfen: Herzliebster Vater![44] – so kann EKFG selbst ermessen, daß es für diesen Vater die höchste Schmach ist, wenn wir nicht
so viel Vertrauen zu ihm haben würden, daß wir Herren sind auch
über Herzog Georgs Zorn.

Das weiß ich von mir jedenfalls wohl: Wenn diese Sache zu Leipzig
ebenso stünde wie zu Wittenberg, so wollte ich doch hineinreiten, und
wenn es – EKFG verzeihe mir mein närrisches Reden! – neun Tage lang
lauter Herzog George regnete und jeder noch neunmal wütender wäre,
als dieser ist. Er hält meinen Herrn Christus für einen Strohmann;
das kann mein Herz und ich wohl eine Zeitlang dulden, [dann aber
nicht mehr].

Ich will aber EKFG nicht verbergen, daß ich für Herzog Georg nicht
nur *einmal* gebetet und geweint habe, Gott wolle ihn erleuchten. Ich
will auch noch einmal beten und weinen, dann aber nicht mehr. Und
ich bitte, EKFG wolle auch helfen bitten und bitten lassen, ob wir [viel-
leicht so] das Urteil von ihm wenden könnten, das – ach, Herr Gott! –
auf ihn ohne Unterlaß zukommt. Ich wollte Herzog Georg schnell mit
einem einzigen Wort [durch mein Gebet] erwürgen, wenn damit etwas ausgerichtet [und dem Teufel das Handwerk gelegt] wäre.

Solches sei EKFG geschrieben in der Meinung, daß EKFG wisse, daß
ich nach Wittenberg in einem viel höheren Schutz komme, als der
Kurfürst ihn gewähren kann. Ich hab's auch nicht im Sinn, von EKFG

---

42 *Herzog Georg von Sachsen, Luthers Feind und Kurfürst Friedrichs Vet-*
ter, Nachbar und Rivale, hatte beim Reichsregiment in Nürnberg, das für
den abwesenden Kaiser Deutschland regierte, bittere Klage über die Witten-
berger Vorgänge geführt.
43 *Vgl. 2. Korinther 1,3.*
44 *Römer 8,15.*

Schutz zu begehren. Ja, ich halte dafür, ich wollte EKFG mehr schützen, als sie mich schützen könnte. Außerdem, wüßte ich, daß EKFG mich schützen könnte und wollte, so wollte ich nicht kommen. In dieser Sache soll und kann das Schwert nichts raten oder helfen; hier muß Gott allein schaffen, ohne alles menschliche Sorgen und Zutun. Darum: Wer am meisten glaubt, wird hier am meisten schützen. Weil ich aber nun spüre, daß EKFG noch gar schwach ist im Glauben, so kann ich EKFG auf keinen Fall als den Mann ansehen, der mich schützen oder retten könnte.

Weil nun EKFG zu wissen begehrt, was sie in dieser Sache tun solle — weil sie der Meinung ist, viel zu wenig getan zu haben —, so antworte ich untertänig: EKFG hat schon allzuviel getan und sollte [lieber] gar nichts tun. Denn Gott will und kann nicht leiden, wenn EKFG oder ich sorge und umtreibe. Er will es ihm überlassen haben, dies und nichts anderes; danach mag sich EKFG richten. Glaubt EKFG dies, so wird sie sicher sein und Frieden haben; glaubt sie nicht, so glaube doch ich und muß EKFG Unglauben seine Qual in Sorgen haben lassen, wie sich's gebührt, daß alle Ungläubigen leiden.

Weil ich denn EKFG nicht folgen will, so ist EKFG vor Gott entschuldigt, falls ich gefangen oder getötet werde. Vor den Menschen soll EKFG sich also verhalten: nämlich der Obrigkeit als ein Kurfürst gehorsam sein und Kaiserliche Majestät in EKFG Städten und Ländern über Leib und Gut walten lassen, wie sich's nach der Reichsordnung gebührt, und sich auf keinen Fall wehren und widersetzen noch begehren, daß man sich der Gewalt widersetze oder sie irgend hindere, wenn sie mich fangen oder töten will. — Denn es soll niemand die Gewalt brechen oder ihr widerstehen als allein der, der sie eingesetzt hat; sonst ist es Empörung gegen Gott.

Ich hoffe aber, sie werden die Vernunft walten lassen, um zu erkennen, EKFG sei in einer höheren Wiege geboren, als daß sie in eigener Person an mir zum Henker werden dürfte. Wenn EKFG die Tore offen läßt und das freie kurfürstliche Geleit gewährt, wenn sie selbst oder ihre Gesandten kämen, um mich zu holen, so hat EKFG die Pflicht des Gehorsams erfüllt. Sie können ja nichts Höheres von EKFG fordern, als daß EKFG ihnen den Luther nicht vorenthält. Und das[45] soll [ruhig] geschehen ohne EKFG Sorge, Zutun und irgendeine Gefahr. Denn Christus hat mich nicht gelehrt, unter Schädigung eines andern ein Christ zu sein. Werden sie aber je so unvernünftig sein und gebieten, daß EKFG selbst Hand an mich lege, so will ich EKFG dann sagen, was

45 *Luthers Gefangennahme.*

zu tun ist. Ich will EKFG bewahren vor Schaden und Gefahr an Leib, Gut und Seele um meiner Sache willen, mag das EKFG glauben oder nicht glauben.

Hiemit befehle ich EKFG in Gottes Gnade. Weiteres wollen wir baldigst bereden, wenn es nötig ist. Denn dieses Schreiben habe ich in Eile abgefaßt, damit nicht EKFG Betrübnis überkäme bei der Nachricht von meiner Ankunft [in Wittenberg]; denn will ich ein rechter Christ sein, soll und muß ich jedermann tröstlich und nicht schädlich sein. Es ist ein andrer Mann als Herzog Georg, mit dem ich zu tun habe; der kennt mich recht gut, und ich kenne ihn [auch] nicht schlecht.

Wenn EKFG glaubte, so würde sie Gottes Herrlichkeit sehen; weil sie aber noch nicht glaubt, hat sie auch noch nichts gesehen. – Gott sei Lieb und Lob in Ewigkeit. Amen.

Geschrieben zu Borna bei dem Geleitsmann[46] am Aschermittwoch im Jahre 1522. EKFG untertäniger Diener Martin Luther.

Br 2,454,4 ff

4 *Die Hauptstücke christlichen Glaubens und Lebens · Luthers erste Predigt in Wittenberg am Sonntag Invocavit, 9. März 1522*

Eingang: Der Ernst der persönlichen Verantwortung

Wir sind allesamt zum Tode gefordert, und es wird keiner für den andern sterben, sondern ein jeder wird in eigener Person für sich mit dem Tode kämpfen. In die Ohren können wir einander [beim Sterben] wohl schreien, aber jeder muß für sich selber geschickt [und bereit] sein in der Zeit des Todes. Ich werde dann nicht bei dir sein noch du bei mir. In dieser Lage muß deshalb jedermann selber die Hauptstücke, die einen Christen angehen, gut wissen und gerüstet sein; und zwar sind das *die* Stücke, die ihr, meine Lieben, vor vielen Tagen von mir gehört habt.[47]

I: Die beiden Hauptstücke, an denen in Wittenberg kein Mangel ist

Erstens: daß wir Kinder des Zorns sind, und daß alle unsere Werke, Sinne und Gedanken ganz und gar nichts sind. Dafür müssen wir einen klaren, starken Spruch haben, der solches bezeugt, wie es der Spruch von St. Paulus (Eph 2, 3) ist: »Wir sind alle Kinder des Zorns.« Und obwohl viele solcher Worte in der Bibel stehen, will ich euch doch nicht mit vielen Sprüchen überschütten. Aber diesen Spruch mer-

46 *Bei seiner Reise durch das Gebiet Herzog Georgs von Sachsen brauchte Luther einen kursächsischen Geleitsmann, Michael von der Straßen.*
47 *Luther denkt an die Zeit vor seinem Wartburgaufenthalt.*

ke gut, und nimm dir nicht vor, [zu deiner Verteidigung] zu sagen: »Ich habe [doch] einen Altar gebaut, eine Messe gestiftet usw.!«

Zweitens: daß uns Gott seinen eingeborenen Sohn gesandt hat, auf daß wir an ihn glauben; und wer auf ihn vertrauen wird, soll von der Sünde frei sein und ein Kind Gottes. So sagt Johannes [im Evangelium] im 1. Kapitel (V 12): »Er hat ihnen Gewalt gegeben, Kinder Gottes zu werden, all denen, die an seinen Namen glauben.«

Hier sollten wir alle in der Bibel wohl beschlagen und mit vielen Sprüchen ausgerüstet sein, um sie dem Teufel entgegenzuhalten.

In diesen zwei Stücken spüre ich noch keinen Mangel oder Fehl [bei euch], sondern sie sind euch rein [und lauter] gepredigt; und es wäre mir leid, wenn es anders gegangen wäre. Ja, ich sehe es wohl und darf's sagen, daß ihr [darin] gelehrter seid, als ich bin; nicht nur einer, zwei, drei, vier, sondern wohl zehn oder mehr sind so erleuchtet in der Erkenntnis.

II: Die beiden Hauptstücke, an denen es bei den Wittenbergern fehlt

Drittens müssen wir auch die Liebe haben und durch die Liebe einander tun, wie uns Gott getan hat, durch den Glauben. Ohne diese Liebe ist der Glaube nichts, wie St. Paulus (1 Kor 13, 1 f) sagt: »Wenn ich gleich der Engel Zungen hätte und könnte am allerhöchsten vom Glauben reden und habe die Liebe nicht, so bin ich nichts.« Hier, liebe Freunde, – fehlt es da nicht sehr? Ich spüre in keinem die Liebe und merke recht gut, daß ihr Gott für solchen reichen Schatz und Gabe nicht dankbar gewesen seid.

Hier laßt uns zusehen, daß aus Wittenberg kein Kapernaum werde![48] Ich sehe wohl, daß ihr viel von der Lehre zu reden wißt, die euch gepredigt worden ist, vom Glauben und von der Liebe. Und das ist kein Wunder. Kann doch fast gar ein Esel eine [vorgesungene] Lektion [nach]singen; solltet *ihr* dann nicht die Lehre oder die Wörtlein [nach]reden und lehren können? Also, liebe Freunde: Das Reich Gottes, das wir sind, steht nicht in der Rede oder in Worten, sondern in der Tätigkeit (1 Kor 4, 20), d. h. in der Tat, in den Werken und in der Ausübung. Gott will nicht Zuhörer oder Nach*redner* haben, sondern Nach*folger* und Täter, und zwar in dem Glauben durch die Liebe. Denn der Glaube ohne die Liebe ist nicht genugsam, ja er ist überhaupt kein Glaube, sondern [nur] ein Schein des Glaubens, gerade wie ein Angesicht, das man im Spiegel sieht, kein wahrhaftiges Angesicht, sondern nur ein Schein des Angesichts ist.[49]

48 *Vgl. Matthäus 11,23.*   49 *Vgl. Jakobus 1,22 ff.*

Viertens tut uns auch not die Geduld. Denn wer den Glauben hat, Gott vertraut und seinem Nächsten die Liebe erzeigt, in der er sich täglich übt, – ja der kann nicht ohne Verfolgungen sein. Denn der Teufel schläft nicht,[50] sondern gibt ihm genug zu schaffen. Und die Geduld wirkt und bringt die Hoffnung (Röm 5, 4), welche sich freudig hingibt und sich aufschwingt zu Gott, und so nimmt der Glaube durch viele Anfechtungen und Anstöße immer zu und wird von Tag zu Tag gestärkt.

Ein Herz, das so mit Tugenden begnadet ist, kann nimmer ruhen noch an sich halten, sondern gießt sich wiederum aus zu Nutz und Wohltat seinem Bruder, wie ihm selbst von Gott geschehen ist. Hier, liebe Freunde, darf nicht jedermann tun, wozu er ein Recht hat, sondern muß sehen, was seinem Bruder nützlich und förderlich ist, wie Paulus (1 Kor 6, 12) sagt: »Omnia mihi licent, sed non omnia expediunt« (»Wir mögen wohl alle Dinge tun, aber nicht alle Dinge sind förderlich«). Denn wir sind nicht alle gleich stark im Glauben; etliche unter euch haben einen stärkeren Glauben als ich.

Darum dürfen wir nicht auf uns oder unser Vermögen sehen und Rücksicht nehmen, sondern auf das unseres Nächsten, denn Gott hat durch Mose (5 Mose 1, 31) gesprochen: »Ich habe dich getragen und aufgezogen, wie eine Mutter ihrem Kinde tut.« Was tut die Mutter ihrem Kinde? Zuerst[51] gibt sie ihm Milch, darnach einen Brei, dann Eier und weiche Speise, [schließlich harte Speise]. Wenn sie es umgekehrt machte und zuerst harte Speise gäbe, würde aus dem Kind nichts Rechtes. So sollen wir es auch mit unserem Bruder machen: Wir sollen eine Zeitlang Geduld mit ihm haben, seine Schwachheit dulden und tragen helfen, ihm auch Milchspeise geben, wie uns geschehen ist, bis er auch stark werde. Und nicht *allein* sollen wir in den Himmel fahren [wollen], sondern unsere Brüder, die jetzt [noch] nicht unsere Freunde sind, mitbringen.

Sollten alle Mütter ihre Kinder wegwerfen, [weil sie nicht sogleich erwachsen sind], wo wären wir geblieben? Lieber Bruder, hast *du* genug gesogen, so schneide ja nicht alsbald die Mutterbrust ab, sondern laß deinen Bruder auch saugen, wie du gesogen hast.

III: Warnung vor falscher Eilfertigkeit ohne Rücksicht auf die Schwachen

Ich hätte es nicht so weit getrieben, wie es geschehen ist, – wenn ich hier gewesen wäre. Die Sache ist wohl gut, aber das Eilen ist zu

50 Vgl. 1. Petrus 5,8.
51 Vgl. 1. Korinther 3,2 und Hebräer 5,12 f.

schnell. Denn auf der anderen Seite sind auch noch Brüder und Schwestern, die zu uns gehören; die müssen auch noch dazu [gebracht werden].

Merke ein Gleichnis! Die Sonne hat zwei Eigenschaften: den Glanz und die Hitze. Es ist kein König so stark, daß er den Glanz der Sonne biegen oder lenken könnte; der bleibt an seinem Orte. Aber die Hitze läßt sich lenken und biegen und ist immer um die Sonne herum. So muß der Glaube allezeit rein und unbeweglich in unserem Herzen bleiben, und wir dürfen nicht davon weichen; aber die Liebe biegt und lenkt sich, [je nachdem] unser Nächster begreifen und folgen kann. Es gibt etliche, die können gut rennen, etliche wohl laufen, etliche kaum kriechen. Darum dürfen wir nicht *unser* Vermögen, sondern das unseres Bruders betrachten, damit der im Glauben Schwache nicht vom Teufel zerrissen werde, wenn er dem Starken folgen wollte.

Darum, liebe Brüder, folget mir! Ich habe die Sache ja nie verderbt;[52] ich bin auch der erste gewesen, den Gott hier auf den Plan gestellt hat. Ich kann ja nicht entlaufen, sondern [muß] so lange bleiben, als es Gott verleiht. Ich bin auch der gewesen, dem es Gott zuerst offenbart hat, euch diese seine Worte zu predigen. Ich bin auch gewiß, daß ihr das lautere Wort Gottes habt.

Darum laßt uns das mit Furcht und Demut behandeln und einer dem andern unter den Füßen liegen, uns gegenseitig die Hände reichen und einander helfen. Ich will das Meine tun, wie ich's schuldig bin; und ich meine es mit euch, wie ich's mit meiner eigenen Seele meine. Denn wir streiten nicht wider den Papst oder Bischof usw., sondern wider den Teufel. Lasset ihr euch dünken, er schlafe?! Er schläft nicht, sondern er sieht das wahre Licht aufgehen; damit es ihm nicht offen in die Augen falle, möchte er gerne von der Seite her einbrechen, und er *wird* es tun, wenn wir nicht aufpassen. Ich kenne ihn wohl; ich hoffe auch, so Gott will, bin ich sein Herr. Aber lassen wir ihm nur *einen* Fuß breit Raum, dann können wir zusehen, wie wir ihn [wieder] loswerden.

IV: Tadel des vorschnellen, eigenmächtigen Vorgehens der Wittenberger

Deshalb haben alle die geirrt, die dazu geholfen und eingewilligt haben, die Messe abzuschaffen. Nicht als ob das nicht gut gewesen wäre, sondern daß es nicht ordentlich getan worden ist, [war der Fehler]. Du sprichst: »Es ist *recht* aus der Schrift.« Ich bekenne das auch,

---

52 *Luther meint wohl: »Ich habe ja noch nie die Sache des Evangeliums verraten . . .«*

aber wo bleibt die Ordnung? Denn es ist in frevelhafter Weise gemacht worden, ohne alle Ordnung und mit Ärgernis des Nächsten. Wenn man mit ganzem Ernst zuvor darum gebetet und die Obrigkeit dazu beigezogen hätte, so wüßte man, daß es aus Gott geschehen wäre. Ich wollte es wohl auch angefangen haben, wenn es gut gewesen wäre. Und wenn es nicht so eine böse Sache wäre um die Messe, so wollte ich sie wieder aufrichten. Denn ich weiß es nicht zu verteidigen [was ihr da gemacht habt].

Ich will das gerade euch gesagt haben. Denn vor den Papisten und Grobköpfen könnte ich es wohl tun; ich wollte dann sagen: »Was weißt du davon, ob es in einem guten Geist oder in einem bösen geschehen ist, da ja das Werk an sich selbst gut ist?« Aber vor dem Teufel weiß ich [das] nicht zu behaupten. Denn wenn der Teufel all denen, die dieses Spiel angefangen haben, im Sterben diese oder ähnliche Sprüche vorhalten würde: »Alle Pflanzen, die mein [himmlischer] Vater nicht gepflanzt hat, die werden ausgereutet« (Matth 15, 13), oder den [aus Jeremia 23, 21]: »Sie liefen, und doch schickte ich sie nicht«, – wie wollten sie bestehen? Er stößt sie in die Hölle. Aber *ich* will ihm wohl in diesem Punkt einen Spieß vor die Nase halten, daß ihm sogar die Welt zu eng werden soll; denn ich weiß ja, daß ich von dem Rat berufen worden bin zu predigen [obwohl ich mich dagegen gewehrt habe]. Ebenso wollte ich euch gerne [dem Teufel gegenüber gewappnet] haben wie mich.

Ihr hättet mich in dieser Sache auch fragen können. Ich bin ja nicht so ferne gewesen; ihr hättet mich schriftlich erreichen können, zumal ich keine unwichtigen Schriftstücke hergeschickt habe.[53] Wollt *ihr* etwas anfangen und *ich* sollte es dann verantworten, so wäre mir das zu schwer; ich werde es nicht tun. Hier merkt man, daß ihr den Geist nicht habt, obwohl ihr eine hohe Erkenntnis der Schrift besitzet.

V: Belehrung über den Unterschied zwischen Notwendigkeit und Freiheit

Merket, daß es zwei [verschiedene] Stücke sind: »Muß-sein« und »Frei-sein«. Denn »Muß-sein« ist das, was die Notdurft fordert, und was unbeweglich bestehen muß. Dieser Art ist der Glaube: den lasse ich mir nicht nehmen, sondern den muß ich allezeit in meinem Herzen haben und vor jedermann frei bekennen. »Frei-sein« aber ist das, was ich frei habe und was ich gebrauchen oder lassen kann, doch so, daß mein Bruder den Nutzen davon hat und nicht ich. Und macht

---

53 *Luther denkt an seine Gutachten und Schriften in der Frage der Mönchsgelübde und der Messe.*

mir nicht ein »Muß-sein« aus dem »Frei-sein«, wie ihr getan habt, auf daß ihr nicht für diejenigen, die ihr durch eure lieblose Freiheit verleitet habt, Rechenschaft geben müsset! Denn wenn du einen dazu reizest, am Freitag Fleisch zu essen, und er im Sterben angefochten würde und so dächte: »O weh mir, daß ich Fleisch gegessen habe und [deshalb vor Gott] nicht bestehen kann!«, – für den wird Gott Rechenschaft von dir fordern.

Ich wollte wohl auch viele Dinge anfangen, da mir nicht wenige folgen würden. Was hülfe es aber! Denn ich weiß: die solches angefangen haben, könnten nicht bestehen, wenn es ans Treffen ginge, ja, sie würden die ersten sein, die zurücktreten würden. Wie würde es sein, wenn ich den Haufen auf den Plan brächte und ich, der ich der erste gewesen bin, die anderen [dazu] angetrieben hätte, – und wollte dann [selber] den Tod fliehen und nicht fröhlich erwarten? [Ach], wie würde der arme Haufe verführt werden!

Darum laßt uns den andern auch so lange Milchspeise geben, als uns geschehen ist, bis sie auch im Glauben stark werden. Denn es gibt noch viele, die uns sonst [in andern Stücken] zustimmen und gerne auch diese Dinge mit [uns zusammen] haben und annehmen wollten, [doch] im einzelnen es [noch] nicht recht begreifen können; diese Leute treiben wir zurück [mit solch frevelhaftem, ungestümem Wesen].

Darum laßt uns unserem Nächsten Liebe erzeigen! Werden wir das nicht tun, so wird unser Tun nicht bestehen. Müssen wir doch auch eine Zeitlang mit ihnen Geduld haben und den nicht verwerfen, der noch schwach im Glauben ist; wieviel mehr müssen wir tun und lassen, wenn es die Liebe erfordert und es uns an unserem Glauben keinen Schaden bringt! Werden wir Gott nicht ernstlich bitten und uns richtig in die Sache schicken, so macht mir das Spiel den Eindruck, als ob all der Jammer, der im Anfang auf die Papisten von uns gekommen ist, über uns kommen werde. Darum habe ich nicht länger fortbleiben können, sondern habe kommen müssen, um euch das zu fragen.

Nun ist genug von der Messe [gesagt]; morgen wollen wir von den Bildern reden. *WA 10,3,1,7 ff*

Der Lauf des Evangeliums durch Deutschland

Am 1. Dezember 1521 ist der Mann, den Luther so oft umsonst auf seine Verantwortung als Hirte der Christenheit hingewiesen hatte, Papst Leo X., gestorben. Wie wird sich der neue Papst, *Hadrian VI.*

von Utrecht (1522–1523), der Erzieher Karls V., der kaiserliche Statthalter in Spanien, zu Luthers Sache verhalten? Hadrian ist ein Mann von tiefer Gelehrsamkeit und Frömmigkeit, der aus seiner asketischen Grundhaltung heraus die sinnenfrohe Kunstfreundschaft seines Vorgängers ablehnt, durchaus nicht blind gegen die vielen Schäden der Kirche und tief überzeugt von der Notwendigkeit einer kirchlichen Reform. Aber er lehnt den lutherischen Radikalismus entschieden ab. Es dauert nicht lange, so fordert sein Nuntius auf dem seit November 1522 in *Nürnberg* tagenden Reichstag Maßnahmen gegen Luther im Sinne des Wormser Edikts. Man vernimmt auf dem Reichstag, der neue Papst sei – zum Mißvergnügen der Römer – barfuß und ohne Prunkentfaltung in Rom eingezogen; der Reichstag läßt sich auch ein Versprechen des Papstes gefallen, die Kurie, welche vielleicht Schuld am ganzen Unheil trage, allmählich zu reformieren; er kann sich aber nicht entschließen, zum »glühenden Eisen« zu greifen, wie der Papst verlangt, und gegen Luther wie einst gegen Huß vorzugehen. Reichsregiment und Stände leisten dem Ansinnen des Papstes Widerstand. Der Groll über die römischen Mißbräuche ist zu groß, der Eindruck, Luthers Sache ergreife unaufhaltsam die ganze Nation, zu nachhaltig. Das Schuldbekenntnis Hadrians kommt zu spät. Und die kaiserliche Autorität, welche Hadrians Forderungen unterstützen könnte, fehlt; Karl ist durch den Krieg mit Frankreich für Jahre gefesselt und von Deutschland ferngehalten. So kommt der Reichstagsabschied vom 9. Februar 1523 zustande, der mit Nachdruck die Abstellung der Beschwerden deutscher Nation, sodann aber ein binnen Jahresfrist einzuberufendes freies christliches Konzil verlangt. Inzwischen soll Luther nichts drucken lassen, und die Bischöfe sollen für die Predigt des lauteren Evangeliums nach Auslegung der Kirchenlehre sorgen. Das ist nichts anderes als ein Aufschub des Wormser Edikts, seine vorläufige Nichtdurchführung. Eine andere Stellung der Stände ist unter dem Druck der wachsenden Bewegung des Volks zu Luthers Lehre hin kaum mehr möglich.

Denn das Wort läuft durch Deutschland. Menschlicher Widerstand hält es nicht auf; Luther hat auch erkannt, daß das Evangelium keiner Hilfe durch Reichsregiment oder Ritterschaft bedarf. Das wird deutlich bei der Fehde, die *Sickingens* Untergang herbeiführen sollte. Als Sickingen, der große Landsknechts- und Bandenführer mit politischem Ehrgeiz, nach immer höheren Zielen trachtet, auf eigene Faust Krieg beginnt und den Trierer Erzbischof überfällt, ziehen die Fürsten, der Pfälzer, der Hesse, der Trierer, gegen ihn zu Feld. Im April 1523 donnern ihre Kartaunen und Feldschlangen gegen seine Feste Landstuhl, kurze Zeit später wird Sickingen in den Trümmern der zerschossenen Burg schwer verletzt; die Fürsten knien am Lager des sterbenden Gegners und beten ein Vaterunser für seine Seele. Es war von Anfang an Luthers Überzeugung gewesen, daß sich aus Sickingens eigenmächtigem Kriege »eine ganz üble Sache« entwickeln werde, und beim Eintreffen der Todesnachricht stellt er mit knappen Worten fest: »Gott ist ein gerechter, aber wunderbarer Richter.« So wenig achtet Luther auf die großen Möglichkeiten, die sich aus dem Bunde eines kräftigen nationalen Rittertums mit dem Evangelium hätten ergeben können. Auf der Seite der Gegner ist es eine ausgemachte Sache, daß die neue religiöse Bewegung eine revolutionäre Gefährdung der Reichseinheit ist. Um so mehr muß festgehalten werden, daß gerade in dieser Zeit Luther ausschließlich mit der Alleinwirksamkeit des Worts, nicht mit politischer Hilfe rechnet.

Er hat zu deutlich vor Augen, wie sich das Evangelium ohne sein Zutun immer mächtiger ausbreitet. Überall stehen *Prediger* auf, zunächst aus dem Kreise von Luthers Ordensbrüdern, dann auch von andern Orden, so der Franziskaner Eberlin von Günzburg, ein Mann von packender, volkstümlicher Beredsamkeit, der Dominikaner Butzer, der Benediktiner Ambrosius Blarer und der noch 1520 ins Kloster eingetretene Ökolampad. Dazu kommen Weltpriester, ja Laien, die überall, vor allem in den Reichsstädten, vom mächtigen Nürnberg bis zum kleinen Reutlingen, zu predigen beginnen. In Vorstadtkirchen, unter Lindenbäumen, von tragbaren Kanzeln herab, auf den Marktplätzen wird ebenso das Evangelium gepredigt wie in den Hallen der großen Münster und Dome, und überall strömen die Hörer in Scharen herbei. Holzschnitte, Flugblätter, Verse flattern durch ganz Deutschland; die neue Buchdruckerkunst wird ein unentbehrliches Hilfsmittel der Reformation. Immer weitere Kreise der Nation werden erfaßt: Bürger und Bauern, Handwerker, Gelehrte und Künstler, der Adel und die Beamten; in allen Werkstätten und Zunftstuben, in den Wirtshäusern und Herbergen, auf den Märkten und in den Rathäusern erschallen die Schlagworte der neuen Freiheit und des Kampfs gegen Klerisei und Möncherei. Keine Obrigkeit ist imstande, den Strom durch Gesetze, Verbote, Gewaltmaßnahmen einzudämmen. Schon wird die neue Lehre in den streng altgläubig regierten österreichischen Ländern, in den Niederlanden und Holstein, ja über die Reichsgrenzen hinaus in Preußen und Livland, in Schweden, Dänemark und Ungarn verkündigt.

Der Mittelpunkt der ganzen, die Nation in leidenschaftlichem Für und Wider erregenden Bewegung ist *Wittenberg*. Nach Wittenberg flüchten die anderwärts ausgewiesenen Prediger, strömen Scharen von jungen und alten Studenten, kommen Briefe mit Berichten, Fragen, Klagen und Hilferufen. Von Wittenberg aus gehen Luthers Briefe, tröstend, ermahnend, auferbauend; von Wittenberg aus geht der Strom von Luthers Schriften, in steigendem Maße auch von Schriften seiner Freunde, Schüler und Anhänger.

Es gibt eine Fülle drängender Fragen zu klären, denn mit der Aufrichtung der Alleingeltung des Evangeliums ist der ganze Bau der mittelalterlichen Einheitskultur, die Kirche und Welt ineinander verschmolz, ins Wanken geraten. Wer ist, nachdem die Hierarchie ihres falschen Anspruchs entkleidet worden ist, nunmehr der Träger konkreter kirchlicher Aufgaben, die keinen Aufschub dulden, sondern um der Gemeinden willen sofort angegriffen werden müssen? Wer entscheidet, wenn sich die Bischöfe dem Evangelium widersetzen, über die Berufung eines evangelischen Pfarrers? Haben die Bürger des kursächsischen Städtchens Leisnig Recht, wenn sie den vom Patron aufgedrängten altgläubigen Pfarrer ablehnen und an seiner Stelle einen evangelischen Prediger einsetzen? In seiner (im Mai 1523 erschienenen) Schrift »Daß eine christliche Versammlung oder Gemeine Recht und Macht habe, über alle Lehre zu urteilen und Lehrer zu berufen, ein- und abzusetzen...« hat Luther das Recht der christlichen *Gemeinde* aus der Schrift begründet, in solchen Fällen kraft der Tatsache, daß in ihr das Evangelium verkündigt wird, und in Vollmacht der Taufe ohne jede Rücksicht auf geistliche und weltliche Obrigkeit *selbst* falsche Lehre abzuwehren, sich einer falschen geistlichen Obrigkeit zu entziehen und für rechte Lehre durch ordnungsgemäße Berufung von evangelischen Predigern zu sorgen. Die Menschenseele, die vom Wort regiert wird, ist wichtiger als alle Tradition (1). Was Luther über das allgemeine Priestertum aller Getauften gelehrt hat, drängt weiter unmittelbar in die Gestalt des kirchlichen Lebens hinein.

Die Evangeliumspredigt kann auch nicht ohne sichtbare Folgen auf dem Gebiete des *Gottesdienstes* bleiben. Nachdem Luther die Wittenberger Schwarmgeisterei gedämpft hat, sieht die Gemeinde freilich im Gottesdienst äußerlich kaum eine Änderung: das Meßgewand, der lateinische Gesang, das kelchlose Abendmahl – alles ist wieder da. Und doch haben sich, gewissermaßen unterirdisch, zwei tiefgehende Änderungen vollzogen: einmal werden im Meßkanon alle Worte, wonach der Priester Christi Leib opfern soll, weggelassen; dadurch ist die Messe in ihrem Grundcharakter geändert. Und zum andern: die Gemeinde begehrt keine Privatmessen mehr und lehnt auch in steigendem Maße das kelchlose Abendmahl ab; dafür wird das zunächst nur an einem Nebenaltar ausgeteilte Abendmahl in beiderlei Gestalt immer mehr von der Gemeinde begehrt. In der Stiftskirche besteht freilich der alte Greuel der Messen und Privatmessen ungehindert fort, und an andern Orten herrscht, auch wo guter Wille vorhanden ist, größte Unklarheit und Verwirrung. Wieder muß Luther selbst eingreifen und gibt in seinen beiden Schriften »Von der Ordnung des Gottesdiensts« (Pfingsten 1523) und »Form der Messe« (lat. Formula Missae, Herbst 1523 erschienen) die Regeln für die Neuordnung des Gottesdienstes: während im papistischen Gottesdienst Gottes Wort verschwiegen und durch allerlei Lügen und Legenden ersetzt worden sei, während man hier aus dem Gottesdienst ein verdienstliches Werk gemacht habe, kommt nun alles darauf an, daß »das Wort im Schwang gehe«. Geschieht dies eine, dann mag weitgehende Rücksicht auf die alten Formen, auf die schwachen Glieder genommen werden, dann kann die Einführung des neuen Gottesdienstes ohne Zwang in voller Freiheit geschehen, wenn nur die Summe des Gottesdiensts, Wort und Gebet, getrieben wird.

Bei der Durchführung der neuen Maßnahmen zeigt sich mehr und mehr die Bedeutung der weltlichen *Obrigkeit*. Die Frage, wie sich der Christ zu einer dem Evangelium feindlichen Obrigkeit stellen solle, hat Luther schon im März 1523 in seiner Schrift »Von weltlicher Obrigkeit, wie weit man ihr Gehorsam schuldig sei« behandelt: der christliche Gehorsam ist in Gottes Gebot begründet und hat ebendarin auch seine Grenze, wenn die Obrigkeit Glauben und Gewissen verletzen und antasten will. Nun hat Luther jedoch angesichts der tätigen Mitwirkung vieler Stadtmagistrate bei der kirchlichen Neuordnung auch von den Aufgaben und Pflichten einer christlichen Obrigkeit zu reden. So hatten die Leisniger einen »gemeinen Kasten«, eine aus den Erträgnissen der Meßpfründen und Stiftungen gespeiste und zur Versorgung der Pfarrer, Schulen und Ortsarmen bestimmte geistliche Zentralkasse gegründet und Luther gebeten, ihr Vorgehen »mit der Schrift zu befestigen«. Luther entspricht dieser Bitte in der Vorrede zur »*Ordnung eines gemeinen Kasten*« (2) und weist dabei der weltlichen Obrigkeit, deren christliche Haltung vorausgesetzt wird, die Aufgabe zu, über eine stiftungsgemäße Verwendung der geistlichen Güter zur Ehre Gottes und zum Nutzen des Nächsten zu wachen. Eine noch größere Verantwortung legt Luther der christlichen Obrigkeit auf in seiner Schrift »An die Ratsherrn aller Städte deutschen Landes, daß sie *christliche Schulen* aufrichten und halten sollen«. Dem klugen Plane des Teufels, der aus einem Bildungszerfall für sich den größten Nutzen erhofft, tritt Luther entgegen mit seinem Aufrufe an die Stadtmagistrate, die Träger bürgerlicher Kraft und evangelischer Gesinnung, sie möchten um des Evangeliums willen und zur Erhaltung des eigenen Staatswesens für gute Schulen sorgen. Die bisherigen Eselsställe und Teufelsschulen sollen entweder in den Abgrund versinken oder in christliche Schulen umgewandelt werden, in denen das Wort Gottes und die Sprachen gelehrt werden. Mit prophetischer Gewalt ruft Luther zur Entscheidung: Jetzt ist die große Stunde Deutschlands gekommen, die nicht versäumt werden darf (3). Wird die Stunde genützt, dann wird ein Geschlecht heranwachsen, das durch das Mittel der Sprachen das Evangelium kennt und um seiner Bindung an die Schrift willen der Kirche treue Diener, dem weltlichen Stande gute Bürger und Beamte schenken wird.

Neben der Predigt und Luthers Schriften ist es vor allem das *Lied*, durch welches die Ausbreitung evangelischen Glaubens gefördert wird. Das neue Lied der Reformation entspringt dem Glauben einer bekennenden und dem Zeugnis einer leidenden Kirche. In den Niederlanden wird, anders als in Deutschland, das Wormser Edikt ernst genommen und überall vollzogen, wo man Spuren der lutherischen Ketzerei wittert. So werden Kirche und Kloster der Antwerpener Augustiner, die mit Luther in enger Verbindung stehen, als Brutnest der Ketzerei abgerissen und die Mönche vor die Inquisition gestellt. Zu Luthers tiefem Schmerz widerrief die Mehrzahl; zwei Brüder des Ordens blieben fest und wurden am 1. Juni 1523 auf dem Marktplatz von Brüssel verbrannt. Dieses Ereignis weckt Luthers dichterische Gabe auf; sein »*Neues Lied* von den zwei Märtyrern Christi, zu Brüssel von den Sophisten zu Löwen verbrannt« (4) wird aus einem Bericht über die Greueltat der Ketzerverbrennung zu einem Triumphgesang des Glaubens, daß aus dem Leiden der Kirche ihr Bekenntnis, aus dem Tode das Leben geboren wird. Im Laufe der Umgestaltung der alten Gottesdienstformen hat sich außerdem die Notwendigkeit ergeben, an Stelle der lateinischen Gesänge deutsche Kirchenlieder zu setzen. 1523 entsteht Luthers erstes Kirchenlied »Nun freut euch, liebe Christen, gmein«, und im Jahre 1524 erscheint das »*Geistliche Gesangbüchlein*«; in der Vorrede dazu (5) erklärt Luther, daß er nach dem Vorbild der Könige und Propheten des Alten Bundes und der gemeinen Christenheit der ersten Zeit mit einigen Freunden – es waren vor allem Speratus, später auch für die Melodien der Torgauer Kantor Johannes Walther – einige Lieder zusammengebracht habe, um das Evangelium, besonders für die Jugend, zu treiben. Es stehen in dem Gesangbüchlein die mächtigen Gesänge der Reformation, die sich bald einen Platz im Volk erobern und überall gesungen werden, wo das Evangelium gepredigt wird: Aus tiefer Not / Mit Fried und Freud ich fahr dahin / Christ ist erstanden /Gelobet seist du, Jesu Christ / Nun bitten wir den Heiligen Geist / Komm, Heiliger Geist, Herre Gott / Mitten wir im Leben sind / Gott der Vater wohn uns bei / Wir glauben all an einen Gott. Welche Bedeutung Luther der »Frau Musica« zumißt, geht aus seiner »Vorrede auf alle guten Gesangbücher« von 1538 hervor (6), die er für Johann Walthers »Lob und Preis der löblichen Kunst Musica« verfaßte: Die Musik schafft gottgefällige Freude, zerstört des Teufels Werk und macht das Herz bereit für das göttliche Wort.

Neben all dieser Arbeit geht Luthers Sorge weiter, daß dem Volke die Schrift in der Muttersprache dargeboten werde. Am 21. September 1522 war »Das Neue Testament Deutsch. Wittenberg« – ohne Name des Übersetzers und Druckers und ohne Jahreszahl – erschienen. Und schon übersetzt Luther weiter am Alten Testament – nun nicht mehr allein, sondern mit Melanchthon und dem neuen Wittenberger Lehrer des Hebräischen Matthäus Aurogallus zusammen. Bereits anfangs 1524 sind die fünf Bücher Mose im Druck; anfangs 1524 werden die Geschichtsbücher Josua bis Esther, auch noch Hiob, Psalter, Sprüche, Prediger und Hohes Lied ausgegeben. Die Propheten erschienen erst später nach und nach, so daß die Gesamtausgabe der deutschen Bibel erst im Jahre 1534 erfolgen konnte.

Das Wachstum evangelischer Erkenntnis ist nicht mehr aufzuhalten. Der neue Papst *Clemens VII.*, nach dem unerwartet frühen Tode Hadrians im November 1523 gewählt, versucht auf dem *Nürnberger Reichstag* von 1524 nochmals, in dem abgefallenen Deutschland die Vorrechte päpstlicher Macht geltend zu machen. Allein es wird auf dem Reichstag offenbar, wie tief der Riß schon geworden ist: die Stände beschließen ein Nationalkonzil, das im Herbst 1524 zur Regelung der Glaubensfrage zusammentreten soll, aber Kaiser und Papst vereiteln die Durchführung dieses Beschlusses durch ihren unbedingten Widerspruch. Da eine einheitliche Beschlußfassung nicht mehr möglich erscheint, unternehmen die altgläubigen Stände einen neuen, folgenschweren Schritt: der Konvent von *Regensburg* (Juni und Juli 1524), ein altgläubiger Sonderbund, vereinbart die gemeinsame Durchführung des Wormser Edikts, die Wiederherstellung der alten Ordnung und den Kampf gegen Luthers Lehre mit allen Mitteln.

In dieser Separation, die letztlich nichts anderes als Widerstand gegen das neu erwachte Evangelium war, liegt der Ursprung der deutschen Glaubensspaltung. Die evangelischen Prediger in Bayern, in Österreich, in den Krummstablanden am Rhein und Main bekommen diese Beschlüsse bald genug durch Ausweisungen und Hinrichtungen zu spüren.

Der Fragenkreis, mit dem sich Luther beschäftigt, wird immer weiter und größer. Ebenfalls 1524 schreibt er seine Schrift »*Von Kaufhandlung und Wucher*«. Die Verdrängung der Naturalwirtschaft durch die Geldwirtschaft, die Steigerung der Preise, das Aufkommen großer Handelsgesellschaften mit Anhäufung von Kapital, die Verarmung ganzer Volksschichten hat in dem bis dahin bäuerlich-handwerklichen Deutschland tiefe Beunruhigung hervorgerufen. Luther erinnert den Kaufmann an seine Verantwortung vor *Gott* und an seine Aufgabe am *Nächsten*; der Kaufmann ist nicht Herr über Gottes Geschöpf und nicht frei von allen Gesetzen des Glaubens und der Liebe. Glaube und Liebe aber verbieten selbstsüchtige Bereicherung, rücksichtslose Ausbeutung der Not des Nächsten, schrankenlosen Gewinn ohne eigenes Risiko. Besonders scharf bekämpft Luther den damals von Italien nach Deutschland dringenden Wirtschaftsrationalismus aus tiefer Einsicht in die Unheimlichkeit des neuen Geldwesens; er lehnt die Handelsgesellschaften mit ihren Versuchen, Monopole zu bilden, als Unrecht, als Verstoß gegen heidnisches und christliches Recht, endlich als Antastung des Herrenrechts Gottes ab: »Sollten die Gesellschaften bleiben, so muß Recht und Redlichkeit untergehen«.

Dabei ist es nicht Luthers Ziel, die Ordnung der Obrigkeit und der Kirche zu zerstören und an ihre Stelle eine neue, dem mosaischen Gesetz entsprechende Ordnung zu setzen. Die stille, aber unaufhaltsame Wirksamkeit von Glaube und Liebe würde dadurch von neuem erstickt. Eine gesetzlich-mosaische Ordnung einführen will nur die Schwarmgeisterei Karlstadts und Müntzers, die sich in jenen Monaten immer deutlicher entwickelt: Karlstadt, der in Orlamünde eine ganze Gemeinde verwirrt und irregeführt hat, muß durch den Kurfürsten des Landes verwiesen werden. In seiner Schrift von 1524/1525 »*Wider die himmlischen Propheten von Bildern und Sakrament*« beginnt Luther den Kampf gegen die Schwärmerei, gegen ihre selbstgewählte Abtötung des Fleisches als werkgerechte Vorbedingung des Heilsempfangs, gegen ihre bilderstürmerische Ungeduld und aufrührerische Gewalttätigkeit, gegen ihre unbedenkliche Übertragung des mosaischen Gesetzes auf die Kirche Christi, gegen ihre Verachtung des Worts, Sakraments und Predigtamts zugunsten unmittelbarer Gottesstimmen, geheimer Gesichte, unberufenen Wirkens aus der erdichteten Allgegenwart des göttlichen Geistes in der Seele. Der Kurfürst hat nach Luthers Urteil recht getan, wenn er Karlstadt, der sich das

Gericht über die Gottlosen anmaßte, des Landes verwies. Karlstadt ist weder ein rechter *Prediger* des Evangeliums, denn es fehlt ihm die Berufung, noch ist er ein rechter Prediger des *Evangeliums*, denn er predigt nicht den Trost der geängsteten Gewissen, die Vergebung der Sünden. Hinter seiner seltsam-neuen, erregenden und verstörenden Lehre steht der Teufel (7).

Damit hatte sich Luther, um die neue Erkenntnis von Offenbarung, Schrift und Predigtamt unverfälscht zu erhalten, von der Schwarmgeisterei geschieden. Allein der schwerste Kampf mit dem entfesselten Geiste falscher fleischlicher und innerlicher Freiheit stand noch bevor.

1 Vom Urteil über die Lehre

In diesem Handel, nämlich über Lehre zu urteilen, Lehrer oder Seelsorger ein- und abzusetzen, muß man sich gar nichts kehren an Gesetz, Recht, altes Herkommen, Brauch, Gewohnheit usw. von Menschen, gleichgültig, es sei von Papst oder Kaiser, von Fürsten oder Bischöfen gesetzt, ob die halbe oder die ganze Welt es so gehalten hat, ob es ein Jahr oder tausend Jahre gewährt hat. Denn die Seele des Menschen ist etwas Ewiges, mehr als alles, was zeitlich ist. Darum darf sie nur durch das ewige Wort regiert und erfaßt werden. Denn es ist ganz lächerlich, mit Menschenrecht und langer Gewohnheit die Gewissen an Stelle Gottes zu regieren. Darum muß man hierin nach der Schrift und Gottes Wort handeln. Denn Gottes Wort und Menschenlehre – wenn es die Seele regieren will, so kann's nicht ausbleiben, daß sie miteinander in Widerstreit geraten.

Aus »Daß eine christliche Versammlung oder Gemeine ...« WA 11,408 f

2 Ordnung eines gemeinen Kasten. 1523

Martin Luther, Prediger, allen Christen der Gemeinde zu Leisnig, meinen lieben Herrn und Brüdern in Christus, Gnade und Friede von Gott dem Vater und unserm Heiland Jesus Christus.

EINLEITUNG: a) LUTHER RÜHMT DIE LEISNIGER ORDNUNG ALS VORBILDLICH

Der Vater aller Barmherzigkeit hat euch, liebe Herren und Brüder, samt andern zur Gemeinschaft des Evangeliums berufen und hat seinen Sohn Jesus Christus in euer Herz scheinen lassen. Dieser Reichtum der Erkenntnis Christi ist bei euch so kräftig und wirksam, daß ihr eine neue Gottesdienstordnung und eine gemeinsame Vermögensverwaltung nach dem Vorbild der Apostel (Apg 2, 44; 4, 32) eingeführt habt. Auf das hin habe ich es für gut angesehen, daß diese eure Ordnung durch den Druck verbreitet werde. Vielleicht will Gott seinen gnädigen Segen dazu geben, daß sie zu einem allgemeinen Vorbild wird, dem auch viele andere Gemeinden nachfolgen; dann können wir auch von euch rühmen, wie St. Paulus von den Korinthern rühmt (2 Kor 9, 2), daß ihr Eifer viele gereizt habe. Wenn das, was ihr anfanget, aus Gott ist, so müßt ihr allerdings getrost dem entgegensehen und darauf gefaßt sein, daß es ganz gehörig angefochten werden muß; denn der leidige Satan wird nicht ruhen noch feiern.

b) Luther erwartet einen Zusammenbruch des seitherigen Kirchengutwesens

So hoffen wir denn, dieses euer Beispiel möchte allgemein nachgeahmt werden; das hätte dann einen großen Zusammenbruch zur Folge für die bisherigen Stifte,[54] Klöster, Kapellen und für den greulichen Bodensatz [von angeblich geistlichen Einrichtungen], der sich bisher unter dem Anspruch, es werde damit Gott gedient, mit dem Reichtum der ganzen Welt angefüllt hat. Dazu hilft denn auch gewaltig das heilige Evangelium, das wieder hervorbricht und solche lästerlichen, verdammenswerten Gottesdienste klar hervortreten läßt und an den Tag bringt; zudem führen sich auch die Geistlichen selbst so auf, daß kein redlicher Mensch bei ihnen geblieben ist noch zu ihnen hinein will. [Kurz,] die Sache sieht überall so aus, als habe Gott und die Welt das mönchische und geistliche Gehabe satt und als müsse es anders werden. Deshalb ist [aber] dann noch hier aufzupassen, daß solche frei gewordenen gestifteten Güter nicht verschleudert werden und ein jeder an sich reißt, was er erwischt.

Darum habe ich gedacht, soviel mir gebührt und zusteht, dem rechtzeitig zuvorzukommen mit christlichem Rat und Vermahnung. Denn weil doch *ich* es getan haben muß, wenn die Klöster und Stifte sich leeren, Mönche und Nonnen weniger werden, und was sonst noch alles dem geistlichen Stand zum Abbruch und zur Verkleinerung geschehen mag, so will ich nicht auch das noch auf mir sitzen lassen, wenn [etwa] einige habgierige Wänste solche geistlichen Güter an sich reißen und mich als den, der die Ursache dazu gegeben habe, zum Schein vorschieben würden ...

Ich fürchte zwar, daß meinen Rat wenige befolgen werden, wenn es so weit kommt, denn die Habsucht ist ein ungehorsamer und ungläubiger Schalk. Trotzdem will ich das Meine tun und mein Gewissen entlasten und ihr Gewissen belastet haben, damit niemand sagen

---

54 *»Stifte« bezeichnen sowohl die einzelnen Stiftungen für kirchliche Zwecke als auch die auf Grund dieser Stiftungen entstandenen Körperschaften (z. B. ganze Bistümer und Domkapitel).*

kann, ich hätte geschwiegen oder zu langsam mich hören lassen. Ich warne aber vorher treulich und bitte freundlich, daß diesem meinem Rat niemand folge, es sei denn, er wisse und verstehe gründlich aus dem Evangelium, daß die Möncherei und das geistliche Wesen, wie es jetzt bei vierhundert Jahren gewesen ist, nutzlos und lauter schädlicher Irrtum und Verführung ist. Denn eine so große Sache muß mit gutem, festem christlichem Gewissen angegriffen werden. Sonst wird das Übel ärger werden und am Totenbett eine böse Reue kommen.

GRUNDSÄTZLICHE RICHTLINIEN FÜR DIE NEUORDNUNG DES KIRCHENGUTES

1 Die Behandlung der ländlichen Klöster und ihrer Insassen

Zum ersten: Es wäre wohl gut, wenn nie ein Feldkloster[55] wie [die Klöster der] Benediktiner, Zisterzienser, Zölestiner und dergleichen auf die Erde gekommen wäre. Nun sie aber da sind, ist das Beste, daß man sie [allmählich] eingehen lasse oder, wo man es mit Fug und Recht kann, dazu helfe, daß sie ganz und gar wegkommen. Dafür gibt es aber folgende zwei Möglichkeiten: Erstens: man läßt die Personen, die drinnen sind, frei von sich herausgehen, wenn sie wollen, wie es das Evangelium erlaubt; zweitens: jede Obrigkeit vereinbart mit ihren Klöstern, daß keine Person mehr aufgenommen wird; diejenigen, welche ihr zu viel drinnen sind, schickt sie anderswohin, und die übrigen läßt sie aussterben.

Weil man aber niemand zum Glauben und Evangelium zwingen darf, soll man die übrigen Personen, die – es sei des Alters, des Bauchs oder des Gewissens halber – in den Klöstern bleiben, nicht ausstoßen oder unfreundlich behandeln, sondern soll sie ihr Leben lang genug haben lassen, wie sie vorher gehabt haben. Denn das Evangelium lehrt auch den Unwürdigen Gutes tun, wie der himmlische Vater über Gute und Böse regnen und die Sonne scheinen läßt; auch muß man hier in Betracht ziehen, daß solche Personen aus allgemeiner Blindheit und Irrtum heraus in diesen Stand geraten sind und nichts gelernt haben, mit dem sie sich ernähren könnten ...

---

55 *Es sind die auf dem Lande gelegenen Klöster der alten Orden gemeint, deren kulturelle und wirtschaftliche Bedeutung nicht bestritten werden kann. Doch war ihre große Zeit längst vorüber, und Luther sah in ihnen nur Stätten der geistlichen Selbstsucht ohne den Dienst am Nächsten, wie ihn die in den Städten wohnenden Bettelorden durch Predigt, Schulen und Krankenpflege ausübten.*

Zum zweiten: Die Güter solcher Klöster, welche die Obrigkeit an sich nimmt, sollten auf dreierlei Weise verwendet werden: Zum ersten dazu, daß man die Personen, die drin bleiben, versorgt...;[56] zum andern dazu, daß man den Personen, die austreten, eine ordentliche Summe mitgibt, damit sie etwas anfangen und sich in einen [neuen Berufs]stand begeben können. [Man muß das tun,] auch wenn sie nichts mit [ins Kloster] hineingebracht haben; denn sie lassen gleichwohl ihren lebenslänglichen Unterhalt zurück, wenn sie austreten, und sind betrogen; denn während sie im Kloster waren, hätten sie etwas anderes lernen können. Aber bei denjenigen, die [Vermögen] mit hineingebracht haben, ist es billig vor Gott, daß man es ihnen, jedem sein Teil, wiedergibt.[57] Denn hier soll christliche Liebe und nicht die Strenge menschlicher Rechte entscheiden. Und wenn schon jemand Schaden und Verlust tragen soll, dann soll es zu Lasten des Klosters und nicht der Person gehen; denn das Kloster ist schuld an ihrem Irrtum.

Aber die dritte Weise ist die beste: Man lasse alles übrige zu einem gemeinsamen Vermögen in den gemeinen Kasten gelangen, und aus diesem gebe und leihe man nach christlicher Liebe allen im Land, die bedürftig sind, es sei Edelmann oder Bürger. Damit erfüllt man auch das Testament und den Willen der Stifter. Denn obschon sie irregeleitet und verführt worden sind, daß sie ihr Gut zu Klöstern gegeben haben, ist es dennoch durchaus ihre Absicht gewesen, es zur Ehre und zum Dienst Gottes zu geben; nur haben sie bei der Ausführung fehlgegriffen. Nun gibt es [aber] keinen größeren Gottesdienst als die christliche Liebe, die den Bedürftigen hilft und dient, wie Christus am Jüngsten Tag selbst bekennen und richten wird (Matth 25, 35 f). Daher hießen auch vor Zeiten (Apg 4, 32) die Güter der Kirche bona ecclesiae, d. h. gemeine Güter, gleichsam ein gemeinner Kasten für alle, die unter den Christen bedürftig waren...

3 Das Verfahren gegenüber dem Besitz geistlicher Herrschaften

Zum dritten: Dieses Verfahren ist auch am Platze gegenüber den Bistümern, Stiften und Kapiteln,[58] die Land und Städte und andere Güter unter sich haben. Denn solche Bischöfe und Stifte sind weder

---

56 *Die Versorgung soll reichlich sein; man soll merken, daß nicht die Habsucht, sondern das Evangelium dem Klosterwesen feind ist.*
57 *Luther will (das sagt er weiter unten), daß auch die verarmten Erben der Stifter aus dem Stiftungsgut versorgt werden.*
58 *Der Zusammenschluß aller an einer Kirche (Dom) angestellten Geistli-*

Bischöfe noch Stifte. Es sind in Tat und Wahrheit weltliche Herren mit einem geistlichen Namen. Darum sollte man sie zu weltlichen Herren machen oder die Güter den armen Erben und Verwandten und dem gemeinen Kasten austeilen. Was aber Pfründen und Lehen sind, sollte man denjenigen überlassen, die sie jetzt innehaben, und nach ihrem Tod niemand mehr verleihen, sondern an die armen Erben und in den gemeinen Kasten überführen.

4 Die Sonderbehandlung der kirchlichen Kapitalien und Zinsrechte

Zum vierten: Es stehen aber die Güter und Klöster und Stifte zum Teil und von den Pfründen sehr viele auf dem Zinsnehmen, das sich jetzt in aller Welt den Wiederkauf[59] nennt, und der in kurzen Jahren die ganze Welt verschlungen hat. Solche Güter[59] müßte man zuerst absondern von den testamentarisch vermachten Gütern wie den Aussatz. Denn was ich oben geraten habe, will ich von den Stiftungen gesagt haben, die ohne Wiederkauf von rechten, ordentlichen Erbgütern gestiftet sind.[60] Die Stiftungen aber, die auf Wiederkauf gestiftet sind, mag man ruhig für Wucher halten; denn ich habe noch nie gesehen oder gehört, daß ein auf Wiederkauf beruhender Zinskauf rechtmäßig gewesen wäre. Hier müßte man darum zuerst den Wucher wiedergutmachen und einem jeden wieder das Seine zurückgeben, ehe man's in den gemeinen Kasten kommen ließe.[61] Denn Gott spricht (Jes 61, 8): »Ich bin feind dem Opfer, das vom Raube kommt.« Nur wenn man die nicht finden könnte, die durch den Wiederkauf

chen hieß Kapitel (Domkapitel); dieses »Kapitel« hatte u. a. auch die Verwaltung des betr. kirchlichen Besitzes.

59 Gegen Ende des Mittelalters kam mit dem Erstarken der reinen Geldwirtschaft das Zinsnehmen von ausgeliehenen Kapitalien auf. Da man die entlehnte Summe ständig neu durch Entrichtung des Zinses erwerben mußte, hieß dieses Zinsgeschäft »Wiederkauf«. Luther lehnt es aufs schroffste ab, vor allem weil man hier nicht eine dem wirklichen Ertrag angepaßte Rente (etwa den Zehnten des Feldertrags) zu bezahlen hatte, sondern ein risikoloser, gleichbleibender Zinsbetrag entrichtet wurde, und weil im Verlauf der Zeit das Kapital in Form von Zinszahlungen mehrfach zurückbezahlt wurde. Bei den oben genannten »Gütern« handelt es sich also um gegen Zins ausgeliehene Kapitalien.

60 Gegen die Form der Stiftung eines Landes, aus welchem ein bestimmter Anteil am Ertrag (etwa der Zehnte) gegeben werden mußte, hatte Luther nichts einzuwenden; hier war der Empfänger der Rente auch am Risiko und Verlust beteiligt.

61 Luther verlangt also, daß man alle gezahlten Zinsbeträge zurückerstatte, soweit sie die Höhe des ausgeliehenen Kapitals überschritten.

geschädigt sind, – dann könnte der gemeine Kasten [die Stiftung] an sich nehmen . . .

5 Die Verwendung des städtischen Klosterbesitzes der Bettelorden

Zum fünften: Aus den Bettelklöstern[62] in den Städten könnte man gute Schulen für Knaben und Mädchen machen, wie sie vorzeiten bestanden haben. Aus den übrigen Klöstern aber könnte man [Wohn]-häuser machen, wenn die Stadt solcher bedürfte; denn die Weihung [der Klöster] durch die Bischöfe soll hierfür kein Hindernis sein, weil Gott nichts davon weiß. Doch wo man diesen meinen Rat christlich ins Werk setzen würde, würde sich's von selber geben, schicken und lehren, mehr als man jetzt mit Worten vorschlagen kann. Denn es würden mannigfaltige und eigenartige Fälle vorkommen, bei denen niemand recht entscheiden kann als die christliche Liebe.

SCHLUSS

Die zu erwartenden Auswirkungen einer solchen Neuordnung

Wenn es nun Gott schenkte, daß dieser Rat Erfolg hätte, so würde man nicht allein einen reichen gemeinen Kasten haben für alle Bedürfnisse, sondern drei große Übel würden abkommen und aufhören. Das erste: die Bettler, durch die Land und Leuten an Seele und Gut viel Schaden geschieht. Das zweite: der greuliche Mißbrauch mit dem Bann, welcher fast keine andere Aufgabe mehr hat, als die Leute zu martern um der Pfaffen und Mönchsgüter willen;[63] wenn nun die Güter abgeschafft wären, brauchte man solchen Bann nicht. Das dritte: der leidige Zinskauf, der größte Wucher auf Erden, welcher sich bisher allermeist in den geistlichen Gütern gerühmt hat, daß er da berechtigt sei.

Wer aber diesem Rat nicht folgen oder seine Habsucht dabei befriedigen will, den lasse ich fahren. Ich weiß wohl, daß ihn wenige annehmen werden. Darum ist mir's genug, wenn einer oder zwei mir folgten oder wenigstens doch gern folgen wollten. Es muß die Welt [Welt] bleiben und Satan der Fürst der Welt. Ich habe getan, was ich kann und schuldig bin. Gott helfe uns allen, daß wir recht handeln und beständig bleiben. Amen. *WA 12,11,3 ff*

---

62 *Die sog. Bettelorden (z. B. Franziskaner, Dominikaner, Augustiner) ließen sich nur in den Städten nieder. Vgl. oben Seite 61, Anmerkung 55.*
63 *Der (kleine) Bann, ursprünglich die geistliche Strafe des (zeitweiligen) Ausschlusses von den Sakramenten der Kirche, wurde mißbräuchlich gegen säumige Schuldner der Kirche angewandt.*

Laßt uns unseren vorigen Jammer ansehen und die Finsternis, in der
wir gewesen sind! Ich achte, daß Deutschland noch nie so viel von
Gottes Wort gehört habe wie jetzt. Man merkt in der Geschichte jedenfalls nichts davon. Lassen wir's denn so hingehen ohne Dank und
Ehre, so ist zu befürchten, daß wir noch greulichere Finsternis und
Plage leiden werden. Liebe Deutsche, kauft, solange der Markt vor
der Türe ist; sammelt ein, solange Sonnenschein und gut Wetter ist;
braucht Gottes Gnade und Wort, solange es da ist! Denn das sollt ihr
wissen: Gottes Wort und Gnade ist ein fahrender Platzregen, der nicht
wieder dahin kommt, wo er einmal gewesen ist. Er ist bei den Juden
gewesen; aber hin ist hin, sie haben nun nichts mehr. Paulus brachte
ihn nach Griechenland. Hin ist hin; nun haben sie den Türken. Rom
und das lateinische Land haben ihn auch gehabt; hin ist hin, nun haben sie den Papst. Und ihr Deutschen dürft nicht denken, daß ihr ihn
ewig haben werdet. Denn der Undank und die Verachtung wird ihn
nicht dableiben lassen. Darum greift zu und haltet fest, wer greifen
und halten kann! Faule Hände müssen ein böses Jahr haben.

Aus »An die Ratsherren aller Städte deutschen Lands, daß sie christliche
Schulen aufrichten und halten sollen, 1524«. WA 15,32

4 Ein hübsch Lied von den zwei Märtyrern Christi, zu Brüssel von den
Sophisten zu Löwen verbrannt

Ein neues Lied wir heben an,
das walt Gott, unser Herre,
zu singen, was Gott hat getan
zu seinem Lob und Ehre:
Zu Brüssel in dem Niederland
wohl durch zwei junge Knaben
hat er sein' Wundermacht bekannt,
die er mit seinen Gaben
so reichlich hat gezieret.

Der erst' recht wohl Johannes heißt,
so reich an Gottes Hulden;
sein Bruder Heinrich nach dem Geist,[64]
ein rechter Christ ohn' Schulden:
von dieser Welt geschieden sind,
sie han die Kron erworben,
recht wie die frommen Gotteskind
für sein Wort sind gestorben,
sein Märt'rer sind sie worden.

Der alte Feind sie fangen ließ,
erschreckt sie lang mit Dräuen;
das Wort Gott's er sie leugnen hieß,
mit List auch wollt' sie täuben.[65]
Von Löwen der Sophisten viel,[66]
mit ihrer Kunst verloren,[67]
versammelt' er zu diesem Spiel;
der Geist macht' sie zu Toren:[68]
sie konnten nichts gewinnen.

Sie sangen süß, sie sangen saur,
versuchten manche Listen, –
die Knaben stunden wie ein' Maur',
veracht'ten die Sophisten.
Den alten Feind das sehr verdroß,
daß er war überwunden
von solchen Jungen, er so groß;
er ward voll Zorn von Stunden,[69]
gedacht', sie zu verbrennen.

Sie raubten ihn's das Klosterkleid,
die Weih' sie ihn's auch nahmen;
die Knaben waren des bereit,[70]
sie sprachen fröhlich Amen.
Sie dankten ihrem Vater Gott,
daß sie los sollten werden
des Teufels Larven, Spiel und Spott,[71]
darin durch falsche G'bärden
die Welt er gar betrüget.

Das schickt' Gott durch sein' Gnad also,
daß sie recht Priester worden,
sich selbst ihm opfern mußten da
und gehn im Christenorden,

64 Sein Geistesbruder.
65 betäuben, unschädlich machen.
66 Lehrer der Universität Löwen.
67 mit ihrer vergeblichen Kunst.
68 Der Heilige Geist, der in den beiden Zeugen wirkte, machte ihre Weisheit zuschanden.
69 von Stund' an.
70 dazu bereit.
71 Scheinwesen und Lästerung.

der Welt ganz abgestorben sein,
die Heuchelei ablegen,
zum Himmel kommen frei und rein,
die Möncherei ausfegen
und Menschentand hie lassen.

Man schrieb ihn'n vor ein Brieflein klein,[72]
das hieß man sie selbst lesen;
die Stück sie faßten[73] alle drein,
was ihr Glaub war gewesen.
Der höchste Irrtum dieser war:
Man muß allein Gott glauben,
der Mensch lügt und trügt immerdar,
dem soll man nichts vertrauen.
Drob mußten sie verbrennen.

Zwei große Feu'r sie zünd'ten an,
die Knaben sie herbrachten.
Es nahm groß wunder jedermann,
daß sie solch' Pein veracht'ten.
Mit Freuden sie sich gaben drein,
mit Gottes Lob und Singen;
der Mut ward den Sophisten klein
vor diesen neuen Dingen,
da sich Gott ließ so merken. . . .[74]

Noch[75] lassen sie ihr Lügen nicht,
den großen Mord zu schmücken.
Sie geb'n vor ein falsch Gedicht,
ihr G'wissen tut sie drücken.
Die Heil'gen Gott's auch nach dem Tod
von ihn'n gelästert werden;
sie sagen: In der letzten Not
die Knaben noch auf Erden
sich sollen han umkehret.[76]

---

72 *Man setzte ihnen eine kleine Urkunde auf.*
73 *Luther schrieb: »zeychten«, d. h. verzeichneten.*
74 *Die beiden folgenden Verse übergehen wir als Strophen, mit welchen Luther offenbar später den vorliegenden Liedschluß ersetzen wollte (WA).*
75 *= dennoch.*
76 *bekehret.*

Die laß man lügen immerhin,
sie haben's kleinen Frommen.[77]
Wir sollen danken Gott darin,
sein Wort ist wiederkommen.
Der Sommer ist hart vor der Tür,
der Winter ist vergangen,
die zarten Blumen geh'n herfür:
der das hat angefangen,
der wird es wohl vollenden.   *WA 35,411,1 ff*

5 Vorrede Luthers zum »Geistlichen Gesangbüchlein« von 1524

Daß geistliche Lieder singen gut und Gott angenehm sei, ist, denke
ich, keinem Christen verborgen; ist doch jedermann nicht allein das
Beispiel der Propheten und Könige im Alten Testament, die mit Singen und Klingen, mit Dichten und allerlei Saitenspiel Gott gelobt
haben, [bekannt], sondern ist doch auch solcher Brauch, besonders mit
Psalmen, der allgemeinen Christenheit von Anfang an kund. Ja, auch
St. Paulus setzt das 1 Kor 14, 15 ein und gebietet den Kolossern (3, 16),
von Herzen dem Herrn geistliche Lieder und Psalmen zu singen, auf
daß dadurch Gottes Wort und christliche Lehre auf allerlei Weise
verbreitet und geübt werden.

Demnach habe ich auch, zusammen mit einigen andern, zum guten
Anfang, und um denen, die es besser können, einen Anstoß zu geben, etliche geistliche Lieder zusammengestellt, um das heilige Evangelium, das jetzt von Gottes Gnaden wieder aufgegangen ist, zu verbreiten und in Schwang zu bringen. Wir sollen uns nämlich auch
rühmen können, wie Mose es in seinem Gesang (2 Mose 15, 2) tut,
daß Christus unser Lob und Gesang sei; wir sollen nichts zu singen
noch zu sagen wissen als Jesum Christum, unsern Heiland, wie Paulus (1 Kor 2, 2) sagt.

Und zwar sind [diese Lieder] dazu auch in vier Stimmen gesetzt,
aus keinem andern Grund, als daß ich gerne wollte, daß die Jugend,
die doch ohnedies in der Musik und andern rechten Künsten erzogen
werden soll und muß, etwas habe, um die Buhllieder und fleischlichen
Gesänge loszuwerden und an ihrer Stelle etwas Heilsames zu lernen;
so soll dann das Gute, wie es sich bei den Jungen gehört, mit Lust eingehen. Auch bin ich nicht der Meinung, als sollten durchs Evangelium
alle Künste zu Boden geschlagen werden und vergehen, wie etliche
Übergeistliche vorgeben; sondern ich wollte gern alle Künste, besonders die Musik, im Dienste dessen sehen, der sie gegeben und geschaf-

---

77 *Nutzen.*

fen hat. Ich bitte deshalb, ein jeder fromme Christ wolle sich dies gefallen lassen, und, wenn ihm Gott Weiteres oder Gleiches verleiht, es fördern helfen. Es ist auch ohnedies leider alle Welt allzu lässig und vergeßlich, [wenn es gilt], die arme Jugend zu erziehen und zu lehren, so daß man erst recht nicht auch noch Anlaß dazu geben darf. Gott gebe uns seine Gnade! Amen. *WA 35,474,2 ff*

6 Vorrede auf alle guten Gesangbücher[78]

Frau Musika (spricht):
Von allen Freuden auf Erden
   kann niemand eine fein're werden,
als die ich geb mit mein'm Singen
   und mit manchem süßen Klingen.
Hie kann nicht sein ein böser Mut,
   wo da singen Gesellen gut;
hie bleibt kein Zorn, Zank, Haß noch Neid,
   weichen muß alles Herzeleid;
Geiz, Sorg und was sonst hart anleit,[79]
   fährt hin samt aller Traurigkeit.
Auch ist ein jeder des wohl frei,[80]
   da solche Freud kein' Sünde sei,
sondern auch Gott viel mehr gefällt
   als alle Freud der ganzen Welt.
Dem Teufel sei sein Werk zerstört
   und verhindert viel böser Mord'.
Das zeugt Davids, des Königs, Tat,
   der dem Saul oft gewehret hat
mit gutem, süßem Harfenspiel,
   daß er nicht in groß Morden fiel.[81]
Zum göttlichen Wort und Wahrheit
   macht sie das Herz still und bereit.
Solch's hat Elisäus bekannt,
   da er den Geist durchs Harfen fand.[82]
Die beste Zeit im Jahr ist mein,
   da singen alle Vögelein,

---

78 *Vorrede zu »Lob und Preis der löblichen Kunst Musica: durch H. Johann Walter«. Wittenberg 1538.*
79 *anliegt.*
80 *hat jeder dazu die Freiheit.*
81 *Vgl. 1. Samuel 16,23.*
82 *Vgl. 2. Könige 3,15.*

Himmel und Erden ist der'n voll,
viel gut' Gesang da lautet wohl.
Voran die liebe Nachtigall
macht alles fröhlich überall
mit ihrem lieblichen Gesang;
des muß sie haben immer Dank,
vielmehr der liebe Herre Gott,
der sie also geschaffen hat,
zu sein die rechte Sängerin,
der Musika ein' Meisterin.
Dem singt und springt sie Tag und Nacht,
seines Lobs sie nichts müde macht:
den ehrt und lobt auch mein Gesang
und sagt ihm ein'n ewigen Dank.   *WA 35,483,12 ff*

7 *Warnung vor Doktor Karlstadt*

Zum Schluß will ich jedermann treulich und brüderlich gewarnt haben, daß er sich vor Doktor Karlstadt und seinen Propheten hüte, aus
zwei besonderen Gründen.

Erstens: weil sie ohne Berufung laufen und lehren. Das straft Gott
durch Jeremia und spricht: »Sie liefen, und ich sandte sie nicht; sie
redeten, und ich befahl ihnen nichts« (Jer 23, 21). Darum verurteilt
sie auch Christus (Joh 10, 1) als Diebe und Mörder, die nicht zur Tür
eingehen, sondern anderswo einsteigen. Sie rühmen sich sehr hoch
des Geistes, höher als die Apostel; dabei sind sie nun länger als drei
Jahre heimlich [umher]geschlichen und haben ihren Unrat abgeladen.
Wäre es der rechte Geist gewesen, so wäre er sofort [öffentlich] auf-
getreten und hätte seine Berufung mit Zeichen und Worten bewiesen;
aber es ist ein heimtückischer, versteckter Teufel, der in den Winkeln
umherschleicht, bis er Schaden tut und sein Gift ausbreitet.

Zum andern: Diese Propheten meiden, fliehen und verschweigen
das Hauptstück christlicher Lehre. Denn sie lehren nirgends, wie man
die Sünden loswerden, ein gutes Gewissen bekommen und ein fried-
sames, fröhliches Herz zu Gott gewinnen kann, worauf doch alles
ankommt. Dies ist das rechte Wahrzeichen, daß ihr Geist der Teufel
ist, der mit seltsamen, neuen Worten die Gewissen zwar erregt,
schreckt und irre macht, sie aber nicht zur Ruhe und zum Frieden
bringt. Er kann's auch nicht, sondern er fährt drauf los und lehrt
[noch] mannigfache besondere Werke, mit denen sich die Leute üben
und plagen sollen. Aber wie ein gutes Gewissen beschaffen sein soll,
davon wissen sie gar nichts. Denn sie haben es nie gefühlt noch je

einmal erkannt. Wie können sie es auch wissen oder fühlen, da sie
ohne Berufung von selbst kommen und lehren; davon kann ja nichts
Gutes kommen.

Gottes Gnade sei mit uns allen! Amen.

Aus »Wider die himmlischen Propheten, von den Bildern
und Sakrament«, 1524/1525. WA 18,213,17 ff

DER BAUERNAUFSTAND

Seit der Mitte des 15. Jahrhunderts flammen in Deutschland, von dessen 15 Millionen Einwohnern etwa drei Viertel in ländlichen Verhältnissen leben, örtliche Bauernaufstände auf. Uraltes bäuerliches Frei-
heitsgefühl wehrt sich zunächst gegen ungerechten Druck weltlicher
oder geistlicher Herrschaften, sodann aber mehr und mehr gegen die
Ansprüche des modernen Territorialstaats, gegen staatliche und kirchliche Bevormundung, gegen die unheimliche Geldwirtschaft. Der Bauer hat das dumpfe Gefühl, in eine Entwicklung hineingerissen zu
werden, die ihm fremd und der er nicht gewachsen ist; er strebt mit
allen Mitteln zurück zur alten Gemeindefreiheit. Die Empörungen des
bäuerlichen Geheimbunds, des ›Bundschuh‹, im Elsaß, in der Bruch-
saler Gegend, im Breisgau ergreifen schon ein weiteres Gebiet; der
Aufstand des ›Armen Konrad‹ im Herzogtum Württemberg, die Bau-
ernerhebung im österreichischen Alpengebiet und in Ungarn bedrohen bereits den Bestand des Staatswesens und müssen blutig nieder-
geworfen werden.

Luthers untrüglicher Instinkt für die drohende soziale Umwälzung
hat ihn schon im Januar 1522 veranlaßt, »Eine treue Vermahnung an
alle Christen, sich zu hüten vor Aufruhr und Empörung«, ausgehen
zu lassen (1). Er sieht die Not und ihre Ursache (2). Nun rächt es sich,
daß weltliche und geistliche Obrigkeit den Bauern gedrückt und vernachlässigt hat. In seiner Schrift »Von weltlicher Obrigkeit« (1523)
spricht Luther aus, daß Gott in seinem Zorn die Fürsten in ihre Sünden hingegeben habe (3) und daß sie von ihren Freveln ablassen müßten, wollten sie nicht verderben (4).

Luthers Warnungen waren umsonst. Der Druck von oben bleibt,
Widerstand, Selbstgefühl und verbitterter Hochmut der Bauern wachsen an. Dies wird deutlich, als im März 1525 nach mancherlei vorausgegangenen Unruhen die *Zwölf Artikel*, gewissermaßen die Verfas-
sungsurkunde der Bauernbewegung, veröffentlicht werden: die Bauern verlangen freie Pfarrwahl, Aufhebung des kleinen Zehnten und
der Leibeigenschaft, Wiederherstellung der alten Gerechtsame in Wald,

Flur und Feld und Abstellung einer Reihe drückender Lasten. Was den Zwölf Artikeln bei Freund und Feind stärkstes Gewicht verleiht, ist die Tatsache, daß sie von der in der *Schrift* begründeten evangelischen *Freiheit* aus die Forderung nach der Durchführung des göttlichen *Rechts* aufstellen.

Luther, von den Bauern als Schiedsrichter angerufen, muß Stellung nehmen. Er ahnt nichts Gutes. Blutige Wunderzeichen stehen am Himmel; die Welt ist voll mit Dämonen, die ins Fleisch gefahren sind (4); überall wütet der Satan gegen Christus. Als Luther seine »*Ermahnung zum Frieden* auf die zwölf Artikel der Bauernschaft in Schwaben« Ende April schreibt, weiß er noch nicht, daß der Auszug der Bauern nach Recht und Freiheit vom Flammenschein brennender Schlösser und Klöster, von unsäglicher Gewalttat, Mord und Greueln begleitet ist. Er redet darum im Ton freundlich, versöhnlich und hoffnungsvoll, in der Sache jedoch in voller Klarheit: Es darf unter keinen Umständen, wie es jetzt schon den Anschein hat, *Gottes und der Welt Reich vermischt* werden; geschieht dies, so wird das weltliche Regiment zerstört, die Predigt des göttlichen Worts verhindert und ganz Deutschland in dauernde Zerstörung gestürzt (5). Dürfen sich die Bauern auf den Namen Gottes und Christi Vorbild berufen, wenn sie, gegen die *Schrift* handelnd, Gewalt ausüben und der Obrigkeit nicht gehorchen (6)? Wie verhält sich ihr angebliches »göttliches Recht« zu dem christlichen *Rechte*, das nicht anders heißt als »Leiden, Leiden, Kreuz, Kreuz«? Mißbrauchen sie nicht den Christennamen zum Schanddeckel für frevelhafte Ungeduld, verkennen sie nicht ganz und gar den Sinn christlicher *Freiheit*, wenn sie unter Berufung auf die Erlösung durch Christus die Aufhebung der Leibeigenschaft fordern (7)? So warnt Luther beide Teile (8).

Inzwischen hat der Aufstand in einer Weise um sich gegriffen, die niemand vorausahnen konnte. Eine mächtige, alle Dämme alter Ordnung einreißende Volksbewegung überschwemmt ganz Schwaben und Franken, den Süden und den Westen des Reiches; Klöster und Reichsstädte, Äbte und Ritter, Grafen und Bischöfe ergeben sich freiwillig – unfreiwillig. Immer weitere Kreise, weit über den Bauernstand hinaus, werden ergriffen: das städtische Proletariat, davongelaufene Mönche, zuchtlose Landsknechte, ehrgeizige Adelige, machtgierige Prädikanten und Straßenläufer aller Art. Und mit dem Erfolg wachsen die *Ziele*: aus der wehrhaften Erhebung eines Standes, der zunächst nur sein Recht und zwar auf dem Wege des *Vertrages* erreichen wollte, wird alsbald der gewalttätige Versuch, die ganze Macht an sich zu reißen und eine *Reichsreform* durchzuführen. Was Kaiser und Ständen, Fürsten und Reichsrittern bisher mißlungen war, wollen die Bauernführer erzwingen: keine geistlichen Güter, keine Zölle und Steuern mehr, Volksgerichte unter Beseitigung des römischen Rechts, gleiche Münze, gleiches Maß, gleiches Gewicht! Allein nun folgt in Thüringen eine neue Wandlung: unter dem Einfluß der glühenden Beredsamkeit Thomas *Müntzers* schmelzen die Gedanken an Recht und Vertrag, Reform und Planung dahin, und man weiß sich in die *Endzeit* versetzt. Das freie Gottesvolk ist sichtbar geworden, keine Fürstenmacht darf es knechten; die Gottlosen, die sich dem neuen Reiche entgegenstellen, müssen blutig ausgerottet, alle alten Gewalten vernichtet werden. Müntzer beherrscht Mühlhausen unumschränkt, seine Predigt entfesselt jahrhundertealte Rachsucht; nihilistische Zerstörungswut gewinnt die Oberhand, ein infernalischer Haß gegen die ganze alte Kultur bricht aus, der Pöbel verwüstet wahllos Klöster, Herrenhöfe, Bibliotheken, Denkmäler und Schlösser, und Müntzer feuert seine Anhänger an, das Schwert nicht kalt werden zu lassen vom Blute.

Wer hält dieser Flut gegenüber stand? Wo sind die alten Gewalten? Luthers Landesherr, Kurfürst Friedrich, liegt auf den Tod krank in seinem Schloß Lochau; man erwartet täglich sein Ende. Er rechnet in seinen letzten Tagen mit der Möglichkeit, daß der gemeine Mann zum Siege komme. Der Thronfolger, Herzog Johann, ist geblendet von der Macht der Bauern: 35 000 Mann in seinem und um sein Gebiet, welch erdrückende Übermacht! Er ist bereit, wenn es Gottes Wille ist, auf seine Fürstenstellung zu verzichten (9), sucht aber daneben durch Verhandeln und schwachherziges Nachgeben zu retten, was zu retten ist. Der Graf von Mansfeld, zuerst zum Widerstand bereit, droht umzufallen – von den übrigen gar nicht zu reden. Was wird werden, wenn sich den aus der Tiefe aufbrechenden, unheimlichen Kräften der Zerstörungswut nichts entgegenstellt, wenn über die alten, unter sich zerfallenen, an sich verzweifelnden Mächte das Zorngericht Gottes hereinbricht?

Der einzige, der sich furchtlos mitten unter die Empörer wagt, nicht um zu beschwichtigen oder um zu verhandeln, sondern um das Evangelium zu verkündigen, ist Luther. Er weist die tobenden Rotten in seiner Predigt in Nordhausen am 2. Mai 1525 auf den gekreuzigten Christus hin. Aber diese Botschaft wird nicht mehr gehört. Hohn und Verachtung ist die Antwort; um ein Haar kommt's zum Blutvergießen (10). Luther ist durch diese Erfahrung in keiner Weise überrascht. Einen Tag später schreibt er einen Brief an Myconius, ohne eine Spur von Enttäuschung, Bitterkeit, Verletztheit, Sorge, voll der freudigen Gewißheit, daß Christus die Welt überwunden *hat*; alle Siege der

Welt außer und ohne Christus sind Scheinsiege, die den Keim des nahen Untergangs in sich tragen (11). Nimmt aber die Teufelei in der Welt dergestalt überhand, so haben alle Gewalten, die von Gott den Auftrag dazu haben, Recht, Pflicht und Verantwortung vor Gott, diesem Wüten, solange es möglich ist, solange aber auch mit allen Mitteln entgegenzutreten. Darum läßt Luther den Grafen von Mansfeld ermahnen, nicht weich zu werden, sondern seine ganze Macht gegen die vermessenen Frevler einzusetzen (12).

Noch immer ist die »Ermahnung zum Frieden...« nicht veröffentlicht. Allein inzwischen ist bereits Luthers nächste Schrift fertig geworden, entstanden unter dem Eindruck der blutigen Greuel in Thüringen, der Müntzerischen Haßpredigt und der drohenden Auflösung: »*Wider die mörderischen und räuberischen Rotten der Bauern*«. Luther unterrichtet die Obrigkeit, daß sie »mit gutem Gewissen« in dieser Sache verfahren soll. Hat Luther in dieser Schrift einfach die Bauern der Rohheit ihrer Peiniger ausgeliefert, ist er einfach unbedenklich, glühend und roh dreingefahren? Was sagt er? Eine *christliche* Obrigkeit soll vor allem andern *Buße* tun und bekennen, daß sie die Greuel der Bauern durch ihre eigene Schuld alle wohl verdient hat. Sie soll im *Gebet* Gott um Hilfe gegen den Teufel anflehen und sich in seinen Willen ergeben. Sie soll endlich überflüssigerweise, für den Christen aber notwendig, nach den Regeln der *Billigkeit* einen Vergleich anbieten. Hat sie dies alles getan, *dann erst* darf sie mit gutem Gewissen dreinschlagen. Die Obrigkeit darf dabei wissen, daß sie ein *Amt* hat und in diesem Amte, also in der Verantwortung vor Gott handelt. Wer in diesem Amte auf seiten der Obrigkeit erschlagen wird, bei dem kann es geschehen, daß er »ein rechter Märtyrer vor Gott« ist, denn er handelt in göttlichem Wort und Gehorsam. Weiter rechnet die christliche Obrigkeit auch in Ausübung ihres Schwertamts mit dem verborgenen *Rate Gottes* als Vorbehalt; wir wissen nicht, ob Gott nicht zum Vorspiel des nahen Jüngsten Tages durch den Teufel alle Ordnung der Obrigkeit zerstören und die Welt zu einem wüsten Haufen zusammenwerfen will. Endlich handelt die Obrigkeit, wenn sie das Schwert führt, in *Barmherzigkeit* mit den vielen braven Leuten, die, von den Bauern gezwungen, sich ungerne genug ihrem Teufelsbund anschlossen; werden die Verführer erschlagen, so werden solche Verführten aus Teufelsbanden gerettet. Solchen Gefangenen soll die Obrigkeit Erbarmen zeigen. Erst von diesen Voraussetzungen aus ist Luthers Aufruf, zu »stechen, zu schlagen, zu würgen« (13), zu verstehen: die größte Unbarmherzigkeit ist in Wirklichkeit hier die größte Barmherzigkeit.

Als Anfangs Mai 1525 beide Schriften, die »Ermahnung...« und »Wider die Rotten« *gleichzeitig* erscheinen, ist die Gewalt des Aufstands schon gebrochen. Die Fürsten haben sich ermannt; der größte Bauernhaufen, bei dem sich auch Müntzer befand, wird am 15. Mai 1525 bei Frankenhausen vernichtend geschlagen, die Überlebenden laufen verstört auseinander, Mühlhausen fällt in die Hände der Sieger, Thomas Müntzer wird mit einer Anzahl von Anführern enthauptet. Auf die Bauerngreuel folgt jetzt, schlimmer noch als jene, die fürchterliche Rache der Herren; auf den Märkten der Städte strömt das Blut der Enthaupteten, der Truchseß von Waldburg, der gefürchtete Bauernjörg, zündet im Süden ein Dorf nach dem andern an, um die Bauern zur Heimkehr zu zwingen und dann zu fangen. Luther sah in Müntzer den Hauptschuldigen, der sechstausend Menschen auf dem Gewissen habe; so weit hat ihn seine Berufung auf besondere Offenbarungen, seine Aufforderung zur Vernichtung der Heiden, seine Verachtung des äußeren Wortes gebracht (14). Auch Müntzers Scheinbuße angesichts des Todes hat Luther nicht anerkannt und die Verantwortung für seinen Tod getrost auf sich genommen (15). Aber auch die Bestrafung der übrigen Aufständischen muß mit Strenge durchgeführt werden. In dem Briefe, in welchem Luther dem befreundeten Rühel den Tod seines Kurfürsten mitteilt, spricht er aus, daß strenges Vorgehen gegen die Empörer notwendig und Gottes Wille sei (16), und, eine Woche später, noch schärfer, daß man die Bauern wie tolle Hunde erwürgen müsse, wenn der Geist Müntzers, des leibhaftigen Teufels, in sie gefahren sei (17); die Verantwortung für dieses Blut ist auf seinem Halse (18).

Hat Luther damit den Herren und Fürsten einen Freibrief zu unterschiedslosem Morden und Würgen ausgestellt? Eben weil Luther die Obrigkeit zum rechten Gebrauch ihres Amtes ermahnt, warnt er sie vor jeglichem *Mißbrauch* ihrer Gewalt. Schon ist es soweit, daß die Obrigkeit unter dem Vorwand, den Aufstand dämpfen zu müssen, vielerorts gegen das Evangelium einschreitet (18) und unterschiedslos Hinrichtungen vornimmt. Im »*Sendbrief von dem harten Büchlein wider die Bauern*«, den Luther im Juli 1525 dem mansfeldischen Kanzler Kaspar Müller als Antwort auf viele ihm zuteil gewordene Vorwürfe zusendet, schreibt er, daß er für die »wütenden, rasenden und unsinnigen Tyrannen, die auch nach der Schlacht des Blutes nicht satt werden mögen«, nicht geschrieben habe; »die lasse ich ihren Meister, den Teufel, führen, wie er sie führt«. Er hat für die *christliche* Obrigkeit geschrieben, die im Kampfe das Schwert brauchen soll, einerlei, ob sie Schuldige oder Unschuldige treffe; sie soll aber, wenn sie den Sieg gewonnen hat, *Gnade* üben gegen Unschuldige und Schuldige.

Wiederum wird hier deutlich, daß Luther nicht einseitig die Partei der Fürsten ergreift; er weiß sich vielmehr berufen, seiner ewigen Verantwortung folgend, Bauern und Fürsten gleichermaßen Recht und Unrecht vorzuhalten. Was geschehen wäre, wenn ein Fanatiker wie Müntzer, von einer Anzahl politischer Phantasten und einer Handvoll Landsknechten unterstützt, das Heft in Deutschland in die Hand bekommen hätte, ist nicht auszudenken. Es war eine unmittelbare Frucht der evangelischen Predigt und Gewissensunterweisung Luthers, wenn in jenen entscheidungsreichen Tagen die Ordnung der Obrigkeit in Deutschland erhalten blieb und der Obrigkeit dadurch die Möglichkeit gegeben wurde, an ihrem Orte und nach ihrer eigenen Aufgabe dem Evangelium zu dienen.

1 *Die Not der Bauern und ihre Ursache*

Daß die Bauern sich derart überheben, ist kein Wunder; es ist ja niemand da, der sie ernsthaft regiert oder ihnen Zucht gebietet. Die eigentliche Not ihres Zustands besteht darin, daß sie nicht – derart von der Obrigkeit vernachlässigt – vollends ganz toll oder über alles Maß hinaus wild werden. *TR 2,2230 (August/Dezember 1531)*

2 *Von der Verkehrung weltlicher und geistlicher Obrigkeit*

Aber willst du wissen, warum Gott zuläßt, daß die weltlichen Fürsten sich so greulich versündigen müssen? Ich will dir's sagen. Gott hat sie in ihren verkehrten Sinn hingegeben und will ein Ende mit ihnen machen, gerade wie mit den geistlichen Herren. Denn meine ungnädigen Herren, Papst und Bischöfe, sollten Bischöfe sein und das Wort Gottes predigen; das unterlassen sie aber, sind weltliche Fürsten geworden und regieren mit Gesetzen, die nur Leib und Gut angehen. Das haben sie fein umgekehrt: sie sollten innerlich die Seelen durch Gottes Wort regieren, regieren aber äußerlich Schlösser, Städte, Land und Leute und martern die Seelen mit unsagbarem Morden. Ebenso auch die weltlichen Herren: sie sollten äußerlich Land und Leute regieren, aber das tun sie nicht; sie können nicht mehr als schinden und schaben und eine Steuer nach der andern, eine Abgabe nach der andern beschließen, da einen Bären, dort einen Wolf loslassen. Dazu lassen sie weder rechte Treue noch Wahrheit bei sich finden; sie handeln, daß es Räubern und Buben viel zu viel wäre und daß ihr weltliches Regiment ebenso tief darniederliegt wie das Regiment der geistlichen Tyrannen. Darum verdreht Gott auch ihren Sinn, daß sie verkehrt dreinfahren und geistlich über die Seelen regieren wollen, wie jene weltlich regieren wollen, damit sie ja getrost fremde Sünde und Gottes und aller Menschen Haß auf sich laden. [Sie werden es solange treiben], bis sie samt Bischöfen, Pfaffen und Mönchen zugrundegehen, ein Bube mit dem andern. Darnach schieben sie dem Evangelium die Schuld für das alles zu, und, statt Buße zu tun, lästern sie Gott und sagen, unsre Predigt habe das bewirkt, was doch ihre verkehrte Bosheit verdient hat und noch unaufhörlich verdient. *Aus »Von weltlicher Obrigkeit« (1523). WA 11,265,4 ff*

3 Warnung an die Fürsten

Ich möchte aber den verblendeten Leuten den wohlgemeinten Rat geben, sich vor einem ganz kleinen Sprüchlein in acht zu nehmen, das Psalm 107, 40 steht: »Er schüttet Verachtung auf die Fürsten.« Ich schwöre euch bei Gott: Werdet ihr's übersehen, daß dieses kleine Sprüchlein über euch in Schwang kommt, so seid ihr verloren, wenn auch jeder von euch so mächtig wie der Türke wäre, und euer Schnauben und Toben wird euch nichts helfen. Es hat schon zum guten Teil begonnen. Denn es gibt nur ganz wenige Fürsten, die man nicht für Narren oder Buben hält; das kommt daher, daß sie sich auch so aufführen. Und der gemeine Mann wird verständig, und die Strafe für die Fürsten, die Gott ›Verachtung‹ heißt, nimmt gewaltig überhand unter dem Volk und beim gemeinen Mann; ich befürchte, es werde ihm nicht zu wehren sein, wenn nicht die Fürsten sich fürstlich benehmen und wieder anfangen, mit Vernunft und Bedacht zu regieren. Man wird nicht, man kann nicht, man will nicht eure Tyrannei und euren Mutwillen auf die Dauer leiden. Liebe Fürsten und Herren, lernet euch danach zu richten; Gott will's nicht länger haben! Es ist jetzt nicht mehr dieselbe Welt wie früher, da ihr die Menschen wie das Wild jagen und treiben konntet. Darum laßt ab von eurem Frevel und eurer Gewalttat; bemüht euch, gerecht zu handeln, und laßt Gottes Wort seinen Lauf nehmen, den es nun einmal haben will, muß und soll und dem ihr nicht wehren werdet! Tritt Ketzerei auf, die überwinde man, wie sich's gebührt, mit Gottes Wort. Werdet ihr aber zuviel zum blanken Schwert greifen, so sehet zu, daß nicht einer komme, der es euch einstecken heißt – nicht in Gottes Namen! *Aus »Von weltlicher Obrigkeit« (1523). WA 11,270,9 ff*

4 Die Dämonen des Aufruhrs · Aus einem Brief aus Wittenberg an Hofprediger Georg Spalatin vom 3. April 1525

Ich sende mit, was mir aus Thüringen geschrieben wird. Bisher war die Welt voll mit Geistern, die *aus* dem Fleische gefahren sind; jetzt ist sie voll mit Geistern, die *ins* Fleisch gefahren sind.[83] So wütet der

Satan gegen den, der stärker ist als er, Christus. Lebt wohl und betet für mich!   Br 3,469,8 ff

5 Ermahnung an die Bauern

Es hat die Bauernschaft, die sich jetzt im Schwabenland zusammengerottet hat, zwölf Artikel von ihren unerträglichen Lasten gegen die Obrigkeit aufgestellt und mit etlichen Sprüchen der Schrift zu begründen versucht und durch den Druck ausgehen lassen. Bei diesen [Artikeln] hat mir das am besten gefallen, daß sie sich im zwölften Artikel erbieten, bessere Unterweisung, wo es mangelt und vonnöten wäre, gerne und willig anzunehmen, und daß sie sich weisen lassen wollen, sofern dies durch klare, offenbare, unleugbare Sprüche der Schrift geschehe; wie es auch billig und recht ist, daß niemands Gewissen weiter und anders als mit göttlicher Schrift unterrichtet und unterwiesen werde.

Wenn das nun ihr Ernst und ihre redliche Meinung ist — und ich habe kein Recht, es anders zu deuten, weil sie sich mit diesen Artikeln frei an den Tag geben und das Licht nicht scheuen wollen —, so ist noch gute Hoffnung da, es solle gut werden. Und nun werde ich ja auch unter diejenigen gerechnet, welche die göttliche Schrift jetzt auf Erden treiben; vor allem aber nennen sie mich mit Namen in dem andern Zettel[84] und führen mich an. Das gibt desto größeren Mut und Zuversicht, meinen Unterricht in freundlicher, christlicher Meinung nach der Pflicht brüderlicher Liebe auch öffentlich an den Tag zu geben; sonst, wenn ich schwiege, würde mir vor Gott und der Welt auch [die Schuld] zugeteilt und auferlegt, wenn sich etwas Gefährliches und Unheilvolles daraus entspinnen sollte. Ist aber solches nur zum Schein und Vorwand von ihnen angeboten, wie ohne Zweifel wohl etliche dieser Art unter ihnen sind — denn es ist unmöglich, daß ein so großer Haufe allesamt rechte Christen seien und es gut meinen, sondern sie [miß]brauchen zum großen Teil die gute Meinung der andern zu ihrem Mutwillen und suchen das Ihre dabei —, so wird solchen ohne Zweifel nicht viel gelingen oder wird es nur zu ihrem großen Schaden und ewigen Verderben gelingen.

Nun ist diese Sache groß und gefährlich als eine, die sowohl Gottes Reich als auch der Welt Reich betrifft; denn wenn dieser Aufruhr wei-

83   *Luther will sagen: Wurden bisher im Gang der Reformation die Dämonen des Papsttums ausgetrieben, so haben sie sich jetzt aufs neue in den aufrührerischen Schwarmgeistern verkörpert.*
84   *In einer Flugschrift der Bauern: »Handlung, Ordnung und Instruktion, so fürgenommen sein von allen Rotten und Haufen der Bauern ...«*

terdringen und überhandnehmen sollte, würden *beide Reiche* untergehen, so daß weder das weltliche Regiment noch das göttliche Wort bleiben, sondern eine ewige Verstörung von ganz Deutschland die Folge sein würde. Darum ist vonnöten, daß wir frei davon reden und raten ohne Ansehen der Person, und umgekehrt, daß wir auch willig hören und uns [dies alles] einmal sagen lassen, damit nicht unsre Herzen verstockt und unsre Ohren verstopft werden, wie bisher geschehen ist, [und] Gottes Zorn seinen vollen Gang und Schwang gewinne. Denn die vielen grausigen Zeichen, die bisher sowohl am Himmel wie auf Erden geschehen sind, zeigen ein großes bevorstehendes Unglück und eine gewaltige Veränderung in Deutschland an, obwohl wir uns leider wenig daran kehren. Aber Gott fährt auch nichtsdestoweniger fort und wird unsre harten Köpfe [schon] einmal weich machen.

Aus »Ermahnung zum Frieden auf die zwölf Artikel der Bauernschaft in Schwaben« (1525). WA 18,291,15 ff

6 Gegen eine falsche Berufung auf Christi Vorbild

Wenn von den Aufständischen eingewendet wird, Christus habe doch auch Käufer und Händler aus dem Tempel getrieben, also sei uns dasselbe gegen die Bischöfe erlaubt, [so antworte ich]: Christus darf in seinen Werken und Taten nicht nachgeahmt werden, wenn er nicht eben dies selbst durch ein klares Gotteswort vorgeschrieben hat.

TR 1,775 (1. Hälfte der dreißiger Jahre)

7 Luthers Stellung zur Leibeigenschaft

Es soll keine Leibeigenschaft geben, weil Christus uns alle befreit hat. Was ist das? Das heißt die christliche Freiheit ganz fleischlich machen ... Ein Leibeigener kann wohl Christ sein und christliche Freiheit haben, so wie ein Gefangener oder Kranker ein Christ ist, ohne doch frei zu sein. Es will dieser Artikel alle Menschen gleichmachen und aus dem geistlichen Reich Christi ein weltliches, äußerliches Reich machen, was unmöglich ist. Denn weltlich Reich kann nicht bestehen, wenn nicht Ungleichheit ist bei den Personen, daß etliche frei, etliche gefangen, etliche Herren, etliche Untertanen usw. sind.

Aus »Ermahnung zum Frieden« (1525). WA 18,326,32 ff

8 Vermahnung sowohl an die Obrigkeit als an die Bauernschaft

Ich bin unschuldig an eurer Seele, eurem Blut und Gut; ihr werdet's [mit seinen Folgen] selber tragen müssen. Ich hab's euch gesagt, daß ihr zu beiden Teilen unrecht habt und unrecht fechtet.

Aus »Ermahnung zum Frieden« (1525). WA 18,333,10 ff

Ich glaube, mein Herr von Sachsen wäre [im Alten Testament] ein Hiskia[85] gewesen, wenn es dazu gekommen wäre. Denn er fragte mich im Bauernaufstand um Rat, ob er den zwölf Artikeln zustimmen solle. Ich riet ihm auf jede Weise ab, er solle auch nicht einem einzigen zustimmen. Schließlich sagte er zu mir: Gott hat mich zu einem Fürsten gemacht und mir viele Pferde gegeben; will er mich das nicht bleiben lassen, so will ich gern [nur] mit 8 oder 4 Pferden reiten.[86] Das war eine heilige und christliche Antwort.

Aus TR 2,2505b (Januar/März 1532)

10 Luthers Predigt unter den Aufrührern

Doktor Martin Luther predigte den aufrührerischen Bauern in Nordhausen und mahnte zur Geduld, indem er auf das Bild des gekreuzigten Christus wies. Aber einige spotteten ihn aus und läuteten mit Schellen. Wenn *ein* Schwert blankgezogen worden wäre, wäre es losgegangen. Er forderte schließlich die Fürsten zum Widerstand auf, da sie [die Fürsten] der Meinung waren, man dürfe keinen Widerstand leisten.

TR 5,6429 (aus den dreißiger Jahren)

11 Christus der Sieger über die Welt · Brief Luthers aus Weimar an Friedrich Myconius[87] in Gotha vom 3. Mai 1525

Gnade und Friede sei mit Dir in Christus, der gesagt hat (Joh 16, 33): »In der Welt habt ihr Angst, in mir aber Frieden; doch seid getrost, ich habe die Welt überwunden.« Ich schreibe dies, mein lieber Friedrich, als Unbekannter an einen Unbekannten, um Dir all das mitzuteilen, was ich an Trost in Christus habe. Da also die Welt in Christus überwunden ist, so muß sicherlich das, was außer und ohne Christus vollführt wird, mit Notwendigkeit so beschaffen sein, daß es nur dem Scheine nach siegt; in Wirklichkeit aber ist es überwunden und zum Triumphe gemacht in und mit Christus, so daß man einen vollen Sieg besitzt, sobald die Welt mit diesem ihrem Schein einmal untergegangen ist.[88] Daran, daß dies geschehen wird, können wir, die wir Christus kennen, nicht zweifeln. Ihn bitte ich, daß er Dir durch seinen Geist Mut zuspreche und Dich mit all Deinen Lieben durch seine Kraft

---

85   *D. h. ein gerechter, milder und frommer Fürst.*
86   *Das hatte Müntzer in seinem Programm verlangt.*
87   *Friedrich Mekum (Myconius), 1491–1546, war zuerst Franziskanermönch, dann seit 1524, durch Luther gewonnen, Pfarrer in Gotha, Reformator auch im Herzogtum Sachsen.*
88   *Vgl. 1. Johannes 2,17.*

belebe. Fahre nur so fort, mein lieber Friedrich, im Herrn! Grüße und ermahne meinen Basilius[89] im Herrn! Br 3,478,5 ff

12 Das Amt des Schwertes · Brief aus Seeburg an Dr. Johann Rühel[90] in Eisleben vom 5. Mai 1525

Auf Eure Nachricht hin, die Ihr mir beim Abschied mitteiltet, habe ich auf dem ganzen Weg hieher immer daran gedacht, daß ich von hier aus noch darüber schreiben muß. Ich bitte Euch zuerst, daß Ihr nicht mithelfet, meinen gnädigen Herrn, Graf Albrecht, in dieser Sache weich zu machen. Laßt ihn vielmehr weitergehen, wie seine Gnaden angefangen hat, wenn auch der Teufel durch seine besessenen Glieder darüber immer zorniger und wütender wird. Denn hier ist Gottes Wort, welches nicht lügt und Röm 13, 4 spricht: »Er trägt das Schwert nicht umsonst usw.«, damit nie ein Zweifel darüber bestehen soll, sein Grafenstand sei von Gott verordnet und befohlen; deshalb soll Seine Gnaden das Schwert zur Strafe der Bösen brauchen, solange sich eine Ader im Leibe regt. Wird es Seiner Gnaden mit Gewalt aus der Hand geschlagen, so soll man's leiden und Gott anheimgeben, der es vorher gegeben hat und es wieder nehmen kann, wann und wodurch er will.

Es soll also mit gutem Gewissen dem Stand [der Obrigkeit] Folge und Beihilfe geleistet werden bis in den Tod. Das geschehe um des Wortes Gottes willen, welches die Obrigkeit dergestalt eingesetzt hat. [Und das] solange es dauert; man soll ja auch von einem andern guten Werk nicht ablassen, es sei denn, es werde einem mit Gewalt aus der Hand geschlagen, und es soll ja auch im Streit niemand von seinem Vorteil weichen oder zu streiten aufhören, es sei denn, er werde überwältigt.

Denn wenn auch die Bauern noch Tausende mehr wären, so sind sie doch alle miteinander Räuber und Mörder, die das Schwert aus eigener Vermessenheit und Frevel ergreifen. Sie wollen Fürsten, Herren und alles vertreiben und eine neue Ordnung in der Welt machen, wozu sie von Gott kein Gebot, keine Vollmacht, kein Recht und keinen Auftrag haben, wie es die Herren jetzt haben. Außerdem handeln sie treulos und meineidig an ihren Herren. Überdies führen sie zu diesen ihren großen Sünden hin den Namen des göttlichen Worts und Evangeliums zu Schanden und Unehren. Wenn Gott aus Zorn ihnen gestattete, ihr Vorhaben ohne alles Recht und ohne Befehl Gottes tatsächlich auszuführen, so müßte man es leiden, wie wenn sonst je-

89 *Basilius Monner, damals Schulrektor in Gotha.*
90 *Johann Rühel war Rat des Grafen Albrecht von Mansfeld.*

mand Unrecht leidet oder leiden muß, ohne jedoch drein einzuwilligen, daß sie recht daran tun.

Doch hoffe ich immer noch fest, es solle keinen Fortschritt machen oder doch wenigstens nicht von Bestand sein, obwohl Gott zuweilen durch die allerverzweifeltsten Leute die Welt plagt, wie er es mit den Türken getan hat und noch tut.

Daß sie aber von sich behaupten, sie wollen niemand Schaden zufügen noch Leid antun, ist des Teufels Spott. Heißt das nicht Schaden tun, wenn man Herren verjagt oder totschlägt? Wenn sie niemand schaden wollen, warum sammeln sie sich dann und verlangen, man solle ihrem Vorhaben weichen? Niemand Schaden tun und doch alles nehmen, – so würde der Teufel wohl auch tun, wenn man ihn machen ließe, wie er wollte, und schadete dabei [angeblich auch] niemand!

Auch haben sie dafür, daß sie die Herren vertreiben wollen, keinen Anlaß als lauter Willkür. Warum bessert man's nicht, was böse dran ist? Man sehe das Regiment der S.[91] an, welches auch so angefangen hat und nun schlimmer ist, als es je gewesen ist, wo [immer] noch weder Furcht noch Zucht, sondern lauter Kriegsvolk drin ist. Kurz, wenn Gott seinen Zorn über uns kommen lassen und Deutschland verwüsten will, so sind die Gottesfeinde und Lästerer, die Räuber und Mörder wie diese treulosen und meineidigen Bauern gut dazu: dann leiden wir es und heißen sie Herren, wie die Schrift den Teufel einen Fürsten und Herrn heißt (Joh 14, 30; Eph 2, 2; 6, 12). Aber Gott behüte alle frommen Christen, daß sie in nichts Derartiges einwilligen und anbeten, wie er Christus Matth 4, 1 ff versucht hat, sondern mit Mund und Händen widerstehen, solange man immer kann, und wenn man darüber im Namen Gottes sterben müßte.

Erklären sie sich bereit, niemand Schaden zuzufügen, wenn wir nur ihnen weichen, so erklären wir uns wiederum bereit, ihnen zu weichen; und wenn es sein muß, erkennen wir an, daß sie als die treulosen, meineidigen Gotteslästerer und Räuber über uns herrschen, wozu sie doch kein Recht von Gott, sondern lauter Einflüsterung vom Fürsten der Welt haben, wie er sich in Matth 4, 8 f rühmt, er habe Gewalt und Ehre über alle Welt und gebe sie, wem er wolle. Das ist beides wahr, wenn Gott es zuläßt und nicht wehrt.

Und ich (als einer, dem es auch gilt; denn der Teufel will mich schlechterdings tot haben) merke das wohl, daß er zornig ist, weil er

91 *Luther denkt bei dieser Abkürzung wohl an Schwaben und die dortigen Bauernaufstände des »Bundschuhs«, vielleicht auch an die Schweizer.*

bisher weder mit List noch mit Macht etwas ausgerichtet hat; nun denkt er, er wolle mich los werden, und wenn er sein Höchstes versuchen und die ganze Welt durcheinanderbringen sollte. Ich muß beinahe glauben, und es will mir fast scheinen, ich sei des Teufels Ursache, daß er solche Dinge in der Welt anrichtet, damit Gott die Welt plage.

Wohlan, wenn ich heimkomme, so will ich mich mit Gottes Hilfe zum Tode bereiten und auf meine neuen Herren, die Mörder und Räuber, warten, die mir sagen, sie wollen niemand etwas tun — wie jener Straßenräuber tat, der zu dem guten Fuhrmann sprach: »Ich will dir nichts tun, gib mir aber, was du hast, und fahre, wohin ich will; wenn nicht, so mußt du sterben.« Das ist eine schöne Unschuld! Wie schön schmückt der Teufel sich und seine Mörder! Aber ehe ich billigen und als recht anerkennen wollte, was sie tun, wollte ich mich lieber hundertmal köpfen lassen, daß mir Gott in Gnaden helfe.

Und kann ich's einrichten, dem Teufel zum Trotz, so will ich meine Käthe noch zur Ehe[92] nehmen, ehe ich sterbe, wenn ich höre, daß sie fortfahren. Ich hoffe, sie sollen mir meinen Mut und meine Freude doch nicht nehmen. Daß sie aber nicht Müntzerisch sein sollen, das mag ihnen ihr eigener Gott[93] glauben und sonst niemand. Ich schreibe Euch dieses, daß Ihr auch getrost seid und andere tröstet, vor allem meinen gnädigen Herrn, den Grafen Albrecht.

Bestehet darauf, daß Seine Gnaden nur frisch fortfahre, Gott die Sache anheimgebe und seinen göttlichen Befehl, das Schwert zu führen, erfülle, solange er immer kann; das Gewissen ist dabei doch ruhig, wenn man darüber auch zugrunde gehen muß. Und andrerseits, wenn auch jene die Fürsten strafen und vertilgen und damit Gottes Zorn dienen würden, so würde er ihnen doch das höllische Feuer zum Lohn geben. Es dauert noch eine kurze Zeit, so kommt der rechte Richter, der beide, sie und uns, finden wird: uns mit Gnaden, wenn wir ihre Gewalttat und ihren Frevel leiden, sie mit Zorn, weil sie das Schwert selber nehmen, durch welches sie auch umkommen werden, wie Christus solches Urteil schon gefällt hat in Matth 26, 52. Es kann doch ihr Tun und Sieg weder bleiben noch lange Bestand haben. Grüßet mir eure liebe Rebe.[94]   Br 3,480,1 ff

---

92 *Hier tritt uns zum ersten Mal die Absicht Luthers auf die Ehe entgegen.*
93 *Luther sieht hinter dem ganzen Bauernaufstand den Geist Müntzers; das hieß ihm aber: den Geist des Teufels.*
94 *Euer Weib. Vgl. Psalm 128,3.*

Darum, liebe Herren, höret jetzt, rettet jetzt, helfet jetzt! Erbarmet euch der armen Leute! Steche, schlage, würge hier, wer da kann! Bleibst du darüber tot, wohl dir! Einen seligeren Tod kannst du nimmermehr erlangen! Denn du stirbst im Gehorsam des göttlichen Worts und Befehls Röm 13 und im Dienst der Liebe, deinen Nächsten zu retten aus den Banden der Hölle und des Teufels. So bitte ich nun: Fliehe von den Bauern, wer da kann, wie vom Teufel selbst [weg]! Die aber nicht flüchten, bitte ich, Gott wolle sie erleuchten und bekehren. Welche aber nicht zu bekehren sind, da gebe Gott, daß sie weder Glück noch Gelingen haben mögen. Hier spreche jeder fromme Christ Amen. Denn das Gebet ist recht und gut und gefällt Gott wohl, das weiß ich. Dünkt das jemand zu hart, der denke [daran], daß Aufruhr unerträglich ist und alle Stunde der Welt Verstörung zu erwarten sei.

Aus »Wider die räuberischen und mörderischen Rotten der Bauern« (1525). WA 18,361,24 ff

14 Thomas Müntzers Schuld

Müntzer prahlte mit [besonderen] Offenbarungen und rief auf, die Heiden, d. h. diejenigen, die seiner Lehre nicht nachliefen, zu vernichten, und bewies solches mit Beispielen aus dem Alten Testament, bis er ein Bauernheer zusammengebracht hatte, mit dem er alle Fürsten vertilgen wollte. Auf diese Weise hat er 6000 Menschen ins Verderben gebracht, die erschlagen worden sind. Über Martin Luther schrieb er an einen andern: »Ich will ihn auch holen; es soll ihm sein scharfes Zünglein nichts helfen.« *Aus TR 1,1204 (erste Hälfte der dreißiger Jahre)*

15 Thomas Müntzers Tod

Müntzer ging voll Zittern in den Tod und behauptete, indem er die Bibel hastig ergriff, er glaube alles, was in diesem Buch enthalten sei. Aber das genügt nicht; man muß das Kindlein [auch] taufen.[95]

TR 3,3093 (anfangs der dreißiger Jahre)

Ebenso [wie Erasmus] habe ich auch Müntzer [mit der Feder] getötet; *der* Tod liegt auf meinem Hals. Ich tat es aber deshalb, weil er selbst meinen Christus töten wollte. *Aus TR 1,446 (Anfang 1533)*

16 Die Notwendigkeit strengen Durchgreifens · Brief aus Wittenberg an Dr. Johann Rühel in Eisleben vom 23. Mai 1525

Gottes Gnade und Friede! Ich danke Euch, achtbarer, lieber Herr und Schwager, für Eure neuen Nachrichten, die ich [schon] immer

---

95 *D. h. die Sache beim Namen nennen.*

gern erfahren hätte, besonders wie sich Thomas Müntzer verhielt. Wollet mich, bitte, weiter wissen lassen, wie er aufgefunden und gefangen wurde, und wie er sich benommen hat; denn es ist nützlich zu wissen, wie der hochmütige Geist sich verhalten hat.

Daß man mit den armen Leuten so greulich verfährt, ist ja zum Erbarmen. Aber was soll man tun? Es ist nötig, und Gott will's auch haben, daß Furcht und Scheu unter die Leute gebracht wird. Geschieht das nicht, so täte der Satan noch viel Schlimmeres. Ein Unglück ist besser als das andere. Es ist Gottes Urteil (Matth 26, 52): »Wer das Schwert nimmt, wird durchs Schwert umkommen.« Das ist ein Trost, daß der Geist[96] nun an den Tag gekommen ist, damit die Bauern in Zukunft wissen, wie unrecht sie haben, und daß sie vielleicht ihren Aufruhr lassen oder mäßigen werden. Laßt es Euch nicht so sehr bekümmern; denn es wird vielen Seelen zugute kommen, die dadurch abgeschreckt und abgehalten werden.

Mein gnädigster Herr, der Kurfürst, ist an dem Tag, da ich von Euch Abschied nahm, zwischen fünf und sechs Uhr – fast um dieselbe Zeit, da über Osterhausen[97] das Verderben kam – mit sanftem Mut und ungetrübter Vernunft und Verstand verschieden; er hat das Sakrament in beiderlei Gestalt genommen und keine Ölung. Er ist auch ohne Messen und Totenamt und doch sehr würdig von uns bestattet worden. Man hat einige Steine in seiner Lunge gefunden und besonders drei in der Galle – was merkwürdig ist –, fast wie Vierlingsgroschen und so dick wie ein kleiner Finger. Er ist auch am Stein gestorben; es ist aber in der Blase keiner gefunden worden. Vom Aufstand hat er noch nicht viel gewußt, hat aber seinem Bruder geschrieben, er soll gewiß vorher alle gütlichen Wege versuchen, ehe er es zur Schlacht kommen ließe; so ist er christlich und selig gestorben. Das [Vor]zeichen seines Todes war ein Regenbogen, den wir, Philippus und ich, bei Nacht im letzten Winter über der Lochau[98] sahen, und ein Kind, hier in Wittenberg ohne Kopf geboren, und noch eins mit verkehrten Füßen.

Damit Gott befohlen und grüßt mir Eure Hausrebe samt ihren Trauben![99] Tröstet auch Christoph Meinhard,[100] daß er Gott seinen Willen lasse, der nicht anders als nur gut sein kann, wenn schon wir

---

96 *Der Geist, der in Müntzer steckte.*
97 *Dorf in Thüringen bei Allstedt, bei dem die Bauern untergingen.*
98 *Jagdschloß des Kurfürsten.*
99 *Vgl. Psalm 128,3.*
100 *Christoph Meinhard, ein Bürger in Eisleben, eifriger Anhänger Müntzers, den wohl Luthers Fürsprache rettete.*

es nicht fühlen. Es ist nun Ernst geworden, was wir früher von der »Entgrobung«, »Langeweile« und »Verwunderung«[101] gescherzt haben. Nun ist es Zeit, still zu halten und Gott walten zu lassen; so werden wir dann den Frieden sehen. Amen. An den [Bischof[102]] zu schreiben, wie Ihr mitteilt, bin ich nicht abgeneigt.   *Br 3,507,3 ff*

17 Unerbittlicher Kampf gegen die vom Teufel besessenen Bauern · Brief aus Wittenberg an Dr. Johann Rühel in Eisleben vom 30. Mai 1525

Gnade und Friede in Christus! Ich danke Euch, mein lieber Herr Doktor und Schwager, für Euren Dienst durch die neuen Nachrichten. Gott gebe in Gnaden, daß der Jammer ein Ende nehme, wie wir bitten und hoffen sollen! Daß die Leute mich einen Heuchler schelten, ist gut und ich höre es gerne. Ihr dürft Euch auch nicht darüber wundern; Ihr habt ja nun einige Jahre her wohl schon mehr gehört, wie man mich gescholten und über mich geredet hat in vielen Dingen, die alle im Lauf der Zeit von selbst zunichte und zuschanden geworden sind. Ich müßte viel Leder haben, wenn ich einem jeden sein Maul zuschnüren sollte. Es ist genug, daß mein Gewissen vor Gott ruhig ist; der wird es recht richten, was ich rede und schreibe. Es soll und wird so gehen, wie ich geschrieben habe, dagegen hilft nichts.

Daß man den Bauern Barmherzigkeit wünschen will, [dazu bemerke ich]: Sind Unschuldige unter ihnen, die wird Gott gewiß erretten und bewahren, wie er es bei Lot und Jeremia getan hat. Tut er es nicht, so sind sie bestimmt nicht unschuldig, sondern haben mindestens geschwiegen und eingewilligt. Wenn sie das auch aus Zaghaftigkeit und Furcht tun, so ist es trotzdem unrecht und vor Gott strafbar, ebenso gut wie wenn jemand Christus aus Furcht verleugnet. Darum schreibe ich ja auch um so schärfer gegen die Bauern, weil sie solche ängstlichen Leute zur [Teilnahme an] ihrer Willkür und [damit] zu Gottes Strafe zwingen und nötigen und damit nicht aufhören.

Der weise Mann sagt (Jes Sir 33, 25): »Dem Esel gehört sein Futter, die Last und die Rute«; dem Bauern gehört Haberstroh. Sie hören das Wort nicht und sind toll; darum müssen sie die Rute, die Büchse hören, und es geschieht ihnen recht. Bitten sollen wir für sie, daß sie gehorchen; wo nicht, so kann es sich hier nicht um viel Erbarmen handeln; laß nur die Büchse unter sie sausen, sie treiben's sonst tausendmal ärger.

An den Bischof[103] will ich schreiben und Euch eine Abschrift da-

---

101 *Lieblingsausdrücke aus Müntzers schwärmerischer Mystik. Vgl. Seite 38.*
102 *Albrecht von Mainz. Im Original ist das Wort ausgeschnitten.*
103 *Vgl. Brief vom 23. Mai 1525, Seite 84 unten.*

von schicken. Man hat Thomas Müntzer [bei seinem Verhör] nicht die rechten Fragen vorgelegt; ich hätte ihn viel anders fragen lassen. So ist dieses sein Bekenntnis nichts anderes als eine teuflische, verhärtete Verstockung in seinem Vorhaben. Bekennt er doch, nichts Übles getan zu haben, daß ich mich darüber entsetze; ich hätte es nicht für möglich gehalten, daß ein menschliches Herz so tief verstockt sein sollte.

Wohlan, wer den Müntzer gesehen hat, der kann sagen, er habe den Teufel leibhaftig gesehen in seinem höchsten Grimm. O Herr Gott, wenn ein solcher Geist auch in den Bauern ist, wie hohe Zeit ist's da, daß sie erwürgt werden wie die tollen Hunde! Denn der Teufel spürt vielleicht den Jüngsten Tag; darum gedenkt er den Bodensatz aufzurühren und alle höllische Macht auf einmal zu offenbaren. Das sind die [letzten] Zeiten, meine ich. Nun, Gott lebt und regiert noch, er wird uns trotzdem nicht verlassen; seine Güte ist näher, mächtiger und klüger als des Satans Wüten und Toben . . .[104]

Grüßet mir Eure liebe Rebe, meine Schwägerin Hanna Rühel mit ihren Trauben![105] Damit Gott befohlen! Die zwei Predigten beim Begräbnis des Kurfürsten werden gedruckt.   *Br 3,515,3 ff*

18 Luthers Verantwortung für den Tod der Bauern

Prediger sind die allergrößten Totschläger. Denn sie ermahnen die Obrigkeit, daß sie entschlossen ihres Amtes walte und die Schädlinge bestrafe. Ich habe im Aufruhr alle Bauern erschlagen; all ihr Blut ist auf meinem Hals. Aber ich schiebe es auf unsern Herrgott; der hat mir befohlen, solches zu reden. Freilich der Teufel und die gottlosen Leute, die [auch] töten, die haben kein Recht dazu. Wer diese Dinge sorgfältig abwägt und prüft, der hat etwas gelernt. Unsre Obrigkeit hat heute recht gut zu unterscheiden gelernt zwischen einer privaten und einer öffentlichen Person und nimmt ihr Recht wahr, aber sie mißbraucht es [jetzt] rechtschaffen gegen das Evangelium und seine Diener. Das soll ihnen aber nicht zum Guten gedeihen!
                                                         TR 3,2911 a (Januar 1533)

LUTHERS HEIRAT

Anfang Juni 1525 schreibt Luther an Erzbischof Albrecht von Mainz-Magdeburg wieder einen Brief. Der Kirchenfürst liest nicht ohne Staunen, was Luther ihm vorschlägt: er solle *heiraten* und seine Bistümer in ein weltliches Fürstentum umwandeln. Nur so ist es möglich, der

---

104 *In dem ausgelassenen Stückchen erkundigt sich Luther nach zwei totgesagten Bekannten.*
105 *Vgl. Psalm 128,3.*

Strafe Gottes zuvorzukommen und dem Satan den Anlaß zur Empörung zu nehmen. Alles Elend in der Welt, der Zorn Gottes kommt ja nur daher, daß der geistliche Stand öffentlich gegen Gott und Gottes Ehre ist. Hätten doch die Bischöfe und Fürsten rechtzeitig dem Evangelium Raum gegeben und den öffentlichen Greuel des verderbten und vom gemeinen Mann völlig verachteten geistlichen Standes abgeschafft, wie leicht hätte dadurch alle Unordnung, des Teufels Toben verhindert werden können! Darum soll der Bischof, von Gott als Mann erschaffen, sich seinem Schöpfer als treues Werkzeug hingeben und an seinem Teile, vielleicht als Vorbild für viele deutsche Bischöfe, dazu mithelfen, daß Gottes Ordnung aufrechterhalten werde.

Es ist von vornherein deutlich, was die Ehe für Luther bedeutet: *ein öffentliches Zeugnis von der Ehre Gottes.* Aber wie steht es mit ihm selbst?

Seit Ostern 1523 leben in Wittenberger Bürgerhäusern neun Nonnen, mit Luthers Einverständnis aus dem Kloster Nimbschen entflohen, unter ihnen auch *Katharina von Bora,*[106] ein Fräulein aus altem, aber verarmtem sächsischem Adel. Schon frühzeitig haben die Eltern das Kind ins Kloster gebracht, wohl um ihm nach Adelsbrauch eine Versorgung zu sichern. Nun lebt sie zurückgezogen im Hause des Wittenberger Stadtschreibers Philipp Reichenbach. Luther hat am Schicksal der von ihren Familien verstoßenen Mädchen lebhaften Anteil genommen; er trägt ja die Verantwortung für ihren Schritt aus dem Kloster in die Welt. Aber nichts deutet darauf hin, daß seine Anteilnahme persönlich bestimmt ist. Längst haben schon die Freunde, seinem Ratschlag folgend, den von ihm freudig begrüßten Schritt in die Ehe getan – Bugenhagen und Justus Jonas schon im Jahre 1522, Linck im Jahr 1523. Luther zögert noch immer. Er lebt mit einem einzigen übriggebliebenen Klosterbruder zusammen in dem verödeten Kloster, der notdürftigsten Pflege entbehrend, oft genug Mangel leidend.

Da horcht die Welt, da horchen seine Freunde und Anhänger plötzlich auf: am Abend des 13. Juni 1525 hat Luther die *Ehe* mit Katharina von Bora geschlossen. Bugenhagen, Wittenbergs Stadtpfarrer, hat sie mit Gebet zusammengegeben; Justus Jonas, Propst an der Schloßkirche, Lukas Cranach, der berühmte Maler und angesehene Wittenber-

---

106 *Katharina von Bora wurde geboren am 29. Januar 1499 in Lippendorf bei Kieritzsch in Kursachsen als Tochter des Edelmanns Hans von Bora und der Katharina geb. von Haubitz. Sie wurde schon als sechsjähriges Kind in die Klosterschule gebracht; von 1508 bis 1523 war sie im Kloster Nimbschen bei Grimma, das sie in der Osternacht 1523 mit elf anderen Nonnen zusammen verließ. Neun von diesen fanden in Wittenberg Unterkunft.*

ger Ratsherr, und seine Frau sowie ein im Kirchenrecht wohlbeschlagener Professor der Rechte waren Zeugen.

Was hat Luther veranlaßt, gerade im Sommer 1525, in einer wilderregten Zeit, da ringsum rauchende Trümmer und Richtblöcke von blutigem Geschehen zeugten, diesen Schritt zu tun? Will er ein Ende machen mit den dürftigen Umständen, in denen er lebt? Will er die bösen Mäuler mit ihrer üblen Nachrede stopfen oder die guten Freunde mit ihren so wohlgemeinten Ratschlägen vor eine vollendete Tatsache stellen (1)? Oder hatte er ursprünglich andere Absichten, und hat er sich nur aus Mitleid der verlassenen, kurz zuvor in einer andern Hoffnung bitter enttäuschten Katharina von Bora erbarmt (2)? Oder gehorcht er dem Willen des Vaters, den er unlängst besucht hat (3)?

Mögen alle diese Beweggründe mitgespielt haben, entscheidend ist für Luther etwas anderes. »Dem Teufel zum Trotz« wolle er heiraten, hat Luther schon anfangs Mai an Rühel geschrieben (s. o. S. 83). Und als er die befreundeten mansfeldischen Kanzler zu seiner öffentlichen Hochzeitsfeier, die am 27. Juni stattfinden soll, einlädt (3), da schreibt er, er wolle vor seinem Tode in dem gottgeschaffenen Stande der Ehe erfunden werden. Luther sieht den Satan ringsum wüten und toben und weiß: *Jetzt* ist es Zeit, vor aller Welt, angesichts seines von ihm jederzeit erwarteten Todes ein *Zeichen* seines neuen *Gehorsams* gegen die *Ordnung* Gottes aufzurichten. Mag die Welt, mögen auch viele Freunde gerade diesen Augenblick für denkbar ungünstig halten: wer sich zum Tode gefordert weiß, kann danach nicht fragen. Mag alle Welt, mögen die Feinde seinen Schritt mißdeuten: er handelt im Gehorsam gegen Gottes Gebot; »Gott hat es gewollt«, daß er sich der Verlassenen annehme (2). Mag die Welt, mag der Teufel gegen alle Ordnung Gottes wüten: Luther richtet diese bedrohte Ordnung auf, seine Ehe ist ein Stück des Kampfes gegen den Teufel und für Gottes Ordnung.

Das Hohngeschrei der Gegner und das Entsetzen der Freunde, insbesondere des ganz außer Fassung gebrachten Melanchthon, ficht Luther wenig an. Er weiß, wie er an Spalatin schreibt (4), daß er sich durch seine Tat Verachtung zugezogen hat, aber was gilt's, wenn die Welt seine Ehe nicht als Gotteswerk erkennt? Genug, wenn ihr törichtes Urteil durch Luthers Tat widerlegt und zuschandengemacht wird! Er bereitet umsichtig die Hochzeitsfeier vor, lädt Freunde, Gönner und Anhänger ein, schreibt selbst um Wildbret und torgauisches Bier, und am 27. Juni 1525 findet mit Kirchgang und Festtafel die öffentliche *Hochzeitsfeier* statt. Luthers Eltern sind dabei, die Freunde Melanchthon, Bugenhagen, Justus Jonas, Amsdorf, Johann Lang, Linck, Spalatin, die Mansfelder Räte sind alle erschienen, die Universität und der Rat der Stadt Wittenberg schicken Ehrengeschenke.

Das Ehepaar nimmt in dem bisher von Luther bewohnten, stark verwahrlosten Kloster Wohnung. Die Scheu vor dem ungewohnten Zusammenleben muß überwunden werden (5), und beiden Eheleuten mag es nicht leicht gefallen sein, den Bann der anerzogenen klösterlichen Schweigsamkeit zu brechen. Aber beide haben sich rasch genug ineinander und in die Ehe gefunden. Käthe Luther zeigt sich als tüchtige Hausfrau; sie füllt die leeren Schränke mit Leinwand, mästet Schweine, legt den verwilderten Klostergarten neu an und zieht darin nicht nur Rettiche, Gurken und Melonen, sondern auch Lilien und Rosen, im Klosterhof wird ein Brunnen gegraben. Luther freut sich, angesichts seiner Arbeitsüberlast, daß ihm die häuslichen Sorgen abgenommen sind (6); nicht um die schönsten Reiche der Welt wollte er Käthe wieder hergeben (7), eher wollte er für sie sterben (8). So darf er erfahren, welche Gnade es ist, im Ehestand mit einer treuen Frau in vollem, gegenseitigem Vertrauen zu leben (9). Welche Freude für Luther, als seine Ehe von Gott gesegnet wird und ihm am 7. Juni 1526 der erste Sohn, Johannes genannt, geboren wird (10)! Er weiß sich mit Weib und Kind reicher, als alle papistischen Kirchenlehrer je gewesen sind (11). Die Gefahren der Ehe, die Eigenart des weiblichen Charakters, die Kämpfe der Geschlechter sind Luther wohl bekannt; wenn aber die Ehe auf Treue gegründet, mit Kindern gesegnet und als Gottes Ordnung anerkannt und gelebt wird, ist sie das größte Glück auf Erden (12). Freude und Schmerz in der Ehe sind Luther nicht fremd (13). Eine rechte Ehe darf nicht, wie die Erfahrung lehrt, auf irdisches Gut gegründet werden (14); sie muß vielmehr mit Gebet und in der Verantwortung vor Gott begonnen werden (15). Dem Satan ist diese Ordnung Gottes verhaßt (16); wer aber in der Ehe lebt, darf wissen, daß er damit allen Schwierigkeiten zum Trotz Gottes Willen erfüllt, der die Ehe als Pflicht und als Heilmittel gegen die Sünde eingesetzt hat (17).

1 Luther hat schnell geheiratet

Mein Rat ist immer der, man möge nach abgeschlossenem Verlöbnis möglichst schnell zur Heirat schreiten. Das Hinausschieben ist gefährlich um der Verleumder willen, welche der Satan anstiftet; auch die beiderseitigen Freunde fangen gewöhnlich etwas Ungeschicktes an. Ich weiß, wie mir's bei der Heirat von Philipp und Eisleben gegangen ist![107] Nur flugs zusammen! Wenn ich nicht insgeheim geheiratet hätte, so hätten alle Freunde gerufen: Nicht diese, sondern eine andere! *TR 3,3179 a (Juni 1532)*

Wenn ich vor 14 Jahren eine Ehefrau hätte heimführen wollen, so hätte ich damals das Weib des Basilius,[108] Ave von Schönfeld, erwählt. Zu der Meinigen hatte ich nie eine Zuneigung; ich hatte sie immer im Verdacht des Hochmuts..., doch Gott hat es so gewollt, daß ich der Verlassenen mich erbarmte.

Aus TR 4,4786 (aus den dreißiger Jahren)

3 *Einladung zur Hochzeitsfeier · Brief aus Wittenberg an Johann Rühel, Johann Thür und Kaspar Müller*[109] *vom 15. Juni 1525*

Gnade und Frieden in Christus!

Welch ein Zetergeschrei, liebe Herren, habe ich mit dem Büchlein gegen die Bauern[110] angerichtet! Da ist alles vergessen, was Gott der Welt durch mich getan hat! Nun sind Herren, Pfaffen, Bauern, alles gegen mich und drohen mir den Tod an.

Wohlan, weil sie denn toll und töricht sind, will ich mich auch bereitmachen, daß ich vor meinem Ende in dem von Gott erschaffenen Stande gefunden werde und nichts von meinem früheren papistischen Leben an mir übrigbleibe, soviel an mir liegt, und [will] sie noch toller und törichter machen, und das alles zum letzten Abschied. Denn es ahnt mir selber, Gott werde mir [endlich] einmal zu seiner Gnade helfen.

So habe auch ich mich nunmehr nach dem Begehren meines lieben Vaters verehelicht und habe um dieser [bösen] Mäuler willen, damit es nicht verhindert würde, in Eile das Beilager[111] abgehalten. Ich bin willens, am Dienstag über acht Tage, dem nächsten [Dienstag] nach St. Johannes dem Täufer[112] eine kleine, freudige Hochzeitsfeier[113] abzuhalten. Solches habe ich Euch als guten Freunden und Herren nicht verbergen wollen und bitte [Euch], daß Ihr helfet, den Segen darüber zu sprechen.

107 *Vor Melanchthons Heirat wurden gegen seine Braut schnöde Verdächtigungen laut (TR 3,3538).*
108 *Basilius Axt, damals Leibarzt des Herzogs von Preußen.*
109 *Rühel, Thür und Müller waren Räte des Luther gewogenen Grafen Albrecht von Mansfeld.*
110 *»Wider die räuberischen und mörderischen Rotten der Bauern.«*
111 *Nach damaligem, zu Luthers Zeit auch noch in Wittenberg geltendem Brauche stellten sich die Neuverehelichten zur Bekräftigung ihres Versprechens vor Zeugen auf dem Brautlager dar.*
112 *Am 27. Juni 1525.*
113 *Luther schreibt »Heimfahrt«, worunter die Feier beim Einzug der Neuvermählten in das eigene Haus zu verstehen ist.*

Und weil die Zeitläufte in den Landen jetzt so stehen und gehen, habe ich nicht gewagt, Euch dazu zu bitten und Euer Erscheinen zu fordern. Wenn Ihr aber aus gutem Willen selber samt meinem lieben Vater und Mutter kommen könntet oder wolltet, möget Ihr selbst wohl ermessen, daß mir dies eine besondere Freude wäre. Und was Ihr von guten Freunden zu meiner Armut mitbrächtet, wäre mir lieb; nur daß ich bitte, mich davon durch diesen Boten zu verständigen.

Ich hätte auch meinen gnädigen Herren, Graf Gebhard und Albrecht,[114] davon geschrieben, durfte es aber nicht wagen, weil Ihre Gnaden anderes zu tun haben als [sich] mit mir [zu befassen]. Ist es aber nötig, in dieser Sache etwas zu tun, und es dünkt Euch gut, so bitte ich, mir Eure Gedanken zu eröffnen. Hiemit Gott befohlen. Amen.   *Br 3,531,4 ff*

4 Das Urteil der Welt · Aus einem Brief aus Wittenberg an Hofprediger Georg Spalatin vom 16. Juni 1525

So gering und verächtlich habe ich mich durch diese Heirat gemacht, daß, wie ich hoffe, die Engel lachen und alle Teufel weinen. Die Welt und die klugen Leute erkennen das fromme und heilige Gotteswerk noch nicht an und geben es bei mir allein für etwas Gottloses und Teuflisches aus. Aus diesem Grund ist es viel besser, daß durch meine Heirat ihr Urteil verdammt und zuschanden werde, soviel ihrer auch in der Unkenntnis Gottes verharren.   *Br 3,533,8 ff*

5 Im ersten Ehejahr

Das erste Jahr der Ehe macht einem [Ehemann] seltsame Gedanken. Sitzt er am Tisch, so denkt er: Früher warst du allein, jetzt selbander; beim Erwachen im Bett sieht er ein paar Zöpfe neben sich liegen, die er früher nicht sah.

So saß meine Käthe anfangs bei mir, während ich studierte, und beim Spinnen fing sie an zu fragen: Herr Doktor, ist der Hochmeister der Bruder des Markgrafen?[115]   *TR 3,3178 b (Juni 1532)*

6 Luther ist von häuslichen Sorgen befreit

Gott hat es gut mit mir gemeint, daß er mir ein solches Weib gab,

114 *Luther sah in den Grafen von Mansfeld immer noch seine Landesherren, weil seine Eltern in Mansfeld wohnten (vgl. Band I, Seite 12 ff). Die Grafen Albrecht und Gebhard waren Brüder.*
115 *Der Markgraf von Brandenburg, Albrecht, Vetter des Kurfürsten Joachim von Brandenburg und des Erzbischofs Albrecht von Magdeburg, war Hochmeister des Deutschordens in Preußen. Sein Name war in aller Munde, da er im Jahre 1525 zur Reformation übergetreten war und Preußen in ein weltliches Herzogtum verwandelt hatte.*

das für das Hauswesen sorgt, so daß ich nicht gezwungen bin, das auch noch auf mich zu nehmen.

Aus TR 1,154 (Dezember 1531 / Januar 1532)

7 Lobpreis Käthes

Ich wollte meine Käthe nicht um Frankreich und um Venedig dazu hergeben, erstens darum, weil Gott sie mir geschenkt und mich ihr gegeben hat; zweitens, weil ich oft erfahre, daß andere Frauen mehr Fehler haben als meine Käthe (obwohl sie auch einige hat, stehen [ihnen] doch viele große Tugenden entgegen); drittens, weil sie den Glauben des Ehestands, das ist Treue und Ehre, wahrt. So soll umgekehrt auch das Weib über den Mann denken.

TR 1,49 (Sommer/Herbst 1531)

8 Luthers Liebe zu Weib und Kind

Ich habe meine Käthe lieb, und ich weiß, daß ich sie lieber habe als mich, das heißt: Ich wollte lieber sterben, als daß sie mit den Kindern sterben müßte.

Aus TR 2,1563 (Mai 1532)

9 Die Gottesgnade der ehelichen Treue

Hat jemand Gnade und Frieden in der Ehe, so ist dies ein Geschenk, das der Erkenntnis des Evangeliums am nächsten steht. Man findet viele lieblose Eheleute, die sich weder um die Kinder kümmern noch untereinander Liebe haben; das sind keine Menschen mehr. Das ist die größte Gnade: einen treuen Gatten zu haben, dem du alles anvertrauen, mit dem du Kinder zeugen kannst. Gott stößt viele in die Ehe hinein ohne ihren Willen und tut wohl daran. Käthe, du hast einen guten Mann, der dich lieb hat; du bist eine Kaiserin. Erkenne es und danke Gott dafür!

TR 1,1110 (1. Hälfte der dreißiger Jahre)

10 Die Kinder

Im Jahr 1526 am 7. Juni wurde ihm der Älteste geboren, Johannes Luther; 1527 die Tochter Elisabeth; 1529 in der Himmelfahrtsnacht[116] Magdalena; 1531 am 7. November[117] Martin; 1533 am 28. Januar Paul.

Aus TR 5,6423 (wohl aus dem Jahr 1533)

11 Die Kinder sind Luthers Reichtum

Ich bin reicher als alle papistischen Theologen in der ganzen Welt, denn ich lasse mir genügen. Überdies habe ich drei eheliche Kinder; das hat kein papistischer Theologe.

Aus TR 2,2579 (März/April 1532)

---

116 *Am 4. Mai.*
117 *In Wirklichkeit am 9. November.*

Durch Gottes Gnade ist mir eine über die Maßen glückliche Ehe zuteil geworden. Ich habe ein treues Weib nach dem Spruch Salomos: »Ihres Mannes Herz darf sich auf sie verlassen« (Spr 31, 11). Sie verderbt mir's nicht. Ach, lieber Herr Gott, die Ehe ist nicht etwas Natürliches oder Leibliches, sondern sie ist ein Gottesgeschenk, das süßeste, ja das keuscheste Leben, über allem Zölibat. Wenn's aber übel gerät, so ist's die Hölle. Obwohl sie gemeiniglich alle die Kunst verstehen, daß sie mit Weinen, Lügen und Einreden die Männer gefangen nehmen und [eine Sache] fein verdrehen können, so ist doch dann, wenn diese drei Stücke in der Ehe vorhanden sind: Glaube, Kinder und Sakrament,[118] [die Ehe] die allerglücklichste.

Aus TR 4,4786 (aus den dreißiger Jahren)

13 Innige Gemeinschaft der Ehe

Es gibt keine süßere Verbindung als die einer guten Ehe, und es gibt keine herbere Trennung als die einer guten Ehe. Dem kommt nur das Sterben von Kindern gleich; wie weh das tut, habe ich selbst erfahren.[119] *TR 1,250 (April 1532)*

14 Geldheiraten

Er (Luther) sagte, auf den Ehen der Leute, welche sie um Geldes willen eingehen, liege gemeinhin ein Fluch, weil solche Weiber meistens widerspenstig und unfolgsam seien und mehr verzehren, als sie einbrächten. *Aus TR 4,4411 (März 1539)*

15 Die Ehe soll mit Gebet beginnen

Der Ehestand besteht einmal im natürlichen Verlangen des Geschlechts, sodann in Kinderzeugen und Nachkommenschaft, weiter im Zusammenleben und in gegenseitiger Treue. Und trotzdem kann der Teufel [die Ehe] so zerreißen, daß man gerade hier den bittersten Haß findet. Das kommt daher, daß wir alle Dinge ohne Gebet und in Vermessenheit anfangen. Ein gottesfürchtiger junger Mensch, der heiraten will, soll sprechen: »Lieber Gott, gib Gnade dazu«! Aber das geschieht nicht. Sie sind alle wie der Dolzig,[120] sie fangen die wichtigsten Dinge aus Vermessenheit an. Was soll denn unser Herrgott da-

---

118 *Luther denkt hier daran, daß die Ehe als Gottes Ordnung heilig ist.*
119 *Am 3. August 1528 war Luthers Töchterchen Elisabeth im Alter von acht Monaten gestorben. Zum Tod Magdalenchens Luthers siehe Seite 288, 293 f.*
120 *Der kursächsische Marschall Hans von Dolzig, dem Luther an andrer Stelle (TR 6,6912) vorwirft, er fange seine Rechnung ohne Gott und ohne Gebet an.*

bei tun? Sein Name soll falsch sein: Allmächtiger und Schöpfer, der dies alles gibt. Darum, lieber Magister Veit,[121] macht es wie ich! Als ich meine Käthe nehmen wollte, da bat ich ihn ernstlich; tut Ihr auch so! Ihr habt ihn noch nie im Ernst darum gebeten.

TR 1,185 (Februar/März 1532)

16 Die Ehe ist Gottes Ordnung

Ohne Sünde vermagst du das Weib nicht zu entbehren. Der Ehestand ist aber eine Anordnung und Schöpfung Gottes. Darum ist es keine Eingebung des Satans, wenn einer ein ehrbares Mädchen zu heiraten begehrt; denn der Satan haßt diese Lebensweise. Darum so wage es im Namen des Herrn auf seinen Segen und auf seine Schöpfung hin!

TR 1,233 (April 1532)

17 Unumstößliche Gründe für die Ehe

Man kann viel gegen die Ehe anführen, und die Gründe sind nicht zu verachten: Schmerzen, Sorgen, der Aufwand der Weiber, das Risiko usw. Allein alle diese Gründe werden widerlegt durch diese zwei, die halten Stich und lassen sich nicht umstoßen, stoßen vielmehr selbst alles um: [die Ehe ist] Pflicht und Heilmittel. Denn die Ehe wurde vor dem Sündenfall eingesetzt, damit die Erde gefüllt werde mit Menschen; nach dem Sündenfall dient sie als Heilmittel. So spricht Augustin; das kann niemand umstoßen. Hinzu kommt die Frucht der Ehe, die Kinder. Deshalb, wer die Ehe bekämpft und gegen den Ehestand streitet, ist ein Bube wie Marcion[122] und Hätzer;[123] die haben die Ehe verworfen, um alle ehrbaren Frauen verführen zu können. Ohne Ehe leben, das mag hingehen, und jene haben ihre Vorteile davon; aber sich gegen die Ehe stellen, das ist der Teufel!

TR 5,5282 (September/Oktober 1540)

VOM GEBUNDENEN WILLEN

Die großartige Bewegung der *Renaissance*, in der das schöpferische Ich des Menschen kühn das Auge aufschlägt und durch die Schleier

---

121 *Veit Dietrich (1506–1549) war Luthers vertrauter Schreiber, Haus- und Tischgenosse, später Pfarrer in Nürnberg.*
122 *Marcion, ein Irrlehrer des 2. Jahrhunderts (gestorben um 160), verband mit der Anschauung, daß der Gott des Alten Testaments, des Gesetzes, der natürlichen Welt ein andrer sei als der Erlösergott des Neuen Testaments, des Evangeliums, des kommenden Reiches, zugleich die Forderung strenger Enthaltsamkeit (Ehelosigkeit) der Getauften.*
123 *Ludwig Hätzer, ein Wiedertäufer, der 1529 in Konstanz wegen seiner Lehre und wegen Ehebruchs hingerichtet wurde.*

bisheriger Weltanschauung hindurch die Welt selber zu sehen und zu ergreifen meint, hatte sich von Italien aus durch viele Verbindungen auch in Deutschland verbreitet und hier gemäßigter, innerlicher, tiefergehend als im politisch wildbewegten Ursprungslande, in Gestalt des *Humanismus* alle der Zukunft erschlossenen Geister bewegt und ergriffen. Der Bürger in den Städten wie der Gelehrte auf den Universitäten strebt von der kirchlichen Bevormundung weg nach eigener, persönlicher und unmittelbarer Religion, und ebenso lösen sich die Einzelwissenschaften aus der harten Umklammerung durch die unantastbaren Glaubenssätze der Kirche. Das gefeierte Schulhaupt, der anerkannte Führer der neuen Bewegung ist *Erasmus* von Rotterdam,[124] der ausgezeichnete Kenner der alten Sprachen, der gewandte und witzige Schriftsteller, der universale Geist, der es versteht, die in der Luft liegenden Gedanken der Zeit formvollendet und mit dem Schein der Tiefe vorzutragen. Er gießt die Lauge seines feinen Spottes aus über die Plumpheit, Grobheit und Unbildung der Mönche und über die scholastische Enge und Unbeholfenheit der offiziellen Theologie. In einer Zeit der Entartung von Bildung und Frömmigkeit hat er sich ein hohes Ziel gesteckt: echte Bildung und wahren Glauben, von deren innerer Zusammengehörigkeit er tief überzeugt ist, aus den »Quellen« zu erneuern; darum gibt er in einer seine Kräfte fast übersteigenden Arbeit die Klassiker der Antike und die Kirchenväter, insbesondere Hieronymus, neu heraus. Er erhofft eine Erneuerung der Kirche auf Grund des schlichten, von unnützem Ballast befreiten Evangeliums Jesu; darum erscheint im Februar 1516 in Basel die erste Ausgabe des griechischen Neuen Testaments mit einem freilich noch sehr mangelhaften Text; eine neue lateinische Übersetzung sowie Anmerkungen sind beigefügt. Er hütet sich dabei sorgfältig, in Konflikt mit dem Papst und den bestehenden kirchlichen Ordnungen zu kommen, – kein Wunder, daß seine Freunde und Verehrer überall zu finden sind: am englischen Königshof und in Rom, auf Bischofsstühlen und an allen Universitäten. Seine Schriften finden reißenden Absatz, seine Reisen gleichen Triumphzügen. »So ward er allmählich der berühmteste Mann in Europa: die öffentliche Meinung, der er den Weg bahnte vor ihr her, schmückte ihn mit ihren schönsten Kränzen; in sein Haus zu Basel strömten die Geschenke; von allen Seiten besuchte man ihn; nach allen Weltgegenden empfing er Einladungen. Ein kleiner, blonder Mann, mit blauen, halb geschlossenen Augen, voll Feinheit der Beobachtung, Laune um den Mund, von etwas furchtsamer Hal-

---

124 *Vgl. Band I, Seite 75, Anmerkung 89.*

tung: jeder Hauch schien ihn umzuwerfen; er erzitterte bei dem Wort Tod« (Ranke, Deutsche Geschichte im Zeitalter der Reformation, I, 189).

Luther weiß, daß er dem Humanismus die Erneuerung der Sprachwissenschaft, ohne welche das Evangelium nicht verstanden werden kann, verdankt. Aber die Humanisten sehen mit steigender Verbitterung auf sein Werk; ihre Hörsäle leeren sich, denn alles drängt nach Wittenberg. Die volkaufwühlende Gewalt, mit der das Evangelium sich Bahn bricht, bleibt ihnen unverständlich; was wird aus ihrem Ideal der Verschmelzung und Durchdringung einer geläuterten Kirche mit dem Geiste edler und freier Humanität? *Erasmus* hält sich Luther gegenüber zurück. Luther hat ihm im März 1519 einen ehrfurchtsvollen Brief geschrieben, in welchem er sich als ›Brüderchen in Christus‹ dem ›liebenswerten‹ Erasmus, der Zierde und Hoffnung des Zeitalters, nähert. Luther erlebt auch die Freude, ein Antwortschreiben von Erasmus zu erhalten, durch dessen freundlich-anerkennende Wendungen freilich unverkennbar die Besorgnis vor Luthers Ungestüm durchklingt: ›Mir scheint, daß durch höfliche Bescheidenheit mehr erreicht wird als durch Gewalt‹. Kein Zweifel, daß Erasmus für den Frieden fürchtet, nicht nur für den Frieden seines Studierzimmers, sondern auch für die Ruhe, in der allein seine großen Pläne einer ›geheiligten Bildung‹, einer ›humanen Frömmigkeit‹ gedeihen können. Und zwei Jahre später, 1521, schreibt Erasmus: ›Auch wenn Luther in allem die Wahrheit gesagt hätte, so müßte mir doch seine rebellische Zügellosigkeit aufs tiefste mißfallen‹. So begnügt er sich damit, in seinen Schriften versteckt gegen Luther zu sticheln und beiden Seiten zur Mäßigung zu raten.

Allein es zeigt sich, daß es in diesem Kampfe keine Neutralität geben kann. Erasmus ist Luther als Päpstler und dem Papste als Lutheraner verdächtig. Papst, Kaiser, Fürsten und Gelehrte fordern ihn zur Stellungnahme auf; er kann nicht länger schweigen, sein Ruf steht auf dem Spiel. So schreibt *Erasmus* sein im Herbst 1524 erscheinendes Büchlein »Vom freien Willen« (Diatribe de libero arbitrio). Es ist ein Zeugnis seines überlegenen Geistes, daß er gerade diese für den Tageskampf scheinbar so nebensächliche Frage aufgriff: ob der menschliche Wille frei sei oder nicht. Denn wie die sonst so bitter von ihm bekämpfte scholastische Theologie hat Erasmus das größte Interesse daran, göttlichen und menschlichen Willen, Glauben und Vernunft, Gnade und sittlichen Fortschritt, Paulus und Aristoteles harmonisch miteinander zu vereinigen. Er weiß sich in diesem Punkte nicht nur der Zustimmung seiner humanistischen Freunde, des allgemeinen sittlichen Urteils und der kirchlichen Theologie gewiß, sondern spürt mit scharfer Witterung aus Luthers Behauptung der Unfreiheit des menschlichen Willens die Bedrohung seines Lebenswerks, aller Bildungsmöglichkeiten, ja der Grundlagen der sittlichen Kultur überhaupt heraus. Auch die verhältnismäßige Vorsicht, mit der er redet, kann nicht darüber täuschen, daß er sich mit dieser Schrift gegen Luther für Rom entschieden hat.

Luther hat bei aller Bewunderung für den universalen Geist des Erasmus die Schwäche des großen Mannes doch frühzeitig erkannt. Von der Wartburg aus schreibt er an Spalatin (am 9. September 1521), Erasmus sei von der Erkenntnis der Gnade weit entfernt und schaue in all seinen Schriften nicht auf das Kreuz, sondern auf den Frieden. Luther weiß, was er von dem Manne zu halten hat, der in einem Schreiben an Papst Leo jede Gemeinschaft mit dem Gebannten ableugnet und der den verfolgten Hutten rücksichtslos abgeschüttelt hat. Er hofft nur, daß Erasmus seine Kräfte nicht mit ihm zu messen sich unterfängt, sonst müßte er dem Hochgefeierten ohne Schonung seines Rufs und Ansehens entgegentreten. Ja, Luther warnt Erasmus brieflich (April 1524), gegen ihn zu schreiben; bisher habe er des Erasmus Schwäche und das Maß der ihm verliehenen Gaben geschont, würde aber Erasmus gegen seine Lehren wüten, müßte er ihm ins Angesicht Widerstand leisten; er solle seiner Zuschauerrolle treu bleiben. Aber nun hat Erasmus seine Schrift veröffentlicht und damit den Streit angesagt. Luther freut sich darüber, daß endlich einmal einer seiner Gegner ihn nicht mit dem Papsttum, Fegefeuer, Ablaß und anderen Nichtigkeiten belästigt, sondern auf den Kern der Sache zu sprechen kommt. Allein er ist, nachdem er die Schrift des Erasmus gelesen hat, tief enttäuscht, daß ein so großer Mann so herzlich wenig zu dem großen Thema der Freiheit oder Unfreiheit des menschlichen Willens zu sagen hat. Sein Widerwille gegen die vorsichtig-unverbindliche Art des Erasmus ist so stark, daß seine Antwort ein ganzes Jahr auf sich warten läßt.

Als aber Luthers in Latein abgefaßte Schrift »*Vom gebundenen Willen*« (De servo arbitrio) im Dezember 1525 erscheint, ist ein mächtiges Dokument fertig geworden, welches den Gegensatz zum Humanismus in voller Tiefe aufweist. Dabei ist der hart erkämpfte Glaubenstrotz Luthers, im Feuer der Anfechtung und Trübsal gehärtet und erprobt, der erasmischen Klugheit, die ohne eigentliche Entscheidung allen Standpunkten gerecht werden möchte, von vornherein überlegen. Wie kann Erasmus an Glaubensaussagen, bei denen alles auf die Festigkeit, die Verbindlichkeit der Behauptung ankommt, mit der skeptischen Ansicht herangehen, es gebe eine neutrale Mitte zwischen oder über den Parteien? Darf der Glaube Zweckmäßigkeitsgründen unterworfen werden? Wird er damit nicht einer Weltanschauung gleichgesetzt und im Grunde aufgelöst (1)? Die Schrift darf nicht von einem außerhalb liegenden Standpunkt her beurteilt werden; wer sich gehorsam unter sie stellt, erkennt, daß sie ihre eigene Leuchtkraft besitzt (2). Vollends darf sich der Mensch nicht die Entscheidung darüber anmaßen, wann die Stunde des Bekennens, der Predigt gekommen sei; diese Entscheidung hat sich Gott selbst vorbehalten, dessen Wort nicht gebunden sein will (3). Über dem menschlichen freien Willen, dessen Recht in äußeren Dingen Luther nicht bestreitet (4), steht der souveräne Gotteswille, der sich selbst Grund und Regel ist (5). Darum ist der Mensch nicht frei, sondern Schlachtfeld, Kampfgebiet zwischen Gott und dem Teufel (6); nur dann, wenn der Wille durch und in Gott gebunden ist, gibt es Gewißheit des Heils (7). Luthers endgültige Verurteilung des Erasmus kehrt zu den Aussagen am Anfang seines Buches zurück. Es sind Sätze von schneidender Entschlossenheit, von endgerichtlichem Charakter, in denen er nochmals die Verschiedenheit der Ausgangspunkte festlegt: auf der einen Seite hohe menschliche Klugheit, die aber jeder Entscheidung ausweicht; auf seiner Seite die verbindliche Wahrheit des heiligen und wunderbaren Gottes, der sich die Vernunft und der Wille gehorsam und demütig gefangen geben (8).

Erasmus hat sich gegen Luthers vernichtenden Angriff noch einmal schwächlich zur Wehr gesetzt. Luther hat darauf nicht mehr geantwortet; sein Urteil ändert sich nicht mehr, es wird vielmehr immer schonungsloser: Erasmus ist eine hohle Nuß, ein quakender Frosch, ein Aal, den man nirgends packen kann. Seine hervorragenden Sprachkenntnisse mißbraucht er zum Bösen (9); sein Charakter ist zweideutig (10) und schon seinem Gesicht sieht man die Verschlagenheit an (11). Er weiß nichts von Sündenvergebung (12), ist im Grunde nur ein schicksalsgläubiger Heide (13) und verspottet Christus (14), dessen allergrößter Feind er ist (15). Jetzt kann er nicht mehr zurück, er muß den Judasweg gehen, bis zum Ende (16); seinem Leben ohne Anfechtung entspricht sein Tod ohne Buße (17).

1 Glaube und Weltanschauung

Auch in andern Büchern tadelst Du an mir die Hartnäckigkeit im Aufstellen von Behauptungen, und nun sagst Du auch in diesem Büchlein, Du hättest so wenig Freude an Behauptungen, daß Du Dich am liebsten zur Meinung der Skeptiker[125] hinwenden würdest, wo immer es ohne Verletzung der Autorität der göttlichen Schrift und der kirchlichen Dekrete angängig sei, denen Du Deine Ansicht überall gerne unterwirfst, sei es, daß Du verstehst, was sie vorschreibt, sei es, daß Du es nicht verstehst. Diese Geistesrichtung gefällt Dir.

Wie billig, fasse ich dies so auf, daß es von Dir in guter Absicht und aus Liebe zum Frieden gesagt wird. Sagte dies jedoch ein anderer, so müßte ich einmal – meiner Gewohnheit nach – gegen ihn losschlagen. Ich kann wahrhaftig nicht dulden, daß Du – auch in bester Meinung – in diesem Irrtum verharrst. Es ist nämlich nicht Christenart, an verbindlichen Behauptungen keine Freude zu haben; er muß sich vielmehr an solchen Behauptungen freuen, sonst ist er kein Christ mehr. ›Verbindliche Aussage‹ aber heiße ich – um Wortklaubereien zu vermeiden –: Einer Sache standhaft anhängen, sie bekräftigen, bekennen, verteidigen und unerschütterlich bei ihr ausharren ...

Nichts ist bei Christen bekannter und mehr verbreitet als die verbindliche Behauptung. Nimm sie weg und Du hast das Christentum aufgehoben! Ja sogar der Heilige Geist wird ihnen vom Himmel gegeben, damit er Christus verherrliche und bis zum Tode bekenne – es sei denn, der Tod für das Bekenntnis und die verbindliche Behauptung sei etwas Unverbindliches ...

Welcher Christ könnte dulden, daß man die verbindlichen Aussagen verachten solle? Das würde nichts anderes heißen als ein für alle Mal alle Religion und Frömmigkeit verleugnet oder behauptet zu haben, es sei nichts mit der Religion oder der Frömmigkeit oder dem Dogma! ...

Kurz und gut, Deine Worte klingen so, als ob es Dir gleichgültig wäre, was, wo es auch sei, von wem auch immer geglaubt werde, wenn nur der Friede der Welt erhalten bleibe, und als ob man um der Gefahr für Leben, guten Ruf, Vermögen und Menschengunst willen jenen Mann nachahmen dürfe, der sprach: ›Sagen sie ja, sage ich auch ja, sagen sie nein, sage ich auch nein!‹ Als ob Du die christlichen Glaubenssätze für um nichts besser halten würdest als die Weltanschauungen der Philosophen und der Menschen, für welche zu streiten, zu kämpfen, verbindlich zu reden eine rechte Dummheit sei, weil dabei nur Kampf und Störung des äußerlichen Friedens herauskom-

---

125 *Die griechische Philosophenschule der Skeptiker (3. und 2. Jahrhundert v. Chr.) vertrat die Auffassung, daß der Mensch sich zur Gewinnung unerschütterten inneren Glücks aller letztgültigen Urteile und Entscheidungen enthalten müsse.*

me – was über uns ist, geht uns nichts an! So kommst Du, um unsre Streitigkeiten zu schlichten, als Unparteiischer daher, damit Du beide Teile in der Schwebe lassen und uns weismachen kannst, daß wir um Torheiten und unnötige Dinge streiten ...

Der Heilige Geist ist kein Skeptiker[125] und hat nichts Zweifelhaftes oder bloße Meinungen in unsre Herzen geschrieben, sondern verbindliche Sätze, die gewisser und fester sind als das Leben selbst und alle Erfahrung.

Aus: De servo arbitrio (1525). WA 18,603,2 ff; 604,2 ff; 605,15 ff

2 Das offenbare Geheimnis der Schrift

Wo Du die christlichen Glaubenssätze unterscheidest, gibst Du vor, die einen seien zu wissen notwendig, die andern nicht. Du sagst, einige seien verworren, die andern seien klar verständlich ...

Daß aber in der Schrift manches verworren und nicht alles klar verständlich sei, das ist zwar durch die gottlosen Sophisten, zu deren Sprecher auch Du, Erasmus, Dich hier machst, unter die Leute gebracht worden. Jedoch haben sie niemals auch nur einen Artikel hervorgebracht, noch können sie einen hervorbringen, mit dem sie ihre Tollheit beweisen konnten. Mit solchen Gespenstern wollte der Satan vom Lesen der Heiligen Schrift abschrecken und machte die Heilige Schrift verächtlich, um seine Pest aus der Philosophie in der Kirche zur Herrschaft zu bringen. Ich gestehe freilich zu, daß viele Stellen in der Schrift dunkel und verworren sind. Aber das kommt nicht von der Majestät der Sache, sondern von der Unkenntnis der Wortbedeutung und der Grammatik her. Das verhindert die Erkenntnis aller Dinge in der Schrift nicht. Was kann denn in der Schrift noch Erhabeneres verborgen sein, nachdem die Siegel zerbrochen sind (Offb 6, 1) und der Stein von des Grabes Tür gewälzt ist, nachdem das höchste Geheimnis offenbart ist: Christus, Gottes Sohn, Mensch geworden; Gott dreifältig und doch einer; Christus für uns gelitten und Herr in Ewigkeit? Ist das nicht sogar auf den Gassen bekannt und verkündigt? Nimm Christus aus der Schrift, was wirst Du noch weiter in ihr finden? Die Dinge, die in der Schrift enthalten sind, sind alle öffentlich bekannt, mögen auch einige Stellen um der unbekannten Worte willen noch dunkel sein. Es ist wahrlich dumm und gottlos, zu wissen, der Inhalt der Schrift liege völlig im hellsten Licht, und [gleichzeitig] um einiger dunklen Worte willen den Inhalt für dunkel zu erklären ... *Aus: De servo arbitrio (1525). WA 18,606,1 ff*

3 Soll Gottes Wort um des Friedens willen verschwiegen werden?

Erasmus sagt: Manche Dinge sind so, daß es sich nicht empfiehlt, sie gewöhnlichen Ohren preiszugeben, auch wenn sie wahr sind und man sie wissen darf.

Die Wahrheit darf man sagen – wie Du behauptest –, doch nützt sie nicht bei jedermann noch zu jeder Zeit noch auf jede Weise. Was für Einfälle dieser Redner hat! Trotzdem verstehst Du nichts von dem, was Du sagst. Überhaupt behandelst Du diese Sache so, als ob wir miteinander einen Handel hätten um das Risiko einer Geldsumme, die doch ersetzbar ist, oder sonst um irgendeine Bagatelle, durch deren Verlust – da sie viel weniger wert ist als der äußere Friede – sich niemand so sehr erschüttern lassen dürfe, daß er nicht je nach den Umständen nachgebe, handle und leide, um die Welt nicht in solche Unruhe stürzen zu müssen. Rundheraus gibst Du damit zu verstehen, des Fleisches Frieden und Ruhe erscheine Dir viel vordringlicher als Glaube, als Gewissen, als Seligkeit, als Gottes Wort, als Christi Ehre, als Gott selbst. Darum sage ich Dir – nimm Dir's bitte tief zu Herzen! –: mir geht's in dieser Frage um eine ernste, notwendige und ewige Sache, so bedeutend und wichtig, daß man sie selbst durch den Tod behaupten und verteidigen muß, auch wenn darüber die ganze Welt nicht nur in Streit und Aufruhr geraten, sondern sogar in ein einziges Chaos stürzen und zernichtet werden sollte ...

Du kannst solche Dinge nur behaupten, weil Du nicht liest noch beachtest, daß es das unwandelbare Schicksal des Wortes Gottes ist, daß um seinetwillen die Welt in Aufruhr gerät ...

Wer hat Dir Vollmacht verschafft und Recht erteilt, die christliche Lehre an Orte, Personen, Zeiten und Gründe zu binden, da doch Christus ihre ungehemmte Verbreitung und Herrschaft in der Welt will? Denn »Gottes Wort ist nicht gebunden«, sagt Paulus (2 Tim 2, 9), und Erasmus will das Wort binden? ...

Und wenn wir Dich schon bäten, für uns zu entscheiden, wann, wem und wie die Wahrheit zu verkünden sei, wann könntest Du das endgültig festsetzen? Eher wird die Zeit aufhören und die Welt ihr Ende finden, als daß Du auch nur eine gewisse Regel aufgestellt hast! Und wo bleibt inzwischen das Lehramt? Wo die Seelen, die zu belehren sind? Und wie willst Du das fertigbringen, der Du keinerlei Kenntnis der Personen, der Zeiten, der Art und Weise hast? Und wenn Du Dich darin schon gründlich auskenntest, so wären Dir doch der Menschen Herzen unbekannt! ... Wieviel mehr müssen darum wir, die wir elende Menschen sind, Gott, der aller Herzen kennt, diese Ehre zugestehen, daß er selbst Art und Weise, Personen und Zeiten vorschreibt, die Wahrheit zu sagen! Denn er weiß selbst, was und wann, wie und wem es zu sagen sei. Nun hat er aber so geboten, daß seinem Evangelium, das für alle notwendig ist, kein Ort und keine Zeit vorgeschrieben werden darf... Denen, welche die Erlösung der Seelen nicht wollen – dem Papst und seinen Leuten – bleibe es überlassen, das Wort Gottes zu binden und den Menschen Leben und Himmelreich zu verbieten, daß sie selbst keinen Eingang finden und den andern den Eingang verwehren. Ihrer Verblendung leistest Du durch Deinen Ratschlag, mein Erasmus, in verderblicher Weise Vorschub.

Aus: De servo arbitrio (1525). WA 18,620,39 ff; 625,4 ff; 626,8 ff
628,30 ff; 629,5 ff

4 Inwiefern hat der Mensch einen freien Willen?

Wenn wir überhaupt das Wort (freier Wille) nicht aufgeben wollen, was das Sicherste und Frömmste wäre, so wollen wir doch lehren, es bis dahin in gutem Glauben zu gebrauchen: daß dem Menschen freier Wille eingeräumt ist nicht in Dingen, die über, sondern die unter ihm liegen. D. h. er soll wissen, daß er in bezug auf seine Mittel und Besitztümer das Recht des Gebrauchs, des Handelns, des Unterlassens nach freier Entscheidung hat – ungeachtet auch diese gelenkt wird durch die freie Entscheidung Gottes allein, wohin es ihm gefallen mag. Im übrigen hat er gegen Gott oder in Sachen, welche Seligkeit oder Verdammnis betreffen, keinerlei freie Entscheidung, sondern er ist ein Gefangener, ein Unterworfener, ein Gebundener, sei es des Willens Gottes oder des Satans.

Aus: De servo arbitrio (1525). WA 18,638,4 ff

5 Warum hat Gott recht?

Er ist Gott, für dessen Willen es keinen Grund und keine Rechenschaft gibt, die man ihm als Regel und Maß vorschreiben dürfte. Denn nichts ist ihm ebenbürtig oder überlegen; er ist vielmehr selbst das Maß aller Dinge. Gäbe es für ihn Regel oder Maß, Grund oder Rechenschaft, so könnte es schon nicht mehr Gottes Wille sein. Denn nicht deshalb, weil er so wollen muß oder mußte, ist recht, was er will, sondern im Gegenteil: weil er selbst so will, darum muß recht sein, was geschieht. Dem Willen eines Geschöpfs wird Grund und Regel vorgeschrieben, doch nicht dem Willen des Schöpfers, es sei denn, man wolle ihm einen andern Schöpfer überordnen.

Ein Gott, den man der Kraft und Weisheit zu erwählen beraubt, was wird er anderes sein als der Götze ›Zufall‹, durch dessen Walten alles blindlings geschieht? Und schließlich wird es soweit kommen, daß die Menschen ohne Gottes Vorwissen selig und verdammt werden, da [in diesem Fall] Gott ja nicht durch eindeutige Erwählung bestimmen würde, wer selig und wer verdammt werden soll, sondern

– durch das an alle ergehende Angebot einer allgemeinen, duldenden und verstockenden Milde, dann einer scharf zufassenden und züchtigenden Barmherzigkeit – es den Menschen überließe, welche selig und welche verdammt werden wollten. Indessen wäre er selbst vielleicht, wie Homer sagt (Odyssee), zu einem Gelage ins Mohrenland weggegangen. ...

Soweit kommt es, wenn wir mit menschlicher Vernunft Gott messen und entschuldigen wollen, wenn wir die Geheimnisse seiner Majestät nicht verehren, sondern in ihnen herumschnüffeln, um dann, von [seiner] Herrlichkeit erdrückt, statt einer einzigen Entschuldigung tausend Gotteslästerungen auszuschütten und, ohne inzwischen an uns selbst zu denken, zugleich gegen Gott wie gegen uns unsinniges Zeug daherplappern – während wir doch voll Weisheit für Gott und für uns sprechen wollen.

Aus: De servo arbitrio (1525). WA 18,712,32 ff; 706,15 ff,28 ff

6 Der Mensch zwischen den Mächten

Du, der Du erdichtest, der menschliche Wille sei in die freie Mitte gestellt und sich selbst überlassen, gibst gleichzeitig ohne Mühe vor, der Wille vermöge nach beiden Seiten hin zu streben. Du bildest Dir ja ein, Gott wie der Teufel seien weit entfernt, sozusagen nur Zuschauer jenes wandelbaren und freien Willens. Daß sie vielmehr Antreiber und Aufpeitscher jenes geknechteten Willens sind, die sich gegenseitig aufs heftigste bekämpfen, das glaubst Du nicht. Wird aber das allein geglaubt, so steht unser Urteil hinlänglich fest, und der freie Wille liegt am Boden darnieder. ... Entweder wird nämlich die Herrschaft des Satans über die Menschen nicht vorhanden sein, d. h. Christus wird lügen, oder, wenn Satans Reich so ist, wie Christus es beschreibt, wird der ›freie‹ Wille nichts anderes sein als ein gefangenes Zugtier Satans, das nur frei werden kann, wenn vorher der Teufel durch Gottes Finger ausgetrieben wird (Luk 11, 20).

Aus: De servo arbitrio (1525). WA 18,750,5 ff

7 Warum Luther den freien Willen ablehnt

Ich bekenne von mir frei und offen: Wenn es irgendwie geschehen kann, wollte ich nicht, daß mir der freie Wille gegeben oder irgend etwas meiner Macht überlassen würde, womit ich nach dem Heil streben könnte. Nicht nur deshalb, weil ich in so viel Widerwärtigkeiten und Gefahren, ferner beim Ansturm so vieler Teufel keinen Widerstand leisten noch es festhalten könnte, da ein einziger Teufel mächtiger ist als alle Menschen und darum kein Mensch gerettet würde, sondern weil ich, auch wenn keine Gefahren, keine Widerwärtigkeiten, keine Teufel da wären, dennoch gezwungen wäre, dauernd ins Ungewisse zu arbeiten und Lufthiebe auszuteilen. Mein Gewissen würde nämlich, auch wenn ich ewig lebte und wirkte, nie sicher und gewiß werden, wieviel es leisten müßte, um Gott genug zu tun. Welches Werk auch immer vollbracht würde, es bliebe der unruhige Zweifel zurück, ob es Gott auch gefiele oder ob er [nicht] noch mehr verlangte. So bestätigt es die Erfahrung aller Werkheiligen, und auch ich habe es zum großen Nachteil so viele Jahre lang zur Genüge lernen müssen.

Aber nun, da Gott mein Heil aus meinem Willen heraus und in seinen Willen hineingenommen hat und mich – nicht durch mein Werk und Laufen, sondern durch seine Gnade und Barmherzigkeit – zu erhalten versprochen hat, bin ich sicher und gewiß, daß er treu ist und mich nicht belügen wird, so mächtig und so groß, daß keine Teufel und keine Widerwärtigkeiten ihn überwältigen oder mich ihm entreißen können. *Aus: De servo arbitrio (1525). WA 18,783,17 ff*

8 Das endgültige Urteil über Erasmus

Lieber Erasmus, nun bitte ich Dich um Christi willen, daß Du Dein Versprechen endlich hältst. Du hast aber versprochen, Du wolltest dem weichen, der Dich eines Besseren belehrt. Laß die Rücksicht auf die Leute fahren! Ich gebe zu, daß Du ein bedeutender Mann bist, von Gott geziert mit vielen, ja den edelsten Gaben; Dein Geist, Deine Bildung, Deine Beredsamkeit grenzen ans Wunderbare, um von allem andern zu schweigen. Ich aber habe nichts und bin nichts, außer daß ich mich beinahe rühmen darf, ein Christ zu sein. Weiterhin lobe und rühme ich an Dir aufs höchste, daß Du als einziger von allen andern die Sache selbst, d. h. den Kern des Handels angepackt hast und mich nicht quälst mit jenen nicht zur Sache gehörigen Händeln von Papsttum, Fegfeuer, Ablaß und ähnlichen Dingen, die mehr Possen als ernsthafte Gegenstände sind, mit denen bisher fast alle vergeblich Jagd auf mich machten. Einzig und allein Du hast den Angelpunkt der Sache gesehen und bist auf den Hauptgegenstand losgegangen – dafür danke ich Dir von Herzen. Denn mit dieser Sache gebe ich mich lieber ab, soweit Zeit und Muße es erlauben. Hätten das meine bisherigen Feinde getan, würden das bis zur Stunde diejenigen tun, die eben mit neuen Geistern, mit neuen Offenbarungen prahlen, so hätten wir weniger Aufruhr und Parteiungen und mehr Frieden und Eintracht. Aber so hat Gott durch den Satan unsre Undankbarkeit gestraft.

Gleichwohl, wenn Du diese Sache nicht anders behandeln kannst, als Du sie in Deiner Diatribe behandelt hast, so wünschte ich von Herzen, Du möchtest Dich mit Deiner Gabe begnügen und die Wissenschaften und Sprachen, wie Du bisher mit großem Erfolg und Ruhm getan hast, pflegen, fördern und weiterführen. Mit diesem Bestreben hast Du auch mir viele Dienste geleistet; ich muß bekennen, daß ich Dir viel zu verdanken habe. In dieser Hinsicht verehre ich Dich sicherlich und sehe zu Dir mit aufrichtigem Herzen empor.

Dieser unsrer Sache aber bist Du nicht gewachsen. Das hat Gott noch nicht gewollt und Dir noch nicht verliehen. Glaube bitte nicht, das sei aus Anmaßung gesagt! Ich bete vielmehr darum, der Herr möge Dich recht bald mir in dieser Sache so überlegen machen, wie Du in allem andern mir [schon] überlegen bist. Es ist ja nichts Neues, wenn Gott den Mose durch Jethro unterrichtet (2 Mose 18, 13 ff) und den Paulus durch Ananias belehrt (Apg 9, 10 ff).

Wenn Du freilich sagst, die Behauptung, Du kennest Christus nicht, sei weit vom Ziel, so glaube ich, daß Du selbst sehen mußt, wie es sich damit verhält. Es werden ja nicht alle deshalb irren, weil Du und ich irren. Es ist *Gott*, der ›wundersam in seinem Heiligtum‹ (Ps 68, 36) gepredigt wird, so daß wir für Heilige halten, die am weitesten von Heiligkeit entfernt sind. Und es ist recht wohl möglich, daß Du, der Du [auch nur] ein Mensch bist, die Schrift oder die Aussprüche der Väter, unter deren Leitung Du ans Ziel zu kommen glaubst, weder recht verstehst noch sorgfältig genug beachtest. Das beweist zur Genüge der Umstand, daß Du schreibst, Du wollest keine verbindlichen Aussagen machen, sondern Du habest nur einen Beitrag zur Diskussion geleistet. So schreibt niemand, der die Sache von Grund auf durchschaut und recht versteht. Ich jedenfalls habe in diesem Buch *keinen Beitrag geleistet, sondern ich habe verbindliche Aussagen gemacht und rede verbindlich.* Ich will auch niemand das Urteil hierüber freilassen, sondern rate jedermann, Gehorsam zu leisten. Der Herr aber, um dessen Sache es geht, erleuchte Dich und mache aus Dir ein Gefäß zu seiner Ehre und Herrlichkeit! Amen.

Aus der Nachrede von De servo arbitrio (1525). WA 18,786,21 ff

9 Mißbrauch der Sprachen

Ein Messer schneidet besser als das andere. So können gute Werkzeuge, wie z. B. die Sprachen und die Wissenschaften, verständlicher lehren. Daß nun viele — wie Erasmus — die Wissenschaften und die Sprachen beherrschen und dennoch in die verderblichsten Irrtümer verfallen, verhält sich ähnlich wie bei den Waffen: der größte Teil von ihnen ist zum Morden geschaffen. Man muß nämlich die Sache selbst von ihrem Mißbrauch unterscheiden...

Aus TR 1,439 (Anfang des Jahres 1533)

10 *Die Zweideutigkeit des Erasmus*

Erasmus ist ein Aal. Niemand kann ihn packen als Christus allein. Er ist ein zweideutiger Mensch. Als er in Köln[126] von Kurfürst Friedrich gefragt wurde, warum Luther verdammt würde, was er verbrochen habe – da gab er zur Antwort: ›Wer den Mönchen an den Bauch und dem Papst an die Krone gegriffen hat, der hat viel verbrochen.‹ Da sagte Friedrich zu Spalatin: ›Das ist ein wunderliches Männlein. Man weiß nicht, wie man mit ihm dran ist.‹ Er erkannte seine Bösartigkeit sofort...

Aus TR 1,131 (November/Dezember 1531)

11 *Das verräterische Gesicht*

Erasmus trägt sowohl in seinem Gesicht als auch in seinem Stil Verschlagenheit zur Schau. Er verlacht Gott und den Glauben, und wenn er auch hohe Worte über Christus, die Schrift usw. macht, so sind sie doch eiskalt. Zum Sticheln hat er Geist. ... *Aus TR 2,2420 (Januar 1532)*

12 *Erasmus und die Vergebung der Sünden*

Paulus nennt es das Geheimnis Gottes (Kol 2, 2), daß ein anderer unsre Sünde trägt und spricht: Ich habe es getan. Davon weiß Erasmus nichts. Der Vater spricht: Was euch mein Sohn zusagt, das will ich tun. Nur die Anfechtung lehrt, was Christus ist. Ich habe oft erfahren, wie der Name Christus hilft. Davon soll mich, so Gott will, niemand wegtreiben. Diese Erfahrung macht mir die Schrift gewiß.

TR 1,448 (Anfang des Jahres 1533)

13 *Heidnischer Schicksalsglaube*

Erasmus hält an seiner Sache, d. h. an heidnischen Geschäften fest. Um unsere, d. h. um theologische Angelegenheiten kümmert er sich nicht. Er sucht alle höchsten Philosophen, Könige, Fürsten und deren Meinungen, Worte und Taten zusammen, sodann sammelt er die Ärgernisse unserer Lehre, daß Christus, wie irgendein Grünschnabel, jene alle tadelt, ja verdammt. Und schon zieht er seine notwendige Folgerung: Gäbe es einen Gott, so würde er das nicht dulde⁻ Darum hat er einen Gott, der Nemesis heißt[127], d. h. Glück oder Zufall. An einen andern Gott glaubt er nicht.

---

126 *Der Kurfürst hatte während eines Aufenthaltes in Köln am 5. November 1520 Erasmus gefragt, was er über die gegen Luther erhobenen Anklagen denke.*

127 *Nemesis galt in der Antike als Göttin der Rache.*

Dafür habe ich zwei Beweise: Einmal, daß in all seinen Büchern nirgends ein Spruch vom Glauben an Christus, vom Sieg über die Sünde usw. zu lesen ist; und zum andern, daß er unsre Sache mit ausgesuchter Bosheit verfolgt und dabei solche Worte und Sprüche braucht, wie sie einem Dummkopf nicht einfielen; sie sind vielmehr sorgfältig überlegt. Er enthüllt sich aber selbst, indem er seine Sache verteidigt; sonst würde er nicht dauernd den Epikur[128] in Schutz nehmen. Hier gilt der Spruch: »Aus deinem Munde richte ich dich, du Schalk!« (Luk 19, 22).   *TR 1,466 (März 1533)*

14 Die Spottsucht des Erasmus

Erasmus ist ein rechter Momus[129]. Über alles lacht und spottet er, über die ganze Religion und über Christus. Und damit er das besser an den Tag lege, ersinnt er Tag und Nacht zweideutige und doppelsinnige Worte, so daß seine Bücher auch von einem Türken gelesen werden könnten. Und wenn man meint, er habe viel gesagt, so hat er überhaupt nichts gesagt. Alle seine Schriften können nach Belieben gedeutet werden; darum kann er weder von uns noch von den Papisten gepackt werden, wenn man ihm nicht vorher seine Zweideutigkeit wegnimmt.

Läge dem Erasmus Christus und das Evangelium am Herzen, so schriebe er jetzt im Alter einen Kommentar zu einem Brief des Paulus; er würde nicht Spiele mit kindischen Kritteleien treiben, sondern in der Theologie ernsthafte und einfache Worte gebrauchen. Aber er hat kein Interesse daran, Christus zu lehren, vielmehr freut er sich, wenn er sich mit zweideutigen, schädlichen und verderblichen Worten befassen kann. ...   *Aus TR 1,811 (erste Hälfte der dreißiger Jahre)*

15 Luthers Testament

Das hinterlasse ich als mein Testament und rufe euch als Zeugen in dieser Sache an: Daß ich den Erasmus für den größten Feind Christi halte, wie es in tausend Jahren keinen gegeben hat.

TR 1,837 (erste Hälfte der dreißiger Jahre)

16 Der Weg Judas Ischarioths

Erasmus hätte der Sache des Evangeliums wohl nützen können, ist auch des öfteren gewissenhaft dazu ermahnt worden, aber er tat's

---

128 *Der griechische Philosoph Epikur, geb. 341 v. Chr., vertrat die Lehre, das Glück bestehe im ungestörten Lebensgenuß, wobei Vernunft und Wille eine schrankenlose Herrschaft der Begierden verhindern. Er leugnete die Unsterblichkeit sowie die Lenkung der Welt durch eine göttliche Vorsehung.*
129 *Momus, eine Gestalt der griechischen Sage, welche die personifizierte Tadelsucht bedeutet.*

nicht. Nun kann er nicht mehr, auch wenn er wollte, weil diese Sache schon zu weit fortgeschritten ist. Er hat das Kartenspiel nicht mehr in seiner Hand, sondern hat's von sich gegeben. Darum ist er jener Sache so entfremdet, daß er nicht einmal von den Papisten mehr dazu gebraucht wird. Es geht ihm nicht anders als dem Judas Ischarioth. . . .

Aus TR 1,797 (erste Hälfte der dreißiger Jahre)

17 Das Ende des Erasmus

Erasmus von Rotterdam schrieb viel ausgezeichnete Sachen. Er hatte Geist und Muße, war ohne Beschwer, ohne Amtspflicht, predigte nicht, hielt keine Vorlesungen und war kein Geschäftsmann. Er führte einen Lebenswandel ohne Gott, lebte in völliger Sicherheit und starb ebenso[130], ohne im Todeskampf einen Diener am Wort oder die Sakramente zu begehren. Daß er vielleicht im Todeskampf gerufen hätte: ›Du Sohn Gottes, erbarme dich meiner!‹, ist erdichtet. Behüte mich Gott, daß ich in meiner Sterbestunde nicht einen frommen Diener am Wort begehren sollte, ja, daß ich den nächsten besten herbeirufen und Gott loben wollte! Aber jener hat solche Dinge in Rom gelernt. Jetzt muß man freilich wegen seines Ansehens und seiner Bücher davon schweigen.

TR 4,4028 (September 1538)

FREIHEIT UND BINDUNG

Daß der Sünder allein durch Gottes Gnade gerechtfertigt werde, war für Luther der Kern des Evangeliums, die Summe der Heiligen Schrift, die Mitte der Predigt der Kirche. Längst schon war das Siegeslied von der *Herrschaft Roms*, der sich einst das Abendland willig gebeugt hatte, untergegangen in der Flut von Anklagen und Beschwerden, die sich von allen Seiten gegen die mittelalterliche Kirche erhoben. Allein die grundsätzliche Bestreitung der römischen Eigenmächtigkeit, die ihre Rechtfertigung suchte aus den Werken, die an Stelle Christi den Papst, an die Stelle der Schrift die Überlieferung, an die Stelle des Predigtamts den in geraubter Vollmacht handelnden Priester setzte, ist erst durch Luther auf dem Reichstag zu Worms erfolgt. Gewiß sind in diesem Kampfe auch nachher immer wieder neue Auseinandersetzungen nötig; die Schatten der Vergangenheit steigen, nach Leben und Einfluß verlangend, auf und müssen, wie im Kampf

---

130 *Erasmus starb in Basel am 12. Juli 1536. »Die Freunde, die um sein Lager standen, hörten ihn dauernd stöhnen: ›O Jesu, misericordia; Domine, libera me; Domine, miserere mei!‹ Und am Ende auf niederländisch: ›Lieve God‹« (J. Huizinga, Erasmus, Seite 210).*

gegen den Abgott zu Halle, nochmals beschworen werden; es müssen, wie bei der endgültigen Lösung Luthers von den Mönchsgelübden, alte Bande unter Schmerzen und doch freudig und getrost zerrissen werden – allein die Entscheidung auf diesem Schlachtfeld ist gefallen. Die neue Kirche des Evangeliums, die durch die Predigt des Worts überall in Deutschland sichtbar wird, versteht sich selbst als die eine und wahre Kirche Christi, aber ebendarum kann und wird sie den falschen Ansprüchen Roms nicht mehr untertan sein.

Ebenso ist das zweite Licht am Himmel der mittelalterlichen Einheitskultur, der Glanz des *Kaisertums*, erloschen. Der Kaiser, der in Worms als der Beschützer der alten Kirche, als Vollstrecker des Rats seiner spanischen Beichtväter auftritt, kann für Luther nicht mehr der Garant der Einheit des christlichen Abendlandes, nicht mehr der Schirmherr echten Glaubens sein. Die seit den Tagen Konstantins bestehende Verbindung von Weltreich und Gottesreich, Kaiser und Kirche beginnt sich zu lösen. Aus der engen Verbindung beider Gewalten, welche trotz schärfster Gegensätze doch die Völker zu einer Einheit zusammengefaßt hatten, schält sich die neue Erkenntnis heraus, daß beide Gewalten einen verschiedenen Auftrag von Gott erhalten haben: Die Kirche verkündigt das Evangelium, die weltliche Obrigkeit sorgt in Ausübung ihres Schwertamts für Recht und Frieden. Erfüllt die weltliche Obrigkeit diese Aufgaben, so handelt sie in Gottes Auftrag und darf die Ehre erwarten, welche ihr gebührt; Luther andererseits ist nicht willens, sich einer kaiserlichen Obrigkeit bedingungslos zu unterwerfen, welche Herr über Glauben und Gewissen sein will.

Die Predigt der Rechtfertigung hat auf diese Weise eine neue Ordnung auch im Verhältnis der irdischen Gewalt begründet. Wird sich die Kirche der Reformation, nachdem die Lösung von Kaiser und Papst vollzogen ist, nun nicht allen neuaufstrebenden Mächten zuwenden müssen, die aus dem Chaos der Auflösung des Reichs emporsteigen und ihrerseits das Erbe der sterbenden Reichsherrlichkeit antreten wollen? Wird sie nicht ein Bündnis eingehen müssen mit allen religiösen und geistigen Kräften, die aus dem Schoße der Zeit ans Licht empordrängen? Die Jahre zwischen 1521 und 1526 sind zum guten Teile dadurch gekennzeichnet, daß Luther nicht nur auf solche Bündnisse verzichtete, sondern sich unter schweren Kämpfen überall zur Wehr setzte, wo er einen Mißbrauch oder eine Verfälschung des Evangeliums erkannte, wo die Predigt der Rechtfertigung von neuem zur Selbstrechtfertigung irdischer Ziele, menschlicher Frömmigkeit, diesseitiger Vernunft benützt wurde.

Wenn sich Luther den hochfliegenden Plänen der *Reichsritter* gegenüber zurückhält, so hat er sich damit gegen eine *politische* Ausnüt-
zung der in Deutschland um sich greifenden evangelischen Bewegung
gewandt. So gewiß er sich darüber freut, daß auf Sickingens Feste
Ebernburg das Evangelium gepredigt wird, so ablehnend steht er dem
Drängen der Ritter gegenüber, die seine und ihre Sache zu *einer* Bewegung verschmelzen wollen. Ihr Wunschbild ist das von Rom unab-
hängige deutsche Ritterreich anstelle der wankenden Kaiserherrlich-
keit, der zersplitterten Fürstenmacht, der römischen Tyrannei. Luthers
Aufgabe ist die Verkündigung des göttlichen Wortes, das allein auf
sich selber steht, ohne menschliche Beihilfe, das geglaubt und erfüllt
sein will in gehorsamer Hingabe, ohne Schielen auf weltliche Ziele,
das aber in sich die Gewalt hat, alle irdischen Verhältnisse mehr zu
wandeln, als dies alle eigenmächtigen Versuche mit Schwerthilfe je zu
tun vermögen. Es ist nicht anders bei Luthers Stellung im *Bauernkrieg*.
Er urteilt auch hier von der Schrift aus; alle seine Schriften, gerade
auch im Jahr 1525, sind nichts anderes als in strenger Bindung an das
Wort gewonnene Anweisungen und Ratschläge für die vor seinen
Augen durch die aufgewühlte Zeit bedrohten Gewissen. Der Felsen-
grund, auf dem Luther steht, ist wiederum der Rechtfertigungsglaube:
Gott allein hat das Gericht in seiner Hand, Gott allein übt Barmherzigkeit aus. Hat Gott diese Welt durch die Hingabe seines Sohnes ans
Kreuz von der Macht des Teufels erlöst und als sein Eigentum zu-
rückgewonnen, so darf die Welt sich nun denjenigen Ordnungen ein-
fügen, die Gott über sie beschlossen hat: durch die Predigt der Kirche,
durch das Amt der Obrigkeit, durch die Aufrichtung der Ehe vollzieht
sich die Erhaltung der Welt und ihre Bewahrung vor dem zerstörenden Angriff des Teufels, bis Gottes Reich selber anbricht. Es haben vor
diesem Gott, der allein recht hat, Fürsten und Bauern unrecht, wenn sie
selbstmächtig nur nach ihrem Vorteil, ihrem vermeintlichen Rechte, der
Erweiterung ihrer Macht trachten. Es hat aber die weltliche Obrigkeit im Augenblick ihrer Gefährdung durch Aufruhr und Empörung
die Pflicht zur Verteidigung und Erhaltung der Ordnungen Gottes,
nicht weil sie nach menschlichem Ermessen im Recht ist, sondern
weil sie damit Gottes Gebot erfüllt. Luther hat im Bauernkriege darum so schroff und erbarmungslos alle Versuche, politische Ansprüche durch das Evangelium zu tarnen, bekämpft, weil er nur so für die
Ehre Gottes, der allein Herr ist über Kirche und Welt, eintreten, nur
so die Botschaft von der wahren Barmherzigkeit Gottes retten konnte.
    Es hat zu Luthers Haltung im Bauernkrieg wesentlich beigetragen,
daß er als treibende Kraft hinter aller Gewalttat und Empörung die

wilde Haßpredigt Müntzers erkennen mußte, daß ihm also der politische Mißbrauch des Evangeliums in Verbindung mit seiner *schwarmgeistigen* Verfälschung, ja geradezu als dessen Folgeerscheinung entgegentrat. Gleichzeitig mit der Reformation, auf ihr fußend, jedoch von Anfang an von ihr getrennt, erhebt sich das Schwärmertum mit dem Anspruch, das schlecht und unvollkommen von Luther begonnene Werk zu eigentlicher Blüte, zur Vollendung seines Wesens zu führen. Auch der Schwärmer ist – trotz aller Verwandtschaft seines Heilswegs mit demjenigen der mittelalterlichen Mystik – ein Kind der Reformation; auch er redet von der Freiheit des Glaubens, von Kreuz und Gnade, von der Gemeinschaft der Erwählten. Allein dies alles ist ihm – und hier liegt die messerscharfe Grenze, die ihn von Luther trennt – nun doch wieder zum freien Besitze, zu einer menschlichen Möglichkeit, zum verfügbaren Eigentum geworden. Darum deutet und schätzt er die unverrückbaren Zeichen Gottes nach seiner Freiheit: Weit über dem Buchstaben- und Dogmenglauben, durch welchen nur eine neue Gewaltherrschaft der Schriftgelehrten in der Kirche aufgerichtet wird, steht das persönliche Erlebnis der Gottesgegenwart im Herzen, ja der Mensch vermag auch ohne die Heilige Schrift, die nicht Mittel, sondern nur Zeugnis dieses lebendigen Glaubens ist, zum Glauben zu kommen; dieser echte, unmittelbare, geistgewirkte Glaube, aus der Kreuzesbitternis hervorwachsend, ist ungleich mehr als Luthers den Menschen einschläfernde, den freien Willen abtötende Rechtfertigungslehre. Weit über der untergeordneten Stufe der Massen- und Buchstabenkirche steht die Gemeinschaft der Erwählten, die sich, ferne von allen Gottlosen, zu einer Sondergemeinde formt, freiwillig aus allen Mündigen, welche die Taufe begehren, zusammentritt und das nahe Ende dieser Weltzeit erwartet; weit mehr als die törichte Duldsamkeit gegen alles Unrecht der Obrigkeit ist der entschlossene Versuch, durch blutigen Umsturz aller politischen Gewalten das Schicksal der Welt selber in die Hand zu nehmen und Gottes Reich auf Erden zu stiften. So predigte Thomas Müntzer, so predigte, abgesehen von den politischen Umsturzplänen, auch Karlstadt, so predigten in ihrer Gefolgschaft eine Unzahl von plötzlich und allerorten aufschießenden Winkelpredigern und Sektenhäuptlingen. Luther hat auch der Selbstrechtfertigung des frommen Menschen, der das schöpferische Feuer des Geistes in seiner Brust lodern fühlt, der die Vollmacht zum Predigtamt nicht durch Ruf und Amt erhalten, sondern räuberisch an sich gerissen hat, nichts anderes entgegengesetzt als die Tatsache, daß es Gott gefallen hat, sich allein in Jesus Christus zu offenbaren, das Zeugnis dieser Offenbarung allein in sein Wort zu binden und den

Glauben durch den Heiligen Geist nur da zu entzünden, wo dieses Wort gepredigt wird. Der zügellosen Freiheit einer von geraubtem Feuer lebenden Frömmigkeit stellt er die Bindung des Glaubens an Wort und Sakrament entgegen. Darum ist es Sünde, an Gottes Offenbarungen vorbeizugehen und sie da zu suchen, wo das Irrlicht selbstgewählten Schwarmglaubens über dem Sumpfe irdischen Wesens tanzt. Darum werden Schwärmertum und Glaube, die Rechtfertigung durch das Wort und die Rechtfertigung durch den falschen Geist, von Anfang an von Luther als unüberbrückbare Gegensätze gesehen. Mag auch die schwarmgeistige Bewegung, vor allem in der Form des Wiedertäufertums, weitergehen, mögen aus verborgenen Herden immer wieder neue Flammen emporschlagen, in Zürich, in Mähren, in den oberdeutschen Städten, vor allem in Augsburg –, die Grenze ist aufgerichtet, welche den trügerischen Scheinglauben vom Glauben an den Herrn der Schrift scheidet.

Ihren großartigsten Ausdruck aber hat Luthers Rechtfertigungslehre gefunden in seinem Kampf gegen die durch Erasmus vertretene These von der Freiheit des menschlichen Willens. Der Gegner ist dabei für Luther nicht in erster Linie der Humanismus oder Erasmus; er sieht vielmehr hinter der geschichtlichen Bewegung des bereits im Niedergang begriffenen und über seinen eigenen Zerfall klagenden Humanismus, hinter der Gestalt des europäischen Geistesfürsten Erasmus den zeitlosen Feind des Glaubens, die *Vernunft* in ihrer Gottes Verheißung anzweifelnden und zerstörenden, Gott nach ihrem Maße messenden Selbstherrlichkeit. Deshalb allein bewegt dieser Streit Luther bis zum tiefsten Grund seiner Seele; deshalb allein verteidigt er die Unfreiheit menschlichen Willens bis zum äußersten, sollte darüber auch die Welt ins Chaos versinken; deshalb allein schreckt er auch vor den schärfsten und für die Vernunft unerträglichen Konsequenzen seiner Lehre nicht zurück. Gottes Barmherzigkeit ist nicht ein Ding, mit Händen zu greifen, eine selbstverständlich-einsichtige Gegebenheit, von der man zehren dürfte, sondern Gott hat seine ewige, unaussprechliche Barmherzigkeit unter ewigem Zorne verborgen. Gottes Barmherzigkeit will gegen allen Augenschein geglaubt sein. Darum gilt der Vernunft gegenüber, die sich selber zum Maß aller Dinge macht, die sich ärgert an der Tatsache des Bösen in der Welt, an der menschlichen Verstockung, an der Vorherbestimmung des Menschen zur Sünde, daß diese wunderbare Verschlingung von Zorn und Gnade von Gott verborgen worden ist in seinem *Geheimnis*. Wer hat ein Recht, diesem Geheimnis nachzuspüren, mit Gott zu rechten, seine Vorsehung vor das Forum menschlichen Urteils zu ziehen, als ob die

Vernunft göttliche Richterin wäre? Der Glaube beugt sich, allen Gründen der Vernunft zuwider, der Offenbarung göttlichen Willens, wie sie, für uns endgültig und einmalig, in der Schrift niedergelegt ist. Dem freien Willen gegenüber, der die Seligkeit von sich aus, wenn auch nicht durch äußere Werke, so doch durch innere Selbstertüchtigung erringen zu können glaubt, gilt, daß wir mit allen Kreaturen Gottes Alleinwirksamkeit in geheimnisvoller Weise unterliegen, daß wir aber durch das Geheimnis der Erwählung den Gnadenrat seiner Barmherzigkeit allein aus Christi Händen empfangen, also nur als verlorene Sünder gerechtfertigt werden, ohne auch nur durch eine winzige Beisteuer eigenen Willens etwas zum Empfang der Gnade beitragen zu können. Hat Christus uns wirklich durch sein Blut erlöst, so bedeutet dies die Anerkenntnis der völligen Verlorenheit des ganzen Menschen in der Sünde; sonst wird Christi Werk überflüssig oder zu einer Art Beihilfe für den letztlich nun doch wieder aus eigener Freiheit und Kraft handelnden Menschen. Darum hängt an der Alleinwirksamkeit Gottes und an der damit verbundenen Unfreiheit des Willens zum Guten die ewige Seligkeit, das ganze Heil der Erlösung. Luther hat in der Schrift vom unfreien Willen noch einmal die Erfahrung seiner Klosterzeit zusammengefaßt: aus dem furchtbaren Ärgernis an der scheinbaren Grausamkeit Gottes, der verdammt und begnadigt nach seinem Willen, aus diesem Ärgernis, das ihn oft genug in die tiefste Verzweiflung gestürzt hat, erlöste ihn nur der Glaube, daß Gott alles in allem wirkt, die gehorsame Hingabe in seinen tötenden und durch den Tod hindurch lebendigmachenden Willen, die Erkenntnis, daß nur *der* Sünder gerechtfertigt wird, der sich bedingungslos dem Urteil Gottes unterwirft.

Luther hat später seine Schrift gegen Erasmus zu den wenigen Büchern aus seiner Hand gezählt, die er nicht verloren wissen wollte, ein Beweis dafür, wie sehr er gerade in dieser Schrift den Ausdruck, die Zusammenfassung seiner Rechtfertigungslehre gesehen hat. Die Botschaft von der *freien Gnade* Gottes, um deretwillen er die unerbittliche Scheidung von der Bewegung seiner Zeit vollzogen hatte, sollte der Mittelpunkt auch der reformatorischen Kirche sein, welche nunmehr, auch für die Welt erkennbar, sichtbar wurde und in den nächsten Jahren in Lehre und Bekenntnis, Gottesdienst und Gemeindeaufbau ihre Ordnung empfing.

Der Aufbau der Kirche

Um die Bildung neuer Gemeinschaft
1526–1532

Über Deutschland liegt nach dem Bauernkrieg eine dumpfe Schwere. Die grollenden Bauern geben Luther die Schuld, daß ihre Bewegung im Blut erstickt worden ist. Die grollenden altgläubigen Fürsten geben Luther die Schuld, daß es überhaupt zum Bauernaufstand kam. Sie rüsten, um nun der evangelischen Sache den Garaus zu machen. Sie wissen, daß ihnen die Hilfe des Kaisers dabei sicher ist; denn Karl hat in der Schlacht von Pavia (Febr. 1525) seinen Gegner Franz von Frankreich gefangengenommen und ihn im Frieden von Madrid (Januar 1526) als Bundesgenossen im Kampf gegen die lutherische Ketzerei und gegen die drohende Türkengefahr gewonnen. Können diejenigen deutschen Fürsten, deren Herz für das Evangelium schlägt, diesen Anschlägen tatenlos zusehen? In Sachsen ist auf Friedrich den Weisen sein Bruder *Johann* gefolgt. Sein Wappen trägt den Spruch: »Das Wort Gottes bleibt in Ewigkeit«; er wird auf keinen Fall die vorsichtig-zaudernde Politik seines Bruders fortsetzen. Der junge Landgraf von Hessen, *Philipp*, liest eifrig das Neue Testament in Luthers Übersetzung; er führt in seinem Lande evangelische Reformen ein, überwirft sich deshalb mit seinem Schwiegervater Georg von Sachsen und erklärt im März 1525 Johann von Sachsen, er werde für das Evangelium Land und Leute, Leib und Leben preisgeben. Im Februar 1526 schließen die beiden Fürsten ein Verteidigungsbündnis in Gotha, dessen Urkunden im Mai 1526 in *Torgau* ausgetauscht werden und in dem sie sich zu gegenseitigem Beistand mit allen Kräften für den Fall eines Angriffs wegen des Wortes Gottes verpflichten. Diesem Bunde, der die evangelische Politik für die nächsten Jahrzehnte bestimmen wird, schließen sich im Laufe des Sommers die Landesherren von Mecklenburg, Grubenhagen, Lüneburg, Mansfeld und Anhalt, sowie die Stadt Magdeburg an. Endlich verbündet sich mit Sachsen noch Albrecht von Preußen, der Hochmeister des deutschen Ordens, der auf Luthers Rat im Vorjahr sein Land aus einem geistlichen Ritterstaat in ein weltliches, erbliches Herzogtum verwandelt hat.

Als im Sommer 1526 der Reichstag von *Speyer* begann, war man in beiden Lagern zum Kampfe gerüstet. Allein die Entscheidung blieb aus. Auch der Speyrer Reichstag kommt über die Interimslösung der Nürnberger Reichstage nicht hinaus. Der Kaiser hat kein Interesse mehr daran, dem Papst bei der Durchführung des Wormser Edikts zu helfen; denn Clemens hat sich, feige und hinterhältig, wie seine ganze Politik, wieder auf die Seite der Feinde Karls geschlagen und Franz von Frankreich seines dem Kaiser geleisteten Friedenseides entbunden. So bleibt nichts anderes übrig, als den vorhandenen Tatbestand zur Grundlage der Reichstagsentscheidung zu machen. Es gibt in Deutschland Territorien, die bereits in Sachen der kirchlichen Neuordnung selbständig vorgegangen sind, und es gibt solche, welche zäh an der alten Ordnung festhalten: beide werden nun auf ihre eigene Verantwortung gestellt. Der Reichstagsabschied stellt fest, daß bis zur Einberufung eines Konzils oder einer Nationalversammlung, welche bis in spätestens anderthalb Jahren erfolgen solle, jeder Stand in Sachen des Wormser Edikts »so leben, regieren und es halten solle, wie ein jeder solches gegen Gott und Kaiserliche Majestät zu verantworten hoffe und vertraue«. Damit war zum mindesten der im Gange befindlichen Neuordnung des Kirchenwesens von Reichswegen kein Riegel mehr vorgeschoben; es konnte andrerseits selbstverständlich nicht fehlen, daß die evangelischen Stände den Abschied im weitesten Sinne, im Sinne einer Übertragung des Reformationsrechts an die einzelnen Länder, auslegten.

Luther hatte von den Verhandlungen des Speyrer Reichstags so gut wie nichts erfahren. Er hält auch nichts davon, wie er auch dem Torgauer Bund ablehnend gegenübersteht, nicht nur, weil ihm ein gegen den Kaiser gerichtetes Bündnis unerlaubt erscheint, sondern weil er alle menschlichen Pläne und Anschläge als fehlsam und brüchig durchschaut. Weit wichtiger ist ihm die Neuordnung des *Gottesdiensts*. Am 29. Oktober 1525 hat Luther in der Wittenberger Stadtkirche zum ersten Male den Versuch einer »Deutschen Messe« gemacht und anfangs 1526 die neue Liturgie mit einer Vorrede von seiner Hand (1 u. 2) in Druck gegeben: die *»Deutsche Messe und Ordnung des Gottesdiensts«*. Wie immer bei Luther steht neben der strengsten sachlichen Bindung – der Gottesdienst dient ausschließlich der Evangeliumsverkündigung – die völlige Freiheit der Form, die soweit ging, daß neben der neuen deutschen Messe in Wittenberg noch längere Zeit lateinische Meßgottesdienste nach der »Formula Missae« (vgl. oben S. 55) gehalten wurden. Die Werkgerechtigkeit der Papstkirche wie die Gesetzlichkeit der Schwärmer machen den Menschen zum Herrn des Gottesdienstes und ersticken die Freiheit des Worts; für Luther dagegen gibt es nur *eine* Grenze der Freiheit: das ist die Liebe, die dem Nächsten das Wort mit allen Mitteln nahebringen will (1). Darum empfängt der Gottesdienst um der Einfältigen, im Glauben Unwissenden und um der Jugend willen, die in Gottes Wort geübt und erzogen werden sollen, seine bestimmte Ordnung. Darum geht Luther über die in der »Formula Missae« niedergelegte, sich eng an das Bestehende anlehnende, lateinische Gottesdienstform hinaus: er bricht mit der jahrtausendealten Überlieferung der lateinischen Kirchensprache, der lateinischen Noten im gregorianischen Choral, der Entmündigung der Gemeinde; die Messe wird deutsch gehalten, die Melodien der deutschen Sprache angepaßt, die bisher vom Chor lateinisch gesungenen Lieder werden nun – wie das von Luther selbst umgearbeitete, nach der Austeilung des Abendmahls gesungene »Deutsche Sanktus« (3) – von der Gemeinde deutsch gesungen; aus dem geheimnisvollen Dunkel einer fremden, dem gemeinen Mann verschlossenen Welt tritt das gottesdienstliche Geschehen in das helle Licht des Tages, des Verstehens, der eigenen Anteilnahme.

Luther hat in der »Deutschen Messe« noch eine »dritte Weise« als »rechte Art der evangelischen Ordnung« angeführt, die Sammlung aller ernsten Christen in einer freiwilligen Gemeinschaft des Bekennens, Verkündigens, Opferns und Zuchtübens, ohne jedoch bis auf weiteres an deren Durchführung zu denken, weil die Leute dazu fehlten (2). Auch als in Hessen auf der Homburger Synode im Jahre 1526 der redegewandte und leichtbewegliche Südfranzose Franz *Lambert* von Avignon[1] einen Entwurf zu einer Kirchenverfassung vorlegt, der sich sehr stark an Luthers »dritte Weise« anlehnt, bringt Luther diesen Entwurf durch seinen Widerspruch bei Landgraf Philipp zu Fall. Luthers konservative Zurückhaltung in diesen Dingen beruht auf der Erkenntnis von der Selbstwirksamkeit des Evangeliums; es ist besser, die Gemeinde durch die Predigt des Evangeliums wachsen zu lassen, als mit Gesetzen eine drückende Form zu schaffen, die das Leben der Kirche tötet. Darum schreibt Luther dem Landgrafen (Brief vom 7. Januar 1527), er rate ihm von einer Veröffentlichung der hessischen Kirchenordnung ab: er habe bis jetzt den Mut nicht, so einen Haufen Gesetze mit großen Worten ausgehen zu lassen; es sei ein groß, gefährlich und weitläufig Ding, Gesetze zu machen, und ohne Gottes Geist werde nichts Gutes daraus. Viel besser sei es, Pfarrstellen und Schulen mit tüchtigen Männern zu besetzen und ihnen kurze Anweisungen zu geben und dann erst, wenn sich eine einträchtige Ordnung

---

1 *Franz Lambert, 1486 in Avignon geboren, eine der eigenartigsten Randgestalten der Reformation, Franziskaner, verließ 1522 sein Kloster und kam 1523 nach Wittenberg, 1524 nach Metz und Straßburg, 1526 nach Hessen. Die von ihm ausgearbeitete ›Reformation der hessischen Gemeinden‹ sah freiwilligen Zusammenschluß der Gemeinde auf Grund einer Befragung und Eintragung in ein Verzeichnis, Pfarrwahl, brüderliche Hilfeleistung und Kirchenzucht vor. Er starb 1530 in Marburg an der Pest.*

gebildet habe, sie in Worte zu fassen. Die Veröffentlichung und Einführung der hessischen Ordnung unterblieb daraufhin.

Auch bei der Gestaltung der *Taufe* hat sich Luther nur langsam vom römischen Brauche gelöst, um so mehr, als bei der Taufe kein Lehrunterschied bestand wie beim Abendmahl. Das Taufbüchlein in seiner ersten Auflage von 1523 war nichts anderes als eine deutsche Übersetzung des römischen Taufformulars mit ganz geringen Kürzungen. Erst »Das *Taufbüchlein* aufs neue zugerichtet« von 1526 bringt stärkere Streichungen gegenüber dem römischen Ritus und will vor allem, wie Luthers Vorrede (4) zeigt, dem unwissenden Volke den Sinn des Sakraments deutlich machen. Die mitbetende Gemeinde, der Pfarrer, die Paten sollen wissen, daß Gott in der Taufe das Kind der Herrschaft des Teufels entreißt, seine überschwengliche Gnade über es ausschüttet und es rüstet zum lebenslänglichen Kampf mit dem Teufel. So allein wird die Taufe »unser einziger Trost und Eingang zu allen göttlichen Gütern und zur Gemeinschaft mit allen Heiligen«.

Luther will um der Freiheit des Evangeliums willen, daß die Einführung der »Deutschen Messe« überall nur in freiem Willen geschehe. Aber er sieht neben dieser Freiheit noch eine Freiheit der Willkür, der Gleichgültigkeit, der Verachtung des Worts, eine völlige Zersplitterung aller gottesdienstlichen Ordnung; jede Stadt, ja jede Parochie hält ihren Gottesdienst anders, und wie oft wird daneben noch die alte römische Messe gelesen! Außerdem ist mit dem allmählichen Aufhören des Meßgottesdienstes auch die wirtschaftliche Grundlage der alten Kirche zusammengebrochen; die Stiftungen werden frei und begehrliche Hände strecken sich nach den herrenlosen Schätzen aus. Adel, Städte, Bauerndörfer reißen, ohne nach Recht und Unrecht zu fragen, Kloster- und Kirchengut an sich; alte Gefälle, Abgaben, Verpflichtungen werden nicht mehr bezahlt; nicht nur die alten Meßpriester, sondern auch die neuen evangelischen Pfarrer hungern. Dazu kommt der störrische Widerstand der altgläubigen Priester gegen das Evangelium, die Unfähigkeit und schlechte Vorbildung der Prädikanten für die evangelische Predigt, die eigensinnige Zuchtlosigkeit und religiöse Verwilderung der Gemeinden. Es gilt, anstelle von altem Mißbrauch und neuer Willkür eine neue Ordnung der Kirche zu schaffen. Kurz vor dem Tod des alten Kurfürsten hat der Zwickauer Pfarrer Nikolaus *Hausmann* unter Berufung auf das Beispiel der alttestamentlichen Könige eine landesherrliche Visitation beantragt mit der Aufgabe, die Pfarrer auf Lehre und Wandel zu prüfen. Auch Luther stimmt diesem Plan zu; sein Augenmerk ist dabei besonders auf den Unterhalt der Pfarreien gerichtet. Hat sich eine Gemeinde für das

Evangelium entschieden, so darf sie ihren Pfarrer nicht darben lassen, sondern ist um des Evangeliums willen gebunden, ihm den Lebensunterhalt zu gewähren. Widerspenstige Städte und Dörfer sollen, wenn es nicht anders geht, durch den Landesherrn genötigt werden, wie für Brücken und Wege, so auch für den Unterhalt von Predigtstühlen und für die Errichtung von Schulen zu sorgen. Allein es kostet Luther unendliche Mühe, bis er nur das Notwendigste erreicht, denn in der adeligen Umgebung des Kurfürsten weiß man den Wert der Kirchengüter wohl zu schätzen und ist durchaus nicht willens, von der erlangten Beute Luther zuliebe etwas fahren zu lassen. Schließlich dringt Luther bis ins Schlafzimmer des Kurfürsten vor, um die Not der Pfarrer und Gemeinden vor ihn zu bringen. Endlich wird im Frühjahr und Sommer 1527 eine *Visitation* im Kurkreis und einigen thüringischen Ämtern durch weltliche und geistliche Beauftragte des Kurfürsten, unter ihnen Melanchthon, durchgeführt. Das Ergebnis ist niederschmetternd: die schlimmsten Befürchtungen werden übertroffen. Die alten Pfarrer sind unbrauchbar und durch den Konkubinat verdorben; aber darf man wagen, sie abzuschaffen, wenn auch bei den wenigen neuen Prädikanten an Lehre und Wandel übergenug auszusetzen ist? Die äußere Not in den Pfarrhäusern ist unbeschreiblich. In den Gemeinden verbindet sich uralter Bauerntrotz, tiefeingewurzelter Aberglaube, Roheit und Verwilderung mit erschreckender Unkenntnis der christlichen Glaubensstücke und mit störrischem Widerstand und wilder Auflehnung gegen jegliche Glaubensform. Die Schulen sind überall in erbärmlichstem Zustande. Es muß eingeschritten werden. Noch im Jahre 1527 erläßt der Kurfürst eine *Instruktion* für die Visitatoren: Geistliche, welche Wort und Sakrament nicht recht verwalten, verlieren ihr Amt; des Glaubensirrtums verdächtige Gemeindeglieder sind über ihren Glauben zu befragen und können, wenn sie dem Unterricht in der neuen Lehre widerstehen, des Landes verwiesen werden. Es werden, um Aufruhr und Unordnung zu verhüten, keinerlei Sekten im Lande geduldet; die Visitatoren erhalten die Vollmacht, ihre Anordnungen im Namen des Kurfürsten, der weltlichen Obrigkeit, zu treffen.

Luther freut sich darüber, daß bei der Visitation auch versucht wird, den alten Bestand an Kirchengut wiederherzustellen und den Pfarrern ein regelmäßiges Einkommen zu verschaffen. Allein hat er eine Befragung von Pfarrern und Gemeinden, eine Inquisition über den Glauben, dazu noch in landesherrlichem Auftrag, gewollt? Seine eigentliche Meinung über die Pflicht des Landesherrn bei der Visitation hat Luther in seiner Vorrede zum »*Unterricht der Visitatoren an die Pfarrherren im Kurfürstentum Sachsen«* (5) niedergelegt. Die neue Instruktion erschien um Ostern 1528, vorwiegend von Melanchthon verfaßt. In der Vorrede redet Luther davon, daß der Kurfürst nicht als weltliche Obrigkeit, sondern aus christlicher Liebe und um Gottes willen sich habe zur Visitation bereitfinden lassen; die Ordnung der Visitation ist auf keinen Fall ein neues päpstliches Gesetz, sondern ein Zeugnis und Bekenntnis des Glaubens. Pfarrer und Gemeinden werden darum um der Liebe willen und aus Dankbarkeit den Visitatoren Gehorsam leisten; wilden und böswilligen Köpfen gegenüber, die sich eigensinnig absondern wollen, muß freilich der Landesherr zur Verhütung von Aufruhr und Spaltung mit den Mitteln der weltlichen Obrigkeit gegenübertreten, für den Christen aber gilt das Gebot der Liebe und des Friedens. Was Luther tun konnte, um die Freiheit der Evangeliumsverkündigung auch gegenüber der weltlichen Gewalt zu sichern, hat er damals wie später getan; wenn der Gang der territorialkirchlichen Entwicklung schon zu seinen Lebzeiten zu Eingriffen weltlicher Herrschaft in die Kirche führte, ist dies nicht seine Schuld.

Im Jahre 1528 und zu Beginn des Jahres 1529 nimmt Luther selbst am Visitationswerke teil. Den dabei gemachten Erfahrungen verdankt der *Katechismus* seine Entstehung, der Große Katechismus, der anfangs April 1529 erschien (6), und der Kleine Katechismus, wenige Monate später erschienen und von Luther neben der Arbeit am Großen Katechismus her, aber durchaus selbständig ausgearbeitet. Als Luther den Katechismus schreibt, stehen vor seinem Auge die Bilder der Visitation, die trunksüchtigen Priester, die zerrütteten Ehen, die verkommenen Dörfer; eben sie, das unwissende Landvolk vor allem, die zum Lehren oft so ungeschickten Pfarrer sollen eine Zusammenfassung des evangelischen Glaubens in die Hand bekommen, damit der Hausvater sein Gesinde, der Pfarrer seine Gemeinde recht unterrichten kann; sie sollen nicht müde werden, im Gesetz und Glauben, im Gebet und Trost des Sakraments zu unterweisen und sich unterweisen zu lassen, um des Evangeliums gewiß zu werden. Wäre Luther durch die bitteren Erfahrungen jener Jahre enttäuscht gewesen, hätte ihn das Darniederliegen der Gemeinden verzagt gemacht, er hätte den Katechismus für die Einfältigen, die Unmündigen, die Darbenden nicht geschrieben. Aber er sieht hinter vermessenem Trotz und hinter stumpfsinniger Gleichgültigkeit der Menschen das Licht der göttlichen Verheißung stehen, das Licht, das in der Finsternis leuchtet. Darum wird er als Bote dessen, der selbst Knechtsgestalt annahm, nicht müde, sondern schenkt der Kirche ein neues Zeugnis der ewigen Wahrheit in

Gestalt der sich zur irdischen Niedrigkeit herablassenden Liebe. Mag die reformatorische Kirche jener Tage vor Freund und Feind das Bild der Wirrnis und des Elends darbieten, genug, daß in den zerfallenen Kirchen, von morschen Kanzeln, vor verwilderten Gemeinden, in dumpfen Bauernstuben das Evangelium gelehrt wird, genug, daß Menschen da sind, denen die Sorge für diese Lehre zum Inhalt ihres Lebens geworden ist.

1 Die Freiheit des Christen und die Liebespflicht der Ordnung

Vor allen Dingen will ich alle diejenigen, welche diese unsre Ordnung im Gottesdienst sehen oder [ohne sie vorher gesehen zu haben] sich ihr anschließen wollen, recht freundlich — auch um Gottes willen — gebeten haben, daß sie ja kein verpflichtendes Gesetz daraus machen noch jemands Gewissen damit binden oder fangen; sie sollen sie vielmehr in christlicher Freiheit nach ihrem Belieben gebrauchen, wie, wo, wann und wie lange es die Verhältnisse mit sich bringen und erfordern. Denn wir lassen solches auch nicht in der Meinung ausgehen, daß wir jemand darin schulmeistern oder mit Gesetzen regieren wollten, sondern deshalb, weil allenthalben auf eine deutsche Messe und deutschen Gottesdienst gedrungen wird und großes Klagen und Ärgernis sich erhebt über die verschiedenartige Form der neuen Messen. Macht doch ein jeder etwas Eigenes, einige in guter Absicht, einige auch aus Fürwitz, um auch etwas Neues aufzubringen und unter andern sich auch sehen zu lassen und nicht [bloß] gewöhnliche Meister zu sein; so geht es ja der christlichen Freiheit überall, daß wenige sie anders gebrauchen als zu eigener Lust oder eigenem Nutzen statt zu Gottes Ehre und des Nächsten Besserung.

Nun ist freilich einem jeden auf sein Gewissen gestellt, wie er diese Freiheit gebraucht; auch darf dieselbe niemand verwehrt oder verboten werden. Aber doch ist darauf zu sehen, daß die Freiheit eine Dienerin der Liebe und des Nächsten ist und sein soll. Wenn es dann so geht, daß sich die Menschen ärgern oder irre werden an solch vielgestaltigem Brauch, sind wir wahrlich verpflichtet, die Freiheit zu beschränken und soviel als möglich zu tun und zu lassen, daß die Leute sich an uns bessern und nicht ärgern. So ist denn an dieser äußerlichen Ordnung nichts gelegen, was unser Gewissen anlangt vor Gott, doch kann sie dem Nächsten nützlich sein; darum sollen wir der Liebe nach, wie St. Paulus (Röm 15, 5) lehrt, danach trachten, daß wir einerlei gesinnt seien, und sollen, so gut es sein kann, die gleiche Form des [gottesdienstlichen] Handelns haben, gleichwie alle Christen einerlei Taufe, einerlei Sakrament[2] haben und keinem etwas Besonderes von Gott gegeben ist.

Doch will ich damit nicht verlangen, daß diejenigen, die bereits ihre guten Ordnungen haben oder durch Gottes Gnade bessere machen können [als wir], diese fahren lassen und uns weichen. Denn es ist nicht meine Meinung, daß das ganze deutsche Land gerade unsre wittenbergische Ordnung annehmen müßte; ist's doch auch bisher nie vorgekommen, daß die Stifte, Klöster und Pfarreien in allen Stücken gleich gewesen wären. Aber fein wäre es, wenn in einer jeden Herrschaft der Gottesdienst in ein und derselben Weise vonstatten ginge und die umliegenden Städtlein und Dörfer mit einer [Haupt]stadt die gleichen Formen übten; ob [dann] die in anderen Herrschaften diese auch einhielten oder etwas Besonderes hinzufügten, soll frei und ungetadelt sein. Denn kurz und gut, wir stellen diese Ordnungen gar nicht um derer willen auf, die bereits Christen sind; die bedürfen nämlich nichts von diesen Dingen; man ist ja auch nicht um dieser Dinge willen da, sondern sie sind um unsretwillen da, die wir noch nicht Christen sind,[3] um uns zu Christen zu machen. Jene haben ihren Gottesdienst im Geist; aber um derer willen muß man solch eine Ordnung haben, die erst noch Christen werden oder [in ihrem Christenstand] stärker werden sollen, gleichwie ein Christ die Taufe, das Wort und das Sakrament nicht braucht als ein Christ (denn er hat's schon alles), sondern als ein Sünder.[4] Vor allem aber geschieht es um der einfachen Leute und um des jungen Volkes willen, welches täglich in der Schrift und Gottes Wort geübt und erzogen werden soll und muß: Sie sollen sich an die Schrift gewöhnen und in sie schicken, bewandert und kundig darin werden, um ihren Glauben zu vertreten und mit der Zeit [auch] andere zu lehren und zur Mehrung des Reiches Christi zu helfen. Um solcher willen muß man lesen, singen, predigen, schreiben und dichten, und wo es dazu hülfe und förderlich wäre, wollte ich mit allen Glocken dazu läuten lassen und mit allen Orgeln spielen und al-

2 *Unter »Sakrament« versteht Luther hier und im folgenden das Hl. Abendmahl.*

3 *Luther will sagen: Wahre »Christen«, d. h. durch Gottes Gnade Gerechtfertigte, brauchen weder Wortverkündigung noch Sakramente noch kirchliche Ordnung; denn damit, daß Gott ihnen seine Liebe geschenkt hat, haben sie alles im Geist. Nun sind wir freilich noch nicht »Christen«, sondern werden es erst; denn solange wir auf Erden sind, bleiben wir im Fleische und Sünder. Darum muß uns Gottes Gabe, Wort und Sakrament, immer wieder neu angeboten werden, wie es im Gottesdienst geschieht.*

4 *Vgl. Anmerkung 3.*

les klingen lassen, was klingen könnte. Denn die päpstlichen Gottesdienste sind darum so zu verdammen, weil sie [die Papisten] Gesetze, Werke und Verdienste daraus gemacht und damit den Glauben unterdrückt haben; sie haben mit ihnen nicht auf die Jugend und die einfachen Leute abgezielt, um dieselben damit in der Schrift und Gottes Wort zu üben, sondern sind selbst daran kleben geblieben und halten sie für sich selbst nützlich und notwendig zur Seligkeit. Das ist der Teufel; auf diese Weise haben die Alten sie nicht geordnet noch eingerichtet. *Aus der Vorrede zur »Deutschen Messe« (1526). WA 19,72,3 ff*

2 Die drei Arten des evangelischen Gottesdienstes

Es gibt aber drei verschiedene Arten des Gottesdienstes und der Messe. *Erstlich*: eine lateinische. Diese haben wir schon früher veröffentlicht unter dem Titel: »Formula Missae«.[5] Diese will ich damit nicht aufgehoben oder verändert haben, sondern wie wir sie bisher bei uns gehalten haben, so soll es [auch ferner] noch freistehen, sie zu gebrauchen, wo und wann es uns gefällt oder eine Ursache uns dazu bewegt. Will ich doch keineswegs die lateinische Sprache aus dem Gottesdienst ganz abkommen lassen; denn es ist mir alles um die Jugend zu tun. Und wenn ich's vermöchte und die griechische und hebräische Sprache wäre uns so gewohnt wie die lateinische und hätte soviel feine Musik und Gesänge, wie die lateinische hat, so sollte man einen Sonntag nach dem andern [abwechselnd] in allen vier Sprachen, deutsch, lateinisch, griechisch, hebräisch Messe halten, singen und lesen. Ich halte es durchaus nicht mit denen, die sich so ganz nur auf *eine* Sprache versteifen und alle andern verachten. Denn ich möchte gern solch eine Jugend und solche Leute aufziehen, die auch in fremden Landen Christus nütze sein und mit den Leuten reden können, damit es uns nicht gehe wie den Waldensern in Böhmen:[6] die haben ihren Glauben so sehr in ihrer eigenen Sprache eingeschlossen, daß sie mit niemand verständlich und deutlich reden können, außer er lernt zuvor ihre Sprache. So tat aber der Heilige Geist im Anfang nicht: er wartete nicht, bis alle Welt nach Jerusalem kam und hebräisch lernte, sondern gab (Apg 2, 6 ff) allerlei Zungen zum Predigtamt, daß die Apostel reden konnten, wo sie hinkamen. Diesem Vorbild will ich lieber folgen; und es ist auch recht, daß man die Jugend in vielen Spra-

5 *Vgl. Seite 55 und 117.*
6 *Luther hat die böhmisch-mährischen »Brüder«, die aus der Bewegung von Johann Huß hervorwuchsen, mit den südfranzösisch-italienischen »Waldensern« um vorhandener Ähnlichkeiten willen in eins gesetzt.*

chen übe (wer weiß, wie Gott sie mit der Zeit brauchen wird!); dazu sind auch die Schulen gestiftet.

Zum andern ist da die Messe und der Gottesdienst auf deutsch. Davon reden wir jetzt [in der vorliegenden Schrift]; sie sollen um der einfachen Laien willen eingerichtet werden. Aber diese zwei Arten [von Gottesdienst] müssen wir so vor sich gehen und geschehen lassen, daß sie öffentlich in der Kirche vor allem Volk abgehalten werden. Darunter sind viele, die noch nicht glauben oder Christen sind; der größere Teil steht vielmehr da und gafft, um auch etwas Neues zu sehen, gerade als wenn wir mitten unter den Türken oder Heiden auf einem freien Platz oder Feld Gottesdienst hielten. Denn hier ist noch keine [klar] geordnete und festumrissene [Gemeinde]versammlung, in der man die Christen nach dem Evangelium regieren könnte, sondern [diese Art von Gottesdienst] ist ein öffentlicher Anreiz zum Glauben und zum Christentum.

Die *dritte Weise* [des Gottesdienstes] dagegen, welche die rechte Art der evangelischen Ordnung haben sollte, dürfte nicht so öffentlich auf dem Platz unter allerlei Volk geschehen, sondern diejenigen, welche mit Ernst Christen sein wollen und das Evangelium mit Hand und Mund bekennen, müßten sich mit Namen *einzeichnen* und irgendwo in einem Hause allein sich versammeln, um zu beten, [in der Schrift] zu lesen, zu taufen, das Sakrament zu empfangen und andere christliche Werke zu üben. In dieser Ordnung könnte man die, die sich nicht christlich hielten, erkennen, rügen, bessern, ausstoßen oder in den Bann tun nach der Regel Christi Matth 18, 15 ff. Hier könnte man auch den Christen eine gemeinsame Liebesgabe auflegen, die man freiwillig gäbe und unter die Armen austeilte nach dem Vorbild des Paulus 2 Kor 9, 1. Hier brauchte man nicht viel und lang zu singen; hier könnte man auch eine kurze, feine Form für die Taufe und das Sakrament einführen und alles auf's Wort und Gebet und die Liebe richten. Hier müßte man einen kurzen, guten Katechismus[unterricht] 7 haben über den Glauben, die zehn Gebote und das Vaterunser. Kurz, wenn man die Leute und Personen hätte, die mit Ernst Christen zu sein begehrten, – die Ordnungen und Formen wären bald geschaffen. Aber ich kann und mag noch nicht eine solche Gemeinde oder Versammlung ordnen oder einrichten. Denn ich habe noch nicht die Leute und Personen dazu; ebenso sehe ich auch nicht viele, die darnach

---

7 *»Katechismus« kann bei Luther sowohl den Unterrichtsvorgang als auch den Unterrichtsstoff (Glaubensbekenntnis, Zehngebote, Vaterunser und auch Sakramentslehre) bedeuten.*

verlangen. Kommt's aber so weit, daß ich's tun muß und dazu gedrängt werde, daß ich's mit gutem Gewissen nicht lassen kann, so will ich das Meine gerne dazu tun und, so gut ich vermag, helfen. Inzwischen will ich's bei den genannten zwei Formen [des Gottesdienstes] bleiben lassen und will, um die Jugend zu üben und die anderen zum Glauben zu rufen und zu reizen, öffentlich unter dem Volk einen solchen Gottesdienst [worin der Katechismus gelernt und erklärt wird] neben der Predigt helfen fördern, bis die Christen, die mit Ernst auf das Wort achten, sich von selber finden und [einander] dazu anhalten. Es könnte sonst eine Sektiererei daraus werden, wenn ich's nach meinem Kopf erzwingen wollte. Denn wir Deutschen sind ein wildes, ungeschliffenes, unbändiges Volk, mit dem nicht leicht etwas anzufangen ist, außer wenn [uns] die höchste Not treibt.

Aus der Vorrede zur »Deutschen Messe« (1526). WA 19,73,32 ff

3 Das deutsche Sanktus

Jesaja dem Propheten das geschah,
daß er im Geist den Herren sitzen sah
auf einem hohen Thron in hellem Glanz,
seines Kleides Saum den Chor füllet ganz,
Es stunden zwei Seraph bei ihm daran,
sechs Flügel sah er einen jeden han;
mit zwei verbargen sie ihr Antlitz klar,
mit zwei bedeckten sie die Füße gar
und mit den andern zwei sie flogen frei,
genander riefen sie mit großem Schrei:
Heilig ist Gott, der Herre Zebaoth!
Heilig ist Gott, der Herre Zebaoth!
Heilig ist Gott, der Herre Zebaoth!
Sein Ehr die ganze Welt erfüllet hat.
Von dem Schrei zittert' Schwell und Balken gar,
das Haus auch ganz voll Rauchs und Nebel war.

WA 35,455,2 ff

4 Von der rechten Ausrichtung der Taufe

Martin Luther allen christlichen Lesern Gnade und Friede in Christus, unsrem Herrn!

Täglich sehe und höre ich, mit wie großer Lässigkeit und mit wie wenig Ernst, um nicht zu sagen, mit welcher Leichtfertigkeit man das hohe, heilige, tröstliche Sakrament der Taufe an den Kindern ausübt; und einer der Gründe dafür ist nach meiner Meinung auch der, daß diejenigen, die dabeistehen, nichts von dem verstehen, was da geredet und getan wird. Darum scheint es mir nicht allein nützlich, sondern auch notwendig zu sein, daß man es in deutscher Sprache tue. Und darum habe ich das Folgende verdeutscht, um den Anfang damit zu machen, auf deutsch zu taufen, damit die Paten und die Dabeistehenden desto mehr zum Glauben und zu ernster Andacht gelockt werden und die Priester, die taufen, um der Zuhörer willen desto mehr bei der Sache sein müssen.

Ich bitte aber aus christlicher Treue alle diejenigen, die taufen, Kinder [aus der Taufe] heben und [als Zeugen] dabeistehen, sie möchten doch das treffliche Werk und den großen Ernst, der darin ist, zu Herzen nehmen. Denn hier hörst du in den Worten dieser Gebete, mit welcher Klage und mit welchem Ernst die christliche Kirche das Kindlein herzuträgt, und mit welch bestimmten, unzweideutigen Worten sie vor Gott bekennt, es sei vom Teufel besessen und ein Kind der Sünde und Ungnade, und wie fleißig sie um Hilfe und Gnade mittels der Taufe bittet, damit es ein Kind Gottes werden möge.

Darum wollest du bedenken, daß es ganz und gar kein Scherz ist, [in solcher Weise] etwas wider den Teufel zu unternehmen und diesen nicht allein von dem Kindlein wegzujagen, sondern auch dem Kindlein solch einen mächtigen Feind sein Leben lang auf den Hals zu laden. Da ist es wohl nötig, dem armen Kindlein aus ganzem Herzen und starkem Glauben beizustehen und aufs andächtigste zu bitten, daß Gott es (wie diese Gebete lauten) nicht allein von der Gewalt des Teufels errette, sondern es auch stärke, daß es im Leben und im Sterben ritterlich wider ihn bestehen möge. Und ich fürchte, daß die Leute nach der Taufe darum auch so schlecht geraten, weil man in der Taufe so kalt und lässig mit ihnen umgegangen ist und so ganz ohne Ernst für sie gebetet hat.

So bedenke nun, daß beim Taufen diese äußerlichen Stücke das Unwichtigste sind, z. B. unter die Augen blasen, Kreuze anzeichnen, Salz in den Mund geben, Speichel und Kot in die Ohren und in die Nase tun, die Brust und die Schultern mit Öl salben und den Scheitel mit Salböl bestreichen, das Taufhemd anziehen und eine brennende Kerze in die Hände geben, und was dergleichen mehr ist.[8] Das [alles] ist von Menschen dazugetan, um die Taufe auszuschmücken. Die Taufe kann

---

8 *Unter die Augen blasen: Zeichen der Austreibung des unreinen Geistes und der Mitteilung des Heiligen Geistes (vgl. Johannes 20,22). Salz in den Mund geben: als Zeichen der Weisheit (vgl. Markus 9,50; Kolosser 4,6). Speichel und Kot in Ohren und Nase tun: als Zeichen der Öffnung des Herzens für die göttliche Wahrheit (vgl. Markus 7,33; auch Johannes 9,6). Salbung mit Öl auf der Brust und zwischen den Schultern: als Zeichen der Stärkung zum Tragen des Joches Christi. Salbung des Hauptes: Weihe zum ewigen Leben.*

ja auch gut ohne das alles vor sich gehen, und das sind [auch] nicht die rechten Griffe, die der Teufel scheut oder vor denen er flieht. Es gibt wohl noch größere Dinge, die er verachtet; darum muß es hier mit Ernst zugehen.

Achte vielmehr darauf, daß du [bei der Taufe] im rechten Glauben dastehst, Gottes Wort hörst und ernstlich mitbetest. Denn wenn der Priester spricht: »Laßt uns beten!«, so vermahnt er jedesmal dich, daß du mit ihm beten sollst. Auch sollen alle Paten und Umherstehenden im Herzen zusammen mit ihm die Worte seines Gebetes zu Gott sprechen. Darum soll der Priester diese Gebete fein deutlich und langsam sprechen, daß es die Paten hören und verstehen können; und auch die Paten sollen einmütig im Herzen mit dem Priester beten, die Not des Kindleins aufs allerernstlichste vor Gott bringen und sich mit ganzer Kraft für das Kindlein dem Teufel widersetzen und das ernstnehmen, was für den Teufel kein Scherz ist.

Deshalb ist es auch gewiß billig und recht, daß man nicht betrunkene und ungebildete Priester die Taufe vollziehen lasse und auch nicht nichtsnutzige Leute zu Paten nehme, sondern feine, wohlgesittete, ernste, fromme Priester und Paten, zu denen man das Zutrauen haben kann, daß sie die Sache mit Ernst und rechtem Glauben behandeln. Denn man darf dieses hohe Sakrament nicht dem Spott des Teufels preisgeben und Gott die Ehre rauben, der darin einen so überschwenglichen und unergründlichen Reichtum seiner Gnade über uns ausschüttet, daß er selber (Tit 3,5) die Taufe [geradezu] eine Neugeburt heißt, durch die wir von aller Zwingherrschaft des Teufels frei, von Sünden, Tod und Hölle los, Kinder des Lebens und Erben aller Güter Gottes, ja Gottes eigene Kinder und Christi Brüder werden. Ach, ihr lieben Christen, laßt uns solch eine unaussprechlich große Gabe nicht so lässig achten und behandeln! Ist doch die Taufe unser einziger Trost und der Eingang zu allen göttlichen Gütern und zur Gemeinschaft mit allen Heiligen. Das helfe uns Gott! Amen.

Aus der Vorrede zum »Taufbüchlein, aufs neue zugerichtet« (1526).
WA 19,537,3 ff

5 Unterricht der Visitatoren

Nunmehr ist uns ja das Evangelium durch die unaussprechliche Gnade Gottes barmherzig wiedergekehrt, vielmehr überhaupt zum ersten Mal aufgegangen, und wir haben dadurch gesehen, wie elend die Christenheit verwirrt, zerstreut und zerrissen ist. Demnach hätten

Anziehen des Taufhemds: als Zeichen des Anziehens des neuen Menschen (vgl. Galater 3,27; Epheser 4,24). Darreichung der brennenden Kerze: als Zeichen der Bereitung zur himmlischen Hochzeit (Matthäus 25,1 ff).

wir auch das rechte Bischofs- und Besuchsamt als höchst notwendig gerne wieder aufgerichtet gesehen. Aber weil keiner von uns dazu berufen war oder einen bestimmten Auftrag hatte, und weil St. Petrus (1 Petr 4, 11) in der Christenheit nichts schaffen lassen will, man sei denn gewiß, daß es Gottes Geschäft sei, so hat keiner vor dem anderen die Verantwortung dafür übernehmen wollen. Da wollten wir sicher gehen und haben uns an das Amt der Liebe gehalten, das allen Christen gemeinsam und geboten ist, und haben uns demütig an den durchlauchtigsten, hochgeborenen Fürsten und Herrn, Herrn Johann, Herzog zu Sachsen, Erzmarschall und Kurfürsten des Römischen Reiches, Landgrafen in Thüringen, Markgrafen zu Meißen, unsern gnädigsten Herrn gewandt als an unsern Landesfürsten und unsere gewisse, von Gott verordnete weltliche Obrigkeit mit der Bitte: Seine Kurfürstliche Gnaden möchte doch aus christlicher Liebe – denn als weltliche Obrigkeit ist sie nicht dazu verpflichtet – und um Gottes willen, dem Evangelium zuliebe und den elenden Christen in Seiner Kurfürstlichen Gnaden Landen zu Nutz und Heil gnädig einige tüchtige Personen zu diesem Amt auffordern und einsetzen. Das hat dann Seine Kurfürstliche Gnaden gnädig durch Gottes Wohlgefallen auch getan und eingerichtet und das Amt folgenden vier Personen übertragen: Dem gestrengen, ehrenfesten Herrn Hans, Edler von Planitz, Ritter usw.; dem achtbaren, hochgelehrten Herrn Hieronymus Schurff, Doktor der Rechte usw.; dem gestrengen und festen Asmus von Haubitz usw.; und dem achtbaren Herrn Philipp Melanchthon usw. Gott gebe, daß es ein glückliches Vorbild sei und werde zur fruchtbringenden Nachahmung für alle andern deutschen Fürsten, was auch Christus am letzten Tage reichlich vergelten wird! Amen.

Aus »Unterricht der Visitatoren an die Pfarrherren im Kurfürstentum zu Sachsen«. WA 26,197,12 ff

6 Aus Luthers Vorrede zum Katechismus

Diese Predigt[9] ist dazu bestimmt und angefangen, um als Unterricht für die Kinder und Einfältigen zu dienen. Darum heißt sie auch von altersher auf griechisch ›Katechismus‹, d. h. eine Kinderlehre. Ein jeder Christ soll sie unbedingt kennen; einen, der sie nicht kennt, kann man also nicht unter die Christen zählen und zu keinem Sakrament zulassen,[10] gleichwie man einen Handwerksmann, der Recht und

9 *Luthers großer Katechismus ist aus Katechismuspredigten entstanden, die er im Jahr 1528 gehalten hat.*
10 *Der »Katechismus«, d. h. die Hauptstücke der Kinderlehre, wurde seit 1523 bei der Beichte abgehört.*

Gebrauch seines Handwerks nicht kennt, ausschließt und für untüchtig hält. Deshalb soll man junge Leute die Stücke, die zum Katechismus oder zur Kinderlehre gehören, gut und vollständig lernen lassen und sie mit Eifer darin üben und lehren. Darum ist auch ein jeder Hausvater verpflichtet, wenigstens einmal in der Woche seine Kinder und sein Gesinde der Reihe nach abzufragen und abzuhören, was sie davon wissen oder lernen, und sie ernstlich dazu anzuhalten, wenn sie es nicht können. Denn ich denke noch wohl an die Zeit, ja, es begibt sich heute noch täglich, daß man ungebildete, alte, betagte Leute findet, die davon gar nichts gewußt haben oder noch wissen und gleichwohl zur Taufe und zum Sakrament gehen und alles gebrauchen, was die Christen haben. Und doch sollten, die zum Sakrament gehen, billig mehr wissen und ein vollständigeres Verständnis aller christlichen Lehre haben als die Kinder und ABC-Schützen.

Der große Katechismus (1529). WA 30,1,129

Zwischen Engeln und Teufeln

Während die Kirche ihre Ordnung empfängt, während sich die Predigt des lauteren Gotteswort in Deutschland gegen allen Widerstand immer mehr durchsetzt, hat Luther eine schwere Zeit voll innerer und äußerer Anfechtung und Leiden zu bestehen.

Wohl sieht er freudig und dankerfüllt, wie überall in den Ländern der evangelischen Fürsten die kirchliche Ordnung sich festigt und bewährt. Hessen, Braunschweig-Lüneburg, Schleswig-Holstein, Ansbach-Bayreuth, Nürnberg führen nacheinander die Visitation durch und machen die evangelische Predigt verbindlich. Die Städte berufen evangelische Pfarrer, oft genug in heftigem Kampf der Zünfte gegen die altgläubigen Geschlechter; Bugenhagen reformiert Braunschweig und gibt ihm eine Kirchenordnung, die zum Vorbild für viele niedersächsische Städte wird. Ja auch da, wo die landesherrliche Obrigkeit die neue Lehre feindselig ablehnt, dringt die evangelische Verkündigung unterirdisch vor: Kurfürst Joachim von Brandenburg, der fanatische Gegner der geistlichen Revolution des Ketzermönchs, muß erleben, daß seine Gemahlin Elisabeth heimlich im Berliner Schloß das Abendmahl in beiderlei Gestalt nimmt und aus Furcht, von ihrem Manne eingemauert zu werden, im März 1528 nach Sachsen flieht.

Allein in den papsttreu gebliebenen Ländern gehen Verfolgung und Unterdrückung unaufhaltsam weiter. Der evangelische Pfarrer Leonhard Kaiser erleidet, von Luther schmerzlich betrauert und freudig gepriesen, ja beneidet, im August 1527 in der Stadt Schärding den

Flammentod; der Bischof von Passau hat ihn in seinem Gebiet aufgreifen und als Ketzer verurteilen lassen. Die Prädikanten in Österreich müssen fliehen; im Herrschaftsbereich des Magdeburger Erzbischofs wird ein Pfarrer auf dem Wege zum geistlichen Gericht durch Meuchelmörder ums Leben gebracht. Luther erwartet von der Weltentwicklung nichts Gutes; Herzog Georg von Sachsen hört nicht auf, gegen ihn und seine Sache zu wüten, und der Kaiser geht in seinen eigenen Ländern, vor allem in den Niederlanden, rücksichtslos gegen die neue Ketzerei vor. Zwar haben Karls Landsknechte, erbittert über die Treulosigkeit des Papstes, im Mai 1527 die heilige Stadt Rom erobert und erbarmungslos geplündert; aber der Kaiser weiß sehr wohl zu unterscheiden zwischen dem unwürdigen Sachwalter und der guten Sache, der er nach wie vor mit aller Kraft anhängt und zu dienen gewillt ist.

Dazu wird Luther von neuem in die furchtbare Gefahr teuflischer *Anfechtung* gestürzt, die, geistlich und leiblich zugleich, in schweren Verzweiflungszuständen und mit lebensgefährlichen Herzbeklemmungen auftritt. Schon 1526 hat ihm der Stein zu schaffen gemacht, ein Übel, das ihn später noch viel mehr plagen wird. Im Juli 1527 überfällt ihn eine entsetzliche Angst um seiner Sünden willen; ein Abgrund tut sich auf; Gott allein weiß, wie es um ihn steht, während die törichte Welt glaubt, er wandle auf eitel Rosen. Nachdem er sich von Bugenhagen den Trost der Sündenvergebung hat zusprechen lassen, begehrt er, am andern Tage mit der Gemeinde das Abendmahl zu nehmen. Allein es kommt nicht dazu; am Nachmittag dieses Tages sinkt er auf dem Weg ins Schlafgemach ohnmächtig zusammen. Er wird ins Bett gebracht; eine Schwäche nach der andern überfällt ihn, er bereitet sich betend auf sein Ende, die Kälte des Todes breitet sich über den erschöpften Leib; die Freunde umringen sein Lager und trösten den Todesmatten mit hellen und klaren Schriftworten. Er bezeugt vor ihnen, daß er von Glauben, Liebe, Kreuz, Sakrament und andern Artikeln aus Gottes Wort recht gelehrt habe und ohne seinen Willen, allein auf Gottes Befehl in diese Sache hineingetrieben worden sei. Er befiehlt, vom Tode umschattet, sein Weib und sein Hänschen, das den Vater ahnungslos anlacht, dem Vater der Waisen und Richter der Witwen; an irdischem Gut wird er außer einem Silberbecher nichts hinterlassen. Da wendet sich sein Zustand. Leben und Wärme kehren zurück, ein wohltätiger Schweiß bricht aus, die Todesgefahr ist überwunden. Die Schwäche des Leibes kehrt nicht wieder, aber die Anfechtungen, härter und gefährlicher als jene, bleiben. Kurze Zeit nach dem Krankheitsanfall hat Luther darüber an Agricola in Eisleben geschrieben (1): Gott hat ihn, einen zweiten Hiob, dem Teufel preisgegeben, aber Christus und seine Engel und die Gebete der Heiligen schützen und decken ihn. Noch tiefer läßt er Melanchthon in seinen Zustand hineinblicken: mehr als eine Woche lang war er in Tod und Hölle geworfen, so sehr, daß er jetzt noch am ganzen Leibe zerrüttet ist und an allen Gliedern zittert; von der Sturmflut der Verzweiflung und Lästerung Gottes dahingetrieben, hat er Christus fast verloren; allein um der Gebete der Heiligen willen hat sich Gott seiner erbarmt und seine Seele aus der Tiefe der Hölle gerissen (Brief vom 2. August 1527).

In diesem unheilschwangeren Sommer des Jahres 1527 bricht in Wittenberg auch noch die *Pest* aus. Die Universität flieht nach Jena; Luther bleibt mit Bugenhagen zusammen in Wittenberg, allein und doch beschützt von der Gegenwart des triumphierenden Christus. Er ist durch Christi Befehl an sein Amt, an seine Gemeinde gebunden; der Mietling flieht, aber der gute Hirte läßt sein Leben für die Schafe. Gerade in solchen Zeiten braucht die Gemeinde das geistliche Amt zum Trost der Gewissen, zur Überwindung der Todesschrecken. Derselbe Luther, der durch die geistliche Anfechtung in äußerste Not versetzt wird, bleibt der Pest gegenüber völlig gelassen, selbst als eine Hausgenossin erkrankt, als Hänschen nichts mehr ißt und trinkt, als die Pest in der Gemeinde, im engsten Bekanntenkreise, ja im eigenen Hause wütet und ihre Opfer fordert. Allein der Todesengel geht an seinem Hause vorüber, gegen Ende des Jahres erlischt die Pest; mitten in aller Unruhe und Aufregung wird Luther das erste Töchterchen, Elisabeth, geschenkt, das die Eltern freilich schon im nächsten Jahre wieder hergeben müssen.

Alle häusliche Not und Krankheitsgefahr, alle Sorge um die Gemeinde wie eine dunkel drohende Wolkenwand überschattend, steigt in jenem Jahre eine neue Gefahr auf: der mächtig erstarkende *Türke* hat sich im Osten erhoben und zieht gegen das Abendland zu Feld. Im August 1526 ist der junge König Ludwig von Ungarn, der Vorposten der abendländischen Christenheit, im Kampfe gegen Sultan Soliman unterlegen und auf der Flucht kläglich im Morast erstickt; seither liegt die Ostgrenze des Reiches schutzlos dem Feinde offen. Die Frage, wie sich Krieg und Evangelium verhalten, hat Luther schon in seiner Ende 1526 erschienenen Schrift »*Ob Kriegsleute auch in seligem Stande sein können*« behandelt und dabei das Kriegsamt der weltlichen Obrigkeit als Werk christlicher Liebe zur Bestrafung des Unrechts und zur Erhaltung des Friedens beschrieben. Dabei macht Luther sehr deutlich, daß für ihn die Grenze des Gehorsams im Gewissen liegt, das über Recht und Unrecht des Kriegs zu entscheiden hat und dem er das Recht einräumt, den Kriegsdienst im Fall eines offensichtlich ungerechten Kriegs zu verweigern (2). Nun redet er in einer neuen, im August 1528 begonnenen, erst im März 1529 erschienenen Schrift vom »*Krieg wider die Türken*« (3). Luther schreibt dabei mit ausgesprochener Absicht, zum Krieg gegen den Türken zu »reizen«; jedoch er läßt sich hier wie überall nicht von politischen Erwägungen, sondern allein vom Wort Gottes leiten. Auf keinen Fall darf die Sache des Evangeliums mit diesem Kriege vermengt werden. Luther warnt in dieser Schrift ausdrücklich vor einem christlichen ›Kreuzzug‹ gegen den Türken: »Wenn ich ein Kriegsmann wäre und sähe im Felde einen Pfaffen oder ein Kreuzpanier, und wenn's das Kruzifix selbst wäre, so wollte ich davonlaufen, als jagte mich der Teufel.« Alles kommt auf die Unterscheidung der Ämter an. Der Kaiser führt den Krieg nicht als Schirmherr der Christenheit gegen den Islam, sondern als weltliche Obrigkeit zum Schutz seiner Untertanen. Tut der Kaiser, tun die deutschen Fürsten hier ihre Pflicht nicht, so müssen sie durch Predigt und Ermahnung dazu getrieben werden. Allein neben dem Kampf der Schwerter führt die Christenheit noch einen der Welt verborgenen Kampf durch Buße und Gebet gegen den unsichtbaren Feind, dessen Knecht der Türke ist, gegen den Teufel. Diesen Kampf kann der Kaiser nicht führen, denn der Teufel kann nur durch den Haufen der frommen Christen geschlagen werden.

Wie aus späteren Tischreden hervorgeht, hat Luther im Heraufziehen der Türken ein Gottesgericht über Deutschland gesehen. Die schwere Schuld der Undankbarkeit, die auf dem Lande liegt, verhindert sogar die Wirksamkeit des Gebets (4). Wenn ein Sieg erfochten wird, so kommt die Ehre nicht Menschen, sondern Gott allein zu (5). Es könnte aber auch sein, daß das Ende aller Dinge schon so nahe ist, daß das Herz nur durch die Hoffnung auf Christi Wiederkunft befestigt und gekräftigt wird (6).

In dieser schwersten Zeit, in der Luther die teuflische Anfechtung von allen Seiten und in allen Gestalten immer von neuem drohend und furchtbar begegnet, ist wohl das Lied entstanden, das bis heute das Kampflied der reformatorischen Kirche geblieben ist: »*Ein feste Burg ist unser Gott*«. Für die bedrängte Christenheit, für den angefochtenen Glauben kann nur einer streiten, der rechte Mann, der das Feld behalten wird: Jesus Christus.

Gnade und Friede in Christus! Ich danke Dir, lieber Agricola, für den Trost, den Du mir gespendet hast durch die Mitteilung, daß Deine Gemeinde [um mich] bekümmert sei und für mich bete; Gott tröste auch Euch in der Drangsal! Und ich bitte, höret nicht auf, mich zu trösten und [für mich] zu beten, denn ich bin schwach und arm. Nicht daß die Sakramentierer uns in Aufregung bringen, deren Rasereien ich bis jetzt weder las noch zu Gesicht bekam; [12] ich hoffe vielmehr durch Christus, ein Verächter dieses Satans und sogar Sieger [über ihn] zu werden. Aber der Satan selbst wütet persönlich mit seiner ganzen Kraft gegen mich, und der Herr hat mich ihm wie einen andern Hiob als Zeichen aufgerichtet. Und zwar versucht er mich mit außergewöhnlicher Schwachheit des Geistes, aber durch die Gebete der Heiligen sehe ich mich nicht gänzlich in seinen Händen gelassen, wenn auch die Wunden des Herzens, die ich empfing, nur schwer wieder heilen. Meine Hoffnung ist, daß dieser mein Kampf vielen zugutekomme, obwohl es kein Übel gibt, das meine Sünden nicht verhindert hätten. Darin steht freilich mein Leben, daß ich weiß und mich rühme, das Wort Christi rein und lauter zum Heile vieler gelehrt zu haben. Diese Tatsache entflammt den Satan, und er möchte mich mit dem Wort zusammen gestürzt und vernichtet sehen. So kommt es, daß ich zwar von den Tyrannen der Welt nichts zu leiden habe, während andere ermordet und verbrannt werden und umkommen für Christus; dafür aber habe ich um so mehr vom Fürsten der Welt selber im Geiste zu leiden. Durch alles sei Gott und der Vater unsres Herrn Jesu Christi gepriesen; er vollbringe an mir seinen Willen, der heilig ist und gut (freilich, o Gott, wie verborgen!) und wohlgefällig! Amen. Es grüßt Dich Johannes Pommer, [13] der zusammen mit den Kaplänen [14] allein mit mir hier ist. Doch sind wir nicht allein; Christus und Eure und aller Heiligen Gebete sind mitsamt den heiligen Engeln bei uns, unsichtbar, aber wirksam. Die Gnade Christi sei mit Dir, Amen.

Am 21. August 1527.   Martin Luther.

Br 4,235,3 ff

11 *Zu Johann Agricola, dem Eislebener Pfarrer, vgl. Seite 226, Anmerkung 38.*
12 *Nach Karlstadt vor allem Zwingli und Ökolampad, mit denen sich Luther damals über die Lehre vom Abendmahl auseinanderzusetzen begann.*
13 *Bugenhagen; vgl. Seite 10 f, Anmerkung 2.*
14 *Johann Mantel und Georg Rörer hatten mit Bugenhagen zusammen Wittenberg trotz der Pest nicht verlassen und unterstützten Luther in der Versorgung der bedrängten Gemeinde.*

[Auf die Frage]

›Wie, wenn mein Herr unrecht hätte mit seinem Kriegführen?‹

[antworte ich:]

Wenn du gewiß weißt, daß er unrecht hat, so sollst du Gott mehr fürchten und gehorchen als Menschen (ApGesch 5, 29) und sollst nicht Krieg führen und dienen, denn du kannst dabei kein gutes Gewissen vor Gott haben. ›Ja‹, sagst du, ›mein Herr zwingt mich, nimmt mir mein Leben, gibt mir mein Geld, meinen Lohn und Sold nicht, dazu würde ich vor der Welt verachtet und geschmäht als ein Feigling, ja als ein Treuloser, der seinen Herrn in der Not verläßt‹. Antwort: Das mußt du wagen und um Gottes willen geschehen lassen, was nun einmal geschieht. Er kann dir's wohl hundertfach wiedergeben, wie er im Evangelium verheißt: »Wer um meinetwillen verläßt Haus, Hof, Weib, Gut, der soll es hundertfältig wiederkriegen« (Matth 19, 29). Muß man doch auf solche Gefahr auch bei allen andern Werken gefaßt sein, wenn die Obrigkeit dazu zwingt, Unrecht zu tun. Aber weil Gott auch Vater und Mutter verlassen haben will um seinetwillen, so muß man gewiß auch einen Herrn verlassen um seinetwillen usw.

Wenn du aber nicht weißt oder nicht erfahren kannst, ob dein Herr im Unrecht ist, sollst du den gewissen Gehorsam um des ungewissen Rechts willen nicht schwächen, sondern nach Art der Liebe deinem Herrn das Beste zutrauen. Denn »die Liebe glaubt alles« (1 Kor 13, 7) und »denkt nichts Arges« (1 Kor 13, 5). Dann bist du sicher und handelst abermals recht vor Gott. Schmäht man dich darum oder schilt dich treulos, so ist's besser, daß dich Gott als treu und redlich preist. Was hülfe es dir, wenn dich die Welt für Salomo oder Moses hielte und du wärest vor Gott für so böse gehalten wie Saul oder Ahab?

Aus »Ob Kriegsleute auch in seligem Stande sein können« (1526).
WA 19, 656 und 657

3 *Vom Krieg wider den Türken*

... Ehe ich nun ermahne oder dazu ermuntere, gegen die Türken zu streiten, so höre mir doch um Gottes willen zu: ich will dich zuvor belehren, mit gutem Gewissen den Krieg zu führen. ...

Erstens: Weil es gewiß ist, daß der Türke gar kein Recht und keinen Befehl hat, Streit anzufangen und die Länder anzugreifen, die nicht sein sind, ist offenbar sein Krieg lauter Frevel und Räuberei, wodurch Gott die Welt straft. ... Er ist Gottes Rute und des Teufels Diener; das hat keinen Zweifel.

Zum andern muß man wissen, wer der Mann sein soll, der wider den Türken Krieg führen soll. Denn dieser soll gewiß sein, daß er den

Befehl dazu von Gott habe und recht daran tue..., auf daß er, ob er [den Feind] schlage oder geschlagen würde, in seligem Stande und göttlichem Amte befunden werde. Solcher Männer sind es zwei, und es sollen auch allein zwei sein: Einer heißt Christianus,[15] der andere Kaiser Carolus.[16]

1 Die Christenheit hat den Krieg gegen den Türken geistlich zu führen

Christianus soll der erste sein mit seinem Heer. Denn da der Türke unsres Herrgotts zornige Rute und des wütenden Teufels Knecht ist, muß man zuvor vor allen Dingen den Teufel selbst schlagen, seinen Herrn, und Gott die Rute aus der Hand nehmen, so daß man also den Türken für sich selbst, ohne des Teufels Hilfe und Gottes Hand, bloß in seiner eigenen Macht von sich habe. Dies soll nun tun der Herr »Christianus«, das ist der Haufe der frommen, heiligen, lieben Christen; das sind die Leute, die zu *diesem* Krieg gerüstet sind und damit umzugehen wissen. Denn wenn nicht zuvor des Türken Gott (d. i. der Teufel) geschlagen wird, ist zu befürchten, daß der Türke nicht so leicht zu schlagen sein wird. Nun ist der Teufel ein Geist, der mit Harnisch, Büchsen, Roß und Mann nicht geschlagen werden kann, und Gottes Zorn läßt sich damit auch nicht versöhnen...; christliche Waffen und Kraft müssen es tun. ...

Es muß wahrlich dieser Streit mit der Buße angefangen werden, und wir müssen unser Wesen bessern; sonst werden wir umsonst streiten, wie der Prophet Jeremia Kap 18, 7 ff. sagt... Denn Gott denkt etwas Böses wider uns um unsrer Bosheit willen und rüstet den Türken gewißlich gegen uns aus. ...

Darnach, wenn die Leute so belehrt und ermahnt sind, ihre Sünde zu bekennen und sich zu bessern, soll man sie alsdann auch mit hohem Fleiß zum Gebet ermahnen und zeigen, wie Gott solch Gebet gefalle, wie er's geboten und Erhörung verheißen hat. ... Ich spreche nicht von viel langem Gebet, sondern von öfterem und kurzem Seufzen mit einem oder zwei Worten derart: »Ach hilf uns, lieber Gott Vater; erbarm dich unser, lieber Herr Jesus Christus!« oder dergleichen. ...

Zu solchem Gebet wider die Türken soll uns nun die große Not bewegen. Denn der Türke ist, wie gesagt, ein Diener des Teufels, der nicht allein Land und Leute mit dem Schwert verderbt..., sondern auch den christlichen Glauben und unsern lieben Herrn Jesus Christ verwüstet.[17] ...

15 *Der Ausdruck wird nachher erklärt. Christianus = der Christ.*
16 *Kaiser Karl V.*
17 *Luther macht hier Ausführungen über den Koran, den er kennt. Er sieht*

Solches will ich dem ersten Mann, nämlich dem Christenhaufen, angezeigt haben, auf daß er wisse und sehe, wie sehr es hier nötig ist, zu beten, und [erkenne], daß man zuvor des Türken Allah, d. h. seinen Gott, den Teufel, schlagen und also seine Macht und Gottheit von ihm stoßen müsse; sonst, hab ich Sorge, wird das Schwert wenig ausrichten. Denn dieser Mann soll nicht leiblich mit dem Türken streiten, wie der Papst und die Seinen lehren, noch ihm mit der Faust widerstreben. Vielmehr soll er im Türken Gottes Rute und Zorn erkennen; das haben die Christen entweder zu leiden, wenn Gott ihre Sünde heimsucht, oder sie müssen allein mit Buße, Weinen und Gebet wider ihn fechten und ihn verjagen. . . .

2 Der Kaiser hat den Türkenkrieg als weltliche Obrigkeit zu übernehmen

Der andere Mann, dem gegen den Türken zu streiten gebührt, ist Kaiser Karl (oder wer der Kaiser ist). Denn der Türke greift seine Untertanen und sein Kaisertum an, und er ist schuldig, die Seinen zu verteidigen als eine ordentliche Obrigkeit, die von Gott gesetzt ist. . . . Wer ihm in solchem Fall gehorsam ist, der ist auch Gott gehorsam; wer ihm aber ungehorsam ist, der ist auch Gott ungehorsam. . . .

Solch Panier des Kaisers und solcher Gehorsam [gegen ihn] soll recht und einfältig sein. . . . Man soll nicht wider den Türken streiten, . . . um große Ehre, Ruhm und Gut zu gewinnen, Land zu mehren oder aus Zorn und Rachgier. . . . Darum soll man auch dies Reizen und Hetzen anstehen lassen, womit man den Kaiser und Fürsten bisher zum Streit wider die Türken gereizt hat als das Haupt der Christenheit, als den Beschirmer der Kirche und Beschützer des Glaubens. . . . Die Kirche und der Glaube müssen einen andern Schutzherrn haben, als der Kaiser und die Könige es sind. . . . Auch müßte der Kaiser, wenn er [die Türken als] die Ungläubigen und Unchristen [und nicht vielmehr als Feinde seines Landes] vertilgen sollte, am Papst, an den Bischöfen und Geistlichen anfangen, vielleicht auch unser und seiner selbst nicht verschonen; denn es gibt greuliche Abgötterei genug in seinem Kaisertum . . . Des Kaisers Schwert hat nichts zu schaffen mit dem Glauben; es gehört in leibliche, weltliche Sachen. . .

Aber so sollte man tun: den Kaiser und die Fürsten an ihr Amt und

das Verderbliche und Antichristliche des Islam zusammengefaßt in dreierlei: 1. Die Stellung Mohammeds, des »Propheten«, über Christus, den »König Gottes« (das bedeutet, daß die Selbstrechtfertigung Gottes freie Gnade ausschließt). 2. Die gewaltsame Ausbreitung durch das Schwert. 3. Die Mißachtung des Ehestands.

ihre schuldige Pflicht mahnen, daß sie darauf bedacht wären, mit Fleiß und Ernst ihre Untertanen in Frieden und Schutz zu behalten gegen die Türken, gleichviel, ob sie selbst Christen sind oder nicht (obwohl es sehr gut wäre, daß sie Christen wären!). Aber weil das ungewiß ist und bleibt, daß sie Christen sind, während gewiß ist, daß sie Kaiser und Fürsten sind (d. h. daß sie Befehl von Gott haben und schuldig sind, ihre Untertanen zu schützen), soll man das Ungewisse fahren lassen und auf das, was gewiß ist, das Spiel setzen: man soll sie mit fleißigem Predigen und Vermahnen antreiben und es ihnen schwer aufs Gewissen legen, wie sie es Gott schuldig sind, ihre Untertanen nicht so jämmerlich verderben zu lassen, und wie sie große, gewaltige Sünde tun, wenn sie ihr Amt hierin nicht bedenken und denjenigen, die mit Leib und Gut unter ihrem Schutz leben sollen und durch Eidschwüre und Huldigung ihnen verbunden sind, nicht mit Hilfe und Rat erscheinen nach allem Vermögen.

3 Die letzte Entscheidung führt Christus mit seiner Wiederkunft herbei

... Wie kann aber der Kaiser Karl zu dieser Zeit gegen den Türken streiten, wenn er so große Hindernisse und solche Verräterei gegen sich hat von Königen, Fürsten, Venetianern und schier von jedermann? Antwort: Was man nicht heben kann, soll man liegen lassen. Können *wir* nicht weiter, so müssen wir unsern Herrn Jesus Christus durch seine Zukunft raten und helfen lassen. Er kann doch nicht [mehr] ferne sein. Denn die Welt ist ans Ende gekommen, das römische Reich ist fast dahin und zerrissen; es steht [mit ihm], wie es mit der Juden Königreich stand: Als Christi Geburt nahegekommen war, hatten die Juden schier nichts mehr von ihrem Königreich. ... Doch was der Kaiser für die Seinen tun kann gegen den Türken, das soll er tun, ... seine Untertanen zu schützen und zu retten. ...

Ich aber will hiemit mein Gewissen verwahrt haben. ... Ich habe doch meinen Deutschen die Wahrheit, so viel mir bewußt, anzeigen und Dankbaren und Undankbaren treulich raten und dienen wollen. Hilft's, so hilft's, hilft's nicht, so helfe unser lieber Herr Jesus Christus und komme vom Himmel herab mit dem Jüngsten Gericht und schlage beide, Türken und Papst, samt allen Tyrannen und Gottlosen zu Boden und erlöse uns von allen Sünden und von allem Übel. Amen.

Aus der Schrift »Vom Kriege wider die Türken« (1529). WA 30,2,116,1 ff;
117,21 ff; 118,22 ff; 120,25 ff; 129,6 ff; 130,4 ff; 143,26 ff; 148,18 ff

4 Luthers Gebet gegen die Türken

Wie gerne wollte ich, daß Karl den Türken zu Boden streckte! Das erbitte ich von Gott mit meinem höchsten Verlangen. Aber wenn ich bitte, so fällt mir meine Bitte wieder zurück; denn unsre Sünden sind zu groß. *TR 2,1797 (August/September 1532)*

Wann ich bitte, Gott möge Karl den Sieg gegen die Türken geben, so schreien mir unsre Sünden und Undankbarkeit entgegen.
TR 2,2694 (September 1532)

5 *Die Ehre des Sieges*

Unser Sieg liegt allein bei Gott. Sollen wir den Türken schlagen, so liegt es allein bei Gott, und wenn sich einer rühmt, er habe es getan, so schände ihn der Teufel! *TR 2,1728 (Juli/August 1532)*

6 *Das nahe Ende*

Also hoffe ich nun auch, die Welt sei am Ende. Denn Karl und Soliman sind des Reiches Hefe; keiner wird das Reich ganz besitzen. Der Türke hat's noch nicht so weit gebracht wie das römische Reich, das in fünfzig Jahren sehr hoch stieg und zunahm. Es wird bei dieser Hefe wohl bleiben. Christus wird kommen; denn wir haben keine Schrift mehr und die Zeichen sind vorhanden.
Aus TR 1,904 (erste Hälfte der dreißiger Jahre)

DER ABENDMAHLSSTREIT

Es widerfährt Luther die Bitternis, daß die schwerste und folgenreichste Auseinandersetzung im evangelischen Lager, der Abendmahlsstreit, Andreas *Karlstadt* zum Urheber hat, den alten Freund und Mitkämpfer, dessen schwärmerische Zügellosigkeit Luther freilich schon viel zu schaffen gemacht hat. Nach seiner Vertreibung aus Sachsen irrt Karlstadt ruhelos umher; aus der Feder des gequälten Mannes kommen eine Anzahl von erregten Schriften, in denen allen er eine neue Entdeckung verbreitet, die ihm im Kampfe gegen die Messe und gegen Luthers zähen Sakramentsglauben von höchster Bedeutung zu sein scheint: daß nämlich die Lehre von der leiblichen Gegenwart Christi im Nachtmahl mit dem christlichen Glauben unvereinbar sei. Karlstadt hält mit seinem Fund nicht zurück; in Straßburg, in Basel findet seine These Anhänger und Verteidiger. Luther wendet sich in der Schrift »Wider die himmlischen Propheten von Bildern und Sakrament« (s. oben Seite 58) in scharfem Ton gegen den abgefallenen Freund (I): er sieht auch hinter dieser Verhüllung den Teufel am Werk, der das Evangelium, das er mit Gewalt nicht unterdrücken kann, unter listigem Mißbrauch der Schrift verderben will. Beim Abendmahl fängt er an, »er wird aber fortfahren und mehr Artikel angreifen, wie er schon funkelt mit den Augen, daß die Taufe, die

Erbsünde, Christus nichts sei. Das wird wieder ein Gerumpel in der Schrift werden und solche Zwietracht, so viel Rotten, daß wir auch wohl mit Paulus sagen mögen: ›Das Geheimnis der Bosheit reget sich schon...‹« (Aus der Schrift von 1527: »Daß diese Worte ›Das ist mein Leib‹ noch feststehen«. WA 23, 60).

Karlstadt scheidet nun freilich aus. Er hat, durch Luthers Fürsprache nach dem Bauernkrieg vom Schicksal Müntzers gerettet, ein Asyl in Wittenberg gefunden und Stillschweigen geloben müssen. Aber schon lange hat die neue Abendmahlsauffassung einen geistesmächtigen Fürsprecher gefunden, den Luther trotz anfänglicher Nichtbeachtung bald genug ernst nehmen muß: *Zwingli*.[18] Verstandesklar und umsichtig, der Forderung des Tages gerecht und leidenschaftlich der politischen Entwicklung seines Vaterlandes verhaftet, hat Zwingli seit seiner Berufung nach Zürich den doppelten Kampf gegen die ausländische Bindung Zürichs und um die Erneuerung seines Kirchenwesens siegreich durchgeführt. Die Stadt Zürich hat sich von Rom und von Frankreich gelöst, die Kirchengewalt liegt beim Großrat, dem Repräsentanten der christlichen Gemeinde. Am Gründonnerstag 1525 wird das neue Abendmahl gefeiert: auf einfachen, weißgedeckten Tischen stehen Körbe mit ungesäuertem Brot, Holzkannen und Becher mit Wein; Brot und Wein gehen von Hand zu Hand in der Gemeinde umher. Längst schon ist Zwingli der Überzeugung, daß die Lehre der Wandlung von Brot und Wein in Leib und Blut Christi, auf welche die Messe sich gründet, unhaltbar ist; in der Schrift eines Niederländers findet er die befreiende Einsicht, daß das »ist« der Einsetzungsworte nichts anderes heißen kann als »bedeutet«. Er hat keinen Grund, diesen Fund geheimzuhalten; 1525 tritt er, bald unterstützt von Butzer, Ökolampad und Capito, an die Öffentlichkeit; man wirbt in den Städten des Südens eifrig für die Züricher neue Lehre. Da nun auch in den Gemeinden Unsicherheit überhandnimmt, sehen sich eine An-

---

18 *Huldreich Zwingli, am Neujahrstag 1484 in der Gemeinde Wildhaus in Toggenburg geboren, studierte in Wien und Basel und wurde 1506 Pfarrer in Glarus. 1513 und 1516 zog er als Feldprediger mit den Glarnern nach Italien; aus vaterländischen Gründen kämpfte er gegen das Reislaufen und Pensionsunwesen der Schweizer. Als Leutpriester an dem Wallfahrtsort Mariä-Einsiedeln lernte er die Schäden des herrschenden Kirchensystems gründlich kennen. Ende 1518 wird er als Leutpriester ans Großmünster in Zürich berufen, wo er das für Zürich und die ganze Schweiz entscheidende Reformationswerk vollbrachte. Am 11. Oktober 1531 wurde er in der Schlacht bei Kappel, zu welcher er als Feldprediger mit ausgezogen war, erstochen und sein Leichnam verbrannt.*

zahl von schwäbischen Predigern, Brenz an der Spitze, gezwungen, sich ebenfalls öffentlich zur Wehr zu setzen; sie geben 1526 eine gemeinsame Erklärung, das »*Schwäbische Syngramma*«, heraus, zu dem Luther ein Vorwort schreibt (2). Schon aus diesem Vorwort wird sichtbar, daß Luther die neue Abendmahlsauffassung von vornherein ablehnt; die Vielköpfigkeit der neuen Sekte, die schlechte Begründung der neuen Lehre, die umherschweifende Unbeständigkeit des hier sich zeigenden Geistes sind ihm Beweise dafür, daß es sich um falsche Propheten handelt, vor denen die Gemeinde gewarnt werden muß; wie kann man nur die Schrift an Vernunftnotwendigkeiten messen wollen, während das Wort Gottes doch seine eigene Vernunft und Notwendigkeit in sich trägt! Seit 1527 treten die Personen zweiten Ranges zurück; Luther und Zwingli treten sich nunmehr selbst in mehreren Schriften gegenüber, Luther insbesondere in seinem umfangreichen Traktat »Vom Abendmahl Christi, Bekenntnis« (1528). Luther, derb losfahrend, sieht hinter Zwingli die Schwarmgeisterei stehen, welche Wort und Sakrament zugunsten einer vagen Innerlichkeit verachtet, die Herrschaft des erhöhten Christus über Himmel und Erde nicht anerkennt und den geängstigten und angefochtenen Gewissen den wirklichen Trost der Sündenvergebung raubt. Zwingli dagegen sucht Luther wie einen schonungsbedürftigen Kranken mit herablassendironischer Milde von seiner eigensinnigen Verblendung zu heilen; für ihn, dem das Nachtmahl nicht mehr ist als Gedächtnismahl, Danksagung und Bekenntnis der Genießenden, ist Luther auf dem Wege zu ungeistiger Gottlosigkeit, zur groben Verdinglichung der Papstmesse, welche den heiligen Leichnam ins Brot verschließt, und zur Verachtung der menschlichen Natur Christi, der nicht gleichzeitig zur Rechten Gottes und in der Hostie sein kann.

Der Bruch zwischen Wittenberg und Zürich erfolgt in einem Augenblick, in welchem das überwunden geglaubte Papsttum, gestützt auf die gewaltig erstarkte kaiserliche Macht, sich zu neuem Kampfe aufrafft. Karl V. bereitet den Frieden mit dem Papst und mit Frankreich vor; sein Bruder Ferdinand hat durch den Gewinn von Böhmen und Ungarn dem Hause Habsburg einen gewaltigen Machtzuwachs verschafft. So neigt sich unter dem Gewicht dieser Tatsachen auf dem zweiten Reichstag von *Speyer* (Februar bis April 1529) die schwankende Mehrheit von vornherein auf die Seite des Kaisers. Seine Vorlage wird angenommen, wonach der Abschied von 1526 aufgehoben wird und in allen altgläubigen Ländern das Wormser Edikt durchgeführt werden soll, während in allen evangelischen Gebieten die Messe freizugeben ist und nicht weiter reformiert werden darf. Dieser Abschied bedeutete nichts anderes als die Zerstörung der eben in Bildung begriffenen Kirchen reformatorischen Glaubens. Dagegen erheben am 25. April 1529 fünf Fürsten – Sachsen, Hessen, das markgräfliche Brandenburg, Lüneburg und Anhalt – und vierzehn Städte *Protest:* sie vermögen die einseitige Aufhebung des Speyrer Abschieds durch die Reichstagsmehrheit nicht als für sich verbindlich anzuerkennen, werden vielmehr wie bisher nach dem vorigen Abschied in der Neuordnung ihres Kirchenwesens weiterfahren.

Inzwischen schließt der Kaiser im Laufe des Sommers 1529 seinen Frieden mit dem Papst und mit Frankreich, beide Male auf der Grundlage des Kampfes gegen die lutherische Ketzerei. Die evangelischen Stände verkennen die Gefahrenlage, in der sie sich befinden, nicht. Wie sich die nord- und mitteldeutschen Fürsten schon im Torgauer Bündnis zusammenschlossen, so suchen die besonders gefährdeten oberdeutschen Städte Anschluß an Zürich. Aber sollte es nicht gelingen, ein großes Bündnis *aller* evangelischen Fürsten und Städte von Sachsen bis Zürich zustande zu bringen? Dem steht freilich der Abendmahlsstreit und Luthers tiefe Abneigung gegen alle derartigen Pläne entgegen. Schon das Bündnis, das noch in Speyer zwischen Sachsen und Hessen einerseits, Nürnberg, Ulm und Straßburg andererseits geschlossen worden ist, hat Luther veranlaßt, beim Kurfürsten in einem Briefe vom 22. Mai 1529 die dringliche Bitte um Aufhebung dieses Bündnisses vorzubringen: solche Bündnisse kommen nicht aus dem Glauben, sondern aus Menschenwitz und sind zudem im Alten Bunde ausdrücklich verurteilt; wie kann vollends ein mit den Sakramentierern, den mutwilligen Feinden Gottes, geschlossener Bund Hilfe bringen? Allein Landgraf Philipp, der Hauptverteter des Bündnisplans, arbeitet mit Nachdruck an seiner Verwirklichung. Da er weiß, daß eine Überwindung der Gegensätze nur auf dem Wege der theologischen Verständigung möglich ist, lädt er die verfeindeten Theologen zu persönlicher Begegnung auf sein Schloß in Marburg ein, eine Einladung, welcher die Schweizer, angesteckt von Philipps weitschauenden politischen Gedanken, hoffnungsvoll, die Wittenberger dagegen zögernd, mißtrauisch und zur Behauptung ihres Standpunktes entschlossen Folge leisten.

Am 27. und 29. September treffen nacheinander Zwingli, Ökolampad, Butzer, der Straßburger Städtemeister Jakob Sturm, dann Luther, Melanchthon, Jonas, endlich auch Brenz und Osiander in Marburg ein. Vom 1. bis 3. Oktober dauert das *Marburger Gespräch,* das von beiden Seiten in versöhnlichem Ton, in der Sache jedoch fest und klar geführt wird. Liegt Zwingli alles daran, die Verständlichkeit der göttlichen Offenbarung festzuhalten, so hat Luthers unnachgiebiges Festhalten am gewaltigen Textwort »Das ist mein Leib« seinen Grund darin, daß er das göttliche *Geheimnis* zu wahren sich berufen weiß. So erschöpft sich das Gespräch (3) in der Anführung und Widerlegung der bisher schon vorgebrachten Gründe. Es erfolgt keine Scheidung, keine gegenseitige Verwerfung, keine Kirchentrennung. Man stellt die Punkte, in denen man einig ist, in 15 Artikeln zusammen, welche alle Hauptstücke der evangelischen Lehre enthalten. Man verspricht, sich gegenseitig nicht mehr öffentlich bekämpfen zu wollen. Man gesteht sich gegenseitig sachlichen Ernst, den guten Willen, das Gewicht der Gründe zu. Allein, obwohl man sich in Frieden und Liebe die Hand reicht, kann Luther die andern nicht als christliche Brüder anerkennen, und es bleibt bei dem zu Butzer gesprochenen Wort: »Es ist offenbar, daß wir nicht einerlei Geist haben.« (3)

So sind Philipps Pläne an Luthers Schrifttrotz gescheitert. Aber noch ist Zwingli da, der geistliche Politiker, mit dem der Landgraf ein hohes Ziel verwirklichen will: gegen Habsburg und Rom soll nicht nur ein lahmes Verteidigungsbündnis, sondern ein aktiver Weltbund geschlossen werden. Von Dänemark soll sich über die niederdeutschen Fürsten und die oberdeutschen Städte zur Schweiz und bis nach Venedig ein Wall ziehen, der Österreich und den Kaiser trennt und so die Vernichtung Habsburgs ermöglicht. Allein Luther verlangt, daß dem politischen Bunde die theologische Einigung auf Grund desselben Schriftverständnisses als Fundament dienen müsse. Die oberländischen Städte – von den Zürichern ist gar nicht mehr die Rede – sollen sich auf das lutherische Abendmahlsverständnis verpflichten. Doch es wird auf den *Tagungen von Schwabach und Schmalkalden* (Oktober und November 1529) offenbar, daß ihnen das ganz unmöglich ist. Außerdem sträubt sich Luther gegen jedes Waffenbündnis wider den Kaiser; was ist dies anders als Auflehnung gegen die Obrigkeit? Luther sieht die Bedrohung seiner Sache, aber es kommt ihm nicht in den Sinn, darum vom Schriftwort auch nur ein Jota abzubrechen.

»Nie trat wohl die reine Gewissenhaftigkeit rücksichtsloser, großartiger hervor. Man sieht den Feind gerüstet herannahen, man vernimmt sein Drohen, man täuscht sich nicht über seine Absichten, man ist überzeugt, daß er das Äußerste versuchen werde. Auch hätte man Gelegenheit, einen Bund gegen ihn zu errichten, der Europa erschüttern, an dessen Spitze man dem zur Weltherrschaft Aufstrebenden mächtig gegenübertreten, das Glück herausfordern könnte; allein man will das nicht, man verschmäht es, und zwar nicht etwa aus

Furcht, aus Zweifel an der eigenen Tüchtigkeit – das sind Rücksichten, welche diese Seelen nicht kennen –, sondern ganz allein aus Religion« (Ranke, Deutsche Geschichte im Zeitalter der Reformation, III, 138).

1 Ein neues Wetter zieht auf

Walt's Gott und unser lieber Herr Jesus Christus!

Da zieht ein neues Wetter herauf. Ich hatte mich fast zur Ruhe gelegt und meinte, es wäre ausgestritten, nun geht's erst recht an, und es geht mir, wie der weise Mann spricht: »Wenn der Mensch aufhöret, so muß er anfangen«.[19] Doktor Andreas Karlstadt ist von uns abgefallen, dazu unser ärgster Feind geworden. Christus wird ja nicht erschrecken und wolle uns seinen Sinn und Mut geben, daß wir auch nicht irren noch verzagen vor dem Satan, der da vorgibt, er wolle dem Hl. Abendmahl seine rechte Bedeutung geben, aber etwas ganz anderes im Sinn hat, nämlich: die ganze Lehre des Evangeliums, die er bisher mit Gewalt nicht zu unterdrücken vermocht hat, mit listiger Benutzung der Schrift zu verderben.

Eben erst habe ich's verkündigt – und ich besorge, meine Prophetie wird wahr werden –, daß Gott unsere Undankbarkeit heimsuchen und die Wahrheit niederschlagen lassen wird, wie Daniel (8, 12) sagt. Weil wir sie verfolgen und nicht annehmen, so werden wir lauter Irrtum und falsche Geister und Propheten dafür haben müssen. Ein Teil dieser Geister treibt nun schon drei Jahre sein Wesen; durch Gottes Gnade sind sie bisher gehindert worden, sonst wären sie schon längst eingerissen. Ob er's weiter aufhalten wird, weiß ich nicht, weil niemand sorgt, niemand dafür betet und alle miteinander sicher sind, als schliefe der Teufel, der doch wie ein grimmiger Löwe umhergeht.[20] Ich hoffe freilich, es soll bei meinen Lebzeiten nicht Not haben, und darum will ich auch, solange ich lebe, wehren, soviel mir Gott Gnade gibt; es helfe, wenn es helfen kann. . . .

Aus »Wider die himmlischen Propheten« (1524 f). WA 18,62,1 ff

2 Erste Vorrede zum Schwäbischen Syngramma

Martinus Luther allen lieben Freunden in Christo.

Gnade und Friede in Christo, unserm Herrn und Heilande.

Es ist ein lateinisches Büchlein, Syngramma genannt, durch die Prediger in Schwaben herausgegeben worden gegen die neuen Rotten, die vom Hl. Abendmahl neue Träume aufbringen und die Welt

19 Sirach 18,6.
20 1. Petrus 5,8.

verwirren. Dies gefiel mir so gut, daß ich willens war, dasselbe zu verdeutschen, weil ich sonst vor vielem Schreiben und Geschäften ein besonderes [Büchlein] in der Eile nicht hätte schreiben können. Da sich nun das auch hinauszögerte, ist's inzwischen von meinem guten Freunde, Magister Johann Agricola, Schulmeister zu Eisleben, verdeutscht worden, so daß ich nun der Mühe enthoben bin. Ich war auch damals, als ich wider die himmlischen Propheten schrieb und Karlstadts ›Tuto‹[21] angriff, darauf gefaßt, daß noch [weitere] Leute im Rückhalt sein möchten, die sich mit dem ›Est‹ und ›Significat‹[22] hervortun würden und sonderlich so gelehrte Männer.[23] Ist doch die Begründung [dieser Absicht] so kindisch und unzureichend, daß sie in der Schrift kein Beispiel hat; und wenn sie schon ein Beispiel hätte, so könnte doch damit nicht bewiesen werden, daß auch in den Worten ›Das ist mein Leib‹ ebenso verfahren werden sollte und müßte. Das werden sie nimmermehr beweisen, das weiß ich fürwahr. Denn es ist etwas ganz anderes, wenn ich sage: ›Das *kann* so heißen‹, als wenn ich sage: ›Das *muß* so und kann nicht anders heißen.‹ Auf das erste kann sich das Gewissen nicht verlassen, auf das andere aber kann sich's verlassen. Ich meinte auch, meine auch [jetzt] noch, daß ich diese Sache in meinem Büchlein[24] wider den Karlstadt so begründet habe, daß sie niemand umstoßen soll; ich sehe auch noch nicht, daß meine dort vorgelegten Gründe recht angegriffen oder erschüttert worden sind. Aber was ich schreibe, ist bei den hohen Geistern verachtet, daß sie die [Schriften von mir] nicht ansehen; sie meinen, wenn sie nur dagegen winken, so sei alles in Ordnung, und man müsse nun anders darüber schreiben. Wohlan, weil ich noch nicht die Zeit habe, wider diesen Geist eine besondere Schrift zu schreiben, will ich mit dieser Vorrede meinen Glauben bezeugen und [jedem,] wer sich warnen lassen will, treulich raten, daß sie sich vor diesen falschen Propheten vorsehen. Sie heißen unsern Gott einen ›gebackenen Gott‹, einen ›broternen Gott‹; uns heißen sie ›Gotts-Fleischfresser‹, ›Gotts-Blutsäufer‹, und [geben uns], weiß nicht, wie viel andere greuliche Lästerworte mehr; und dabei sind sie doch geduldige, sanfte

21 *Karlstadt hatte behauptet, das »Das« (griechisch Tuto) in den Einsetzungsworten des Hl. Abendmahls (»Das ist mein Leib«) beziehe sich nicht auf das Brot, sondern Christus habe damit auf seinen Leib gezeigt.*

22 *Hier ging der Streit um den Sinn des »ist« in den Einsetzungsworten (»Das ist mein Leib«, »das ist mein Blut«): Meint dieses »ist« ein wirkliches »ist« (»est«) oder ein »bedeutet« (»significat«)?*

23 *Wie Zwingli in Zürich, Ökolampad in Basel; vgl. unten.*

24 *»Wider die himmlischen Propheten.«*

Leute, die große Verfolgungen leiden und Christus recht erkennen. Aber der Teufel nehme sich solcher Geduld und Sanftmut an, die den Glauben stürzt! Doch hoffe ich, daß solche greuliche Lästerung bald ein Ende mit ihnen machen wird, wiewohl wir solch jammerwürdiges Wesen und solche Sekten wohl verdient haben durch unsere Undankbarkeit und Verfolgung des Evangeliums und noch Ärgeres verdienen, was auch leider kommen wird.

Aufs erste ist diese Sekte so fruchtbar, daß sie innerhalb eines Jahres fünf oder sechs Köpfe bekommen hat. Der erste war D. Karlstadt mit seinem ›Tuto‹, der andre Huldreich Zwingli mit seinem ›Significat‹. Der dritte ist Johann Ökolampadius mit seiner ›Figura Corporis‹.[25] Der vierte kehrt die Ordnung des Textes um.[26] Der fünfte ist auf der Bahn, der stellt die Worte um.[27] Der sechste steckt noch in der Geburt und würfelt die Worte. Der siebente wird vielleicht auch einmal kommen und die Karten dazu mischen. Ein jeglicher will hier Meister werden. Da sieh, ob uns nicht der Geist Gottes genug vor dieser Sekte warnt, die schon bei ihrem Anfang sich so spaltet? Wo andershin soll dieses Gebilde gehören als unter die Tiere in der Offenbarung? Dort (Offb 13, 1) kommen auch etliche Tiere, die *einen* Leib und viele Köpfe haben. Ebenso wie diese Sekte in der Hauptsache dasselbe vertritt und gleichsam *ein* Leib ist, während bei der Angabe von Grund und Ursache [ihrer Meinung] jede Rotte ihren [besonderen] Kopf und ihre [eigene] Weise hat; doch sind alle aufgestanden, um die christliche Wahrheit zu lästern, die eine einzige und für sich allein ist. Wer sich nun nicht an diesem greulichen Bild stößt noch sich warnen läßt durch Gottes Vermahnung, der ist wohl wert, daß er glauben müßte, im Hl. Abendmahl sei nicht allein bloßes Brot und Wein, sondern lauter Pfifferlinge oder Morcheln.

Zum andern pflegt der rechte Geist nicht bloß widersprechende Begründungen zu meiden und immer ein und dieselbe Begründung auch in allen seinen Predigten in aller Welt vorzulegen — denn er ist nicht ein Gott der Zwiespältigkeit, sondern der Einfältigkeit —;

25 *Ökolampad hatte eine symbolische Auffassung des Hl. Abendmahls vertreten: das Brot ist ein Bild, ein Zeichen des Leibes Christi (figura corporis).*

26 *In einer an Bugenhagen gerichteten Schrift hatte ein unter dem Namen Konrad Ryß sich Versteckender die Einsetzungsworte umgestellt (etwa: »Das, was euch gegeben wird, das ist mein Leib«) und so die Beziehung auf das Brot gestrichen.*

27 *Wohl die Anschauung Schwenckfelds (»Mein Leib, der für euch gegeben wird, ist das [nämlich eine geistliche Speise]«).*

ja, er legt auch Begründungen vor, die Bestand haben, so daß sie, je länger man dagegen ficht, um so fester werden und zunehmen. Aber bei diesem Tiere geht es anders zu. Der erste Kopf, Karlstadts ›Tuto‹, liegt schon am Boden und hat nicht einen einzigen Puff aushalten können, daß sie selbst bekennen müssen, er habe gefehlt, und es sei der Geist da nicht daheim gewesen. Und es hilft hier kein Schonen, [indem man sagt,] daß auch heilige Leute zuweilen im Glauben und Leben straucheln. Das ist ja wahr; aber [wenn es gilt], den Grund der Lehre darzulegen, vor allem, wenn sie neu aufgehen soll, hat er [der rechte Gottesgeist] seine Lehre nie fehlen lassen. Er läßt die Begründung wohl schwach sein, aber doch nicht fallen und unterliegen, sondern, wie gesagt, zunehmen und obliegen, nicht wie des Karlstadts ›Tuto‹ gefallen ist und daliegt. Ebenso geht es Zwinglis ›Significat‹; das hat auch den Kopf hängen lassen[28] und stirbt frei dahin. Denn man kann kein ›Significat‹ in der Schrift zu einem ›Est‹ machen; und wenn man's schon irgendwo nachweisen könnte – was sie nicht können –, so können sie es doch nimmermehr mit dem ›Est‹ im Abendmahl machen, und so hat der Geist hier auch gefehlt und liegt [am Boden]. Das sind zwei große Vermahnungen und Warnungen Gottes für alle, die ihn fürchten und recht glauben wollen. Man kann ja den Teufel an nichts so gut erkennen als an der Lüge und Zwiespältigkeit im Glauben, und den Geist Gottes an nichts so gut erkennen als an der Wahrheit. Aber es hilft nichts: Die Welt muß und will verführt sein, gleichwie zu des Arius[29] Zeiten auch ähnliche Lügen sich fanden zur Warnung, ohne daß es jedoch etwas half.

Zum dritten ist dieser Geist vor allem ein flüchtiger oder schwebender Geist, der auf keinem Stück [bestehen] bleibt. Diese Erfahrung habe ich bei ihnen sowohl in ihren Schriften als in ihren Worten gemacht. Wenn man von ihnen fordert, sie sollen bei diesem Spruch »Das ist mein Leib« oder dergleichen beweisen, daß es nach ihrer Meinung und anders, als die dürren, natürlichen Worte lauten, zu verstehen sei, so fangen sie ein anderes Liedlein an, je nachdem ihnen Worte und Gedanken einfallen. So bringen sie aus dem 6. Kapitel des Johannes daher, daß es zweierlei Essen gebe, geistliches und leibliches, als hätte das niemand zuvor gewußt; oder loben sie sich einmal [selber], wie sie fromm seien und viel leiden müßten; oder fragen sie

---

28 *Johannes Bugenhagen, Stadtpfarrer in Wittenberg und Freund Luthers (vgl. oben Seite 10 f, Anmerkung 2), hatte 1525 eine erste Gegenschrift gegen Zwingli ausgehen lassen.*

29 *Arius, Presbyter in Alexandria, war das Haupt der auf dem Konzil von Nicäa 325 verurteilten Irrlehre über die Person Christi.*

herausfordernd, wozu es denn nütze, daß Christi Leib und Blut da sein müsse; oder werfen sie sonst etwas herein, damit sie ja nicht auf den Worten bleiben müssen (sie würden sonst gefangen!). So füllen sie Blätter und Ohren mit vergeblichen Worten, daß einer [mit Händen] greifen muß, wie sich der Satan fürchtet und in alle Gestalt verwandelt, damit er nicht in seiner Lüge erhascht werde. Sage ich dann, solche Umschweife und Ausflüchte dienen nicht zur Sache; sie möchten mir bei den Worten bleiben und da an Ort und Stelle aus dem Text ihre Meinung beweisen: Jawohl, da habe ich den Aal beim Schwanz, da führen sie mich wieder ins 6. Kapitel des Johannes oder sonst auf einen Affenschwanz, so daß man indessen durch viel Geschwätz von der Sache wegkommt und doch nichts ausrichtet. Das ist eine rechte Satanskunst, so zu schweben, wie die Nachtbrände des Abends auf dem Felde dahinfahren.[30]

Darum sage ich mein Urteil. Wiewohl es sie sehr verdrießt, so weiß ich dennoch, daß es wahr ist; denn ich kenne in diesem Fall den Glauben und den Teufel wohl [auseinander]. Sie haben zwei Gründe für ihren Irrtum: den einen, daß es für die Vernunft etwas Ungereimtes ist, den anderen, daß es unnötig sei, daß Christi Leib und Blut im Brot und Wein ist, d. h. absurditas et nulla necessitas.[31] Diese zwei Stücke haben von ihnen Besitz ergriffen und sind [ihnen] durch die Anfechtungen des Satans durch [und durch] gegangen, wie Öl durchs Gebein geht (Ps 109, 18), daß sie sie nicht mehr loswerden können. Hernach, nachdem sie eine solche gemalte Brille vor den Augen haben, kommen sie zur Schrift getrollt und suchen, wie sie ihren Sinn hineintragen und die Schrift auf ihre Meinung richten können. Da fängt's dann an: da dürfen die Worte nicht zu verstehen sein, wie sie ihrer Art nach lauten; man muß sie dehnen und biegen, da ein Tuto, da ein Significat, da eine Figura [machen], da die Worte umkehren, da den Text umstellen, da den Text mischen wie Karten. Siehe, da kommen die Sekten her; blieben sie aber auf den Worten, wie sie da stehen, oder bewiesen sie aus dem Text und seinem Zusammenhang oder sonst mit gutem Grunde, daß die Worte anders zu verstehen seien als sie lauten, so würden sie keine Rotten stiften.

Wollen sie nun ihre Meinung begründen, so müssen sie wahrlich das Schwert aus der Hand nehmen; die vorgelegten Schriften, gleichviel ob es das Subsidium oder das Antisyngramma[32] ist, werden's

---

30 *Luther denkt wohl an etwas wie Irrlichter, spukhafte Lichterscheinungen.*
31 *D. h. Ungereimtheit und Unnötigkeit.*
32 *Zwingli hatte im August 1525 seine Schrift »Subsidium sive coronis*

nicht tun. Verführen mögen sie viele, aber im Grunde nichts ausrichten. Ich will hiermit auch alle frommen Christen ermahnt haben,
daß sie sich vor diesen Sekten hüten und bei den reinen, lauteren
Worten Christi bleiben. Wir haben ja den Vorteil, daß wir die Worte
nicht zu dehnen noch zu biegen brauchen wie sie. Ich bitte auch, daß
ihr dieses Büchlein fleißig lesen wollet. So mir Gott Zeit gibt, will
ich ein besonderes Büchlein darüber schreiben, und danke indes meinem Gott, daß er den Teufel keine stärkeren Lügen, als diese sind,
aufbringen läßt. Gottes Gnade sei mit uns allen.   WA 19,457,1 ff

3 Aus den Verhandlungen des Marburger Gesprächs
Das Gespräch beginnt am Samstag, 2. Oktober, 6 Uhr morgens.

In seiner einleitenden Ansprache erklärt Luther, daß sich die Kirchen von
Zürich, Basel und Straßburg in verschiedenen Glaubenssätzen irren; sei hier
keine Glaubenseinheit vorhanden, so rede man umsonst vom wahren Wert
des Abendmahls. Er bezeuge öffentlich, daß er mit Zwingli und Ökolampad
nicht übereinstimme. Das wolle er ausdrücklich sagen — man solle daheim
nicht behaupten, er habe ›das Maul nicht auftun dürfen‹. Sodann legte er die
Einwände der Schweizer gegen seine Abendmahlslehre dar.

LUTHER Sie wollen durch logisches Denken unumstößlich beweisen,
   daß ein Körper nicht [zugleich] an zwei Orten sein kann, und bringen Beweise vom unbegrenzten Leib vor; endlich weisen sie auf
   die natürliche Vernunft hin. Ich frage aber nicht danach, auf welche
   Weise Christus Gott und Mensch sei und jene [verschiedenen]
   Naturen vereinigt werden könnten. Gott vermag nämlich mehr
   als alle unsre Überlegungen. Man muß dem Wort Gottes weichen.
   Die Worte des Herrn [lauten]: ›Dies ist mein Leib‹. Diese Worte
   kann ich nicht anders verstehen, als sie lauten. Jene sollen doch
   beweisen, daß da [wo das Wort sagt]: ›Dies ist mein Leib‹, der
   Leib Christi nicht sei. Vernunftgründe will ich nicht hören. Bei so
   klaren Worten lasse ich keine Fragen zu; ich weise alle Vernunft
   und den gesunden Menschenverstand zurück. Fleischliche Beweise,
   geometrische Argumente verwerfe ich völlig. Gott steht über aller
   Mathematik, und die Worte Gottes muß man mit Staunen anbeten und tun. Gott aber gebietet: ›Nehmet, esset, das ist mein Leib!‹
   Darum bitte ich um einen unwiderleglichen Beweis [aus der Schrift].

(Luther schreibt den Text: ›Das ist mein Leib‹ usw. mit einer Kreide vor
sich auf den Tisch.)

de eucharistia« (Schutz- und Schlußschrift zum Abendmahl), Ökolampad im
Januar 1526 ein Antisyngramma mit dem Titel »Apologetica de dignitate
eucharistiae (Verteidigungsschrift vom Wert des Abendmahls) veröffentlicht.

ÖKOLAMPAD[33] antwortet auf Luthers Beweise: Joh 6 (V 63: ›Das Fleisch ist nichts nütze‹) erklärt die übrigen Schriftstellen. Christus spricht dort nicht von örtlicher Gegenwart. Ich will nicht aus der Vernunft oder aus der Geometrie heraus reden, sondern, weil ich die Mitte[34] des Glaubens [im Auge] habe, rede ich von der Mitte des Glaubens her. Christus ist auferstanden – [also kann er nicht im Brot sein]. Der göttlichen Macht widerspreche ich nicht. Man muß vom fleischlichen Essen zum geistlichen Genießen weitergehen. Unsre Meinung ist weder grundlos noch gottlos; sie ruht vielmehr auf dem Glauben und auf der Schrift.

Es gibt in der Heiligen Schrift hie und da figürliche Redewendungen, bei denen die Worte etwas anderes bedeuten als der Wortlaut. So ist es durchaus möglich, daß auch in diesem Wort ›Das ist mein Leib‹ ein Gleichnis steckt ähnlich wie in jenen Worten: ›Johannes ist Elias‹ (Matth 11, 14); ›Der Fels war Christus‹ (1 Kor 10, 4); ›Ich bin der wahre Weinstock‹ (Joh 15, 1); ›Der Same ist das Wort‹ (Luk 8, 11).

LUTHER Ich bestreite nicht, daß es Gleichnisreden gibt. Aber ich verlange den Beweis, daß *hier* eine Gleichnisrede vorliegt. Es genügt nicht, daß diese Worte so verstanden werden *können*; es ist zu beweisen, daß sie als Gleichnis verstanden werden *müssen*. Ihr (Ökolampad) führt euren Beweis aus vorgefaßter Meinung: Weil Christus in Joh 6 vom geistlichen Essen spricht, deshalb soll es überhaupt kein leibliches Essen geben. Ihr wollt, daß mein Herz auf diesen Grund gebaut werde. Das heißt, dem Beweis aus dem Weg gehen! Darum steht mein Glaube auf gutem Grund, weil ihr eure Worte nicht beweiset!

Nach weiteren Ausführungen Ökolampads über Sinn und Berechtigung eines geistlichen Schriftverständnisses, vor allem an Hand von Johannes 6, und längerem Hin und Her zwischen Luther und ihm, das zu keiner Ver-

33 *Johannes Ökolampad, 1482 in Weinsberg geboren, stand der humanistischen Reformfrömmigkeit nahe und war Mitarbeiter des Erasmus bei der Herausgabe des griechischen Neuen Testaments. Als Domprediger in Augsburg (1518) wurde er von der Wahrheit der Botschaft Luthers überzeugt; auch ein Klosteraufenthalt (1520–1522) änderte daran nichts mehr. Seit 1522 war Ökolampad in Basel als Pfarrer und Professor und führte dort die Reformation durch; die Basler Kirchenordnung ist sein Werk. Er wirkte auch bei der Reformation von Ulm, Memmingen und Biberach mit. Seine theologische und kirchliche Arbeit galt der Erklärung und der Predigt der Schrift. Er starb kurz nach Zwinglis Niederlage und Tod, ebenfalls 1531.*
34 *Wörtlich ›Summe‹.*

ständigung führt, erfolgt mit Luthers programmatischer Erklärung ein ge-
wisser Abschluß:

LUTHER Würde Gott mir befehlen, Mist zu essen, so würde ich es tun in der klaren Erkenntnis, daß dies für mich heilsam ist. Der Knecht soll nicht über den Willen des Herrn nachgrübeln. Man muß die Augen schließen.

Der erste Teil des Gesprächs endet mit der Erklärung sowohl Luthers als auch Ökolampads, daß beide auf ihrem Standpunkt verharren. Mit dem Eingreifen Zwinglis beginnt ein neuer Gesprächsabschnitt.

ZWINGLI Es ist ein Vorurteil, daß Doktor Luther nicht von seiner Meinung weichen will. Er will erst weichen, wenn eine Stelle beigebracht wird, welche beweist, daß es sich [im Abendmahl] um ein Gleichnis des Leibes handle. ... Auch wenn wir keine Schriftstelle haben, in der es heißt: ›Dies ist ein Gleichnis für meinen Leib‹, so haben wir doch den Beweis, daß Christus vom leiblichen Genuß wegführt. Darum sind wir hier, um die Stellen anzusehen, und weil diese Stelle (Joh 6, 63) vom leiblichen Genuß wegführt, muß man sie betrachten. Aus ihr folgt, daß sich der Herr im Abendmahl nicht leiblich mitteilte. Und schließlich erkennet ja auch Ihr an, daß das geistliche Essen Trost schenkt. Und weil wir in diesem Hauptpunkt einig sind, bitte ich um der Liebe Christi willen, daß um dieser Meinungsverschiedenheit willen niemand das Verbrechen der Ketzerei aufgeladen wird. Die Alten, auch wenn sie uneins waren, haben sich doch nicht gleich so verdammt.
Ich komme auf das 6. Kapitel im Johannesevangelium zurück: »Der Geist macht lebendig, das Fleisch ist nichts nütze«. Ich meine nicht, Christi Menschheit habe nichts genützt, denn damit hat er uns erlöst. Es ist ein wunderbarer Trost, sooft ich denke: Christus hatte Fleisch wie ich – das tröstet wundersam. ... »Wenn ich aufgefahren bin gen Himmel, werdet ihr mich sehen« (Joh 6, 62), legt Augustin so aus, daß es sich dabei nicht um ein leibliches Geschehen handle; er wolle ja nicht, daß Christi Leib ›wesentlich, leiblich‹ gegessen werde. Geist und Fleisch sind Gegensätze.
Ihr habt vom ›geringen Verständnis‹ der Schrift[35] geredet: Manches hat mir dabei gefallen, manches nicht, weil es recht kindisch war wie z. B. ›Würde Gott mir befehlen, Mist zu essen‹ usw. Denn was Gott gebietet, gebietet er zum Guten und zum Heil. Gott ist wahrhaftig und Licht, er führt nicht in die Finsternis. Darum sagt

---

35 *Luther hatte gegenüber Ökolampad betont, in den geringen Worten der Schrift offenbare sich Gottes Majestät und Barmherzigkeit.*

er nicht ›Das ist mein Leib‹ wesentlich, wirklich, fleischlich, während die Schrift dem doch widersteht. Die Orakel der Dämonen sind dunkel, nicht aber die Worte Christi. So handelt Gott nicht. Die Seele ist Geist; die Seele ißt kein Fleisch; Geist genießt Geist.

Nichts für ungut – ich wünsche Freundschaft. Nicht mit bitterem Gemüt, sondern mit Freuden schaue ich Euer Antlitz, Doktor Luther und Magister Philippus.

LUTHER Ich verspreche, alle Leidenschaften beiseite zu lassen, Gott und dem Fürsten zuliebe. Was hin ist, ist hin. Möge es in Zukunft besser werden! Wenn wir nicht in allen Stücken einig werden können, so soll man doch so verhandeln, daß Ihr als Brüder geltet. Darüber werden wir am Schluß reden.

... Ihr nennt ›Essen‹, was alles Essen aufheben möchte, ›Fleisch, Fleisch‹ heißt bei Euch essen. Angenommen, Eure Meinung wäre richtig, so trägt sie doch nichts zur Sache bei. Würde mir Gott faule Äpfel[36] oder Hutzeln vorlegen, so würde ich sie geistlich essen. Überall, wo Gottes Wort ist, da ist geistliches Essen. Wann Gott mit uns redet, da wird der Glaube gefordert, d. h. [geistlich] Essen. Fügt Gott das leibliche Essen hinzu, müssen wir gehorchen. Wir essen im Glauben diesen Leib, der für uns gegeben wird. Der Mund empfängt den Leib Christi, die Seele glaubt den Worten, weil sie den Leib ißt. Wenn ich den Leib Christi in die Arme nehme, so bedeutet das, ihn ›umfassen‹. Ihr habt gutgemeinte Auslegungen, aber daran ist nichts gelegen.

Ebensowenig gestehe ich Euch zu, wenn Ihr behauptet, Gott setze uns nichts Unbegreifliches vor. Die Jungfrauenschaft Marias, die Vergebung der Sünden und vieles derartige ist ebenso [unbegreiflich] wie: »Das ist mein Leib«. »Deine Pfade sind in tiefen Wassern und deine Spuren werden nicht erkannt werden« (Ps 77, 20). Wüßten wir seine Wege, so wäre er, der Wunderbare, nicht unbegreiflich!

ZWINGLI ... Daß wir das ›ist‹ [in den Einsetzungsworten] im Sinne von ›bedeutet‹ verstehen, ist notwendig. Luther gebraucht hier rhetorische Verkleinerungsstücke. ... Melanchthon stimmt mit mir darin überein, daß die Worte nur etwas ›bedeuten‹. ...

LUTHER Wir reden von der Einsetzung Christi! Die Worte sind nicht unser, sondern des Herrn! ... Ich bitte Euch, da Eure Grundlagen schwach sind, nachzugeben und Gott die Ehre zu geben.

ZWINGLI Wir bitten ebenfalls, Ihr möget Gott die Ehre geben und von

---

36 *In einer andern Niederschrift: Holzäpfel.*

Eurer vorgefaßten Meinung ablassen. Danach ist gefragt, wo der Beweis für Eure Behauptung bleibt. Ich werde Eure Worte sorgfältig zusammenfassen; nichts für ungut! Ihr wollt mich von dieser Stelle (Joh 6, 63) abbringen; aber ich bleibe dabei und lasse mich nicht abbringen. Ihr werdet mir anders singen müssen!

LUTHER Ihr redet gehässig!

ZWINGLI *erregt* Glaubt Ihr nicht, daß Christus (Joh 6) den Unwissenden helfen wollte?

LUTHER Ihr wollt's überpoltern. Ihr wollt richten; überlaßt das andern! ... An Euch ist's, zu beweisen, nicht an mir ...

ZWINGLI Daß Joh 6 vom fleischlichen Essen die Rede sei, soll bewiesen werden!

LUTHER Ihr habt eine schlechte Dialektik. Sie reicht gerade vom Stock bis in den Winkel.

ZWINGLI Nein, nein, diese Stelle bricht Euch den Hals!

LUTHER Rühmt nicht zu sehr; die Hälse brechen nicht so leicht. Ihr seid in Hessen, nicht in der Schweiz ...

ZWINGLI Entschuldigt, das ist bei uns eine landläufige Redensart.

LANDGRAF *nickt Zwingli zu* Ich nehme die Entschuldigung an. (Zu Luther): Herr Doktor, wollet diese Redensart nicht zu schwer nehmen!

Damit endet das Vormittagsgespräch und man geht zum Essen.

Am Samstagnachmittag wird das Gespräch fortgesetzt. Luther betont, daß das Sakrament nicht auf die Heiligkeit des Spenders oder Empfängers, sondern auf Gottes Zusage gegründet sei, daß es Christi Leib als ewige Speise enthalte. Für die Vernunftgründe Zwinglis und Ökolampads, daß ein und derselbe Leib unmöglich gleichzeitig an verschiedenen Orten sein könne, hat Luther kein Verständnis — was bedeuten solche Haarspaltereien gegenüber dem Geheimnis der Menschwerdung Gottes? Das Gespräch erreicht sein Ende mit dem dramatischen Zusammenstoß über der Frage der Gegenwart des Leibes Christi.

ZWINGLI Christus ist begrenzt, wie wir begrenzt sind.

LUTHER Ganz gewiß. Aber Gott kann machen, daß der Leib Christi nicht an einem Ort ist und daß er an einem Ort ist ... Es ist ähnlich wie beim Nußkern und der Schale. Ihr wollt vom Leibe Christi beständig so reden, daß Ihr den Leib als solchen dem Brote wegnehmt und nur die Schalen und die Spreu zurücklasset, während Christi Worte ganz anders lauten.

ZWINGLI Ökolampad und ich haben schon mehr als einmal zugegeben, daß ganz gewiß Gott *einen* Leib an verschiedenen Orten sein lassen *kann*, aber daß das [gerade] im Abendmahl geschieht, dafür verlangen wir den Beweis. Die Heilige Schrift zeigt uns Christus immer an einem gesonderten Ort, so z. B. in der Krippe, im Tempel, in der Wüste, am Kreuz, im Grab, zur Rechten des Vaters. Darum meine ich, er müsse immer an einem gesonderten Ort sein. ... Es wäre eine Schande, wenn wir einen so schweren Artikel hielten, lehrten und verteidigten und doch keinen Schriftbeweis dazu führen könnten oder wollten.

LUTHER *hebt die Samtdecke auf und zeigt den mit Kreide geschriebenen Spruch »Das ist mein Leib«:* Hier steht unser Schriftbeweis. Den habt Ihr uns noch nicht abgezwungen, wie Ihr Euch erboten habt. Eines andern bedürfen wir nicht. Meine allerliebsten Herren, weil der Text meines Herrn Jesu Christi hier steht: »Das ist mein Leib«, so kann ich wahrlich nicht daran vorbei, sondern muß bekennen und glauben, daß der Leib Christi da sei.

ZWINGLI *aufspringend* Also setzt auch Ihr, Herr Doktor, Christi Leib räumlich im Abendmahl! Ihr sagt ja: Der Leib Christi muß da sein, da, da! »Da« ist doch eine Ortsbezeichnung!

LUTHER Ich habe einfach die Worte Christi angeführt und mich keineswegs solcher Fangschlüsse versehen. Will man mich aber damit fangen, so will ich – wie schon früher – öffentlich bezeugen, daß ich mit mathematischen Einwänden nichts zu schaffen haben will und darum die Ortsbestimmung aus dem Abendmahlstext ganz und gar ausscheide und verwerfe. Die Worte lauten: »Das«, nicht »da« ist mein Leib! Ob er aber räumlich oder nicht räumlich da ist – ich will es nicht verhandelt haben, ich *will* nichts davon wissen! Denn Gott hat darüber noch nichts offenbart, und kein Sterblicher vermag es zu beweisen.

ZWINGLI Muß man denn grad alles, was Ihr wollt?!

Am Morgen des Sonntag, 3. Oktober, wird über die Auslegung einiger Stellen aus den Kirchenvätern gestritten – es sei langweilig gewesen, berichtet Osiander, einer der Teilnehmer. Am Nachmittag des 3. Oktober wird das Gespräch mit scharfer Freundlichkeit von beiden Seiten zum Abschluß gebracht.

LUTHER Ich wundere mich, daß wir uns über den Ort [des Leibes Christi] streiten, da es doch feststeht und von der ganzen Christenheit angenommen ist, daß Gott außerhalb des Raumes handeln kann. Ich bitte, daß wir uns auf Mittel der Einigung besinnen, damit im Volk kein Aufruhr entstehe und dieser böse Zwiespalt aus der Welt geschafft werde. ... Aber Eurer Meinung kann ich nicht beipflichten.

ÖKOLAMPAD Wenn Euch unser Text nicht umstimmt, so uns nicht Eure Auslegung. Ich bin für Schluß der Debatte.

LUTHER Nun habt Ihr doch nichts bewiesen; davon gibt Euch Euer eigenes Gewissen Zeugnis.

KANZLER FEIGE Ihr solltet Mittel und Wege suchen, wie man einig wird.

LUTHER Ich weiß kein anderes Mittel, als daß sie Gott die Ehre geben und mit uns glauben. Ich will bei meinem Glauben bleiben und nicht weichen.

ZWINGLI ODER ÖKOLAMPAD Wir können's weder begreifen noch glauben, daß der Leib Christi da ist.

LUTHER Ich befehle Euch Gott und seinem Urteil. Euch, Herr Ökolampad, sage ich Dank, daß Ihr Eure Sache so sorgfältig dargelegt habt, nicht herb, sondern freundschaftlich. Auch Euch, Herr Zwingli, danke ich, möget Ihr auch herber gewesen sein. Verzeiht, bitte, wenn ich herbe Worte gegen Euch sprach – ich bin ja auch Fleisch und Blut. Ich wünschte, daß die Sache gegenseitig beigelegt würde.

ÖKOLAMPAD Ich bitte um Gottes willen, habt Erbarmen mit der verstörten Kirche!

ZWINGLI Ich bitte Euch, Herr Doktor, verzeihet meine Herbigkeit! Es war und ist mein größter Wunsch, mit Euch Freund zu sein. (Mit Tränen in den Augen): Es gibt in Italien und Frankreich keine Männer, die ich lieber sehen möchte.

LUTHER Bittet Gott, daß Ihr zur Einsicht kommt!

ÖKOLAMPAD Bittet auch Ihr; Ihr habt es ebenso nötig!

In einer anschließenden Unterredung über das Glaubensbekenntnis der Straßburger sagt Luther zu Butzer:

LUTHER Ich bin nicht Euer Herr, nicht Euer Richter, auch nicht Euer Lehrer. Es reimt sich auch unser Geist und Euer Geist nicht zusammen, sondern es ist offenbar, daß wir nicht einerlei Geist haben. Denn das kann nicht einerlei Geist sein, wenn man an einem Ort Christi Worte sorgfältig glaubt und am andern Ort denselben Glauben tadelt, bekämpft, Lügen straft und mit allen möglichen frevelhaften Worten antastet. Darum, wie ich schon gesagt habe, befehlen wir Euch dem Urteil Gottes. Lehret so, wie Ihr's vor Gott verantworten könnt.

Rekonstruiert nach Walter Köhler, Das Marburger Religionsgespräch, quellenkritischer Teil, Seite 55 ff.

Der von den Altgläubigen erhoffte, von den Protestierenden von Speyer gefürchtete Augenblick ist gekommen: Der Kaiser hat außenpolitisch soviel Ruhe gewonnen, daß er sich der Ordnung Deutschlands im Innern zuwenden kann. Die Lage der Protestanten ist dabei denkbar ungünstig; sie haben den Rechtsschutz des ersten Speyrer Reichstags verloren, und der Versuch des Landgrafen, diesen Mangel durch die Bildung einer politischen Einheitsfront aller antihabsburgischen Mächte zu ersetzen, ist elend gescheitert; in demselben Monat Februar des Jahres 1530, in welchem Karl V. inmitten seiner spanischen Granden aus der Hand des Papsts die römische Kaiserkrone empfängt, erhält Philipp von Hessen nach allen andern Mächten zuletzt von Dänemark eine Absage auf sein Bündnisangebot.

Um so gewaltiger tritt dieser Schutzlosigkeit die gesteigerte Macht des Kaisers gegenüber: Karl hat mit den alten Erbfeinden, Frankreich und dem Papst, günstig Frieden geschlossen, und er hat im Osten freie Hand, denn Sultan Soliman ist im Oktober 1529 von dem tapfer verteidigten Wien abgezogen. Der Kaiser kann es sich leisten, gegen seine Feinde großmütig zu sein. Darum wünscht er im Ausschreiben zum neuen Reichstag, der in *Augsburg* stattfinden soll, die »Zwietracht hinzulegen, vergangene Irrsal unsrem Heiland zu ergeben und ferner eines jeden Gutdünken, Opinion und Meinung in Liebe zu hören, zu erwägen, zu *einer* christlichen Wahrheit zu bringen«. Niemand weiß, daß der Kaiser durch doppelten Eid gegenteilig gebunden ist, daß er im Frieden von Barcelona sich verpflichtet hat, nach einem nochmaligen gütlichen Versuch mit aller Strenge gegen die Abtrünnigen vorzugehen, und daß er bei seiner Krönung geschworen hat, die Papstkirche und ihre Rechte, Ehren und Besitztümer zu verteidigen. Vollends unbekannt ist das Gutachten des päpstlichen Legaten, das dem Kaiser übergeben wurde und in dem die Mittel zur Befriedung des deutschen Kirchenstreits aufgezählt sind: Versprechungen, Drohungen, Feuer und Schwert, Gütereinzug und Inquisition.

Das kaiserliche Ausschreiben findet bei den Protestanten eine überaus freundliche Aufnahme. Kurfürst Johann von Sachsen ist der erste in Augsburg und versichert, er werde Seiner Majestät, seines einzigen Obern und Herrn, zu Augsburg in Untertänigkeit warten. »Gutmütige Befangenheit über die Person des Kaisers wie der Schrecken vor seinen glänzenden Erfolgen blendeten Fürsten und Theologen mit Ausnahme des Landgrafen. Man glaubte den Zorn des Kaisers verraucht, die lang gewünschte Nationalversammlung gekommen und hielt die Anerkennung der kirchlichen Änderungen durch den Kaiser für erreichbar« (K. Müller, Kirchengeschichte II, 1, 370). Peinlich überrascht freilich das kaiserliche Redeverbot für die protestantischen Prediger, doch hofft man auf eine Klärung dieses bedauerlichen Mißverständnisses. Merkwürdigerweise wird das kaiserliche Ausschreiben auch von der katholischen Partei mit lebhafter Freude und Hoffnung begrüßt. Man scheint von der wahren Einstellung des Kaisers, insbesondere von seinem geheimen Bunde mit dem Papst soviel Kenntnis erhalten zu haben, um daraus weitgehende Hoffnungen für die eigene Sache zu schöpfen.

Luther freilich, der Geächtete, darf nicht mit nach Augsburg. Wieder haust er, wie nach dem Wormser Reichstag, in der weltabgeschlossenen Einsamkeit einer Burg, in einem hochgelegenen Zimmer der kursächsischen Feste *Koburg*; im Gehölz gegenüber schwirren und kreischen gewaltige Rabenschwärme – für ihn mit ihrem unaufhörlichen Schreien, Schwänzen und Schnabelwischen ein Bild des künftigen Reichstags. Wieder plagt ihn, wie auf der Wartburg, Krankheit, Mattigkeit und leiblicher Verdruß; wieder steigen die Fratzen teuflischen Spuks drohend aus dem Abgrunde. Es trifft den Einsamen die Kunde vom Tode seines Vaters, den er schmerzlich beweint, gleichzeitig doch voll Freude darüber, daß der Vater das Licht der Wahrheit noch sah. Jeder Tag hat seine volle Last: Luther arbeitet an der Bibelübersetzung weiter, Jeremia wird fertig; dann verdeutscht er das 38. und 39. Kapitel des Hesekiel; endlich legt er die Psalmen aus, unter ihnen vor allem den 118., das »Schöne Confitemini«. Hier hat Luther mitten in seiner Bedrängnis ein Danklied gesungen, voll des unzerstörbaren Glaubens, daß allein auf die wunderbare Hilfe Gottes, nicht auf Menschen und Fürsten zu trauen sei. Den 17. Vers seines Lieblingspsalms schreibt er mit Kreide an die Wand seiner Stube: »Ich werde nicht sterben, sondern leben und des Herrn Werke verkündigen«. Am 12. September wird er seinem Freunde Linck in Nürnberg seinen »Sendbrief vom Dolmetschen« zugehen lassen, worin er die Grundsätze seines Übersetzens verteidigen wird: Von der Sache her, vom ›Allein‹ der Offenbarung, der Schrift, des Glaubens ist seine Übersetzungsarbeit bestimmt und sie zielt zum Hörer, zum Menschen hin, dem die Botschaft ›in's Herz klingen und dringen‹ soll. In aller Bedrängnis, Anfechtung und Arbeit hat er Zeit, seinem Hänschen den himmlischen Garten mit seinen Freuden zu schildern (1). Weitaus am meisten aber beschäftigen ihn die Ereignisse in *Augsburg*. Es steht dort nicht zum besten. Luther fehlt an allen Orten und Enden. Der Kurfürst fragt an, wie er sich zum Predigtverbot des Kaisers stellen solle. Melanchthon, der Wortführer der Evangelischen, hat die »Apologie«, die Darlegung des evangelischen Glaubens, fertiggestellt, will aber ohne Luthers Billigung nichts tun; darum soll Luther die Apologie prüfen. Luther antwortet dem Kurfürsten Mitte Mai (2): er hat an der Apologie nichts auszusetzen, wenn er selbst auch anders, härter, klarer, schreiben würde; das Predigtverbot aber soll der Kurfürst als von der Obrigkeit verhängt annehmen. Später war Luther freilich froh, daß der Fürst in dieser Sache keinen Finger breit wich (3), vielmehr nach langem Hin und Her beim Kaiser die Ausdehnung des Verbots auch auf die katholischen Priester durchsetzte.

Karl ist inzwischen in Augsburg eingezogen, umringt von den deutschen Fürsten, in spanischer Tracht auf weißem Hengst reitend. Nach einer langen Zeit des Schweigens erhält Luther Mitte Juni Briefe von den Freunden, welche ihm dieses Ereignis melden. Allein er ist über die Schweigsamkeit der Freunde so erzürnt, daß er die Verbindung mit ihnen abbricht und durch kein noch so flehentliches Bitten zu einer Antwort zu bewegen ist. Am 25. Juni ist das Glaubensbekenntnis der Protestanten zwar nicht im Reichstag, aber doch vor zahlreicher Hörerschaft in einem Saal der kaiserlichen Wohnung verlesen und Kaiser und Reich übergeben worden (4, 5). Die evangelischen Stände haben von Gottes Zeugnissen vor Königen geredet und sich nicht geschämt, treu dem Wort aus Ps 119, 46, das sie über ihre Glaubensverantwortung gesetzt haben. Sie haben die ersehnte Gelegenheit, öffentlich von ihres Glaubens »Opinion und Meinung« zu reden, erhalten. Drängt die Freude über dieses Ereignis alle andern Gedanken an die Zukunft zurück? Am Tage nach der Übergabe der Konfession schreibt Melanchthon einen sorgenschweren Brief an Luther: sie schweben in Augsburg in jammervollen Ängsten, fast immer in Tränen, und nun müssen sie dazuhin noch hören, Luther sei so erzürnt, daß er nicht einmal ihre Briefe lesen wolle; er bitte ihn, doch zu bedenken, in was für einer Gefahr sie sich befänden und daß sie außer ihm keinen Trost hätten; er solle doch Rücksicht auf sie und ihre Sache nehmen und die Leitung ihrer Schritte selbst übernehmen; sie folgen seiner Autorität ja ohnehin in allen wesentlichen Dingen.

Neu an der Lage des kranken, einsamen und angefochtenen Mannes auf der Koburg ist die Notwendigkeit, den Kampf um die Anerkennung des verborgenen Handelns Gottes im eigenen Lager, mit *Melanchthon* führen zu müssen. Luther schreibt in jenen Tagen eine Reihe mächtiger Briefe an die bedrängten Freunde (6–9). Der harte Trost, den er ihnen bezeugt, ist sein unbedingter Glaube an die im Geschichtsverlauf wirkende und aller Menschenweisheit entgegengesetzte Weisheit Gottes. Melanchthon verzehrt sich in unruhiger Sorge. Es ist nicht so sehr die Angst vor der Macht der Gegner, die ihn quält, als die gewissenhafte Verantwortung für Kirche und Welt, die er sich aufgeladen glaubt. Wie wird sich, wenn es wirklich zum Bruch kommt, das Schicksal der Kirche, die Möglichkeit evangelischer Wortverkündigung, die Verbindung der Kirche mit dem kulturellen Bestand d(Zeit, ja überhaupt das Los des bisher immer noch einheitlich zusammengefaßten christlichen Abendlandes gestalten? Aber darf sich Melanchthon dieser Sorge hingeben, wenn er ernstlich glaubt, daß Gott im Regimente sitzt und mit seiner Weisheit die Welt regiert? Darf *er* für die Welt sorgen wollen, wenn Gott in Christus schon längst für sie gesorgt hat? Luther hat in dem schweren Ernste des melanchthonischen Verantwortungsbewußtseins nichts anderes gesehen als gefährlichen Unglauben, der nicht an Gottes verborgenes Handeln glaubt, sondern selber die Welt nach durchsichtigen Gesetzen regieren, damit aber selber gottgleich sein will. Melanchthons Sorge um die Zukunft ist ein Griff in Gottes Ehre, der Versuch, das Geheimnis Gottes zu entschleiern durch die selbstmächtige, geschichteplanende Vernunft; seine Philosophie und Rhetorik will den Gang der Geschichte selber bestimmen und schaltet damit Gottes Herrschaft aus.

Die Auseinandersetzung zwischen Luther und Melanchthon ist an diesem Punkt von beispielloser Schärfe. Ist angesichts des Abgrundes, der sich zwischen Luthers Glauben und Melanchthons Verantwortung auftut, noch eine Gemeinschaft möglich? Luther hat die Verbindung mit Melanchthon nicht zerrissen, denn er glaubt, daß auch Melanchthon in der *Kirche* steht, an dem Ort, da Gottes den Menschen fordernde Gnade verkündigt und geglaubt wird. Darum soll der Verzagte und Sorgenbelastete, der selber nicht glauben kann und auch Luthers Worten keinen Glauben schenkt, sich trösten mit dem Glauben der Kirche (6), mit der Gemeinschaft der Gläubigen, die an seiner Stelle glauben. Denn wo Christus verkündigt wird, da ist die Kirche; die Kirche Christi aber glaubt an die Wahrheit seines Wortes, daß *er* die Welt überwunden *hat*. Darf die Kirche sich sorgen um die in Christi Händen ruhende Welt, darf sie sich fürchten vor der durch Christus überwundenen Welt?

1 Das Kinderparadies · Brief von der Koburg an den Sohn Hänschen vom (?) 19. Juni 1530

Meinem herzlieben Sohn Hänschen Luther[37] in Wittenberg.
Gnade und Friede in Christus! Mein herzlieber Sohn, ich höre sehr

37 *Geboren am 7. Juni 1526.*

gerne, daß du eifrig lernst und fleißig betest. Tu das, mein Sohn, und fahre darin fort. Wenn ich heimkomme, will ich dir ein schönes Marktgeschenk mitbringen.

Ich weiß einen hübschen, schönen Lustgarten. Da gehen viele Kinder drin, haben goldene Röcklein an und lesen schöne Äpfel unter den Bäumen auf und Birnen, Kirschen, Mirabellen und Pflaumen, singen, springen und sind fröhlich. Sie haben auch schöne kleine Pferdlein mit goldenen Zäumen und silbernen Sätteln. Da fragte ich den Mann, des der Garten ist, wem die Kinder gehörten. Da sprach er: Es sind die Kinder, die gern beten, lernen und fromm sind. Da sprach ich: Lieber Mann, ich habe auch einen Sohn, der heißt Hänschen Luther; könnte er nicht auch in den Garten kommen, daß er auch so schöne Äpfel und Birnen essen und so feine Pferdlein reiten und mit diesen Kindern spielen dürfte? Da sprach der Mann: Wenn er gerne betet, lernt und fromm ist, so soll er auch in den Garten kommen, Lippus und Jost[38] auch. Und wenn sie alle zusammen kommen, so werden sie auch Pfeifen, Pauken, Lauten und allerhand anderes Saitenspiel bekommen, dürfen auch tanzen und mit kleinen Armbrüsten schießen. Und er zeigte mir dort eine feine Wiese im Garten, zum Tanzen zugerichtet; da hingen lauter goldene Pfeifen und Pauken und feine, silberne Armbrüste. Aber es war noch früh, und die Kinder hatten noch nicht gegessen. Darum konnte ich nicht auf den Tanz warten und sprach zu dem Mann: Ach, lieber Herr, ich will schnell hingehen und das alles meinem lieben Sohn Hänschen schreiben, daß er gewiß fleißig lernt, eifrig betet und fromm ist, damit er auch in diesen Garten kommt. Aber er hat eine Muhme Lene,[39] die muß er mitbringen. Da sprach der Mann: So soll es sein; geh hin und schreib's ihm also.

Darum, lieber Sohn Hänschen, lerne und bete ja getrost und sage es Lippus und Jost auch, daß sie auch lernen und beten, so werdet ihr miteinander in den Garten kommen. Sei hiermit dem lieben Gott befohlen und grüße Muhme Lene und gib ihr einen Kuß von meinetwegen.

Dein lieber Vater   Martin Luther.

Br 5,377,1 ff

---

38 *Hänschens Gespielen, die Kinder von Philipp Melanchthon und Justus Jonas, damals beide fünfjährig.*
39 *Magdalene von Bora, eine Tante von Käthe Luther; sie lebte in Luthers Haus und starb 1537.*

Dem durchlauchtigsten, hochgeborenen Fürsten und Herrn, Herrn Johann, Herzog zu Sachsen und Kurfürsten, Landgrafen in Thüringen und Markgrafen zu Meißen, meinem gnädigsten Herrn.

Gnade und Friede in Christus, unserem Herrn! Durchlauchtigster, hochgeborener Fürst, gnädigster Herr! Ich habe die Rechtfertigungsschrift[40] M. Philipps durchgelesen: sie gefällt mir sehr gut und ich weiß nichts daran zu verbessern oder zu ändern; es würde auch nicht passen, weil ich nicht so sanft und leise treten kann. Unser Herr Christus helfe, daß sie viele und reiche Frucht schaffe; das hoffen und bitten wir. Amen.

In der Frage, [was geschehen soll,] wenn KM[41] verlangen würde, daß EKFG[42] nicht mehr predigen lasse, bin ich noch wie früher der Meinung, daß der Kaiser unser Herr ist und die Stadt und alles ihm gehört.[43] Genau so dürfte man auch EKFG [etwa] in Torgau nicht widerstreben, wenn Sie als in Ihrer eigenen Stadt verlangen oder befehlen würden, daß man dies oder jenes unterlassen sollte. Ich möchte allerdings, wenn es möglich wäre, es gerne sehen, wenn man mit guten Worten und auf schickliche Art das Begehren und die Absicht KM mit Demut abwenden könnte, daß SKM nicht einfach ohne Anhören das Predigen verböte, sondern doch vorher jemand zuhören ließe, wie man predigt. Es sollte doch KM nicht verbieten, die lautere, klare Schrift zu predigen, da man doch schon ohnedies nicht aufrührerisch oder schwärmerisch predigt. Hilft das nicht, so muß man Gewalt vor Recht gehen lassen. Wir haben das Unsrige getan und sind entschuldigt. Solches weiß ich EKFG auf diese Frage untertänig zu antworten. Der barmherzige Gott sei mit EKFG durch seinen heiligen, tröstlichen Geist. Amen.

Am Sonntag Kantate 1530.

EKFG untertäniger   Martin Luther.

Br 5,319,1 ff

---

40 *Der Kurfürst hatte die von Melanchthon überarbeiteten Artikel an Luther zur Prüfung geschickt. Luther redet nicht von einer Konfession, wie Melanchthon — dazu ist die Schrift erst durch die Überreichung geworden —, sondern von einer Apologie.*

41 KM = *Kaiserliche Majestät.*

42 EKFG = *Eure Kurfürstliche Gnaden.*

43 *Augsburg stand als Reichsstadt unmittelbar unter dem Kaiser. Die hier auch von Luther vertretene Auffassung, daß die Evangelischen als Gäste einer Reichsstadt dem Kaiser weichen müßten, geht auf Melanchthon zurück.*

Ich glaube, daß der Kurfürst Johann den Hl. Geist gehabt hat, als er nämlich in Augsburg nicht einen Finger breit nachgeben wollte und oftmals äußerte: »Sagt meinen Gelehrten, daß sie tun, was recht ist, ohne auf mich Rücksicht zu nehmen.« Und wenn er nicht so festgestanden wäre, wären viele von unsern Doktoren abgefallen. Er hielt stand wie ein Held. Er wollte nicht nachgeben, als der Kaiser befahl, er solle nicht mehr predigen lassen; und als ich ihn zur Nachgiebigkeit mahnte,[44] da er doch in des Kaisers Stadt sei, gab er auf meinen Brief zur Antwort: »Ich weiß nicht, ob ich ein Narr bin oder meine Gelehrten.« Er war viel eher gesonnen, von Augsburg abzureisen, als das Predigen dort einzustellen.   *TR 3,2934 a (Januar 1533)*

4 Die Lage in Augsburg · Brief von der Koburg an Nicolaus Hausmann in Zwickau am 6. Juli 1530

Dem ehrwürdigen Herrn Nicolaus Hausmann,[45]
dem getreuen und aufrichtigen Bischof der Zwickauer Gemeinde.
Gnade und Friede in Christus! Unser Februarius oder Hornung[46] wird Dir, mein Bester, über alles, was in Augsburg und hier bei mir sich ereignet, besser Bericht erstatten, als ich es niederzuschreiben vermag. Jedoch hat, nachdem er schon hier [von Augsburg her] angekommen war, D. Jonas [noch weiter] an mich geschrieben, unser Glaubensbekenntnis – das unser Philippus verfaßt hat – sei von Dr. Christian [Beyer], dem Kanzler unsres Kurfürsten, verlesen worden, und zwar öffentlich vor dem Kaiser und den Fürsten und Bischöfen des ganzen Reichs, nur unter Ausschluß des großen Haufens, im kaiserlichen Palast selbst. Unterschrieben aber haben das Bekenntnis: zuerst der Kurfürst von Sachsen, dann der Markgraf Georg von Brandenburg, der Kurprinz Johann Friedrich und der Landgraf von Hessen, Ernst und Franz,[47] die Herzöge von Lüneburg, Fürst Wolfgang von Anhalt, die Stadt Nürnberg und die Stadt Reutlingen. Die Kaiserlichen beraten nun über ihre Antwort. Viele Bischöfe sind zum

---

44   *Vgl. den vorhergehenden Brief.*
45   *Nicolaus Hausmann, 1478 in Freiberg (Sachsen) geboren, bald treuer Freund Luthers, war 1521–1531 erster evangelischer Prediger in Zwickau, wo er umsichtig die Reformation durchführte. 1532 kam er als Hofprediger nach Dessau in Anhalt. Er starb 1538 bei der Antrittspredigt in seiner Vaterstadt Freiberg.*
46   *Ein Bekannter Luthers, der Botendienste tat.*
47   *Daß Herzog Franz von Lüneburg auch unterschrieb, ist in andern Berichten nicht erwähnt. Von seinem Bruder Ernst dagegen steht es fest.*

Frieden geneigt und wollen von den Sophisten Faber und Eck[48] nichts wissen. Ein einziger Bischof soll im Privatgespräch geäußert haben: ›Das ist die reine Wahrheit, wir können's nicht leugnen.‹ Der Mainzer [Erzbischof] wird als friedenswillig sehr gerühmt. Derselbe Herzog Heinrich von Braunschweig, der Philippus freundschaftlich zum Mahle einlud, hat bezeugt, er könne zu den Artikeln von beiderlei Gestalt, von der Priesterehe und vom Unterschied der Speisen nicht gut Nein sagen. Die Unsrigen heben rühmend hervor, auf dem ganzen Reichstag gebe es nichts Milderes als den Kaiser selbst. So sieht der Anfang aus. Der Kaiser behandelt unsern Fürsten nicht nur huldvoll, sondern beinahe ehrerbietig. So schreibt Philippus. Wunderbar ist, wie alle von heißer Liebe und Freundschaft zum Kaiser beseelt sind. Will's Gott, wird vielleicht der Kaiser, wie er zuerst[49] der Allerschlimmste war, so hier zuletzt der Allerbeste sein. Laßt uns nur beten, denn die Kraft des Gebets ist sichtlich zu spüren. Teile dies dem Cordatus[50] und allen Brüdern mit; es ist wahr. Inzwischen wirst Du wohl meine Briefe an Dich und Deinen Bruder[51] erhalten haben. Der Herr sei mit Dir! Grüße alle die Unsern.

Aus der Wüste, 6. Juli 1530.   Dein Martin Luther.

Br 5,440,1 ff

5 Die Übergabe der Augsburger Konfession · Brief von der Koburg an Konrad Cordatus in Zwickau vom 6. Juli 1530

Gnade und Friede in Christus! Hier hast Du, lieber Cordatus,[52] einen lebendigen und einen nicht lebendigen Brief, nämlich die Person Hornungs[53] und meinen Brief an Euren Bischof,[54] aus dem Du alles ersehen kannst, was ich zur Zeit vom Reichstag weiß. Deshalb habe ich weiter nichts an Dich zu schreiben. Jonas schreibt, er sei bei der Audienz dabeigewesen, als das Bekenntnis der Unsern im Verlauf von zwei vollen Stunden durch Dr. Christian [Beyer] verlesen wurde,

---

48 Die »Sophisten« (Klüglinge) Faber und Eck sind Luthers alte, scharfe Gegner, der Wiener Bischof Johannes Faber und Johann Eck (vgl. Band I, Seite 133, Anmerkung 111).

49 Auf dem Reichstag zu Worms.

50 Konrad Cordatus, 1476–1546, ein gebürtiger Österreicher, bekannt als Sammler von Tischreden Luthers, wirkte damals in Zwickau.

51 Valentin Hausmann, 1511–1579, Stadtrichter in Freiberg (Sachsen). Brief von der Koburg an Konrad Cordatus in Zwickau vom 6. Juli 1530.

52 Vgl. Anmerkung 50.

53 Vgl. Anmerkung 46.

54 Den vorstehenden Brief (Seite 162 f) an Nicolaus Hausmann.

und habe die Mienen von allen beobachtet; er verspricht mir einen mündlichen Bericht darüber. Ich habe ein Exemplar dieses Bekenntnisses hier, muß es aber auf Befehl zurückhalten.[55] Ohne Zweifel haben die Gegner außerordentliche Veranstaltungen und Anstrengungen gemacht, daß der Kaiser das Bekenntnis weder zulassen noch anhören solle; öffentlich vor dem Volk aus dem Reich konnte es freilich nicht verlesen werden, das haben sie [immerhin] erreicht. Es wurde dann auf Befehl des Kaisers überreicht und vor dem ganzen Reich, d. h. vor den Fürsten und Ständen des Reichs[tags], verlesen. Ich freue mich über die Maßen, bis zu dieser Stunde gelebt zu haben, in der Christus durch so viele seiner Bekenner öffentlich in einer so großen Versammlung verkündigt worden ist mit diesem so überaus herrlichen Bekenntnis. Es erfüllt sich das Wort (Ps 119, 46): »Ich redete von deinen Zeugnissen vor Königen«,[56] und es wird sich auch das erfüllen, was darauf folgt: »und ich wurde nicht verwirrt«.[57] Denn »wer mich bekennt vor den Menschen«, so spricht der, der nicht lügt, »den will ich auch bekennen vor meinem himmlischen Vater« (Matth 10, 32).

Alles andere hast Du sicherlich von andern erfahren. Der feierliche Einzug des Kaisers [in Augsburg] ist ja schon im Druck erschienen. Ich werde [geradezu] gezwungen, zu sehen und mit Händen zu greifen, daß Gott der Wahrheit gemäß ein Erhörer der Gebete genannt wird (Ps 62, 8); dies wird als sein Name mit Fug und Recht auf der ganzen Welt besungen. Darum fahre Du fort zu beten und alle zum Gebet zu entflammen, vor allem für den Kaiser, diesen vortrefflichen Jüngling, welcher der Liebe Gottes und der Menschen gleich würdig ist, dann für unsern Kurfürsten, der nicht minder trefflich ist, aber mehr Kreuz zu tragen hat, und für Philippus, der sich zum Erbarmen mit Sorgen abquält. Wenn ich [nach Augsburg] gerufen werde, werde ich Dich auch rufen; zweifle nicht daran.
Der Herr sei mit Dir, Amen.
Aus der Wüste, 6. Juli 1530.   Dein Martin Luther.

Br 5,441,1 ff

55 *Der Kaiser hatte nach Übergabe der Konfession von den ev. Ständen verlangt, daß sie das Bekenntnis nicht ohne sein Wissen drucken lassen sollten. Melanchthon hatte Luther daraufhin in seinem Brief vom 27. Juni 1530 gebeten, die Konfession nicht in die Öffentlichkeit gelangen zu lassen. Tatsächlich erschien die Konfession dann ohne Wissen der Fürsten und vor Schluß des Reichstags doch in einigen schlechten Drucken, wodurch Melanchthon zu einem authentischen Druck genötigt wurde.*
56 *Psalm 119,46 war das Motto der Augsburgischen Konfession.*
57 *Nach der lateinischen Übersetzung von Psalm 119,46 b.*

Gnade und Friede in Christus! Eure Entschuldigungsrede wegen Eures Schweigens habe ich gelesen, lieber Philippus. Ich habe aber inzwischen zweimal Briefe an Euch geschickt, in denen ich – wenigstens in dem späteren, welchen der Bote überbringt, den unser Burgvogt an den Fürsten schickt – den Grund meines Schweigens deutlich genug erklärt habe. Heute wurden gleichzeitig durch die Boten und durch Hornung[58] die letzten Briefe von Eurer Hand überbracht, in denen Ihr mir von Euren Mühsalen, Gefahren und Tränen so ausführlich berichtet, daß es den Anschein hat, ich würde Euch schändlicherweise durch *mein* Schweigen Schmerz über Schmerz zufügen. Als ob ich Eure Anliegen nicht wüßte oder als ob ich hier auf Rosen gebettet wäre und nichts von Euren Sorgen mittragen würde! Wenn nur meine Sachen so stünden, daß ich weinen könnte! Ich schwöre meinerseits, wenn nicht abends Eure ersten Briefe über die Ankunft des Kaisers eingetroffen wären, – es war beschlossene Sache, am nächsten Tag einen Boten auf meine eigenen Kosten zu Euch zu schicken, damit ich erführe, ob Ihr lebt oder tot wäret. Das wird [Euch] M. Veit[59] bezeugen. Und ich glaube trotz allem, daß Eure Briefe mir sämtlich überbracht worden sind.[60] Denn jene, welche endlich verspätet ankamen, von der Ankunft und dem Einzug des Kaisers handelnd, trafen fast gleichzeitig ein. Aber mag dies Ate[61] oder irgendein Teufel gewesen sein, er bekomme, was er haben soll.

Eure Apologie[62] habe ich erhalten und wundere mich, was Du mit Deiner Anfrage willst, worin und wieviel man den Päpstlern nachgeben solle. Mit dem Fürsten ist's eine andere Frage, was man ihm einräumen soll, wenn ihm Gefahr droht. Für meine Person ist in dieser Apologie mehr als genug nachgegeben; weisen sie die zurück, so sehe ich nicht, was ich ihnen noch weiter nachgeben könnte, wenn ich nicht bei ihnen klarere Gründe oder Schriftstellen zu sehen bekomme, als ich sie bisher sah. Ich gehe Tag und Nacht mit der Sache

---

58 *Vgl. Seite 162, Anmerkung 46.*

59 *Veit Dietrich, 1506–1549, Haus- und Tischgenosse Luthers, den er 1529 nach Marburg und 1530 nach Koburg als sein Famulus begleitete. 1535 wurde er Prediger in seiner Heimatstadt Nürnberg, wo er der Kirche bleibende Dienste leistete.*

60 *Justus Jonas hatte in seinem Briefe die Vermutung ausgesprochen, es seien Briefe verlorengegangen.*

61 *Griechische Schicksalsgöttin.*

62 *Die Augsburger Konfession.*

um, denke darüber nach, wälze sie hin und her, erwäge das Für und Wider und durchwandere die ganze Schrift; und beständig wächst meine Gewißheit in dieser unsrer Lehre, und ich werde immer mehr darin befestigt, daß ich mir nun, wenn Gott will, nichts mehr nehmen lassen werde, es gehe drüber, wie es wolle.

Dem jungen Fürsten[63] hatte ich, Deiner Bitte entsprechend, geschrieben, doch zerriß ich den Brief wieder in der Befürchtung, ich würde in seinem Geiste Bedenken erregen und müßte dann Entschuldigungen anhören, die mir zuwider wären. Mein Befinden hier ist verhältnismäßig erträglich; es scheint, daß jener Geist, der mich bisher mit Fäusten schlug,[64] nachläßt, durch der Brüder und Euer Gebet gebrochen, obwohl ich argwöhne, an seine Stelle sei ein anderer getreten, der meinen Leib müde macht. Doch will ich lieber diesen Folterknecht des Fleisches ertragen, als jenen Henker des Geistes. Und ich hoffe, daß der, welcher in mir den Vater der Lüge besiegt hat, auch diesen Mörder besiegen wird.[65] Er hat mir den Tod geschworen, das fühle ich wohl; er hat auch keine Ruhe, bis er mich gefressen hat. Wohlan, frißt er mich, so soll er, so Gott will, ein Laxier fressen, das ihm Bauch und A . . . zu eng machen soll. Was gilt's? Es muß gelitten sein, wenn einer Christus haben will. Es wäre auch uns ein Leichtes, zu herrschen, wenn wir ihn verleugnen und verleumden würden. Es heißt [aber] (Apg 14, 22): »Durch viele Trübsale usw.« Das sind nun nicht mehr bloß Worte, sondern es ist Wirklichkeit geworden; darnach mögen wir uns richten. Es ist dennoch einer da, der bewirkt, daß die Versuchung für die Gläubigen ein gutes Ende gewinnt.[66]

In Deinem Brief mißfiel mir, daß Du schreibst, Ihr seiet in dieser Sache meiner Autorität gefolgt. Ich will in dieser Sache nicht Euer Führer sein oder ⸠eißen; auch wenn man es ganz richtig deuten könnte, so mag ich doch das Wort nicht. Wenn es nicht gleichzeitig und ebensosehr Deine Sache ist, will ich nicht, daß sie meine Sache genannt wird, die dann Dir nur aufgezwungen wäre. Wenn es allein meine Sache ist, werde ich sie auch selbst führen . . .[67]

Ich habe Dich getröstet in meinem letzten Brief, der Dich hoffentlich nicht tötete, sondern lebendig machte. Was kann ich sonst tun? Das Ende und der Ausgang der Sache martert Dich, weil Du es nicht fas-

63 *Kurprinz Johann Friedrich.*
64 *Vgl. 2. Korinther 12,7.*
65 *Vgl. Johannes 8,44.*
66 *Vgl. 1. Korinther 10,13.*
67 *In der ausgelassenen Stelle beschäftigt sich Luther nochmals mit dem Briefverkehr.*

sen kannst. Aber wenn Du es fassen könntest, wollte ich mit dieser Sache nichts zu schaffen haben, geschweige denn ihr Führer sein. Gott hat sie an einen gemeinen Ort[68] gestellt, den Du weder in Deiner Rhetorik noch in Deiner Philosophie findest: der heißt Glaube. An diesen Ort ist alles gestellt, was unsichtbar und nicht augenscheinlich ist. Versucht jemand – wie Du es tust –, diese Dinge sichtbar, augenscheinlich und greifbar zu machen, der wird Sorgen und Tränen als Lohn seiner Mühe davontragen, wie es nunmehr Dir – unsrem gemeinsamen Widerspruch zum Trotze – geht. Der Herr hat verheißen, daß er im Dunkel wohne (1 Kön 8, 12), und Finsternis hat er zu seiner Hülle gemacht (Ps 18, 12). Wer will, mache es anders! Hätte Mose das Ende begreifen wollen, wie er dem Heer Pharaos entgehen könnte, – Israel wäre vielleicht bis auf den heutigen Tag noch in Ägypten. Der Herr mehre Dir und uns allen den Glauben! Was kann [uns] der Satan samt der ganzen Welt antun, wenn wir den Glauben haben? Haben aber wir selbst keinen Glauben, warum trösten wir uns nicht wenigstens mit fremdem Glauben? Denn es gibt notwendig andere, die an unsrer Statt glauben, es sei denn, daß es keine Kirche mehr in der Welt gäbe und Christus aufgehört hätte, bei uns zu sein vor der Welt Ende. Denn wenn er nicht mit uns ist, ich bitte Dich, wo in aller Welt soll er denn sonst sein? Wenn *wir* nicht Kirche oder ein Teil der Kirche sind, wo ist dann Kirche? Sind etwa die Herzöge von Bayern, Ferdinand,[69] der Papst, der Türke und ihresgleichen die Kirche? Wenn *wir* das Wort Gottes nicht haben, wer soll es dann haben? Ist nun Gott für uns, wer mag wider uns sein (Röm 8, 31)? Wir sind Sünder und undankbar, aber er wird darum nicht zum Lügner. Und gleichwohl können wir keine Sünder sein in dieser heiligen und göttlichen Sache, auch wenn wir auf *unsern* Wegen böse sind. Aber Du hörst das gar nicht, so drückt Dich der Satan nieder und macht Dich krank. Christus möge Dich heilen; darum bitte ich inständig und ohne Unterlaß, Amen.

Ich wünsche, daß mir eine Gelegenheit gegeben wird, zu Euch zu kommen, obwohl ich brennend gern auch ungeheißen und ungerufen käme. Die beiliegenden Briefe an Brenz[70] und Dr. Kaspar[71] sollten

---

68 Anspielung auf Melanchthons großes Werk »loci communes« (Allgemeine Örter, d. h. Lehrstücke), die erste evang. Glaubenslehre; vgl. Seite 11.
69 Ferdinand, Bruder des Kaisers Karl V., Herrscher über die habsburgischen Erblande, war ein Hort des »alten« Glaubens.
70 Johannes Brenz, 1499–1570, der von Luther hochgeschätzte Reformator der Reichsstadt Schwäb. Hall und spätere Ordner der württembergischen Kirche, war auch in Augsburg anwesend.

schon mit den letzten Briefen abgehen, aber der Bote war schon fort-
gegangen, als sie hinuntergebracht wurden. Grüße alle; ich kann ja
nicht allen nochmals schreiben. Gottes Gnade sei mit Euch und Euch
allen, Amen.

Am Tag St. Peter und Paul, 1530.   Martin Luther.

Nachdem der Brief geschlossen ist, fällt mir ein, es könnte Dir vielleicht scheinen, ich hätte zu wenig auf Deine Frage geantwortet, wieviel und wieweit man den Gegnern nachgeben solle. Aber Du hast
auch zu wenig gefragt und hast nicht näher angegeben, welches und
welcher Art nach Deiner Ansicht die Forderungen an uns sind. Ich
bin – wie ich immer schrieb – bereit, ihnen alles zuzugestehen, wenn
uns nur als Einziges das Evangelium frei zugestanden ist. Was freilich
dem Evangelium widerstreitet, kann ich nicht zugeben. Was soll ich
sonst antworten?   *Br 5,405,1 ff*

7 *Getrost in Gottes Verheißung* · *Brief von der Koburg an Melanchthon*
in Augsburg vom 30. Juni 1530

Meinem teuren Bruder, dem Magister Philipp Melanchthon,
dem Schüler Christi.

Gnade und Frieden in Christus! Ich bin völlig im Unklaren, lieber
Philippus, was ich Dir vornehmlich schreiben soll; so sehr werde ich
zurückgestoßen durch die Gedanken an Deine so schlimmen und sinn-
losen Sorgen; ich bin wie einer, der weiß, daß [hier] einem Tauben
ein Märchen erzählt wird. Das kommt daher, daß Du Dir allein
glaubst, mir aber und andern – zu Deinem großen Schaden – keinen Glauben schenken willst. Ich darf aber wohl gestehen: ich war
schon in größeren Nöten, als Du je einmal sein wirst, und ich erhoffe
und wünsche es für keinen Menschen – nicht einmal für diejenigen,
die jetzt so sehr gegen uns toben, so ruchlos und frevelhaft sie auch
immer sind –, daß es ihnen wie mir ergehe. Und doch bin ich in
solchen Qualen oft erleichtert worden durch das Wort eines Bruders,
bald von Pommer,[72] bald von Dir, bald von Jonas[73] und andern.
Warum also hörst Du nicht umgekehrt auch auf uns, die wir wahrhaftig nicht nach Fleisch oder Welt, sondern ohne Zweifel nach Gottes
Willen durch den Hl. Geist reden? *Wir* mögen wertlos sein, wenn nur
der, der durch uns redet, – das bitte ich – nicht wertlos ist. Soll's denn
erlogen sein, daß Gott seinen Sohn für uns gegeben hat, so sei der

71 *Kaspar Lindemann, der Leibarzt des Kurfürsten.*
72 *Bugenhagen, vgl. Seite 10 f, Anmerkung 2.*
73 *Justus Jonas, vgl. Seite 10, Anmerkung 1.*

Teufel oder eine seiner Kreaturen an meiner Statt ein Mensch! Ist's aber wahr, was machen wir dann mit unserem leidigen Fürchten, Zagen, Sorgen und Trauern usw.? Als ob Gott uns nicht in leichteren Fällen beistehen wollte, nachdem er seinen Sohn hingegeben hat, oder als ob der Satan mächtiger wäre als er!

In persönlichen Kämpfen bin ich schwächer und Du stärker; dagegen bist Du in öffentlichen Sachen wie ich in persönlichen, und ich in öffentlichen wie Du in persönlichen – wenn man das, was sich zwischen mir und dem Satan abspielt, eine persönliche Angelegenheit heißen soll. Denn Du verachtest Dein Leben, bist aber in Furcht um die allgemeine Sache; ich dagegen bin in der Sache der Allgemeinheit ganz wohlgemut und ruhig, denn ich weiß gewiß, daß sie recht und wahr, ja Christi und Gottes eigene Sache ist und darum nicht so schuldbewußt zu erblassen braucht, wie ich für mich persönlich als Miniaturheiliger erblassen und zittern muß. Darum bin ich fast ein sorgloser Zuschauer und mache mir aus diesen Papisten mit ihrem Drohen und Wüten gar nichts. Fallen *wir*, so fällt Christus mit, d. h. der, der die Welt regiert. Und sei's drum, daß er fällt, – ich will lieber mit Christus fallen als mit dem Kaiser stehen.

Ihr habt ja auch diese Sache nicht allein zu tragen. Ich stehe Euch wahrhaftig treulich bei mit Seufzen und Beten und wollte, ich könnte es auch dem Leibe nach. Denn es ist auch meine Sache, und zwar sogar noch viel mehr die meine als die von Euch allen; eine Sache, an die ich mich nicht unbesonnen oder aus Gier nach Ehre oder Gewinn herangewagt habe. Das bezeugt mir der Geist selber, und das hat die Sache bis jetzt genug bewiesen und wird es auch immer weiter beweisen bis zum Ende. Darum bitte ich Dich um Christi willen, Du möchtest jene Verheißungen und Tröstungen Gottes nicht derart in den Wind schlagen, in denen er spricht: »Wirf dein Anliegen auf den Herrn« (Ps 55, 23), »Harre des Herrn! Halte dich mannhaft und laß dein Herz stark werden« (Ps 27, 14), und von denen der Psalter und das Evangelium voll ist: »Seid getrost, ich habe die Welt überwunden« (Joh 16, 33). Es wird wahrlich nicht falsch sein – das weiß ich gewiß –, daß Christus der Überwinder der Welt ist. Warum fürchten wir dann aber die überwundene Welt so sehr, als wäre sie der Überwinder? Einen solchen Spruch müßte man doch auf seinen Knien von Rom und Jerusalem holen! Aber die Verheißungen haben für uns ihren Wert verloren infolge ihrer großen Zahl, der ständigen Wiederholung und unsres Vertrautseins mit ihnen. Das ist aber nicht gut. Ich weiß, dies ist die Schwäche unsres Glaubens. Aber laßt uns mit den Aposteln bitten (Luk 17, 5): »Herr, stärke uns den Glauben.«

Dem Salzburger Tyrannen, der Dich so gemartert hat, wird Gott noch einmal nach seinen Werken vergelten.[74] Allein er hätte eine andere Antwort von Dir verdient, wie ich sie ihm wohl gegeben hätte, nämlich:»Wird euer Kaiser die Störung des Staates nicht dulden, so wird unser Herr Kaiser diese Lästerung auch nicht dulden. Trotzt nur getrost auf euren Kaiser, so wollen wir auf den unsern auch trotzen und sehen, wer das Feld behält.« Wohlan, laß sie machen; sie haben's noch nicht zu Ende gemacht. Ich fürchte, sie wollen gerne jenes Wort des Julius Cäsar[75] hören:»So haben sie es gewollt.«

Doch ich schreibe das umsonst, da Du ja diese Dinge nach Eurer Philosophie mit der Vernunft regieren willst; d. h. Du fährst, wie jener[75] sagte, fort, bei klarem Verstand verrückt zu sein, und bringst Dich selbst um und willst einfach nicht sehen, daß diese Sache, die nicht in Deine Hand und Deinen Rat gelegt ist, auch ohne Deine Sorge getrieben sein will. Und Christus wolle verhüten, daß sie in Deinen Rat oder in Deine Hand gelange, was Du doch so hartnäckig haben möchtest: dann werden wir freilich sauber und mit einem Schlag verloren sein. Aber es heißt (Sir 3, 22):»Trachte nicht nach dem, was höher ist als du« und (Spr 25, 27):»Wer nach hohem Stande trachtet, wird erdrückt von der Ehre« oder, wie der hebräische Text sagt:»Wer schwere Dinge sucht, dem wird's zu schwer.« Das geht auf Dich. Der Herr Jesus bewahre Dich, daß Dein Glaube nicht abnehme, sondern wachse und überwinde, Amen. Ich bete für Dich, habe es getan und will es tun, und ich zweifle nicht, daß ich erhört bin. Denn ich fühle dieses Amen in meinem Herzen. Geschieht nicht, was wir wollen, so geschieht doch etwas Besseres. Denn wir warten auf das kommende Reich, wann alles in der Welt versagt haben wird.

Am letzten Juni 1530.   Dein Martin Luther.

Br 5,411,1 ff

8 Gott handelt für uns · Brief von der Koburg an Spalatin in Augsburg am 30. Juni 1530

Dem ehrwürdigen Herrn Magister Georg Spalatin,
dem treuen und rechtschaffenen Bischof von Altenburg!
Gnade und Friede in dem Herrn!
...[76] Daß die Könige, Fürsten und Völker dort [in Augsburg] ge-

74 *Damit meint Luther den Erzbischof Matthäus Lang von Salzburg. Wie Jonas am 25. Juni an Luther geschrieben hatte, hatte Lang, als er von Melanchthon das Wort »Gewissen« hörte, gesagt:»Ach Gewissen! Was Gewissen, Gewissen! Der Kaiser wird öffentliche Unruhe nicht dulden.«*
75 *In einem Lustspiel des römischen Dichters Terenz.*

gen den Christus des Herrn toben und schnauben,[77], halte ich für ein
günstiges Zeichen und für viel besser, als wenn sie gute Worte gäben.
Es heißt nämlich weiter (Ps 2, 4): »Der im Himmel wohnt, lacht ihrer.« Da nun dieser unser Fürst sie verlacht, sehe ich nicht ein, warum wir bei ihrem Anblick weinen sollen. Er lacht ja nicht um seinet-,
sondern um unsretwillen, damit auch wir vielmehr im Glauben ihre
nichtigen Ratschläge verlachen. Glaube ist freilich nötig, damit nicht
die Sache des Glaubens ohne Glauben betrieben werde. Aber der dies
Werk begann, der hat es sicherlich ohne unsern Rat und Zutun begonnen. Er hat es bisher beschützt und gelenkt außer und über unsrem
Rat und Zutun. Und er selbst wird es auch vollenden und hinausführen außer und über unsrem Rat und Zutun; daran zweifle ich nicht.
Ich weiß und bin gewiß, an wen ich glaube; denn er ist mächtig, über
unser Bitten und Verstehen zu tun,[78] auch wenn Philippus meint und
wünscht, Gott solle unter- und innerhalb von seinem Rat handeln, damit er sich rühmen dürfe: ›So mußte es bestimmt kommen, so hätte
ich es auch gemacht.‹ Nein! Es darf nicht heißen: So [handle] Ich, Philippus. Dieses »Ich« ist zu gering. Es heißt: »So [handelt], ›Ich werde
sein, der ich sein werde‹« (2 Mose 3, 14). Das ist sein Name: »Ich werde sein.« Man sieht nicht, wer er ist; aber er wird es sein, und dann
werden wir's sehen. Doch genug der vielen Worte. Seid stark in dem
Herrn (Eph 6, 10) und ermahnet Philippus beständig in meinem Namen, daß er nich' Gott werde, sondern gegen die angeborene und uns
vom Teufel im Paradies eingepflanzte Sucht nach Gottgleichheit an-
kämpfe. Denn die hilft uns nichts; sie hat Adam aus dem Paradies
vertrieben, sie allein treibt auch uns heraus und drängt uns aus dem
Frieden. Wir sollen Menschen und nicht Gott sein. Das ist die Hauptsache; es wird doch nicht anders oder es ist ewige Unruhe und Herzeleid unser Lohn. Lebt wohl in Christus.
Am letzten Juni 1530.   Martin Luther.

Br 5,413,25 ff

9 *Unter Gottes Schutz · Brief von der Koburg an Johann Brenz in Augsburg
am 30. Juni 1530*

Gnade und Friede in Christus! Auch aus Deinen Briefen wie aus denen Philipps und der andern merke ich, lieber Brenz,[79] daß Du auf

76 *Im ersten Teil des Briefs beklagt sich Luther, daß viermal Boten von
Augsburg ohne Briefe für ihn gekommen seien.*
77 *Vgl. Psalm 2,1.*
78 *Vgl. Epheser 3,20.*
79 *Vgl. Seite 167, Anmerkung 70.*

diesem Götzenreichstag ebenfalls sehr niedergeschlagen bist. Allein hier wirkt [nur] das Beispiel Philipps auf Dich ein. Er sorgt sich nämlich um den allgemeinen Frieden und um unsre Nachkommen; ein frommer, aber unweiser Eifer! Als ob etwa unsre Vorfahren durch ihre Sorge und Unruhe zustande gebracht hätten, daß wir sind, was wir sind, und nicht vielmehr die Vorsehung Gottes allein, der auch nach uns Gott und Schöpfer sein wird, wie er es vor uns war und noch heute mit uns ist. Denn er wird nicht mit uns sterben oder aufhören, der Gott zu sein, der auch die Gedanken lenkt. Dem Priester Eli schien nach dem Raub der Bundeslade durch die Philister das Reich Israel völlig zusammengebrochen zu sein; deswegen brach auch er selbst vollends zusammen – und für das Reich begann gerade dann eine große Blütezeit.[80] Und als Saul erschlagen war, was konnte man da anderes denken, als das Reich Israel sei zu Ende? Und als die Papisten Johannes Huß in Konstanz verbrannt hatten, war nichts gewisser, als daß der Papst vollends Gott würde – und sein Ansehen stand niemals vorher so tief im Kurs wie von jenem Tage an. Ich schreibe dies an Dich und andre; vielleicht erreicht es einer von Euch durch sein Wort, daß Philippus davon absteht, der Lenker der Welt werden zu wollen, d. h. sich selber zu kreuzigen.[81] Ich fürwahr werde, wenn ich einmal gestorben oder von den Papisten getötet bin, unsre Nachkommen tapfer verteidigen und mich an jenen reißenden Bestien wacker und mehr rächen, als ich möchte. Denn ich weiß, es wird einer da sein, der spricht (1 Mose 4, 9): »Wo ist dein Bruder Abel?« – und er wird sie unstet und flüchtig machen, naim venodim.[82] Aber wozu viel reden? Mag Cäsar die Herrschaft [über die Welt] mit Jupiter teilen![83] Gibt es kein zukünftiges [Reich], so laßt uns das erste Gebot samt dem ganzen Evangelium austilgen! Denn was braucht man einen Gott nur für das diesseitige Leben, das doch für diejenigen am schönsten ist, die keinen Gott haben? Gibt es aber einen Gott, so werden wir nicht nur hier leben, sondern dort, wo auch er selbst lebt. Ist das wahr, was bedeuten dann schon diese wütenden Drohungen der Götzen, die nicht erst im Sterben liegen, sondern bereits völlig gestorben sind? Der, der mich geschaffen hat, wird der Vater meines Kindes, der Mann meiner Frau,

80 *1. Samuel 4.*

81 *D. h. durch sein eigenes Werk die Erlösung der Welt, die Christus doch schon vollbracht hat, nochmals vollbringen zu wollen.*

82 *Luther zitiert die hebräischen Worte für »unstet und flüchtig«, 1. Mose 4,12.*

83 *Cäsar – der irdische Weltherrscher; Jupiter – der Herrscher im griechischen Götterhimmel: weltliche und religiöse Diesseitsmächte.*

der Bürgermeister der Stadt, der Prediger des Kirchspiels sein, und zwar besser, als ich selber es bin; ja, er selbst wird es besser sein, wenn ich tot bin, als wenn ich lebe; denn durch mein Leben hindere ich sein Werk. Denn es steht geschrieben (Ps 112, 2): »Sein Same wird gewaltig sein auf Erden.« Und auch das erste Gebot hat wahrhaftig unsre Nachkommen unter Gottes Schutz gestellt, wenn es sagt (2 Mose 20, 6): »Ich tue Barmherzigkeit an tausend Geschlechtern bei denen, die mich lieb haben und meine Gebote halten.« Solchen Worten glaube ich; auch wenn der Glaube schwach ist, ich glaube doch. Aber was rede ich solche Dinge mit Dir, der Du durch Gottes Gabe in allen Stücken größer bist als ich? Ich wollte nur auf allerlei Weise versuchen, ob Philippus, welcher mich bloß für einen Menschen und mein Wort bloß für Menschenwort hält und sich darum weniger beeinflussen läßt, auch nicht durch Euch, die er für Gottesmänner halten muß, bestimmt werden kann. Denn ich halte ihn nicht für so verkehrt, daß er, wenn Gott selber ihm durch einen Engel vom Himmel befehlen würde, guten Muts zu sein, diesen Befehl verachten würde; wieviel weniger sollten wir alle verachtet werden! Und wenn wir der Verachtung wert wären, so dürfen doch die Psalmen, die Apostel, Christus selber nicht verachtet werden, die uns mit soviel Sprüchen überschütten, mit Trösten, mit Lehren, mit Drängen: »Seid getrost«, »fürchtet euch nicht«, »hoffet«, »seid männlich und seid stark!« Glauben wir diesen Sprüchen nicht, so würden wir auch nicht glauben, wenn alle Engel vom Himmel kämen. Dies schreibe ich weitschweifig an Dich, lieber Brenz. Lebe recht wohl in Christus und bete für mich!

Ich bin sozusagen geschwätzig geworden beim 118. Psalm und habe ihn »das schöne Confitemini« genannt;[84] die Schrift ist bereits in Wittenberg im Druck. Fünfzehn Bogen Papier habe ich für so ein paar Worte verschwendet. Außerdem habe ich mich an einige Lügen vom Fegfeuer[85] gemacht gegen die Papisten und damit gewissermaßen von vorne eine neue Schlacht gegen sie angefangen. Gottes Gnade sei mit Euch.

Am letzten Juni 1530.   Dein Martin Luther.

Br 5,417,1 ff

KRIEG ODER FRIEDEN?

Die an die Übergabe der Augsburger Konfession sich anschließenden Verhandlungen nähern sich rasch einem Gefahrenpunkte. Kann der

---

84 Vgl. Seite 157.
85 Luthers Schrift »Ein Widerruf vom Fegfeuer«.

Kaiser eine den Aufbau und die Einheit des Reiches gefährdende Lehre dulden? In einer Zusammenkunft mit der päpstlich gesinnten Reichstagsmehrheit hat der Kaiser seinen Willen kundgetan, er werde mit den Protestierenden nicht mehr weiter disputieren, vielmehr von ihnen von vornherein die Anerkennung seines kaiserlichen Spruchs verlangen. Würden sie aber die Anerkennung seines Urteils oder einer Konzilsentscheidung verweigern, müßte mit Gewalt eingeschritten werden. Luther hat sich in jenen Tagen ein kindliches Zutrauen zur Person des Kaisers und eine gehorsame Ehrfurcht gegen die Obrigkeit Deutschlands bewahrt. Er betet für den Kaiser und ermahnt die Freunde zur Fürbitte für ihn. Allein die unbedingte, von vornherein erfolgende Anerkennung seines Urteils würde nichts anderes bedeuten als die Ausschaltung des göttlichen zugunsten des kaiserlichen Urteils – das ist völlig unmöglich. Darum rät Luther dem Kurfürsten in sorgfältig begründetem Briefe, der die Stellung des Gegners überlegen und mit geheimem Spott durchschaut, dringend ab, diesem Ansinnen zu gehorchen (1). Er hält überhaupt die Aufgabe der Evangelischen mit der Übergabe der Konfession für erledigt. Der Kaiser hat den Altgläubigen die Abfassung einer Konfutation, einer Widerlegung des evangelischen Glaubenszeugnisses, aufgegeben; allein Luther drängt noch vor der Veröffentlichung der Konfutation die Freunde zu rascher Heimkehr (2): sie haben erreicht, was zu erreichen war, nämlich das öffentliche Bekenntnis ihres Glaubens und die Bezeugung des Gehorsams gegen den Kaiser; es wäre töricht, auf Einigung oder auf Zugeständnisse der Gegner zu hoffen. Den schweren, in der politischen Gesamtlage mehr als hinreichend begründeten Befürchtungen maßgebender Staatsmänner im evangelischen Lager steht Luther in sorgloser Sicherheit und Freiheit gegenüber; auch der kursächsische Kanzler Brück empfängt einen seiner wunderbaren Trostbriefe, in welchem in geheimnisvoll-tiefsinnigem Farbenspiel die Wunder der Schöpfung zum Glaubenszeugnis und Trost in der Anfechtung werden (3). Der in jenen Tagen ausbrechende Kriegslärm läßt Luther vollkommen gleichgültig; er könnte nicht einmal mit menschlicher Vernunft begreifen, wenn die andern einen Krieg anfingen. Die Verlesung der Konfutation am 3. August und die darauffolgende Willensäußerung des Kaisers, er erwarte, daß die abgewichenen Stände und Fürsten sich dieser Auffassung unterwerfen, erwähnt er nicht einmal in seinen Briefen.

Inzwischen hat sich seine Annahme, den Drohungen mit Gewalt werden nicht so schnell entsprechende Taten folgen, bewahrheitet. Man hört plötzlich nichts mehr davon, daß der Kaiser Truppen in Italien werbe. Der auf einen friedlichen Ausgleich bedachte Teil der Reichstagsmehrheit drängt auf Verhandlungen; die verlassene Ausgangsstellung des kaiserlichen Ausschreibens wird wieder bezogen. Die beiden streitenden Gruppen sollen in einem *Ausschuß* zusammenkommen, der von beiden Seiten gleichmäßig, je mit zwei Fürsten, zwei Juristen und drei Theologen, beschickt wird. Sie sollen versuchen, sich mit Hilfe einer Einigungsformel zu vergleichen, um damit den Weg zu einer Neuordnung der verfahrenen kirchlichen Verhältnisse zu ebnen. Zu Melanchthons Versuchen, bei diesen Ausschußverhandlungen die Gegner zur Anerkennung bestimmter dogmatischer Sätze zu nötigen und gleichzeitig in den »Mitteldingen«, den Fragen der Verfassung und der Zeremonien, möglichst weit entgegenzukommen, hat Luther in einem Briefe vom 26. August ausführlich Stellung genommen (4): Er lehnt Melanchthons Taktik rundweg ab, denn in einem ganz durch Gottes Wort bestimmten Leben gibt es keine neutralen Mitteldinge; und was hilft eine Einigung auf Lehrformeln, wenn bei den andern weder Buße noch Glaube, sondern nur Verfolgung des Evangeliums zu finden ist? Diese Ablehnung verschärft sich immer mehr, je länger sich die nach mehrmaligem Scheitern immer wieder neu aufgenommenen Ausschußverhandlungen hinziehen. Schließlich droht Luther den Freunden unverhüllt, wenn sie den Adler in einen Sack einsperren, werde er kommen und ihn wieder befreien; er fleht sie an, sich doch nicht zu fürchten vor den Wasserblasen der Hinterlist, nachdem sie den Drohungen der Gewalt siegreich widerstanden. Je länger Melanchthon verhandelt – bis in den September hinein –, desto mehr wächst der Argwohn im evangelischen Lager gegen seine Nachgiebigkeit und Kompromißpolitik, desto mehr droht eine Spaltung in den eigenen Reihen auszubrechen. Luther wird mit Briefen, insbesondere von Nürnberg, bestürmt, er möge doch endlich ein deutliches Wort sagen; man fürchtet dort geradezu, Melanchthon möchte in seiner weltlichen Weisheit um des zeitlichen Friedens willen das Evangelium verkaufen. Luther nimmt zu der drängenden Frage Stellung, nicht ohne Abwehr des in seiner Art ebenfalls unnötig sorgenden Nürnberger Übereifers, gleichzeitig aber in tiefer Bestürzung und Erregung über die dunklen Vorgänge in Augsburg. Wieder entströmen seiner Feder eine Reihe von Briefen, welche, wie jener Brief an Justus Jonas vom 20. September (5), bleibende Dokumente seiner Einstellung zu den Augsburger Verhandlungen sind: haben die Freunde wirklich zuviel nachgegeben, so trifft sie allein die Verantwortung für eine Spaltung in den eigenen Reihen. Luther wird die Vorschläge, die sie der Gegenpartei machen, unter keinen Umständen annehmen;

wie können sie so blind sein, daß sie von der Unverschämtheit und Bosheit der Gegner nichts merken? In überwallendem Zorn drängt Luther auf den Abbruch der Verhandlungen und auf die Heimkehr, mag daraus auch ein Krieg oder sonstiges Unheil entstehen! Was vermag Gewalt und List, Drohung und Lockung der Feinde gegen Christus?

Allein der Höhepunkt der Gefahr ist schon überschritten. Es liegt auf der gefallenen Entscheidung ein eigentümliches Schwergewicht. Das öffentlich abgelegte Bekenntnis kann nicht mehr rückgängig gemacht werden, es müßte denn sein, es wäre leichtfertige Lüge gewesen. Die Verhandlungen rücken wegen der hinter allem scheinbaren Entgegenkommen versteckten Hartnäckigkeit der Altgläubigen, welche an der Wiederaufrichtung der bischöflichen Gewalt festhalten, nicht mehr von der Stelle und versanden schließlich. Im Entwurf zum Reichstagsabschied kommt der Kaiser den Protestanten wieder in manchen Stücken entgegen, allein sie müssen den Abschied, der ihr Bekenntnis für widerlegt und abgelehnt erklärt, ihrerseits ebenfalls ablehnen. Das Haupt der evangelischen Fürsten, der sächsische Kurfürst, verabschiedet sich vom Kaiser mit Tränen in den Augen, aber seiner Sache gewiß, obwohl er weiß, daß der Kaiser nunmehr zur Ausrottung der lutherischen Sekte entschlossen ist. Am 23. September 1530 hat der Kurfürst den erbetenen Abschied erhalten; kurze Zeit später erhält er einen Brief von Luther (6), in welchem dieser seiner Freude und Dankbarkeit Ausdruck gibt, daß der Kurfürst der Hölle von Augsburg entronnen sei.

Mit der Abreise des Kurfürsten ist auf evangelischer Seite die Entscheidung gefallen. Allem Unglauben, aller Sorge, aller Vernunft und klugen Vorausberechnung der Zukunft zum Trotze ist wahr geworden, was Luther von Anfang an geglaubt hat: daß Gott eine Sache, die er angefangen, auch hinausführe.

Die folgende Entwicklung hat, so unwahrscheinlich dies auch war, Luther recht gegeben. Zwei Jahre nach dem die Reformationskirche in ihrem gesamten Bestande bedrohenden Augsburger Abschied muß der Kaiser den Protestanten am 23. Juli 1532 den Nürnberger »gemeinen Frieden« einräumen, eine Art Stillhalteabkommen, in welchem bis zur Berufung eines Konzils den Protestanten die freie Religionsausübung zugestanden wurde, das evangelische Bekenntnis also bis auf weiteres vom Kaiser eine rechtlich begründete Duldung empfing.

Wäre es freilich nach des Kaisers eigentlichen Plänen gegangen, so wäre der Knoten der Kirchenfrage zerhauen worden. Im Abschied von Augsburg hatte sich Karl von neuem zur Durchführung des Wormser

Edikts verpflichtet; um die Vollstreckung seines Willens auch für die Zeit seiner Abwesenheit zu sichern, betrieb er mit Nachdruck die Wahl seines Bruders Ferdinand zum Römischen König. Als am 5. Januar 1531 Ferdinand in Köln von den gefügigen katholischen Kurfürsten – gegen die sächsische Stimme – gewählt und wenige Tage später in Aachen zum Römischen König gekrönt wird, verspricht er feierlich, die hergebrachte Religionsform gemäß dem Augsburger Abschied zu erhalten. Das Reichskammergericht wird mit neuen Vollmachten ausgestattet und erhält den Auftrag, über jede weitere Förderung der evangelischen Sache die Acht als Strafe zu verhängen.

Niemand zweifelt daran, daß dieser Versuch, die Protestanten auf dem Rechtswege zu vernichten, nötigenfalls durch Waffengewalt unterstützt werden wird. Dieser Gefahr gegenüber müssen die evangelischen Stände zu festerer Einheit kommen. In neun schicksalsschweren Tagen vom 22. bis 31. Dezember 1530 beraten sich die evangelischen Fürsten über die ganze Weihnachtszeit in dem rauhen, schneebedeckten Bergort *Schmalkalden* im Thüringer Wald und sagen sich in dem dort geschlossenen *Bunde* gegenseitigen Schutz wider jeglichen Angriff zu, der unmittelbar oder mittelbar um des Evangeliums willen gegen sie erfolge. Die Juristen stehen auf dem Standpunkt, daß eine Gegenwehr gegen einen Rechtsbruch des Kaisers wohl verantwortet werden könne, sobald die Tatsache der Rechtsverletzung gegeben sei; auch der Kaiser ist ja an Eid und Recht, an die Verfassung der deutschen Nation und an die ihm bei seiner Wahl übertragenen Pflichten gebunden. Luther überläßt die Verantwortung für diesen Rat den Juristen; ihn beeinflußt vor allem die Erkenntnis, daß der Kaiser bei seinem Vorgehen gegen die Protestanten ja gar nicht in seinem eigentlichen Amt als weltliche Obrigkeit, sondern als Höriger und Geschworener des Papstes handle! In seiner »Warnung an seine lieben Deutschen« (1531) redet er als »der Deutschen Prophet«: Widerstand gegen die Papisten, ja auch gegen den Kaiser, wenn er gegen das Evangelium zum Kriege aufbietet, ist nicht Aufruhr, sondern Notwehr; handelt der Kaiser dergestalt gegen Recht, Eid und Pflicht, so ist ihm niemand mehr Gehorsam schuldig. Zum Schmalkaldischen Bunde stoßen nach kurzer Zeit, ihn mächtig verstärkend, auch die oberdeutschen Städte, die noch in Augsburg ein besonderes Bekenntnis eingereicht hatten; der geschmeidige Straßburger Butzer hat es verstanden, in der Abendmahlssache einen Vergleich mit Wittenberg herbeizuführen. Dagegen scheidet die Schweiz für die nächste Zeit aus dem politischen Kraftfeld aus: Zürich hat im Kampf gegen die altgläubigen Fünforte am 11. Oktober 1531 die vernichtende Niederlage von *Kappel* erlit-

ten; *Zwingli* hat, todwund unter einem Baume liegend, nach der
Schlacht von streifenden Söldnern den Todesstoß empfangen, sein Leib
ist verbrannt worden. Luther sah in seinem Tod ein Gottesurteil über
den Schwärmer und Sakramentierer (7).

Die Niederlage der Züricher gibt den Römischen neue Hoffnung.
Wenn es trotzdem nicht zum Kriegsbrand kommt, so ist daran die
wachsende Eifersucht auch der altgläubigen Fürsten gegen Habsburgs
Übermacht, vor allem aber die vom Osten neu heraufziehende Türkengefahr schuldig. Im April 1532 hat sich Soliman unter der heiligen Fahne des Propheten mit ungeheuren Schwärmen seiner Jani-
tscharen und Spahis erhoben, die ungarische Grenze ist überschritten,
der Angriff soll das Abendland ins Herz treffen, den Gegenkaiser Karl
vernichten. Unter dem Druck dieser Bedrohung kommt es zum Nürnberger Stillstand, in dem alle Stände dem bedrängten Kaiser die verlangte Türkenhilfe zusagen.

Luther warnt in jenen Tagen davor, zu viel Vertrauen auf die
wechselreiche politische Lage zu setzen; aber er stellt doch dankbar
fest: Gott hat unser armes Gebet barmherzig erhört. In der Tat hat
sich das Evangelium gegen alle Feindschaft der Welt durchgekämpft;
das Augsburger Bekenntnis war nicht umsonst, sondern entfaltet seine
bindende und verbindende Kraft. Fürsten und Könige, Volk und Reich
werden künftighin genötigt sein, dem Anspruch des Worts standzuhalten, und Luther wird noch mehr als bisher der deutschen Nation als
berufener Bote Gottes, als der Deutschen Prophet gegenübertreten.

*1 Keine Unterwerfung unter Menschenurteil · Brief von der Koburg an
Kurfürst Johann am 9. Juli 1530*

Gnade und Friede in Christus! Durchlauchtigster, hochgeborener
Fürst, gnädigster Herr! EKFG[86] Brief, am 4. Juli an mich gerichtet,
habe ich heute am 9. Juli empfangen und mit Freuden vernommen,
daß EKFG Gedanken ruhiger geworden sind. Denn Gott weiß, daß ich
aus keinem andern Grund an EKFG solche Briefe schreibe als aus der
Sorge, der Satan, der ein Meister böser Gedanken ist, könnte EKFG betrüben. Sonst ist mir recht wohl bewußt, daß unser Herr Jesus Christus selber EKFG Herz besser tröstet, als ich oder jemand anders es
kann. Die Wirklichkeit gibt das auch [zu erkennen] und bezeugt es
vor [aller] Augen. Denn die Widersacher meinen, sie hätten es recht
gut getroffen, daß sie durch das Gebot KM[87] das Predigen verbieten
lassen; sie sehen aber dagegen nicht, die elenden Leute, daß durch

---

86 EKFG = *Eure Kurfürstliche Gnaden.*
87 KM = *Kaiserliche Majestät.*

die Überantwortung des schriftlichen Bekenntnisses mehr gepredigt worden ist, als sonst vielleicht zehn Prediger hätten tun können. Liegt nicht eine feine Weisheit und ein tiefer Sinn darin, daß Magister Eisleben[88] und andre stillschweigen müssen; aber dafür tritt der Kurfürst von Sachsen samt andern Fürsten und Herren mit dem schriftlichen Bekenntnis auf und predigen offen vor KM und dem ganzen Reich unter ihrer Nase, daß sie es hören müssen und nichts dagegen sagen können? Ich meine wirklich, das Predigtverbot sei damit wohl gerächt. Sie wollen nicht zulassen, daß ihre Diener den Predigern zuhören, müssen aber selber noch Schlimmeres, wie sie es nennen, von so großen Herren hören und verstummen. Christus schweigt doch nicht auf dem Reichstag, und sollten sie toll sein, so müssen sie aus dem Bekenntnis mehr hören, als sie in einem Jahr von den Predigern gehört hätten. Es geht so, wie St. Paulus (2 Tim 2, 9) sagt: »Gottes Wort will nicht gebunden sein.« Wird's auf der Kanzel verboten, so muß man's in den Palästen hören. Dürfen es arme Prediger nicht verkündigen, so verkündigen es große Fürsten und Herren, kurz: Wenn alles schweigt, so werden's die Steine schreien, spricht Christus selber (Luk 19, 40). – Auf das aber, was EKFG von mir [zu wissen] begehrt, will ich untertänig meine Meinung mitteilen.

Erstens: Wenn KM verlangen würde, daß man Ihre KM in dieser Sache Richter sein lassen solle, weil Ihre KM nicht viel darüber zu disputieren beabsichtigt, bin ich der Ansicht, EKFG könnte darauf hinweisen, daß das Ausschreiben KM [zum Reichstag] einschließt, die Sache gnädig zu verhören. Wenn aber das nicht geschehen sollte, wäre dieses Ausschreiben unnötig gewesen; es hätte auch KM dieses Richten gut in Spanien ausüben können und hätte EKFG nicht unter schweren Mühen und Unkosten nach Augsburg kommen zu lassen brauchen und hätte ebenso auch andere Reichsstände damit verschonen können. Denn wenn nicht mehr zu erlangen und zu hoffen gewesen wäre, hätte eine solche Antwort KM gut ein Postbote [aus Spanien] überbringen können. Es würde aber KM und dem ganzen Reich eine große Schande und vielleicht großes Ärgernis und Widerwärtigkeit bringen, wenn KM unverhörter Sache einfach dreinfahren und Richter sein und gar keine Antwort geben wollte. Dieser kluge Rat stammt sicherlich von niemand als von EKFG gutem Freund NN.[89] Der Kaiser ist's gewiß nicht; das muß und wird jedermann sagen.

88 Johann Agricola, nach dem Ort seiner Tätigkeit von Luther oft Eisleben genannt; vgl. Seite 226, Anmerkung 38.
89 Herzog Georg von Sachsen.

Zweitens: Wollte KM (d. h. NN) wirklich darauf bestehen, daß man Ihre KM in dieser Sache einfach Richter sein lassen sollte, so kann EKFG mit aller Freudigkeit sagen: Jawohl, es soll KM darin Richter sein und EKFG wolle es alles annehmen, insofern und vorausgesetzt, daß SKM nichts gegen die klare Schrift oder Gottes Wort richte. Denn EKFG kann den Kaiser weder über Gott setzen noch sein Urteil im Widerspruch zu Gottes Wort annehmen. Damit ist KM durchaus Ehre genug erwiesen, weil niemand als allein Gott, der doch über alles ist und sein soll und muß, SKM vorgezogen wird.

Drittens: Möglicherweise geben sie vor, man wolle damit KM eine Schande antun, indem man sie dafür ansehe, daß sie gegen Gott zu handeln geneigt sei; man solle doch glauben, daß KM als ein christlicher Fürst nichts beschließen oder richten werde, was dem göttlichen Wort entgegen sei. (So hielten sie mir [das] in Worms auch vor genau wie jetzt EKFG.) Darauf wird EKFG richtig zu antworten wissen, daß nämlich Gott streng verboten hat, auf Fürsten und Menschen zu vertrauen, wie Ps 118, 8 und 146, 3 sagt. Ja, auch das erste Gebot Gottes leidet's nicht, wenn er sagt (2 Mose 20, 3): »Du sollst keine andern Götter haben.« Und ist das Wort ihres eigenen Mundes recht, und sind sie [wirklich, wie sie sagen,] christliche Fürsten, so können sie das nicht besser beweisen, als indem sie mit und nach dem Wort Christi urteilen und sprechen: »So spricht Christus.« — Wenn sie aber ohne die Schrift urteilen und verlangen, daß man ihr Urteil ohne die Schrift annehmen sollte, so straft sie ihr eigener Mund, daß sie christliche Fürsten ohne und außer Christus sein wollen. Das ist schlimmer als ein Herr ohne Land, ein Reich ohne Geld, ein Gelehrter ohne Wissen. Aber es heißt (2 Tim 3, 9): »Ihre Torheit wird offenbar werden.«

EKFG möge nun getrost sein. Christus ist da und wird EKFG wiederum bekennen vor seinem Vater, wie EKFG ihn jetzt bekennt vor dem argen Geschlecht (Matth 10, 32). Und [es ist so, wie] er spricht (1 Sam 2, 30): »Wer mich ehrt, den will ich auch ehren.« Derselbe Herr, der es angefangen hat, wird es auch hinausführen. Amen.

Ich bete für EKFG mit Eifer und Ernst. Könnte ich mehr tun, so bin ich's schuldig. Gottes Gnade sei wie bisher in EKFG und mehre sich. Amen.

Am Sonnabend, den 9. Juli 1530. EKFG untertäniger   Martin Luther.

Br 5,453,1 ff

2 Rat zur Abreise · Brief von der Koburg an Jonas, Spalatin und Agricola in Augsburg am 15. Juli 1530

Gnade und Friede in dem Herrn! Die Briefe, die Arnold und die der Koburger Bote gebracht hat, haben wir gestern erhalten. Ich vermute, daß Ihr die Antwort der Gegner – die Ihr nach Eurem Schreiben erwartet – jetzt in Händen habt.[90] Natürlich werdet Ihr: »Väter, Väter, Väter, Kirche, Kirche, Kirche, Brauch, Gewohnheit!« zu hören bekommen, aber weiter nichts, was aus der Schrift stammt; und im Vertrauen auf solche Gutachter und Zeugen wird der Kaiser gegen Euch entscheiden. Dann werden Drohungen und Prahlereien folgen bis in den Himmel und in die Hölle. Aber der Herr wird Euch Sprache und Weisheit geben.[91] Im übrigen macht es so, wie Ihr schreibt: »Über die andern Dinge nächstens öffentlich!«[92] Es ist mehr erreicht worden, als man hoffen konnte: Ihr habt dem Kaiser gegeben, was des Kaisers ist, und Gott, was Gottes ist:[93] dem Kaiser vollkommenen Gehorsam, indem Ihr Euch unter so viel Aufwand, Mühe und Beschwerden einfandet; Gott aber das auserwählte Opfer des Bekenntnisses, das sich einen Weg bahnen wird an alle Königs- und Fürstenhöfe, das herrschen wird inmitten seiner Feinde,[94] und das mit seinem Schall ausgehen wird in alle Welt,[95] damit diejenigen, die nicht glauben, keine Entschuldigung haben.[96] Das wird nämlich der Erfolg des Schweigens sein, das zu Beginn des Reichstags befohlen wurde. Wenn nun das noch als Lohn hinzukäme, daß nach dem Zeugnis der Feinde[97] kein Glaubensartikel verletzt ist, so erreichen wir weit mehr, als ich erbeten habe, nämlich Befreiung vom Schimpf des Ketzernamens. Möge denn Christus selber sich so zu Euch bekennen, wie Ihr ihn bekannt habt, und die ehren, die ihm die Ehre geben,[98] Amen. Darum spreche ich Euch im Namen des Herrn von diesem Reichstag los. Immer wieder [rufe ich Euch zu:] Heim, immer heim!

Auf eine Einigung oder ein Zugeständnis dürft Ihr nicht hoffen.

90 Das war noch nicht geschehen; die »Widerlegung« (Confutatio) der Gegner wurde erst am 3. August verlesen.
91 Vgl. Lukas 21,15.
92 So schrieb Melanchthon am 8. Juni 1530.
93 Vgl. Matthäus 22,21.
94 Vgl. Psalm 110,2 b.
95 Vgl. Psalm 19,5.
96 Vgl. Römer 1,20.
97 Nach einem Bericht Spalatins hatten der Kaiser und seine Leute eine dahingehende Äußerung getan.
98 Vgl. 1. Samuel 2,30.

Ich habe auch Gott nie darum gebeten – ich weiß, daß das unmöglich ist –, sondern nur darum, daß sie Euch lehren ließen und Frieden gewährten; dabei werden sie selber in ihrer Gottlosigkeit verharren, auch wenn sie uns nach Kräften helfen wollten. Will der Kaiser ein Edikt ergehen lassen, so mag er's meinetwegen tun; er hat auch in Worms eines erlassen. Den Kaiser als Kaiser werden wir anhören, aber nicht mehr und nichts darüber. Was geht uns jener verkappte Kaiser, der Bauer[99] an? Hier wird auch eben jener Rat schaffen, der unserm Bekenntnis die Tür des Kaisers und Königs aufgestoßen hat; und wenn der Kaiser mit Waffengewalt drängen wird, was ich nicht hoffe, so wird *er* abermals Rat schaffen. Dem wahren Kaiser werden wir weichen; wenn aber der verkappte Kaiser etwas versuchen wird, wird's anders gehen. Darum erwirket Euch vom Kaiser Urlaub und laßt die Räte des Kurfürsten dort, die bei den übrigen Dingen mitarbeiten mögen. Unsre Sache ist erledigt. Darüber hinaus werdet Ihr nichts Besseres oder Günstigeres erreichen. . . . Heim, heim! Der Herr Jesus errette und tröste Euch, die Ihr um seines Namens willen bedrängt und betrübt genug waret, Amen.

Aus Gruboc,[100] am 6. Tag nach Margareten, 1530.   Martin Luther.

Br 5,479,1 ff

3 Gott hat die Seinen nicht vergessen · Brief von der Koburg an den Kanzler Gregor Brück[101] in Augsburg am 5. August 1530

Gnade und Friede in Christus! Achtbarer, hochgelehrter, lieber Herr und Gevatter! Ich habe nun schon einige Male[102] an meinen gnädigsten Herrn und die Unsrigen geschrieben, so daß ich fast denke, ich hätte es zu oft getan, besonders an meinen gnädigsten Herrn, als ob ich etwa daran zweifelte, daß Gottes Trost und Hilfe mehr und stärker bei SKFG[103] wären als bei mir. Ich habe es aber auf Anregung der Unsrigen getan, von denen einige so wehmütig und sorgenvoll sind, als ob Gott uns vergessen hätte; und doch kann er uns nicht vergessen, er müßte vorher seiner selbst vergessen – es wäre denn, daß unsere Sache nicht seine Sache und unser Wort nicht sein Wort wäre. Im andern Fall, wenn wir dessen gewiß sind und nicht daran zweifeln,

---

99   *Luther meint seinen Feind, Herzog Georg von Sachsen; er versteckt dessen Namen hinter der deutschen Übersetzung des griechischen Wortes georgos (= Bauer).*

100   *Umstellung von »Coburg«.*

101   *Gregor Brück war kursächsischer Kanzler.*

102   *Am 20. Mai, 30. Juni, 9. Juli 1530.*

103   *Seiner Kurfürstlichen Gnaden.*

daß es seine Sache und sein Wort ist, ist gewiß auch unser Gebet erhört, und die Hilfe schon beschlossen und zugerüstet, daß uns geholfen werde; daran kann's nicht fehlen. Denn er spricht (Jes 49, 15 f): »Kann auch ein Weib ihres Kindleins vergessen, daß sie sich nicht erbarmen sollte über die Frucht ihres Leibes? Und ob sie derselben vergäße, so will ich doch dein nicht vergessen; siehe, ich habe dich auf meine eigene Hand gezeichnet.«

Ich habe neulich zwei Wunder gesehen, das erste, als ich zum Fenster hinaussah: [Da sah ich] die Sterne am Himmel und das ganze, schöne Gewölbe Gottes, und doch sah ich nirgends Pfeiler, auf die der Meister dieses Gewölbe gesetzt hätte; trotzdem fiel der Himmel nicht ein, und dennoch steht auch das Gewölbe fest. Nun gibt es etliche, die suchen solche Pfeiler und möchten sie gerne [mit Händen] greifen und betasten. Weil sie das aber nicht können, zappeln und zittern sie, als werde der Himmel gewiß einfallen, aus keinem andern Grund, als weil sie die Pfeiler weder greifen noch sehen. Wenn sie diese greifen könnten, stünde der Himmel fest.

Das zweite: Ich sah auch große, dicke Wolken über uns schweben mit solcher Last, daß man sie einem großen Meer vergleichen könnte, und sah doch keinen Boden, auf dem sie ruhten oder fußten, auch keine Wasserbehälter, in welche sie gefaßt [gewesen] wären; trotz alledem fielen sie nicht auf uns, sondern grüßten uns mit einem sauren Angesicht und flohen davon. Als sie vorüber waren, leuchtete beides hervor, der Boden und unser Dach, nämlich der Regenbogen, der sie gehalten hatte. Da war doch ein Boden und Dach, so schwach, dünn und gering, daß es sogar in den Wolken verschwand; sein Ansehen glich mehr einem Schatten, wie ein solcher durch gemaltes Glas zu scheinen pflegt, als einem solchen gewaltigen Boden, so daß man auch um des Bodens willen wohl ebensosehr verzweifeln konnte wie um der großen Wasserlast willen. Trotzdem fand sich's in der Tat so, daß dieser scheinbar ohnmächtige Schatten die Wasserlast trug und uns beschützte. Dennoch gibt es etliche, welche die dicke und schwere Last des Wassers und der Wolken mehr ansehen, beachten und fürchten als diese dünnen, schmalen und leichten Schatten. Sie möchten nämlich gerne die Kraft eines solchen Schattens fühlen; weil sie das nicht können, fürchten sie, die Wolken werden eine ewige Sintflut anrichten.

So muß ich mit Eurer Achtbarkeit freundlicherweise scherzen und doch im Ernst schreiben; denn ich habe eine besondere Freude daran gehabt, als ich erfuhr, daß EA[104] vor allen andern einen guten Mut

104 EA = *Eure Achtbarkeit.*

und ein großes Herz in dieser unsrer Anfechtung [bewiesen] hat. Ich hätte wohl gehofft, daß es möglich gewesen wäre, wenigstens den politischen Frieden zu erhalten; aber Gottes Gedanken sind weit über unsern Gedanken (Jes 55, 9). Und so ist's auch recht; denn er – so spricht St. Paulus (Eph 3, 20) – erhört und tut über das, was wir verstehen oder bitten. Denn wir wissen nicht, wie wir bitten sollen (Röm 8, 26). Würde er uns nun gerade so erhören, wie wir bitten (daß der Kaiser uns Frieden gäbe), so könnte es vielleicht heißen: [Er tut] »unter«, nicht »über« unser Verstehen, und es könnte leicht der Kaiser und nicht Gott die Ehre erhalten.

Aber nun will er selber uns Frieden schaffen, damit er allein die Ehre habe, die ihm auch allein gebührt. Das heißt nicht, daß wir KM[105] verachten, sondern wir bitten und wünschen, daß KM nichts gegen Gott und das kaiserliche Recht vornehme. Wenn sie es aber täte – was Gott verhüte! –, so wollen trotzdem wir als die treuen Untertanen nicht glauben, daß SKM es tue, sondern denken, daß es andere Tyrannen unter dem Namen KM tun, und [wollen] auf diese Weise den Namen KM und das Werk der Tyrannen unterscheiden, wie wir auch Gottes Namen, den die Ketzer und Lügner führen, [von deren Treiben] unterscheiden und Gottes Namen ehren und die Lügen meiden. So sollen und können wir auch das Vorhaben der Tyrannen durchaus nicht billigen noch annehmen, das sie unter dem Namen KM treiben. Vielmehr sind wir verpflichtet, dem Namen KM beizustehen, zu helfen, ihn in Ehren zu halten, und solchen Mißbrauch gegen Gott und das kaiserliche Recht weder zu dulden noch darin einzuwilligen, damit wir nicht auch solcher fremden Sünde, des Mißbrauchs und der Schändung des kaiserlichen Namens, mit teilhaftig werden und sie auf unser Gewissen laden. Denn man soll die Majestäten ehren und sie nicht schänden lassen.

Dieses Werk, das uns Gott in Gnaden gegeben hat, wird er durch seinen Geist segnen und fördern und die Art, Zeit und den Ort, uns zu helfen, wohl finden und nicht vergessen noch versäumen. Sie haben's noch nicht zu Ende gebracht, was sie jetzt anfangen, die Blutmänner; sie sind auch noch nicht alle wieder daheim, oder wo sie gerne wären. Unser Regenbogen ist schwach; ihre Wolken sind mächtig; aber am Schluß wird man sehen, in welcher Tonart [das Stück steht]. Eure Achtbarkeit halte mir mein Geschwätz zugute und tröste Mag. Philippus und die andern alle. Christus möge mir unsern gnä-

---

105 KM = *Kaiserliche Majestät.*

digsten Herrn auch trösten und halten. Ihm sei Lob und Ehre in Ewigkeit! Amen. In seine Gnade befehle ich EA in aller Treue.

Aus der Wüste, 5. August 1530.   Martin Luther D.

Br 5,530,1 ff

4 Keinerlei Kompromisse · Brief von der Koburg an Melanchthon in Augsburg am 26. August 1530

Gnade und Frieden in Christus!

Ich wundere mich, lieber Philippus, wenn die Sache so ausgehen würde, daß sie[106] diese Schiedsrichter[107] hätten ertragen können und freundlich über die Sache zu verhandeln gesucht hätten. Ich bitte Dich: Wo steckt dort keine List und Tücke dahinter?! Jetzt hast Du Campeggio,[108] den Salzburger,[109] hast vollends jene gespenstischen Mönche, die bei Speyer über den Rhein fuhren.[110] Habe ich je etwas weniger erwartet, und wünsche ich bis auf den heutigen Tag etwas weniger als Verhandlungen über die Einheit in der Lehre? Als könnten *wir* den Papst stürzen, oder als könnte unsre Lehre unangetastet sein, solange das Papsttum unangetastet ist! Versteht sich, daß jener[111] zum Schein ein Bündnis und einen Vertrag schließt, damit [nur] der Papst bleiben soll; er ist bereit, nachzulassen und Zugeständnisse zu machen, wenn wir [seinen Willen] tun usw.! Aber Gott sei Dank, daß Ihr nichts zurückgenommen habt.

Du schreibst, Eck[112] sei von Dir zu dem Geständnis gezwungen worden, daß wir durch den Glauben gerechtfertigt werden; hättest Du ihn lieber gezwungen, diese Lüge nicht auszusprechen![113] Man denke: Eck bekennt sich zur Gerechtigkeit aus dem Glauben, aber

---

106 *Die Gegner.*

107 *Luther meint wohl die den Evangelisten nicht geradezu abgeneigten katholischen Mitglieder des Vierzehnerausschusses, Herzog Heinrich von Braunschweig und Christoph von Stadion, den Augsburger Bischof.*

108 *Lorenzo Campeggio (1474–1539), Kardinal, ursprünglich Jurist, war der erste ständige Gesandte des Papstes in Deutschland. Ein geschworener Feind der Protestanten, brachte er 1524 den in Regensburg geschlossenen Sonderbund der katholischen Fürsten zustande (vgl. Seite 57).*

109 *Kardinalerzbischof Matth. Lang von Salzburg; vgl. Seite 170, Anmerkung 74.*

110 *Ein Spuk, den zwei Fischer in einer Julinacht am Rhein erlebt haben wollten.*

111 *Wohl Campeggio; vgl. Anmerkung 108.*

112 *Luthers alter Gegner, vgl. Band I, Seite 133, Anmerkung 111.*

113 *Luther hält dieses von Melanchthon als wertvoll betrachtete Zugeständnis Ecks für eine Lüge, wie auch aus dem folgenden Satz hervorgeht.*

einstweilen verteidigt er sämtliche Greuel des Papsttums, mordet, verfolgt, verdammt die Bekenner dieser Lehre vom Glauben; es reut ihn auch noch nicht, sondern er fährt darin fort! So macht es die ganze feindliche Partei. Suchet nur nach Grundlagen einer Einigung mit solchen Leuten – wenn es Christus gefällt! – und gebt Euch – umsonst! – Mühe, solange bis jene bei irgend einer Gelegenheit [allgemeinen] Beifall[114] finden, mit dem sie uns an die Wand drücken.

Was Du über das Abendmahl in beiderlei Gestalt schreibst, hast Du gut gemacht. Denn ich bin mit Dir der Meinung, es handle sich nicht um ein gleichgültiges Mittelding, sondern um ein Gebot, daß wir beiderlei Gestalt nehmen, wenn wir das Sakrament nehmen wollen. Es steht ja nicht in unsrem Belieben, in der Kirche Gottes und im Gottesdienst etwas einzuführen oder zu dulden, was durch das Wort Gottes nicht gerechtfertigt werden kann. Jenes verruchte Wort »Mittelding« brennt mich nicht wenig. Mit eben diesem Wort wollte ich freilich ohne Mühe alle Gebote und Ordnungen Gottes zu Mitteldingen machen! Denn läßt man *ein* Mittelding in Gottes Wort zu – auf welche Weise willst Du verhindern, daß nicht *alles* zu Mitteldingen wird? Mag er[115] meinetwegen rufen und schreien, die ganze Kirche werde [damit] von uns verdammt; *wir* erklären, die Kirche sei gegen ihren Willen gefangen gewesen, unterdrückt durch die Tyrannei der einerlei Gestalt, und deshalb zu entschuldigen, wie ja auch die ganze Synagoge in Babylon entschuldigt war, wenn sie das Gesetz Moses mit seinen kirchlichen Gebräuchen und heiligen Handlungen nicht beobachtete wie in Jerusalem. Denn sie waren deshalb nichtsdestoweniger Gottes Volk, wenn sie auch als Gefangene und gewaltsam Verhinderte die ihnen vorgeschriebenen Gebräuche nicht einhielten. Aber Eck will, daß er und die Seinen öffentlich die Kirche genannt werden. Wir erklären dagegen, daß wir nicht die ganze Kirche verdammen, daß aber er das ganze Wort Gottes – das mehr ist als die Kirche – mit der Verletzung des Sakraments verdamme.

Was die Wiederaufrichtung des Gehorsams gegen die Bischöfe und ihrer Gerichtsbarkeit und der öffentlichen Zeremonien anlangt, von der Du schreibst, – nehmt Euch ja recht in acht und gebt nicht mehr als Ihr habt, damit Ihr nicht von neuem zu einem schwereren und gefährlicheren Kampf zur Verteidigung des Evangeliums [als bisher] gezwungen werdet! Ich weiß, daß Ihr das Evangelium bei solchen Verabredungen immer ausnehmt; aber ich fürchte, daß sie uns spä-

---

114 *Es ist wohl an die Zustimmung der Reichstagsmajorität zu denken.*
115 *Eck.*

ter als treulos oder unbeständig verdächtigen, wenn wir nicht einhalten, was sie gewollt haben. Denn sie werden unsre Zugeständnisse in weitem, immer weiterem, im weitesten Sinne auffassen, die ihrigen aber im engen, immer engeren, im engsten Sinne verstehen.

Kurz und gut: das Verhandeln über die Einheit in der Lehre gefällt mir ganz und gar nicht, weil eine Einigung völlig ausgeschlossen ist, wenn nicht der Papst sein Papsttum geradezu aufgeben will. Es wäre genug gewesen, wenn wir von unsrem Glauben Rechenschaft abgelegt hätten und Frieden begehrten; wie können wir hoffen, sie zur Wahrheit zu bekehren? Wir sind gekommen, um zu hören, ob sie unsre Sache gelten lassen oder nicht, und wir lassen ihnen die Freiheit, zu bleiben, was sie sind. Was fragen wir danach, ob sie [unsre Lehre] verdammen oder für recht halten? Wenn sie [sie] verdammen, was nützt es dann, den Versuch zu machen, mit Feinden eine Einigung herzustellen? Halten sie [sie] aber für recht, warum will man dann unbedingt alte Mißbräuche aufrechterhalten? Da aber sicher ist, daß unsre Sache von ihnen verdammt wird, weil sie keine Buße tun und das Ihre festzuhalten suchen, warum merken wir nicht, daß alles und jedes, was sie versuchen, Verstellung und Lüge ist? Du kannst ja wirklich nicht behaupten, daß diese ihre Bemühungen aus dem Hl. Geist fließen, da in ihnen nichts von Buße, nichts von Glauben, nichts von Frömmigkeit zu finden ist. Der Herr aber, der es in Euch begonnen, möge sein Werk vollenden (Phil 1, 6); ihm befehle ich Euch von Herzen.

Am 26. August 1530.   Dein Martin Luther.

Br 5,577,1 ff

5 *Keine Verhandlungstaktik · Brief von der Koburg an Justus Jonas in Augsburg am 20. September 1530*

Gnade und Frieden! Aus Eurem letzten Brief, bester Jonas, habe ich ersehen, daß Ihr in die Forderungen der Gegner nicht eingewilligt habt. Das vernahm ich mit Freuden und erwarte Euch nun jeden Tag, einerlei, ob Ihr verflucht oder gesegnet heimkehrt. Allein seht, unterdessen dringen Donner und Blitz zu mir von einigen der Unsrigen, großen und bedeutenden Leuten:[116] Ihr hättet die Sache verraten und seiet im Begriff, um des lieben Friedens willen noch mehr Zugeständnisse zu machen. Ich antwortete dagegen: Ich weiß auf Grund der Mitteilungen der Unsern an mich, daß die von den Gegnern aufgestellten Bedingungen verworfen worden sind und die Sache von neu-

116 *In Briefen aus Nürnberg wurden ungestüme Klagen über Melanchthon laut. Vgl. oben Seite 175.*

em an den Kaiser zurückverwiesen worden ist. Hier stehe ich, so glaube ich auch. Allein, nun drängten jene so unablässig und hartnäckig und schrieen, auch der Luther habe unter Eurem Einfluß Euch dies alles zugestanden; es drohe der Sache von Euch mehr Gefahr als von den Gegnern, und es sei ein größeres Geschäft, Euch untereinander im Zaum zu halten, als gegen die Gegner vorzugehen. Dadurch brachten sie mich dazu, zu erklären: Verhält sich's wirklich so, dann hat der Teufel eine schöne Spaltung in unsern eigenen Reihen angerichtet. Denn ich werde mir die Vorschläge, denen Ihr[117] den allerliebsten Titel: »Unvorgreifliche, unbeschließliche Mittel« gebt, nicht gefallen lassen, und wenn ein Engel vom Himmel sie mir aufdrängen und befehlen würde. Denn was tun die Gegner anderes, als daß sie uns nicht um Haaresbreite nachgeben; wir dagegen sollen ihnen nicht nur den Kanon,[118] die Messe, einerlei Gestalt, den Zölibat[119] und die bisher gebräuchliche Gerichtsbarkeit [der Bischöfe] zugestehen, sondern auch noch anerkennen, sie seien in allen Stücken im Recht gewesen mit ihrer Meinung und ihrem Morden und Tun und fälschlicherweise von uns bisher verklagt worden. Das bedeutet: Durch unser eigenes Zeugnis [sollen wir] sie rechtfertigen und uns selber verdammen, d. h. nicht einfach widerrufen, sondern zwei-, dreimal uns selbst verfluchen und jene segnen. Doch was soll ich lang und breit mit Dir darüber reden? Als ob Ihr nicht diese schmachvollen Schändlichkeiten und ihre Unverschämtheit sehen würdet, die so ungeheuerlich ist, daß sie in keinem Geschlecht in Vergessenheit geraten darf! Und wozu brauchte man so viele Bedingungen aufzustellen, wenn wir das[120] wollten? Gestehen wir ihnen auch nur den Kanon, auch nur die Winkelmesse zu, so genügt schon eines von diesen beiden, um unsre ganze Lehre zu verleugnen und ihre Lehre aufzurichten. Weiter: Wird den Bischöfen die frühere Gerichtsbarkeit wieder eingeräumt, so ist ihnen alles immer noch vollständiger zugestanden; dann kommt es soweit, daß diejenigen, die Feinde des Evangeliums bleiben, [gleichzeitig] als Verkündiger des Evangeliums auftreten![121] Ich schreibe aber das, wie gesagt, nur, weil mich die ungestümen und übertriebenen Briefe der Unsrigen dazu nötigen; [ich tue es] nur zum Zeugnis

117 *Luther ist der (unrichtigen) Ansicht, der Titel »Nicht vorgreifende, unverbindliche Vermittlungsvorschläge« stamme von evangelischer Seite.*
118 *Das Herzstück der Messe mit der »Wandlung«.*
119 *Die Ehelosigkeit der Priester.*
120 *Nämlich (wie oben gesagt) die eigene Sache verdammen und die gegnerische anerkennen.*
121 *D. h. dann wäre der Bock erst zum Gärtner gemacht.*

für mich, daß ich Euch geschrieben habe. Denn Ihr wißt, daß ich schon früher bezeichnete, wieweit man nach meinem Urteil den Bischöfen die Gerichtsbarkeit zugestehen kann; ich habe auch zur Genüge gemahnt, Ihr möchtet nicht mehr einräumen, als Ihr in Eurer Gewalt habt; ich habe auch dem Kurfürsten selbst damals ausführlich und besonders geantwortet;[122] aber ich erzähle ja Märchen vor tauben Ohren.[123] Laßt mich darum, lieber Jonas, erfahren, ob inzwischen etwas Weiteres vorgefallen ist (was mir nicht lieb wäre). Denn ich sehe nach Eurem letzten Brief nicht ein, was das bisher Verhandelte schaden kann, da die Sache ja von neuem an den Kaiser zurückverwiesen worden ist. Allein seht zu, daß Ihr es nicht soweit kommen laßt, daß in unsern eigenen Reihen eine Spaltung entsteht. Mag der Friede in unsern Augen soviel bedeuten als er will, — aber der Urheber des Friedens und der Schiedsrichter der Kriege ist größer als der Friede und mehr als der Friede zu ehren. Es ist auch nicht unsre Sache, kommende Kriege vorauszusagen; unsere Aufgabe ist, ganz schlicht zu glauben und zu bekennen. Ich schreibe das nicht, weil ich meine, daß Ihr irgendwelche Zugeständnisse machen werdet; jedoch die Leidenschaft fast noch mehr als der tiefe Ernst der Briefe, mit denen mich die Unsrigen aufpeitschen, zwingt zur Furcht, auch wo es ganz sicher steht. Ich selbst werde demnächst[124] den Gegnern nicht um Haaresbreite weichen; ich sehe ja, wie diese Hoffärtigen und Schlimmsten unter den Menschen ihr Spiel mit uns treiben und uns verhöhnen, durch unsre Schwachheit stolz und sicher gemacht. Und den Charakter von Eck kenne ich wahrhaftig, der nicht künstlich, sondern von Natur so geworden ist, daß er seine Verhandlungspartner gewöhnlich von der Hauptsache und vom Thema abzieht, bis er sie in irgendeine Falle gegen ihre eigene Sache gelockt hat. Doch genug davon.

Ich berste fast vor Zorn und Unwillen. Ich bitte, brecht die Verhandlungen ab, hört auf, mit ihnen zu unterhandeln, und kehret heim. Sie haben das Glaubensbekenntnis; sie haben das Evangelium; wenn sie wollen, sollen sie es zugestehen, wo nicht, mögen sie an ihren Ort gehen.[125] Entsteht ein Krieg daraus, so mag er draus entstehen; wir haben genug gebetet und getan. Der Herr hat sie als Opfer ersehen, damit er ihnen nach ihren Werken vergelte. Uns aber, sein Volk, wird

---

122 *In einem Brief vom 26. August 1530.*
123 *D. h.: Es ist, als ob ich an eine Wand hinreden würde.*
124 *Sobald Luther wieder freie Hand zu unmittelbarem Eingreifen hat.*
125 *Vgl. Apostelgeschichte 1,25.*

er befreien, auch aus dem feurigen Ofen in Babylon.[126] Verzeiht mir, bitte, lieber Jonas, daß ich diese Last meines Gemüts Dir in den Schoß geschüttet habe. Was ich aber Dir schreibe, schreibe ich allen. Der Herr Jesus führe Euch wohlbehalten und gesund wieder heim; er möge Euch später auch fröhlich machen! Amen.

Aus der Wüste, 20. September 1530.   Dein Martin Luther.

Br. 5,628,1 ff

6 Getrost im Blick auf das Kommende · Brief von der Koburg an Kurfürst Johann am 3. Oktober 1530

Gnade und Friede in Christus! Durchlauchtigster, hochgeborener Fürst, gnädigster Herr!

Ich freue mich von Herzen, daß EKFG aus der Hölle von Augsburg mit Gottes Gnade entkommen ist.[127] Und wenn auch die Ungnade der Menschen samt ihrem Gott, dem Teufel, sich gar sauer gegen uns stellt, so hoffen wir doch, Gottes angefangene Gnade solle auch künftighin desto stärker und mehr bei uns sein. *Sie* sind ja ebensogut in Gottes Hand als *wir* – daran ist kein Zweifel –, und sie werden nichts tun oder erreichen, wenn er es nicht haben will, und sie werden uns oder sonst jemand auch nicht ein Haar krümmen, wenn nicht Gott selber es mit seiner Gewalt tut. Ich habe die Sache meinem Herrgott befohlen. Er hat's angefangen, das weiß ich; er wird's auch hinausführen, das glaube ich. Es steht ja in keines Menschen Vermögen, eine solche Lehre anzufangen oder anzugeben. Weil es denn Gottes Sache ist und alles nicht in unsrer Hand oder unserem Können, sondern ganz allein in seiner Hand und seinem Können steht, so will ich sehen, wer die Leute sein werden, die Gott selber mit ihrem Pochen und Trotzen überwinden wollen. Laßt herkommen, wer da will, in Gottes Namen! Es steht geschrieben (Ps 55, 24): »Die blutgierigen und falschen Leute sollen [ihr Leben] nicht bis zur Hälfte bringen.« Anfangen und drohen muß man sie lassen, aber vollenden und ausführen, das sollen sie bleibenlassen. Christus, unser Herr, stärke EKFG in festem und fröhlichem Geist! Amen. . . .[128]   Br 5,645,5 ff

7 Das Gericht über Zwingli

Zwingli hat das Schwert gezogen, darum hat man ihm auch den Lohn gegeben, weil Christus spricht: »Wer das Schwert nimmt, der

126 Vgl. Daniel 3,17.
127 *Der Kurfürst hatte am 23. September Augsburg verlassen, nachdem er sich vom Kaiser hatte beurlauben lassen.*
128 *Es folgt noch eine Klage Luthers über Mißstände in der Verwaltung der Koburg.*

soll durchs Schwert umkommen« (Matth 26, 52). Hat ihn Gott selig
gemacht, so hat er's außer der Regel getan. *TR 2,1451 (April/Mai 1532)*

Zwingli ist gestorben wie ein Mörder, weil er andere zu seinen Irrtümern verführen wollte, und darüber ist er in den Krieg gezogen und
erschlagen worden. *TR 2,1793 (August/September 1532)*

Das offenbare Geheimnis

Beim Aufbau der neuen Ordnung des evangelischen Kirchenwesens, in der Fieberglut persönlicher Anfechtung, in der Bedrängnis
durch Leibesgefahr und volkbedrohendes Unheil, im Kampf um das
rechte Verständnis des Nachtmahls, in der politischen Hochspannung
der Zeit zwischen Augsburg und Nürnberg ist es Luthers einzige Sorge, das offenbare Geheimnis des Evangeliums zu wahren, darüber zu
wachen, daß in der Kirche das teuer errungene Wort nicht wieder ver-
schüttet werde durch menschliche Torheit und Weisheit.

Aber worin besteht dies Geheimnis? In Luthers Galaterkommentar (WA 40, 1, 589) stehen die Worte: »Das ist der Grund, warum
unsre Theologie so gewiß ist: weil sie uns von uns selber wegnimmt
und uns außerhalb von uns selber stellt, daß wir nicht an unsern eigenen Kräften, Gewissen, Sinn, Person und Werken hängen, sondern
an dem hängen, was außer uns ist, das ist an der Verheißung und
Wahrheit Gottes, welche nicht trügen kann.« Dieses »*Außer uns*« ist
der Inhalt der Schrift, die Norm der Lehre, die Mitte der Verkündigung. Dieses »Außer uns« ist aber gleichzeitig, weil es Gottes Gnadenwort ist, ein »*Für uns*«; das Wort Gottes wird Fleisch in Christus,
damit wir selig werden. Nur als Wort außer uns, als Gottes Wort, ist
es ein Wort für uns, ein Wort zum Leben; Gottes Gnade ist sein Geheimnis, Gottes Geheimnis ist seine Gnade. In Christi Fleischwerdung
wird das gnadenvolle Geheimnis offenbar; in der Schrift ist das Geheimnis des menschgewordenen Worts gegenwärtig; in der Predigt
der Kirche, welche das Zeugnis der Schrift verkündigt, wird dem Sünder das Wunder der Gnade bezeugt. Ja, Christi Herrlichkeit ist verborgen in der Niedrigkeit des Fleisches, der Glanz der Schrift in der
Knechtsgestalt des menschlichen Zeugnisses. Aber ist darum der Herr
der Kirche und der Schrift unwirklich, unsichtbar? Es gibt einen Ort,
an dem *sichtbar* zu erkennen ist – wie ein Heer an seinem Feldzei-
chen erkannt wird –, daß hier Christi Kirche ist: das ist das *Predigtamt*, der Ort der geschehenden Verkündigung. Hier wird die außerhalb allen menschlichen Denkens stehende Gnade Gottes für den Sün-

der verkündigt, hier wird die Schrift, deren Inhalt diese Gnade ist, ausgelegt. Hat Gott sich in der Schrift geoffenbart, ist der Ort der Verkündigung im Predigtamt gesetzt, – wer darf ihn verachten, umgehen, auslöschen? Es gilt vielmehr, das Predigtamt zu erhalten, zu sichern, zu bewahren vor menschlicher Auflehnung gegen das äußere Wort, vor der Zerstörungswut all derer, die aus der falschen Sicherheit des eigenen Geistes heraus sich Richter dünken über das Wort. Luthers vielfältige, unaufhörliche Mühe um die rechte Ordnung des Gottesdiensts, um die schriftgemäße Gestalt der Taufe, um die theologische Prüfung und wirtschaftliche Sicherstellung der Pfarrer, um die Unterweisung der Gemeinden in Kirche, Schule und Familie hat nur den einen Zweck, das Predigtamt als den Ort, von dem das Heil der Welt abhängt, als den Felsen im unruhigen, stürmischen Auf- und Abwogen menschlicher Ansprüche, Gerechtigkeiten und Ungerechtigkeiten, höchster und niederster Begierden und Lüste zu wahren, zu erhalten.

Um der Freiheit der Gnade willen darf sich menschliche Vernunft nicht über das gegebene, gottgesetzte Schriftwort erheben, es listig nach eigener Meinung umdeutend. Darum hängt Luther mit so unbegreiflicher Zähigkeit am Wortlaut der Schrift, am Buchstaben, darum ist er *Zwinglis* symbolfreudiger Auslegungskunst so aus tiefstem Herzen feindlich gesinnt. In der einfachen Tatsache, daß das Wort der Schrift so und nicht anders lautet, kommt für Luther das Geheimnis Gottes zum Ausdruck, das anbetend verehrt sein will. Der einzige Grund, den Luther hartnäckig für seine Abendmahlsauffassung anführt, heißt: Gott hat gesprochen, so steht es geschrieben. Der klare und gewisse Text lautet: »Dies ist mein Leib«; diese Worte haben ihn gefangengenommen. Würde Gott ihm gebieten, Mist zu essen, er würde es tun; denn der Knecht grübelt nicht über den Willen seines Herrn – genug, daß er diesen Willen als heilsamen glaubt und erkennt. Eben in dieser Setzung, die allem vernünftigen Deuteln entrückt ist, zeigt sich Gottes Unfaßbarkeit. Der Glaube darf hier einfach nachsprechen; die Frage des Hörers lautet nicht: Wie wird der Widerspruch zwischen Wortlaut und Tatbestand ausgeglichen? sondern: Was will Gott mit diesem Worte sagen? Luthers Mißtrauen erwacht und bleibt wach, wenn er den schnellfertigen Eigendünkel sieht, mit welchem die Schwärmer, Karlstadt und nun auch Zwingli, sich über den Widerstand der Schrift hinwegsetzen. Sehen sie nicht, daß sie mit der Verletzung des »Außer uns« auch die Gabe des »Für uns«, mit dem Wunder auch die Gnade preisgeben? So ist für Luther das Geheimnis der Setzung und das Geheimnis des Inhalts unwiderruflich in eines verschmolzen; hier bringt Gott durch den Heiligen Geist dem Sünder die Gnade seiner Gegenwart wirklich und leibhaftig nahe.

Glaubt Zwingli, durch die Kraft des in sich klaren und vollkommenen Denkens das Geheimnis Gottes bezwingen zu können, so gibt es für *Melanchthon* einen andern Punkt, an dem die Verborgenheit Gottes durchbrochen ist und zwischen seinem verborgenen Ratschluß und dem menschlichen Handeln ein natürlicher Anknüpfungspunkt, eine sichtbare Berührung vorhanden ist: das ist seine Erkenntnis der bewegenden Kräfte der Welt, seine Feststellung, daß Gott sich in gewissen irdischen Gegebenheiten so kundgetan habe, daß deren Weiterbestand eine unerläßliche Vorbedingung für die Durchführung des göttlichen Planes in der Geschichte sei. Indem hier Melanchthon deutend vorausschauen, damit aber auch vorausbestimmen will, verhält er sich, als wäre *er* der Herr der Geschichte; aber braucht man dann Gott überhaupt noch? Ist es dann nicht besser, den Mächten der Erde, den Göttern des Diesseits, den Obrigkeiten, Gewalten und Fürstentümern dieses Äons, Cäsar und Jupiter das Feld zu überlassen und sich nach der Konstellation dieser Gestirne zu richten? Luther kennt eine andere Entsprechung als die melanchthonische zwischen Gottesvernunft und Menschenvernunft: für ihn gilt das erste Gebot, in dem Gott sich als einzigen, furchtbaren und barmherzigen Herrn der Welt offenbart. Diesem Gebote gegenüber verstummt die selbstmächtig deutende, angeblich Gottes Gedanken nachgestaltende Geschichtserkenntnis; es gilt nur der Glaube und Gehorsam des Schülers, der lebenslänglich an den zehn Geboten zu lernen hat. Melanchthons hochfahrender Weisheit gegenüber bezeugt Luther, daß Gottes Weisheit verborgen, außer- und oberhalb unserer Weisheit sei; dem um seiner Verantwortung willen unruhigen und sich selbstquälerisch zermürbenden Freunde gegenüber bezeugt er, daß uns zum Troste Gott sich an *einem* Ort geoffenbart hat: in der Schrift, deren Verheißung mehr gilt als alle Mächte und Kräfte irdischer Geschichte.

So führt Luthers zäher Schriftgehorsam in immer neue Kämpfe und Auseinandersetzungen; diesem Schriftgehorsam verdankt jedoch die Kirche der Reformation, daß sie auch in Zeiten des tiefsten Abfalls sich zurückbesinnen darf auf ihren Ursprung, auf den Auftrag, Zeuge des offenbaren Geheimnisses Gottes zu sein.

Die Kirche in der Welt

Letzte Abrechnung und Zeichensetzung
1532–1545

Das Wort Gottes und Deutschland

LUTHERS PROPHETISCHE SENDUNG

Luther hat sich selbst verstanden als den prophetischen Mahner und Warner der deutschen Nation. In dem berühmt gewordenen Worte, das er dem Straßburger Juristen Gerbel schrieb, daß er für seine Deutschen geboren sei und ihnen auch diene (vgl. oben S. 11 f), kommt beides zum Ausdruck: die Gewißheit, in göttlichem Auftrag zu handeln, und die Klarheit, mit diesem Auftrag an die deutsche Nation gewiesen zu sein. Als »der Deutschen Prophet« tritt er warnend und lehrend mit dem Zeugnis von Evangelium und Gesetz seinem Volke gegenüber und sucht nicht das Seine, sondern seines Volkes Heil und Seligkeit (1).

Luther weiß sich dabei als Glied in der Kette nicht nur der Apostel des Neuen, sondern auch der Propheten des Alten Bundes. Er teilt mit ihnen die Einsamkeit, wie sie allen Boten Gottes von Mose an als Folge der göttlichen Aussonderung zuteil wird (2). Er vergleicht sich selbst mit Jesaja, wenn er an dessen harten Bußruf denkt (3); mit Jeremia, wenn er sich vor Augen stellt, daß er der unter schwerer persönlicher Anfechtung leidende Vorbote des drohenden Untergangs sein muß (2). Wie die Propheten des Alten Testaments weiß sich auch Luther in notwendigem Gegensatz zu den maßgebenden Gewalten seiner Zeit; allein der Prophet hat im Kampfe mit Tempel und Königtum, mit Kaiser und Papst den einen Trost, daß auf seiner Seite das Wort Gottes ist, das in der Welt allezeit verfolgt wird; so wird ihm die Feindschaft der Welt zum Zeugnis der Wahrheit seiner Sache (4). Zuletzt geht ja der Kampf nicht gegen Fleisch und Blut, sondern gegen den Fürsten der Finsternis, der die Gottesboten von jeher heimsucht durch schwere Anfechtung; er will sie irremachen in ihrer göttlichen Sendung, erreicht aber dadurch nur, daß sie sich immer fester in Gottes Wort gründen (5).

Luther hat sein prophetisches Selbstverständnis, das seinem Werke von Anfang an zugrunde lag, im Kampfe mit dem Schwärmertum, also im Kampfe gegen Verzückung und visionäres Erlebnis, geheime Gesichte und traumhafte Offenbarung entwickelt und dabei gelernt, sich allein auf das Wort der Schrift zu stützen und zu verlassen (6). Darum ist er seiner Sache so unbedingt gewiß, weil er seine Lehre für Gottes Wort hält; darum allein kann er die Last ertragen, der ganzen Kirche gegenüber als einzelner, als Frevler an heiliger Überlieferung, als Aufrührer gegen eine gesegnete Vergangenheit dazustehen

(7). Er weiß, daß sein Mund Christi Mund ist, während die andern nur ihre eigene Lehre predigen (8). Nicht die weltliche Prophetie, welche über den äußeren Gang der Weltgeschichte Weissagungen von Katastrophen und vom Zorne Gottes ausspricht, steht für Luther an erster Stelle, wenn schon seine Urteile über Deutschlands künftiges Schicksal von unheimlicher Klarheit sind; ihm ist, wie den Aposteln, wenn auch in geringerem Ausmaße, die Gabe der geistlichen Prophetie zuteil geworden, welche sich mit dem Gang der Kirchengeschichte, mit dem Schicksal der Christenheit bis hin zum Jüngsten Tage befaßt (9); die ihr verliehenen Erkenntnisse haben ihren Ausgangspunkt in der Krippe und im Kreuz Christi (10); darum ist Anfang und Ende der geistlichen Prophetie, daß in Niedrigkeit und Leiden sich das Geheimnis der Kirche enthüllt.

Hätte Luther freilich vorher gewußt, was auf ihn bei diesem Auftrag wartet, so hätte er diese Last nie auf sich genommen; aber Gott hat ihn blind hineingeführt (11). Sieht Luther andrerseits auf den, der ihn berief, so will er es nun auch nicht anders haben. Hat Gott sein Werk mit ihm angefangen, so will er es nun auch mit ihm hinausführen (12); Gott trägt die Verantwortung dafür, und seine Weisheit ist größer als alle menschliche Weisheit (11).

1 Der Prophet der Deutschen

Aber weil ich der Deutschen Prophet bin (denn solchen hoffärtigen Namen muß ich mir hinfort selber zumessen, meinen Papisten und Eseln zu Lust und Gefallen), so will mir gleichwohl als einem treuen Lehrer gebühren, meine lieben Deutschen zu warnen vor ihrem Schaden und Gefahr und ihnen christlichen Unterricht zu geben..., weil ich das Meine nicht versäumen und allenthalben auf alle Fälle mein Gewissen entschuldigt und unbeschwert erhalten will... Welcher Deutsche nun meinem treuen Rat folgen will, der folge; wer nicht will, der lasse es. Ich suche hiemit nicht das Meine, sondern *euer*, der Deutschen, Heil und Seligkeit.

Aus »Warnung an seine lieben Deutschen« (1531). WA 30,3,290,28 ff

2 Die Aussonderung des Einzelnen zum Sendboten Gottes

Lesen wir nicht, daß Gott im Alten Testament gemeinhin für *eine* Zeit nur *einen* Propheten erweckte? Mose war allein beim Ausgang aus Ägypten, Elia allein zu König Ahabs Zeiten, Elisa auch allein nach ihm, Jesaja war allein zu Jerusalem, Hosea allein in Israel, Jeremia allein in Judäa, Hesekiel allein zu Babylon usf.

Aus »Grund und Ursach aller Artikel D. M. Luthers ...« (1521).
WA 7,311,23

Gott hat seine Kirche immer nur bei wenigen erhalten durch irgend einen einzelnen wie Adam, Enos, Henoch, Noah, Sem, Abraham, Mose und [durch die Männer] im Richterbuch, durch Samuel, Elia, Jesaja (und dabei stand die Verwüstung [Jerusalems] noch nicht vor der Türe); darnach durch Daniel und durch Christus, ehe das Volk vernichtet wurde; später durch das Konzil von Nicäa und durch Augustin und Ambrosius, auch Bernhard hat [hier etwas] ausgerichtet; und jetzt durch mich Jeremia. Und so wird das Ende eintreten, und auf daß es alsbald komme, betet: Komm, Christe, komm!

TR 5,5242 (September 1540)

3 In Jesajas Fußtapfen

Daniel und Jesaja sind die beiden vortrefflichsten Propheten gewesen vor andern. Ich bin Jesaja, Philipp ist Jeremia. Der letztere Prophet hat immer Sorge gehabt, er schelte zuviel. So macht es auch Philipp Melanchthon.

TR 2,2296 b (August/Dezember 1531)

4 Der Widerspruch der Welt gegen den Propheten

So haben die lieben Heiligen allezeit gegen die Obersten, Könige, Fürsten, Priester, Gelehrten predigen und schelten müssen, den Hals dran wagen und lassen, wie es denn auch geschehen ist. Es führten auch zu denselben Zeiten die großen Hansen gegen die heiligen Propheten keine andre Gegenrede, als daß sie die Obersten seien; man solle ihnen gehorchen und nicht den geringen, verachteten Propheten, wie das Jeremia (18, 18) schreibt. Also tut man jetzt auch.

Aus »Grund und Ursach aller Artikel D. M. Luthers« (1521). WA 7,311,33 ff

Es ist ja offenkundig in der ganzen Schrift, daß die Verfolger und Neider gemeinhin unrecht und die Verfolgten recht gehabt haben und daß allezeit der größere Haufe bei der Lüge, der kleinere bei der Wahrheit gestanden ist. Ja, ich weiß: Wenn mich geringe und wenige Menschen darum anfechten würden, so wäre es noch nicht aus Gott, was ich schrieb und lehrte. Es hat St. Paulus durch seine Lehre viel Aufruhr erweckt, wie wir in der Apostelgeschichte lesen;[1] aber darum war seine Lehre nicht falsch. Die Wahrheit hat allezeit rumort, falsche Lehrer haben allezeit »Friede, Friede« gesagt.[2]

Aus »Grund und Ursach aller Artikel D. M. Luthers« (1521). WA 7,317,11 ff

---

1 Apostelgeschichte 17,5.18; 18,12; 19,23 ff.
2 Hesekiel 13,10; Jeremia 6,14.

Weller[3] sagte: »Der Teufel kann einen meisterlich heimsuchen, dort, wo es am wehesten tut.« — [Luther antwortet]: Ja, das lernt er nicht [erst] von uns. Er kann's gar behende. Denn hat er's den Patriarchen, Propheten und dem Fürsten der Propheten, Christus, nicht geschenkt, so wird er uns [dessen] auch nicht überheben. ... Mose, David, Jesaja haben schwere und viele Leiden durchgemacht.

Aus TR 3,3798 (März 1538)

Wenn ich länger leben müßte, wollte ich gerne ein Buch schreiben über die Anfechtungen. Denn ohne sie kann man weder die Heilige Schrift noch den Glauben, die Furcht und die Liebe Gottes verstehen; ja, wer noch nie in Anfechtungen stand, kann auch nicht wissen, was Hoffnung ist.

Aus TR 4,4777 (aus den dreißiger Jahren)

Ich habe meine Theologie nicht auf einmal gelernt, sondern habe immer tiefer und tiefer grubeln müssen. Dahin haben mich meine Anfechtungen gebracht, da man ja ohne Übung nichts lernt. Das fehlt den Schwärmern und Rotten auch, daß sie den rechten Widersprecher, den Teufel, nicht haben; der lehrt's einen wohl.

Aus TR 1,352 (Herbst 1532)

Kein Heide kann prophetische Gedanken haben; denn die Propheten haben Versuchungen vom Satan, die unbeschreibliche Zustände hervorbringen. ...

Aus TR 1,467 (März 1533)

6 Der Grund von Luthers Prophetie

Diejenigen, welche Offenbarungen und Träume im Munde führen und suchen, sind Gottes Verächter, da sie mit seinem Wort nicht zufrieden sind. Ich erwarte in geistlichen Dingen weder eine Offenbarung noch Träume; ich habe das klare Wort; deshalb mahnt Paulus (Gal 1, 8), man solle sich daranhängen, auch wenn ein Engel vom Himmel anders lehrte.

TR 5,6211 (aus den dreißiger Jahren)

7 Mit Gottes Wort ist der ganzen Welt zu trotzen

Wir müssen vor allen Dingen bestimmt wissen, ob diese [unsere] Lehre das Wort Gottes ist. Steht das fest, dann sind wir sicher, daß die Sache bleiben soll und muß, und daß kein Teufel sie zu Boden werfen kann. Gottlob, ich halte es gewiß für unsres Herrgotts Wort, und habe jetzt aus meinem Herzen alle andern Glauben in der Welt verjagt,

---

3 *Hieronymus Weller, 1499—1572. In Freiberg geboren, war er 1530 ff Schüler und Hausgenosse Luthers, 1535 Doktor der Theologie, später theologischer Lehrer in seiner Vaterstadt (vgl. Seite 288 ff).*

wie sie auch sein mögen, und jenen am schwersten drückenden Gedanken fast überwunden, da das Herz spricht: »Willst denn du der einzige sein, der das wahre Wort Gottes hat, und die andern alle haben es nicht?« In diesem Sinn bekämpfen sie uns heute aufs schwerste, im Namen der Kirche. Dieses Argument [unserer Feinde] finde ich durchweg in allen Propheten, daß man [zu diesen] sagte: »Wir sind das Volk Gottes, ihr seid bloß wenige.« Und das[4] tut's auch allein, daß einer ein Spiel anfangen und sagen soll: Ihr andern habt alle geirrt. Aber es ist ein Trost hinzugefügt, weil das Wort[5] sagt: Ich will dir Kinder geben, ich will dir Leute geben, die es annehmen.

TR 1,130 (November/Dezember 1531)

8 Wer aus der Schrift redet, ist Christi Mund

Nun mag ich und ein jeder, der Christi Wort redet, frei sich rühmen, daß sein Mund Christi Mund sei. Ich bin gewiß, daß mein Wort nicht mein, sondern Christi Wort sei; so muß mein Mund auch des sein, dessen Wort er redet.

Aus »Eine treue Vermahnung zu allen Christen« (1522). WA 8,683,13 ff

Bin ich nicht ein Prophet, so bin ich doch wenigstens für mich selber dessen gewiß, daß das Wort Gottes bei mir und nicht bei ihnen ist. Denn ich habe jedenfalls die Schrift für mich und sie nur ihre eigene Lehre. Das gibt mir auch den Mut, mich so wenig vor ihnen zu fürchten, soviel sie mich verachten und verfolgen.

Aus »Grund und Ursach aller Artikel D. M. Luthers« (1521). WA 7,313,21 ff

9 Die doppelte Art der Prophetie

Es gibt eine doppelte Prophetie. Die eine verkündigt von weltlichen Sachen und Regimenten, vom künftigen Zustand des weltlichen Reichs, wie es einem jeglichen Reich ergehen soll. Von solchen [Propheten] gab es viele bei den Persern, Ägyptern, Chaldäern usw.; diese Art von Prophetie hatten auch Jesaja, Jeremia, Daniel usw. Aber unter den Aposteln hat es das nicht gegeben.

Etliche aber weissagen von der Kirche und Christenheit, was für Böses oder Gutes der Kirche begegnen werde bis an den Jüngsten Tag, und diese [Art von Prophetie] betrifft nur das geistliche Regiment. Sie hatten die Apostel, Paulus, Petrus, die Offenbarung [des Johannes] usw. Diese Prophetie haben auch wir, wenn auch nicht so klar wie die Apostel, weil wir sie allein aus dem Worte haben. So weissagen wir aus dem Worte durch den Hl. Geist, daß das Papsttum,

---

4 *Die Gewißheit, im Namen Gottes zu handeln.*
5 *Jesaja 55,11; Matthäus 13,8.*

die Messe usw. fallen müssen; ferner, daß die Kirche durch Ketzereien bedrückt werden wird, ohne jedoch unterdrückt zu werden. Von dieser Prophetie redet auch Christus (Joh 16, 13): »Er wird euch verkündigen, was künftig ist.«

Beide Arten von Prophetie aber sind Gottes Gabe und werden von Gott geprüft. *TR 1,1049 (erste Hälfte der dreißiger Jahre)*

10 Der Fundamentalartikel aller geistlichen Prophetie

In politischen und äußeren Dingen kann ich Propheten zulassen, die von Katastrophen und vom Zorn Gottes reden; allein in geistlichen Sachen bleibe ich allein bei der Krippe: Ich glaube an Jesus Christus, geboren und gelitten. Davon lasse man sich nicht abbringen. Und wenn wir auf diesem Artikel fest bestehen bleiben, können wir allen Geistern den Mund stopfen und über die andern Artikel siegreich mit ihnen streiten. *Aus TR 5,6211 (aus den dreißiger Jahren)*

11 Wie ein Blinder zum Propheten geworden

In die Arbeit des Evangeliums bin ich unwissend von Gott hineingestoßen worden. Hätte ich vorausgesehen, was ich jetzt in der Erfahrung kennengelernt habe, hätte ich mich keineswegs hineintreiben lassen. Aber Gottes Weisheit ist größer als die des Menschen. Der hat mich einfach geblendet, wie man ein Pferd [durch Scheuklappen] blendet, wenn man auf die Bahn reiten soll. Darum . . ., als ich zuerst anfing, da sagte ich wahrlich unserem Herrn Gott mit großem Ernst und von ganzem Herzen in meinem Stüblein, wenn er je ein Spiel mit mir anfangen wollte, daß er es allein für sich täte und mich davor behüten möchte, daß ich nicht mich, d. h. meine eigene Weisheit, hineinmengte. Dieses Gebet hat er gewaltig erhört. Er gebe weiter Gnade. *TR 1,1206 (erste Hälfte der dreißiger Jahre)*

12 Die Mühsal von Luthers Lehramt

Wenn diejenigen, die im Lehramt stehen, keine Freudigkeit haben von dem, der sie gesandt hat, so ist's Mühe genug [mit ihnen]. Den Mose mußte unser Hergott wohl etwa sechsmal dazu bitten. Und wahrlich, mich hat er auch so hineingeführt. Hätte ich's vorher gewußt, er hätte Mühe gebraucht, daß er mich dazu gebracht hätte. Wohlan, hab ich's nun angefangen, so will ich's auch mit ihm hinausführen. Ich wollte nicht die ganze Welt nehmen, wenn ich's jetzt [noch einmal] anfangen müßte, um der überaus großen und schweren Sorge und Angst willen. Andrerseits, wenn ich auf den sehe, der mich berufen hat, so wollte ich [die Welt] auch nicht [dafür] nehmen, daß ich's nicht angefangen hätte. Ich will nun auch keinen andern Gott haben. *Aus TR 1,113 (November 1531)*

Luther liebt sein Volk mit nie versagender Liebe, denn er gönnt ihm das Höchste, was er kennt: das Heil des Evangeliums und die ewige Seligkeit. Weil seine Liebe aber ein Spiegel der Liebe Gottes zur Welt ist, ist sie unbestechlich, rein und wahrhaftig. Darum ist sein Blick für die natürlichen Vorzüge und für die Schäden des deutschen Volkstums nüchtern und scharf, voll Dankbarkeit und Freude, aber auch voll schmerzlicher Liebe und liebenden Zorns. Er sieht, wieviel Gott an das deutsche Volk gewandt hat und wieviel darum von ihm gefordert werden wird, wenn Rechenschaft abgelegt werden muß. So sind Luthers Urteile über Sittlichkeit, Sitte und Art Deutschlands immer letztlich davon bestimmt, daß er seinen Deutschen dazu verholfen sehen möchte, daß sie am hereinbrechenden Jüngsten Tage durch Christi Barmherzigkeit vor Gottes Gericht bestehen möchten und darum in der Gnadenfrist der göttlichen Langmut sein Wort nicht verachten.

Deutschland ist von Gott mit Früchten der Erde, Bodenschätzen und allen lebensnotwendigen Gütern reich gesegnet worden; darum darf Gott nicht Mißachtung und Undank, sondern den dankbaren Gebrauch dieses Segens zu seiner Ehre und zum Nutzen des Nächsten erwarten (1). Gott hat den Deutschen vor allem die Tugend der Wahrhaftigkeit gegeben; darum wäre es Luther bitter leid, wenn – nach welschem Vorbild – das Laster der Lüge und leichtfertiger Untreue aufkäme (2). Seine Liebe zur germanischen Vorzeit, die er mit den Humanisten, insbesondere Hutten teilt, äußert sich in bewundernder Liebe zur Heldengestalt Hermanns des Cheruskers (3). Die deutsche Sprache erhält bei ihm als die vollkommenste den Vorzug vor allen andern Sprachen (4). Freilich gibt es unter den deutschen Stämmen starke Verschiedenheiten; Luther, der sich selbst als Sachsen wußte (TR 4, 4996), hat mit seinem Urteil über die deutschen Stammesfehler nicht zurückgehalten, wie er andrerseits eine besondere Vorliebe für die oberdeutschen Stämme (Franken, Bayern, Schwaben und Schweizer) hatte (5). Für die von ihm beobachtete Unfruchtbarkeit ganzer Landstriche findet er eine Erklärung in Gottes Wirken, das Segen oder Fluch über ein Land bringen kann (6). Er rühmt die Treue der deutschen Landsknechte im Gegensatz zu spanischer Herrschaft und Raubgier (7), das in Deutschland herrschende gegenseitige Vertrauen im Gegensatz zu welschem Mißtrauen (8). Gott hat seine besonderen Pläne mit dem deutschen Volke, wenn er es auch immer wieder züchtigen muß; darum tut es Luther bitter weh, daß Deutschland in der

Welt verachtet wird (9). Luther eifert darum so sehr gegen die deutsche Trunksucht, weil hier ein Mißbrauch mit Gottes Gaben getrieben wird, weil im Leichtsinn die Bedrohung der Nation durch auswärtige Feinde vergessen wird und weil dadurch das Herz verschlossen wird gegen den Ruf Gottes. So sehr Luther einen Trunk in Ehren schätzte (10), so hält er doch die Erfindung des Bierbrauens für einen Pestschaden (11) und eifert rücksichtslos gegen die säuischen Saufsitten; denn über dem Saufen vergessen die Deutschen Leib und Leben, Ehre und Seligkeit, die drohende Türkengefahr und den nahenden Jüngsten Tag (12). Mit scharfem Auge sieht Luther überall die Zeichen der einreißenden Entartung, den Verlust der Tugenden, durch welche frühere Weltzeiten ausgezeichnet waren (13); angesichts des kommenden Verderbens kann er nur Gott bitten, er wolle in solchem Unglück sein Gewissen bewahren (14).

1 Deutschlands anvertraute Pfunde

Deutschland hat die wertvollsten Schätze und alle möglichen vortrefflichen Sachen: Gold, Silber, auch Früchte von den Bäumen und was alles [so] reichlich aus der Erde hervorgeht, – nur daß es daran fehlt, daß man diese Dinge [recht] achtet und gebraucht. Gott schüttet aber darum alles in solcher Fülle aus, damit sich niemand über Gott beklagen kann, er habe nicht alles zum Leben Nötige im Überfluß erhalten; und für dies alles fordert er von uns nichts weiter, als daß wir ihm dienen und gehorchen. *TR 3,3100 b (Anfang der dreißiger Jahre)*

2 Wahrheitsliebe der Deutschen

Uns Deutschen hat keine Tugend so hohen Ruhm verschafft und [uns] (wie ich glaube) bisher so hoch erhoben und erhalten, als daß man uns für treue, wahrhaftige, beständige Leute gehalten hat, die da haben Ja Ja, Nein Nein sein lassen, wie dessen viele Geschichten und Bücher Zeugen sind. ... Wir Deutsche haben noch ein Fünklein – Gott woll's erhalten und aufblasen! – von dieser alten Tugend, nämlich, daß wir uns denn doch ein wenig schämen und nicht gern Lügner heißen, nicht dazu lachen wie die Welschen und Griechen oder einen Scherz damit treiben. Und obwohl die welsche und griechische Unart [bei uns] einreißt – Gott erbarm's! – so ist dennoch das bei uns übrig, daß niemand ein ernsteres, greulicheres Scheltwort aussprechen oder hören kann, als wenn er jemand einen Lügner schilt oder [selbst ein Lügner] gescholten wird. Und mich dünkt (soll das »Dünken« heißen!), daß es kein schändlicheres Laster auf Erden gibt, als lügen und Untreue beweisen; denn das zertrennt alle Gemeinschaft der Menschen. *Aus »Auslegung des 101. Psalms« (1534 f). WA 51,259,7 ff*

3 Von Hermann dem Cherusker

Wenn ich ein Dichter wäre, so wollte ich den [Arminius] verherr-
lichen. Ich habe ihn von Herzen lieb. Er hat Herzog Hermann gehei-
ßen und ist Herr über den Harz gewesen. (Die »Cherusker« sind die
Herzischen [»Harzleute«].) Sein eigener Schwiegervater Segestes (d. h.
Herzog Hengist, Philippus[6]) hat ihn verraten. Wenn ich jetzt einen
Arminius hätte und er einen Doktor Martinus, so wollten wir den
Türken suchen.   *TR 5,5982 (wohl anfangs der vierziger Jahre)*

4 Die Vollkommenheit der deutschen Sprache

Am 19. September 1538 redete er mancherlei über die deutschen
Stämme. Sie seien alle einfacher und wahrheitsliebender als die Franzosen, Italiener, Spanier und Engländer. Das beweist schon die Sprech-
weise: jene bringen [die Worte] ganz ungeschickt mit Zischen und
Lispeln der Zunge heraus. Darum sagt man von den Franzosen, sie
reden anders, als sie schreiben, ja vielmehr: sie reden auch anders, als
sie es im Herzen meinen. Aber die deutsche Sprache ist die vollkommenste von allen. Sie hat viel Ähnlichkeit mit dem Griechischen.
... Freilich gibt es in der deutschen Sprache so viel Mundarten, daß
sie sich gegenseitig nicht verstehen.   *Aus TR 4,4018 (September 1538)*

5 Die verschiedene Art der deutschen Stämme

Die Meißner sind hoffärtig und maßen sich eine Klugheit an, die sie
doch nicht haben. Die Thüringer sind keine gefälligen Leute und pro-
fitlich. Die Böhmen tun es den übrigen zuvor an spröder Kälte. Die
Bayern sind dumm und unbegabt, dafür aber rechtschaffener. Die
Franken und Schwaben sind einfach, rechtschaffen und zuvorkom-
mend. Die Schweizer sind die vornehmsten unter den Deutschen, sie
sind mutig und redlich. Die Wenden[7] sind Diebe und eine ganz üble
Sorte Menschen. Die Niederländer (Bataver) sind rechte Gaukelmen-
schen.[8] Die Rheinländer sind verschmitzte Abenteurer und auf den
Vorteil aus.   *TR 4,5081 (Juni 1540)*

Wenn ich viel reisen müßte, wollte ich durch kein Land lieber als
durch Schwaben und Bayernland ziehen; denn die Leute sind
[dort] sehr freundlich und gastfrei, gehen den Fremden entgegen und
geben für ihr Vermögen reichlich. Die Hessen und Meißner sind ih-

---

6 *Das griechische Wort Philippus bedeutet Pferdefreund.*
7 *Luther sagt »Vandalen«; er meint die Reste der slavischen Bevölkerung
in den sächsischen Gebieten (Meißen, Lausitz usw.).*
8 *D. h. wohl: Menschen, die sich wie Narren gebärden und zum Narren
gehalten werden.*

nen einigermaßen ähnlich; sie nehmen aber ihr gutes Geld darum. Sachsen[9] ist ganz ungeschliffen; sie vermögen weder Sachen noch gute Worte zu geben und sagen: »Lieber Gast, ick weed nit, wat ick ju gefen sol; dat Weib ist nicht doheime, ick kann ju nit herbergen.« Ihr seht hier in Wittenberg, was für ungeschliffene Leute es hat, die sich um Sitte und Glauben nicht kümmern; denn keiner von den Bürgern würde seinen Sohn studieren lassen, obwohl sie das Beispiel der Fremden vor Augen haben. Das Land erträgt es nicht.

TR 3,3473 (Oktober/Dezember 1536)

6 Segen und Fluch Gottes über deutsche Erde

Die Bewohnung der Landschaften ändert sich in den einzelnen Jahrhunderten. Hessen, Franken, Westfalen ist vor kurzer Zeit noch lauter Wald gewesen; umgekehrt an vielen Orten um Halle, Halberstadt und bei uns ist es so eben, daß man drei Meilen weit über lauter Heide zieht, wo früher bebaute Äcker waren. Ich glaube, daß hier ein gutes Land gewesen ist, aber Gott hat die Fruchtbarkeit weggenommen, wie Mose sagt:[10] Fruchtbares Land wird zur Salzwüste verwandelt um der Bosheit derer willen, die darin wohnen. So kann Gott Segen und Fluch bald finden.

TR 3,3625 (August 1537)

7 Die Treue der deutschen Kriegsleute

Deutschland hat die tüchtigsten, dazu treue Kriegsleute, die zufrieden mit ihrem Solde sind und die Ihrigen trefflich schützen. Die Spanier sind ganz unzuverlässige Räuber, unzufrieden mit ihrem Sold, mit Essen und Trinken. Sie wollen Herr im Hause sein, den Schlüssel haben, Weib und Tochter mißbrauchen und den Kasten leeren; deshalb will niemand Spanier zum Schutz haben. Darum hat Antonius von Leyva, Spanier und sehr erfolgreicher kaiserlicher Heerführer, noch in seinen letzten Zügen den Kaiser beschworen, er solle sich um die deutschen Soldaten kümmern, damit er ihre Gunst nicht verscherze; verliere er sie, dann sei es um ihn geschehen, denn sie seien treu, tüchtig und halten stand wie eine Mauer.

TR 3,3574 (März/Mai 1537)

8 Blick auf die fremden Nationen

Am 11. Oktober [1538] sprach er von der Arglist der Italiener, die ihren Frauen weder die Teilnahme an Gesellschaften von Gastfreunden noch freien Ausgang gestatten, sondern sie festhalten, einschließen und [mit dem Keuschheitsgürtel] verbinden. Darum wundern sich

---

9 *Wie aus der folgenden Mundart hervorgeht, meint Luther die Niedersachsen.*

10 *Psalm 107,34. Luther schreibt den Psalm irrtümlich Mose zu.*

[ihre] Geschichtsschreiber über die glückliche Art der Deutschen, die Leib und Weib und Kinder einander anvertrauen. Die Franzosen sind geil, die Spanier aber sind geradezu wild; sie sind den Italienern und Franzosen an aller Bosheit weit überlegen. Kein Volk kann sie leiden.

Aus TR 4,4049 (Oktober 1538)

9 Wie die Deutschen unter den andern Völkern verachtet sind

Es mangelt den Deutschen an nichts; sie haben ja alles [genug]. Aber weil es den Deutschen an der Kenntnis und Sorgfalt fehlt, um mit den Dingen umzugehen, darum haben sie [in Wirklichkeit] nichts. Denn sie wissen mit den Dingen nichts anzufangen.

TR 2,1983 (wohl Juni 1531)

Es gibt keine Nation, die mehr verachtet ist als die deutsche. Italien heißt uns Bestien; Frankreich, England und alle anderen Länder spotten über uns. Wer weiß, was Gott aus den Deutschen machen will und wird! Eine Züchtigung haben wir freilich wohl verdient vor Gott.

TR 2,1428 (April/Mai 1532)

10 Ein Trunk in Ehren!

Kann mir unser Herrgott das schenken [und vergeben], daß ich ihn gut zwanzig Jahre lang gekreuzigt und gemartert habe,[11] so kann er mir ebensogut auch das zugute halten, daß ich zuweilen einen Trunk tue ihm zu Ehren, mag die Welt es auslegen, wie sie will und ist.

TR 1,139 (Dezember 1531)

Morgen muß ich über die Trunkenheit des Noah Vorlesung halten; darum will ich heute abend kräftig trinken, damit ich dann aus Erfahrung von der schlimmen Sache reden kann. — Da gab Doktor Cordatus[12] zur Antwort: »Aber ja nicht! Man müßte vielmehr das Gegenteil tun!« Da sprach Luther: Man muß doch einem jeden Lande sein Gebrechen zugute halten. Die Böhmen fressen, die Wenden[13] stehlen, die Deutschen saufen getrost; denn, lieber Cordatus, wie anders wollt ihr heutzutage einen Deutschen herausstreichen als mit seiner Trunksucht, vor allem einen, der die Musik und die Frauen nicht liebt?[14]

TR 3,3476 (Oktober/Dezember 1536)

11 *Durch den falschen Meßgottesdienst und Verdienstglauben.*
12 *Vgl. oben Seite 163, Anmerkung 50.*
13 *Vgl. oben Seite 204, Anmerkung 7.*
14 *Der mit unausrottbarer Zähigkeit Luther zugeschriebene Vers: »Wer nicht liebt Weib, Wein und Gesang ...« ist weder in Luthers Schriften noch in alten Aufzeichnungen und Überlieferungen über ihn nachzuweisen. Nach Köstlin, Martin Luther, Band II, 681, erscheint der Vers erstmals gedruckt im ›Wandsbecker Boten‹ von 1775.*

Wer das Bierbrauen sich ausgedacht hat, der ist eine Pest für Deutschland gewesen. [Kein Wunder], es muß wohl [alles] teuer sein in unsern Landen. Die Pferde fressen einen Großteil des Getreides, denn [wir bauen] mehr Haber als Korn; sodann saufen die frommen Bauern und Bürger fast den [gleich] großen Teil des Getreides im Bier auf.

Aus TR 2,1281 (Dezember 1531)

12 Das deutsche Nationallaster

So sind wir Deutsche gute Gesellen, saufen, fressen, schlagen den Leuten die Fenster hinaus, verspielen tausend Gulden an einem Abend, aber den Türken vergessen wir, der mit seinen Eilmärschen Wittenberg in drei Tagen einschließen kann.

Aus TR 5,6310 (Ende der dreißiger Jahre)

Am 18. Mai [1539], dem Sonntag Exaudi, hielt er eine äußerst scharfe Predigt aus dem Petrusbrief [1 Petr 4, 18 ff] gegen die säuische Saufsitte der Deutschen, die dadurch bei allen Völkern ins Gerede kämen, sich ihres Leibs, ihrer Güter und ihres Heils beraubten, sich selbst den Himmel zuschlössen und den Kirchenbann verdienten. Darum müsse man mit allen Mitteln diesem überaus verderblichen Übel entgegentreten, sonst würden die Weiber und die Kinder in der Wiege auch noch lernen, sich vollzusaufen, so daß der Jüngste Tag die ganze Welt als lauter Säue und Trunkenbolde finden [würde].

TR 4,4606 (Mai 1539)

13 Die einreißende Entartung

Am 3. April [1538] machten Luther und Philippus eine Reise nach Torgau. Dort kam das Gespräch auf verschiedene Dinge. Philippus lobte die Landesbeschreibung des Tacitus, der zur Zeit des Kaisers Caligula[15] gelebt haben soll. Er schildere Deutschland mit hohen Lobsprüchen auf Grund der Standhaftigkeit und Treue, insbesondere auf Grund der Keuschheit und ehelichen Treue, worin die Deutschen alle Völker überträfen; doch, o Schmerz, jetzt, in den letzten Zeiten, seien diese hochgelobten Leute in Entartung begriffen. [Darauf sagte Luther:] Zweifellos war vor der Sintflut die beste Weltzeit. Da lebten die Menschen bis ins höchste Alter in aller Ehrbarkeit ohne Rausch, Kriege und Händel, dienten allein Gott und den Menschen und betrachteten mit Eifer Gottes Kreaturen, himmlische und irdische. Da ist ihnen ein frischer Brunnen lieber gewesen als heutzutage aller Malvasierwein.

TR 3,3803 (April 1538)

15 Der römische Geschichtsschreiber Tacitus lebte tatsächlich um 55 bis etwa 120 n. Chr., also später als Caligula, der von 37 bis 41 Kaiser war.

Deutschland ist allezeit die beste Nation gewesen; es wird ihr
aber gehen wie Ilium,[16] und man wird sagen: Deutschland ist gewesen. Es ist aus. Laßt uns Gott bitten, er wolle die Gewissen bewahren
in solchen Unglückszeiten!   *Aus TR 3,3753 (Februar 1538)*

KAISER UND FÜRSTEN UNTER DEM URTEIL DES WORTS

Wenn Luther es auch nicht für seine Aufgabe gehalten hat, nach
Art der weltlichen Prophetie des Alten Bundes über die kommende
Entwicklung der Welt oder seines Volkes bindende Urteile abzuge-
ben, so brechen trotzdem bei ihm Glaube und politisches Urteil nicht
in zwei beziehungslose Hälften irdischer Existenz auseinander. Es
zeigt sich vielmehr bei ihm, daß der Blick in die Welt der Schrift das
Auge schärft gerade auch für die weltlichen Dinge. Luthers Urteile
über die Männer und Kräfte des damaligen deutschen Staatswesens
und über das politische Leben der deutschen Nation sind von einer
erstaunlichen Treffsicherheit, einer Sicherheit, die darin ihren Grund
hat, daß Luther nicht nach irdischer Furcht und Hoffnung, sondern
vom Glauben her urteilt und darum in der Stellung zum Evangelium
den einzigen Maßstab für sein Urteil findet.

Da ist *Kaiser Karl*, der Mann, in dem die irdische Gewalt der Reformationszeit sich sichtbar verkörpert und dessen Entscheidungen
auf Jahrhunderte hinaus wirken werden. Allem gegenteiligen Augenschein zum Trotz hält Luther an den Hoffnungen fest, mit welchen
Deutschland dem »jungen, edlen Blut« bei seinem Regierungsantritt
entgegenkam. Kaiser Karl ist der Vorkämpfer des Abendlands gegen
die Türken; darum darf und soll die Christenheit um seinen Sieg bitten (1). Wohl hat der Papst den Kaiser als sein Werkzeug zur Vernichtung des Evangeliums nach Deutschland gerufen; aber Gott hat
diesen Plan zunichte gemacht (2), die kaiserlichen Landsknechte haben
Rom geplündert. Wohl läßt sich Karl immer wieder vom Papst betö-
ren; aber er sorgt doch wie ein Vater für Deutschland und will ihm
gegen das Treiben der altgläubigen Stände den Frieden erhalten (3).
Würde freilich Karl an diesem Punkt nachgeben, so würde hier, wo es
ums Evangelium geht, der Gehorsam gegen ihn enden müssen (4). Mit
unbestechlichem Auge erkennt Luther die Schwäche in der Stellung des

---

16 Ilium (Troja) *wurde nach langer Belagerung durch die Griechen zerstört; den Zerstörer Deutschlands sieht Luther im immer neu anstürmenden
Türken kommen.*

Kaisers, wie sie ganz erst der Nachwelt offenbar wurde: Karl ist kein Held, es mangelt ihm die anhaltende Energie, sonst hätte er das päpstliche Netz schon längst zerrissen (5). So fehlt Deutschland ein starkes Haupt (6); würden seine auseinanderstrebenden, ungebundenen Kräfte durch eine mächtige Hand zusammengehalten, wäre es unüberwindlich (7).

Die nächste Instanz nach dem Kaiser ist sein Bruder *Ferdinand*, 1531 zum *Römischen König* gewählt, der stellvertretende Regent Deutschlands in den langen Zeiten, da Karl in Italien und Spanien weilt. Luther ahnt in ihm, seiner Zeit vorauseilend, den habsburgischen Vorkämpfer der Gegenreformation und fällt über ihn, der übrigens auch von den altgläubigen Fürsten mit höchstem Mißtrauen beobachtet wurde, ein vernichtendes Urteil. Ehrgeizig, ränkevoll, dem römischen Irrglauben ergeben, wird er das Verderben Deutschlands werden (8, 9).

Wenn Kaiser und Könige versagen, wäre es Aufgabe der *deutschen Fürsten*, für das Evangelium in die Bresche zu springen. Weil den deutschen Fürsten bei der nötigen Neuordnung in Reich und Kirche eine so große Verantwortung zufällt, ist Luther schmerzlich betrübt, sie ihrer großen Aufgabe so wenig gewachsen zu sehen. Wohl hat Luther wahrhaft gottesfürchtige, dem Evangelium dienende Fürsten vor Augen, wie es etwa der sittenstrenge, energische Kurfürst Johann Friedrich von Sachsen war, der seinem Vater 1532 auf dem Thron nachfolgte. Allein an andern erlebt Luther bittere Enttäuschungen, selbst an dem Fürsten, dessen Eifer für das Evangelium, dessen standhafter Mut, dessen weitblickende Weisheit so oft den andern evangelischen Fürsten ein Vorbild gewesen war: Philipp von Hessen erschleicht sich Luthers Beichtrat für die Nebenehe, welche er 1540 mit Margarethe von der Saale eingeht, und gibt unter dem nun einsetzenden Druck des Kaisers das Bündnis mit den Schmalkaldenern preis. Luthers Allgemeinurteil über die Fürsten lautet, daß ein Fürst ein seltener Gast im Himmel sein werde (10). Sie sind Werkzeuge des göttlichen Zorns (11); sie sind vielfach zu jung, mit leichtfertigem Zeitverderb beschäftigt, der Eitelkeit verfallen und ohne Verständnis für ihre wahre Aufgabe, das Regieren (12). Sie haben nur die Wahrung und Mehrung ihrer Macht im Auge und scheuen dabei auch vor dem Raub von Kirchengut nicht zurück (13). Verblendet und betört (14) liegen sie in beständigem Hader miteinander und treiben den niedern Adel durch ihre törichten Angriffe dem Kaiser in die Arme (13), der schließlich den Sieg davontragen wird (15). Deutschland aber wird den Schaden davon haben (16). Mag freilich auch die Herrschaft der Potentaten noch so schlimm und ungerecht sein: Gott bleibt der Herr über die Fürsten der Erde und setzt ihrem Treiben eine unüberschreitbare Grenze (17).

In seiner Vorlesung über den 127. Psalm von 1533 – im Druck erschienen 1534 – hat sich Luther über die Wechselbeziehungen von religiöser und politischer Grundhaltung eingehend geäußert. Er nennt den Psalm einen »politischen und ökonomischen«, d. h. vom Staats- und Hauswesen handelnden Psalm und nennt die Ursache aller politischen Fehlschläge mit dürren Worten: Es ist die menschliche Selbstherrlichkeit, die alles allein, alles ohne Gott machen will (18). Die politische Philosophie aller Heiden von Aristoteles bis Cäsar besteht darin, daß sie zwar die Wirklichkeit des Staatswesens kennen und über große staatsrechtliche Erfahrung verfügen, aber in ihrer Vermessenheit alles durch ihre Macht und Weisheit erreichen wollen. Dazu sagt Gott Nein! Er ist Herr des Staats, des Hauses, des Rechts; er ist Ursprung und Endzweck alles politisch geordneten Lebens und will der Herr bleiben –, der Mensch als sein Geschöpf kann sein politisches Werk nur im Schatten und Schutz seines Weltregiments ausführen.

1 Kaiser Karl, der Vorkämpfer gegen die Türken

Wir haben einen solchen Kaiser, der die zwei stärksten Nationen, die spanische und die deutsche, [zum Krieg gegen die Türken] zusammengebracht hat. Gott gebe ihm Sieg! Ein jeglicher Christ ist schuldig, fleißig für seinen Erfolg zu beten. Denn er ist uns von Gott gegeben, und er hat bisher mit höchstem Glück regiert. Darum bittet, Gott wolle ihm helfen und einen Engel in sein Heer schicken, so soll dem Türken bange genug werden. ... Gott wird ihm helfen; denn er ist aufrichtig, nicht blutdürstig.　　*Aus TR 5,6265 (September 1532)*

2 Gescheiterte Pläne des Papstes mit Kaiser Karl

Damit er uns verderbe, hat der Papst den Karl nach Deutschland gerufen, und siehe, Gott hat uns errettet und den Papst vernichtet. Er hat eine kaiserliche Bescheidenheit, prahlt nicht, und Gott segnet seine Erfolge.　　*Aus TR 2,2695 a (September 1532)*

3 Karl ist auf Wahrung des Friedens bedacht

Der Kaiser, wirklich ein Vater Deutschlands, hat aufs neue bei seiner Abreise nach Neapel in seinem äußerst strengen Schreiben[17] geboten, jedermann solle Frieden halten. Denn er hat endlich den Ge-

---

17 *Brief des Kaisers vom 10. November 1532 aus Mantua an die Reichsstände.*

horsam der Deutschen und die Lügen des Papstes kennengelernt. Darum muß man fleißig für ihn beten. *TR 2,2768 (September/November 1532)*

4 Die Grenze des Gehorsams gegen den Kaiser

Das ist aber mein treuer Rat: Wenn der Kaiser zum Krieg rüsten und gegen unsere [evangelische] Partei um päpstlichen Interesses oder um der Lehre willen Krieg anfangen wollte, wie die Papisten sich dessen zur Zeit greulich rühmen und trotzen (wessen ich mich aber zum Kaiser noch nicht versehe), so soll in solchem Fall kein Mensch sich dazu gebrauchen lassen noch dem Kaiser gehorsam sein, sondern er sei gewiß, daß ihm von Gott hart verboten ist, in solchem Fall dem Kaiser zu gehorchen.

Und wer ihm gehorcht, der soll wissen, daß er Gott ungehorsam ist und Leib und Seele ewiglich durch den Krieg verlieren wird. Denn der Kaiser handelt dann nicht nur gegen Gott und göttliches Recht, sondern auch gegen sein eigenes, kaiserliches Recht, Eide, Pflicht, Siegel und Briefe . . .

Aus »Warnung an seine lieben Deutschen« (1531). WA 30,3, 291, 20 ff

5 Das Schlußurteil über Karl

Karl ist ein Melancholiker und ein Genießer, aber kein Held. Er hat keine Ahnung von unsrer Sache, auch nicht, wenn er sich unsre Bücher vorlesen läßt. Wäre er ein Scipio oder Alexander oder Pyrrhus,[18] würde er das päpstliche Netz zerreißen und die Deutschen an sich fesseln. Er fängt vieles an, aber führt nur wenig hinaus. Er nahm Tunis ein,[19] jetzt hat er es [wieder] verloren; er nahm den Franzosen gefangen,[20] und gab ihn [wieder] frei, ebenso Rom.[21] Er hat keine Ausdauer. Er ermüdet leicht bei seinen Unternehmungen. So handeln edle Seelen nicht. Was soll ich sagen? Deutschland fehlt das Haupt. Philipp verglich es mit dem geblendeten Polyphem.[22] Das ist die größte Not, wenn es am Regenten fehlt.

Aus TR 4,5042 (Mai/Juni 1540)

18 Drei berühmte Heerführer des Altertums: Scipio d. Ä., der römische Feldherr, Besieger Hannibals (235–183 v. Chr.); Alexander d. Gr., der König von Mazedonien und Griechenland, Eroberer des persischen Weltreichs (356 bis 323 v. Chr.); Pyrrhos, der König von Epirus, der die Römer zweimal besiegte (318–272 v. Chr.).
19 Im Sommer 1535.
20 Franz I., König von Frankreich, wurde in der Schlacht von Pavia 1525 gefangen und 1526 wieder freigelassen.
21 1527 im Sacco di Roma.
22 Vom griechischen Helden Odysseus geblendeter Riese (Kyklop).

Deutschland ist wie ein wackeres Pferd, das Futter und alle Notdurft hat, dem aber ein Reiter fehlt. Ein starkes Pferd ohne Reiter schweift umher. So ist auch Deutschland mächtig genug an Kräften und Leuten, aber es fehlt ihnen ein Haupt. *Aus TR 5,5735 (1542)*

7 Unter einem starken Haupte wäre Deutschland unüberwindlich

Wäre Deutschland unter *einem* Haupte und in *einer* Hand, so wäre es unüberwindlich und hätte auch einen rechten Herrn. Der Kaiser Otto[23] hatte den größten Teil davon inne. Wenn es einer ganz in der Hand hätte, wäre er unüberwindlich; denn es hat Königslehen, Bodenschätze, Städte, Steuereinkünfte, Wälder, Silber, Soldaten usw.; es kann jeden Tag 50 000 Mann ohne Aufsehen verhalten.

TR 3,3583 (März/Mai 1537)

8 Vom Kaiserbruder Ferdinand ist nichts Gutes zu erwarten

Als man auf Ferdinand zu sprechen kam, sagte der Doktor: Ferdinand ist Deutschlands Verderben. Das sagte schon sein [Groß]vater Maximilian voraus; er war Astrolog, und als er das Horoskop seines [Enkel]sohnes gesehen hatte, soll er gesagt haben: Wenn du in deiner Taufe ersoffen wärest, so wäre dir am besten geschehen! Das sind wirklich prophetische Worte des [Groß]vaters! Auch Erasmus hat ein treffliches Urteil über die beiden[24] abgegeben; als sie nämlich noch Kinder waren, hatte er den Ausspruch getan: Diese beiden Küken werden einmal noch großes Unheil über Deutschland bringen.

TR 5,5389 (April 1542)

9 Ferdinand ist die Eiterbeule Deutschlands, ein Verräter

Ferdinand will im Türkenkrieg allein die Ehre haben und mittlerweile richtet er sich und Deutschland zugrunde ... denn Ferdinand liebt uns nicht von Herzen. ... Weil er die Deutschen nicht nach seinem Willen unter die Spanier bringen kann, läßt er sie vom Türken schlachten. ... Ich halte Ferdinand für einen Verräter Deutschlands. Gott, der Allmächtige, vergebe mir's, wenn ich ihm Unrecht tue! ... Die Spanier strotzen ja von Wut, Haß und Hoffart gegen uns; weil sie uns nichts anhaben können, brauchen sie die Hilfe des Türken. Kurz und gut, Ferdinand ist das Geschwür und die Eiterbeule Deutschlands. Helfe uns Gott! Denn wir haben den Kaiser und den König zu Feinden — das sage ich nicht nur von den Lutheranern, sondern sie wollen ganz Deutschland übel. *Aus TR 5,5310 (vermutlich 1537)*

23 Wohl Otto I., 936—973.
24 Die Brüder Karl V. und Ferdinand.

10 Tyrannenherrschaft in der ganzen Welt

Die Welt wird nur durch Tyrannen regiert; sie darf auch durch andre gar nicht regiert werden. Die solche sind, werden für groß gehalten in der Welt. Das ist auch richtig, wenn ein Spitzbube, der am Pranger ausgepeitscht wird, den Henker seinen Vater nennt.[25]

Aus TR 2,2527 (März 1532)

11 Rechtschaffene Fürsten sind eine Seltenheit auf Erden

Du sollst wissen, daß von Anbeginn der Welt an ein kluger Fürst ein gar seltener Vogel ist, ein noch viel seltenerer ein rechtschaffener Fürst. Sie sind im allgemeinen die größten Narren oder die schlimmsten Buben auf Erden; deshalb muß man sich bei ihnen immer auf das Schlimmste gefaßt machen und darf wenig Gutes von ihnen erwarten, besonders in göttlichen Sachen, die das Heil der Seele angehen. Denn sie sind Gottes Gefängniswärter und Henker, und sein göttlicher Zorn gebraucht sie, um die Bösen zu strafen und äußerlichen Frieden zu halten. *Aus »Von weltlicher Obrigkeit« (1523). WA 11,267,30 ff*

Ein Fürst ist [ein seltenes] Wildbret im Himmel.

Aus TR 5,6287 (um 1540?)

12 Harte Worte über deutsche Fürsten

Es ist um eine gute Obrigkeit und Politik in Deutschland geschehen. [Das Ende ist nahe:] Er selbst kommt, der zur Herrschaft im Himmel und auf Erden geboren ist [Christus]. Die Fürsten verstehen heutzutage weder etwas von Wissenschaften noch vom Regieren; ihnen genügt es schon, Hengste und Sporen zu kaufen. Unterdessen regiert der Adel und bringt die Fürsten in alle Not, ja in Verbannung und Tod. *Aus TR 2,2546 b (März 1532)*

Darauf sagt er [Luther], Deutschland habe zu junge Fürsten, daß es gar nicht so gut stehe, und sie seien die größten Windbeutel, da sie aus ihrer eigenen Bosheit noch einen Ruhm machen.[26]

Aus TR 4,4598 (Mai 1539)

13 Die Folgen des Kirchengüterraubs der Fürsten

Die Meißner heben und fangen langsam an, aber sie kommen nicht zu spät. Zuletzt greifen sie die geistlichen Güter ohne Scheu an.[27] Ich

---

25 D. h. wie Henker und Spitzbube, so gehört Tyrann und Welt zusammen.

26 Luther verweist auf das Beispiel des Brandenburger Markgrafen und des Mainzer Bischofs.

27 Melanchthon hatte die Nachricht gebracht, daß Herzog August von

bin rein von diesem Blut: ich habe niemals geraten, man solle die Kirchengüter in solcher Weise in weltliche Güter umwandeln. Die sie rauben, werden ihre Strafen leiden müssen. Es ist freilich besser, sie werden [wenigstens] in Deutschland zurückbehalten, als daß sie vom Papst und seinen Priestern verschlungen werden. Unterdessen werden leider die frommen Kirchen Hunger leiden müssen, d. h. die Diener Gottes, wenn man die Bistümer und die Kanonikate geraubt hat.[28] Der Adel sieht dabei sauer drein; denn der große Vogel frißt den kleinen.[29] Und darüber wird der Adel und das Volk erregt werden. Der Kaiser aber wird den Augenblick abpassen, bis der Adel zu ihm flüchtet; er wird sich ihm in falscher Freundschaft anschließen. Dann werden Revolten des Adels gegen die deutschen Fürsten folgen. ... So wird Deutschland gemartert werden und wird endlich, an Kräften und Gütern erschöpft, unter die spanische Herrschaft kommen.

Aus TR 5,5635 a (Mai 1544)

14 Die Verblendung der Fürsten in Deutschland

Die Fürsten sind betört. Denn seht die Herren einmal alle nacheinander an: Ferdinand, den Bischof von Mainz, Bayern, den König von Frankreich – sie sind betört, sie können nicht regieren; das ist ein böses Zeichen. Darum muß man beten! Der Bischof von Mainz denkt nicht ein einziges Mal daran, was Deutschland nützt. Das sind Vorzeichen, die mich erschrecken. Ich will bisweilen auch beten, aber die Vorzeichen schlagen mich zurück. ... Wenn unser Herrgott nicht Leute gibt, so schafft der Teufel mit uns, was er will. Männer müssen's tun, in denen eine Gabe Gottes ist, in denen Gott wirkt durch das Wort. Aber unsere Fürsten sehen nichts.

Aus TR 5,5400 (April/Juni 1542)

15 Die Uneinigkeit zwischen Fürsten und Adel und der Kaiser

Wenn der Papst oder seine Befehlshaber das Evangelium verfolgen werden (wie denn das nach meinem Tode nicht ausbleiben wird!), zu der Zeit wird der Kaiser nahverwandte Fürsten gegeneinander hetzen, nicht mit der Absicht, die Anhänger seiner Lehre zu verschonen, sondern um beide Teile aufzufressen und zu verderben. Zu solcher

Sachsen (Bruder von Moritz, 1553 Kurfürst) das Bistum Merseburg an sich gezogen habe.
28 Die Kirchengüter dienten zur Versorgung der Kirchendiener, so auch für den Erzbischof und die »Kanoniker« (d. h. die nach einer Regel lebenden Geistlichen eines Domkapitels).
29 Was die Fürsten am Kirchengut tun, können sie auch an den Adelsgütern tun.

Uneinigkeit aber wird besonders der Adel helfen und nicht ruhen, bis er schließlich einen Teil verrät, in der Meinung, dadurch die Gunst beim Kaiser zu erlangen und auf seinen Gütern bleiben zu können. Aber der Kaiser wird sie ebensowenig verschonen, sondern auch ausrotten, und wenn das alles vollbracht und auch vom Adel niemand mehr übriggeblieben ist, dann wird jede Stadt ihren Hauptmann und jedes Dorf seinen Edelmann aus dem Land treiben. Und wenn ich dann noch leben würde, so wollte ich's nicht verwehren.

Aus TR 5,5638 (aus dem Jahre 1544)

16 Die Gefährdung des unglücklichen Deutschlands

... Dahin zielt der Satan, daß er das freie Deutschland in Verwirrung zu bringen trachtet. Ich fürchte, wir sind alle verraten und verkauft. ... Denn Deutschlands Freiheit ist den Monarchen verhaßt, und die deutschen Fürsten fühlen sich sicher und sind gute Gesellen, die scharenweise Verräter an ihrem eigenen Hofe ernähren. ... Das unglückliche Deutschland schwebt darum in höchster Gefahr. Deshalb muß man wachen und beten.

Aus TR 5,5635 a (Mai 1544)

17 Gott bleibt der Herr auch über die Potentaten

Gott achtet die Könige, wie die Kinder ein Kartenspiel achten. Solange sie spielen, haben sie es in ihren Händen, darnach werfen sie's in einen Winkel, unter die Bank oder ins Kehricht. So macht's Gott auch mit den Potentaten. Solange sie im Regiment sind, hält er sie für gut, aber sobald sie es übertreiben, stürzt er sie vom Thron und läßt sie daliegen wie den König von Dänemark usw.[30]

TR 2,1810 (September/Oktober 1532)

18 »Wo der Herr nicht das Haus bauet ...«

So sagt unser Psalm: Es ist der Herr, der das Haus baut, der Weib und Kind und Leibesnahrung beschert, der die Stadt behütet, öffentlichen Frieden schenkt, die Gesetze aufrecht erhält usw. Darum muß man die Worte WO DER HERR NICHT mit großen Buchstaben schreiben, weil die menschliche Natur gegen sie am meisten ankämpft und das durch Adams Sündenfall, weshalb wir alles uns übertragen, was wir von Gott empfangen haben, und alles, was Gott zuzuschreiben ist, als unsern Besitz an uns reißen. Und der Satan treibt unsre sowieso dafür anfällige Natur noch mehr in diese Richtung. Daher kommt es, daß wir so unglücklich sind und nie zur Ruhe gelangen. Ginge es

---

30 *König Christian II. von Dänemark war im August 1532 in Gefangenschaft geraten.*

nämlich ohne dieses Grundübel der Vermessenheit, so hätten wir mehr Ruhe und Glück. Dann würde Gott [zu uns] sprechen: ›Du hältst *mich* für den Schöpfer und Geber, darum will ich dich segnen.‹ Weil wir das aber nicht tun, darum überschüttet er uns mit mannigfachen Beschwerden und Unglücksfällen, läßt den Teufel auf uns los und schließt sozusagen die Hölle auf, damit im Hauswesen Verwirrung, im Staatswesen Krieg und Blutvergießen erregt wird.

Wir verdammen nicht die Rechtsgelehrten, wir verdammen nicht die Soldaten, sondern jenen Zusatz verdammen wir, den sie dazuflicken, daß sie nämlich auf ihre Stirn malen: ICH. Diesen Zusatz *will* Gott nicht ertragen, er *kann* ihn nicht ertragen, er *darf* ihn auch nicht ertragen.

So ist um der Vermessenheit willen das Reich der Perser, so das der Griechen, so das Römerreich verwüstet worden. Da sie sangen: ›Ich habe es erreicht‹, folgte alsbald jenes Lied: ›Ich bin zugrunde gegangen.‹ Schau dir dabei alle Königreiche, Fürsten und alle Staatswesen an: In dem Augenblick, in dem sie ihren Taten dieses Wort hinzufügten: ›Das habe ich erreicht‹, brachen sie zusammen. Durch solchen Hochmut schließen sie nämlich Gott wie einen Dummkopf aus und setzen sich selbst an seine Stelle.

Der 127. Psalm, WA 40,223,33 ff; 226,27 ff; 225,34 ff

Das Wort Gottes und die Kirche

WORT UND GEIST

Während der schweren Auseinandersetzungen und Erschütterungen der Jahre zwischen 1522 und 1534 ist Luthers stille Arbeit an der *Bibelübersetzung* unaufhörlich weitergegangen. Es ist ihm nicht genug, das Neue Testament verdeutscht zu haben; da die Schrift als Zeugnis der Offenbarung eine in sich geschlossene Einheit ist, verdeutscht Luther auch das Alte Testament. So erscheinen 1523 die fünf Bücher Moses, 1524 die Geschichtsbücher; dann kommen in Einzellieferungen die Propheten heraus, an denen Luther noch während des Augsburger Reichstags arbeitet und welche als Ganzes im Jahr 1532 erscheinen; endlich macht er sich noch an die Apokryphen, die ebenfalls in die Bibel aufgenommen werden sollen. Dann, nach unsäglicher Mühe, ist es im Jahre 1534 soweit: die »*Biblia, das ist die gantze heilige Schrift, Deudsch*. Martin Luther, Wittenberg — 1534« ist im Buchhandel zu haben.

Luther ist freilich mit dieser Riesenarbeit nicht allein fertig geworden. Schon 1522 hat er seine Freunde zusammengerufen, die ihn mit ihren Sprachkenntnissen unterstützen müssen: vor allem Melanchthon und Aurogallus, der Wittenberger Professor der hebräischen Sprache, sodann die Hebraisten Bernhard Ziegler und Johann Forster, endlich der Wittenberger Hilfspfarrer Rörer, der sich um die Redaktion und Korrektur verdient macht. Sie — und die andern, die später in die Arbeit eintreten — nehmen es mit ihrer Aufgabe nicht leicht. Luther hat längst der scholastischen Methode, welche nach dem hinter den Worten verborgenen vierfachen Sinn sucht, den Abschied gegeben und hält sich an den einfachen Wortlaut (1); aber nun gilt es, sich mit der Methode schärfster Erfassung dieses Wortsinns an den Text heranzumachen und dann den vollkommenen Ausdruck im Deutschen zu finden — oft vergehen Tage und Wochen des Suchens nach einem einzigen Wort (2). Allein alle Mühe um den Wortlaut, alle Kunst der Übertragung aus der Fremdsprache, alle Sprachgewalt und Sprachschönheit, wie sie Luther in einzigartiger Fülle zur Verfügung stehen, wären umsonst, wenn nicht vor allem andern auf die *Sache* geachtet würde; denn allein aus dem Verständnis der Sache kommt das Verständnis der Worte (3). Die Sache, die Summe der Schrift, ist aber nichts anderes als das Evangelium von der Rechtfertigung des Sünders, das Luther aus der Schrift als Gottesstimme gehört hat und das ihn aus der Hölle des Gesetzes herausgerissen und zu neuem Leben geschaffen hat. Darum fragt Luther bei jeder Stelle der Schrift zuerst, welches Licht vom Evangelium her auf sie fällt, ob hier von der Gnade oder vom Zorn Gottes die Rede ist; dann erst fragt er nach dem Wortsinn, wie er sich aus der Fremdsprache ergibt (4). Luther hat damit die Schrift nicht vergewaltigt, sondern sie als das genommen, was sie sein will: Zeugnis der Offenbarung, Gottes Stimme. So geht Luther als Hörender durch die Schrift; die Bäume ihres Riesenwaldes werfen ihm, der sie schüttelt, ihre Früchte zu (5). Überall weiß Luther sich selbst angesprochen; er kämpft und leidet, jubelt und jauchzt, stirbt und siegt mit den Erzvätern und Propheten, mit den Aposteln und Blutzeugen; *er* ist immer zugleich der Sünder und der Gerechtfertigte, der Angefochtene und der wunderbar Getröstete, der Erliegende und der Aufgerichtete. Aus der ganzen Schrift tönt ihm die Verheißung auf Christus und die Erfüllung in Christus entgegen; über den Ursprüngen der Menschheit, über dem dunkeln Wurzelwerk der Vorzeit, über dem knorrigen Wunderbaum des Alten Bundes steht schon das Licht der Weissagung, das im Stern von Bethlehem herrlich aufgeht. Im Dienst dieser Sache steht Luthers meisterhafte Kunst der Wortprägung, seine Gabe, für eine Sache einen einmaligen, vollkommenen, in sich selbst klaren Ausdruck zu finden, neben dem jede andere Übersetzung verblaßt.

Darum ist auch Erfolg und Wirkung der Lutherbibel einzigartig. Die Feinde haben ihr nichts an die Seite zu stellen, und ihre Angriffe hat Luther im »Sendbrief vom Dolmetschen« schon 1530 überlegen zurückgewiesen (s. o. S. 157). Luther selbst erlebt noch zehn Originalauflagen, die letzte im Jahre 1545, eine Menge von Drucken wird ausgegeben, man reißt sich um die Bibel, obwohl sie ein kleines Vermögen kostet. Luther weiß freilich, wie schnell bei dem wankelmütigen Volke die Teilnahme an der deutschen Bibel erkalten wird (6); er sieht voraus, wie unerträgliche Besserwisser ihn werden meistern wollen (7), wie jeder Schulmeister und Küster sich eine eigene Bibelübersetzung schaffen wird und seine Bücher, Bibel und Postille, unter die Bank gestoßen werden (8). Das hindert ihn jedoch nicht, unermüdlich an der Übersetzung zu bessern und im Jahre 1539 mit einer gründlichen Gesamtrevision seiner Übertragung zu beginnen, wiederum zusammen mit beratenden Freunden, so daß 1541 die zweite, durchgesehene Gesamtausgabe der deutschen Bibel erscheinen kann. Erst mit der Ausgabe von 1545 fand diese nachbessernde Tätigkeit ihren Abschluß.

Luther weiß, warum er das Wort der Schrift in seiner Klarheit der Kirche erhalten will. Neben dem Papsttum mit seinem Abfall von der

Schrift steht ja immer noch das *Schwärmertum*, das nach seiner schweren Niederlage im Bauernkrieg nochmals einen Aufschwung nimmt, den niemand für möglich gehalten hätte. Luther kennt die Schwärmer als Verächter des mündlichen, äußeren Worts (9) und der Fleischwerdung Christi (10); sie sehen im Wort nur ein Bild, ein Gleichnis, den Ausdruck eines dahinterstehenden Lebens, nicht aber das Werkzeug, durch welches allein der Geist wirkt, ohne das er nicht wirkt (11). Daher, daß ihnen die Offenbarung in der Schrift nicht genügt, kommt ihr unruhiges Suchen nach Früchten der neuen Gerechtigkeit, nach einer neuen Bewegung vom Himmel, einer kommenden Geistesausgießung, der Vollendung der steckengebliebenen Reformation (12). Darum fallen sie in des Teufels Fallstricke und ihr Ende ist das Schwert (13). Luther hatte diesen Ausgang des Schwärmertums bei der letzten großen schwarmgeistigen Bewegung, bei dem Versuch der *Wiedertäufer*, in *Münster* das Gottesreich aufzurichten, überdeutlich vor Augen. Holländische Propheten haben dort im Winter 1533/34 angefangen, in der Stadt zu wühlen, bis ihnen im Februar 1534 die Herrschaft über die Stadt zufällt und eine schreckliche, weit schlimmere Wiederholung der Müntzerschen Herrschaft in Mühlhausen beginnt. Wer sich dem Zwang der Wiedertaufe nicht beugt, wird vertrieben; unter dem Deckmantel eines messianischen Königtums tobt sich blinder Fanatismus, rohe Sinnlichkeit, bösartigster Haß, schonungsloser Vernichtungswille und entsetzlicher Blutdurst aus; alle Prophezeiungen Luthers über die Früchte des Schwärmertums werden weit übertroffen. Während in der umzingelten Stadt die Hungersnot wütet, umgibt sich der messianische König des Gottesstaats mit einer Hofhaltung von orientalischer Üppigkeit und hält seine Herrschaft durch ein wildes Schreckensregiment aufrecht. Endlich, im Juli 1535, fällt die betrogene Stadt durch Hunger und Verrat ihren Belagerern in die Hände; der grausige Spuk verlischt und das himmlische Königtum geht in einem Blutstrom von Hinrichtungen unter.

Luther hat sich über die Katastrophe von Münster nur ganz gelegentlich geäußert (14). Allein sie hat sein Urteil über das Schwärmertum endgültig bestätigt: Der Geist ohne das Wort wird alsbald zum Feind des Worts, weil sich dieses nicht wortgebundenen Geistes nicht nur herrschsüchtiger Menschengeist, sondern der Geist aus dem Abgrund bemächtigt und ihn zur Empörung gegen Gottes Zeichen und Setzung treibt. Im Augsburger Bekenntnis aber lautet der 5. Artikel: »Durch das Wort und durch die Sakramente wird, wie durch Werkzeuge, der Heilige Geist geschenkt, welcher den Glauben schafft, wo und wann es Gott gefällt.«

1 Luther hält sich an den schlichten Wortsinn der Schrift

Ich kann nimmer arbeiten, auch nimmer reden. Als ich jung war, da war ich gelehrt, und besonders, ehe ich in die Theologie kam, da ging ich mit Allegorien, Tropologien, Anagogien[31] um und machte lauter [solche] Kunst[griffe]. Wenn jetzt das einer hätte, er hielte es für reines [köstliches] Heiltum.[32] Ich [aber] weiß, daß es lauter Dreck ist. Denn nun habe ich's fahren lassen, und dies ist meine letzte und beste Kunst: die Bibel überliefern nach ihrem einfältigen Sinn. Denn der Wortsinn, der tut's; da ist Leben, Trost, Kraft, Lehre und Kunst drinnen. Das andere ist Narrenwerk, obwohl es hoch gleißt.

TR 5,5285 (Oktober 1540)

2 Die Mühe der Übersetzung

Es ist uns oft genug begegnet, daß wir vierzehn Tage, drei, ja vier Wochen lang ein einziges Wort gesucht und erfragt haben, und haben's doch bisweilen nicht gefunden. Im Buch Hiob hatten wir, M. Philippus, Aurogallus und ich, solche Arbeit, daß wir in vier Tagen zuweilen kaum drei Zeilen fertigbringen konnten. Mein Lieber, nun, da es verdeutscht und fertig ist, kann's ein jeder lesen und kritisieren. Es läuft einer jetzt mit den Augen über drei, vier Blätter hin und stößt nicht ein einziges Mal an, wird aber nicht gewahr, welche Wacken und Klötze da gelegen sind, wo er jetzt drüber hingeht wie über ein gehobeltes Brett, wo wir haben schwitzen und uns ängstigen müssen.

Aus dem »Sendbrief vom Dolmetschen« (1530). WA 30,2,636,16 ff

3 Wort- und Sachverständnis

Es genügt nicht, die Grammatik zu kennen, sondern man muß auf den Sinn achten. Denn [erst] das Verständnis der *Sachen* bringt das Verständnis der *Worte* mit sich. Die Rechtsgelehrten verstünden das Recht nicht, wenn sie nicht durch Übung die Kenntnis der Dinge hätten. Auch in den Eklogen des Vergil[33] vermag niemand die Worte zu verstehen, er sei denn zuvor mit den sachlichen Verhältnissen gut bekannt.

Aus TR 4,5002 (Mai bis Juni 1540)

4 Die Regeln des Dolmetschens

Beim Dolmetschen der Heiligen Schrift befolge ich zwei Regeln. *Einmal:* Wenn eine Stelle dunkel ist, überlege ich, ob sie von der Gnade handle oder vom Gesetz, ob der Zorn oder die Vergebung der

---

31 Vgl. Band I, Seite 58, Anmerkung 63.
32 Reliquie.
33 Vgl. Band I, Seite 31, Anmerkung 29. Die »Eklogen« (d. h. auserlesenen Gedichte) Vergils behandeln das Hirtenleben.

Sünden [drin enthalten sei], wozu es sich am besten reime. Dergestalt habe ich oft die dunkelsten Stellen verstanden, daß es uns entweder das Gesetz oder das Evangelium in die Hände getrieben hat; denn Gott hat seine Lehre unterschieden in Gesetz und Evangelium. ... Das ist meine erste Regel beim Dolmetschen. Die *andere* ist die, daß ich bei zweifelhaftem Sinn diejenigen frage, welche eine bessere Sprachkenntnis [als ich] haben, ob die hebräische Grammatik diesen oder jenen Sinn leiden möge, der mir am ehesten charakteristisch zu sein scheint. Das ist aber derjenige, welcher dem eigentlichen Gegenstand des Buchs am nächsten ist. Die Juden irren darum so sehr in der Schrift, weil sie den [wahren] Inhalt der Bücher nicht haben. Hat man aber diesen Inhalt, so ist derjenige Sinn zu wählen, der [ihm] am nächsten liegt. *Aus TR 1,312 (Sommer/Herbst 1532)*

5 Der Wunderwald der Schrift

Die Schrift ist ein unermeßlich großer Wald [von fruchttragenden Obstbäumen]; aber es ist kein Baum darin, den ich nicht mit der Hand geschüttelt hätte. *Aus TR 1,674 (erste Hälfte der dreißiger Jahre)*

6 Die Undankbarkeit der Welt

Die Undankbarkeit und Eitelkeit der Welt ist unaussprechlich. Bevor das Neue Testament übersetzt war, da drängte alles auf seine Übersetzung; als es verdolmetscht war, schätzte man es vier Wochen lang, dann drängte man auf die Übersetzung des Alten Testaments.[34] Das währte auch vier Wochen und der Psalter auch vier Wochen. Die Übersetzung von Jesus Sirach, die jetzt so viel Mühe macht,[35] wird auch vier Wochen lang gelten, und darnach wird das Volk etwas Neues begehren, so lange, bis es irgend einem Irrtum anheimfällt.

TR 2,2761 a (September/November 1532)

7 Die Besserwisser

Das Übersetzen ist ein großes Geschäft. Denn bei der Übersetzung der Bibel haben wir viel Mühe darauf verwendet. Es wird aber Leute geben, die werden es besser wissen wollen als wir, aber nicht besser machen. Sie werden mich bei einem einzigen Wort zerzupfen, da ich sie doch bei hundert Worten — wenn sie selbst übersetzen würden — zurückweisen wollte. Ebenso wird es der Arbeit unsrer Getreuen auch geschehen. Wenn mir einer den 72. und 73. Psalm auch nur einigermaßen genau übersetzen kann, dem will ich 50 Gulden geben. Er darf aber unsere Übersetzung nicht dazu nehmen.

TR 2,2763 b (September/November 1532)

34 *Gemeint ist die 1523 erschienene Übersetzung der fünf Bücher Moses.*
35 *Die Übersetzung des Jesus Sirach erschien Ende 1532.*

Als jemand dem Doktor die Psalmenübersetzung eines andern zeigte, sagte der Doktor: Wenn ich sterbe, wird es keinen Schulrektor, keinen Lehrer, keinen Küster geben, der sich nicht eine eigene Bibelübersetzung wird machen wollen. Unsere Übersetzung wird nicht mehr gelten. Es werden alle unsere Bücher unter die Bank geschoben werden, die Bibel, die Postille. Denn die Welt muß etwas Neues haben. So galten der Apostel Schriften nichts [mehr], als die [Kirchen]-lehrer kamen; der [Kirchen]lehrer Schriften galten nichts [mehr], als die Scholastiker kamen; diese waren dann selber untereinander uneins, und einer wollte es immer besser machen als der andere. Das gefällt dann dem gemeinen Mann; denn die Welt ist vorwitzig. Darum sagt Paulus (2 Tim 4, 4): »Sie werden sich zu den Fabeln kehren.«

Aus TR 5,5469 (Sommer/Herbst 1542)

9 Die Schwärmer als Verächter des mündlichen Worts

... Alle Schwärmer und Ketzer verachten das mündliche Wort. Indessen ist auch Christus, als er persönlich den Aposteln erschien, von ihnen als Gespenst angesehen worden,[36] solange er noch kein Wort [an sie] richtete; dadurch aber, daß er sprach, brachte er ihnen Trost. Es ist dem Teufel nur darum zu tun, daß er uns das Schwert von der Seite nehme, aber die Schrift spricht (Ps 45, 4): »Gürte dein Schwert an deine Seite, du Held!«; zieh's heraus, schlag um dich! ...

Aus TR 3,2971 b (Februar/März 1533)

10 Verachtung des Worts ist Verachtung Christi

Wir wollen beim mündlichen Wort bleiben; das ist das [Heils]-mittel, bei welchem der Teufel nicht bleiben kann. Gott ist für uns Fleisch geworden; den [Fleischgewordenen] können sie nicht leiden; sie wollen nur einen geistlichen Gott haben. Und zwar machen sie viel Rühmens vom Gebrauch [des Wortes], wo doch der Gebrauch ohne die Sache nur eine Einbildung ist. Die Sendung Gottes [ins Fleisch] ist eine Sache, das Sakrament der Taufe ist eine Sache. Sie unterscheiden nicht zwischen der Sache und ihrem Gebrauch ... und so verwerfen sie die Sachen, sehen aber nicht, daß es Gottes Sache ist. Umgekehrt haben viele die Sache, aber nicht ihren Gebrauch, d. h. die Frucht [davon]; so der Papst ... — Ich wollte gern einen Schwärmer fragen, auf welche Weise er gewiß wird aus den Argumenten seines eigenen Herzens und den Gedanken außerhalb des Worts. Wir haben die Schrift, die Wunder, die Sakramente, die [Glaubens]zeugnis-

---

36 *Matthäus 14,26.*

se; er hat seinen Sohn ins Fleisch gesandt, von dem sie bezeugen (1 Joh 1, 1): »Den wir gesehen, den wir betastet haben usw.« Dabei wollen wir bleiben. Wenn sie uns nicht hören im Namen Gottes, so mögen sie andere in ihrem eigenen Namen hören (Joh 5, 43); wer die Wahrheit nicht will, der glaube der Lüge. So soll's der Welt gehen.

TR 3,3330 a (Mai/Juni 1533)

11 Das äußere Wort als unentbehrliches Werkzeug des Heils

... So lehren sie, daß das äußerliche Wort gewissermaßen etwas Vorgeschobenes sei, sozusagen ein Bild, das [etwas] erklärt. ... Sie wollen nicht, daß es das Werkzeug und die wirkende Ursache für den Hl. Geist sei, ein Fahrzeug für den Hl. Geist und der Anfang der Rechtfertigung. In diesem Irrtum sind sie tief versunken und verstehen sich selbst nicht mehr. Ach, lieber Herr Gott, es sollte sich einer doch zu Tode zürnen gegen den Teufel, der in den wutschnaubenden Papisten und Schwärmern dem Wort so feind ist! Er sieht wohl, daß das mündliche Wort und das äußere Predigtamt ihm schadet; deshalb streut er so viel Irrtümer dagegen aus. Ich hoffe aber, Gott werde in Kürze dreinschlagen.

Aus TR 3,3868 (Mai 1538)

12 Die Kirche läßt sich am Wort genügen

... Die Kirche ist ins Wort verschlossen und daran gebunden und sucht keine andere Lehre vom Willen Gottes, als sie in diesem Wort geoffenbart und angezeigt ist..., [nicht] wie die Wiedertäufer und andere Schwärmer und Rottengeister, die das Predigtamt verachten und auf neue Anwehung und Bewegung vom Himmel achten...

TR 6,6779 (aus den vierziger Jahren?)

13 Der böse Ausgang der schwärmerischen Irrlehrer

... Das Ende aller Irrlehrer ist das Schwert. Das sehen wir am Papst, an Müntzer, an Zwingli usw. und an den Arianern.[37] Sie fingen es alle mit einem gewissen Schein der Frömmigkeit an, bis sie es zuletzt zum Schwert brachten. Am Willen [ihre verkehrten Gedanken gewaltsam durchzuführen,] fehlt es ihnen [zwar auch] zuerst nicht; nur die Gelegenheit ist noch nicht da. Der Satan kann sich ja, wie Paulus (2 Kor 2, 11) sagt, nicht verleugnen; er muß sich sehen lassen, daß er ein Lügner und Mörder ist (Joh 8, 44).

Aus TR 1,291 (Juni 1532)

---

37 *Die Irrlehre des Arius über die Person Christi wurde 325 auf dem Konzil von Nicäa von der Kirche abgewehrt; bei den darauffolgenden kirchlichen Auseinandersetzungen wurde nicht selten Gewalt gebraucht.*

Ach, was soll ich doch und wie soll ich doch wider oder von diesen elenden Leuten zu Münster schreiben? Muß man's doch an der Wand greifen, daß der Teufel daselbst leibhaftig haushält und gewiß ein Teufel auf dem andern sitzt, wie die Kröten. Aber Gottes große Gnade und Barmherzigkeit sollen wir erkennen und preisen, und zwar darin: Wir können's ja nicht leugnen, wie Deutschland durch so viel Unschuldig-Blut-Vergießen und Gotteslästerung eine scharfe Rute verdient; dennoch will der geduldige Vater aller Barmherzigkeit dem Teufel noch nicht den rechten [alles zerstörenden] Riß gestatten, sondern warnt uns väterlich und vermahnt zur Buße durch solch grobes Teufelsspiel zu Münster. Denn daran ist mir kein Zweifel: Wenn Gott es erlaubt haben wollte, so würde der hohe, scharfsinnige, tausendkünstige Geist es nicht so tölpisch und grob angefangen haben; aber nun darf er, durch Gottes Macht verhindert, das Spiel nicht seinem bösen Willen nach treiben, sondern [nur] so, wie es ihm erlaubt wird.

Aus der Vorrede Luthers zu der Schrift »Neue Zeitung von den Wiedertäufern zu Münster« (1535). WA 38,347,2 ff

DIE GRENZEN DER KIRCHE

In den Jahren nach dem Augsburger Reichstag stoßen eine Reihe wichtiger Territorien zur Kirche der Reformation: in Anhalt, Pommern, Württemberg, Mecklenburg und einem Teil der schlesischen Herzogtümer dringt das Evangelium durch. Das Zeichen, um das sich die Evangelischen sammeln, ist das Augsburger Bekenntnis, das die Verbündeten von Schmalkalden zu ihrer Bundesurkunde machen. Allein hier erhebt sich eine große Schwierigkeit. Wie steht es mit den oberdeutschen Städten? Immer noch schwebt über den Protestanten die dunkle Wolke des Abendmahlsstreits, des Marburger Zwists; eine Bereinigung ist noch nicht erfolgt. Luther hat keinen Anlaß, von sich aus einen Schritt zu tun. Allein andere sind da, welche an einer Versöhnung arbeiten. Da ist der geschmeidige Vermittler Butzer in Straßburg; da ist Melanchthon, dem seit Marburg mancherlei Zweifel aufgestiegen sind, ob Luthers schroff betonter Standpunkt in der Abendmahlslehre vor dem Urteil der Schrift und der Väter sich rechtfertigen lasse; da ist endlich Landgraf Philipp, dem aus politischen Gründen an einem möglichst engen, nicht nur politisch, sondern auch theologisch begründeten Bündnis aller deutschen Protestanten gelegen ist. Seit dem Jahre 1531 stehen Melanchthon und Butzer in brieflicher Verbindung; der Landgraf gewinnt schließlich auch Luther für einen neuen Einigungsversuch, und Ende 1534 treffen Butzer und Melanchthon in Kassel zusammen, wobei Butzer Erklärungen abgibt, die Luther freundlich aufnimmt. Schließlich kommen im Mai 1536 eine Anzahl von oberdeutschen Pfarrern, von Butzer und Capito geführt, nach Wittenberg, um in brüderlichem Gespräch mit den Häuptern der Reformation die Verworrenheit zu klären und den bestehenden Zwiespalt zu lösen. Luther tritt den Oberdeutschen nicht unversöhnlich, aber in voller Entschiedenheit gegenüber; er verlangt von ihnen einen runden Widerruf, falls sie sich je einmal zwinglischer Irrlehre verdächtig gemacht haben. Doch nun zeigt sich, daß die Oberdeutschen nicht einfach mit Zwingli in einen Topf geworfen werden können: Butzer kann zwar Luthers Satz, daß auch die Ungläubigen den Leib Christi empfangen, nicht annehmen, allein er steht ganz zu Luthers Hauptsatz, daß die Einsetzung und die Wirkung des Nachtmahls nicht auf eines Menschen Glauben oder Unglauben stehe, sondern auf sich selbst als Gottes Wort und Ordnung. Luther warnt vor einer Eintracht, die auf Verwischung der Gegensätze, törichter Nachgiebigkeit, falscher Liebe beruht. Allein wenn die Oberdeutschen in vollem Wissen um die Tragweite ihres Schritts das Augsburger Bekenntnis annehmen, dann ist ja der Inhalt seiner Abendmahlslehre, damit aber sein Interesse an dem durch das Nachtmahl vermittelten und in der Göttlichkeitsfülle von Leib und Blut Christi wirklich und gegenwärtig eingeschlossenen Heil gewahrt und jede Form menschlicher Selbsterlösung ausgeschaltet; mag es auch noch Unterschiede in der Lehre vom Empfang der Ungläubigen oder Unwürdigen geben: diese Unterschiede vermögen eine Kirchentrennung nicht zu begründen. So wird eine Einigungsformel, die *Wittenberger Konkordie*, aufgesetzt und von beiden Seiten am 29. Mai 1536 unterzeichnet; die Oberdeutschen werden als Brüder in Christus in die volle Kirchengemeinschaft aufgenommen. Durch Luthers brieflichen Bericht über dieses Ereignis (1) klingt Furcht und Freude, Demut und Hoffnung deutlich durch, die Einigung ist ja kein Menschenwerk, sondern, wenn sie wirklich fest wird, ein Wunderwerk Christi.

Mit der *Schweiz* hingegen will eine solche Einigung nicht gelingen, obwohl es an beiderseitigen Versuchen nicht fehlt. Zu mächtig sieht Luther hinter dem Züricher Bullinger noch den Schatten Zwinglis stehen; zu groß ist das Mißtrauen der Schweizer gegen den vermeintlichen Rückfall Luthers ins päpstliche Wesen. Wohl ist man von beiden Seiten her entschlossen, die alte Polemik in ihrer Schärfe nicht mehr zu erneuern und sich gegenseitig mit Geduld zu behandeln, allein der Briefwechsel zwischen Zürich und Wittenberg versickert allmählich, und die Beziehungen erlöschen langsam. Wo Luther die Zwinglische Lehre witterte, hat er sich allezeit mit derselben rücksichtslosen Schärfe gegen sie geäußert wie früher; in seiner 1544 erschienenen Schrift »Kurz Bekenntnis D. Martin Luthers vom heiligen Sakrament« werden alle Schwärmer wie Zwingli, Ökolampad, Karlstadt und Schwenckfeld nach Tit 3, 10 als Ketzer verdammt; sie sind und bleiben Seelenmörder mit verteufeltem Herzen und Lügenmaul und mögen an ihren Ort hinfahren, während das arme und von ihnen verführte Volk, das sich noch unterweisen lassen will, nicht unter dieses Urteil fällt. Luther hat seine Stellung bis zu seinem Tod nicht mehr geändert, wie ein Brief vom Januar 1546 zeigt (2); die Grenzen der Kirche gegen das Schwärmertum waren und blieben gezogen.

Während die Schwärmer Evangelium und Gesetz vermischen und ihr Mißbrauch evangelischer Freiheit mit dem Sturz in die Gesetzlichkeit endet, erhebt sich von anderer Seite, im eigenen Lager, in Luthers engster Umgebung eine neue Gefahr: Die Gnade wird so übersteigert, daß das Gesetz daneben keinen Platz mehr hat; Evangelium und Gesetz werden derart voneinander gerissen, daß die Evangeliumsverkündigung dem Predigtstuhl, Erkenntnis und Handhabung des Gesetzes aber dem Rathaus zugewiesen werden. Der Mann, in dessen theologischen Gedanken diese neue Irrlehre des *Antinomismus* schon seit Jahren versteckt wühlt, ist *Agricola*,[38] neben den großen Wittenbergern als einer der Führer des Reformationswerks hochgeschätzt und von Luther als Freund und Mitstreiter geliebt. Luther hat den von Eisleben im Unfrieden Geschiedenen in sein Haus aufgenommen, läßt ihn an seiner Stelle predigen und schenkt ihm sein volles Vertrauen. Allein er muß hören, daß Agricola, in seinem ganzen Wesen wie in seiner Lehre schillernd und zweideutig, dabei ständig um seine Selbständigkeit bangend, zunächst versteckt, dann immer freier seine neue Lehre vorträgt: Das Evangelium allein wirkt die ganze Buße, das Gesetz ist ein für allemal überwunden und überflüssig. Die weltliche Obrigkeit verwalte und übe das Gesetz, die Kirche dagegen hat allein

---

38 *Johann Agricola (um 1499–1566), nach seinem Geburtsort auch Eisleben genannt, hatte schon an der Leipziger Disputation teilgenommen und stand seither in enger Arbeitsgemeinschaft mit Luther; er war auf beiden Speyrer Reichstagen und in Augsburg als Prediger zugegen. Seit 1536 war er in Wittenberg, das er infolge der durch ihn heraufgeführten Streitigkeiten 1540 wieder verließ. Als Hofprediger Joachims II. in Berlin wurde er Generalsuperintendent und Visitator der Mark. Seine Billigung des Interims trug ihm Zorn und Haß aller Evangelischen ein; zweifellos war seine hier wie anderwärts schwankende Haltung durch persönliche Gründe stark mitbestimmt.*

die Aufgabe, die Barmherzigkeit, die Gnade, die Vergebung zu verkündigen. In der Tat, was ist schöner, leichter, angenehmer als dieses süße Evangelium ohne die Forderung des Gesetzes, ohne die Beschlagnahme des Menschen für Gott, ohne den Anspruch des ersten Gebots? Aber ist das noch das Evangelium von der Rechtfertigung des Sünders? Luther sieht mit Schrecken, wie durch dieses süße, falsche Evangelium das echte Evangelium verdunkelt wird. Denn ohne Gesetz gibt es keine Sünde; gibt es aber keine Sünde, so ist Christus und seine Vergebung der Sünde überflüssig und wertlos. Ist diese Entthronung Christi nicht genau dasselbe, was die Papisten und die Schwärmer von andern Seiten her treiben? In tiefer Erregung sieht Luther hinter den Antinomern Müntzers Schwarmgeisterei verborgen (3); besonders schmerzt ihn, daß seine liebsten Freunde ihm auf diese Weise in den Rücken fallen. Das Evangelium *will* den Gehorsam des gerechtfertigten Sünders, es will in der Welt gehört, geglaubt, getan, erfüllt sein; Kirche, Weltregiment und Hausstand verderben ohne das Gesetz (4). Eine weltliche Obrigkeit, die in eigener Vollmacht das Gesetz verwaltet und darüber verfügt, wird schließlich Evangelium und Gesetz gleichermaßen verachten und mißbrauchen (5); aus der bedenken- und unterschiedslosen Verschleuderung des Evangeliums wird nichts anderes folgen als gesetzlose Willkür und fleischliche Sicherheit, welche den selbstverständlichen Besitz der Gnade gar nicht mehr schätzt und sich überall schon deutlich genug in der groben Vernachlässigung des Predigtamts auch in äußeren Dingen zeigt (6).

Es fehlt nicht an Einigungsversuchen; immer wieder bequemt sich Agricola zu Formeln, welche seine Lehre weniger preisgeben als verhüllen, aber immer wieder züngelt seine Sonderlehre aus Predigten und Vorlesungen hervor. Schließlich reißt Luther die Geduld, und er schreibt öffentlich *»Wider die Antinomer«* (anfangs 1539). Von diesem Zeitpunkt an gehen die früheren Freunde in bitterem Schweigen nebeneinander her; Agricola ist tief gekränkt und fühlt sich mißverstanden und mißhandelt; Luther wiederum sieht in ihm einen Feind der Kirche voll Anmaßung, Eitelkeit, Gedankenkälte und Herrschsucht und gibt seiner Reue, eine Schlange am Busen genährt zu haben, unmißverständlichen Ausdruck. Es ist eine Erlösung für beide Teile, als Agricola – ohne Erlaubnis des Kurfürsten – Wittenberg verläßt, um als Hofprediger nach Berlin zu gehen. Da seine Lehre keine weiteren Kreise zieht, kommt es nicht zu einer öffentlichen Scheidung; das frühere Verhältnis zu Wittenberg dagegen ist und bleibt zerstört.

Das Gesetz muß, allem Antinomismus zum Trotz, gepredigt werden zum Gericht über alle menschliche Sicherheit und Gottlosigkeit (7).

Es gibt nicht nur Schwärmer, die von der Kirche geschieden werden müssen; es gibt auch innerhalb der Kirche zahllose Glieder, welche Gottes Ehre schmähen, in öffentlichen Sünden leben und dadurch grobes Ärgernis geben. Wo liegt hier die Grenze der Kirche? Darf den Gefallenen die Vergebung ohne Reue, ohne Buße, ohne Besserung zugesprochen werden? Luther ist von solcher Verschleuderung der Gnade gleich weit entfernt wie von der Härte des Gesetzes, mit welchem die Papstkirche durch den Bann Glaubende und Gefallene endgültig und unwiderruflich bis ins Gebiet des weltlich-bürgerlichen Rechts hinein, bis zur Unterbindung jeglichen Verkehrs, bis zur Auslieferung an das weltliche Schwert schied. In der Ausübung der *Kirchenzucht* ist für ihn die Anwendung des Gesetzes die äußerste, die letzte Form der Barmherzigkeit. Von Anfang an ist Luther der Ansicht, daß den Gefallenen gegenüber nach der Regel von Matth 18, 15 ff zu verfahren ist. Bereut der Sünder nicht, so muß scharfe Barmherzigkeit gegen ihn geübt werden, damit er seine Sünde und Gottes Gnade erkennt: er wird unter das Gericht des »kleinen Banns« gestellt, d. h. nicht mehr zum Abendmahl zugelassen, bis er den Weg zurückfindet. Diese Übung besteht in Wittenberg schon im Jahre 1532 (8). Luther hat sich dabei nicht gescheut, auch gegen Träger eines obrigkeitlichen Amtes Kirchenzucht zu üben: der Stadthauptmann und Landvogt Hans Metzsch in Wittenberg muß es sich gefallen lassen, wegen unzüchtigen Wandels nicht zum Abendmahl zugelassen und später nochmals wegen seines trotzigen Verhaltens gegen Gottes Wort durch zwei von Luther abgesandte Diakone – die »Zeugen« nach Matth 18, 16 – ermahnt zu werden. Wie Luther in einer Predigt des Jahres 1539 ausführt, liegt ihm besonders viel daran, daß die Gemeinde an der Kirchenzucht beteiligt sei. Darum soll der Sünder zuerst unter vier Augen ermahnt werden, sodann von zwei Kaplänen, zwei Ratsherren und zwei ehrlichen Männern aus der Gemeinde besucht werden; endlich erfolgt öffentliche Bekanntgabe des Halsstarrigen vor der Gemeinde und Gebet der Versammelten wider ihn. Daß es Glieder der Gemeinde gibt, welche sich durch ihre grundsätzliche und fortdauernde Verachtung von Wort und Sakrament selbst in den Bann tun, hat auch Luther erfahren; sie werden als Heiden gehalten und empfangen kein ehrliches Begräbnis (9). Kehrt aber ein reuiger Sünder um, so ist es nicht mit einer mündlichen Buße getan; der wuchernde Edelmann muß vielmehr ein Zachäus werden, der öffentlich durch die Tat Zeugnis von der Echtheit seiner Reue gibt (10). Gerade bei dieser Form der Ausübung der Kirchenzucht hat Luther an dem evangelisch-neutestamentlichen Grundgedanken festgehalten, daß die Zuchtübung nicht von einer Behörde ausgehen solle, sondern ihren eigentlichen Ort in der *Gemeinde* als der Stätte gegenseitiger Verantwortung und brüderlicher Hilfeleistung habe.

Darum fürchtet Luther vor allem eine Gefahr: den *weltlichen Mißbrauch des Banns* durch die Pfarrer und durch die weltliche Obrigkeit. Es gehört zum Bann geistliche Weisheit, die nicht leiblich strafen, sondern geistlich helfen will (11). Darum darf der Bann auf keinen Fall in die Hände der weltlichen Obrigkeit geraten, die ihn doch nur wieder als polizeiliches Zuchtmittel benützt (12). Luther kennt die Gefahren, die vom weltlichen Recht und von der weltlichen Macht her dem Evangelium drohen. Seine früher schon scharfen Urteile über die Juristen (13) werden immer schärfer, je mehr er erkennt, daß das Schlinggewächs menschlicher Rechtsgedanken wieder über das Evangelium herwuchern will. Er wehrt sich ungestüm dagegen, daß seine Wittenberger Kollegen von der Rechtsfakultät, geblendet von der Größe des geschichtlich gewordenen und überlieferten Rechts, das von ihm verworfene kanonische Recht noch als gültig anerkennen und daraus Folgerungen für die Ehe ziehen; er wehrt sich dagegen, daß der Bann einem landesherrlichen Konsistorium, aus Theologen und Juristen bestehend, übertragen wird; er wehrt sich, als städtische Magistrate mit dem Recht zur Pfarrerein- und absetzung die Gewalt über das Evangelium an sich reißen und ihre Pfarrer nach Willkür aufs Rathaus fordern. Gewiß dankt Luther seinem Kurfürsten, daß er nach Kräften für die Kirche seines Landes sorgt; aber er ist doch nur ein Notbischof (14), der vorübergehend ein ihm an sich fremdes Amt verwaltet. Luther sieht vielmehr in den Visitatoren die künftigen Bischöfe, welche in der Vollmacht Christi seine Herde weiden, über Lehre und Wandel wachen, vom Evangelium aus die Grenze der Kirche bestimmen sollen. Seine Versuche, in jenen Jahren den Einfluß und den Bereich der Visitatoren zu stärken und zu erweitern, entspringen der Notwendigkeit, der Alleinherrschaft Christi in der Kirche einen sichtbaren Ausdruck zu geben. Es ist nicht Luthers Schuld, daß die geschichtliche Entwicklung einen anderen Weg ging und daß aus dem Liebeswerk des christlichen Fürsten die drückende Fessel einer landesherrlichen Kirchengewalt wurde, welche über Wesen und Grenze der Kirche von sich aus bestimmen zu können sich vermaß.

Das Schwergewicht des volkskirchlichen Erbes, das Luther übernahm, die selbstverständliche Geltung einer Lebensform, in welcher weltliche und christliche Gesellschaft zusammenfiel, wirtschaftliche Notwendigkeiten, die Sorge für die allgemeine Sittlichkeit, der Zwang zu verwaltungsmäßiger Einheitlichkeit, endlich die Furcht vor Pöbelwillkür und sektenhafter Zersplitterung – alle diese Tatsachen wirkten einer Lösung entgegen, die von Luthers Voraussetzungen her an sich die nächstliegende war: dem Aufbau der Kirche von der selbständigen Einzelgemeinde her, in welcher der Leib Christi, die Schar der mündigen Christen kraft des allgemeinen Priestertums aller Gläubigen in Erscheinung trat.

1 Die Wittenberger Konkordie · Aus einem Brief aus Wittenberg an Johann Forster in Augsburg vom 12. Juli 1536

Ich habe auf diesem Konvent wahrhaftig ausführlich und deutlich genug immer und immer wieder bezeugt, falls ihr Sinn nicht rein und lauter auf die Sache selber stünde, möchten sie sich der Konkordie entschlagen, weil der bestehende Zwiespalt sicherer sei als eine erlogene Eintracht, welche unübersehbare Zwistigkeiten hervorbringen könne. Aber sie nahmen alles mit so heiliger Verantwortung an, auch unsere Apologie,[39] daß ihre Zurückweisung nicht erlaubt gewesen wäre. Ich sprach auch aus: »Wenn ihr anders handeln werdet, so werden wir euch eben die Apologie entgegenhalten.« Christus weiß, was künftig sein wird; wenn er diese Konkordie festmachen wird, so wird er selbst damit ein großes Wunder getan haben. Doch erwarten wir jetzt die Antwort der Gemeinden und Magistrate der andern, ob ihnen diese unsre Abmachungen gefallen, damit dergestalt schließlich die Konkordie zum Abschluß gebracht und öffentlich bekanntgegeben werde. Denn ohne Einwilligung beider Teile soll kein Abschluß durch uns [Gesprächsteilnehmer] allein herbeigeführt werden; das haben sie von uns in den Verhaltungsmaßregeln [mitbekommen], und auch wir teilen es ebenso den Unsrigen mit. *Br. 7,461,12 ff*

2 Das Endurteil über die Sakramentierer · Aus einem Brief aus Wittenberg an Jakob Propst in Bremen vom 17. Januar 1546

Heil und Frieden! Als ein alter, abgelebter, träger, müder, kalter, auch schon halbblinder Mann schreibe ich, lieber Jakob, der ich mich der Hoffnung hingab, daß mir Todgeweihtem jetzt die, wie ich glaube, wirklich zukommende Ruhe zuteil werde. [Aber] als ob ich noch nie etwas getrieben, geschrieben, gesagt und getan hätte, so werde ich mit Dingen überschüttet, die ich zu schreiben, zu bereden, zu betreiben und zu tun habe. Doch Christus ist Alles in Allem, mächtig und tätig, hochgelobt in Ewigkeit. Amen.

Daß Du schreibst, daß die Schweizer gegen mich so aufbrausend schreiben, daß sie mich als einen unglücklich und unglückselig veran-

---

39 *Das Augsburgische Glaubensbekenntnis.*

lagten Menschen verdammen, freut mich sehr. Denn darauf ging ich aus; das wollte ich mit meiner letzten Schrift,[40] die sie so getroffen hat: sie sollten offen Zeugnis geben, daß sie meine Feinde sind. Das habe ich erreicht und, wie gesagt, darüber freue ich mich. Ich »Unglücklichster aller Menschen« lasse mir genügen an dieser einen Seligpreisung des Psalters:[41] »Selig ist der Mann, der nicht wandelt im Rat der Sakramentierer, noch steht auf dem Weg der Zwinglianer, noch sitzt auf dem Stuhl der Züricher.« Du weißt nun, wie ich denke. . . .

Br. 11,263,1 ff

3 Alte Schwärmerei in neuem Kleid

Magister Jobst[42] *zeigte Luther die Sätze Agricolas*[43]*, das Gesetz brauche in der Kirche nicht gepredigt zu werden, weil es nicht zur Rechtfertigung diene.*

Da sagte er tief erregt: Das will schon zu unsern Lebzeiten bei unsern eigenen Leuten anfangen! Es ist Agricolas Meinung, der von Haß und Ehrsucht umgetrieben wird . . . Dahinter steckt ein Müntzer! Denn wer die Lehre vom Gesetz in politischer Beziehung aufhebt, der hebt die Obrigkeit und den Hausstand auf; wenn er sie in kirchlicher Beziehung aufhebt, dann gibt es keine Erkenntnis der Sünde mehr. Denn das Evangelium straft die Sünde nur durch Vermittlung des Gesetzes, welches geistlich ist, welches die Sünde feststellt als gegen Gottes Willen. Fort mit dem, der behauptet, die Übertreter sündigen nicht wider das Gesetz, sondern beleidigen Gottes Sohn! Solche spekulativen Theologen sind Pestbeulen der Kirche; ohne Gewissen, ohne Erkenntnis [der Sache], ohne Unterscheidung der Begriffe werfen sie alle Lehre durcheinander [und sprechen] wie diese: Die Liebe ist des Gesetzes Erfüllung, also haben wir kein Gesetz [nötig]. Aber diese Unglückseligen übersehen den Untersatz [die zweite Voraussetzung]: Daß diese Erfüllung (nämlich die Liebe) schwach ist in unsrem Fleisch, und daß wir täglich durch den Geist gegen dieses [Fleisch] kämpfen müssen; und das gehört unter das Gesetz. *Aus TR 3,3554 (März 1537)*

4 Der grobe Irrtum der Antinomer

Meine liebsten Freunde wollen mich mit Füßen treten und das Evangelium verstören . . . Ach, wie weh tut es, wenn einer einen guten Freund verliert, den er mit größter Liebe wert hält! Ihn [Agricola]

40 *Luther denkt wohl an seine Schrift »Kurz Bekenntnis D. Martin Luthers vom heiligen Sakrament« (1544).*
41 *Vgl. Psalm 1,1.*
42 *Wohl Mag. Jodokus Neuheller, Gast an Luthers Tische.*
43 *Vgl. Seite 226, Anmerkung 38.*

habe ich an meinem Tisch gehabt, er hat mit mir gescherzt, und doch leistet er [mir] hinterrücks Widerstand. Das kann ich nicht dulden. Er kann's auch nicht mehr aufrechterhalten, denn es ist ein überaus großer Irrtum, das Gesetz zu verwerfen. Wenn es sich doch um andere Irrtümer und Ärgernisse handelte –, es wäre noch eher zu ertragen! Aber das Gesetz verwerfen, ohne das weder die Kirche noch das weltliche Regiment noch der Hausstand noch irgend ein Mensch bestehen kann, das heißt dem Faß den Boden hinausschlagen! Da ist es Zeit zur Gegenwehr. Ich kann's und mag's nicht leiden.

Aus TR 3,3650 a (November/Dezember 1537)

5 Keine Trennung von Evangelium und Gesetz!

Lieber Herr Gott, welchen Schmutz wirft das Gift auf! Magister Eisleben sollte füglich Eidechse, bunter Molch heißen. Durch seine über die Maßen verderbliche Lehre wird das Evangelium verfinstert. Sie mißhandeln Christus zur Rechten wie die Papisten zur Linken. Denn indem sie Christus lehren, bekämpfen sie Christus. ... So wird der Teufel viel Unglück durch die Antinomer anrichten und aus ihrer Lehre werden unermeßliche Absurditäten folgen. Denn wenn man das Gesetz von der Kanzel aufs Rathaus bringt, dann wollen umgekehrt die Ratsherren auch Christen sein, ja sogar der Henker; werden alle das Gesetz verachten, so wird lauter süße Gnade, d. h. [aber] grenzenlose Willkür folgen. ... *Aus TR 4,4790 (aus den dreißiger Jahren)*

6 Die Frucht des »süßen Evangeliums«

... Sogar die Bauern haben sich [so verächtlich über das Predigtamt] ausgesprochen. Den Visitatoren, welche ihnen entgegenhielten, warum sie ihre Pfarrer nicht ernähren wollten, da sie doch die Viehhirten auch erhielten, gaben sie zur Antwort: »Ja, einen Hirten müssen wir haben!« Pfui doch, soweit ist es zu unsern Lebzeiten gekommen! Dazu dienen die Antinomer sehr wohl, welche bei den sicheren Leuten die Vermessenheit noch vermehren, und schon sehe ich eine so große Vermessenheit bei den Antinomern, daß sie unter dem Deckmantel des Vertrauens auf die Barmherzigkeit [Gottes] alles zu tun wagen, wonach sie gelüstet, als ob der Glaubende keine Sünde mehr beginge, als ob vielmehr die Glaubenden so gerecht wären, daß sie keiner Gesetzespredigt mehr bedürften. *Aus TR 4,4002 (September 1538)*

7 Die Notwendigkeit der Gesetzespredigt

Man soll jetzt donnern und blitzen mit dem Gesetz um der großen Sicherheit willen. Denn Bauern und Bürger sind so gottlos, daß sie keinen einzigen Pfarrer mehr verhalten wollen.

Aus TR 4,4007 (September 1538)

Zur Zeit haben wir noch keinen andern Bann aufgerichtet, als daß diejenigen, welche in offenkundigen Lastern sind und davon nicht ablassen, nicht zum Sakrament des Leibes und Blutes Christi zugelassen werden. Und zwar läßt sich das dadurch erreichen, daß man bei uns niemand das hl. Sakrament reicht, der nicht zuvor durch den Pfarrer oder Diakon verhört worden ist. Es läßt sich auch nach unsrem Erachten derzeit kein anderer Bann aufrichten; denn es fallen viele Sachen vor, die zuvor einer Untersuchung bedürfen. Nun können wir nicht sehen, wie die Untersuchung zur Zeit noch zu bestellen und zu ordnen sein sollte; es will z. B. die weltliche Obrigkeit mit dieser Untersuchung nichts zu tun haben. Darum lasse man es dabei bleiben, daß man denjenigen, die in öffentlichen Lastern liegen und bleiben, das hl. Sakrament nicht reiche. Freilich ist die Welt jetzt so roh und wild, daß sie von selbst nicht sehr zum Sakrament und zur Kirche eilt; deshalb könnte dies nicht als Strafe angesehen werden. Wenn sich nun jemand auf diese Weise selbst exkommuniziert, so lasse man es gehen, wenn wirklich die weltliche Obrigkeit öffentliche Laster gestatten will. Aber trotzdem sollen die Prediger mit allem Ernst in ihren Predigten solch heidnisches Wesen und Leben durch die Verkündigung der göttlichen [Gerichts]drohung strafen und dabei die Obrigkeit ermahnen, solch heidnischem Wesen zu wehren.

Aus dem Gutachten der Wittenberger Theologen vom 1. August 1532
»Vom Bann«. Br. 6,340,35 ff

9 Der Selbstausschluß aus der Kirche

Unsere Wucherer, Schwelger, Säufer, Hurentreiber, Lästerer und Spötter brauchen wir nicht in den Bann zu tun; sie tun sich selbst in den Bann. Sie verachten das Wort Gottes, kommen in keine Kirche, hören keine Predigt, gehen zu keinem Sakrament. Wollen sie keine Christen sein, so seien sie Heiden; immer zu! Wer fragt viel darnach? Wenn sie den Pfarrern ihre Güter nehmen und alles an sich [reißen], so soll ihnen auch der Pfarrer keine Absolution zusprechen und ihnen kein Sakrament reichen; sie sollen zu keiner Taufe kommen, zu keiner ehrlichen Hochzeit, auch zu keinem Begräbnis; sie sollen sich [in diesen Fällen] als Heiden unter uns verhalten, – was sie [ja] auch gerne tun. Und auch wenn sie sterben wollen, soll kein Pfarrer, kein Kaplan zu ihnen kommen, und wie sie gestorben, soll sie der Henker in die Schindgrube zur Stadt hinausschleifen; da soll kein Schüler hin-, kein Kaplan dazukommen! Wenn sie Heiden sein wollen, wollen wir sie auch als Heiden halten usw. *TR 5,5438 (Sommer und Herbst 1542)*

Der Doktor sprach: Öffentliche Wucherer soll man in den Bann tun, wie ich dem Edelmann[44] tat; d. h. man soll ihm das Sakrament nicht geben. Nun fragte jemand: »Was denn, wenn er nun Buße täte?« Luther antwortete: Das [der Ausschluß vom Sakrament] hat sein Maß [seine Grenze]. Er muß aber ein Zachäus werden: was er zuviel geraubt hat, muß er denen wieder geben, denen er's abgeschunden hat, sonst tut er nicht recht Buße. Denn [schon] nach bürgerlichem Recht kann er's auch nicht mit gutem Gewissen behalten, geschweige denn nach göttlichem Recht. Und wer mit ihm ißt und trinkt,[45] der macht sich seiner Sünde teilhaftig. Darum sollt Ihr, Herr Mickell, nicht mehr mit ihm essen. *TR 5,5216 (September 1540)*

11 Geistliche Weisheit bei der Zuchtübung

Wir müssen den Bann wieder aufrichten, auch wenn wir es bisher noch nicht mit Nachdruck getrieben haben. Wenn wir einen Wucherer [oder] Ehebrecher sehen, dem müssen wir ein Verbot geben: »Hörst du? Es geht das Gerücht, du seiest ein solcher und solcher; darum gehe nicht zum Sakrament, enthalte dich der Taufe, führe keine Braut in die Kirche!« Kurz, alles, was zur Kirche gehört, muß ihm verboten werden, wie Paulus sagt: »Er sei dir wie ein Heide« (1 Kor 5, 13; Matth 18, 17). Aber ich fürchte unsrerseits unsre Pfarrer: die werden zu kühn sein und in das Leibliche, nach dem Gut greifen wie der Papst. Wenn dieser einen in den Bann tut und dieser kehrt sich nicht daran, so sagt er: »Ei, wir müssen ihm auch den Markt verbieten, daß er nichts kaufen oder verkaufen kann.« Das ist der Teufel, wenn man zu weit greifen will! Zum Bann gehören feine, in geistlichen Dingen beherzte Pfarrer. Wir haben ihrer viele, die sind in leiblichen Dingen beherzt. Aber das allein tut's nicht. – Dann fragte jemand, ob es einem Gebannten erlaubt sei, den Predigten anzuwohnen und sie zu hören. Der Doktor gab zur Antwort »Sehr wohl! Das soll man ihnen nicht verbieten. Denn in den Predigten lernen sie, woran es ihnen fehlt.« *TR 5,5477 (Sommer/Herbst 1542)*

12 Gegen die Vermischung der Ämter · Brief aus Wittenberg an Daniel Greiser in Dresden vom 22. Oktober 1543

Gnade und Frieden! Von der Form des Bannes, lieber Daniel, wie

---

44 *Luther hatte den Adligen Heinrich Ryder, der Geld zu 30 Prozent auslieh, ins Angesicht gestraft und seinem Pfarrer (wohl der nachgenannte Mikkell) verboten, ihn zum Sakrament zuzulassen.*
45 *D. h. wohl: Der Ortspfarrer soll keine Geselligkeit mit ihm pflegen.*

man sie sich an Eurem Hofe herausnimmt,[46] kann ich nichts Gutes erwarten. Denn wenn das kommen wird, daß die Höfe nach ihrem Belieben die Kirchen regieren wollen, so wird Gott keinen Segen dazu geben, und die Gegenwart wird schlimmer sein als die Vergangenheit. Denn, was nicht aus dem Glauben geht, ist nicht gut (Röm 14, 23); was aber ohne Berufung geschieht, geschieht zweifellos ohne Glauben und wird zunichte. Deshalb sollen sie entweder selbst Pfarrer werden, predigen, taufen, Kranke besuchen, das Abendmahl austeilen und alle kirchlichen Dinge besorgen, — oder aber sollen sie aufhören, die Berufungen durcheinanderzubringen, für ihre eigenen Höfe sorgen und die Kirchen denen überlassen, welche für sie berufen sind, welche Gott dafür Rechenschaft geben werden. Es ist unerträglich, daß andere handeln und uns mit der Verantwortung dafür belasten. Wir wollen, daß die Ämter der Kirche und des Hofes getrennt bleiben, oder [man soll] beides aufgeben. Satan fährt fort, Satan zu sein. Unter dem Papst mischte er die Kirche in die Politik, in unsrer Zeit will er die Politik in die Kirche mischen. Aber so Gott will, werden wir Widerstand leisten und gedenken, soweit es in unseren Kräften steht, die Trennung der Berufungen aufrechtzuerhalten. Leb wohl im Herrn und bete für mich!

22. Oktober 1543.   Dein M. L. D.

Br. 10,436,3 ff

13 Gegen die Juristen

Jeder Jurist ist ein Feind Christi, weil er die Gerechtigkeit der Werke rühmt. Ein [durch den Glauben] Erleuchteter aber ist wie ein Meerwunder unter den Juristen und muß betteln gehen und wird von den andern als Aufrührer angesehen.

TR 1,1217 (erste Hälfte der dreißiger Jahre)

Hier ist noch eine Sache, vor der ich euch warnen muß. Ich glaube, daß alle Teufel mit all ihrer Gewalt hier dabei sind: Es unterstehen sich unsre Junker, die Juristen, das kanonische Recht, den päpstlichen Dreck, öffentlich vor der Jugend zu lesen,[47] das wir doch mit Mühe

---

46 *Der sächsische Kanzler hatte vom Dresdener Superintendenten Greiser in Sachen eines nicht gehaltenen Eheversprechens eine öffentliche Vermahnung bzw. notfalls Bannung der schuldigen Jungfer und ihrer Eltern verlangt. So sehr Luther in der Sache mit dem Kanzler einig war, so wenig konnte er im Bann eine von der weltlichen Obrigkeit zu veranlassende Strafe sehen.*

47 *Seit 1539 wurden an der juristischen Fakultät in Wittenberg wieder Vorlesungen über das kanonische Recht gehalten.*

und Arbeit aus unseren Kirchen verstoßen, verworfen und verdammt
haben und von dem wir mit hinlänglichen Gründen bewiesen haben,
daß es in unseren Kirchen nicht zu dulden und zu leiden sei – und
nun bringen sie mit Stolz und zu unserem Verdruß solch stinkenden
Dreck wieder in unsere Kirchen!... Ist denn der Teufel in euch gefahren, daß ihr nicht wisset, was ihr tun sollt? Ich dächte, ihr hättet
zu studieren und zu lesen genug am kaiserlichen Recht...!

Aus TR 4,4382 b (März/Februar 1539)

Wir Theologen haben keine ärgeren Feinde als die Juristen...
Darum verdammen wir alle Juristen, auch die frommen; denn sie
wissen nicht, was Kirche ist. Darum sollen sie uns hier nicht reformieren. Jeder Jurist ist entweder ein Nichtsnutz oder ein Nichtswisser...
Es gibt ein altes Sprichwort: Ein Jurist ein böser Christ. Das ist wahr.

Aus TR 5,5663 (aus dem Jahr 1544)

14 Der fürstliche Notbischof

Diejenigen, welche gezwungenermaßen [gleichzeitig] Bischöfe und
Fürsten sein müssen, sind Notbischöfe. Ich schrieb ja unsrem Kurfürsten, als ich [ihn] ermahnte, selbst für die Kirche die Wacht zu übernehmen, er wäre ein Notbischof. Wie er denn auch schwer [daran]
trägt, und wie wir ihn auch tragen müssen. *Aus TR 4,4561 (Mai 1539)*

DAS ECHTE KONZIL

Immer wieder ist auf den früheren Reichstagen seit 1523 ein Konzil, eine Versammlung der führenden Männer der abendländischen
Christenheit zur Besprechung und Behebung aller Religionsbeschwer-
den und -streitigkeiten, gefordert, beschlossen und – vertagt worden.
Es scheint, daß die Lösung dieser ungeheuren Aufgabe über die Kraft
der Zeit, über den guten Willen der Beteiligten hinausgeht. Endlich
aber soll der Traum von Jahrzehnten zur Erfüllung kommen. Unter
kaiserlichem Druck hat noch Papst Clemens einleitende Maßnahmen
zur Berufung eines Konzils getroffen, freilich mit hinterhältigem
Zögern und widerwillig genug; denn er will dem Konzil keinen Fuß-
breit seiner päpstlichen Vollkommenheit preisgeben. Nach seinem Tode
besteigt im Jahr 1534 ein neuer Papst den Thron, *Paul III.*, auch er
wie alle seine Vorgänger ein Renaissancefürst, prachtliebend und
prunkvoll, jedoch überzeugt, daß die Kirche um ihrer Selbsterhaltung
willen einer Erneuerung dringend bedürftig sei, und aus diesem Grunde Reformen bis zu einem gewissen Grade, selbst einem Konzil, nicht
abgeneigt.

So kommt es, daß im Jahr 1535 der päpstliche Nuntius Peter Paul *Vergerius* (1497–1564) – ein eifriger und überzeugter Förderer des Konzilgedankens, der später sogar evangelisch wurde und als Rat Herzog Christophs in Tübingen lebte – Deutschland bereist, um die Möglichkeiten einer allgemeinen Kirchenversammlung zu sondieren. Als Diplomat kühn und angriffsfreudig, stößt Vergerius unmittelbar ins feindliche Lager vor: im November 1535 zieht er, ehrenvoll empfangen, in Wittenberg ein und wagt es, Luther selbst in seine Herberge, das kurfürstliche Schloß, einzuladen. So steht der zweiundfünfzigjährige Luther zum ersten Male seit dem Reichstag von Augsburg 1518 wieder einem päpstlichen Sendboten gegenüber, im Gegensatz zum bitteren Ernst der damaligen Stunde voll heiterer Überlegenheit, wie zu einer Hochzeit geschmückt, um dem Nuntius seine Tatkraft und Jugend vor Augen zu führen. Die Antwort, die Luther Vergerius auf seine Frage, ob er zum Konzil kommen wolle, gibt, ist für den Gang der weiteren Konzilsverhandlungen entscheidend. Ja, Luther will zum Konzil kommen, aber nun nicht etwa, um über seine Sache urteilen zu lassen, überhaupt nicht um seinetwillen, sondern um derjenigen im Irrtum befindlichen Christen willen, welche Wahrheit von Irrtum zu scheiden noch nicht gelernt haben. Luther geht aus von der Tatsache der Kirche, der Wortverkündigung, die durch kein Konzilsurteil mehr umgestoßen werden kann. Die Kirche der Reformation kann vielmehr auch auf einem Konzil nur das Eine tun, worin ihr Wesen besteht: verkündigen, predigen, Gottes Wahrheit bezeugen. Es ist begreiflich, wenn der Bericht des Nuntius nach Rom überschäumt von Zorn über die tolldreiste und boshafte Arroganz der »großen Bestie«. Trotzdem soll das Konzil stattfinden. Die Schmalkaldener Verbündeten erklären freilich von vornherein, daß sie nur ein freies, allgemeines, allein an Gottes Wort gebundenes Konzil annehmen werden, daß in Deutschland stattfinden solle. Allein im Juni 1536 wird das Konzil auf den 23. Mai 1537 nach *Mantua* ausgeschrieben. Seine Aufgabe ist nach den Worten des Papsts der Kirchenfriede, das Mittel hiezu die Ausrottung aller Ketzerei. Trotz vieler Bedenken entschließt man sich auch im protestantischen Lager zur Vorbereitung auf das Konzil; Luther erhält von seinem Kurfürsten, der anfangs stark mit dem Gedanken eines Gegenkonzils umgegangen war, den Auftrag, die Artikel evangelischen Glaubens für das Konzil nochmals zusammenfassend darzustellen. Luther begibt sich ohne Zögern an die Arbeit und schon anfangs Januar 1537 sind die *Schmalkaldischen Artikel* fertig, ein Glaubensbekenntnis, in welchem Luther nicht wie Melanchthon in der Augsburger Konfession das beiden Kirchen gemeinsame Glaubensgut in den Vordergrund stellt, sondern auf Grund des gemeinsamen Glaubens die tiefe Gegensätzlichkeit herausarbeitet, welche beide Kirchen trennt und die scheinbar abgefallene Kirche des Evangeliums zur echten katholischen, die scheinbar rechtmäßige alte Kirche zur abtrünnigen Kirche macht. Besonders hat Luther in den Schmalkaldischen Artikeln herausgehoben, daß die in Christus gegründete *Rechtfertigung* des Sünders nicht das Teilstück einer Glaubenslehre, nicht ein neuer dogmatischer Satz, sondern die *Mitte* der Schrift, des Glaubens und der Theologie, der Verkündigung und der Kirche sei (1).

Am 7. Februar 1537 kommen die Evangelischen in Schmalkalden zusammen. Auch Luther kommt und hält, da die Verhandlungen noch nicht begonnen haben, jene gewaltige Predigt über die Versuchungsgeschichte, in welcher er mit seherischer Kraft die Geschichte der Kirche darstellt nicht als Geschichte ihrer Fortschritte, ihrer Entwicklung, ihres Wachstums, sondern als Geschichte ihrer Anfechtung, ihrer teuflischen Versuchungen; von Schritt zu Schritt steigern sie sich und überfallen die Kirche, weil sie ja nichts anderes ist als der Leib ihres Hauptes Christus, dessen, der vor ihr den Teufelskreis der höllischen Versuchung siegreich durchschritt. Der Teufel in Menschengestalt, der ›schwarze‹ Teufel, bringt die Kirche durch leibliche Not in Versuchung; der ›lichte‹ Teufel, als Engel verkleidet, verführt die Seelen durch Mißbrauch des Worts; der ›göttliche‹ Teufel endlich erhebt sich über Gott selbst und fordert Anbetung. Aber die Kirche bleibt im Gehorsam, prüft die falsche Lehre und stößt den Versucher vom erschlichenen Thron durch ihre Glaubenspredigt.

Schon bei dieser Predigt hat Luther mit den Vorboten der Krankheit zu kämpfen, welche ihn nun plötzlich, vor Beginn der Verhandlungen zu Boden wirft, ihn aus dem Getriebe der Tagung vollkommen ausschaltet und dem Ende nahe bringt. Unmittelbar nach jener Predigt überfällt ihn sein altes Steinleiden mit unerträglichen, nie empfundenen Schmerzen, sein Leib schwillt an, alle Funktionen des Körpers hören auf, die rasenden Schmerzen lassen ihn nicht mehr schlafen, eine tödliche Schwäche befällt ihn. Tagelang stöhnt er unter der Kralle des Übels, wieder weiß er sich umschattet vom Tode, durch seine Fieberträume geht die tiefe, angsterfüllte Sorge um die Zukunft der Kirche Christi. Endlich entschließt man sich, den Todkranken von Schmalkalden fortzubringen; ein schwerfälliger Wagen poltert mit ihm über die tiefausgefahrenen Geleise der rauhen Wege des Thüringer Waldes. Da verschafft ihm die heftige Erschütterung die Hilfe, welche ihm kein Arzt und keine Arznei zu geben imstande waren:

der Stein löst sich, mit dem tagelang gestauten Naß verströmen die Schmerzen und Linderung kehrt ein (2). Tief erschöpft kommt Luther am 14. März daheim an; er muß, wie er eine Woche später an Spalatin schreibt, Essen und Trinken erst wieder lernen, die Füße vermögen den Leib noch nicht zu tragen.

Inzwischen haben die in Schmalkalden Versammelten ohne Luther gehandelt. Sie weisen die von dem Gesandten Peter von der Vorst überbrachten Schreiben des Papstes uneröffnet zurück und lehnen die Teilnahme an einem zur Ausrottung der Ketzerei bestimmten, unter dem Vorsitz des Papstes tagenden und an Menschensatzung gebundenen Konzil rundweg ab. Melanchthon hat einen Traktat über die Gewalt des Papstes verfaßt, in welchem das göttliche Recht des Papsttums als dem Evangelium zuwider verneint und sein Reich als Herrschaftsgebiet des Antichrists bezeichnet wird. Die Fürsten bekennen sich nochmals zum Augsburger Bekenntnis und seiner Apologie sowie zu Melanchthons Traktat. Dagegen kommen Luthers Artikel nicht zur Beratung, da sie für das Konzil bestimmt sind, an welchem sich zu beteiligen die Schmalkaldener Verbündeten ja abgelehnt haben. Damit haben sich die evangelischen Reichsstände in ihrer Gesamtheit von der päpstlichen Herrschaft losgesagt und sich mit ihren Ländern und Untertanen auf die Verantwortung allein vor der Schrift gestellt.

Die Erbitterung im katholischen Lager über die Ablehnung des Konzils durch die Protestanten führt in der Folgezeit wieder nahe an die Kriegsgefahr heran. Allein der Kaiser, durch die außenpolitischen Spannungen mit Frankreich und dem Türken immer noch in Anspruch genommen, kann keinen Krieg in Deutschland brauchen. So kommt es zum Frankfurter Anstand vom 19. April 1539, durch den die Entscheidung wieder verschoben und wenigstens die drohende Kriegsgefahr beseitigt wird. Luthers theologische Arbeit gilt in dem unruhigen Auf und Ab jener Jahre der Frage nach der *wahren Kirche*. Sein Ausgangspunkt ist die Tatsache, daß die wahre Kirche da ist, wo Gott allein durch Christus und durch den Heiligen Geist die Kirche regiert (3). Die wahre Kirche ist unsichtbar, den Augen der Welt verborgen, wie Christus auch unsichtbar ist (4); und sie ist gleichzeitig sichtbar und erkenntlich an der rechten Verkündigung des Gottesworts. An diesem Ort fällt die Entscheidung; darum kämpft Luther nicht um das Leben, sondern um die Lehre (5). In großartiger Klarheit hat Luther, gleichzeitig den falschen Anspruch des Gegners abwehrend wie den echten Anspruch der Kirche aufrichtend, das reformatorische Verständnis der Kirche nochmals dargelegt in der Schrift »*Von den*

Konziliis und Kirchen« (Frühjahr 1539) (6). Das echte Konzil ist nicht da, wo der Papst mit seinem falschen Anspruch ist: Jede Hoffnung auf eine Erneuerung der Papstkirche muß aufgegeben werden. Auch die Berufung auf die kirchliche Überlieferung hilft nicht weiter; denn sie ist in sich widerspruchsvoll und nur da echt, wo sie im Gehorsam gegen die Schrift handelt. Der einzige Maßstab für ein Konzil, sein »Reichsrecht« ist vielmehr die Heilige Schrift. Wo die Schrift gepredigt und geglaubt wird, da ist die wahre Kirche, da ist das echte Konzil. Wo ein Volk als Christi Eigentum sich sammelt und erkannt werden kann an den Merkmalen der echten Kirche, an der Predigt, an Taufe und Nachtmahl, an der Ausübung der Schlüsselgewalt, an der Berufung rechter Prediger, am Gebet und am geduldigen Kreuztragen in Anfechtung und Verfolgung, – da ist die heilige, alle umfassende (»katholische«) Kirche, die Gemeinschaft der Gläubigen. Jeder treue Pfarrer und Schulmeister übt die Tätigkeit eines Konzils aus, denn er richtet jeden Tag nach Gottes Wort und wehrt dem Teufel. Darum will Luther, an einem großen Konzil verzweifelnd, die »kleinen Konzilien und die jungen Konzilien, d. h. die Pfarreien und Schulen fördern«. Und neben Kirche und Schule steht Haus und Familie mit Gehorsam gegen Eltern, Zucht der Kinder, Sorge für das Gesinde und als Drittes die weltliche Obrigkeit, das Rathaus, das Stadtregiment, für Gerechtigkeit, Ordnung und Frieden sorgend. Über diesen drei von Gott geordneten »Hierarchien« steht Gott selber als der Oberste und Höchste; diesen Ring seiner Anordnungen erhält er gegen den Teufel – was soll daneben noch das Gaukelrecht des Papstes?

Von diesem Fundament aus übersieht Luther die Anstrengungen der Gegner, die verwirrten Religionsverhältnisse zu lösen. Je mehr Territorien den neuen Glauben annehmen – seit Brandenburg und das Herzogtum Sachsen 1539 evangelisch geworden sind, hat der Protestantismus das Übergewicht in Norddeutschland errungen –, desto weniger kann der Kaiser sich in einen Waffenkonflikt hineinwagen, desto mehr muß er einen friedlichen Ausgleich suchen. Allein alle Religionsgespräche zwischen gemäßigten Vertretern beider Parteien (Hagenau im Juli 1540, Worms von November 1540 bis Januar 1541 und Regensburg vom April bis November 1541) helfen nicht weiter. Als nach unsäglichen Mühen Melanchthon und Butzer einen Vergleich über die Rechtfertigungslehre mit ihren katholischen Partnern Eck, Pflug und Contarini zustande bringen, wird der Vergleich von Wittenberg und Rom aus gleichermaßen abgelehnt.

Was hilft auch ein Vergleich, wenn der Haß der Altgläubigen immer rohere und gehässigere Formen annimmt? Auf Neujahr 1541 hat

Herzog Heinrich von Braunschweig-Wolfenbüttel eine Schmähschrift gegen die Protestanten ausgehen lassen als gegen eigensinnige, abtrünnige, gotteslästerliche Ketzer, welche Kirchenraub begehen, zur Revolution gegen den Kaiser aufrufen und, die Gestalt der wahren Kirche nachäffend, deren Zerrbild darstellen. Ende März 1541 erscheint Luthers Gegenschrift »Wider Hans Worst« (7). Wieder zählt er die Kennzeichen der Kirche auf: Taufe, Nachtmahl, Schlüsselgewalt, Predigtamt, Glaubensbekenntnis, Vaterunser, Gehorsam gegen die weltliche Obrigkeit, Lob des Ehestands, christliches Leiden und christliche Geduld, und beweist, daß die Kirche des Worts alle diese Kennzeichen nicht nur *hat*, sondern dabei *bleibt* und geblieben ist, während die Papstkirche nicht bei den Kennzeichen geblieben ist. Wo ist nun die echte, alte Kirche, wo ist die neue, falsche Kirche? Luther fragt nicht mehr, sondern er tritt den Beweis an, er fällt die Entscheidung, die darum ganz klar ist, weil die Papstkirche alle Kennzeichen der wahren Kirche durch ihre Satzung verdorben und verfälscht hat. Ein Nebeneinander der wahren und der falschen Kirche, von Gotteswort und Menschensatzung ist unmöglich; denn die wahre Kirche ist kein Rohr im Winde, sondern ruht auf der reinen Lehre, auf Auftrag und Befehl, auf Wort und Geheiß Gottes selbst. Darum darf der ärmste und schwächste Priester wissen, daß durch ihn, den Unwürdigen, im Fleische Lebenden, Gott selber redet; darum gehört dieser Kirche, nicht der abgefallenen Kirche Roms, die des Teufels Hure geworden ist, auch das Kirchengut; denn ihr ist, aller Anfechtung durch Fleisch und Sünde zum Trotz, das Wort gegeben.

1 Der Hauptartikel des Glaubens

Jesus Christus, unser Gott und Herr, ist um unsrer Sünde willen gestorben und um unsrer Gerechtigkeit willen auferstanden (Röm 4, 25). Er ist allein das Lamm Gottes, das der Welt Sünde trägt (Joh 1, 29), und Gott hat unser aller Sünde auf ihn gelegt (Jes 53, 6). Weiter: »Sie sind allzumal Sünder und werden ohne Verdienst gerecht aus seiner Gnade durch die Erlösung Christi in seinem Blut« (Röm 3, 23 f).

Weil nun das alles geglaubt werden muß und sonst mit keinem Werk, Gesetz oder Verdienst erlangt oder erfaßt werden kann, so ist es klar und gewiß, daß allein dieser Glaube uns gerecht macht, wie St. Paulus (Röm 3, 28) spricht: »Wir halten dafür, daß der Mensch gerecht werde ohne Werke des Gesetzes, durch den Glauben.« Ferner (Röm 3, 26): »Auf daß Gott allein gerecht sei und gerecht mache den, der da ist des Glaubens an Jesus.«

Von diesem Artikel kann man in nichts weichen oder nachgeben, es falle Himmel und Erde und was nicht bleiben will, ein. Denn »es ist kein anderer Name den Menschen gegeben, durch den wir selig werden können«, spricht St. Petrus (Apg 4, 12) und »durch seine Wunden sind wir geheilt« (Jes 53, 5).

Und auf diesen Artikel ist alles gegründet, was wir gegen den Papst, Teufel und Welt lehren und leben. Darum müssen wir dessen ganz gewiß sein und dürfen nicht zweifeln; sonst ist alles verloren, und Papst, Teufel und alles behält gegen uns den Sieg und das Recht.

Schmalkaldische Artikel WA 50,198 ff

2 Luthers Erkrankung in Schmalkalden

Am 21. März [1537] kam er auf seine tödliche Krankheit, vielmehr seinen Tod zu sprechen, denn alle hätten jegliche Hoffnung für ihn aufgegeben; da wäre kein Heil von irgend einem Menschen [zu erwarten] gewesen, darum sei die Genesung ein Wunder gewesen: Nachdem ich begehrt, von Schmalkalden weggeführt zu werden, um dort nicht in Gegenwart des Ungeheuers[48] zu sterben und begraben zu werden, kam ich nach Tambach und trank in der Herberge ein wenig Rotwein; alsbald tat sich durch Gottes Gnade die Blase auf. Darum schrieb ich an die Wand: Tambach ist mein Phanuel;[49] hier ist mir der Herr erschienen. Wäre ich gestorben, so wäre ich den Papisten zum völligen Untergang gestorben. Sie werden nämlich erst, wenn ich tot bin, sehen, wen sie [an mir] gehabt haben. Denn andere Prediger werden nicht solche Mäßigung bewahren wie ich, wie wir an Zwingli, Karlstadt usw. erfahren haben, und wie von vielen andern zu befürchten ist.
TR 3,3553 (März 1537)

3 Wer regiert die Kirche?

Die Kirche wird lediglich von Gott regiert und erhalten, und man kann's [mit Händen] greifen, daß [sie] nicht durch uns regiert und erhalten wird. Sie wird aber von Gott in wunderbarer Weise regiert; er verbirgt sie nämlich einfach unter der Hülle »Ich glaube«.
TR 1,1100 (erste Hälfte der dreißiger Jahre)

Deshalb sammelt, regiert und erhält allein Gott diese Schar. Darum sagen wir zu unsrem Herrgott: Will er seine Kirche haben, so mag er sie erhalten; denn wir können's nicht halten. Und wenn wir's auch

48 *Luther meint den päpstlichen Nuntius Peter von der Vorst, der in Schmalkalden zur Vertretung der päpstlichen Interessen zu agitieren versuchte; einige Herren seines Gefolges hatten bereits gewünscht, Luthers Leichnam zu sehen.*
49 *1. Mose 32,30.*

vermöchten, würden wir die stolzesten Esel werden, die unter dem
Himmel sind. *Aus TR 5,5995 (Ende der dreißiger Jahre)*

Die Kirche wird durch die Wahrheit und durch Christus regiert,
die Welt durch Heuchelei und trügerische Menschen.
TR 1,1128 (erste Hälfte der dreißiger Jahre)

Der Hl. Geist muß die Kirche regieren, sonst ist es für alles Fleisch
unmöglich, die Kirche zu regieren. *Aus TR 2,2246 (August/Dezember 1531)*

4 Die unsichtbare Kirche

Die Kirche ist die Versammlung eines Volkes, das an Dingen hängt,
die man nicht sieht. Die Gottlosen erblicken an der Kirche nichts als
Straf[würdigkeit] und Sünde. [Mag sein, daß] sie Verbrechen, wie
z. B. Ehebruch, Hurerei, Geiz usw. nicht finden; aber die Herrlichkeit
der Kirche sehen sie auch nicht.
TR 1,1069 (erste Hälfte der dreißiger Jahre)

Wie Christus in unsichtbarer Weise in der Welt ist, so sind auch
wir in unsichtbarer Weise [als Christen] in der Welt, da offenbar
die Welt uns [nach unsrem inneren Wesen] nicht sieht noch Christus
in uns, der spricht (Matth 28, 20): »Ich bin bei Euch.«
TR 1,62 (Sommer/Herbst 1531)

5 Lehre und Leben

Lehre und Leben sind zu unterscheiden. Das Leben ist böse bei
uns wie bei den Papisten; darum streiten und verdammen wir jene
nicht um des Lebens willen. Das haben Wiclif[50] und Huß[51] nicht
gewußt, welche das Leben angegriffen haben. Ich schelte mich nicht
fromm, aber um das Wort, ob sie es rein lehren, darum kämpfe ich.
Daß die Lehre angegriffen würde, – das ist noch nie geschehen. Das
ist meine Berufung. Andere haben nur gegen das Leben geeifert; aber
von der Lehre handeln, das heißt der Gans an den Kragen gegriffen,
weil allerdings Herrschaft und Amt der Papisten böse ist. Haben wir
dies festgehalten, dann ist es leicht, zu sagen und zu behaupten, auch
das Leben sei böse. Wann aber das Wort rein bleibt, so kann, mag
auch am Leben etliches fehlen, das Leben dennoch zurechtkommen.

50 *Johann von Wiclif, um 1324–1384, gefeierter englischer Kanzelredner
und Hochschullehrer, wurde zum scharfen und grundsätzlichen Kämpfer gegen die Verderbnis der reichgewordenen und verweltlichten Papstkirche; er
vertrat in zahlreichen Büchern und Flugschriften das Gesetz Gottes, das er
in der Bibel als der alleinigen Regel des Glaubens fand. Seine Lehre wirkte
vor allem bei Johannes Huß in Böhmen weiter.*
51 *Vgl. Band I, Seite 133, Anmerkung 110.*

Es liegt alles am Wort, daß der Papst das Wort aufgehoben und ein anderes Wort geschaffen hat. Damit habe ich gewonnen und habe sonst nichts gewonnen, als daß ich recht lehre. Denn obwohl wir auch bürgerlich [moralisch] besser sind, so ist doch darum nicht zu kämpfen; das andere, das bricht dem Papst den Hals.

Aus TR 1,624 (Herbst 1533)

6 a) Die Merkmale der christlichen Kirche

1 Was »Kirche« im neutestamentlichen Sinne bedeutet

... [Das neutestamentliche Wort] Ecclesia soll heißen: Das heilige, christliche Volk, nicht allein zur Zeit der Apostel, die nun längst tot sind, sondern bis an der Welt Ende. Es soll also immerdar auf Erden ein christliches, heiliges Volk am Leben sein, in welchem Christus lebt, wirkt und regiert per redemptionem, [d. h.] durch Gnade und Vergebung der Sünden, und der Hl. Geist per vivificationem et sanctificationem, [d. h.] durch tägliches Ausfegen der Sünden und Erneuerung des Lebens, damit wir nicht in Sünden bleiben, sondern ein neues Leben führen können und sollen in allerlei guten Werken, und nicht in alten, bösen Werken, wie die zehn Gebote oder die zwei Tafeln Moses fordern. Das ist St. Paulus Lehre ...

2 Was unter der »Heiligkeit« der Kirche [52] zu verstehen ist

Christliche Heiligkeit oder die Heiligkeit der allgemeinen Christenheit ist es, wenn der Hl. Geist den Leuten Glauben an Christus gibt und sie dadurch heiligt (Apg 15, 8 f); d. h. er macht Herz, Seele, Leib, Werk und Wesen neu und schreibt die Gebote Gottes nicht in steinerne Tafeln, sondern in fleischerne Herzen (2 Kor 3, 3), um es kurz und deutlich zu sagen. Entsprechend der ersten Tafel[53] gibt er [ihnen] rechte Erkenntnis Gottes, daß sie, von ihm mit rechtem Glauben erleuchtet, allen Ketzereien widerstehen, alle falschen Gedanken und allen Irrtum überwinden können und damit rein im Glauben wider den Teufel bleiben. Er gibt auch Stärke und tröstet die einfältigen, verzagten, schwachen Gewissen wider die Anklage und Anfechtung der Sünden, damit die Seelen nicht verzagen oder verzweifeln, auch nicht erschrecken vor der Marter, Pein, Tod, Zorn und Gericht Gottes, sondern in der Hoffnung gestärkt und getrost, keck und fröhlich den Teufel überwinden; ebenso gibt er auch rechte Furcht und Liebe gegen Gott, daß wir Gott nicht verachten und wider seine wunderlichen Gerichte nicht murren noch zürnen, sondern in allem, was vorfällt, im

52 *Vgl. im Apostolischen Glaubensbekenntnis »Ich glaube ... an eine heilige, christliche Kirche«.*

53 *Das 1.—3. Gebot Moses.*

Guten und Bösen, ihn lieben, loben, danken und ehren. Solches heißt ein neues, heiliges Leben in der Seele gemäß der ersten Tafel Moses ..., und der Hl. Geist, der solches, das uns von Christus erworben worden ist, gibt, tut und wirkt, heißt darum Heilig- oder Lebendigmacher. Denn der alte Adam ist tot und kann's nicht tun, und muß es dazu noch durchs Gesetz lernen, daß er's nicht tun könne und tot sei; sonst wüßte er solches auch nicht von selbst.

Entsprechend der zweiten Tafel[54] und nach dem Leibe heiligt er die Christen auch und gibt, daß sie den Eltern und Oberherren willig gehorsam sind, friedlich und demütig sich verhalten; daß sie nicht zornig, noch rachgierig oder boshaft, sondern geduldig, freundlich, dienstbereit, brüderlich, liebevoll sind, auch nicht unkeusch, keine Ehebrecher, nicht unzüchtig, sondern keusch und züchtig mit Weib, Kind und Gesinde oder ohne Weib und Kind ebenso; ferner, daß sie nicht stehlen, wuchern, geizen, übervorteilen usw., sondern ehrlich arbeiten, sich redlich nähren, gern leihen, geben, helfen, wo sie können; ebenso daß sie nicht lügen, trügen, afterreden, sondern gütig, wahrhaftig, treu und beständig sind, und was noch mehr in den Geboten Gottes gefordert wird. Solches tut der Hl. Geist, der auch den Leib zu solchem neuen Leben heiligt und erweckt, bis es vollbracht wird in jenem Leben. Und das heißt die christliche Heiligkeit. Und solche Leute müssen immer auf Erden sein, und sollten's nur zwei oder drei oder allein die Kinder sein. Bei den Alten sind's leider nur wenige. Und die es nicht sind, die sollen sich auch nicht für Christen halten, man soll sie auch nicht, als wären sie Christen, durch viel Geschwätz von der Vergebung der Sünden und der Gnade Christi trösten, wie die Antinomer tun.

3 Was die äußerlichen Kennzeichen der Kirche sind

Wohlan, der Kinderglaube[55] lehrt uns, wie gesagt, daß ein christliches, heiliges Volk auf Erden sein und bleiben müsse bis an der Welt Ende; denn es ist ein Artikel des Glaubens, der nicht aufhören kann, bis kommt, was er glaubt, wie Christus verheißt: »Ich bin bei euch bis an der Welt Ende« (Matth 28, 20). An was will oder kann jedoch ein armer, irrender Mensch merken, *wo* dieses christliche, heilige Volk in der Welt ist? Es soll jedenfalls in *diesem* Leben und auf Erden [da] sein; denn es glaubt wohl, daß ein himmlisch Wesen und ewiges Leben kommen werde, es hat's aber *noch nicht*. Darum muß es noch in diesem Leben und in dieser Welt sein und bleiben bis an der Welt

54 *Das 4.—10. Gebot Moses.*
55 *Der Katechismus.*

Ende; denn es spricht: ›Ich glaube ein anderes Leben.‹ Damit bekennt es, daß es noch nicht in jenem Leben ist, sondern es glaubt's, hofft's, liebt's als sein rechtes Vaterland und Leben und muß indessen im Elend[56] bleiben und harren, wie man singt im Lied vom Hl. Geist:[57] »Wenn wir heimfahr'n aus diesem Elende. Kyrieleis.« Davon ist zu reden.

Erstlich ist dies christliche, heilige Volk daran zu erkennen, daß es das heilige *Gotteswort* hat, wenn es auch dabei ungleich zugeht, wie Paulus sagt.[58] Denn etliche haben's ganz rein, etliche nicht ganz rein; diejenigen, so es rein haben, heißen die, so Gold, Silber, Edelsteine auf den Grund bauen; die es unrein haben, heißen die, so Heu, Stroh, Holz auf den Grund bauen, aber doch durchs Feuer [hindurch] selig werden. ... Dies ist das Hauptstück und das hohe Hauptheiligtum, wovon das christliche Volk heilig heißt. Denn Gottes Wort ist heilig und heiligt alles, was es berührt, ja es ist Gottes Heiligkeit selbst, Röm 1, 16: »Es ist Gottes Kraft, die selig macht alle, die dran glauben«, und 1 Tim 4, 5: »Es wird alles heilig durchs Wort und Gebet.« Denn der Hl. Geist handhabt es selbst und salbt oder heiligt damit die Kirche. ...

Wir reden aber von dem äußerlichen Wort, das durch Menschen, wie durch dich und mich, mit dem Munde gepredigt wird. Denn *dieses* hat Christus hinterlassen als ein äußerliches Zeichen, an dem man seine Kirche oder sein christliches, heiliges Volk in der Welt erkennen sollte. Auch reden wir von ihm als einem mündlichen Wort, insofern es mit Ernst geglaubt und öffentlich vor der Welt bekannt wird, wie er spricht (Matth 10, 32 f): »Wer mich bekennet vor den Leuten, den will ich bekennen vor meinem Vater und seinen Engeln.« Denn es gibt viele, die es wohl heimlich wissen, aber sie wollen's nicht bekennen; viele haben's, aber sie glauben nicht daran oder tun nicht darnach. Denn wenige sind ihrer, die dran glauben und darnach tun; so sagt das Gleichnis vom Samen (Matth 13, 4 ff), daß ihn drei Viertel des Ackers wohl kriegt und hat, daß aber allein *ein* Viertel, der feine, gute Acker, Frucht bringt in Geduld.

Wo du nun hörst oder siehst, daß man solches Wort predigt, glaubt, bekennt und danach tut, da hab keinen Zweifel, daß dort gewißlich eine rechte Ecclesia sancta catholica, [d. h.] ein christliches, heiliges Volk sein muß, wenn's auch nur sehr wenige sind. Denn Gottes Wort

56   D. h. in der Fremde.
57   In der mittelalterlichen Liedstrophe, die Luther zum Pfingstlied erweiterte: »Nun bitten wir den Heiligen Geist«.
58   Vgl. 1. Korinther 3,12 ff.

bleibt nicht ohne Frucht, Jes 55, 11, sondern es muß zum wenigsten ein Viertel oder ein Stück vom Acker inne haben, und wenn sonst kein Zeichen da wäre als dieses allein, so wäre es doch genug, um zu beweisen, daß dort ein christliches, heiliges Volk sein muß. Denn Gottes Wort kann nicht ohne Gottes Volk sein, wiederum, Gottes Volk kann nicht ohne Gottes Wort sein. Wer wollte es sonst predigen oder predigen hören, wenn kein Volk Gottes da wäre? Und was könnte oder wollte Gottes Volk glauben, wenn Gottes Wort nicht da wäre?

Und das ist das Stück, das alle Wunder tut, das alles zurechtbringt, alles erhält, alles ausrichtet, alles tut, alle Teufel austreibt, wie Wallfahrts-Teufel, Ablaß-Teufel, Bullen-Teufel, Bruderschafts-Teufel[59], Heiligen-Teufel, Messe-Teufel, Fegfeuers-Teufel, Klöster-Teufel, Pfaffen-Teufel, Sekten-Teufel, Aufruhr-Teufel, Ketzer-Teufel, alle Papst-Teufel, auch Antinomer[60]-Teufel. Doch [geht das] nicht ohne Geschrei und Gezerre, wie er an den armen Menschen von Mark 1, 26 und 9, 26 zeigt. Nein, er muß mit Schreien und Reißen abgehen, wenn er ausfahren soll, wie man sieht an Emser,[61] Eck,[62] Rotzlöffel,[63] Schmid,[64] Wetzel,[65] Tölpel,[66] Knebel, Filz, Rültz, Sau, Esel und seinen Schreiern und Schreibern dieser Art. Die sind alle des Teufels Maul und Glieder, durch welche er so schreit und reißt; es hilft ihnen aber nicht, er *muß* heraus und kann die Kraft des Wortes nicht leiden. ...

Luther zählt neben diesem ersten und wesentlichen noch folgende weitere Kennzeichen der Kirche auf: 2. das hl. Sakrament der Taufe, wenn es recht, nach Christi Ordnung gelehrt, geglaubt und gebraucht wird; 3. das hl. Sakrament des Altars (das Abendmahl), wenn es recht, nach Christi Einsetzung gereicht, geglaubt und empfangen wird; 4. die öffentliche Handhabung der Schlüsselgewalt nach Matthäus 18,15 ff; 5. die Ämter der Kirche (Bischöfe,

59 *Bruderschaften waren Vereinigungen von Laien zu einem frommen Zweck (z. B. Mission, Armen- und Krankenpflege), die für ihre Mitglieder eigene Messen lesen ließen und sich gegenseitig »Verdienste« zuwandten.*

60 *Vgl. Seite 227.*

61 *Vgl. Band I, Seite 193, Anmerkung 182.*

62 *Vgl. Band I, Seite 133, Anmerkung 111.*

63 *Gemeint ist Johann Cochläus, Theologe und Sekretär des Herzogs Georg von Sachsen, gleich Eck und Emser erbitterter Gegner Luthers.*

64 *Gemeint ist Johann Faber, Bischof in Wien, auch ein Hauptkämpfer der römischen Kirche gegen Luther.*

65 *Georg Witzel, erst auf Seiten Luthers und auf dessen Empfehlung Pfarrer in Niemegk geworden, seit 1531 aber unter des Erasmus Einfluß wieder zur römischen Kirche zurückgefallen, 1573 gestorben.*

66 *Dieses und die folgenden Worte sind keine Namen von Gegnern mehr, sondern hinzugefügte Spottworte.*

Pfarrer oder Prediger); 6. das öffentliche Gebet, Gott-Loben und -Danken der Kirche; 7. das »heilige Kreuz, daß das christliche Volk alles Unglück und Verfolgung, alle mögliche Anfechtung und Übel vom Teufel, Welt und Fleisch leiden muß, allein darum, weil es fest an Christus und Gottes Wort hält«.

Dies sind nun die rechten sieben Hauptstücke des hohen Heiligtums, wodurch der Hl. Geist in uns eine tägliche Heiligung und Vivification[67] übt in Christus, und das nach der ersten Tafel Moses. Diese erfüllen wir hierdurch, wiewohl nicht so reichlich, wie es Christus getan hat. Wir folgen [ihm] aber immer nach unter seiner Erlösung oder der Vergebung der Sünden, bis wir auch einmal *ganz* heilig werden und keiner Vergebung mehr bedürfen; denn auf das hin ist alles gerichtet. ...

Außer diesen sieben Hauptstücken gibt es nun auch noch mehr äußerliche Zeichen, woran man die heilige, christliche Kirche erkennt, nämlich wenn uns der Hl. Geist auch gemäß der zweiten Tafel Moses heiligt: wenn er uns hilft, daß wir Vater und Mutter herzlich ehren, und sie wiederum [ihre] Kinder christlich erziehen und ehrenhaft leben; wenn wir unseren Fürsten und Herrn treulich, gehorsam dienen. ... (folgt eine kurze Umschreibung des 5.–8. Gebots). Denn wir müssen den Dekalog[68] nicht bloß darum haben, daß er uns nach Gesetzes Weise sage, was wir zu tun schuldig sind, sondern auch, daß wir darin sehen, wie weit uns der Hl. Geist mit seinem Heiligen gebracht hat, und wie weit es [bei uns] noch fehlt, damit wir nicht sicher werden und denken, wir hätten nun alles getan, und damit wir in dieser Weise immerfort wachsen in der Heiligung und ständig mehr und mehr eine neue Kreatur in Christus werden; es heißt: »Wachset«[69] und »Werdet völliger«[70].

Freilich können diese Zeichen nicht für ebenso sicher angesehen werden wie die obigen. Denn auch etliche Heiden haben sich in solchen Werken geübt und erscheinen wohl zuweilen heiliger als die Christen; und doch geht ihre Sache nicht so rein und einfältig aus dem Herzen um Gottes willen, sondern sie suchen etwas anderes drinnen, weil sie keinen rechten Glauben noch Erkenntnis Gottes haben. Hier aber [in der Christenheit] ist der Hl. Geist, der das Herz heiligt und solche Frucht aus »gutem, feinem Herzen« bringt, wie Christus sagt in dem Gleichnis Matth 13, 23. ...

Aus »Von Konziliis und Kirchen« (1539).
WA 50,625,21 ff; 626,15 ff; 628,16 ff; 642,32 ff

---

67 *D. h. Lebendigmachung. Vgl. oben Seite 244 f.*
68 *Die 10 Gebote.*

Von den Schulen habe ich auch oben und sonst viel geschrieben, daß man ja fest und fleißig auf sie achte. Denn obwohl sie darin, daß die Knaben [in ihnen] die Sprachen und Kenntnisse lernen, als eine heidnische, äußerliche Sache anzusehen sind, so sind sie doch sehr nötig. Denn wenn man keine Schüler heranzieht, so werden wir nicht lange mehr Pfarrer und Prediger haben, wie wir wohl erfahren. Denn die Schule muß der Kirche die Personen geben, die man zu »Aposteln, Evangelisten, Propheten«,[71] d. h. zu Predigern, Pfarrern und Regenten, machen kann, außerdem die Leute, die man sonst noch in der ganzen Welt haben muß, die Kanzler, Räte, Schreiber und dergleichen werden sollen, um auch weltlich regieren zu helfen. Wenn darüber hinaus der Schulmeister gottesfürchtig ist und die Knaben lehrt, Gottes Wort und rechten Glauben zu verstehen, zu singen und zu üben, und sie zu christlicher Zucht anhält, dann sind die Schulen ... lauter junge, ewige Konzilien, die wohl mehr Nutzen schaffen als viele andere große Konzilien. Darum haben die früheren Kaiser, Könige und Fürsten recht wohl getan, daß sie mit solchem Fleiß so viele Schulen, hohe und niedere, Klöster und Stifte gebaut haben, da sie der Kirche einen reichen, großen Vorrat an Personen schaffen wollten; freilich sind sie durch die Nachkommen in schändlicher Weise zum Mißbrauch verkehrt worden. Ebenso sollen's jetzt die Fürsten und Herren auch machen, die Klostergüter den Schulen zuwenden und für viele Personen Studienstiftungen errichten; werden's unsere Nachkommen mißbrauchen, so haben wir zu unserer Zeit das Unsere getan.

Kurzum, die Schule muß das Nächste bei der Kirche sein; denn in ihnen läßt man junge Prediger und Pfarrer heranwachsen, und aus ihnen setzt man diese nachher an der Toten Stelle. Das Nächste bei der Schule ist sodann des Bürgers Haus, aus dem man die Schüler kriegen muß, dann das Rathaus und Schloß, welche die Bürger schützen müssen, damit sie Kinder für die Schulen zeugen, und die Schulen Kinder zu Pfarrern erziehen, und sodann die Pfarrer wiederum Kirchen und Gotteskinder – es seien nun Bürger, Fürsten oder Kaiser – machen können. Gott aber muß der Oberste und Nächste [bei allem] sein, daß er diesen Ring oder Kreislauf wider den Teufel erhalte und alles tue in allen Ständen, ja in allen Kreaturen. In diesem Sinne sagt Ps 127, 1 ff, daß auf Erden nur diese zwei leiblichen Regimente seien,

---

69 *Vgl. Epheser 4,15; Kolosser 1,11; 2. Petrus 3,18.*

70 *Vgl. 2. Thessalonicher 4,10.*

71 *Vgl. Epheser 4,11.*

»Stadt« und »Haus«: »Wo der Herr nicht das Haus bauet«, weiter: »Wo der Herr die Stadt nicht behütet.« Das erste ist also das Haushalten; daraus kommen die Leute. Das zweite ist das Stadt-Regieren, d. h. Land und Leute, Fürsten und Herren, was wir die weltliche Obrigkeit heißen. Damit ist alles gegeben: Kind, Gut, Geld, Tier usw. Das Haus muß [es] bauen, die Stadt muß es hüten, beschützen und verteidigen. Sodann kommt das dritte, Gottes eigenes Haus und Stadt, das ist die Kirche, die muß aus dem Hause die Personen, von der Stadt Schutz und Schirm haben. Das sind die drei Hierarchien, die von Gott geordnet sind, und wir bedürfen keiner weiteren,[72] haben auch genug und übergenug zu tun, daß wir in diesen dreien recht leben wider den Teufel. . . .

Aus »Von Konziliis und Kirchen« (1539). WA 50,651,15 ff

7 *Aus »Wider Hans Worst«.*

1 Die Papstkirche hat alle Kennzeichen einer abgefallenen Kirche

. . . Wenn doch diese Neuerungen im Papsttum gewöhnliche Neuerungen wären oder sein könnten, so wären sie noch einigermaßen um des Friedens willen zu leiden, gleichwie einer seinen neuen Rock trägt oder leidet! Aber nun klebt dieses teuflische Gift und der höllische Mord daran, daß es ein Gebot der Kirche, heiliger Gottesdienst, gutes Leben und geistliches Wesen heißen muß, worin man Gnade und Leben – so man's hält – oder Zorn und Tod – so man's nicht hält – verdient. Das heißt aus Lügen Wahrheit, aus Teufel Gott, aus Hölle Himmel machen und umgekehrt! Darum ist des Papstes Kirche voll Lügen, Teufel, Abgötterei, Hölle, Mord und allem Unglück, daß es wimmelt. Und hier ist Zeit, die Stimme des Engels Offb 18, 4 f zu hören: »Gehet heraus von Babylon, mein Volk, daß ihr nicht teilhaftig werdet ihrer Sünden, daß ihr nicht empfanget etwas von ihren Plagen; denn ihre Sünden reichen bis an den Himmel usw.« . . .

2 Trotz dem Antichristentum der Papstkirche blieb die wahre Kirche erhalten

Hier werden und mögen sie sagen: ›Warum schiltst du uns so schändlich als neue, abtrünnige Kirche, wo wir doch *auch* die Taufe, das Sakrament,[73] die Schlüssel, das apostolische Glaubensbekenntnis und das Evangelium haben, so gut wie die alte Kirche, von der wir hergekommen sind, und wo du selbst oben bekannt hast, daß wir so gut wie ihr aus der alten Kirche herkommen? [Darauf] antworte ich:

72 *Also ist auch keine päpstliche Hierarchie nötig.*
73 *Das Sakrament des Altars, das hl. Abendmahl.*

Es ist wahr, ich bekenne, daß die Kirche, in der ihr sitzt, von der alten Kirche herkommt, ebenso wie wir, und daß sie ebendieselbe Taufe hat, auch das Sakrament, die Schlüssel und den Text der Bibel und des Evangeliums. Ich will euch noch mehr loben und bekennen, daß wir aus der Kirche unter euch (nicht *von* euch!) alles empfangen haben. Was wollt ihr mehr? Sind wir nicht fromm genug? Wollt ihr uns nun hinfort nicht unverketzert lassen? Wir haben keinen Grund, euch für Türken oder Juden zu halten..., die außerhalb der Kirche sind. Sondern wir sagen: Ihr *bleibt nicht dabei* und werdet die verlaufene, abtrünnige, hurerische Kirche – wie es die Propheten zu nennen pflegen –, die nicht in der Kirche bleibt, aus der sie geboren und in der sie erzogen ist. ...

Ihr werdet gewiß alle (wie wir) in der rechten Taufe der alten Kirche getauft, besonders in der Kindheit, und alles, was also getauft lebt und stirbt, bis ins siebente oder achte Jahr, ehe es die Hurenkirche des Papstes versteht, ist gewiß selig geworden und wird selig. Daran zweifeln wir nicht. Aber wenn es [das Kind] groß wird und eure Lügenpredigt von eurer teuflischen Neuerung hört, glaubt und befolgt, so wird's zur Teufelshure mit euch und fällt ab von seiner Taufe und seinem Bräutigam, wie es mir und anderen geschehen ist. ...

[Aber] wir bekennen nicht bloß, daß ihr mit uns *aus* der rechten Kirche *gekommen* seid und mit uns in der Taufe geschwemmt und gewaschen seid durch das Blut unsres Herrn und Heilands Jesu Christi..., sondern [wir] sagen, daß ihr auch *in* der Kirche seid und *bleibt,* ja wohl!, daß ihr drinnen sitzt und regiert, so, wie St. Paulus 2 Thess 2, 4 weissagt: daß der verfluchte Antichrist im Tempel Gottes (nicht im Kuhstall!) sitzen wird usw. Aber von der Kirche oder Glieder der Kirche seid ihr nicht mehr. Sondern in dieser heiligen Kirche Gottes richtet ihr diese eure neue, abtrünnige Kirche, des Teufels Hurenhaus, und unzählige Hurerei und Abgötterei oder Neuerung auf, wodurch ihr die getauften und erlösten Seelen samt euch verführt. ...

Gott aber ist's, der durch seine wunderbare, allmächtige Macht bei euch unter so viel Greueln und Teufelshurerei dennoch die jungen Kinder durch die Taufe erhält, und etliche Alte, freilich ganz wenige, die sich an ihrem Ende wiederum zu Christus gehalten haben, deren ich denn viele selbst gekannt habe. So bleibt doch die rechte alte Kirche mit ihrer Taufe und Gottes Wort unter euch, und euer Gott, der Teufel, hat sie ... nicht ganz und gar vertilgen können gleich wie ... zur Zeit Elias. ... Es ist eine hohe, tiefe, verborgene Sache um die Kirche, da sie niemand kennen noch sehen kann, daß man sie vielmehr allein an der Taufe, dem Abendmahl und Wort fassen und glauben muß. . . .

3 Gottes Wort, das die Kirche lehrt, verträgt sich nicht mit Menschenlehren

Hier möchten die Papisten vielleicht begehren, ja sie wollen's mit Gewalt haben, daß man diese neuen Artikel ihrer neuen Kirche *neben* den alten Artikeln der Kirche halten oder dulden solle. Andernfalls wollen sie uns für Ketzer halten und zum Tod bringen. Denn der Papstesel ist ein solch grober Esel, daß er die Unterscheidung zwischen Gotteswort und Menschenlehre nicht lernen kann noch will, sondern er hält's beides *gleich*. Das beweisen sie damit, daß sie nun [schon] oft mit uns einen Vergleich oder einen Vertrag unternommen haben.[74] Dabei stellen sie sich so, als wollten sie etwas nachgeben, wir sollten auch etwas nachgeben, und also sollten beide zusammentreffen. (Freilich ist auch das noch nie ihr Ernst gewesen; sie haben uns nur zu sprengen und zu trennen im Sinn gehabt!) Dennoch sieht man daraus so viel, wie sie sich *über* Gott als die antichristlichen Lästerer gesetzt haben. Sie denken, die Lehre solle so lange recht sein, als *sie* wollen; wenn sie nicht mehr wollen, solle sie nicht mehr recht sein. Denn sie wollen die Macht haben, etwas davon nachzugeben oder nicht; und wie sie so geben oder nicht, sollen wir's annehmen. Eine solche lästerliche Unkeuschheit muten sie uns unverschämt zu. . . .

Lieber Freund, an Gottes Wort etwas nachzugeben oder zu ändern, steht nicht einmal Gott selbst zu. Denn er kann sich selbst nicht verleugnen noch ändern, und sein Wort bleibt ewig. . . . [Aber *sie*] meinen, Gottes Wort sei ein Rohr, das der Wind hin und her weht, dessen *sie* mächtig seien, oder (was ihre Meinung noch viel besser ausdrückt), es sei ein Zählpfennig, der nach ihrem verdammten Übermut gelten müsse, je nachdem sie ihn auf dem Rechenbrett herauf- oder herabschieben. So fein verstehen sie, was die Kirche ist. . . . Die heilige, christliche Kirche . . . ist nicht ein Rohr noch ein Zählpfennig. Nein, sie wankt nicht und gibt nicht nach wie des Teufels Hure, die päpstliche Kirche . . ., sondern sie ist (spricht St. Paulus 1 Tim 3, 15) »ein Pfeiler und eine Grundfeste der Wahrheit«. . . . Darum kann und mag die heilige Kirche keine Lügen noch falsche Lehre leiden. Sondern sie muß lauter Heiliges, Wahrhaftiges, d. h. *allein* Gottes Wort lehren, und schon wenn sie *eine* Lüge lehrt, ist sie abgöttisch und des Teufels Hurenkirche. . . .

Ein Gutgläubiger (wie man's heißt) könnte aber sagen: ›Was scha-

---

74 *Religionsgespräche fanden (vgl. Seite 240) mehrfach statt, jedoch ohne bleibenden Erfolg (Hagenau 1540, Worms 1540/41, Regensburg 1541).*

det's denn, wenn man Gottes Wort hielte und daneben doch auch alle diese [neuen] Stücke oder doch etliche, die leidlich wären, bleiben ließe?‹ Ich antworte: Sie mögen gutgläubige Leute heißen, es sind aber irrgläubige und verführtgläubige Leute. Denn du hörst, daß es nicht sein kann, *neben* Gottes Wort noch etwas anderes zu lehren, *neben* Gott einem anderen zu dienen, *neben* dem Licht, das Gott in die Finsternis gestellt hat, ein anderes anzuzünden. Es ist gewiß ein Irrwisch und Irrtum, wenn's gleich nur ein einziges Stück wäre. Denn die Kirche soll und kann nicht lügen noch Irrtum lehren, auch nicht in einem einzigen Stück. Lehrt sie *eine* Lüge, so ist's *ganz* falsch. ...

Wohl ist's wahr: In bezug auf das *Leben* ist die heilige Kirche nicht ohne Sünde, wie sie im Vaterunser bekennt: »Vergib uns unsere Schuld.« Und 1 Joh 1, 8: »So wir sagen, daß wir keine Sünde haben, so lügen wir und machen Gott zum Lügner«, der uns allzumal Sünder schilt (Röm 3, 23; Ps 14, 3 und Ps 51, 7). Aber die *Lehre* darf nicht Sünde noch strafbar sein und gehört nicht ins Vaterunser, wo wir sagen: »Vergib uns unsre Schuld.« Denn die Lehre ist nicht [Sache] unsres Tuns, sondern Gottes selbsteigenes Wort, der nicht sündigen noch Unrecht tun kann. Denn ein Prediger darf nicht das Vaterunser beten noch Vergebung der Sünden suchen, wenn er gepredigt hat (wenn er ein rechter Prediger ist), sondern muß mit Jeremia (17, 16) sagen und rühmen: »Herr, du weißt, daß, was aus meinem Munde gegangen ist, das ist recht und dir gefällig.« Ja, er muß mit St. Paulus (1 Kor 7, 10; 1 Thess 4, 15) und allen Aposteln und Propheten trotzig sagen: ›Haec dixit Dominus‹, ›das hat Gott selbst gesagt.‹ Und wiederum: ›Ich bin ein Apostel und Prophet Jesu Christi in dieser Predigt gewesen.‹ Hier ist es nicht nötig, ja, es ist nicht gut, um Vergebung der Sünde zu bitten, als wäre es unrecht gelehrt. Denn es ist Gottes und nicht mein Wort; das soll und kann mir Gott nicht vergeben, sondern bestätigen, loben, krönen und sagen: ›Du hast recht gelehrt; denn *ich* habe durch dich geredet, und das Wort ist mein.‹ Wer solches nicht von seiner Predigt rühmen kann, der lasse das Predigen anstehen; denn er lügt gewiß und lästert Gott. ... [Darum ist's] recht und wohl gesagt: Die Kirche kann nicht irren; denn Gottes Wort, welches sie lehrt, kann nicht irren. ...

Nun siehe, mein lieber Freund, was für ein wunderbares Ding das ist! Wir, die gewiß Gottes Wort lehren, sind so schwach und vor großer Demut so scheu, daß wir uns nicht gern rühmen, wir seien Gottes Kirche, seine Zeugen, Diener, Prediger, Propheten usw. und Gott rede durch uns; und doch sind wir's gewiß, weil wir sein Wort gewiß haben und lehren. Solche Scheu kommt daher, weil wir ernsthaft glauben, Gottes Wort sei so eine herrliche, majestätische Sache, daß wir uns allzu unwürdig vorkommen, daß durch *uns*, die wir noch im Fleisch und Blut leben, eine solche große Sache geredet und getan werden sollte. Aber unser Widerpart, der Teufel, die Papisten, die Rotten[75] und alle Welt, die sind mutig und unerschrocken, die wagen es in ihrer großen Heiligkeit keck herauszusagen: ›Hier ist Gott, wir sind Gottes Kirche, seine Diener, Propheten und Apostel‹, gleichwie alle falschen Propheten allezeit getan haben, so daß auch Heinz Wurst[76] sich als einen christlichen Fürsten zu rühmen getraut. Aber Demut und Furcht gegenüber Gottes Wort ist allezeit das rechte Zeichen der rechten heiligen Kirche gewesen; Keckheit und Übermut aus menschlicher Religiosität ist das rechte Zeichen der Teufel gewesen. . . .

4 Auch Kirchengüter und kaiserliches Recht unterstehen Gottes Wort

Sind [die Papisten] nicht die Kirche, sondern des Teufels Hure, die nicht bei Christus geblieben ist, so ist's grundsätzlich und unwiderruflich entschieden, daß sie die Kirchengüter nicht innehaben sollen. . . . Denn das kann wohl ein Kind von sieben Jahren, ja wohl ein grober Narr an seinen Fingern zählen und rechnen (mag auch der grobe Papstesel samt seinen verdammten Heinzen nichts davon verstehen), daß die löblichen früheren Kaiser, Fürsten, Herren und frommen Leute ohne Zweifel nicht im Sinn hatten noch willens gewesen sind, ihre Güter [dazu] zu geben, um damit lauter Teufelshuren oder Abgötterei zu stiften, zu schmücken und zu ehren (geschweige denn, daß sie damit Seelenmörder, Kirchenräuber, Heinze und Mordbrenner erziehen oder unterhalten wollten!), sondern um die lieben Kirchen und Schulen, d. h. das heilige Gotteswort, das Predigtamt und andere Kirchendienste, Theologen, Pfarrer, Prediger, dazu auch arme Leute, Witwen, Waisen und Kranke zu unterhalten, Gott zu Lob und Ehre. . . .

Meint aber dein Heinz, daß unsere Fürsten den kaiserlichen Edikten nicht gehorchen, in denen unsere Kirche und Lehre verdammt worden sind, – da rühmen wir und danken Gott, der uns gnädiglich erhalten hat, daß wir nicht mit euch in solch verdammtem Gehorsam erfunden werden. Denn da steht Gott, der's uns verbietet, und spricht (Matth 22, 21): »Gebt dem Kaiser, was des Kaisers ist, und Gott, was Gottes ist.« Und (Ps 115, 16): »Er hat den Himmel dem Herrn gegeben, aber das Erdreich den Menschenkindern.« Der Himmel oder das

75 *Die Schwärmer.*
76 *Der Herzog Heinz von Wolfenbüttel, gegen den diese Schrift Luthers gerichtet ist.*

Himmelreich ist nicht vom Kaiser zu Lehen gegeben, und Gott kann nicht des Kaisers Lehensmann sein, sondern der Kaiser soll und muß Gottes Lehensmann heißen. Und wie Sirach (17, 14 f) auch sagt: »Gott hat in den Ländern Herrschaften verordnet, aber in Israel ist er selbst der Herr.« Gott will allein und selbst in der Kirche lehren und regieren. Dieses Regiment hat er nie von sich weg oder aus der Hand gegeben, wie der Psalm (60, 8) bezeugt: »Gott redet in seinem Heiligtum.« ... Darum kann uns [weder] der Kaiser noch irgend eine Kreatur zu solch verfluchtem Gehorsam zwingen, ja er soll sich selbst mit uns davon fernhalten ... Gott hat dem Kaiser genug befohlen, mehr, als er ausrichten kann, nämlich das Erdreich, d. h. Leib und Gut. Da hat sein Amt ein Ende. Greift er darüber hinaus auch in Gottes Reich, so raubt er Gott das Seine; das heißt man Sakrileg, Diebstahl an Gott ...

5 Die Kirche des Wortes lebt freilich in der Anfechtung durch Fleisch und Welt

Ich habe aber droben bekannt und muß leider bekennen: Obwohl wir die reine Lehre des göttlichen Wortes und eine feine, reine, heilige Kirche haben, wie sie zur Zeit der Apostel gewesen ist in allen Stükken, die zur Seligkeit nütze und nötig sind, so sind wir doch nicht heiliger noch besser als Jerusalem, Gottes eigene, heilige Stadt, darin so viele böse Leute mit darunter waren, darin jedoch allezeit das Wort Gottes durch die Propheten rein erhalten wurde. Ebenso ist bei uns auch Fleisch und Blut, ja der Teufel unter Hiobs Kindern:[77] der Bauer ist wild, der Bürger geizt, der Adel scharrt zusammen. Wir schreien und schelten getrost durchs Wort Gottes und wehren, was und soviel wir können, Gott Lob nicht ohne Frucht. Denn wer von den Bauern, Bürgern, vom Adel, von den Herren usw. sich lehren läßt und hört, der ist – Gott Lob! – überaus gut und tut mehr, als man begehrt, etliche mehr, als sie vermögen. Wenn es ihrer nur wenige sind, – darauf kommt's nicht an. Gott kann um *eines* Mannes willen einem ganzen Land helfen wie durch den Syrer Naeman[78] und seinesgleichen. Kurzum, es bedarf wegen des Lebens keines Disputierens; denn wir bekennen gern und frei, daß wir nicht so heilig sind, wie wir sollen ...

Nun ist es gewiß, daß die Heinze bekennen müssen, daß wir Gottes Wort lehren und unsere Kirche nichts anderes lehrt, als was Gott befohlen hat. Das ist am Tage, und weder Heinz noch der Teufel kann

77 Vgl. Hiob 1,6.
78 2. Könige 5,1.

das leugnen. Dennoch verlästern und verfluchen sie diese Kirche und Lehre, schelten uns Ketzer und Aufrührer usw. Das kann nichts anderes sein, als Gott selbst – dessen diese Lehre und Kirche ist – verketzern, verlästern und verfluchen. Muß nun Gott selbst und sein heiliges Wort von solchen Teufeln so geschändet werden, was sollten sie unserem Leben und Werken nicht tun? Setzt Gott sich selbst, sein Wort und seine Lehre der Schmähung durch solche Heinze aus, so können wir noch viel mehr unser Leben dem aussetzen, da dieses ja doch ohnedies nicht ganz heilig ist . . .

Aus »Wider Hans Worst« (1541). WA 51,499,5 ff; 500,16 ff; 505,7 ff; 506,3 ff; 507,14 ff; 508,4 ff; 513,9 ff; 515,16 ff; 516,15 ff; 518,15 ff; 519,6 ff; 523,8 ff; 524,17 ff; 533,1 ff; 536,10 ff; 537,1 ff.

DER ERTRAG DER ARBEIT

Schon 1533 war Luther von Theologen und Buchdruckern gebeten worden, die Erlaubnis zu einer Gesamtausgabe seiner Werke zu geben. Die sinnfällige Bedeutung seiner bisherigen umfangreichen literarischen Produktion sprach ebenso dafür wie die buchhändlerische Erwartung eines reißenden Absatzes seiner vielbegehrten Werke. Es war besonders Capito in Straßburg, der den Plan einer Gesamtausgabe betrieb. Er mußte sich freilich von Luther (Brief vom 9. Juli 1537) sagen lassen, daß er, Luther, von all seinen Schriften nur noch »Vom unfreien Willen« und den Katechismus gelten lasse. Trotzdem, schreibt Luther, habe er D. Kaspar Cruciger (1504–1548) mit den nötigen Vorarbeiten beauftragt. Es mißfällt Luther, daß seine Schriften in der kurfürstlichen Bibliothek gesammelt werden; namentlich die Schriften der Frühzeit lehnt er ab, er nimmt ebenso Anstoß an ihnen wie seine Feinde. Auch sieht er nicht gerne, daß der Kurfürst Abschriften von seinen Vorlesungen und Predigten für seine Wittenberger Bibliothek anfertigen läßt.

Doch wird Sammlung und Herausgabe aller Schriften auf die Dauer unvermeidlich. Auf fortgesetztes Andringen von Wittenberg und Straßburg stimmt Luther, innerlich widerstrebend, dem Druck in Wittenberg zu; Cruciger und der eifrige Sammler und Nachschreiber Georg Rörer (1492–1557) werden mit der Herausgabe beauftragt und auf der Michaelismesse 1539 erscheint, mit einer Vorrede Luthers versehen (1), der erste Band seiner deutschen Schriften. Zum Kummer vor allem des eifrigen Rörer geriet die Ausgabe jedoch aus Geldmangel ins Stocken.

Seit 1544 beschäftigten sich der geschichtlich interessierte Spalatin sowie Rörer von neuem mit der Sammlung der selten gewordenen Drucke und Briefe aus der Anfangszeit der Reformation. Im März 1545 erschien, wiederum mit einem Vorwort Luthers (2), der erste Band seiner lateinischen Werke; der zweite Band wurde gedruckt, als Luther im Sterben lag.

Auffallend an beiden Vorreden ist die schonungslose Kritik Luthers nicht nur an den Schriften der Väter und Konzilien, die er lediglich als historisches Urkundenmaterial wertet, sondern auch an den eigenen Werken; besonders an den Frühschriften hat Luther die starke Bindung an Möncherei und Papsttum zu tadeln. Diese scharfe Kritik ist begründet in der alles Menschenwerk in den Schatten stellenden Hochschätzung der *Schrift*, in der Gottes Wort zur Sprache kommt. Der Ertrag seiner Lebensarbeit ist die bedingungslose Anerkennung der Heiligen Schrift als göttlicher Offenbarungsurkunde; alle theologisch-literarische Arbeit empfängt ihren Sinn und Wert nur von der Bibel. Darum will Luther, daß seine eigenen Schriften gegenüber der Schrift jede Geltung verlieren, am liebsten in Vergessenheit geraten, oder aber, wenn sie bleiben, als Hilfsmittel zur Einführung in die Schrift dienen. Stehen sie der Schrift im Wege wie die Väterschriften, sind sie wertlos. Alle schriftstellerische Eitelkeit, an der auch Luthers Zeit nicht arm war, enthüllt sich angesichts der großen Aufgabe, Gottes Ehre zu erkennen und zu preisen, als selbstgefällige und eselhafte Narrheit.

So wenig kommt es Luther auf die Bedeutung seiner eigenen Schriften an, daß er die Vorreden zu einer Einführung in das Studium der rechten Theologie, der gründlichen Schrifterkenntnis benützt. Dazu gehört *Gebet*, d. h. die Bitte um Belehrung durch Gottes Geist, damit aber der Verzicht auf das selbstmächtige Vernunfturteil, auf die Meisterschaft über die Schrift. Dazu gehört *Versenkung*, d. h. die immerwährende Betrachtung und Einübung auch des Wortlauts der Schrift; nicht umsonst gibt Gott seinen Willen nicht in einer verborgenen Herzenstiefe, sondern im äußerlichen Worte kund, das gelernt, geübt, ständig wiederholt sein will. Und endlich treibt in die Tiefe des Schriftverständnisses der Kampf, die *Anfechtung*, die teuflische Versuchung, die nicht ausbleibt, wo das helle Licht des Evangeliums auf den Leuchter gestellt wird.

So also will Luther gelesen sein als einer, dessen Schriften Wegweiser und Diener der Schrift sind. Führt er zur Schrift, so ist sein Dienst getan.

A Vor dem Studium aller andern Bücher als der Schrift muß gewarnt werden

1 *Von diesem Urteil nimmt Luther seine eigenen Schriften nicht aus*

a Das Lesen anderer Bücher nimmt dem Bibelstudium die Zeit weg

Gerne hätte ich's gesehen, wenn meine Bücher allesamt verborgen geblieben und untergegangen wären. Unter anderem ist ein Grund dafür der, daß es mir vor dem Vorgang graut. Denn ich sehe wohl, was für ein Nutzen in der Kirche geschafft wurde, daß man angefangen hat, außer und neben der Heiligen Schrift viele Bücher und große Bibliotheken zu sammeln, insbesondere ohne allen Unterschied alle möglichen Väter, Konzilien und Lehrer aufzuspeichern. Damit ist nicht nur die edle Zeit und das Studium in der Schrift versäumt worden, sondern auch die reine Erkenntnis des göttlichen Worts für immer verloren gegangen, bis die Bibel – wie es dem fünften Buch Moses zur Zeit der Könige Judas (2 Kön 22, 8) geschah – unter der Bank im Staub vergessen wurde.

b Es ist nicht schade, wenn durch Gottes Wort viele Bücher untergingen

Und obwohl es nützlich und nötig ist, daß einige Väter- und Konzilschriften als Zeugen und Geschichtsbücher erhalten geblieben sind, so denke ich doch: Est modus in rebus[79] [alles mit Maß!] und es sei nicht schade, daß vieler Väter und Konzilien Bücher durch Gottes Gnade untergegangen sind. Denn wären sie alle erhalten geblieben, so könnte wohl niemand weder ein- noch ausgehen vor lauter Büchern, und sie würden's doch nicht besser gemacht haben, als man es in der Heiligen Schrift findet.

c Die Bibelübersetzung sollte das Bücherschreiben verringern

Auch ist das unsre Meinung gewesen, als wir die Bibel selbst zu verdeutschen anfingen, daß wir hofften, es sollte des Schreibens weniger und des Studierens und Lesens in der Schrift mehr werden. Denn auch alles andre Schreiben soll nur in die Schrift und zu der Schrift weisen, wie Johannes auf Christus, wenn er spricht: »Ich muß abnehmen, dieser muß zunehmen« (Joh 3, 30). Denn es soll ein jeder selbst aus der frischen Quelle trinken, wie alle Väter haben tun müssen, die etwas Gutes machen wollten.

d Die besten Bücher können es nicht besser machen als die Schrift

Denn so gut werden es weder die Konzilien und Väter noch wir machen, auch wenn es auf's höchste und beste gerät, wie es die Heilige Schrift, das ist Gott selbst, gemacht hat. Obwohl auch wir den Heiligen

Geist, Glauben, göttliche Rede und Werke haben müssen, wenn wir selig werden sollen, so müssen wir doch die Propheten und Apostel auf dem Pult sitzen lassen und hienieden zu ihren Füßen auf das hören, was sie sagen, und nicht sagen, was sie hören müssen.

2 Für diese Ausgabe seiner Schriften bittet Luther um rechten Gebrauch

a Auch seine Bücher werden im Lauf der Zeit vergessen werden

Nun aber, da ich's nicht verhindern kann und man wider meinen Willen meine Bücher (mir zu kleiner Ehre!) nunmehr durch den Druck sammeln will, muß ich sie die Kosten und die Arbeit dran wagen lassen. Ich tröste mich dessen, daß mit der Zeit meine Bücher doch im Staube vergessen bleiben werden, besonders, wo ich durch Gottes Gnade etwas Gutes geschrieben habe. Non ero melior patribus meis (1 Kön 19, 4 »Ich bin nicht besser denn meine Väter«). Das andere[80] dürfte wohl noch am ehesten erhalten bleiben. Denn wenn man die Bibel selbst hat unter der Bank liegen lassen können und auch die Väter und Konzilien, je besser, desto mehr vergessen hat, so besteht gute Hoffnung, daß, wenn die Neugier dieser Zeit gestillt ist, meine Bücher auch nicht lange erhalten bleiben, besonders, nachdem es angefangen hat, mit Büchern und Meistern zu schneien und zu regnen. Von ihnen liegen freilich schon viele vergessen da und verwesen, daß man nicht einmal ihrer Namen gedenkt, obwohl sie gehofft, sie würden ewig auf dem Markt feil sein und die Kirche meistern.

b Luthers Schriften sollen kein Hindernis für das Lesen der Schrift sein

Wohlan, so laß es in Gottes Namen gehen! Nur bitte ich freundlich: Wer zu dieser Zeit meine Bücher durchaus haben will, der lasse sie sich beileibe nicht zum Hindernis werden, die Schrift selber zu studieren, sondern lege sie sich so zurecht, wie ich mir des Papsts Drecket und Drecketale[81] und die Bücher der Sophisten[82] zurechtlege, d. h. daß ich zu Zeiten sehe, was sie gemacht haben, oder um über die Geschichte der Zeit Aufschluß zu holen, nicht daß ich darin studieren oder genau danach tun müßte, was ihnen gut dünkte. Nicht viel anders halte ich es auch mit den Büchern der Väter und Konzilien.

---

79 *Horaz, Satiren, I, 1,106.*

80 *Das weniger Gute an Luthers Schriften.*

81 *Luther spricht mit ironischem Wortwitz von den »Dekreten« und »Dekretalien«, den Bezeichnungen für päpstliche Rechtsverordnungen.*

82 *»Sophisten« nennt Luther die theologischen Lehrer des Mittelalters.*

c Luther folgt dem Vorbild Augustins

Und ich folge hierin dem Beispiel St. Augustins,[83] der unter allen andern der erste und fast der einzige ist, der von den Büchern aller Väter und Heiligen [nicht gefangen], allein der Heiligen Schrift unterworfen sein will. Darüber kam er in einen harten Streit mit St. Hieronymus,[84] der ihm die Bücher seiner Vorfahren vorwarf. Aber er kehrte sich nicht daran. Und wäre man diesem Beispiel St. Augustins gefolgt, so wäre der Papst kein Antichrist geworden, und es wäre das unzählige Ungeziefer, Gewürm und Gewimmel der Bücher nicht in die Kirche gekommen, und die Bibel wäre wohl auf der Kanzel geblieben.

B Allein das Studium der Schrift macht zu einem guten Theologen

Einleitung: Die rechte Regel für das Studium der Schrift lernt man bei David

Außerdem will ich dir noch eine rechte Weise für das Studium in der Theologie anzeigen; denn ich habe mich darin geübt. Hältst du dieselbe, sollst du so gelehrt werden, daß du selber, wenn es nötig wäre, gerade so gute Bücher machen könntest wie die Väter und die Konzilien. Auch ich vermesse mich (in Gott) und rühme mich ohne Hochmut und Lügen, daß ich etlichen der Väter nicht nachstehen wollte, wenn es gälte, Bücher zu machen. Des Lebens kann ich mich nicht ebenso rühmen. Das ist die Weise, die der heilige König David – ohne Zweifel auch von allen Patriarchen und Propheten gehalten – im 119. Psalm lehrt. Darin wirst du drei Regeln finden, durch den ganzen Psalm reichlich vor Augen gestellt, die also heißen: Oratio, meditatio, tentatio [Gebet, Versenkung, Anfechtung].

1 Rechtes Schriftstudium erfordert Gebet

a Die Vernunft versagt; nur die Bitte um den Geist Gottes hilft.

Erstens sollst du wissen, daß die Heilige Schrift ein solches Buch ist, das die Weisheit aller andern Bücher zur Narrheit macht, weil keines vom ewigen Leben lehrt als allein dieses. Darum sollst du an deinem Sinn und Verstand unbedingt verzagen. Denn damit wirst du es nicht erlangen, sondern du wirst mit solcher Vermessenheit dich selbst und andere mit dir, wie es Lucifer[85] geschah, vom Himmel in

---

83 *Zu Augustin vgl. Band I, Seite 35.*

84 *Hieronymus, etwa 345–420, Zeitgenosse Augustins, Abt, Kirchenvater und Doktor ecclesiae. Sein Lebenswerk war die später Vulgata genannte lateinische Bibelübersetzung.*

85 *Lucifer (Morgenstern) nannte man nach Jesaia 14,12 den Satan (vgl. Lukas 10,18).*

den Abgrund der Hölle stürzen. Vielmehr knie nieder in deinem Kämmerlein und bitte mit rechter Demut und Ernst Gott, daß er dir durch seinen lieben Sohn seinen Heiligen Geist gebe, der dich erleuchte, leite und dir Verstand gebe.

b Auch David hat sich nicht über, sondern unter die Schrift gestellt

Wie du siehst, bittet David im obengenannten Psalm immer: »Lehre mich, Herr; unterweise mich; führe mich; zeige mir« (Ps 119, 26 f, 33 ff) und solcher Worte noch viel mehr. Obwohl er doch den Text Moses und anderer Bücher mehr wohl kannte, auch täglich hörte und las, so will er dennoch den rechten Meister der Schrift selbst dazu haben, damit er ja nicht mit der Vernunft darüber herfalle und sein eigener Meister werde. Denn daraus werden Rottengeister, die sich dünken lassen, die Schrift sei ihnen unterworfen und sei leicht mit ihrer Vernunft zu begreifen, als wären es die Fabeln von Markolf[86] oder Aesop,[87] für welche sie des Heiligen Geistes und des Gebets nicht bedürfen.

2 Rechtes Schriftstudium erfordert Versenkung in die Schrift

a Dazu ist unablässige Vertiefung in den Wortlaut der Schrift nötig

Zweitens sollst du meditieren, d. h. du sollst nicht allein im Herzen, sondern auch äußerlich die mündliche Rede und den buchstäblichen Wortlaut im Buch immer wiederholen und vergleichen, lesen und wieder lesen, mit fleißigem Aufmerken und Nachdenken, was der Heilige Geist damit meint. Und hüte dich, daß du dessen nicht überdrüssig wirst oder denkst, du habest es mit einem oder zwei Malen schon genug gelesen, gehört und gesagt, und du verstehest es alles von Grund auf. Denn daraus wird nimmermehr ein sonderlicher Theologe; solche sind wie das unzeitige Obst, das abfällt, ehe es halb reif wird.

b Gott gibt den Geist nicht ohne das äußerliche Wort

Darum siehst du in jenem Psalm, wie David sich immerdar rühmt, er wolle reden, dichten, sagen, singen, hören, lesen, Tag und Nacht und immerdar, doch von nichts als allein von Gottes Wort und Geboten. Denn Gott will dir seinen Geist nicht geben ohne das äußerliche Wort; darnach richte dich; denn er hat nicht umsonst befohlen, äußerlich zu schreiben, zu predigen, zu lesen, zu hören, zu singen, zu sagen usw.

86 Eine mittelhochdeutsche Dichtung, in welcher weisen Sprüchen Salomos jeweils Aussprüche Markolfs von volksmäßig-witziger Derbheit gegenüberstehen.

87 Zu Aesop vgl. Band I, Seite 15.

a Aus dem Wissen und Verstehen muß eine Erfahrung werden

Drittens gehört dazu tentatio, Anfechtung. Sie ist der Prüfstein; sie lehrt dich nicht allein wissen und verstehen, sondern auch erfahren, wie recht, wie wahrhaftig, wie süß, wie lieblich, wie mächtig, wie tröstlich Gottes Wort ist, Weisheit über alle Weisheit.

b Auch David ist, wie Luther selbst, durch teuflische Anfechtung heimgesucht worden.

Darum siehst du, wie David in dem genannten Psalm so oft klagt über allerlei Feinde, frevlerische Fürsten oder Tyrannen, über falsche Geister und Rotten, die er dulden muß, weil er meditiert, d. h. mit Gottes Wort umgeht (wie gesagt) auf allerlei Weise. Denn sobald Gottes Wort durch dich zunimmt, so wird dich der Teufel heimsuchen, dich zum rechten Doktor machen und durch seine Anfechtung lehren, Gottes Wort zu suchen und zu lieben. Denn ich selber – um mich Mäusedreck auch unter den Pfeffer zu mengen – habe meinen Papisten sehr viel zu danken, daß sie mich durch des Teufels Toben so geschlagen, bedrängt und geängstigt haben, d. h. daß sie mich zu einem ordentlichen, guten Theologen gemacht haben, wozu ich sonst nicht gekommen wäre. Und was sie dagegen an mir gewonnen haben, so gönne ich ihnen die Ehre, den Sieg und Triumph von Herzen gern; denn so wollten sie es haben.

Schluß: Durch Befolgung von Davids Regeln wird man ein rechter Theologe

a Die Schrift ist mehr wert als alle Schätze der Weltweisheit

Siehe, da hast du Davids Regel. Studierst du nun nach diesem Beispiel, so wirst du mit ihm auch singen und rühmen in demselben Psalm: »Das Gesetz aus deinem Mund ist mir lieber als viel tausend Stücke Gold und Silber« (Ps 119, 72). Ferner: »Du machst mich mit deinem Gebot weiser als meine Feinde sind; denn es ist ewiglich mein Schatz. Ich bin gelehrter als alle meine Lehrer; denn deine Zeugnisse sind meine Rede. Ich bin klüger als die Alten, denn ich halte deinen Befehl usw.« (Ps 119, 98 ff). Und du wirst erfahren, wie schal und faul dir der Väter Bücher schmecken werden. Du wirst auch nicht allein der Widersacher Bücher verachten, sondern dir selbst im Schreiben und Lehren je länger, je weniger gefallen. Wenn du soweit gekommen bist, so hoffe getrost, du habest angefangen, ein rechter Theologe zu werden, der nicht allein die jungen, unvollkommenen Christen, sondern auch die zunehmenden und vollkommenen zu lehren vermöchte. Denn Christi Kirche hat allerlei Christen in sich: junge, alte, schwache, kranke, gesunde, starke, frische, faule, alberne, weise usw.

b Die eselhafte Freude an den eigenen Büchern raubt Gott die Ehre

Fühlst du dich aber und bildest dir ein, du habest es gewiß, und schmeichelst dir mit deinen eigenen Büchlein, mit deinem Lehren und Schreiben, als habest du es sehr köstlich gemacht und trefflich gepredigt; gefällt dir auch sehr, daß man dich vor andern lobt, und willst du vielleicht gelobt sein, sonst würdest du trauern oder (das Werk) aufgeben – bist du der Art, Lieber, so greif dir selber an deine Ohren, und greifst du recht zu, so wirst du ein schönes Paar von großen, langen, haarigen Eselsohren finden. So wage vollends die Kosten dran und schmücke sie mit goldenen Schellen, damit man, wo du gehst, dich hören, mit Fingern auf dich weisen und sagen könne:»Sehet, sehet, da geht das feine Tier, das so köstliche Bücher schreiben und so trefflich gut predigen kann.« Alsdann bist du selig und überselig im Himmelreich – ja in dem Himmelreich, wo dem Teufel samt seinen Engeln das höllische Feuer bereitet ist. Kurzum, laßt uns Ehre suchen und hochmütig sein, wo wir wollen, – in diesem Buche gehört Gott allein die Ehre. Und es heißt:»Deus superbis resistit, humilibus autem dat gratiam« [»Gott widersteht den Hoffärtigen, aber den Demütigen gibt er Gnade«, 1 Petr 5, 5]. Cui est gloria in saecula saeculorum [Ihm gebührt Ehre von Ewigkeit zu Ewigkeit]. Amen.

Vorrede zum I. Band der Wittenberger Ausgabe
der deutschen Schriften. 1539. WA 50,657–661

2: AUS DER VORREDE D. MARTIN LUTHERS · 1545

Martin Luther an den geneigten Leser

1 Luther hält die Neuausgabe seiner Werke für unnötig

Vielmals und lange habe ich denen widerstanden, die meine Bücher oder, richtiger, die wirren Ergebnisse meiner nächtlichen Arbeiten herausgeben wollten. Einerseits wollte ich nicht, daß die Werke der Alten durch meine Neuerscheinungen in den Hintergrund gedrängt und der Leser am Lesen jener Schriftsteller verhindert würde; andererseits sind jetzt durch Gottes Gnade methodisch angelegte Bücher in großer Zahl vorhanden, unter denen die Loci communes des Philippus[88] besonders hervorragen. An diesen kann der Theologe und geist-

---

88 *Melanchthon hatte 1535 sein erstmals 1521 erschienenes Buch «Loci communes seu hypotyposes theologicae« (Grundbegriffe oder Skizzen der Theologie) neu herausgegeben.*

liche Amtsträger sich trefflich und reichlich bilden, um der Predigt
christlicher Lehre mächtig zu werden, zumal da man die Heilige Schrift
selbst heutzutage beinahe in jeder Sprache haben kann. Meine Bücher dagegen sind so, wie es das ungeordnete Nacheinander der Aufgaben mit sich brachte, oder vielmehr erzwang, selber ein rohes und
unverdauliches Durcheinander, dessen Entwirrung heute nicht einmal
mir selbst leicht fiele.

2 Luther erlaubt die Neuausgabe nur auf das Drängen anderer hin

Aus diesen Gründen wünschte ich, alle meine Bücher möchten in
dauernder Vergessenheit begraben werden, um besseren Platz zu machen. Aber die Unverschämtheit und rücksichtslose Hartnäckigkeit anderer Leute, die mir Tag um Tag in den Ohren lagen: wenn ich die
Herausgabe zu meinen Lebzeiten nicht erlaubte, würden nach meinem
Tode ganz gewiß Leute die Herausgabe unternehmen, die von den
Beweggründen und der zeitlichen Reihenfolge der Ereignisse überhaupt nichts mehr wüßten, und dann würden aus *einer* Verwirrung
noch viel mehr hervorgehen – ich sage, es trug deren Unverschämtheit den Sieg davon, so daß ich die Herausgabe erlaubte.
Dazu kam gleichzeitig der Wille und Befehl unsres erlauchten Herrn
Johann Friedrich, Kurfürsten usw.,[89] der die Buchdrucker anwies, viel-
mehr zwang, nicht nur den Druck durchzuführen, sondern auch die
Ausgabe zu beschleunigen.

3 Luther bittet, seine Schriften mit Erwägung der Zeitumstände zu lesen

Vor allem jedoch bitte ich den geneigten Leser – und ich bitte um
unsres Herrn Jesus Christus selbst willen – er möge das Nachfolgende
mit Urteil, ja mit großem Mitgefühl lesen. Er soll wissen, daß ich
einstmals ein überaus toller Mönch und Päpstler war, als ich diese
Sache in Angriff nahm, so trunken, ja ertrunken in den Lehren des
Papstes, daß ich ohne weiteres bereit gewesen wäre, alle, hätte
ich es können, umzubringen oder den Mördern zu helfen und beizu-
stimmen gegen alle, welche dem Papst auch nur mit einer Silbe den
Gehorsam verweigerten. Ein solcher Saulus (Apg 8, 3; 9, 1) war ich,
wie es bis heute noch viele sind. Ich war nicht von solcher Eiseskälte
in der Verteidigung des Papsttums wie Eck und seinsgleichen,[90] welche mir den Papst in Wirklichkeit nur um des Bauches willen zu verteidigen schienen, als daß sie seine Sache ernstlich vertraten; bis heute
scheinen sie mir – wie Epikureer – den Papst zu verlachen. Ich da-

89 *Kurfürst Johann Friedrich von Sachsen, 1503–1554, war seit 1532 Luthers
Landesherr, ein überzeugter Förderer der Reformation.*
90 *Zu Eck vgl. Band I, Seite 133.*

gegen nahm die Sache ernst, da ich mich vor dem Jüngsten Tag schrecklich fürchtete und dennoch aus tiefstem Herzen selig zu werden wünschte.

So wirst du in diesen meinen früheren Schriften finden, wie viele und große Zugeständnisse ich dem Papst in tiefster Demut gemacht habe, die ich in späteren und jetzigen Zeiten für die höchste Gotteslästerung und Greuel halte und verfluche. Du wirst also, gütiger Leser, diesen Irrtum oder – wie jene schmähen – diesen Selbstwiderspruch der Zeitlage und meiner Unerfahrenheit zuschreiben. Ich stand zuerst allein und war gewiß zur Behandlung so schwieriger Dinge völlig ungeeignet und ungelehrt. Denn ich geriet durch die Umstände, nicht mit Willen und Absicht, in dieses Getümmel; dafür rufe ich Gott selbst zum Zeugen an....[91]

4 Luther ist sich bewußt, zugleich mit seinen Werken gewachsen zu sein

Das erzähle ich deshalb, mein bester Leser, daß du beim Lesen meiner kleinen Werke daran denkst, ich sei, wie oben gesagt, einer von denen gewesen, welche, wie Augustin von sich schreibt, durch Schreiben und Lehren Fortschritte gemacht haben, nicht einer von denen, welche plötzlich aus nichts die Allerhöchsten werden, während sie doch nichts sind, weder durch Arbeit noch durch Anfechtung noch durch Erfahrung bewährt; dafür aber schöpfen sie mit einem einzigen Blick in die Schrift deren ganzen Geist aus...[92]

Lebe wohl im Herrn, lieber Leser, und bete für das Wachstum des Worts gegen den Satan; denn er ist mächtig und böse, besonders jetzt wütend und heftig tobend. Er weiß, daß er nur noch wenig Zeit hat und daß das Reich seines Papsts auf dem Spiel steht. Gott aber wolle in uns befestigen, was er ins Werk gesetzt hat, und sein Werk, das er in uns angefangen hat, vollenden zu seiner Ehre (Phil 1, 6). Amen.

5. März 1545. *Vorrede zu Band I der Opera Latina der Wittenberger Ausgabe. 1545. WA 54, Seite 179 ff*

DIE MASKEN DES TEUFELS

Luthers Lebenskampf ist nicht ein Kampf mit Fleisch und Blut, sondern ein Kampf mit Fürsten und Gewaltigen, mit den Herren der

---

91 *Nun folgt (WA 54,180,5 bis 186,24) eine eingehende Erzählung der Ablaßstreitigkeiten von 1517 bis 1521 nebst einer Schilderung von Luthers innerer Entwicklung (vgl. Seite 42 f, 56 f, 96 f, 98, 105 f, 116 ff, 127 f, 139 f).*
92 *Hier folgt WA 54,186,30 bis 187,2, wo Luther verspricht, falls er noch lebe, über die Entwicklung nach 1521 im Vorwort zu späteren Bänden zu berichten.*

Welt, die in der Finsternis dieser Welt herrschen, und mit ihrem Haupte, dem alt bösen Feind. Hinter aller Empörung der Menschen gegen Gottes Satzung steht kein anderer als *er*: er bringt durch List und Gewalt Arglose, Toren, Schwache, Sünder unter seine Botmäßigkeit, er berennt Gottes Bollwerke in der Welt mit listigen Anläufen, er verkleidet sich zu diesem Zweck in stets aufs neue wechselnde Formen, Gestalten, Masken und Larven. Je älter Luther wird, desto schärfer wird sein Auge für den Feind, desto mehr durchschaut er seine Masken, desto notwendiger wird für ihn der schonungslose Kampf gegen ihn.

Im Februar 1542 ist Luther eine Widerlegung des *Koran* in die Hände gefallen, welche ein alter Dominikanermönch ums Jahr 1300 verfaßt hat. Er liest das Büchlein und erschrickt darüber, daß Menschen sich vom Teufel bereden lassen können, solche Schändlichkeiten anzunehmen. Eine Übersetzung der Schrift ist notwendig – sie wird schon im April 1542 gedruckt –, denn auch in Deutschland soll erkannt werden, was für ein schändlicher, lügenhafter und greulicher Glaube der Glaube Mahomets (Mohammeds) ist. Die Christenheit soll dadurch in ihrem eigenen Glauben gestärkt werden, denn die Gefahr ist groß, daß sie angesichts der Erfolge und Siege des Türken das eigene Kreuz und Christi Kreuz verachtet, nun auch ihrerseits nach Glück und Ehre, Macht und Erfolg trachtet und alle diese Güter, die dem Türken doch nur durch Gottes Zorn zugefallen sind, zum einzigen Maßstab ihres Handelns macht. Freilich haben die Türken wieder Erfolge errungen, die auch Luther mit schwerer Sorge erfüllen: nachdem Kaiser Karl an der Spitze eines großen Heeres ihre Scharen im Jahre 1532 aus der Steiermark verjagt hat, haben Ferdinands Truppen 1537 wieder eine schwere Niederlage erlitten, ja, 1541 ist Ungarn wieder in Solimans Hände gefallen, und über Ofen weht die Fahne mit dem Halbmond. Allein aus den Erfolgen der Türken, aus den Niederlagen und Mißerfolgen des christlichen Abendlandes dürfen keine Rückschlüsse auf die Wahrheit des Glaubens gezogen werden, so daß gesagt werden dürfte, Mahomets Glaube sei der rechte, während der Christenglaube der unrechte sei. Vielmehr soll der Christ wissen, daß Gott sein Volk um seiner Sünden willen straft und unterdrückt werden läßt und daß durch die Feinde Christi immer Christenblut vergossen werden wird. Mahomet, der Erstgeborene Satans, hat ja mit Hilfe des Vaters der Lüge und unter dem Schein, Gott rede durch ihn, die Kirche Christi immer auf dreierlei Weise verfolgt: mit Gewalt wie die Tyrannen, mit falscher Lehre wie die Ketzer, mit dem Betrug gleißender Heiligkeit wie die falschen, heuchlerischen

Brüder. Er hat dies getan aus seinem Irrglauben heraus; darum muß, wie Luther in einer Tischrede sagt (1), sein Glaube, seine Lehre, das Dogma geprüft werden, nicht seine Person. Dabei wird offenbar, daß der Koran die Gottheit Christi nicht anerkennt, das Opfer und Versöhnungswerk Christi verachtet, die Heilige Schrift verlacht, der Bestätigung durch göttliche Wunder und Zeichen ermangelt, dazu noch in sich selbst widerspruchsvoll ist und dem Menschen als ewige Hoffnung nur die Lust des armen Fleisches vorgaukelt; — wer anders also kann hinter ihm stehen als der böse Feind, der alle Rasereien der Völker entzündet? Es ist dabei für Luther bezeichnend, daß er trotz der tiefen Kluft in der Lehre die Hoffnung nicht aufgibt, daß durch Gottes wunderbares Walten auch der Türke vielleicht noch einmal das Evangelium hören und annehmen werde (1); so tief geht bei ihm der Glaube an die Kraft des Worts und die Allgemeinheit der Gnade. Allein der Weg zur Erlösung und Befreiung führt nur über die Aufdeckung der teuflischen Bindung durch die Irrlehre; darum bekämpft Luther die Lehre, nicht mit Gewalt, sondern mit geistlichen Mitteln (2), nicht um zu verdammen, sondern um Menschen zu gewinnen.

Nach Luthers Überzeugung ist der Streit mit dem Türken leicht im Vergleich zum Kampf mit den andern Feinden Christi, in welchen er eine Verkörperung des Teufels sieht, mit den *Juden*. Schon in der frühesten Äußerung Luthers über die Juden in einem Briefe an Spalatin vom Februar 1514 zeigt sich seine doppelte Haltung in dieser das ganze Mittelalter unablässig bewegenden Frage: Luther ist überzeugt, daß die Juden nach der Weissagung aller Propheten Gott und seinen König Jesus Christus immer schmähen und lästern werden, und doch besteht die Möglichkeit, daß si einmal von diesen Lästerungen ablassen werden; nur liegt diese Möglichkeit nicht in Menschenhand, sondern ist allein und ganz Gottes Werk. Um seinem Glauben an dieses unmöglich scheinende Gotteswerk Ausdruck zu geben, ließ Luther im Jahr 1523 eine Schrift erscheinen »Daß Jesus ein geborener Jude sei«, in deren Vorrede er begründet, warum gerade jetzt Hoffnung auf eine Umkehr der Juden vorhanden sei: »Wahrlich, da jetzt das güldene Licht des Evangeliums aufgeht und leuchtet, so ist Hoffnung vorhanden, daß viele unter den Juden sich ernstlich und treulich bekehren und von Herzen zu Christus hingezogen werden... Denn der's angefangen hat, der wird's auch vollenden und wird sein Wort nicht leer zurückkommen lassen« (Br 3, 102, 37 ff). Es ist gar kein Wunder, wenn die Juden bisher vom Christenglauben nichts wissen wollten; denn sie sind von den Päpsten, Bischöfen und Mönchen nicht wie Menschen, sondern wie Hunde behandelt worden. Um so mehr muß man ihnen jetzt mit Liebe begegnen und ihnen Gelegenheit geben, christliche Lehre und Leben zu hören und zu sehen. Luthers Hoffnungen sollten sich freilich nicht erfüllen. Er mußte erleben, daß die Juden nach wie vor Christus verachteten und als Thola, d. h. als gehenkten Schächer ansahen, daß ihnen der Talmud mehr galt als die Verheißung des Alten Bundes, daß sie also gänzlich wie die katholische Kirche die Überlieferung über Gottes Wort stellten. Ja, er hörte, daß es den Juden in Mähren gelungen sei, eine Anzahl von Christen zur Beobachtung von Sabbat und Gesetz, ja sogar zur Beschneidung zu verführen; gegen seine sich mit den mährischen Vorgängen befassende Schrift »Brief wider die Sabbater« gaben die Juden eine Gegenschrift heraus. Endlich nistete sich gar in Eisleben eine große Anzahl von Juden ein und erging sich alsbald in beleidigenden Äußerungen gegen Christus.

Nun bricht Luthers voller Zorn los und entlädt sich in seinen drei *Altersschriften zur Judenfrage*: »Von den Juden und ihren Lügen«, »Vom Schem Hamphoras und vom Geschlecht Christi« und »Von den letzten Worten Davids«, sämtliche vom Jahr 1543. Es zeigt sich in diesen Schriften, daß Luthers Stellung zu den Juden ausschließlich durch die Christusfrage bestimmt ist. Er bekämpft die Juden darum, weil sie verstockte und unter dem *Zorn Gottes* stehende Feinde Christi sind. Mit Schrecken denkt Luther an den grausamen Zorn Gottes, nicht nur um der Juden, sondern auch um der falschen Christen und Ungläubigen willen, die demselben Zorn Gottes verfallen werden (3). Er wird nicht mehr mit den Juden reden, das Gespräch ist hier ausgegangen, aber *über* die Juden will er reden als Mahner und als Warner seines Volkes. Denn sie haben aus dem Zorn Gottes nichts gelernt, sondern sind weiter verstockt in ihrem blinden Dünkel und Hochmut; sie rühmen sich ihrer Abstammung von den Patriarchen (4), während nach der Schrift alle Menschen, Juden und Heiden, Sünder vor Gott sind. Sie rühmen sich der Beschneidung von Abraham her und verdammen darum alle Unbeschnittenen; sie rühmen sich, daß Gott selber am Sinai mit ihnen geredet und ihnen das Gesetz gegeben habe; sie rühmen sich, daß Gott ihnen das Land Kanaan, die Stadt Jerusalem und den Tempel geschenkt habe. Kein Prophet hat gegen diesen störrischen, ungezähmten und heillosen Hochmut aufkommen können. Allein das »Hauptstück« ist doch, daß sie Gott auch nach seiner Offenbarung in Christus noch um den Messias bitten (5). Das ist die offene Ablehnung Christi heute wie damals; Christus ist ihnen auch heute Thola, und sie beschimpfen ihn, seine Mutter Maria und alle Christen in ihren Schriften und Synagogen aufs gemeinste. Der um dieser lästerlichen Verwerfung über sie hereingebrochene Zorn Gottes wirkt sich aus auch in ihrem Wandel; ihr ganzes Wesen und Leben ist vergiftet, und sie verfallen, nachdem sie den wahren Gott abgelehnt haben, den falschen Götzen der Welt: einer unerträglichen Gier nach Geld, giftigem Haß gegen die Heidenvölker, den sie von Jugend auf in sich eingesogen haben (6), und endlich dem Wuchergeist, mit dem sie alle andern Völker aussaugen (7). Es ist eine Lüge, wenn sie behaupten, man halte sie gefangen; im Gegenteil, *sie* halten ihre Gastgeber gefangen und sind allen Christen eine schwere Last (8). Diese ihre bösen Eigenschaften sind die Folge ihres Abfalls von Gott, leibgewordene Sünde, fleischgewordene Schuld. Darum tritt der Jude für Luther mehr und mehr in die Nähe des Gegengottes, des Teufels; er ist ein leibhaftiger Teufel (9).

Trotz dieser nicht zu überbietenden Schärfe der Ablehnung benützt Luther den Juden nicht zur Erhöhung der eigenen Gerechtigkeit; dadurch würde er ja demselben Fehler verfallen, der den Juden so sehr entstellt. Der Juden Schicksal ist vielmehr für den Christen ein warnendes Beispiel des göttlichen Zorns, und wenn nun gegen sie eine »scharfe Barmherzigkeit« geübt werden soll, so geschieht dies nur, damit doch einige aus der Flamme und Glut des göttlichen Zorns gerettet werden möchten (10). Von hier aus – daß das Gericht die letzte Form der Gnade ist – müssen die Maßnahmen verstanden werden, welche Luther von der *Obrigkeit* gegen die Juden fordert und erwartet.

Alle diese Maßnahmen (11) – die Verbrennung der Synagogen, die Zerstörung der jüdischen Häuser, die Wegnahme des Talmuds und der jüdischen Betbüchlein, ja der Bibel, das Lehrverbot für die Rabbinen, der Entzug des freien Geleites und das Verbot von Handel und Wandel, das Verbot des Wuchers und die Wegnahme ihrer Barschaft, die Einführung redlicher Handarbeit für die jungen und starken Juden, im Notfall endlich die Vertreibung aus dem Lande nach gerechter Abrechnung – sollen von der *christlichen* Obrigkeit durchgeführt werden, denn sie hat den Beruf, für die Erhaltung von Recht und Ordnung zu sorgen und gegen Raub und Unrecht einzuschreiten. Sie wird verhindern können, daß wilde Rachsucht wie bei der Volksjustiz der mittelalterlichen Judenverfolgungen in wüstem Toben ausbricht. Auch die Pfarrer und Prediger sollen hier mahnen, daß die *Obrigkeit* handle, damit nicht den Juden persönlich Leid geschehe. So scheidet Luther zwischen der Sache und den Menschen, zwischem dem Volk als Ganzem und den einzelnen. Denn wenn auch seine Hoffnung auf eine Umkehr des jüdischen Gesamtvolkes geschwunden ist (12), wenn er auch in der an seine letzte Predigt vom 15. Februar 1546 sich anschließenden Kanzelvermahnung zur Vertreibung der Juden aus dem Lande auffordert, so hat er doch die Möglichkeit der *Umkehr* immer offengelassen – um der Treue und Freiheit Gottes willen – und jene Predigt und seine wichtigsten Judenschriften mit dem Gebet um die Bekehrung einzelner Juden geschlossen (13). Vor allem ist Luthers Kampf gegen die Juden ein Kampf um die rechte Auslegung des Alten Testaments, um das rechte Verständnis der messianischen Weissagungen; auch die Bibel muß aus der Gefangenschaft durch die Rabbinen befreit werden, und aus dem Alten Bunde soll die Herrlichkeit Christi offenbar werden (14).

Für den entsetzlichen Mißbrauch, der mit Luthers Judenschriften später getrieben worden ist, kann man ihn zweifellos nicht verantwortlich machen. Luther hat aus religiösen, nicht aus rassepolitischen Gründen geschrieben; seine Härte kam aus Barmherzigkeit, nicht aus Haß. Aber war diese Härte notwendig? Am Ende des 15. und zu Beginn des 16. Jahrhunderts waren überall in Deutschland scharfe Maßnahmen gegen die Juden im Gange; aus den meisten großen Städten des Reiches waren die Juden vertrieben, ganze Wohnviertel dabei zerstört worden. Uralter Haß gegen die Christusmörder, das Überlegenheitsgefühl gegenüber den Fremdlingen und die Erbitterung über den jüdischen Wucher wirkten dabei zusammen. Die Judenschaft stellte keine Bedrohung des Gemeinwesens mehr dar; ein kirchlicher oder politischer Notstand lag nicht vor. Hätte nicht Luthers Geduld größer, seine Liebe unmittelbarer, seine Hoffnung spannkräftiger sein müssen? Hätte er nicht durch sein Verhalten in dieser Frage zeigen müssen, daß in der Verwerfung Israels durch Gottes Gericht auch seine Erwählung zum Ausdruck kommt? Nach allen Greueln, deren Zeuge unsre Zeit gewesen ist, muß ohne Vorbehalt gesagt werden, daß Luthers Verhalten in der Judenfrage auf einer theologischen Fehlentscheidung beruhte.

Ein knappes Jahr vor seinem Tode holt Luther noch einmal zu einem furchtbaren Schlage aus: Der Feind, mit dem er lebenslänglich zu tun hatte, das *Papsttum*, soll zum letzten Male als teuflische Stiftung entlarvt werden. Auf dem Reichstag von Speyer 1544 hatte der wiederum durch Türken und Franzosen bedrängte Kaiser den Protestanten vorteilhafte Zusicherungen über die Benützung des Kirchenguts und die reichsrechtliche Regelung der Religionsverhältnisse gemacht, ja, ein freies christliches Konzil in deutscher Nation in Aussicht gestellt. Vor dem Papst taucht das Schreckgespenst eines ohne ihn abgehaltenen Konzils auf; diese Gefahr wird durch den im September 1544 erfolgenden Frieden zwischen dem Kaiser und Frankreich nicht vermindert, eher gesteigert. Darum beruft der Papst auf 15. März 1545 ein allgemeines christliches Konzil, das natürlich seiner Leitung unterstehen wird, nach *Trient* ein. Das Konzil tritt, von den Protestanten abgelehnt, nicht zusammen, dafür erscheint aber im März 1545, mitveranlaßt durch das zweideutige Verhalten des Papsts in der Konzilssache, Luthers letzte und schärfste Kampfschrift: »*Wider das Papsttum zu Rom, vom Teufel gestiftet*«. Sie stellt die abschließende und endgültige Vollendung der Beweisführung dar, welche Luther sechsundzwanzig Jahre früher Eck gegenüber bei der Leipziger Disputation angefangen hatte, grob, schonungslos, unwiderruflich und vernichtend. Der Papst ist nicht das Haupt der Christenheit, sondern der Antichrist im Tempel, ein Greuel an heiliger Stätte; sein Mißbrauch der Schrift, der Sakramente, der Schlüsselgewalt zerstört die Kirche von innen her; ihm gegenüber ist der Türke, der dasselbe Geschäft von außen her besorgt, harmlos. Der Papst ist nicht unfehlbar, nicht unabsetzbar, nicht oberster Richter; vielmehr ist jeder getaufte Christ ein Richter über den Papst und seinen Gott, den Teufel; denn jeder Getaufte soll nach seiner Taufe dem Teufel und all seinem Werk und Wesen absagen; jeder Getaufte kann darum feststellen, daß sich der Papst außerhalb der Kirche Christi gestellt hat (15). Auch die weltliche Herrschaft des Papstes hat keinen Grund; die Deutschen verdanken die Herrschaft über das Römische Reich nicht dem Papst, denn er kann nicht Länder verschenken, die ihm nie gehörten. Sein kirchlicher, sein rechtlicher, sein politischer Anspruch muß als Teufelswerk erkannt, gemieden, bekämpft werden: Das ist das letzte Wort des ehemaligen Mönchs und Priesters.

1 Die Lehre Mahomets

Ich wollte gerne erleben, daß das Evangelium unter die Türken käme, wie es auch gut geschehen kann. Ich freilich werde es schwerlich erleben; ihr möget es erleben, ihr werdet aber auch genug mit ihnen zu schaffen haben. Die persönlichen Dinge, welche man von Mahomet erzählt, interessieren mich nicht; aber die Lehre der Türken müssen wir angreifen. Das Dogma muß man ansehen. Wenn es schon mit seiner Person so wäre, wie man schreibt oder wie er sagt, er werde durch einen göttlichen Geist bewegt, so frage ich doch nach dem Persönlichen nichts. Es handelt sich um die Lehre, obwohl mit ihnen leichter zu streiten sein wird als mit den Juden, weil sie im Evangelium oder [Neuen] Testament viel zugeben: daß Christus ohne Sünde von Maria geboren sei und daß diese eine reine Jungfrau geblieben sei. . . .

Es kann Gott noch wohl ein Wunderwerk tun, daß sie noch das Evangelium hören müssen; denn der Teufel besitzt ja nur Macht, hat aber keine Erkenntnis. Wenn nur *ein* Pascha das Evangelium ergriffe, so würde man wohl sehen, wie es dem Türken ein Loch unter sein Volk reißen sollte. *Aus TR 5,5536 (Winter 1542/1543)*

2 Der Sieg der Türken

Ich glaube nicht, daß man das türkische Reich mit Gewalt unterdrücken kann. Es wird aber einmal ein wackerer Mann aufstehen, der wird dem Dogma Mahomets zu Leibe gehen. *TR 4,5079 (Juni 1540)*

3 Gottes Zorn über Juden und Christen

Und wenn ein Funke Vernunft oder Verstand in ihnen wäre, müßten sie wahrhaftig bei sich also denken: Ach, Herr Gott, es steht und geht nicht gut mit uns, das Elend ist zu groß, zu lange, zu hart, Gott hat uns vergessen usw. Ich bin wahrlich kein Jude, aber ich denke ernsthaft nicht gerne an solchen grausamen Zorn Gottes über dieses Volk. Denn ich erschrecke davon, daß mir's durch Leib und Leben geht. Was will's werden mit dem ewigen Zorn in der Hölle über falsche Christen und alle Ungläubigen?

Aus »Von den Juden und ihren Lügen« (1543). WA 53,418,26 ff

4 Der Abstammungsdünkel der Juden

Sie haben einen Grund, darauf pochen und trotzen sie über die Maßen hoch: sie seien nämlich von den höchsten Leuten auf Erden geboren, von Abraham, Sara, Isaak, Rebekka, Jakob und von den zwölf Patriarchen usf., von dem heiligen Volk Israel, wie das St. Paulus Röm 9, 5 auch bekennt und ausspricht: ... »Sie sind aus den Vätern, aus welchen Christus usw.«, und wie er selbst, Christus, Joh 4, 22 [sagt]: »Aus den Juden kommt das Heil.« Daher rühmen sie sich, die edelsten, ja die allein edlen Menschen auf Erden [zu sein]; wir, die Gojim, die Heiden, sind gegen sie und in ihren Augen keine Menschen, sondern kaum wert, von ihnen als arme Würmer eingeschätzt zu werden. Denn wir sind nicht ihres hohen, edlen Geblüts, Stammes, Geburt und Herkommens. Dies ist ein Argument und einer der [Gründe] ihres Trotzes und Ruhms, meines Dünkens fürwahr der vornehmste und stärkste.

Aus »Von den Juden und ihren Lügen« (1543). WA 53,419,22 ff

5 Das Hauptstück der Schuld Israels: Christi Verwerfung

Nun wollen wir von dem Hauptstück reden: daß sie [die Juden] Gott um den Messias bitten. Hier sind sie [nach ihrer Meinung] erst die rechten Heiligen und frommen Kinder; hier wollen sie wahrlich

nicht Lügner oder Lästerer, sondern gewisse Propheten sein, daß der
Messias nicht gekommen sei, sondern noch kommen solle. Wer will
sie hier [dessen] überführen, daß sie irren oder fehlen? Wenn alle Engel und Gott selber auf dem Berge Sinai oder zu Jerusalem im Tempel öffentlich sprächen, daß der Messias längst gekommen und nun
nicht mehr auf ihn zu harren sei, so müßte [nach dem Urteil der Ju-
den] Gott selber der Teufel und alle Engel eitel Teufel sein. So gewiß sind diese heiligsten, wahrhaftigsten Propheten, daß der Messias
nicht gekommen sei, sondern noch kommen soll.

Aus »Von den Juden und ihren Lügen« (1543). WA 53,449,3 ff

6 Überhebung und Haß der Juden gegen die Heiden

Ja, da steckt's, das ist der Hader, da fängt es an, das macht die Juden toll und töricht und treibt sie zu so verdammtem Sinn, daß sie
alle Sprüche der Schrift so schändlich verdrehen müssen, nämlich: Sie
wollen's nicht, sie können's nicht leiden, daß wir Heiden ihnen vor
Gott gleich sein sollten und daß der Messias für uns Trost und Freude sein sollte so gut als für sie. Ehe sie das litten, sage ich, daß wir
Heiden, die von ihnen ohne Unterlaß verspottet, vermaledeit, verflucht, gelästert, geschändet werden, mit ihnen am Messias teilhaben
und ihre Miterben und Brüder heißen sollten, kreuzigten sie eher noch
zehn Messiasse und schlügen Gott — wenn dies möglich wäre — selber
tot mit allen Engeln und allen Kreaturen, und wenn sie tausend Höl-
len statt einer [damit] verdienten.

Sie haben solchen giftigen Haß gegen die Gojim [Heiden] von Jugend auf von ihren Eltern und Rabbinen eingesogen und saugen [ihn]
noch in sich ohne Unterlaß, daß es ihnen, wie der 109. Psalm (V 18)
sagt, durch Blut und Fleisch, durch Mark und Bein gegangen und ganz
und gar zur Natur und zum Leben geworden ist. Und so wenig sie
Fleisch und Blut, Mark und Bein ändern können, so wenig können sie
diesen Stolz und Neid ändern; sie müssen so bleiben und verderben,
wenn Gott nicht sonderlich hohe Wunder tut.

Aus »Von den Juden und ihren Lügen« (1543). WA 53,481,7 ff, 23 ff

7 Die Juden und das Eigentum

Sie leben bei uns zu Hause, unter unsrem Schutz und Schirm, brauchen Land und Straßen, Markt und Gassen. Und die Fürsten und die
Obrigkeit sitzen dabei, schnarchen und haben das Maul offen, lassen
die Juden aus ihrem offenen Beutel und Kasten nehmen, stehlen und
rauben, was sie wollen, d. h. sie lassen sich selbst und ihre Untertanen
durch der Juden Wucher schinden und aussaugen und mit ihrem eigenen Geld sich zu Bettlern machen. Denn die Juden als in der Fremde

[weilende] sollten eigentlich gewiß nichts haben, und was sie haben, das muß gewiß unser [Eigentum] sein. So aber arbeiten sie nicht, verdienen uns nichts ab, andrerseits schenken oder geben wir's ihnen [auch] nicht; dennoch haben sie unser Geld und Gut und sind damit unsre Herren in unsrem eigenen Lande und in ihrer Fremdlingschaft. Wenn ein Dieb zehn Gulden stiehlt, so muß er hängen; raubt er auf der Straße, so ist der Kopf verloren. Aber ein Jude, wenn er zehn Tonnen Gold stiehlt und raubt durch seinen Wucher, so ist er [uns] lieber als Gott selber!

Aus »Von den Juden und ihren Lügen« (1543). WA 53,482,29 ff

8 Die Last des Landes

Wir wollten gerne [ein] Geschenk dazu geben, daß wir sie los wären. Denn sie sind uns eine schwere Last wie eine Plage, Pestilenz und lauter Unglück in unserem Lande. ... Sie halten uns Christen in unsrem eigenen Lande gefangen, sie lassen uns arbeiten im Nasenschweiß und Geld und Gut gewinnen; dieweil sitzen sie hinter dem Ofen, faulenzen, pompen und braten Birnen, saufen, leben sanft und wohl von unsrem erarbeiteten Gut, halten uns unsre Güter gefangen durch ihren verfluchten Wucher, spotten dazu und speien uns an, daß wir arbeiten und sie faule Junker sein lassen von dem Unsern und in dem Unsern. So sind sie unsre Herren, wir ihre Knechte mit unsrem eigenen Gut, Schweiß und Arbeit; zu Lohn und zu Dank fluchen sie dazu unsrem Herrn und uns.

Aus »Von den Juden und ihren Lügen» (1543). WA 53,520,34 ff; 521,9 ff

9 Das Gesicht Israels

Darum wisse du, lieber Christ, und zweifle nicht daran, daß du nächst dem Teufel keinen bittereren, giftigeren, heftigeren Feind hast als einen rechten Juden, der mit Ernst ein Jude sein will.

Darum, wo du einen rechten Juden siehst, magst du mit gutem Gewissen ein Kreuz für dich schlagen[93] und frei [und] sicher sprechen: »Da geht ein leibhaftiger Teufel.«

Aus »Von den Juden und ihren Lügen« (1543). WA 53,482,8 ff; 479,33 ff

10 Die scharfe Barmherzigkeit

Was wollen wir Christen nun mit diesem verworfenen, verdammten Volk der Juden tun? Dulden können wir es nicht, nachdem sie bei uns sind und wir solches Lügen, Lästern und Fluchen von ihnen wissen; sonst machen wir uns aller ihrer Lügen, Flüche und Lästerungen teilhaftig. Ebensowenig können wir das unauslöschliche Feuer des

93 *Wie zum Schutze gegen böse Geister.*

274

göttlichen Zorns – wie die Propheten sagen[94] – löschen noch die Juden bekehren. Wir müssen mit Gebet und Gottesfurcht eine scharfe Barmherzigkeit üben, ob wir doch etliche aus der Flamme und Glut erretten könnten. Rächen dürfen wir uns nicht; sie haben die Rache auf dem Halse, tausendmal ärger, als wir es ihnen wünschen können. Ich will meinen treuen Rat geben.

Aus »Von den Juden und ihren Lügen« (1543). WA 53,522,29 ff

11 *Luthers Ratschläge zur Judenfrage*

Erstens soll man ihre Synagogen oder Schulen mit Feuer anstecken und, was nicht verbrennen will, mit Erde überhäufen und zuschütten, daß kein Mensch einen Stein oder eine Schlacke davon sehe ewiglich. Und das soll man unsrem Herrn und der Christenheit zu Ehren tun, damit Gott sehe, daß wir Christen seien und solch öffentliches Fluchen und Lästern seines Sohnes und seiner Christen nicht mit Wissen geduldet noch [darin] eingewilligt haben. . . .

Zum andern soll man auch ihre Häuser desgleichen zerbrechen und zerstören. Denn sie treiben ebendasselbe drin, was sie in ihren Schulen treiben. Dafür mag man sie etwa unter ein Dach oder in einen Stall tun, wie die Zigeuner, damit sie wissen, sie seien nicht Herren in unsrem Lande, wie sie rühmen, sondern im Elend und gefangen, wie sie ohne Unterlaß vor Gott über uns Zeter schreien und klagen.

Zum dritten soll man ihnen alle ihre Betbüchlein und Talmudisten[95] nehmen, in denen solche Abgötterei, Lügen, Fluch und Lästerung gelehrt wird.

Zum vierten soll man ihren Rabbinen bei Leib und Leben verbieten, hinfort zu lehren; denn dieses Amt haben sie mit allem Recht verloren. . . .

Fünftens soll man den Juden das Geleit und die [freie] Straße ganz aufheben. Denn sie haben nichts auf dem Lande zu schaffen, weil sie weder Herren noch Amtleute noch Händler oder dergleichen sind. Sie sollen daheim bleiben. . . .

Sechstens soll man ihnen den Wucher verbieten und ihnen alle Barschaft und Kleinodien an Silber und Gold nehmen und es zur Verwahrung beiseite legen. Und dies ist der Grund [dafür]: Alles, was sie haben, haben sie (wie oben gesagt) uns gestohlen und geraubt durch ihren Wucher, weil sie sonst keinen andern Nahrungserwerb haben. Solches Geld sollte man dazu benützen – und nicht anders! –, daß man, wenn

94 *Jeremia 4,4.*
95 *Ausleger des Talmuds, des maßgebenden Religionsbuches des rabbinischen Judentums.*

ein Jude sich ernstlich bekehrte, ihm davon hundert, zwei- drei[hundert] Gulden auf die Hand gäbe nach Maßgabe der Personen, damit er einen Beruf für sein armes Weib und seine Kindlein anfangen könne, und daß man die Alten und Gebrechlichen damit unterhalte. ...

Siebentens soll man den jungen, starken Juden und Jüdinnen Flegel, Axt, Karst, Spaten, Rocken, Spindel in die Hand geben und sie ihr Brot verdienen lassen im Schweiß der Nase, wie es Adams Kindern aufgelegt ist (1 Mose 3, 19). ... Befürchten wir aber, daß sie uns an Leib, Weib, Kind, Gesinde, Vieh usw. Schaden tun könnten, wenn sie uns dienen oder arbeiten sollen –, weil die Vermutung naheliegt, daß solche edlen Herren der Welt und giftigen, bitteren Würmer, keiner Arbeit gewohnt, nur ungern sich so sehr unter die verfluchten Gojim demütigen werden –, so laßt uns bei der natürlichen Klugheit der andern Nationen wie Frankreich, Spanien, Böhmen usw. bleiben und mit ihnen abrechnen, was sie uns abgewuchert haben; und darnach gütlich geteilt, sie aber auf jeden Fall zum Land hinausgetrieben! Denn, wie gehört, Gottes Zorn ist so groß über sie, daß sie durch sanfte Barmherzigkeit nur ärger und ärger, durch Schärfe aber [nur] wenig besser werden. Darum nur fort mit ihnen!

Aus »Von den Juden und ihren Lügen« (1543). WA 53,523,1 ff bis 526,16

12 Auf eine Umkehr des Volkes Israel hofft Luther nicht mehr –

Es ist nicht mein Vorhaben, daß ich mit den Juden zanken oder von ihnen lernen wollte, wie sie die Schrift deuten oder verstehen; ich weiß das alles schon ohnedies gut. Noch viel weniger gehe ich damit um, daß ich die Juden bekehren will; denn das ist unmöglich.

Aus »Von den Juden und ihren Lügen« (1543). WA 53,417,20 ff

Kurz und gut: Es sind junge Teufel, zur Hölle verdammt. Ist aber etwa noch etwas Menschliches in ihnen, dem mag diese Schrift nützen und zugut kommen. Vom ganzen Haufen mag hoffen, wer will, ich habe da keine Hoffnung, weiß auch keine Schriftstelle dafür. Können wir schon den großen Haufen unsrer Christen nicht bekehren und müssen uns am kleinen Häuflein genügen lassen, wieviel weniger ist es möglich, diese Teufelskinder alle zu bekehren! Denn daß einige aus dem Römerbrief Kap 11 den Wahn schöpfen, als sollten alle Juden am Ende der Welt bekehrt werden, ist nichts; St. Paulus meint etwas ganz anderes. *Aus »Vom Schem Hamphoras« (1543). WA 53,580,1 ff*

Christus, unser lieber Herr, bekehre sie barmherziglich und erhalte uns in seiner Erkenntnis, welche das ewige Leben ist, fest und unbeweglich. Amen. *Schluß der Schrift »Von den Juden und ihren Lügen«*
(1543). WA 53,552,36 ff

Darum sollt ihr Herren sie nicht leiden, sondern sie wegtreiben. Wenn sie sich aber bekehren, ihren Wucher lassen und Christus annehmen, so wollen wir sie gerne als unsere Brüder halten.

Wollen sich die Juden zu uns bekehren und von ihrer Lästerung und was sie uns sonst getan haben, ablassen, so wollen wir es ihnen gerne vergeben. Wo aber nicht, so sollen wir sie auch bei uns nicht dulden noch leiden.
Aus Luthers »Vermahnung wider die Juden« nach seiner letzten Predigt
in Eisleben am 15. Februar 1546. WA 51,195,25 ff; 196,14 ff

Welche sich bekehren wollen, da gebe Gott seine Gnade dazu, daß sie – wenigstens etliche – mit uns erkennen und loben Gott den Vater, unsern Schöpfer, samt unsrem Herrn Jesus Christus und dem Hl. Geist in Ewigkeit. Amen.
Schluß der Schrift »Vom Schem Hamphoras« (1543). WA 53,648,13 ff

14 Die Rettung des Alten Testaments vor den Juden

Gott gebe, daß unsere Theologen tapfer Hebräisch studieren und uns die Bibel wieder heimholen von den mutwilligen Dieben und alles besser machen, denn ich's gemacht habe. D. h. sie sollen sich nicht in die Gefangenschaft der Rabbinen mit ihrer gemarterten Grammatik[96] und falschen Auslegung begeben, damit wir den lieben Herrn und Heiland hell und klar in der Schrift finden und erkennen. . . .
Aus »Von den letzten Worten Davids« (1543). WA 54,100,21 ff

Also ist nun die ganze Schrift, wie gesagt, alles eitel Christus, Gottes und Marien Sohn: überall handelt es sich um denselben Sohn, daß wir ihn unterschiedlich erkennen[97] und so den Vater und den Hl. Geist, den Einen Gott, ewiglich sehen mögen. Wer den Sohn hat, dem steht die Schrift offen, und je größer und größer sein Glaube an Christus wird, um so heller scheint ihm die Schrift[98]. . . .
Aus »Von den letzten Worten Davids« (1543). WA 54,88,38 ff

96 *Mit ihrer erzwungenen hebräischen Sprachlehre.*
97 *Es handelt sich um die Erkenntnis der Offenbarung Gottes in ihrer Unterschiedenheit als Vater, als Sohn, als Heiliger Geist.*
98 *Es muß auffallen, daß Luther gerade durch den Kampf gegen die Juden und durch die Frage nach dem rechten Verständnis des Alten Testaments sich veranlaßt sieht, die Trinitäts- und Christuslehre zu entwickeln.*

Ihr eigenes Altes Testament ist gegen sie [und] verdammt sie mit ihrem Ruhm. ... So geht's denn, daß sie sich stolz brüsten und rühmen, sie hätten allein vor aller Welt die Heilige Schrift – und sie haben nicht *ein* Blatt noch *einen* Buchstaben davon, was das Verständnis [der Schrift] betrifft. ... Denn was sie in der Schrift suchen, das finden sie nimmermehr; es ist nicht drinnen und noch nie drin gewesen. ... Der Messias ist drin verheißen, aber nicht der Messias, den sie wollen und erträumen. ...

Aus »Vom Schem Hamphoras« (1543). WA 53,620,24 f und 621,5 ff

15 Der teuflische Charakter des Papsttums

... [So] ist es als gewiß erwiesen, daß nicht allein die Kirche, sondern jeder getaufte Christ ihn [den Papst] richten, verdammen und, zum wenigsten in seinem Herzen, absetzen kann als einen Widerchrist und Werwolf, als einen Feind Gottes, als Feind Christi, als aller Christen und aller Welt Feind. Wer ein rechter Christ sein und selig werden will, der muß so urteilen und lehren, singen und sagen, es solle, wer dem Papst gehorsam sein will, wissen, daß er dem Teufel gegen Gott gehorsam ist und den Papst in seinen Greueln stärken hilft, wie St. Johannes sagt (2 Joh 11): »Wer ihn grüßet, macht sich teilhaftig seiner bösen Werke.« Zudem hat ihn der Herr selbst (Matth 18, 17) öffentlich gerichtet und aus der Kirche und der Zahl der Christen [hinaus]geworfen; er soll – wie schon gehört – kein Christ mehr heißen, weil er ungerichtet und ungestraft, d. h. ein freier Teufel und Werwolf sein will; darum muß er von Gott und aller Kreatur verdammt sein öffentlich.

Ja wahrlich, sollte Gottes Sohn darum gestorben sein und sein teures Blut vergossen haben, damit ein mutwilliger Bube zu Rom in aller Teufel Namen sich rühmen möge, er sei durch Christi Blut und Tod frei gemacht und habe Gewalt empfangen, zu sündigen, zu toben, zu wüten und zu tun, was er will, wogegen kein Christ, auch der Hl. Geist selbst in seiner Kirche etwas zu reden noch zu richten habe, wie dist. 40 »Si Papa«[99] uns lehrt? Da doch Paulus Gal 1, 8 den Christen die Vollmacht zuschreibt, daß sie auch einen Engel vom Himmel zu richten und zu verdammen haben, wenn derselbe ein anderes Evangelium predigen wollte! Was ist aber gegen einen Engel vom Himmel der Papst, ein Kardinal und alle Teufel auf einem Haufen? Abgesehen davon muß der Papst damit nicht allein seine Gotteslästerung und seine verfluchte Lüge und Abgötterei offenbaren, sondern auch seinen großen, groben Eselskopf aller Welt zeigen als einer, der gar nichts

99 *Eine päpstliche Verordnung (Dekretale).*

davon versteht, was ein Christ, was Kirche, Gottes Wort, Geist und Gott ist. Denn wenn er's verstünde, würde er wohl wissen, daß Gottes Wort der höchste Richter über alle Kreatur ist, und wer dieses im rechten Glauben hat, der heißt (1 Kor 2, 15) ein geistlicher [Mensch], der alles richten kann, während ihn niemand richten kann; nicht um seiner Person willen, sondern wegen des Worts und Geists, der in ihm wohnt und durch ihn redet und richtet, wie Paulus dort (1 Kor 2, 16) sagt: »Wir haben Christi Sinn.« Darum ist's nichts mit dem Papst und den Kardinälen als lauter grobe, römische Eselei.

So bringt sich der Papst selbst zu Fall; er richtet, verurteilt und stellt sich selbst außerhalb der christlichen Kirche, eben damit, daß er ungerichtet sein will; er macht sich selbst zum Heiden, und es geht, wie der Herr sagt:[100] »Aus deinem eigenen Munde wirst du verdammt.« Denn weil du nicht wie alle anderen Christen gestraft sein willst (Matth 18, 17), so bist du gewiß kein Christ; bist du kein Christ, so mußt du gewiß in aller Teufel Namen der Antichrist oder der Papst unter den Christen sein. Ja, so wollte es der Papst haben, darum hat er gerungen, daß, wer ein Christ sein will, soll und muß den Papst für des Teufels Gespenst, Stiftung und Eigentum halten, wovor man fliehen, wogegen man beten und mit allem Ernst dagegen tun und leben soll wie gegen den Teufel selbst . . .

Aus »Wider das Papsttum zu Rom« (1545). WA 54,293,34 ff

DIE BEIDEN REICHE

Luthers Glaube drängt dem Jüngsten Tage, dem Reiche Gottes, dem neuen Himmel und der neuen Erde entgegen, der gewaltigen göttlichen Umwälzung, in der durch Tod und Gericht hindurch die gefallene Schöpfung erlöst und erneuert wird. Denn Gott will die Welt trotz ihrer Bosheit nicht wieder in den Abgrund des Nichts versinken lassen, aus welchem sie sein Wort geschaffen hat, sondern er will sie wandeln in sein Reich. Darum erhält er sie bis zum Jüngsten Tag, daß in ihr die Botschaft von diesem seinem Reiche verkündigt werde, daß sie sich bereite auf den Anbruch seiner Herrschaft.

Diese Verkündigung ist die Aufgabe des Predigtamts, der *Kirche*. Mitten in der gefallenen Welt lebt die Kirche als ›Schöpfung des Worts‹, wie Luther einmal sagt, und weist durch ihr Zeugnis hinaus über sich selbst auf die Vollendung und Erlösung der Welt. Nur von dieser Zweiheit aus ist die *Welt* zu begreifen; sie ist nicht auf *einen*

100 *Lukas 19,22; vgl. Matthäus 12,37.*

Nenner zu bringen, aus einer letzten Voraussetzung als Einheit abzuleiten. Es greifen vielmehr geistliches und weltliches Reich, darum auch geistliches und weltliches Regiment ineinander. Zwei Regimenter hat Gott in der Welt aufgerichtet, eines durch die Predigt, eines durchs Schwert. Das Schwert zwingt die Welt, in Frieden und Ordnung zu leben; mit dem Evangelium allein würde sie um der vielen Ungläubigen willen ins Chaos stürzen. Durch das Evangelium aber schafft Gott glaubende Menschen, Zeugen seines Reiches. Weil die Kirche vom Reiche Gottes her ihren Auftrag und ihre Verheißung hat, darum hängt alles daran, daß die Kirche die *echte* ist. Wenn Luther in jenen Jahren immer wieder betont, daß die aus der Predigt des unverfälschten Evangeliums hervorgegangene Kirche die *alte* Kirche, die Kirche der Apostel, des Neuen Testaments, der ersten Christenheit sei, so will er damit nichts anderes sagen, als daß die Kirche die *wahre*, die ursprüngliche, die stiftungsgemäße, die einzige Kirche sei, welche diesen Namen zu Recht führe.

Weil die echte Kirche durch ihr Wort das kommende Reich Gottes inmitten des Reiches dieser Welt bezeugt, ist das Wort, d. h. aber Christus selber, ihr einziges *Kennzeichen*. Sie ist damit ganz auf den Glauben an ihren unsichtbaren Herrn gestellt. Nicht eine zersplitterte Vielzahl äußerlich sichtbarer Merkmale macht sie als wahre Kirche kenntlich, wie die falsche Romkirche es von sich behauptet, sondern das in ihr verkündigte Wort Christi. Während die Papstkirche das *Glaubensbekenntnis* der Väter durch Jahrhunderte als Ballast und überwuchert durch Menschensatzung mit sich geschleppt hat, weiß sich die Kirche der Reformation wieder in unmittelbarem Zusammenhang mit dem Glaubenszeugnis der Väter und erblickt wie jene in der Schrift die Richtschnur des Glaubens, im Bekenntnis aber die Summe der Schrift, den zusammengefaßten Inhalt des Evangeliums.

Während die römische Kirche dergestalt ein sichtbares Stück dieser Welt geworden ist, während sie Weltreich und Gottesreich in eines verschmilzt, weiß die Kirche der Reformation als Kirche des Glaubens an das Wort um die Unterschiedlichkeit und die geheime Zuordnung der *beiden Reiche*. Die falsche Kirche *Roms* will Gottes Reich in sich darstellen; sie herrscht über die Welt im Namen Christi und will als »Gottesstaat« die irdische und die himmlische Welt in sich umschließen. Wie ein dichtes Netz zieht sich in ihr eine zweite Schöpfung, angeblich göttlich, in Wirklichkeit menschlich, über die Welt, die gefallene Schöpfung durch die vom Priester verwaltete »Gnade« gleichzeitig wiederherstellend und überhöhend. Vom Kloster, von der Kirche, vom sichtbaren Ort der Vollkommenheit, von der irdischen Darstellung des Reiches Gottes aus gehen die zahllosen Fäden in die Welt hinein, um sie zu verklären, zu durchdringen, zu beherrschen, hinaufzuheben in eine Heiligkeit, die nicht im Gehorsam gegen Gottes Wort begründet, sondern selbstgewählt ist. So wird durch die Kirche die Welt zum Reich Gottes, werden Gottesreich und Weltreich miteinander vermischt; so wird der Papst zum Fürsten der Welt, der Bischof Herr über geistliches und weltliches Recht; so wird die Schuld der gefallenen Schöpfung außer acht gelassen, Christus ausgeschaltet und das Warten auf Gottes Reich überflüssig.

Es ist im Grunde dieselbe Vermengung der beiden Reiche — so verschieden die äußere Erscheinung ist —, wenn der *Schwärmer* mit Gesetz und Schwert und unter Berufung auf seine außerhalb der Predigt erfolgende Erleuchtung das Reich Gottes herbeizwingen will; auch er setzt an Stelle des Werkes Christi sein eigenes Werk, an Stelle der Verheißung Gottes seine eigene Gewalt. Beidemal ist das Ergebnis dasselbe: Menschen nehmen Christus die Zügel aus der Hand und versuchen, das Schicksal der Welt in eigener Vollmacht, mit der Autorität alten Herkommens, mit der Weisheit erprobter Seelenführung, mit dem Schein eigener Heiligkeit oder auch im Hochgefühl der eigenen Freiheit, der Gottesunmittelbarkeit der Seele, der schöpferischen Gewalt des Geistes zu bestimmen und die Welt zu erlösen. Vollbringt aber der geistliche Mensch durch sein Werk, auf Grund seines Geistes, die Erlösung —, wozu dann noch das Kreuz Christi?

Luther dagegen weiß: Christus allein hat die Welt erlöst, und sie lebt allein von der Verheißung des Reiches Gottes. Darum gibt es nichts Wichtigeres als die Verkündigung der vollzogenen Erlösung, die Verhinderung der Vermischung von Welt und Kirche, die *Unterscheidung* beider Regimente, den Kampf gegen den Traum der Selbsterlösung, der die Hoffnung auf Gottes Reich zerstört. Der Teufel steht in einem geheimen Bunde mit der trügerischen, selbsterwählten Heiligkeit des Mönchs, des Priesters, des Schwärmers. Er ist ebenso im Gleisnertum der falschen Kirche geschäftig wie in der Machtanbetung des Islam und in der Christusfeindschaft der Juden. Der Tod der christlichen Hoffnung ist sein Gewinn, denn der Mensch ohne Hoffnung ist seine Beute. Dieser Mensch, im Traume der Erfüllung schwelgend, dünkt sich nicht nur selber Herr der Welt zu sein, sondern er zerstört auch frevelnd die Ordnungen der sichtbaren Welt, welche Gott der Welt zur Buße und zum Gehorsam gesetzt hat. Darum hat der Teufel eine Freude an der Vermischung der beiden Reiche, an der Vernichtung der Ehe durch das Mönchswesen, am Mißbrauch des weltlichen Schwerts durch die geistliche Oberherrschaft, an der Zerstörung des Predigtamts durch den Greuel der Messe. Gott aber hat die Stände, die »Hierarchien« der Ehe, des Predigtamts, der weltlichen Obrigkeit dazu verordnet, daß der Mensch nicht dem Irrlicht seiner eigenen Heiligkeit nachjage, sondern lerne, in diesen *über* ihm stehenden, *vor* ihm gesetzten Anordnungen Gottes als Mann und Weib, als Herr und Untertan, als Prediger und Hörer im Glauben seinen *Gehorsam* zu beweisen. Von hier aus wird verständlich, warum Luther heiratete, warum er für das Recht weltlicher Obrigkeit eintrat: die Welt soll gegen die Zerstörungsversuche des Teufels, der in seiner List an das Beste im Menschen, an sein Heiligkeitsstreben, seine fromme Sehnsucht, seine Religion anknüpft, als wartende, als gehorchende, als demütige Welt erhalten werden.

So lebt der Christ in der Ordnung der vergehenden Welt vom Glauben an die kommende Welt. Städte und Dörfer der Reformationszeit umschließen in ihren Mauern, auf ihren Markungen ein wildes und rauhes Geschlecht, aber diesem Geschlecht wird in den weiten Hallen der vom Meßgreuel gereinigten Münster und Stiftskirchen wie in den schmucklosen Dorfkirchen das Wort Gottes, Gesetz und Evangelium verkündigt. Die Sünde ist durchaus nicht tot; sie lebt und wird immer schärfer erkannt, je mehr das Wort gepredigt wird. Die *Predigt* ist geradezu der Angelpunkt der beiden Reiche: hier wird der *eine* Herr von Kirche und Welt verkündigt. Die schriftgebundene Predigt ist Zeugnis davon, daß das Wort dieses Herrn *über* dem Menschen steht und ihm nicht in die Hand gegeben ist. Hier wird die Vermessenheit zurückgewiesen, in der der Mensch Mitschöpfer Gottes, ja Gott selbst sein will. Hier wird der Mensch, der sich durch seine Vermessenheit zum Unmenschen macht, zur wahren Menschlichkeit freigemacht. Hier wird die Welt zur Ordnung gerufen; hier wird das Unrecht des Menschen, das Recht Gottes, die Gerechtmachung des Sünders verkündigt. Hier an der Predigt scheiden sich die Geister; sie bezeugt die *Grenze* zwischen Wahrheit und Irrtum, Furcht Gottes und Sünde; mit der Predigt erst entsteht die Möglichkeit, den Sünder zur Buße zu rufen und Zucht innerhalb der Kirche auszuüben. Im Gehorsam gegen Gott tut auch die weltliche Obrigkeit ihren Dienst, richtet im Raum der irdischen Dinge die Grenze zwischen Recht und Unrecht auf und bezeugt damit, daß sie ihr Amt nicht in Erfüllung einer eigenmächtig geraubten Aufgabe, sondern als Dienst, im Auftrag Gottes ausübt. Und ebenso ist die emsige Tätigkeit des Bürgers, das Zusammenleben der Gatten in ehelicher Treue, die Kinderzucht in den Häusern ein Zeichen dafür, daß in dieser Welt der Mensch sich vor

Gott für sein irdisches Werk verantwortlich weiß und seine Tage mißt am Tag der Offenbarung aller Werke.

Darum bedeutet die Unterscheidung der beiden Reiche keine Scheidung, sondern stammt aus dem Wissen um ihre verborgene, tiefe *Zusammengehörigkeit*. Welt und Kirche, Gesetz und Evangelium fallen nicht beziehungslos auseinander, wie die Antinomer wollen. So wenig die Welt erstickt wird durch das dichte Gespinst der Hierarchie, so wenig wird sie der Willkür des Menschen überlassen, der damals zuerst in der Renaissance die Scheinewigkeit seines Ich, die Scheinewigkeit der sichtbaren Welt erlebt. Die Reformation greift tief ein in das Leben ihrer Zeit; Luther urteilt über Kaiser und Könige, Fürsten und Herren, Städte und Bauern, über Tugenden und Laster des deutschen Volkes mit schonungslosem Freimut und unerbittlicher Wahrhaftigkeit und weiß sich vor Gott als der dem deutschen Volk gesetzte Prophet verantwortlich dafür, die Gewissen in geistlichen wie in weltlich-politischen Dingen zu beraten. Denn wenn die Obrigkeit in ihrem Amt einen Dienst an Gottes Auftrag sieht, – wer wäre mehr berufen, sie zu ermahnen, als der Mann, der Gottes Auftrag ausrichten muß?

Es gibt kaum ein Gebiet des öffentlichen Lebens, welches Luther nicht in den Umkreis seiner Warnung und Mahnung einbezogen, in welchem sein Rat nicht Spuren hinterlassen hätte. Dem Manne, der zuerst und vor allem andern nach dem Reich Gottes trachtete, fiel auch alles übrige zu. Gottes Reichtum wandelt sich dem Glaubenden auch in irdischen Reichtum. Weil Luther die Bibel übersetzte und übersetzen mußte, ward seinem Volke das Geschenk der Spracheinheit zuteil, obwohl Luther nicht darum die Bibel übersetzte. Weil er in der Obrigkeit die Ordnung Gottes zur Erhaltung von Recht und Frieden in der Welt sah, hat das deutsche Volk auch in seinen schlimmsten Zeiten nie die Erinnerung an eine gültige Autorität verloren, obwohl Luther nie einer bedingungslosen Vorherrschaft menschlicher Gewalt das Wort redete. Ohne Luther ist der Bürgerfleiß der Städte, die Ehrlichkeit in Handel und Wandel, die Aufrichtung des Grundsatzes der Billigkeit und Rechtlichkeit im wirtschaftlichen Leben, die Armenpflege der Gemeinden, die Erneuerung der Volkserziehung und des gesamten Jugendunterrichts, die Neubildung der Universitäten, die Geschichtsauffassung und philosophische Entwicklung bis in die Jetztzeit hinein undenkbar, nicht weil er ein kultureller, religiöser, politischer, sozialer Reformer sein wollte, sondern weil er der Reformator war, dem Gottes Reich über alles ging und der darum aus der Fülle des göttlichen Reichtums auch für die Welt, Todesreich und Gottes Eigentum zugleich, Segen und Gnade empfing.

Die Bewährung der Hoffnung

In der Erwartung des Jüngsten Tages
1546

Luthers Arbeitskraft scheint unerschöpflich. Immer noch hält er regelmäßige *Vorlesungen* – von 1535 bis 1545 über das erste Buch Mose,
eine seiner inhaltsreichsten und tiefsten Schriftauslegungen, außerdem
über das Matthäusevangelium, über Psalmen und Prophetenkapitel –
und ist sich nicht zu gut, den Disputationsübungen seiner Studenten
anzuwohnen und sie selber in der Kunst des theologischen Streitge-
sprächs zu unterweisen. Krankheit hindert ihn oft daran, vor der Wittenberger Gemeinde zu *predigen*; er darf diese Aufgabe auch getrost
Bugenhagen überlassen. Dafür hat er seit 1532 begonnen, daheim als
christlicher Hausvater vor Familie, Freunden und Hausgesinde zu predigen. Seine bis 1534 gehaltenen Predigten werden von dem eifrigen
Rörer, Wittenberger Diakonus und Luthers Hausfreund, nachgeschrieben und 1544 der Öffentlichkeit übergeben. Als sich seine Gesundheit
wieder bessert, vertritt er fast zwei Jahre lang den nach Dänemark be-
rufenen Bugenhagen auf der Kanzel der Wittenberger Stadtkirche und
predigt auch späterhin, sooft es seine Kräfte erlauben. In seinem über
Wall und Graben gelegenen Stüblein im ehemaligen Augustinerkloster laufen immer noch die Fäden zusammen im bunten Wechselspiel
der großen und kleinen Ereignisse in Kirche und Welt; von hier gehen
seine Abhandlungen, Trost-, Mahn- und Bittbriefe aus, in denen so
oft Entscheidungen fallen über das Schicksal eines einzelnen Bedrängten, über die Geschicke ganzer Gemeinden, über den Fortgang des
Reformationswerks in ganzen Völkern, Ländern und Reichen. An
Luthers Tisch sammeln sich Tag um Tag Gäste, Freunde, Bekannte,
durchreisende Glaubensgenossen von nah und fern, und die Schüler
haben es sich längst angewöhnt, die Luthers Mund entströmenden
»*Tischreden*« nachzuschreiben und zu sammeln. Dazu kommt, unter
der gerechten und liebevollen Zucht der Eltern aufwachsend, die Schar
der Kinder; zu Johannes, Magdalene, Martin und Paul (vgl. S. 93)
hat sich noch das im Dezember 1534 geborene Töchterlein Margarete
gesellt. *Käthe Luther* hat es nicht immer leicht, den an ihr Haus und
ihren Tisch gestellten Anforderungen gerecht zu werden, allein unter
ihrer sorgenden Hand blüht das Hauswesen auf; in den Ställen sind
Pferde, Kühe, Schweine, Hühner; außer dem Klostergarten bewirt-
schaftet Käthe noch drei Gärten und einen Acker, die Luther – freilich auf Schulden – gekauft hat. Endlich kommt gar noch das kleine
Landgut Zülsdorf dazu; Luther hat es mit Beihilfe des Kurfürsten von

einem Bruder Käthes übernommen und ihr damit einen Herzenswunsch erfüllt.

Allein der Friede dieses Hauses will, stets bedroht, stets von neuem erkämpft sein. Der Widersacher hört nicht auf, Luther zu plagen; in der Einsamkeit der Nacht steht er am Bett des alternden Reformators und aus der Finsternis tönt seine anklagende Stimme, welche Luther die Sünden der Vergangenheit, sein seelenverderbendes Messelesen vorhält, ihm die Tafeln des Gesetzes vor Augen stellt, bis ihm darüber der Schweiß ausbricht, bis er keine andere Hilfe mehr weiß als die Flucht zu der in Christus offenbaren Vergebung. Darum kann Luther, immer von neuem im Feuer höllischer Anfechtung gehärtet, mehr als jeder andere *trösten* und helfen. Er hat die Lügen des bösen Feindes, der durch seine Vorhaltungen den armen Sünder in die Verzweiflung treiben will, durchschaut; er kennt seine Schliche, seine Zermürbungstaktik, seine feine Kunst, die Wahrheit als Mittel der Lüge zu mißbrauchen, seine schlangengleiche Gewandtheit im Disputieren, die nur das eine Ziel hat, den Bedrängten von Christus loszureißen. So kann Luther dem verzweifelten Hieronymus Weller Mut zusprechen und ihm sagen, daß seine Anfechtung ein Glaubenszeichen, Grund zur Freude in aller Not, Anlaß zum festen Bleiben an Christus sei; wer wird den überwundenen Feind bei all seiner teuflischen Gefahr noch ernst nehmen, statt ihn zu verlachen? (1). Mit unvergleichlicher Kraft und Zartheit zugleich tröstet Luther den durch den Tod seiner Frau tief verwundeten Justus Jonas; die Innigkeit seines mit-leidenden Schmerzes, die liebevolle Wertschätzung der Toten, die offene Hilf- und Trostlosigkeit alles Fleisches vor dem Tode wird verklärt durch die Gewißheit des Sieges Christi, der Auferstehung alles Fleisches, der Herrlichkeit im ewigen Leben (2).

Auch in Luthers eigenes Leben fallen die *Schatten des Todes* länger und dunkler herein. Das Steinleiden, das ihn in Schmalkalden an den Rand des Grabes brachte, regt sich immer wieder. Im Jahre 1538 stirbt einer der ältesten und treuesten Freunde, Nicolaus Hausmann, den während seiner Antrittspredigt im Freiberger Dom der Schlag ereilt hat; Luther verbringt einen Tag in Tränen aufgelöst. Melanchthon, durch das öffentliche Ärgernis, welches Landgraf Philipps Doppelehe gegeben hat, im tiefsten aufgewühlt und von Gram verzehrt, fällt auf der Reise zum Hagenauer Religionsgespräch im Juni 1540 in ein so schweres Fieber, daß die Ärzte den bewußtlos und mit gebrochenen Augen Daliegenden aufgeben; Luthers mächtiges, auf Gottes Verheißungen trotzendes Gebet allein rettet den Verlorenen vor dem Sterben. Luther weiß sich rings vom Tode umfangen, den er doppelt,

Gott gegenüber als Sünder, dem Teufel gegenüber als Heiliger, verdient hat; aber der Tod wird Christi Eigentum nichts anhaben können (3). Er wird einmal nicht freudig, sondern zitternd und zagend sterben, denn der Tod bleibt eine Strafe voller Schrecken (4); aber der Sterbende darf sich nicht durch die drohenden Bilder des Gesetzes, der leiblichen Auflösung, der ewigen Pein blenden lassen, sondern darf auf Christi Gnade trauen (5) und sich mit dem Trostgebet im letzten Stündlein (6) auf Gottes gewisse, feste und wahre Zusage und Verheißung verlassen. Aufs tiefste bewegt hat Luthers väterliches Herz der Tod seines inniggeliebten, dreizehnjährigen Töchterchens Magdalene, welches am 20. September 1542 in seinen Armen starb; in ihrem Tod macht der Vater die bittere Not eigenen Sterbens durch und zürnt so sehr dem Tode, daß er froh ist, in den Schmerzen des Abschieds, unter Seufzen und Schluchzen des Herzens am Totenbette des Kindes auch nur ein wenig singen und Gott danken zu können (7). In jenen Jahren häufen sich Luthers Gebete, Gott möge auch ihn von der Welt wegnehmen und ihm ein seliges Ende bescheren. Am 20. Juni 1543 schreibt er an Linck: »Ich begehre, es möge mir ein gutes Stündlein verliehen werden, hinüberzugehen zu Gott. Ich bin satt, ich bin müde, ich bin nichts mehr. Bete doch ernstlich für mich, daß der Herr meine Seele in Frieden wegnehme« (Br 10, 335, 12 ff). Er erwartet von dieser Weltzeit nichts mehr; es geht mit ihm, es geht mit der Welt dem Ende zu. Luther sieht die Schatten immer stärker werden, aber er sieht sie im Licht der kommenden Erlösung, darum mündet sein Seufzen schließlich aus in die eine, die große Bitte: »Dein Reich komme.«

1 *Der Kampf gegen die teuflische Anfechtung · Brief von der Koburg an Hieronymus Weller*[1] *in Wittenberg, Sommer 1530*

Gnade und Friede in Christus! Mein lieber Hieronymus, Ihr müßt bestimmt annehmen, daß diese Eure Anfechtung vom Teufel kommt, und daß Ihr deshalb so geplagt werdet, weil Ihr an Christus glaubt. Ihr seht ja, wie sicher und freudig er die grimmigsten Feinde des Evangeliums sein läßt — ich denke hier an Eck, Zwingli und andere. Alle, die wir Christen sind, *müssen* den Teufel zum Widersacher und Feind haben, wie Petrus (1 Petr 5, 8) sagt: »Euer Widersacher, der Teufel, geht umher« usw. Bester Hieronymus, über eine solche Anfechtung des Teufels müßt Ihr Euch freuen, weil sie ein sicheres Zeichen dafür ist, daß Ihr einen gnädigen und barmherzigen Gott habt.

Ihr sprecht: »Diese Versuchung ist schwerer, als man sie tragen

1 *Vgl. Seite 199, Anmerkung 3.*

kann«, und fürchtet, sie könnte Euch so zerbrechen und niederdrük-
ken, daß Ihr in Verzweiflung und Lästerung fallet. Ich kenne diese
List des Teufels: wenn er jemand im ersten Ansturm der Anfechtung nicht zu überwältigen vermag, dann sucht er ihn durch Beharr-
lichkeit zu ermüden und zu zermürben, bis er weicht und sich geschlagen gibt. Darum, so oft Euch diese Anfechtung anfallen wird, hütet
Euch davor, mit dem Teufel eine Disputation anzufangen oder solchen
tödlichen Gedanken nachzuhängen. Denn das bedeutet nichts anderes
als dem Teufel nachgeben und unterliegen. Ihr sollt Euch vielmehr an-
strengen, mit aller Kraft solche vom Teufel eingegebenen Gedanken
zu verachten. Bei dieser Art von Anfechtung und Kampf ist Verachtung das beste und einfachste Mittel, den Teufel zu überwinden. Verlacht den Feind und sucht Euch jemand, mit dem Ihr plaudern könnt.
Die Einsamkeit fliehet auf jede Weise; denn er sucht Euch gerade dann
am liebsten zu erhaschen und abzufangen, wenn Ihr allein seid. Durch
Spiel und Nichtachtung wird dieser Teufel überwunden, nicht durch
Widerstand und Disputieren. Treibt deshalb Scherz und Spiel mit
meinem Weibe und andern; dadurch vertreibt Ihr die teuflischen Gedanken und bekommt einen guten Mut, lieber Hieronymus. Diese
Anfechtung ist Euch nötiger als Essen und Trinken.

Ich will Euch erzählen, was mir einst, als ich etwa in dem Alter
war, in dem Ihr jetzt seid, widerfahren ist. Bald nachdem ich ins Kloster eingetreten war, kam es dahin, daß ich immer traurig und niedergeschlagen einherging, und ich konnte diese Traurigkeit nicht loswerden. Darum suchte ich Rat und beichtete bei Dr. Staupitz – ein
Mann, dessen ich gerne Erwähnung tue – und eröffnete ihm, was für
schreckliche und furchtbare Gedanken ich habe. Da sprach er: »Ihr
wißt nicht, Martinus, wie nützlich und nötig diese Anfechtung für
Euch ist; Gott sucht Euch nämlich nicht umsonst so sehr heim. Ihr
werdet sehen, daß er Euch zum Werkzeug großer Dinge brauchen
wird.« Und so geschah es auch. Denn ich bin ein großer Doktor geworden – das darf ich ja mit Recht von mir sagen –, was ich freilich
damals, als ich diese Anfechtung erlitt, niemals für möglich gehalten
hätte. So wird's auch Euch ohne Zweifel gehen: Ihr werdet ein großer
Mann werden; sehet nur zu, daß Ihr solange guten und getrosten
Muts seid, und seid überzeugt, daß solche Aussprüche, zumal wenn sie
von so gelehrten und bedeutenden Leuten stammen, weissagender
und vorahnender Bedeutung nicht entbehren. Ich erinnere mich, daß
einst ein Mann, den ich über den Verlust eines Sohnes tröstete, zu mir
sagte: »Ihr werdet sehen, Martinus, daß Ihr noch ein großer Mann
werdet.« An diesen Ausspruch habe ich mich noch oft erinnert; denn

solche Worte haben, wie ich schon sagte, ein Stück Vorahnung und Weissagung in sich.

Seid darum guten und getrosten Mutes und werft diese schrecklichen Gedanken weit von Euch. Und so oft Euch der Teufel mit solchen Gedanken plagt, sucht auf der Stelle menschliche Gesellschaft, oder trinkt mehr, oder scherzt, treibt Kurzweil oder sonst etwas Heiteres. Man muß bisweilen mehr trinken, spielen, Kurzweil treiben, und [hiebei] sogar irgend eine Sünde riskieren, um dem Teufel Abscheu und Verachtung zu zeigen, damit wir ihm ja keine Gelegenheit geben, uns aus Kleinigkeiten eine Gewissenssache zu machen. Andernfalls werden wir überwunden, wenn wir uns zu ängstlich darum sorgen, daß wir ja nicht sündigen. Deswegen, wenn der Teufel einmal sagt: ›Trinke nicht!‹, so sollt Ihr ihm zur Antwort geben: ›Gerade darum will ich kräftig trinken, weil du es verwehrst, und zwar trinke ich um so mehr.‹ So muß man immer das Gegenteil von dem tun, was der Satan verbietet. Aus was für einem andern Grunde glaubt Ihr, daß ich – so, wie ich's tue – kräftiger trinke, zwangloser plaudere, öfter esse, als um den Teufel zu verspotten und zu plagen, der mich plagen und verspotten wollte? Wenn ich doch so etwas wie eine auffallende Sünde aufzuweisen hätte, nur um damit den Teufel zu foppen, damit er erkennt, daß ich keine Sünde anerkenne und mir keiner Sünde bewußt bin!

Überhaupt muß uns der ganze Dekalog aus den Augen und dem Sinn entfernt werden, uns, sage ich, die der Teufel so sehr angreift und peinigt. Wenn uns nun der Teufel einmal unsre Sünden vorhält und uns des Todes und der Hölle schuldig spricht, dann müssen wir so sagen: »Ich bekenne mich zwar des Todes und der Hölle schuldig, aber was dann weiter? Wirst du [mich] deshalb in Ewigkeit verdammen? Ganz und gar nicht! Denn ich weiß einen, der für mich gelitten und Genugtuung erworben hat, er heißt Jesus Christus, Gottes Sohn. Wo er bleibt, werde auch ich bleiben.«

Euer   Martin Luther
Br 5,518,1 ff

2 Der Trost der vom Tode Betrübten · Brief aus Wittenberg an Justus Jonas in Halle vom 26. Dezember 1542

Gnade und Friede in Christus, der unser Heil und Trost ist, bester Jonas! Ich weiß schlechterdings nicht, was ich Dir schreiben soll: so sehr hat mich der Unglücksfall,[2] der Dich so plötzlich traf, darnieder-

---

2 Jonas' Frau Katherine geb. Falk war am 22. Dezember 1542 gestorben, nachdem sie ihrem Mann zwölf Kinder geboren hatte.

geworfen. Wir alle haben [mit Dir] die lieblichste Lebensgefährtin verloren. Sie war mir nicht bloß in Wahrheit lieb, sondern ihr Anblick war [für mich] immer eine besondere Freude und voll Trostes. Wußten wir doch, daß sie alles, was uns betraf, Gutes und Schlimmes, nicht anders trug und ansah, denn als wäre es ihre eigene Sache. Wahrlich, eine bittere Trennung! Ich hatte gehofft, sie würde auch den Meinen nach meinem Tode die vornehmste und erste Trösterin unter allen Frauen sein. Tiefer Schmerz erschüttert mich, wenn ich an ihren so lieblichen Geist, an ihre so sanfte Art, an ihr so treues Herz denke. Der Gedanke, eine solche Frau vermissen zu sollen, die durch Frömmigkeit und Ehrbarkeit, Sittsamkeit und Anstand sich auszeichnete, läßt schon mich in solcher Weise weinen. Was das erst für Dich bedeutet, kann ich an dem, wie es mir geht, leicht ermessen. Das Fleisch hat hier keinen Trost; da muß man zum Geist kommen, weil sie in seligem Vorausgehen uns vorangegangen ist zu dem, der uns alle berufen hat und auch zu sich führen wird zu seiner seligen Stunde aus diesem Elend und der Bosheit der Welt. Amen.

Unterdessen magst Du, darum bitte ich, traurig sein (denn der Anlaß dazu ist vorhanden!), aber so, daß Du an unser gemeinsames Christenlos denkst: Mögen wir auch nach dem Fleisch durch härteste Trennung geschieden werden, so werden wir doch für jenes Leben uns einst durch die süßeste Vereinigung verbunden und jenem Einen zugesellt sehen, der uns so geliebt hat, daß er uns durch sein eigenes Blut und Sterben dieses Leben erwerben wollte. Wir sind ja des Herrn, ob wir sterben oder leben, wie Paulus sagt (Röm 14, 8). Und uns ist wohl geschehen, wenn wir in reinem Glauben an den Sohn Gottes entschlafen. Hier gilt es wahrhaftig: »Deine Barmherzigkeit ist besser denn Leben« (Ps 63, 4). Wie weit sind, frage ich, von diesem Ruhm und Trost Türken, Juden, und die schlimmer sind als sie: Papisten, Kardinäle, Heinz[3] und Mainz[4] entfernt! Sie müßten traurig sein, um nicht ewig trauern zu müssen! Uns, die wir ein wenig betrübt werden, wird er mit einer unsagbaren Freude aufnehmen; zu der sind Deine Käthe und meine Magdalene[5] mit vielen andern uns vorangegangen, und sie rufen, mahnen und locken uns täglich, daß wir [ihnen] folgen möchten. Denn wer sollte nicht schließlich all der Greuelzeichen in dieser Weltzeit müde werden? (Wenn man es »Weltzeit« und nicht vielmehr geradezu eine Hölle voll Übel nennen soll, womit diese Sodomiten unsere Seele und unsern Blick Tag und Nacht peini-

3 *Herzog Heinrich von Braunschweig-Wolfenbüttel (vgl. Seite 241).*
4 *Erzbischof Albrecht von Mainz-Magdeburg.*
5 *Vgl. Seite 293 f.*

gen!) Und wie wir lesen, daß es bei Noah geschah,[6] so betrüben sie den Hl. Geist, so daß die ganze Kreatur es verdrießt:[7] mit uns zusammen seufzt sie in unaussprechlichem Seufzen nach der Erlösung für sich selbst und uns, und der, der diese ihre Seufzer weiß und kennt, wird sie nächstens erhören. Amen.

Das wollte ich schreiben, da ich jetzt, verstört durch Deinen [Trauer]fall, in der Tat nichts anderes [an Dich] zu schreiben vermag, der Du zweifellos von der schwersten Trauer bedrückt bist. Meine Käthe war völlig außer sich. Denn die Tote und sie waren ein Herz und eine Seele. Wir bitten [für Dich], daß der Herr auch Dein Fleisch trösten wolle. Denn der Geist hat Anlaß zur Freude, wenn er daran denkt, daß das heilige und selige Weib von Deiner Seite in den Himmel und das ewige Leben entrückt wurde; daran gibt es keinen Zweifel, wenn sie mit solch frommen, solch heiligen Worten ihren Glauben bekennend an der Brust Christi entschlafen ist. Ebenso ist auch mein Töchterlein entschlafen, zu meinem großen und einzigen Trost.

Der Herr, der Dich gedemütigt werden ließ, tröste Dich wiederum, hier und in Ewigkeit! Amen.

Am dritten Tag nach [Christi] Geburt 1542.

Dein Martin Luther, D.

Br 10,227,1 ff

3 *Der zweifach verdiente Tod*

Es ist doch nicht mehr an uns als der eine Tod; [und doch,] wie mancherlei Tod haben wir da an uns! Es gibt kein Glied, das nicht tödlich krank werden könnte. Soviel Glieder, soviel Todesarten gibt es. Er guckt uns zu allen Gliedern heraus, und mitten im Leben sind wir dem Tod unterworfen, weil der Satan, des Todes Urheber, uns als grimmigster Feind auflauert. Darum gilt's zu wachen, daß wir das Stündlein wohl erharren mögen. Der Teufel hat uns den Tod geschworen, und wir haben ihn verdient. Aber bei den Gerechten wird er nichts ausrichten, er wird in eine taube Nuß beißen. Lieber laßt uns sterben, daß der Teufel zufrieden sei! Denn ich habe den Tod zweifach verdient: Gott gegenüber als ein Sünder – das ist mir leid; dem Satan gegenüber als ein Heiliger um der Wahrheit willen – das will ich nicht achten, sondern mich darüber freuen.

TR 2,2669 b (September 1532)

---

6   *1. Mose 6,11 ff und Matthäus 24,37 ff.*
7   *Vgl. Römer 8,19 ff.*

4 Der Tod ist eine Strafe Gottes

Ich sehe die Beispiele eines freudigen Sterbens nicht gerne; aber diejenigen, die vor dem Tode zagen, zittern, erblassen und dennoch hindurchgehen, die sehe ich gerne. Den großen Heiligen geht es so, daß sie nicht gern sterben. Die Furcht ist etwas Natürliches, weil der Tod eine Strafe, darum etwas Trauriges ist. Dem Geiste nach stirbt man gerne, dem Fleische nach aber heißt es: »Ein anderer wird dich führen, wo du nicht hinwillst« (Joh 21, 18).   *TR 1,408 (Dezember 1532)*

5 Auf das Evangelium, nicht aufs Gesetz sterben!

Es gibt kein besseres Sterben als das von St. Stephanus, der sagt: »In deine Hände befehle ich meinen Geist« (Apg 7, 58) – daß man alle die Register von unsern Sünden und Verdiensten weglege und allein auf die Gnade sterbe.   *TR 1,117 (November 1531)*

6 Trostgebet in der letzten Stunde

Allmächtiger, ewiger, barmherziger Herr und Gott, der du ein Vater unsres lieben Herrn Jesu Christi bist, ich weiß gewiß, daß du alles, was du gesagt hast, auch halten willst und kannst; denn du kannst nicht lügen, dein Wort ist wahrhaftig. Du hast mir im Anfang deinen lieben, einzigen Sohn Jesus Christus zugesagt; der ist gekommen und hat mich vom Teufel, Tod und Hölle und Sünden erlöst, danach hat er mir zu größerer Sicherheit aus gnädigem Willen die Sakramente der Taufe und des Altars geschenkt und mir darin Vergebung der Sünden, ewiges Leben und alle himmlischen Güter angeboten. Auf dieses dein Anerbieten hin habe ich von diesem Gebrauch gemacht und [mich] im Glauben auf sein Wort fest verlassen und sie empfangen. Darum zweifle ich nun gar nicht, daß ich fein sicher und im Frieden bin vor Teufel, Tod, Hölle und Sünde. Ist dies meine Stunde und dein göttlicher Wille, so will ich im Frieden mit Freuden auf dein Wort gern von hinnen scheiden . . .[8]   *TR 5,5685 (wohl aus den vierziger Jahren)*

7 Magdalene Luthers Tod

Als sein Töchterchen schwer erkrankte, sprach er [Luther]: »Lieb habe ich sie sehr. Aber wenn es dein Wille ist, du lieber Gott, daß du sie wegnehmen willst, – ich will sie gerne bei dir wissen.«

Dann sagte er zu der darniederliegenden Tochter: »Magdalenchen, mein Töchterlein, du bliebest gerne hier bei mir, bei deinem Vater, und du gehst auch gern zu jenem Vater?« Die Kranke gab zur Antwort: »Ja, herzlieber Vater, wie Gott will.« Der Vater sprach: »Du

---

8   Vgl. Luthers Sterbelied: »Mit Fried' und Freud' ich fahr dahin.«

liebes Töchterlein! Der Geist ist stark, aber das Fleisch ist schwach. Ich habe sie ja sehr lieb. Wenn dies Fleisch so stark ist, was wird dann der Geist sein?«

Unter anderem sagte er: »In tausend Jahren hat Gott keinem Bischof so große Gaben gegeben wie mir (denn der Gaben Gottes darf man sich rühmen!). Ich bin zornig über mich selber, daß ich mich nicht von Herzen freuen und Gott danken kann, obwohl ich zuweilen ein wenig ein Lied singe und Gott danke.«

Aus TR 5,5494 (September 1542)

DAS GERICHT ÜBER DEUTSCHLAND UND DER JÜNGSTE TAG

Luther weiß, daß seine Zeit für Deutschland eine Zeit der *Entscheidung* ist. Er ist als Prophet Deutschlands auch in besonderer Weise der hohepriesterliche, fürbittende und sorgende Mittelsmann zwischen seinem Volk und Gott. Er hat die Gewißheit empfangen, daß zu seinen Lebzeiten kein Krieg mehr über Deutschland hereinbrechen wird (1), denn er liegt wie ein Block im Wege (2); wehe freilich, wenn er tot ist, denn dann wird Gottes Gericht über eine verderbte Welt kommen! Jetzt ist eine einmalige, eine besondere Gnadenzeit infolge der Wiederentdeckung des Evangeliums. Das Wort, das Luther im Jahre 1524 den Ratsherren der deutschen Städte zurief, daß man kaufen solle, solange der Markt sei, daß Gottes Wort gebraucht sein wolle, solange es da sei, weil es wie ein »fahrender Platzregen« nicht mehr dahin komme, wo es gewesen sei (vgl. S. 65) – dieses Wort gilt für ihn lebenslänglich. Darum ruft er sein Volk zur Buße auf, solange die Gnadenzeit währt (3); bei jedem Tode eines Gerechten sieht er die dunkle Wolke der göttlichen Ungnade sich mehr verdichten.

Luther gönnt seinem Volke das Höchste, das es gibt, das Licht des Evangeliums: die unermüdliche Liebe, mit welcher er ihm das Evangelium verkündigt, ist ein Widerschein der göttlichen Barmherzigkeit. Allein das tiefe Leiden dieser Liebe beginnt da, wo sie an die Grenze stößt, welche ihr durch die Verkennung, Verachtung, Verschmähung des Evangeliums gezogen wird. Darum sieht Luther in tiefstem Schmerz, in erbarmender Liebe und in gerechtem Zorn das künftige Unheil voraus, das aus der Verachtung der Gnadenzeit kommen wird. Gott hat ihm die Gabe der Propheten (im engeren Sinne der besonderen Weissagung bestimmter Ereignisse in bestimmter Zeit) nicht gegeben (4), allein, daß auf die Gottlosen das Verderben und auf die Gerechten das Heil warte, kann jeder Christ prophezeien (5). Das Heil ist ja nicht an ein bestimmtes Volk, nicht an ein Land, nicht an eine Stadt gebunden; es gilt vielmehr die Einmaligkeit des Angebots und der

Entscheidung. Wird das Wort nicht aufgenommen, so darf der Bote den Staub von den Füßen schütteln. Schon längst ist Luther schmerzlich berührt von der Undankbarkeit und dem wilden, ausgelassenen, unzüchtigen Treiben, das sich in seiner nahen Umgebung, in Wittenberg selbst, vor allem bei dem weiblichen Teil der Bevölkerung breitmacht. Im Juli 1545 verläßt er Wittenberg und erklärt in einem Brief an Käthe, er wolle nicht mehr zurückkehren, lieber unstet umherschweifen und Bettelbrot essen. Ist es der müde Pessimismus eines alternden, gereizten, enttäuschten, kränklichen Mannes, der den zweiundsechzigjährigen Reformator »aus diesem Sodom« wegtreibt? Gibt er, müde geworden und verzweifelt, sein Lebenswerk preis? Auch dieser äußerste, letzte Schritt Luthers ist nichts anderes als eine andere Form seiner Verkündigung. Je größer das Licht, desto größer die Schatten; je größer das Heil, desto größer die Sünde, desto schärfer, deutlicher muß auch zur Buße gerufen werden. Luther sieht, wie sich in der Welt- und Kirchengeschichte ein *Gesetz des Unheils* auswirkt: Wer die Liebe, das Heil, die Freiheit verachtet, verfällt zwangsläufig dem Zorn, dem Unheil, der Knechtschaft. Ein solches Volk macht Gott blind (6); auf das Wort folgt die Verachtung, auf das Licht Finsternis (7). Die Wiederenthüllung des Evangeliums ist immer von einem gewaltigen Umschwung aller Dinge begleitet (8); der Bestand ganzer Völker ist von ihrer Stellung zum Evangelium abhängig. Geht aber die Bindung durch das Wort, die Gemeinschaft im Evangelium verloren, dann zerbricht auch die politische und soziale Ordnung, und es waltet nur noch das grausame Gesetz, daß der große Vogel den kleinen frißt. Dann werden sich die Stände gegenseitig zerfleischen, bis das ausgeraubte Deutschland seine Freiheit verliert und unter das spanische Joch kommt (9). Dann wird der Kaiser die Fürsten gegeneinander aufhetzen, bis sich beide Teile verderben; dann wird der Adel den verdienten Lohn seiner Ungerechtigkeit ernten und aus dem Lande vertrieben werden (10). Diesen Zorn Gottes muß Luther dem deutschen Volke aus der Theologie und aus Gottes Wort verkündigen (11).

Die kommende *Strafe* hat Luther vor allem in der Türkengefahr gesehen. Luther fürchtet, daß Gott das ganze deutsche Volk noch einmal durch den Türken heimsuchen wird, weil die erkannte Wahrheit immer noch verfolgt wird (12). Er hat sich damit abgefunden, daß ein Türkenkrieg oder ein innerer Krieg als Strafe kommen wird (13). Dagegen kann kein irdischer König oder Kaiser helfen; hier ist Christus allein der Helfer (14). Doch dieser Krieg ist noch nicht die volle Strafe; noch viel schlimmer ist der gänzliche Verlust des Worts, die Wegnahme des Reichs, das Aufhören der Gnade. Dann wird das Reich Gottes von den Undankbaren weggenommen, Gottes Geduld ist zu Ende, die letzte Strafe ist da (15). Schon reden die Vorzeichen eine deutliche Sprache; wenn Gott ein Land verderben will, nimmt er ihm die gottesfürchtigen Prediger, die weisen Regenten weg und überläßt den Pöbel seinem Mutwillen. Ist nicht schon die Axt dem Baum an die Wurzel gelegt (16)? Noch kann Gott in seiner Langmut das Unheil wenden; darum fordert Luther immer wieder zum Gebet auf gegen die Heimsuchungen Deutschlands (17) und um die Erhaltung des Friedens (18) und betet selbst fleißig um Behütung und Bewahrung vor den kommenden Schrecknissen (19).

Aber das finstere Ungewitter des göttlichen Zorns steigt immer mächtiger herauf. Luther möchte, daß er und alle seine Kinder schon gestorben wären (20), und preist alle Kinder selig, die im Frieden entschlafen, solange das Licht des Evangeliums scheint (21). Die *letzte Zeit* ist nahe; jeder treue Christ soll um das baldige Kommen des Reichs, um endliche Erlösung beten (22). Ja, Luther glaubt das Ende selbst noch erleben zu dürfen (23) und sieht die Welt als eine vergehende, der Freuden entleerte, dem Tode sich zuneigende (24). Jede Hoffnung auf eine politische Neugestaltung, auf eine Erneuerung der Papstkirche ist verloren; es wird mit allem Planen und Raten nur immer schlimmer; darum weiß er keinen andern Trost, keine andere Hilfe als das Kommen des Jüngsten Tages (25). Das ausgehende Mittelalter hoffte mit religiöser Inbrunst auf einen messianischen Kaiser, den »König vom Schwarzwald« (W. Andreas, Deutschland vor der Reformation, S. 222), der Reich und Kirche von Grund auf erneuern, Türken und Welsche besiegen, die sozialen Übel abstellen und ein goldenes Zeitalter heraufführen werde. Thomas Müntzer wartete auf einen neuen Elias und Johannes, der die Sünden des Volkes strafen und die eigentliche, die treffliche und unüberwindliche Reformation bringen werde. Luther wartet – in Übereinstimmung mit der biblischen Prophetie – darauf, daß Gott selber, Gott allein sein Reich bringen wird, in dem Friede und Gerechtigkeit wohnen, in dem ein neuer Himmel sich über einer neuen Erde wölbt und Gottes Wille geschieht im Himmel und auf Erden.

1 Luther hält durch seine Fürbitte das kommende Unheil auf

Ich bin's gewiß, bei meinem lieben Gott [das] zu erhalten: Solange ich lebe, soll Deutschland durch Krieg keine Not haben oder leiden. Aber wenn ich nun tot bin, so betet ihr auch! Dann wird es angehen, denn die Welt ist zu böse! *TR 3,3429 (wohl aus den dreißiger Jahren)*

2 Luther ist das Hindernis für Gottes Gericht

Es geht wild zu in der Welt. Kurz gesagt, ich bin der Block, der Gott im Wege liegt. Wenn ich sterbe, so wird er dreinschlagen.

Aus TR 2,1714 (Juni/Juli 1532)

3 Der Ruf zur Buße

Wenn ich höre, daß ein frommer Mann gestorben ist, so erschrecke ich und fürchte, Gott sei der Welt gram, indem er die Frommen hinwegnimmt, um die Bösen anzugreifen. Tu Buße, Deutschland, in der Gnadenzeit! Es ist Zeit! Wenn ich auch sterbe, – an mir ist nicht viel gelegen; denn ich liege in des Papstes Bann [und] bin sein Teufel; darum haßt und verfolgt er mich. *TR 4,4096 (November 1538)*

4 Luthers Predigtamt

Ich bin kein Prophet, weil mir Gott die Gabe der Weissagung nicht gegeben hat; aber ich bin Prediger. Ich fürchte, daß unsre Undankbarkeit sich die Wegnahme des Wortes Gottes zuziehen wird.

TR 2,1796 (August/September 1532)

5 Die allgemeine Prophetie jedes Christen

Die allgemeine Prophetie, welche von der Zukunft ohne bestimmte Person, Zeit und Ort redet, ist von der Schrift vorgezeichnet; so prophezeit jeder Christ den Gottlosen das Verderben, den Gerechten das Heil, den Königreichen den Umschwung der Völker und Verhältnisse.

Aus TR 3,3121 (wohl aus den dreißiger Jahren)

6 Der Anfang des Gerichts

Wenn Gott ein Reich oder Volk verderben will, so nimmt er ihm zuerst den Verstand, d. h. er macht sie blind, danach [nimmt er ihm] die Kraft usw. *TR 1,918 (erste Hälfte der dreißiger Jahre)*

7 Auf das Wort folgt die Verachtung

Wenn das Wort kommt, so ist auch die Verachtung da, das ist sicher. Das sieht man gut an den Juden. Gott sandte ihnen die Propheten Jesaja, Jeremia, Amos usw., sandte ihnen Christus selbst, ja den Hl. Geist, auf die Apostel verteilt, und alle schrien gleicherweise: Tut Buße! Aber es wollte nichts helfen. Sie mußten alle herhalten.[9] Bald liegt Jerusalem im Dreck und liegt so bis auf den heutigen Tag. So wird es in Deutschland auch gehen. Ich glaube, daß eine große Finsternis auf dieses Licht folgen und daß danach der Jüngste Tag kommen wird. *TR 5,5512 (Winter 1542/43)*

---

9 *D. h. die Unbußfertigen mußten alle dem Gericht Gottes herhalten.*

8 Die Evangeliumspredigt hat gewaltige politische Veränderungen zur Folge

Ein künftiger, großer Umschwung aller Dinge ist bestimmt zu erwarten, so oft nach einer Zeit der Verwerfung und Verfälschung das Wort wieder selbst gepredigt wird. So ging es bei der Befreiung der Juden aus der babylonischen Gefangenschaft: ihr folgte der Sturz und die Zerstörung des babylonischen Reiches. Als von Zion aus das Evangelium verkündigt wurde, ging Jerusalem zugrunde. Als in Rom das Wort Gottes verkündigt wurde, hörte Rom auf, Rom zu sein. Was haben die Deutschen anderes zu erwarten, die das Wort Gottes hören und verachten? *TR 2,1953 a (Juni 1531)*

9 Deutschland wird seine Freiheit verlieren

So wird Deutschland geplagt werden und, an seinen Kräften und Gütern ausgesogen, unter das Joch der spanischen Herrschaft kommen. Dahin zielt der Satan, daß er das freie Deutschland zu verstören trachtet. Ich habe Sorge, wir seien alle verraten und verkauft. *Aus TR 5,5635 a (12. Mai 1544)*

10 Fürsten und Adel werden zugrunde gehen

Zu der Zeit, wenn der Papst oder seine Befehlshaber das Evangelium verfolgen werden – wie denn solches nach meinem Tod nicht ausbleiben wird –, wird der Kaiser nahverwandte Fürsten zusammenhetzen, nicht in der Absicht, die seiner Lehre Anhängenden zu verschonen, sondern um beide Teile aufzufressen und zu verderben. Zu solcher Uneinigkeit aber wird vornehmlich der Adel helfen und keine Ruhe haben, bis er endlich den einen Teil verrät in der Absicht, dadurch Gunst bei dem Kaiser zu erlangen und bei seinen Gütern bleiben zu können. Aber der Kaiser wird sie trotzdem nicht verschonen, sondern auch ausrotten. Und wenn das alles vollbracht und auch vom Adel niemand mehr übriggeblieben ist, dann wird jede Stadt ihren Hauptmann und jedes Dorf seinen Edelmann aus dem Land treiben. Und wenn ich dann noch leben sollte, wollte ich dem nicht wehren. ... *Aus TR 5,5638 (aus dem Jahr 1544)*

11 Die Weissagung des Zornes Gottes kommt aus Gottes Wort

Ich will Deutschland wahrsagen, nicht aus den Sternen,[10] sondern ich verkündige ihm den Zorn Gottes aus der Theologie; denn es ist unmöglich, daß Deutschland ohne schwere Schläge bleiben wird, weil Gott ja jeden Tag gereizt wird, uns zu verderben. Es wird der Gerechte mit dem Ungerechten umkommen. Laßt uns nur beten und Gott und sein Wort nicht verachten! *Aus TR 3,3711 (Januar 1538)*

10 Im Text geht die Beschreibung eines Kometen voraus.

12 Die Heimsuchung durch den Türken

Wir könnten dem Türken gut widerstehen mit dem Vaterunser (»Erlöse uns von dem Übel«), wenn Deutschland nicht soviel Blut um des Glaubens willen vergossen hätte und nicht bis heute die erkannte Wahrheit dergestalt verfolgen würde; darum wird Gott uns heimsuchen, wie er Sodom, Gomorra ... vernichtet hat.

Aus TR 3,3257 b (Juni/Juli 1532)

13 Deutschland reif zum Untergang

Deutschland ist gewesen, was es gewesen ist. Jene äußerste Bosheit wird täglich reifer zur Bestrafung. Das muß entweder der Türke oder ein innerer Krieg tun. Ich habe mich willig darein ergeben, mit zu leiden; wollen wir nicht leiden, daß man unsre Sünde strafe, dann werden wir die Strafe leiden müssen. *Aus TR 3,3702 (Januar 1538)*

14 Christus allein ist der Helfer

Der Türke muß Deutschland eine Schlappe geben. Ich fürchte wahrlich, er werde durch ganz Deutschland ziehen. Ich denke oft an den Jammer Deutschlands und gerate in Schweiß darüber. Aber es will sich nicht helfen lassen. Denn den Türken schlägt niemand als der Mann, der Christus heißt, und das Vaterunser und der Glaube. Der Kaiser, Ferdinand, die Fürsten usw., wer es auch sei, – sie werden nichts ausrichten. *Aus TR 2,2498 b (Januar/März 1532)*

15 Die Vorzeichen der letzten Strafe

Wenn die Leute sicher werden, das Wort zwar hören, aber zum einen Ohr hinein- und zum andern wieder hinauslassen, viel davon schwätzen können und doch weder Besserung des Lebens noch Frucht des Glaubens folgt – wie wir leider jetzt vor Augen haben, daß jedermann Christ und evangelisch sein will und doch der Sorge des Bauchs, des leidigen Geizes, Wuchers und andrer Sünden kein Ende ist – und Gott durch fromme, treue Diener und Prediger droht usw.: so ist das ein sicheres Zeichen, daß Gott in Kürze das Wort und die reine Lehre wegnehmen und die Leute in ihres Herzens Dünkel lassen wird, daß sie wandeln nach ihrem Rat und, wie Christus (Matth 21, 43) den Juden droht, das Reich Gottes von ihnen genommen und andern gegeben wird, die seine Frucht bringen. Da folgt dann der Garaus, daß Königreiche, Land und Leute darüber verheert und zerstört werden usw.

Darum graut mir und ich habe Sorge, Deutschland werde in Kürze auch heimgesucht und greulich gestraft werden wegen der großen Undankbarkeit (auf unsrer Seite) und wegen Verachtung und Lästerung (auf der Feinde Seite) gegenüber dem lieben Wort, das Gott in diesen gefährlichen, letzten Zeiten so klar und reichlich scheinen läßt. Er kann lange Zeit Geduld haben, wenn die Leute böse sind; wenn sie aber sein Wort verachten und verfolgen, so ist die Geduld aus und die letzte Strafe da. So ist es mit den Juden, Griechen, Römern usw. gegangen. *TR 6,6546 (aus den dreißiger oder vierziger Jahren)*

16 Die Axt ist dem Baum an die Wurzel gelegt

Wenn Gott ein Königreich, Land oder Volk strafen oder gar verwüsten will, so nimmt er zuerst die frommen, gottseligen Lehrer und Prediger weg, ferner weise, gottesfürchtige Regenten und Räte, vernünftige und erfahrene Krieger und andere ehrenhafte Leute (Jes 3).

Da wird dann der Pöbel sicher und fröhlich, treibt allen Mutwillen, fragt nach reiner, göttlicher Lehre nicht mehr, ja verachtet's und gerät in Blindheit, achtet weder Strafe, Zucht noch Ehrbarkeit und treibt allerlei Sünde und Schande. Daraus folgt dann, wie wir jetzt leider sehen und erfahren, ein wildes, wüstes, teuflisches Wesen, das nicht lange bestehen kann.

Darum fürchte ich, die Axt sei schon dem Baum an die Wurzel gelegt, daß er nun bald abgehauen werden soll. Der liebe Gott nehme uns mit Gnaden weg, daß wir den Jammer nicht erleben noch ansehen müssen! *TR 6,6544 (vielleicht aus den dreißiger Jahren)*

17 Vom Gebet gegen die Geißeln Deutschlands

Am 15. September (1538) ließ er [Luther] eine überaus ernste Mahnung ergehen, in der er zum Gebet aufrief gegen die Schrecken, die Deutschland vom Türken, vom Papst und den Sektierern drohen und die wir durch unsre Unbußfertigkeit herausfordern. Darum müsse die Strafe kommen. Gott möge das Übel abwenden! Denn die ganze Welt ist nichts anderes als ein umgekehrter Dekalog, lauter Verachtung, lauter Lästerung, lauter Unbotmäßigkeit, Hurerei, Hoffart, Gaunerei; sie ist bald reif zur Schlachtbank. Und der Satan hat keine Ruhe, [sondern treibt sein Werk] durch den Türken, den Papst, die Sektierer. *TR 4,4011 (15. September 1538)*

18 Luther ruft zum Gebet für den Frieden auf

Am 23. März (1539), dem Sonntag Judica, predigte Doktor Martin Luther über die Epistel Hebr 9, über die Abschaffung des mosaischen Gesetzes, gegen die Prahlerei der Juden und die so lügnerische Heuchelei der Papisten. Nachher, beim Gebet, forderte er alle öffentlich zum Gebet für den Frieden auf, daß nicht ganz Deutschland im Kriegsbrand zugrunde gehe. Denn die Papisten wollten von ihren Greueln nicht lassen, die Unsrigen aber könnten mit gutem Gewissen nicht vom wahren Bekenntnis abgehen; darum sei bei Menschenweisheit kein Rat zu finden. Denn Christus und Belial können nimmermehr zusammenkommen. Darum müssen wir bitten, daß Gott selber uns in unsrer Ratlosigkeit einen Weg zeige. *TR 4,4429 (23. März 1539)*

19 Luthers Türkengebet

Ach Herr Gott, laß dich's erbarmen über das arme Deutschland! Steure dem Teufel mit Macht! O Vater, verherrliche deinen Sohn, sieh unsre Sünden nicht an, gib uns den Hl. Geist und ein wahrhaftiges Bekenntnis mitten in der Angst! Diese türkische Schlange kann durch keine Menschenkraft niedergeschlagen werden. Betet, wir wollen beten, alle Frommen sollen beten! Ach, daß noch fromme Leute da wären, die beten könnten! Ich will auch fleißig helfen, zu Gott zu schreien, – denn diese Mordhansen werden's nicht tun.
Aus TR 4,4803 (13. Juni 1542)

20 Luther sehnt seinen und seiner Kinder Tod herbei

Ich wollte, daß ich und alle meine Kinder gestorben wären! Denn es wird noch wunderlich in der Welt zugehen. Wer da [noch] leben soll, der wird sehen, daß es immer ärger wird. Darum nimmt unser Herrgott die Seinen jetzt weg und beweist, was Johannes (Matth 3, 12) sagt: »Er wird seine Worfschaufel in die Hand nehmen.« Jetzt sammelt er sein Korn ein in den Scheffel, in das Scheuerlein, aber mit der Spreu wird er ganz wunderlich umgehen: »Er wird sie verbrennen mit unauslöschlichem Feuer«, sagt der Text (Matth 3, 12). So hat er es mit Rom auch gemacht. Zuerst mußten die frommen Leute durchs Schwert sterben, aber darnach kam er und warf die Regierung über den Haufen, daß man an der Stadt Rom geflickt hat bis auf den heutigen Tag, und der Papst flickt bis auf den heutigen Tag auch daran und kann sie nicht wieder zurechtbringen. So wird er es mit Deutschland auch machen; er wird ebenso die frommen Leute wegnehmen und darnach mit dem deutschen Land ein Ende machen. Denn es hat die Strafe jedenfalls reichlich verdient, und es ist damit noch kein Aufhören. *Aus TR 5,5506 (Winter 1542/43)*

21 Selig die Frühvollendeten!

Selig sind die Kinder, die jetzt im Frieden entschlafen, solange das Wort leuchtet! ... Wenn der Kaiser stürbe, was für eine Verwirrung und Aufregung würde entstehen! Dann wird kaum ein anderer Kaiser durch einhellige Abstimmung der Fürsten gewählt werden können, da viel Zwiespalt in Deutschland entstünde; auch der Türke wird keine

Ruhe geben mit seiner Tyrannei, und ebenso werden die Kirchen am Boden liegen und verwüstet werden. Ach, es sind die letzten Zeiten mit ihrem Unwesen und Unheil! Da ist nichts Besseres zu erwarten.

Aus TR 4,4305 (30. Juli 1538)

22 Gebet um das Kommen des Jüngsten Tages

Wer ein treues Glied des Herrn Christus sein will, welcher in dieser Welt arm und verachtet ist, der bitte mit Ernst, daß die Zeit seines Gerichts und seiner Heimsuchung samt seinem Reich bald komme und uns erlöse. Amen. *TR 5,5776 (erste Hälfte der dreißiger Jahre)*

23 Der Jüngste Tag ist nahe

Der Doktor sprach: Ich hoffe, der Jüngste Tag sei nicht ferne und wir wollen ihn noch erleben. – Da sagte jemand: »Herr Doktor, ich glaube, das Evangelium wird zu jener Zeit nirgends mehr öffentlich verkündigt werden, da Christus kaum Glauben finden wird auf Erden«.[11] – »Jawohl«, antwortete Luther, »was heißt das, daß wir in unserem Winkelchen das Evangelium haben? Wo rechnet ihr hin, daß ganz Asien und Afrika kein Evangelium hat und in Europa in Griechenland, Italien, Ungarn, Spanien, Frankreich, England, Polen kein Evangelium gepredigt wird? Das kleine Flecklein, das Haus von Sachsen, wird ihn nicht hindern, den Jüngsten Tag.«

TR 5,5239 (September 1540)

24 Der Welt Ende

Das Ende der Welt steht vor der Tür. Sie ist auf die Hefe gekommen. Wer etwas anfangen will, der mag's beizeiten tun. Die Freuden dieser Welt sind aus. *Aus TR 2,2756 a (September/November 1532)*

25 Die letzte Hoffnung

Ich weiß keinen Rat mehr, als daß es so geht, wie mir's davon träumte: daß der Jüngste Tag kam. Denn daß des Papstes Kirche oder der römische Hof reformiert würde, das ist ein unmöglich Ding; ebensowenig läßt sich der Türke und die Juden strafen und reformieren; ebenso gibt es auch keine Besserung im Römischen Reich, man kann ihm nicht helfen. Sie sind nun wohl dreißig Jahre auf vielen Reichstagen zusammengekommen und haben doch nie etwas ausgerichtet; es wird je länger, je ärger! Andrerseits fangen unsere Leute an und werden nun auch unverbesserlich, daß dieses Regiment so nicht bestehen kann. Es läßt sich niemand mehr ziehen; darum kann's so nicht bleiben, oder es wäre kein Gott! ...

11 Vgl. Lukas 18,8.

Darum weiß ich keinen andern Rat und Hilfe, als daß der Jüngste Tag komme; man kann nimmer helfen, es ist ganz hoffnungslos. Unser Herrgott läßt vielleicht auch darum jetzt sein Evangelium ausgehen, weil er seine Christen vorher einsammeln will, wie er es allezeit gemacht hat. Wenn er ein Königreich hat zerstören wollen, so hat er ihnen vorher Prediger gegeben und sie rufen lassen: Hierher, hierher! Kommt, kommt! Liebe Leute, lernet!

Aus TR 6,6893 (aus Luthers letzten Jahren)

AUSGANG

Die Welthändel, die an Luthers Kraft zehren, hören auch im letzten Jahre seines Lebens nicht auf. Die Auseinandersetzungen mit den Papisten, den Sakramentierern gehen weiter; der Papst lockt wieder zum Konzil, der Kaiser zu Religionsgesprächen, während sich schon das Wetter des kommenden Schmalkaldischen Krieges zusammenzieht. Dazu muß sich Luther noch mit einem verwickelten, durch Jahre hindurch verschleppten Rechtsstreit befassen, der seine früheren Landesherren, die Mansfelder Grafen, betrifft. Die beiden Brüder liegen sich wegen verschiedener strittiger Gerechtsame in den Haaren, wobei sich Graf Albrecht, Luthers Gönner, über den freilich seine eigenen Untertanen, seine Vettern und sein Bruder bittere Klage führen, besonders störrisch erweist. Endlich, nachdem die Erbitterung beider Parteien aufs höchste gestiegen ist, erklärt sich Albrecht bereit, Luthers Vermittlung in dem verfilzten Handel anzunehmen. Am 23. Januar 1546 reist Luther, von seinen Söhnen, Jonas und einem Diener begleitet, nach Eisleben; schon am 25. Januar erhält Käthe die Nachricht, daß Eisgang und Hochwasser der Saale die Reisenden in Halle festhalten (1). Kurz vor Eisleben wird Luther von Schwäche, Schwindel und Atemnot überfallen, doch kann er am 31. Januar bereits wieder in Eisleben predigen. Noch einmal predigt er davon, wie der Glaube, im Paradiese entsprungen, von den Propheten fortgepflanzt, von Christus und den Aposteln verkündigt, von Anfang an und besonders jetzt in der Gegenwart durch den bösen Geist mit allem Grimm bekämpft worden sei, daß aber der Mann, der im Schifflein schlafe, zur rechten Zeit aufwachen und Wind und Wellen Einhalt gebieten werde; der älteste Glaube werde auch der letzte sein bis an der Welt Ende. Bei den Verhandlungen in Eisleben dringt Luther auf gegenseitiges Nachgeben, Billigkeit und Versöhnlichkeit und glaubt, freilich zu früh, den schlimmsten Streitfall schon beigelegt (2); er braucht große Geduld, um Gutes stiften zu können (3). Immer wieder wird die fast erreichte Einigkeit durch Satan verhindert, und Luther erwägt bereits, ob er nicht durch die Drohung mit seiner Heimkehr einen Druck auf die hartnäckigen Gegner ausüben soll (4). Leiblich befindet er sich erträglich; immer wieder bittet er Käthe, doch nicht überflüssige Sorge um ihn zu tragen. Christus sorgt ja für ihn und hilft ihm, den alle Teufel der Welt umringen, dem die Juden zu schaffen machen und den die Juristen ärgern (5). Käthes Sorge ist vergeblich und machtlos; hätte Gott ihn nicht behütet, er wäre vom stürzenden Stein erschlagen worden (6). Endlich gelingt sogar die Einigung der streitenden Parteien; in seinem letzten Brief an Käthe schreibt Luther, er wolle nun noch die beiden feindlichen Brüder, die seit Jahren kein Wort mehr miteinander gesprochen, versöhnen; Gott hat seine Gebete erhört (7).

Am 17. Februar wird ein Vertrag über die strittigen Punkte geschlossen, den auch Luther unterschreibt. Am Abend dieses Tages ist er noch einmal mit den Freunden zusammen, wenn auch Beklemmungen auf der Brust ihm das Atmen schwer machen. Doch erholt er sich wieder und schläft ruhig bis nachts um ein Uhr. Beim Erwachen spricht er zu Jonas: »Ach, Herr Gott, wie ist mir so weh, ach, lieber Dr. Jonas, ich glaube, ich werde hier zu Eisleben, da ich geboren und getauft bin, bleiben.« Seine Söhne, die Freunde, die Mansfelder Grafen füllen das mitternächtliche Sterbezimmer. Der von Todesschweiß Bedeckte betet und dankt Gott, daß er ihm Christus geoffenbart, den er geglaubt, gepredigt und bekannt habe aller Lästerung durch den Papst und die Gottlosen zum Trotze; er befiehlt seine Seele dem Herrn Christus, gewiß, daß niemand ihn aus seinen Händen reißen kann. Die Augen fallen ihm zu, Jonas fragt ihn, ob er auf Christus und der Lehre, die er gepredigt, beständig bleiben wolle. Luthers letztes Wort ist ein deutlich vernehmbares Ja auf diese Frage. In der dritten Morgenstunde des 18. Februar 1546 entschläft Martin Luther. Auf Gnade stirbt er: »Wir sind Bettler« steht auf einem Zettel, den man auf seinem Tisch findet (8).

Seine Leiche wird am Nachmittag des 19. Februar in die Hauptkirche von Eisleben gebracht, dann nach Wittenberg übergeführt und am 22. Februar in der Schloßkirche aufgebahrt. Bugenhagen hält vor der Wittenberger Gemeinde die Leichenpredigt über 1 Thess 4, 13 ff, Melanchthon als Sprecher der Universität beklagt den Mann, welchen Gott der Kette seiner Werkzeuge und Lehrer angereiht und mit höchsten Gaben ausgerüstet habe, dessen Heftigkeit aus dem Eifer um die Wahrheit geflossen sei und der nun, den Propheten zugesellt, die Geheimnisse Gottes schauen dürfe.

Luthers Leichnam wird in der Schloßkirche nahe bei der Kanzel ins Grab gesenkt.

Acht Tage vor seinem Tode hat Luther dem Stadtschreiber von Eisleben, bei dem er wohnte, in ein Büchlein das Wort Joh 8, 51 geschrieben: »Wer mein Wort hält, wird den Tod nimmermehr sehen« und dazu die Worte beigefügt: »Wie unglaublich ist doch dies geredet und gegen alle öffentliche und tägliche Erfahrung! Trotzdem ist's die Wahrheit: wenn ein Mensch mit Ernst Gottes Wort im Herzen betrachtet, ihm glaubt und darüber entschläft oder stirbt, so sinkt und fährt er dahin, ehe er sich des Todes versieht oder gewahr wird, und ist gewißlich selig im Wort − das er also glaubt und betrachtet − von hinnen gefahren.«

1 Der erzwungene Aufenthalt in Halle · Brief aus der Nähe von Halle an Frau Käthe in Wittenberg vom 25. Januar 1546

Meiner freundlichen, lieben Käthe Lutherin, Brauerin und Richterin auf dem Saumarkt[12] in Wittenberg, zu Handen.

Gnade und Friede im Herrn! Liebe Käthe, wir sind heute um 8 Uhr aus Halle gefahren, sind aber nicht nach Eisleben gekommen, sondern um 9 Uhr wieder nach Halle zurückgekehrt. Denn es begegnete uns eine große Wiedertäuferin[13] mit Wasserwogen und großen Eisschollen und drohte uns mit der Wiedertaufe und hat das Land bedeckt. Ebenso können wir auch nicht zurück wegen der Mulde zu Bitterfeld und müssen hier in Halle zwischen den Wassern gefangen liegen. Nicht, daß es uns danach dürstete, [davon] zu trinken; wir nehmen dazu gut Torgauer Bier und guten rheinischen Wein. Damit laben und trösten wir uns einstweilen, [darauf wartend,] ob die Saale heute auszürnen wollte. Denn weil die Leute und Fährmeister selber kleinmütig waren, haben wir uns nicht ins Wasser begeben und Gott versuchen wollen. Denn der Teufel ist uns gram und wohnt im Wasser.[14] Es ist besser verwahrt als beklagt, und es ist unnötig, dem Papst samt seinem Anhang eine Narrenfreude zu machen. Ich hätte nicht gedacht, daß die Saale ein solches Bad machen könnte, daß sie über die Steine und alles weg so herstürzen könnte.

Für jetzt nicht mehr. Betet für uns und seid fromm. Ich glaube, wärest Du hier, so hättest Du uns auch geraten, es so zu machen. (Du siehst daraus, daß wir auch einmal Deinem Rat folgen.) Hiemit Gott befohlen! Amen. An St. Paulus Bekehrungstag, da wir auch uns von der Saale gen Halle kehrten. 1546   Martinus Luther, D.

Br. 11,269,1 ff

12   *Seit 1532 besaß Luther am Saumarkt zu Wittenberg einen Garten, den Käthe besorgte.*

2 Die Verhandlungen in Eisleben · Aus einem Brief aus Eisleben an Melanchthon in Wittenberg vom 1. Februar 1546

... Jetzt werde ich eingetaucht in einen Streitfall, der beschwerlich und meinen Neigungen und meiner Geistesart völlig fremd und meinem Alter ganz unbequem ist, in einer Weise, daß ich wünschte, Du möchtest wenigstens da sein, wenn nicht vielmehr die Rücksicht auf Dein Befinden mich zu dem Urteil nötigte, es sei doch gut gewesen, daß wir Dich zu Hause gelassen haben. Heute haben wir dank der Gunst Gottes nicht ohne schärfsten Kampf ein Stachelschwein abgeschlachtet, das noch stachliger als selbst ein Stachelschwein war: die Frage [der Zuteilung] der Neustadt [von Eisleben].[15] Wir hoffen, daß die Auseinandersetzungen dann, so Gott will, milder werden.

Br. 11,277,5 ff

3 Geduld in dornenreichen Händeln · Brief aus Eisleben an Frau Käthe in Wittenberg vom 6. Februar 1546

Der tiefgelehrten Frau Katherine Lutherin, meiner gnädigen Hausfrau zu Wittenberg.

Gnade und Friede! Liebe Käthe, wir sitzen hier und lassen uns martern und wären wohl gerne [weg] davon. Aber es kann [auch] in acht Tagen noch nicht sein, wie mich dünkt. Mag. Philipp magst Du sagen, daß er seine Postille korrigiere; denn er hat nicht verstanden, warum der Herr im Evangelium (Luk 8, 14) die Reichtümer Dornen nennt. Hier ist die Schule, wo man solches verstehen lernt. Aber mir graut, daß überall in der Schrift den Dornen das Feuer gedroht wird. Darum habe ich um so größere Geduld, ob ich mit Gottes Hilfe etwas Gutes ausrichten könnte.

Deine Söhnchen sind noch in Mansfeld.

Sonst haben wir zu fressen und saufen genug und hätten gute Tage, wenn der verdrießliche Handel es erlaubte. Mich dünkt, der Teufel spotte unser. Gott wolle seiner wieder spotten! Amen. Betet für uns. Der Bote eilt sehr.

Am St. Dorotheentag 1546.　　　　　　　　　Martinus Luther, D.

Br. 11,284,1 ff

13　*Die Saale, die gerade, ebenso wie die Mulde, Hochwasser führte.*
14　*Diese Anschauung geht wohl auf die sinnbildliche Deutung von Psalm 18,5 zurück.*
15　*Es zeigte sich nachher, daß Luthers Freude verfrüht war.*

Gnade und Frieden! Hier sitzen wir und liegen herum, müßig und geschäftig, lieber Philippus: müßig, indem wir nichts fertig bringen, geschäftig, indem wir Unendliches erdulden, da uns die Nichtswürdigkeit Satans übt. Unter so und so viel Wegen gelangten wir endlich auf einen, welcher eine Aussicht hatte; den verhinderte wieder Satan. Bald darauf beschritten wir einen andern, wo wir schon alles ins reine gebracht glaubten; den verhinderte wieder Satan. Ein dritter wurde eingeschlagen, der aussieht, als wäre er ganz sicher und könne nicht trügen. Aber erst der Erfolg wird das Verhandelte [als tauglich] ausweisen. Ich möchte (und ich bitte Dich darum), daß Du mit Doktor Brück[16] zusammen beim Kurfürsten betreibst, daß er mich brieflich heimrufe aus dringlichen Gründen; vielleicht kann ich auf diese Weise durch Druck erreichen, daß sie die Einigung beschleunigen. Ich denke nämlich, daß sie es nicht ertragen könnten, wenn ich abreisen würde, ohne daß die Dinge erledigt sind. Ich will ihnen jetzt noch diese Woche geben; dann will ich ihnen mit einem Brief des Kurfürsten drohen. Heute sind es etwa 10 Tage, seit wir anfingen, über die Neustadt Bestimmungen aufzusetzen. Ich glaube, daß sie einst mit viel geringeren Sorgen begründet worden ist, als [nun] von uns Bestimmungen über sie getroffen werden können. Es herrscht ein derartiges gegenseitiges Mißtrauen, daß sie Gift in jeder Silbe argwöhnen... Wenn das Juristenkunst ist, so wäre nicht nötig, daß ein Jurist so stolz ist, wie sie alle sind... *Br. 11,285,3 ff*

Meiner lieben Hausfrau Katherine Lutherin, Doktorin, Saumärkterin zu Wittenberg, meiner gnädigen Frau zu Händen und Füßen.

Gnade und Friede im Herrn! Lies Du, liebe Käthe, den Johannes und den Kleinen Katechismus, von dem Du dazumal sagtest: Es ist doch alles in dem Buch von mir gesagt. Denn Du willst sorgen für Deinen Gott, gerade als wäre er nicht allmächtig, daß er 10 Doktor Martinus erschaffen könnte, wenn der eine alte in der Saale oder im Ofenloch ersöffe, oder auf Wolffs Vogelherd.[17] Laß mich zufrieden mit Deiner Sorge; ich habe einen besseren Sorger, als Du und alle Engel sind; der liegt in der Krippe und hängt an einer Jungfrau Brust,

---

16 *Dem kurfürstlichen Kanzler.*
17 *Luthers Diener Wolfgang Sieberger betrieb den Vogelfang.*

aber sitzet gleichwohl zur rechten Hand Gottes, des allmächtigen Vaters. Darum sei zufrieden! Amen.

Ich denke, daß die Hölle und die ganze Welt gegenwärtig von allen Teufeln leer sein muß; die sind vielleicht alle um meinetwillen hier in Eisleben zusammengekommen: so festgefahren und hartnäckig steht es um die Sache. Ebenso sind auch hier Juden, bei fünfzig in einem Hause, wie ich Dir schon vorher geschrieben.[18]

Jetzt sagt man, daß zu Rißdorf, hart vor Eisleben gelegen, wo ich beim Einfahren krank wurde, bei 400 Juden aus- und einreiten und -gehen sollen. Graf Albrecht, der alle Bezirke um Eisleben her hat, hat die Juden, die auf seinem Eigentum ergriffen werden, preisgegeben; trotzdem will ihnen niemand etwas tun. Die Gräfin zu Mansfeld, verwitwete von Solms, wird als Schützerin der Juden angesehen. Ich weiß nicht, ob es wahr ist. Aber ich habe mich heute hören lassen[19] (so man's merken wollte, was meine Meinung sei!), gröblich genug, wenn anders es helfen sollte.

Betet, betet, betet und helft uns, daß wir's gut machen! Denn ich hatte heute im Sinn, den Wagen zu schmieren in meinem Zorn; aber der Jammer meines Vaterlandes, der mich überfiel, hat mich gehalten. Ich bin nun auch ein Jurist geworden, aber es wird ihnen nicht zum Vorteil ausschlagen; es wäre besser, sie ließen mich einen Theologen bleiben. Komme ich unter sie (wenn ich noch leben werde!), – ich könnte ein Poltergeist werden, der ihren Stolz (durch Gottes Gnade!) unter den Kamm nehmen möchte! Sie stellen sich, als wären sie Gott; davon könnten sie wohl und billigerweise bei Zeit abtreten, ehe ihre Gottheit zur Teufelei würde, wie es bei Lucifer[20] geschah, der doch vor Hoffart nicht im Himmel bleiben konnte. Wohlan, Gottes Wille geschehe!

Du sollst Mag. Philippus diesen Brief lesen lassen, denn ich hatte keine Zeit, ihm zu schreiben. Du kannst Dich damit trösten, daß ich Dich gern lieb hätte, wenn ich könnte; Du weißt es ja, und er weiß es seiner Frau gegenüber vielleicht auch und versteht alles wohl.

Wir leben hier gut, und der Rat schenkt mir zu jeder Mahlzeit ein halbes Stübchen Reinfaler Wein,[21] der ist sehr gut: zuweilen trink ich's mit meiner Gesellschaft. Ebenso ist der Landwein hier gut, und das Naumburgische Bier ist sehr gut, abgesehen davon, daß es mir

18 *In einem Brief Luthers vom 1. Februar 1546.*
19 *Auf der Kanzel zu Eisleben.*
20 *Lucifer (Morgenstern) hieß der Teufel nach Jesaja 14,12, vgl. Lukas 10,18.*
21 *¹/₂ Stübchen sind 4 Viertel; der »Reinfaler« stammt aus Rifolium (Ravoglio) in Istrien.*

vorkommt, als mache es mir die Brust voll Schleim mit seinem Pech.[22]
Der Teufel hat uns das Bier in aller Welt mit Pech verderbt, und bei
Euch den Wein mit Schwefel. Aber hier ist der Wein rein, abgesehen
von dem, was des Landes Art gibt.

Und wisse, daß alle Briefe, die Du geschrieben hast, hierher gekommen sind. Heute sind diejenigen gekommen, die Du am letzten Freitag geschrieben hast, samt den Briefen von Mag. Philippus; [dies
schreibe ich,] damit Du nicht irrst.

Am Sonntag nach Dorotheentag 1546.

Dein Liebchen Martinus Luther D.

Br. 11,286,1 ff

**6 *Wozu unnötig sorgen?* · *Brief aus Eisleben an Frau Käthe in Wittenberg
vom 10. Februar 1546***

Der heiligen, sorgfältigen Frau, Frau Katherine Lutherin,
Doktorin, Zülsdorferin zu Wittenberg,
meiner gnädigen, lieben Hausfrau.

Gnade und Friede in Christus! Allerheiligste Frau Doktorin, wir
danken Euch ganz freundlich für Eure große Sorge, vor der Ihr nicht
schlafen könnt. Denn seitdem Ihr für uns gesorgt habt, hätte uns
das Feuer gerne verzehrt in unserer Herberge, hart vor meiner Stubentüre, und gestern wäre uns, ohne Zweifel kraft Eurer Sorge, schier
ein Stein auf den Kopf gefallen und hätte uns zerquetscht wie in
einer Mausefalle. In unserem heimlichen Gemache nämlich rieselt
wohl zwei Tage lang über unserem Kopf Kalk und Lehm herab, bis
wir Leute dazu nahmen. Die rührten den Stein an mit zwei Fingern,
da fiel er herab, so groß wie ein langes Kissen und eine große Handbreit. Der hatte im Sinne, Eurer heiligen Sorge zu danken, wenn die
lieben Engel nicht gewacht hätten. Ich sorge, wo Du nicht aufhörst zu
sorgen, es könnte uns zuletzt die Erde verschlingen und alle Elemente [uns] verfolgen. Lernst Du so den Katechismus und den Glauben? Bete Du und lasse Gott sorgen; Dir ist nichts [davon] befohlen,
für mich oder Dich zu sorgen. Es heißt: »Wirf Dein Anliegen auf den
Herrn, der sorget für Dich« (Ps 45, 23 und an vielen weiteren Stellen).

Wir sind, Gott Lob, frisch und gesund. Nur daß uns die Sachen
[bei den Verhandlungen] Unlust machen und daß Jonas gern einen
bösen Schenkel haben wollte, so daß er sich an einem Laden in ungefährlicher Weise gestoßen hat. So groß ist der Neid in den Leuten,
daß er mir nicht gönnen will, allein einen bösen Schenkel zu haben.

---

22 *Luther denkt wohl an die mit Pech abgedichteten Fässer.*

Hiemit Gott befohlen! Wir wollten nun gerne sofort los sein und heimfahren, wenn's Gott wollte! Amen.

Eurer Heiligkeit williger Diener. M. L.

Br. 11,290,1 ff

7 Der Streit ist geschlichtet · Brief aus Eisleben an Frau Käthe in Wittenberg vom 14. Februar 1546

Am Tag der Scholastica 1546.

Meiner freundlichen, lieben Hausfrau,
Frau Katherine Lutherin von Bora zu Wittenberg zu Handen.

Gnade und Friede im Herrn! Liebe Käthe, wir hoffen, diese Woche wieder heimzukommen, so Gott will. Gott hat große Gnade hier erzeigt. Denn die Herren haben durch ihre Räte fast alles in Einklang gebracht, bis auf zwei oder drei Artikel; dazu gehört, daß die zwei Brüder Graf Gebhard und Graf Albrecht wieder Brüder werden; das soll ich heute vornehmen. Ich will sie zu mir zu Gast bitten, daß sie auch miteinander reden. Denn sie sind bis daher stumm gewesen und haben sich mit Schriften hart verbittert. Sonst sind die jungen Herren fröhlich, fahren zusammen mit dem Narrenglöcklein auf Schlitten, und die Fräulein auch, und bringen einander Mummenschanz und sind guter Dinge, auch Graf Gebhards Sohn. So muß man es [mit Händen] greifen, daß Gott ein Erhörer der Gebete ist.

Ich schicke Dir Forellen, welche mir die Gräfin Albrecht geschenkt hat; die ist von Herzen froh über die Einigung.

Deine Söhnchen sind noch in Mansfeld; Jakob Luther will sie wohl versorgen. Wir haben hier zu essen und zu trinken vollauf wie die Herren, und man pflegt uns gar schön und allzuschön, daß wir Euch wohl vergessen könnten in Wittenberg. Auch ficht mich der Stein,[23] Gott Lob, nicht an. Aber D. Jonas' Bein wäre schier schlimm geworden, so hat es Löcher abgekriegt auf dem Schienbein. Aber Gott wird auch helfen. Solches alles magst Du Mag. Philipp anzeigen, D. Pommer und D. Creutziger.

Hieher ist das Gerücht gekommen, daß D. Martinus weggeführt worden sei; so redet man zu Leipzig und Magdeburg. Solches erdichten die Naseweisen, Deine Landsleute.[24] Etliche sagen, der Kaiser sei 30 Meilen Wegs von hier, bei Soest in Westfalen, etliche, daß der Franzose Kriegsknechte anwerbe, der Landgraf auch. Aber laß sagen und singen, wir wollen warten, was Gott tun wird. Hiemit Gott befohlen! Amen.

Zu Eisleben am Sonntag Valentini, 1546.   M. Luther, D.

Br. 11,300,1 ff

23 *Luthers schmerzhaftes Steinleiden.*   24 *Die Meißener.*

Den Vergil kann in seinen Bucolicis und Georgicis[25] niemand verstehen, er sei denn fünf Jahre Hirte oder Landwirt gewesen; den Cicero in seinen Briefen[26] (so stelle ich mir's vor) versteht niemand, wenn er nicht zwanzig Jahre in einem hervorragenden Staatswesen sich betätigt hat; die Heilige Schrift meine niemand genügend verschmeckt zu haben, er habe denn hundert Jahre mit den Propheten Kirchen geleitet. Darum ist es etwas ungeheuer Wunderbares um 1. Johannes den Täufer, 2. Christus, 3. die Apostel.[27] Du lege nicht Hand an diese göttliche Äneis,[28] sondern verehre gebeugt ihre Fußtapfen! Wir sind Bettler: das ist wahr. *End. 17,60,1 ff*

DIE KRONE DES RUHMS

Alle menschliche Größe ist ein Geheimnis. Über Jahrhunderte hinweg strahlt der magische Glanz der Großen der Erde; über das dumpfe Gewimmel der Masse ragen in mythischer Größe die Männer hinaus, welche durch eine einmalige, eine unersetzliche Leistung ihrer Zeit die Prägung aufdrücken, die Welt formen. Sie fühlen sich geleitet von einem wunderbaren Stern; sie sind getragen vom Bewußtsein, daß der Weltgeist, das Schicksal sie zu Besonderem berufen hat. Dieses Wissen um ihre außerordentliche Bestimmung erlaubt ihnen, Schranken zu überspringen, Bindungen abzustreifen, welche allen andern Menschen heiliges Gesetz sind. Sie empfangen von einer dankerfüllten Mit- und Nachwelt den Siegeskranz und damit den Lohn ihres Werkes; der Lorbeer, der sich um ihre Stirne windet, zeugt davon, daß die Welt, der sie sich selbst schenkten, ihnen ihr höchstes Gut, ihre bleibende Dankbarkeit, wiedergab. Wohl den Glücklichen, denen es vergönnt ist, schon zu Lebzeiten auf ein abgeschlossenes Werk zurückzuschauen und zu wissen, daß eine geheime Entsprechung waltet

---

25 *Vgl. Seite 31, Anmerkung 29.*

26 *Vgl. Seite 23, Anmerkung 20.*

27 *Weil sie in ihrem kurzen Leben zu solcher Klarheit des Schriftverständnisses durchdrangen.*

28 *Die »Äneis« des lateinischen Dichters Vergil (s. Seite 31, Anmerkung 29) besingt die Irrfahrten und die Kämpfe des Trojaners Äneas, die schließlich zur Gründung des späteren römischen Staatswesens führten. Luther vergleicht die Schrift mit diesem Heldengesang, wohl weil auch sie von mühseligen Wegen und Kämpfen Gottes mit seinem Volk bis zur Stiftung der neutestamentlichen Gemeinde, ja bis zur Heimkehr in Gottes Stadt erzählt.*

zwischen dem Drang, der ihr Leben beherrscht und unablässig vorwärtstreibt, und einer geschichtlichen Notwendigkeit, dem Gebot der Stunde, der Not der Zeit – eine Gleichordnung, welche ihnen von neuem Siegel und Unterpfand der eigenen Berufung wird!

Gehört nicht auch Martin Luther zu den Erlesenen und Erwählten in diesem Sinne? Hat nicht Jakob Burckhardt recht, wenn er in seiner unvergeßlichen Rede über »Die historische Größe« auch ihm den Kranz irdischen Ruhmes um die Stirne legt? War nicht Luther wirklich der Mann, in dem »das Metaphysische« so lebendig war, daß dadurch sein Volk, ja viele andere Völker auf lange Zeit beherrscht wurden? Hat er nicht in der Tat die »Sittlichkeit, ja die ganze Weltanschauung seiner Anhänger neu orientiert«?

Angesichts der unbestreitbaren geschichtlichen Tiefenwirkung Luthers wird man gut tun, solche Urteile des klugen Betrachters als Ergebnis gewissenhafter historischer Erwägung freudig, respektvoll und dankbar zur Kenntnis zu nehmen. Allein wie hat Luther selber über seine eigene Größe gedacht? Der Mann, der kurz vor seinem Tode die Worte schrieb: »Wir sind Bettler, das ist wahr«, kann von seiner eigenen Größe nicht reden, denn er hat seinen Ruhm allein und ganz in Christus. Seine Berufung gründet sich nicht auf eine geheimnisvolle Notwendigkeit, auf ein Teilhaben an den Plänen des Weltgeists, innerhalb deren er sich selbst den wirksamsten Platz anweist. Seine Berufung steht und fällt vielmehr mit dem ihm übertragenen Amte eines Doktors der Hl. Schrift, das ihn zur Schriftauslegung und Wortverkündigung verpflichtet und in dessen hartem, oft schwer genug getragenem Zwang er Gottes Auftrag erkennt. Er ist dabei nur das Werkzeug, das lebenslänglich im Dienst steht. Stirbt Luther, so hat Gott andere zur Verfügung; er ist nicht unersetzlich. Was er empfing, ist Gnade. Was er wirkte, ist Dienst. Wohl läßt sich auf den Reichtum seiner Persönlichkeit hinweisen, welche die größten Gegensätze und Spannungen in lebendiger Einheit umschließt; zartestes Empfinden steht neben bäurischer Grobheit; dunkel glühender Grimm, der in jähem Aufwallen zu heftigen, für seine Umgebung schwer zu ertragenden Ausbrüchen führt, begegnet sich mit kindlicher, sonnenüberglänzter Heiterkeit, liebevoller Natürlichkeit, herzlichster Sorge um die Nächsten und Fernsten; einem schweren, zu Zweifel und Verzweiflung neigenden Temperament hält eine großzügige Sorglosigkeit, eine unbekümmerte Freiheit die Waage. Aber für Luther ist dies alles eingeschmolzen in den einen Auftrag und dient ihm ohne Eigenbedeutung an seiner Stelle. Seine beispiellose Arbeitskraft, seine ungeheure Produktivität, sein umfassendes Gedächtnis, die Kraft seines das Schwierigste beherrschenden und entwirrenden und gleichzeitig im Einfachsten das Geheimnis erkennenden und verehrenden Denkens, sein mächtiger, Menschen und Verhältnisse lenkender und bestimmender Wille, – all dies hat keinen eigenen Wert mehr, es steht dem zur Verfügung, der Luther in sein Amt rief.

Darum kennt Luther auch nicht die Freude am vollkommenen Werke, die Lust am Glanze der Vollendung, wie sie allen schöpferischen Geistern zu eigen ist. Was er wirkte, ist ja nicht sein, sondern Christi Werk, und wenn etwas durch ihn geschah, so geschah es trotz seiner eigenen Weisheit, trotz seines Wirkens, trotz seiner Gedanken und Pläne. Je mehr sich Luthers Leben dem Tode nähert – doch auch schon vorher, schon immer –, desto weniger ist darin zu spüren von der Ruhe, welche auf Leben und Arbeit als abgerundetes und im Rahmen irdischer Begrenztheit zum Abschluß gebrachtes Werk zurücksieht. Luther ahnt ja das drohende Unheil, das nach seinem Tode wie eine Gewitterwolke sich entladen wird; er sagt die drohenden Strafen über Kirche und Volk vorher. Ja, er kennt die künftige Entwicklung, die Feindschaft gegen sein Werk, die kommenden Einwände im voraus; man wird ihm die Schuld geben, eine tausendjährige, gesegnete Überlieferung zerstört, die Einheit und den Fortbestand einer im ruhigen Gleichgewicht von Natürlichem und Übernatürlichem lebenden christlichen Kultur in Frage gestellt und die innere Geschlossenheit seines Volkes aufs schwerste gefährdet zu haben. Er weiß, daß die Wiederentdeckung des Worts eine beispiellose Verachtung eben dieses Worts nicht nur zur Folge haben, sondern geradezu hervorrufen wird; je reiner und klarer das Wort erschallt, desto energischer und wuchtiger wird sich der menschliche Widerstand dagegen entfalten und zusammenballen. Er kennt die ungeheure geschichtliche Einsamkeit seines Werkes, die in der Einsamkeit Gottes in der Welt begründet ist; er weiß, daß er selber im Brennpunkt größter Anfeindung und völliger Mißdeutung stehen wird, weil das Evangelium selber die Feindschaft der Welt auf sich zieht. All dies quillt ständig als schwerste Anfechtung aus der Tiefe seines Herzens empor, das den Einflüsterungen des Versuchers schutzlos preisgegeben wäre, wenn Luther sich nicht immer wieder auf seine Berufung, sein Amt zurückziehen und in Christi Auftrag die entscheidende Hilfe erkennen dürfte.

Wie könnte Luther, mitten hineingestellt in den gewaltigen Kampf Gottes mit dem Satan, allein gehalten durch die Vollmacht seines Auftrags und die Gnade der Vergebung, von seiner Größe reden? Sein Ruhm wird nie ein menschlicher Ruhm sein, bei dem sich die Menschheit in freiwilliger Huldigung vor einem ihrer Großen beugt, in welchem sie sich selber edler, reiner, größer wiedererkennt; seinen Dienst verstehen wird man nur da, wo man das Evangelium kennt, und da wird man nicht Luther rühmen, sondern Christus allein.

Der in der Schloßkirche zu Wittenberg begrabene Bettler ist Asche und Staub. Sein Reichtum, sein Ruhm und seine Ehre aber ist Christus, derselbe Herr, der auch heute zu seiner Kirche spricht: »Ich bin bei Euch alle Tage, bis an der Welt Ende.«

NAMENREGISTER

Adolf *Bischof von Merseburg* I 182. 192
Äsop I 15; II 261
Agricola, Johann II 134. 145. 179. 226 f.
 231 f; Briefe an ~ II 134.181
Albrecht *Markgraf von Brandenburg*
 II 92
Albrecht *Erzbischof von Mainz-Magde-*
 burg I 60. 84. 88 f. 105. 204 f; II 15 ff.
 86. 163. 291; Briefe an ~ I 86 ff;
 II 18 ff
Albrecht *Graf von Mansfeld* II 73. 81.
 83. 92. 303. 310
Albrecht *Herzog von Preußen* II 116
Aleander, Hieronymus I 182. 184.
 194 ff; II 8 f
Alexander der Große II 211
Alfeld I 150 f. 173
Ambrosius II 196
Ambrosius Catharinus I 196
Amsdorf, Nikolaus von I 75. 158. 197;
 II 13. 89; Briefe an ~ I 161 f; II 14
Aristoteles I 21–24. 34. 74–78. 106. 172.
 176; II 97
Arius II 147. 223
Auerbach, Heinrich I 138
August *Herzog von Sachsen* II 213 f
Augustin I 35. 57 f. 74 f. 76 f. 106.
 136 f. 140. 155. 209; II 29. 151. 260.
 265
Aurifaber I 23
Aurogallus II 217
Axt, Basilius II 91

Barnim *Herzog von Pommern* I 138
Baumgartner, Georg I 69
Bavarus, Valentin I 30
Bercken, Johann; Brief an ~ I 69 f
Berlepsch, Hans von II 13
Bernhard von Clairvaux II 196
Bernhardi, Bartholomäus I 73; II 25
Beyer, Christian II 162 f
Beyer, Leonhard I 106
Biel, Gabriel I 29. 49
Billikan, Theobald I 106
Blarer, Ambrosius II 53
Bonaventura I 41. 46
Bora, Katharina von II 88 ff. 93. 286 f;
 Briefe an ~ II 305–310

Bramante I 163
Braun, Johannes I 17. 29; Briefe an ~
 I 19. 31 f. 37 f
Brenz, Johannes II 142. 167 f; Briefe
 an ~ II 171 ff
Brück, Gregor I 173; II 307; Brief
 an ~ II 182
Bugenhagen, Johann II 10 f. 88 f. 130 f.
 134. 147. 286. 304
Bullinger II 225
Burckhardt, Jakob II 312
Butzer, Martin I 106. 197. 204; II 22.
 53. 140. 177. 224 f. 240

Cäsar, Julius C. II 172. 210
Cajetan I 114 ff. 117 ff. 121 f. 124. 181.
 187
Campeggio II 185
Capito II 15. 22. 140. 225. 256; Brief
 an ~ II 22 ff
Capreolus, Johann I 135 f
Chappius, Johannes I 120
Christian II. von Dänemark II 215
Christoph *Herzog von Württemberg*
 II 237
Cicero I 21. 23 f; II 311
Clavassio, Angelus de I 193
Clemens VI. I 120
Clemens VII. II 57. 116. 236
Cochläus, Joh. II 247
Contarini II 240
Cordatus, Konrad II 163. 206; Brief
 an ~ II 163
Cotta, Familie I 17
Cranach, Lukas II 88
Crotus, Rubianus I 25 f
Cruciger, Kaspar I 44; II 256
Cyprian I 155

Dietrich, Veit II 95. 165
Dionysius Areopagita I 41. 46
Dionysius Cato I 15
Dolzig, Hans von II 94
Donatus, Älius I 115
Dressel, Michael I 66; Brief an ~
 I 70 f
Duns Scotus I 20 f. 77. 135 f

SACHREGISTER

270 – allgemeine II 297 – echte II
196–199. 201 – falsche II 35–39. 70 f.
145 f – schwärmerische II 11. 38 ff.
58 f. 70 f. 144 – Zwickauer Propheten
II 35
Protest von Speyer II 141 f

Quadrivium I 21

Recht vgl. Ordnung, Reichsrecht II 71 f.
111. 269 – Rechtsordnung I 49 – göttliches I 130. 140. 211; II 234 – menschliches I 130. 140 f; II 234 – Menschenrecht II 59 – kanonisch-kirchliches I
152. 166. 172. 184 f. 188. 195. 208.
211; II 229. 235 f. 281 – weltliches I
172; II 234. 281 – kirchliche Rechtsbücher I 31. 120. 184. 188. 192 f –
angemaßtes I 177; II 59. 240
Rechtfertigung vgl. Christus, Glaube,
Gnade, Werke – in Christus I 55 f. 80.
113 – allein aus Gnade vgl. Selbstrechtfertigung I 106 f; II 114 – aus
Glauben I 55. 78 f. 94 f. 140 – durch
das Wort II 113 – die Mitte der
Schrift II 109. 217. 238 – und Gesetz I 40 f; II 226 ff
Rechtfertigungslehre I 80. 106 f; II 111.
113 ff – ihre Konsequenz I 80. 113 –
und die Kirche I 80. 103 – und die
Welt I 80. 211 f; II 109 ff
Reformation: ihre Notwendigkeit I 102 ff
– ihre Bedeutung I 77 ff. 145 f. 211 f;
II 283 – ihre Entfaltung I 181 ff. 188 f.
197; II 10 f. 51 ff. 116 f. 130 f. 173 f.
176 ff. 224 ff. 236 ff. 240 f
Gebiete: Anhalt II 116. 142. 162. 224
– Bayern II 57 – Brandenburg II
142. 162. 240 – Braunschweig-Gruben-
hagen II 116 – Braunschweig-Lüneburg II 116. 142. 162 – Dänemark
siehe dort – Hessen II 116. 142. 162
– Mansfeld II 116 – Mecklenburg II
116. 224 – Niederlande siehe dort –
Österreich siehe dort – Pommern II
224 – Preußen II 53 – Sachsen, Herzogtum II 240 – Kurfürstentum II
116. 142. 162 – Schlesien II 224 –
Württemberg II 224
Gegenreformation II 209
Reich Gottes II 78 f. 110. 172. 279 ff.

283 – und Weltreich II 78 f. 110.
280 f – das Römische Reich II 138.
271. 302
Reiche, die zwei: Unterscheidung I 211;
II 72. 78 f. 110. 112. 137 f. 279 ff –
ihre Zuordnung II 283
Reichsacht II 8. 177
Reichskammergericht II 177
Reichsrecht I 211
Reichsreform I 158; II 72. 296
Reichsregiment II 52 – in Nürnberg II
36. 44. 52
Reichsstädte II 53. 130. 142. 161 – die
oberdeutschen Städte II 113. 142 f.
177. 225 – ihr Bekenntnis II 177
Reichstag zu Augsburg 1518 I 114. 130
– zu Augsburg 1530 II 156 ff. 173 ff.
181 f. 224 – zu Nürnberg 1522 II 52.
116 – zu Nürnberg 1524 II 57. 116.
226 – zu Speyer 1526 II 116 f. 141.
156. 226 – zu Speyer 1529 II 141 –
zu Speyer 1544 II 270 – zu Worms
1521 I 193 ff. 198 f; II 8. 109
Religionsgespräche zu Hagenau, Worms,
Regensburg II 240. 252. 303
Reliquien I 71. 85; II 15
Renaissance II 95 ff. 236. 283
Reue I 93. 95; II 228
Ritterschaft vgl. Adel I 158 f; II 52.
111
Ruhe, öffentliche II 16 ff

Sakramente I 41. 166 f. 172 ff – die un-
echten I 179 f – ihre Zahl I 174. 179
– und Wort I 178
Sakramentierer II 141 f. 178. 230 f. 303
Satisfaktion vgl. Genugtuung
Schicksal, Schicksalsglaube II 103 f. 107
Schlüsselgewalt vgl. Papsttum – im lu-
therischen Sinn I 92 f. 98. 102 f. 164–
168; II 240 f. 250
Schmalkaldische Artikel II 237 f. 241 f –
Bund vgl. Bündnis – Tagung II 143
Schmeichelei II 23 f
Schöpfung, die doppelte II 280 f
Scholastik, Scholastiker I 20 ff. 34–37.
40 f. 43. 46. 58. 61. 74 f. 78. 106.
136 f. 172; II 217
Schrift vgl. Bibel, Christus, Predigt, Wort
Gottes I 166 f – allein I 79; II 157.
180. 196 f. 199. 239 – Altes Testament

Cornelia Dömer

Mit Martin Luther unterwegs

Pb., 11,8 × 21 cm, 160 S.,
Nr. 394.879,
ISBN 978-3-7751-4879-5

Entdecken Sie Martin Luther ganz neu – auf Wochenendausflügen
oder bei Schaukelstuhl-Lesereisen.

Er ist eine der drei wichtigsten Personen des vergangenen Jahr-
tausends, so das »Life Magazin« über Martin Luther. Mit seinen
Ideen hat er die Welt verändert. Dieser Reiseführer macht das bewegte
Leben des Reformators lebendig. Von Eisenach bis Wittenberg, von
Erfurt bis zur Wartburg. An unzähligen Stätten entdeckt der Leser
die Spuren von Luther. Dr. Cornelia Dömer erklärt Geschichte und
Geschichten, die dahinterstecken. Zahlreiche Farbfotos, Stadtpläne
und Adressen machen das Büchlein zu einem idealen Begleiter für
unterwegs.

Bitte fragen Sie in Ihrer Buchhandlung nach diesem Titel!
Oder schreiben Sie an: SCM Hänssler, D-71087 Holzgerlingen;
E-Mail: info@scm-haenssler.de

Friedrich Hänssler (Hrsg.)

Mit Martin Luther beten

Der Reformator und das Gebet der Gebete

Gb., 10,5 × 16,5 cm, 112 S.,
Nr. 394.223,
ISBN 978-3-7751-4223-6

Das Vaterunser ist sicherlich eines der bekanntesten Gebete der Christenheit. Wie kein anderes drückt es die Hoffnung und den Glauben aus, die Christus uns gelehrt hat. Martin Luther gibt in seiner kräftigen Sprache Anregungen zum Nachdenken, die uns beim Beten des Vaterunsers sonst nicht im Kopf sein mögen. Gedanken zur Einheit der Christen, zur Heiligkeit Gottes und unserer Unheiligkeit und vieles mehr. Ein Buch, das unsere Haltung zum »Gebet der Gebete« verändern wird und die Kraft entfaltet, die in diesem von Jesus selbst gegebenen Gebet steckt.

Martin Luther

Ein feste Burg ...

Buch & CD,
Gb., 14,3 x 12,7 cm, 48 S.,
Nr. 394.004,
ISBN 978-3-7751-4004-1

Hören Sie die bekanntesten Lieder Martin Luthers, die u. a. von der Gächinger Kantorei gesungen werden. Das begleitende Bildbändchen überrascht mit wunderschönen Fotos, Auszügen aus seinen Liedern und treffenden Zitaten des großen Reformators.

Bitte fragen Sie in Ihrer Buchhandlung nach diesen Titeln!
Oder schreiben Sie an: SCM Hänssler, D-71087 Holzgerlingen;
E-Mail: info@scm-haenssler.de